J. Ernst Wülfing

Die Syntax in den Werken Alfreds des Grossen

J. Ernst Wülfing

Die Syntax in den Werken Alfreds des Grossen

ISBN/EAN: 9783742891273

Hergestellt in Europa, USA, Kanada, Australien, Japan

Cover: Foto ©Thomas Meinert / pixelio.de

Manufactured and distributed by brebook publishing software
(www.brebook.com)

J. Ernst Wülfing

Die Syntax in den Werken Alfreds des Grossen

EINLEITUNG.

Während bis vor wenigen Jahren nur die unvollständigen und unzuverlässigen Angaben von Koch und Mätzner für altenglische Syntax zu Rate gezogen werden konnten, ist im letzten Jahrzehnd eine verhältnismäfsig grofse Anzahl von Einzelschriften erschienen, die zum Teile die ganze Satzlehre, zum Teile mehr oder weniger umfangreiche Abschnitte derselben in einzelnen, namentlich poetischen, Denkmälern zur Darstellung gebracht haben. Aber so wertvoll diese Untersuchungen auch sein mögen, sie sind meist — wie so viele Doktorschriften — nur Bruchstücke, und behandeln eben auch meist nur Einzelwerke.

Im vorliegenden Buche wird nun zum ersten Male der Versuch gemacht, den Satzbau einer Gruppe von gröfseren altenglischen Prosawerken darzustellen. Nur den der „Cura Pastoralis" hatte ich erst untersucht, als ich im Jahre 1888 in meiner Doktorschrift („Darstellung der Syntax in König Alfred's Übersetzung von Gregor's des Grofsen „Cura Pastoralis". Erste Hälfte.") in der Einleitung und auf S. 69 das Versprechen gab, den zweiten Teil der Arbeit „zugleich mit einer Bearbeitung der Syntax der übrigen Werke König Alfreds (Beda, Orosius & Boëthius) baldmöglichst zu veröffentlichen". Es mufsten also in der Zwischenzeit die genannten drei umfangreichen Werke gründlich durchforscht, und der gefundene Stoff dann geordnet und ausgearbeitet werden. Im Verlaufe der Untersuchungen entschlofs ich mich, alle diejenigen Prosawerke zu berücksichtigen, die, zum gröfsten Teile mit Recht, zum Teil allerdings auch nicht ganz zweifellos dem König Alfred dem Grofsen zugeschrieben werden, d. h. also die altenglischen Übersetzungen von Bedas Kirchengeschichte, von des Orosius Weltgeschichte, von Gregors „Cura Pastoralis", von des Boëthius „De Consolatione Philosophiæ", von Augustins Soliloquien, von den ersten 50 Psalmen, endlich des Königs Gesetzbuch und seine Vorrede zu des Bischofs Werfrith Übersetzung der Dialoge Gregors.

Da ich in der Zwischenzeit mich auch mit anderen wissenschaftlichen Arbeiten beschäftigt habe, ist es wohl erklärlich, dafs

ich erst jetzt, und auch nur mit einem Teile der versprochenen
Arbeit an die Öffentlichkeit trete. Er umfafst — wie meine Doktorschrift für die Cura Pastoralis — die Syntax des Hauptwortes,
des Artikels, des Eigenschaftswortes, des Zahl- und des Fürwortes;
der zweite, dessen Stoff zwar gesammelt, aber noch nicht verar-
beitet ist, wird die des Zeitwortes, des Adverbs, der Präpositionen und Konjunktionen, sowie die Syntax des Satzes enthalten.

Über die Notwendigkeit einer solchen Arbeit mich zu verbreiten, ist nicht nötig. Wie oft ist schon darüber geklagt worden, dafs die Syntax des Altenglischen, und des Altgermanischen
überhaupt, viel zu sehr vernachlässigt werde gegenüber von Laut-
und Formenlehre! So äufsert sich Körting in der „Encyklopädie
und Methodologie der englischen Philologie" (1888) auf S. 329
wie folgt: „ . . . Diese Beziehungen zwischen Latein und Angel-
sächsisch (Alfred, Ælfric, Wulfstan) mufsten die syntaktische Beeinflussung des letzteren durch das erstere zur notwendigen Folge
haben. Leider fehlt es noch gar sehr an Einzelunter-
suchungen über die angelsächsische Prosasyntax, aber
es läfst wohl von vornherein sich behaupten, dafs das Gesammt-
ergebnis solcher Arbeiten in dem Nachweise bestehen würde,
dafs das Angelsächsische syntaktisch Vieles vom Latein übernom-
men hat, natürlich innerhalb der durch die verhältnismäfsig bedeutende Verschiedenheit des beiderseitigen Sprachbaues gezo-
genen Grenzen, welche die Nachahmung zahlreicher lateinischer
Konstruktionen (dies Wort hier im weiteren Sinne gebraucht)
von selbst verbot."

Diese Frage nach der Beeinflussung von Alfreds Sprache
durch das Lateinische läfst sich wie so manche andere natürlich
erst dann endgiltig beantworten, wenn die ganze Untersuchung,
deren erster Teil hier vorliegt, vollendet ist. Einstweilen kann
ich nur sagen, dafs mir ten Brink das Richtige zu treffen scheint,
wenn er in seiner Litteraturgeschichte (I. 97) Alfreds Sprache wie
folgt schildert: „In derartigen Excursen (d. h. den geographischen
Berichten im Orosius) bewegt sich Alfreds englische Darstellung
natürlich am freiesten und naturwüchsigsten. Doch ist sie im
Ganzen weder als steif noch als unidiomatisch zu bezeichnen,
wenn sie auch hie und da den Eindruck des kindlich Unbeholfe-
nen macht. Das Bestreben, das losere Gefüge der englischen
Rede dem festgeschlossenen und verflochtenen Bau der lateinischen anzunähern, führt zu manchen Anakoluthen und Pleonasmen.
Letztere betreffen namentlich die Fügewörter und ferner den Fall,
wo einem Pronomen das von der stilistischen Ökonomie gefor-
dert wird, zur gröfseren Deutlichkeit das Nennwort, welches es
vertritt, nach kurzem Zwischenraum nachgesandt wird, — ein
Mittel, dessen freilich auch spätere Schriftsteller sich noch oft
bedienen." — Sweet beantwortet die Frage, ob man berechtigt
sei, die altenglischen Übersetzungen, insbesondere die Alfreds,

als treue Wiedergabe des natürlichen Ausdrucks des Übersetzers
zu betrachten, im bejahenden Sinne, indem er ausführt (in der
Vorrede zur „Cura Pastoralis", S. XXXIX f.): „In the first place,
we must remember that the Old English writers did not learn
the art of prose composition from Latin models; they had a native
historical prose, which shows a gradual elaboration and improve-
ment, quite independent of Latin or any other foreign influence.
This is proved by an examination of the historical pieces inserted
into the Chronicle. The first of these, the account of the death
of Cynewulf und Cyncheard, is composed in the abrupt, disconnec-
ted style of oral conversation: it shows prose composition in its
rudest and most primitive form, and bears a striking resemblance
to the earliest Icelandic prose. In the detailed narratives of Alfred's campaigns and sea-fights the style assumes a different
aspect: without losing the force and simplicity of the earlier pieces,
it becomes refined and polished to a high degree and yet shows
no traces of foreign influence. Accordingly, in the Orosius, the
only translation of Alfred's which from the similarity of its subject
admits of a direct comparison, we find almost exactly the same
language and style as in the contemporary historical pieces of the
Chronicle. In the Bede, where the ecclesiastical prevails over
the purely historical, the general style is less national, less idiomatic than in the Orosius, and in purely theological works, such
as the Pastoral, the influence of the Latin original reaches its
height. Yet even here there seems to be no attempt to engraft
Latin idioms on the English version: the foreign influence is only
indirect, chiefly showing itself in the occasional clumsiness that
results from the difficulty of expressing and defining abstract ideas
in a language unused to theological and metaphysical subtleties." —
Auch Einenkel drückt sich in der Einleitung zu seinen „Streif-
zügen durch die mittelenglische Syntax" auf S. XVIII in ähnlichem
Sinne aus, indem er sagt: „Betrachten wir das Westsächsische für
sich allein, so stellt sich der syntaktische Bau desselben dar als
ein wenn auch nicht in allen seinen Teilen gleichmäfsiger, so doch
als ein im Ganzen einheitlicher und unverfälscht germanischer, er
stellt sich dar als das Ergebnis einer auf vielhundertjähriger ruhi-
ger, doch rastloser Gedankenarbeit beruhenden Entwickelung, die
von der lateinischen Sprache wohl beeinflufst, nicht aber in neue
Bahnen gelenkt werden konnte." — Das genaue Ergebnis meiner
Untersuchungen nach dieser Richtung hin kann ich — wie schon
gesagt — erst am Schlusse des ganzen Buches mitteilen, aber wesentlich wird es sich von den vorher angeführten Ansichten wohl nicht
unterscheiden.

Dafs Alfred die lateinische Sprache grofse Schwierigkeiten
bereitet haben mufs, ist leicht erklärlich; dafs er im Verlaufe
seiner Übersetzungsarbeit mehr Übung gewann, selbstverständ-
lich. Ob man nun aber grade daraufhin eine bestimmte Reihen-

folge seiner Übersetzungen annehmen darf, möchte ich bezweifeln. Die übersetzten Texte sind ihrem Inhalte und Stile nach so völlig von einander verschieden, dafs es sehr wohl möglich ist, dafs Alfred, nachdem er ein leichteres Werk verhältnismäfsig flüssig übersetzt hat, bei einem anderen schwierigeren vielleicht, trotz der gröfseren Vertrautheit mit der lateinischen Sprache an sich, dennoch unbeholfener war. Ferner ist auch wohl zu bedenken, dafs es dem Könige bei einem Werke auf ganz genaue Wiedergabe jedes einzelnen Gedankens wegen der Wichtigkeit des Gegenstandes besonders ankam, wie in der Cura, während er bei einem anderen etwa nur den Inhalt im Grofsen und Ganzen wiedergeben wollte, wie im Orosius.

Körting sagt in seinem „Grundrifs der Geschichte der englischen Litteratur" (1887) auf S. 58: Vermutlich hat König Ælfred die Abfassung der unter seinem Namen überlieferten Werke mehr nur veranlafst und überwacht, als persönlich durchgeführt; immerhin dürfte sein Anteil an denselben ein so bedeutender gewesen sein, dafs man berechtigt ist, sie nach ihm zu benennen. Ähnliches gilt von den unter Ælfreds Namen gehenden Gesetzen." Ich möchte nicht ganz so weit gehen wie Körting, ich glaube aber, dafs die Hilfe, die dem Könige von seinen Freunden Plegmund, Asser, Grimbold, Johannes und vielleicht noch anderen zu Teil ward, nicht zu unterschätzen ist, und dafs auch vielleicht der Unterschied in der Art der einzelnen Übersetzungen vielleicht dadurch zu erklären ist, dafs bei der einen dieser, bei einer anderen jener Helfer dem Könige zur Seite stand.

Dieser letzte Gesichtspunkt mufs jedenfalls mit berücksichtigt werden, wenn man eine bestimmte Reihenfolge von Alfreds Werken ansetzen will; und da erscheint es denn überaus schwierig, zu einem festen Ergebnisse zu kommen, da sprechen bei einem Werke z. B. verschiedene Gründe für frühe, andere dagegen für späte Abfassung. Syntaktische Gründe allein ins Feld zu führen, wird kaum angehen, da sich der Satzbau Alfreds wohl nicht in aufsteigendem Mafse verändert hat, zumal eben die verschiedenen Werke auch einen ganz verschiedenen Stil haben. Wenn ich nun im Folgenden eine bestimmte Reihenfolge ansetze, so will ich dieselbe durchaus nicht als unfehlbar hinstellen: könnte es ja vielleicht sogar sein, dafs sich am Schlusse der Behandlung des gesammten Satzbaues Alfreds auf Grund dieses für mich die Notwendigkeit ergeben würde, unter Mitberücksichtigung anderer Gründe eine ganz verschiedene Reihenfolge anzunehmen.

Eine Übersicht über die Anordnungen, die von Verschiedenen gemacht worden sind, bietet Wülker im „Grundrifs zur Geschichte der angelsächsischen Litteratur" auf S. 393; ich gebe sie hier — geschichtlich geordnet — wieder und verwende meine auf S. XXVIII erklärten Abkürzungen:

um 1800 Turner: Bo. Or. Be. Cp. So.
1842 Wright: Or. Be. Cp. So. Bo.
1842 Arend: Bo. Or. Be. Cp. So.
1851 Pauli: Bo. Or. Be. Cp.
1853 Behnsch: Cp. Bo. Or. Be. So.
1859 Bosworth: Bo. Be. Or. Cp.
1867 Morley: Bo. Or. Be. Cp. So.
1877 ten Brink: Or. Be. Bo. Cp.
1879 Azarias: Cp. Or. Be. Bo.
1880 Grein: Bo. Or. Be. Cp. So.
1884 Earle: Cp. Bo. Or. Be.
1885 Wülker: Cp. Be. Or. Bo. So.

Wülkers Ansicht haben sich noch Schilling, Wichmann und Schmidt angeschlossen. Ich selbst schlage folgende Reihe vor: Be. Or. Cp. Bo. So.

Turner, Arend, Pauli, Morley und Grein stimmen in ihren Reihenfolgen genau überein, sie und Bosworth setzen merkwürdiger Weise den Boethius an die erste Stelle; Bosworth — überhaupt aufser Wülker und seinen Anhängern der Einzige, der Gründe für seine Aufstellung anführt — begründet dies damit, dafs Asser „began his instruction in Latin in Nov. 887, and glossed Boethius to make the Latin more easy and intelligible to the king"; daraus sei zu schliefsen, dafs der Boethius die erste Frucht von Alfreds litterarischer Thätigkeit gewesen sei. Dafs dies sehr unwahrscheinlich ist, hat schon Wülker a. a. O. klargelegt. Weshalb sollte Alfred denn auch grade den schwierigsten Text zuerst übersetzt haben, den schwierigsten dem Inhalte und der Form nach! Wülker hat ganz Recht, wenn er dieses Werk im Gegenteil erst als letztes der vier grofsen einreiht; kaum wird sich der König an solch schwierige Arbeit gewagt haben, ehe er nicht gründliche Vorstudien gemacht hatte. Grade da ihm Asser das Buch vorher glossierte — was übrigens mit den anderen Werken wahrscheinlich auch geschehen ist — wird der König eingesehen haben, dafs erst gröfsere Übung an leichteren Stoffen nötig sei, um sich an jenes zu wagen; und hätte er wirklich zuerst die Absicht gehabt, mit dem Boethius den Anfang zu machen, wahrscheinlich gab er sie vorerst wieder auf, nachdem er die Erklärung des schwierigen Buches durch Asser gehört hatte. Dafs Malmesbury sagt: „Hic (d. h. Asser) sensum librorum Boetii De Consolatione planioribus verbis enodavit quos rex ipse in Anglicam linguam vertit", braucht sich — das sagt auch Wülker, a. a. O. § 448 — doch nicht grade auf den ersten Unterricht zu beziehen, und selbst wenn dies der Fall wäre, würde die unmittelbar darauf folgende Übersetzung aus genanntem Grunde kaum anzunehmen sein.

Im Übrigen würde also meine Reihenfolge mit der von Bosworth gegebenen übereinstimmen, dessen Gründe ich auch im Wesentlichen annehme. Der König hatte zunächst den Wunsch, seinem Volke die Geschichte seines eigenen Landes zu geben und übersetzte daher den Beda; wahrscheinlich schlofs sich daran sogleich die Übersetzung der Weltgeschichte des Orosius; die Cura Pastoralis folgte in den neunziger Jahren, da Erzbischof Plegmund, von dem in der Vorrede gesprochen wird, erst 890 Erzbischof wurde. Dann schlossen sich die Übersetzungen der philosophischen Werke des Boethius und der Soliloquien (und der Schrift „De videndo deo") an; endlich begann der König noch die Übersetzung der Psalmen, an deren Vollendung er nach Wilhelm von Malmesbury durch den Tod gehindert wurde. Die Gesetze und die Vorrede zu den Dialogen Gregors setze ich an die letzte Stelle, weil sich m. E. für beide eine bestimmte Entstehungzeit gar nicht feststellen läfst.

Zu den Gründen, die mich bestimmen, den Beda an die erste Stelle zu setzen, gehört auch der, dafs Alfred trotz der Wichtigkeit des Gegenstandes es hier noch nicht wagt, eigene Zusätze zu machen; auch die ganze steife, sich dem lateinischen Grundtexte möglichst treu anschliefsende Ausdruckweise scheint mir auf die erste schriftstellerische Thätigkeit des Königs hinzuweisen. Aber, wie ich vorher schon andeutete, ich halte die Festsetzung einer bestimmten Reihenfolge nach Lage der Dinge für kaum möglich; wir haben eben zu wenig äufserliche Anhaltpunkte.

Was Wülkers Gründe angeht, die ihn zu seiner Anordnung bewogen haben, so sind sie im Ganzen allerdings haltbar, aber man kann doch Manches dagegen anführen. Was ihn zunächst bestimmt, die Cura als erstes Werk zu betrachten, ist der Umstand, dafs sie eine Vorrede hat, „worin klar gelegt ist, was Alfred mit seinen Übersetzungen beabsichtigte; . . . . dafs der König erst in der letzten seiner Übersetzungen den Zweck derselben ausgesprochen haben soll, ist wenig glaublich, ganz natürlich aber, dafs er dies in seiner ersten that." Ich meine, es sei immerhin möglich, dafs Alfred den Zweck seiner Übertragungen in einer der späteren ausgedrückt habe, zumal in der, die am meisten von allen für die Geistlichkeit von Nöten war; auch wissen wir ja gar nicht, ob nicht vielleicht Beda und Orosius mit ähnlichen Einleitungen versehen waren, die uns nur zufällig verloren sind. Auch der zweite Grund Wülkers (§ 448. 2.) — in dieser Vorrede würde keine andere Übersetzung Alfreds genannt — ist nicht stichhaltig; grade in den Worten „me ðyncð betre . . . . ðæt we eac sumæ bec, ða ðe niedbeðearfosta sien eallum monnum to wiotonne, ðæt we ða . . . wenden" scheint mir doch zu liegen, dafs Alfred mehrere Bücher meint: „Mir scheint besser, dafs wir einige der wissenswertesten Bücher übersetzen"; die Cura ist eins davon, andre können schon vorher entstanden sein. Zum dritten Grunde — Alfred habe die Cura als das Wichtigste, vor allem als das für die Geistlichkeit Wichtigste, zuerst übersetzt — be-

merke ich, dafs es m. E. grade wahrscheinlich ist, dafs Alfred
die Übersetzung der Cura ihrer grofsen Wichtigkeit für die Geistlichkeit halber nicht eher in Angriff nahm, als bis er durch andere,
verhältnismässig weniger wichtige Arbeiten sich geübt hatte. Als
vierten Grund führt Wülker an, die Cura sei „in sehr leichtver-
ständlichem Latein und in schmucklosem Stile geschrieben"; auch
dagegen läfst sich einwenden, dafs es weniger auf die Worte, als
auf ihren tieferen Sinn ankomme. Der fünfte Grund Wülkers
ist der, dafs sich Alfred hier am getreuesten an seine Vorlage
halte; aber grade ein Anfänger geht vielleicht eher über schwierige Stellen hinweg oder versucht nur, ihren vermutlichen Inhalt
anzudeuten. Was endlich den sechsten Grund angeht, man müsse
die Cura-Übersetzung, wenn sie ein späteres Werk sei, „als
einen Rückschritt bezeichnen" wegen ihrer Schwerfälligkeit, so erklärt sich diese immerhin vorhandene Schwerfälligkeit eben dadurch, dafs Alfred sich möglichst genau an die Vorlage hielt; ich
glaube, wäre die Cura sein Erstlingwerk, wir würden noch viel
mehr steife und unidiomatische Wendungen darin finden. Auch
meine ich, wäre zu erwägen, dafs, wenn Alfred die Cura vor
dem Beda übersetzt hätte, er nicht verfehlt haben würde, im Beda
bei der Erwähnung des Papstes Gregor auch an dessen von ihm
übersetzte Schrift, die ihm so wichtig erschienen war, zu erinnern.

An die zweite Stelle setzt Wülker den Beda, von dem er
sagt: „Beda ist ziemlich genau übertragen und er steht darin der
Cura am nächsten"; der erste Teil dieses Satzes ist richtig, aber
die Cura ist in einem ganz anderen Sinne „genau" übertragen als
der Beda; während hier m. E. Unbeholfenheit des Anfängers zu
steifen Wendungen führte, that es dort die Not, den richtigen
Sinn ganz genau wiederzugeben. Auch die Gründe, die Schmidt
(„Untersuchungen über König Ælfreds Bedaübersetzung") für
diese Reihenfolge anführt, scheinen mir nicht unumstöfslich
zu sein.

„Orosius — heifst es bei Wülker weiter — ist weit freier
und selbständiger gehalten und scheint mir schon deshalb das
spätere Werk zu sein"; dies bestimmt auch mich, den Orosius
hinter den Beda zu setzen. Ebenso stimme ich in den Gründen
mit Wülker überein, die ihn veranlassen (§ 451), den Boethius
und die Soliloquien an die letzte Stelle zu setzen; beide sind der
ganzen Art der Behandlung nach die reifsten Arbeiten des Königs;
am Schlusse des Boethius und in der ganzen Übertragung der
Soliloquien geht er ungemein selbständig mit seiner Vorlage um.
Auch Leicht in seiner Doktorschrift (S. 9) spricht sich dahin aus,
„dafs sich hier (d. h. im Boethius) Ælfred als Schriftsteller in jeder
Hinsicht vollkommener zeigt, als in den übrigen Werken." Weiter
heifst es bei Leicht: „Wir haben sonst keinen Anhalt zur Bestimmung der Reihenfolge, in der seine Übersetzungen entstanden,
und so dürfen wir uns um so weniger dieses Mittel entgehen lassen,

dafs wir in der Voraussetzung einer aufsteigenden Entwicklung
— allerdings ist auch die Verschiedenheit des Stoffes zu erwägen — die Werke, welche eine höhere Stufe derselben zeigen,
als später entstanden annehmen." .
    Auch Wack in seiner Arbeit über das Verhältnis der „Cura"
zum Original setzt auf S. 58 und 60 die Cura der Entstehung
nach hinter Beda und Orosius; als einen vereinzelten Grund führt
er an, dafs Alfred das Wort palpebrae im Orosius unrichtig, in
der Cura aber richtig übersetze.
    Ich komme nun zu der Frage nach der Berechtigung, mit
der man die verschiedenen Werke dem Könige zuschreibt.
    Von den Sprichwörtern braucht wohl nichts gesagt zu wer-
den. Was die poetische Bearbeitung der Metren des Boethius
angeht, so ist in den bekannten Arbeiten von Hartmann,
Zimmermann und Leicht zwar allerhand behauptet, sind auch
manche Gründe für und gegen Alfreds Verfasserschaft beigebracht
worden, aber überzeugt haben mich die Ergebnisse ebenso wenig
wie Wülker (s. Grundrifs, § 499); immerhin scheinen mir die
Gründe gegen Alfreds Verfasserschaft die stärkeren zu sein.
Übrigens sah ich von vornherein von einer syntaktischen Behandlung der Metren ab, da ich nur die Prosawerke untersuchen
wollte, und da der ganze Satzbau der Metren natürlich durch die
poetische Form beeinflufst ist und sich in wesentlichen Punkten
von dem der prosaischen Werke unterscheiden mufs. Liegt meine
ganze Untersuchung über Alfreds Satzbau einmal vor, so lassen
sich dann vielleicht durch eine Vergleichung mit dem der Metren
neue Gründe für oder gegen Alfreds Verfasserschaft gewinnen.
    Es blieben also für meine Behandlung diejenigen Werke zu
berücksichtigen, die Wilhelm von Malmesbury dem Könige
mit den Worten zuschreibt: „Denique plurimam partem Romanæ
bibliothecæ Anglorum auribus dedit, opimam prædam peregrinarum
mercium civium usibus convectans; cujus praecipui sunt libri:
Orosius, Pastoralis Gregorii, Gesta Anglorum Bedæ, Boetius de
Consolatione Philosophiæ, liber proprius, quem patria lingua Handboc (Encheridion) i. e. manualem librum appellavit . . . . Psalte-
rium transferre aggressus vix prima parte explicata vivendi finem
fecit." Von diesen sechs Schriften ist uns leider das Handbuch
nicht erhalten. Ich habe aber noch hinzugefügt die Soliloquien,
die Gesetze und die Vorrede zu den Dialogen Gregors.
    Was zunächst den Orosius angeht — um hier Malmesburys
Reihenfolge beizubehalten — so ist nie bezweifelt worden, dafs
er wirklich von Alfred verfafst ist. Schilling nimmt auch für
ihn Unterstützung des Königs durch Andere an; wie ich schon
vorher andeutete, glaube ich, dafs Alfred bei allen seinen Werken
ganz wesentliche Hilfe gehabt hat. Ich kann mir nicht versagen,
hier die schönen Schlufsworte Schillings über den Orosius anzuführen (a. a. O., S. 61): „. . . . Ein um so günstigeres Bild ver-

schafft uns die subjektive Art der Bearbeitung von dem Charakter Alfreds. Kindlich einfach und fest zugleich, grofsherzig und von hohem sittlichem Ernste, voll warmer Verehrung für alles Grofse und Gute, so tritt uns Alfred aus seinem Werke entgegen. Die Mangelhaftigkeit seiner Bildung kann seiner Gröfse keinen Abbruch thun. Sie erhöht nur unsere Bewunderung für das edle Streben des Königs, der noch in reifem Männesalter sich zu der Rolle des Schülers bequemte, um selbst an der geistigen Hebung seines Volkes mitwirken zu können."

Auch daran, dafs Alfred die zweite der von Malmesbury namhaft gemachten Schriften, die Cura Pastoralis, verfafst hat, hat noch Niemand gezweifelt.

Anders aber verhält es sich mit dem dritten der aufgeführten Werke, mit der Beda-Übersetzung. Zwar als ich meine Untersuchungen begann, hatte nur erst Sweet im „Anglo-Saxon Reader" behauptet, der Beda sei gar nicht von Alfred verfafst; doch gründet sich seine Behauptung nur auf eine einzige syntaktische Eigentümlichkeit, und seine Beweisführung ist höchst anfechtbar; vgl. meine Ausführungen über *wyrðe* mit dem Dativ, S. 71—74, besonders S. 73. In der Zwischenzeit aber erschien Millers neue Ausgabe des Beda für die Early English Text Society, und in ihrer Einleitung glaubt Miller den Beweis zu führen, dafs die Beda-Übersetzung nicht von Alfred verfafst ist. Miller beweist zunächst den gemeinsamen Ursprung aller vorhandenen Handschriften (S. XXIII), indem er ausführt, dafs die Einteilung in Kapitel bei allen die gleiche ist, dafs alle die „Interrogationes" ans Ende des dritten Buches, die Anrede an den Leser ans Ende des ganzen Werkes setzen, und dafs sich in allen gemeinsame Eigentümlichkeiten und verderbte Stellen finden. Eine Ausnahme aber läfst ihn die Handschriften in die zwei Gruppen einteilen: T. B. und C. O. Ca. Weiter beweist Miller den mercischen Ursprung der Handschriften durch den Gebrauch von *on* statt *ond*, die häufige Anwendung der Partikel *ono*, das Überwiegen von *in* gegenüber von *on* — *in* kommt übrigens in der Cura nicht einmal vor, wie Miller meint (S. XXXVIII), sondern viermal —, endlich durch den Gebrauch von *mid* mit dem Akkusativ, und von einer Anzahl im Westsächsischen ungebräuchlicher Wörter. Läfst man Millers Gründe gelten — und ich mufs gestehen, die meisten von ihnen haben viel Bestechendes —, so steht allerdings das fest, dafs die jetzt vorhandenen Handschriften mercisch sind und dafs höchstwahrscheinlich auch ihre Vorlage mercisch gewesen ist. Beweist das nun aber, dafs die Übersetzung überhaupt ursprünglich in mercischer Mundart abgefafst war?

Ich erwähne noch, dafs Mather, der Verfasser der Arbeit über „The conditional sentence in Anglo-Saxon", jetzt in den Modern Language Notes (IX. 154) einen neuen Grund gegen Alfreds Verfasserschaft beibringt, da im Beda das sonst von Alfred nicht

angewandte mercische *nemne* fünfzehnmal vorkommt. „Close syn-
tactical comparison of the Beda with the three other translations
would bring out further differences", sagt Mather weiter und führt
noch an, dafs im Beda *swa swa* steht, wo Alfred *swylce* gebrauchen würde.

Ich meine trotzdem, die Gründe, die uns bisher bewogen
haben, dem Könige Alfred die Beda-Übersetzung zuzuschreiben,
wiegen auch jetzt noch schwer genug. Abgesehen von Malmesbury haben wir ja grade für den Beda das viel frühere Zeugnis
des Ælfric; und auch der zweimalige Reim in der Hs. Ca.

„Historicus quondam fecit me Beda latinum,
„Ælfred rex Saxo transtulit ille pius"
wird wohl kaum aus der Luft gegriffen sein.

Auch Pearce kann sich mit dem Gedanken noch nicht ver-
traut machen, dafs der Beda nicht von Alfred verfafst sein soll.
In den Modern Language Notes von 1892 (VII. 102 ff.) bespricht
er die Millersche Ausgabe und führt drei Gründe für Alfred an:
1. Es wäre wunderbar, wenn Alfred, der Anderes übersetzte, die
Geschichte seines Volkes nicht übersetzt hätte. 2. Alfred sage
in der Vorrede der ‚Cura‘, er wolle Bücher übersetzen, die allen
Menschen nützlich seien; dem entspreche der Beda, „adapted to
popular reading by the omission of lengthy epistles and of such
other matter as would probably be of little interest to the average
Englishman of the ninth century." 3. Miller berücksichtige zu
wenig die bestimmten geschichtlichen Zeugnisse des Ælfric und
Wilhelms von Malmesbury; gegen Alfred gebe es keinen histori-
schen Beweis. Auch Pearce legt ferner Wert auf den eben erwähnten Reim, sowie auf die westsächsische Genealogie in zwei
Handschriften, die mit Alfred plötzlich abbreche. Pearce vermutet
dann aber, dafs der König in der Arbeit von Anderen unterstützt
worden sei; das Werk sei nicht einheitlich, „for in many places
it is quite free and idiomatic, and in other passages it is so
oppressively literal as hardly to be English at all." — Noch weiter
geht Pearce dann allerdings in einer am 28. Dez. 1892 vor der
„Modern Language Association" gehaltenen Vorlesung über diese
Frage, von der mir ein „Abstract" vorliegt; hier sucht er zu be-
gründen, dafs die Beda-Übersetzung von mehreren Verfassern
herrühre. Ich kann diese Frage, wie gesagt, erst untersuchen,
wenn ich den ganzen Stoff behandelt habe.

Nehmen wir auf Grund der übereinstimmenden geschichtlichen
Zeugnisse an, dafs Alfred den Beda wirklich übersetzt hat, so mufste
seine Übersetzung im ganzen Lande bald ebenso bekannt sein wie
seine anderen Schriften, und es ist nicht glaublich, dafs sich ein
Anderer daran gab, das umfangreiche Werk noch einmal zu übersetzen. Zu der Annahme aber, dafs der überlieferte Beda etwa
schon vor Alfred entstanden sei, liegen keine Gründe vor.

Ich glaube daher annehmen zu müssen, dafs Alfred den

Beda wirklich übersetzt hat, dafs uns aber durch einen unglücklichen Zufall von den ursprünglichen Handschriften seines Werkes keine erhalten ist, sondern nur mit Eigentümlichkeiten der mercischen Mundart versehene Fassungen nach einer ebenfalls verlorenen mercischen Handschrift. Die Beda-Übersetzung könnte ich dem König Alfred erst dann ganz absprechen, wenn sich aus dem Fortlaufe meiner Untersuchungen, besonders über den Satzbau im Beda, ganz bedeutende und auffällige Unterschiede von dem in den übrigen Werken Alfreds ergeben sollten.

Was den Boethius angeht, so ist er Alfred unzweifelhaft zuzuschreiben; nur die Vorrede scheint nicht vom Könige selbst verfafst zu sein, sie „liest sich ja wie der Bericht eines Dritten" (Wülker, Grundrifs, S. 427); obgleich sie aber von einem Anderen verfafst sein wird, habe ich sie doch in die Untersuchung hineingezogen, da sie ganz im Alfredischen Stile geschrieben, ihm nachgeahmt ist. (Vgl. auch Leicht, Anglia VII. 181.)

Bei der Besprechung der Psalmen-Übersetzung unter den „Werken, die Ælfred zugeschrieben werden" schliefst Wülker (Grundrifs § 501) mit den Worten: „Es wären . . . diese Prosapsalmen auf ihren Wortschatz und ihren Ausdruck hin noch einmal genau zu untersuchen, ehe man diese Frage entscheiden kann." Diese Untersuchung ist bald darauf von Wichmann angestellt und im elften Bande der „Anglia" veröffentlicht worden. M. E. ist Wichmann der Beweis gelungen, dafs wir in den ersten 50 Prosa-Psalmen der Pariser Handschrift die nach Malmesbury von Alfred begonnene Übersetzung des Psalters, wenn auch in späterer Abschrift, vor uns haben. Zu der Frage, ob der König etwa mehr als die uns erhaltenen ersten fünfzig Psalmen übertragen habe (a. a. O., S. 95), bemerke ich, dafs, wenn man etwa annimmt, Malmesbury habe eine Dreiteilung des Psalters in je 50 Psalmen im Sinne gehabt, sein „vix prima parte explicata" heifsen kann: „Nachdem er die ersten 50 Psalmen nicht ganz übersetzt hatte"; die vorliegende Prosaübersetzung bricht aber eben in der Mitte des 50. Psalmes plötzlich ab. Natürlich könnte dies auch nur auf Verstümmelung der Vorlage beruhen. Die auf dem Umschlage des 3. Heftes der „Modern Language Notes" (IX. 1894) angezeigte Arbeit von Bruce über „The Anglo-Saxon Version of the Book of Psalms commonly known as the Paris Psalter" habe ich nicht mehr einsehen können.

Von den von mir zu diesen fünf von Malmesbury erwähnten Schriften hinzugefügten drei weiteren ist die Soliloquien-Übersetzung von Wülker ausführlich behandelt worden in PBB. IV. 101—131 und in seinem Grundrifs S. 415—420; er hat dort überzeugend nachgewiesen, dafs die Soliloquien von Alfred verfafst sind. Der Vermutung Wülkers aber, dafs uns in den Soliloquien das Handboc vorliege, kann ich nicht zustimmen; dieses müfste doch der Beschreibung Assers nach Unzusammenhängendes

bringen, während hier in den Soliloquien zwei verschiedene gröfsere
Schriften deutlich zu einem einheitlichen Ganzen verbunden sind.
Mit Recht bemerkt Wülker dagegen S. 418: „Dafs der König
zu einer solchen Arbeit, d. h. zur Veränderung des Buches „De
videndo Deo" in ein Zwiegespräch fähig gewesen wäre, ehe sein
Boethius geschrieben war, ist nicht anzunehmen; überhaupt können
die Soliloquien so wenig als Boethius übersetzt worden sein, ehe
durch andere Übersetzungen Gewandtheit im Übertragen erlangt
war." Noch ganz kürzlich hat Frank G. Hubbard in einer
umfangreichen Untersuchung in den „Modern Language Notes"
(IX. Sp. 321 ff.) durch Gegenüberstellung gleicher und ähnlicher
Stellen aus dem Boethius und den Soliloquien weitere Beweise
beigebracht, dafs beide Werke von einem Übersetzer herrühren
müssen.

    Auch die Syntax der Gesetze Alfreds habe ich unter-
sucht, da sie wohl jedes Falles vom Könige selbst zusammengestellt sind, wie aus dem Schlusse der Einleitung ja auch hervorgeht. Über ihre Sprache äufsert sich ten Brink in der
Litteraturgeschichte (S. 90) wie folgt: „Umfangreicher und aus-
führlicher als die früheren Kodifikationen, nähert sich Alfreds Gesetzbuch in der Darstellung auch mehr den Grenzen, wo das
Gebiet künstlerischer Prosa beginnt; zumal in einigen Stellen der
Einleitung, welche Auszüge aus dem mosaischen Gesetz mit Stellen
aus dem neuen Testament durch kurze erzählende Zwischenglie-
der verbindet, um schliefslich zu Ælfreds eigenem Beginnen über-
zuführen."

    Endlich habe ich auch noch die vom König Alfred ver-
fafste kurze Vorrede zu der auf sein Geheifs gemachten Übersetzung der Dialoge Gregors durch Bischof Werfrith in die
Untersuchung hineingezogen.

    Für die verschiedenen Werke habe ich die folgenden Aus-
gaben benutzt (vgl. die ausführlichen Titel auf S. XXIII f.), aus
denen ich die Belege in der Regel nach Seiten- und Zeilenzahl
anführe:

    1. Beda: Die Ausgabe von Smith, die ich von Anfang
an benutzt hatte. Seit Erscheinen der Millerschen Ausgabe habe
ich auch diese in allen wichtigen Fällen zu Rate gezogen.

    2. Orosius: Die Sweetsche Ausgabe. In einigen Fällen
auch die Thorpesche Ausgabe in der Übersetzung von Paulis
„König Ælfred und seine Stelle in der Geschichte Englands"
(„The Life of Alfred the Great").

    3. Cura: Die Sweetsche Ausgabe; und zwar der Abdruck
der Cottonschen Handschrift, wo diese vorhanden ist, da sie nach
Sweets Angabe (auf dem Titelblatte und auf S. XVI) die beste
ist, sonst der der Hattonschen.

    4. Boethius: Die Cardalesche Ausgabe. Daneben die
von Fox.

5. Soliloquien: Die Cockaynesche Ausgabe, von der ich
mir nach einem Abdruck aus der Strafsburger Universitätsbiblio-
thek eine Abschrift gemacht habe. Nebenher der neue Abdruck
von Hulme.
6. Psalmen: Die Thorpesche Ausgabe. Die Belege werden
hier angeführt mit der Nummer des Psalmes und der des Verses.
7. Gesetze: Die Schmidsche Ausgabe. Die · Belege nach
der Seitenzahl und der des Abschnittes oder §. Daneben die
neue Ausgabe von Turk.
8. Vorrede zu den Dialogen: Der Abdruck von Krebs
im 2. Bande der Anglia. Die Belege nach den beiden Seiten-
zahlen.

Den lateinischen Urtext konnte ich — um den Umfang
des Buches nicht noch mehr zu vergröfsern — nur in den wich-
tigsten zweifelhaften Fällen zur Vergleichung mit der Übersetzung
heranziehen.

Die Belege bringe ich, was die Schreibung angeht, genau
nach den betreffenden Ausgaben, nur ʒ und g habe ich nicht
unterschieden, und etwaige Längebezeichnungen weggelassen. Bei
Anordnung nach der Buchstabenfolge steht æ innerhalb a zwischen
ad und af, þ und ð innerhalb t zwischen te und ti.

Wegen der Vollständigkeit der Belegstellen hat zwar
Lehmann Recht, der in seiner Doktorschrift über den Genitiv im Orosius (Leipzig 1891) auf S. 3 sagt, wenn eine syntaktische
Untersuchung von Wert sein solle, so müsse sie bis ins Einzelne,
z. B. im Allgemeinen auch in der Anführung der Belegstellen
vollständig sein, aber bei der vorliegenden Bearbeitung so umfangreicher Texte konnten nur in den allerwichtigsten und seltensten
Fällen alle Belegstellen dem vollen Wortlaute nach angeführt
werden, in anderen müssen die Zahlen genügen; aber auch diese
werden nicht alle angegeben, sondern ihre gröfsere oder kleinere
Menge nur durch ein oder mehrere „usw." angedeutet, wenn es
sich um ganz allgemein gültige und einfache Regeln handelt. Keine
Regel aber wird gegeben, die nicht wenigstens durch eine wörtlich angeführte Stelle belegt wäre.

Das von mir angewandte, vielfach angegriffene, aber doch
bewährte Schema macht ja allerdings sehr viele Verweisungen
nötig, aber das ist auch bei anderen Einteilungen der Syntax der
Fall. So sind im vorliegenden ersten Teile bei den einzelnen
Kasus auch die verschiedenen Eigenschafts- und Zeitwörter behandelt, die mit diesen Kasus verbunden vorkommen; bei jedem
Worte verweise ich aber ausdrücklich auf die anderen §§, wo es
in anderer Verbindung besprochen wird; aufserdem aber bringe
ich am Schlusse des Buches (S. 471—488) eine alphabetische Liste
aller Eigenschafts- und aller Zeitwörter mit Angabe der Seiten,
auf denen sie bei den einzelnen Kasus behandelt sind. Auch
das ausführliche Inhaltverzeichnis (S. XVII—XXII) wird den Ge-

brauch des Buches sicher wesentlich erleichtern. Im Übrigen haben Verleger und Drucker Alles getban, um durch Anwendung verschiedener Druckgattungen usw. dem Buche die Übersichtlichkeit und Deutlichkeit zu verleihen, die in vielen ähnlichen deutschen Werken leider noch immer vermifst wird.

Das Buch will ein Bild geben von dem Satzbau, wie er in den Werken des grofsen englischen Königs herrscht, d. h. in den Handschriften, die sie uns überliefern. Genau genommen ist es also nicht die Sprache Alfreds, die behandelt wird, denn manche Kleinigkeiten, auch syntaktischer Art, ändern sich in kurzer Zeit, so wird z. B. der Artikel in den jüngeren Handschriften, in denen durchweg Alfreds Werke überliefert sind, viel häufiger angewendet (vgl. Philipsen, S. 4). Besondere Schwierigkeit bereitet auch stellenweise die Unterbringung einzelner Belege in die richtige Gruppe, vgl. z. B. §§ 20 und 11, 92 u. a.

Bei manchen Stellen habe ich neue Erklärungen versucht, andere habe ich zweifelhaft lassen müssen. Alle, diese und jene, finden sich am Schlusse (S. 489—491) übersichtlich zusammengestellt. Vielleicht regen sie Andere zu neuen Forschungen an, und haben Andere ein glücklicheres Auge in der Erkenntnis des Wahren. Wenn so das Buch zu neuen Erfolgen der altenglischen Sprachwissenschaft mit beitragen sollte, so würde mir schon ein gut Teil dessen erreicht zu sein scheinen, was ich erreichen wollte.

Bonn, im Juli 1894.

INHALT.

VERZEICHNIS
der benutzten Texte und Übersetzungen.

Historiæ Ecclesiasticæ Gentis Anglorum Libri Quinque, Auctore Sancto et Venerabili Baeda Presbytero Anglo-Saxone, Una cum reliquis ejus Operibus Historicis in unum Volumen Collectis. Cura et Studio Johannis Smith, S.T.P. Et Ecclesiæ Dunelmensis non ita pridem Canonici. Cantabrigiæ, Typis Academicis MDCCXXII. S. 471—649.
Ebenda der lateinische Urtext: S. 37—224.
Nebenher: The Old English Version of Bede's Ecclesiastical History of The English People. Edited with a translation and introduction. By Thomas Miller, M. A., Ph. D. formerly fellow of Queens' College, Cambridge, English Lektor at Göttingen University. Part. I. London. MDCCCXC. (Early English Text Society. 95. 96.)
Historiæ Ecclesiasticæ Gentis Anglorum Libri V a venerabili Beda Presbytero scripti . . . Ab . . . rege Aluredo examinati; ejusque paraphrasi Saxonica eleganter explicati . . . . (Ed. ab Abrahamio Wheloc.) Cantabrigiae MDCXLIII.

King Alfred's Orosius. Edited by Henry Sweet, M. A. Part I. Old-English Text and Latin Original. London. MDCCCLXXXIII. (Early English Text Society. 79.)
Nebenher: Alfred's Anglo-Saxon Version of Orosius; with a literal English translation, and an Anglo-Saxon Alphabet and Glossary. By B. Thorpe, Esq., Member of the Royal Academy of Sciences at Munich. (Appended to: The Life of Alfred the Great. Translated from the German of Dr. R. Pauli.) London. 1884.
The Anglo-Saxon Version, from the Historian Orosius. By Ælfred the Great. Together with an English Translation from the Anglo-Saxon by Daines Barrington. London. MDCCLXXIII.

King Alfred's West-Saxon Version of Gregory's Pastoral Care. With an English translation, [the Latin text,] notes, and an introduction. Edited by Henry Sweet, Esq., of Balliol College, Oxford. London. MDCCCLXXI. (Early English Text Society. 45. 50.
Dazu der lateinische Text, der bei Sweet nicht steht, nach: Divi Gregorii Papæ I. cognomento Magni, Liber de Pastorali Cura. Novam editionem curavit E. W. Westhoff, Parochus Diesteddensis SS. Theol. Dr. Monasterii Westphalorum. 1846.

King Alfred's Anglo-Saxon Version of Boethius De Consolatione Philosophiæ: With an English translation, and notes: By J. S. Cardale. London. MDCCCXXIX.

Nebenher: King Alfred's Anglo-Saxon Version of Boethius De Consolatione Philosophiæ: With a literal English translation, notes, and glossary. By the Rev. Samuel Fox, M. A., of Pembroke College, Oxford, and Rector of Morley, Derbyshire. London. 1890.
An. Manl. Sever. Boethi Consolationis Philosophiæ Libri V. Anglo-Saxonice redditi ab Alfredo, inclyto Anglo-Saxonum Rege. Ed. Christoph Rawlinson. Oxoniæ. MDCIIC.
Dazu der lateinische Text nach: Anicii Manlii Severini Boethii de Consolatione Philosophiæ Libri V. . . . . ed. Theodorus Obbarius Phil. Dr. et AA. LL. Mag. Jenæ. MDCCCXLIII.

Blooms by King Ælfred. From Flores Soliloquiorum of S. Augustinus. [A modern version in þe Jubilee Edition of Ælfreds works.] Ms. Cott. Vitell. A. XV. Fol. 1ª. In „The Shrine", a collection of occasional papers on dry subjects. Ed. by O. Cockayne. London, 1864—69. S. 163 ff.
Nebenher der Neudruck von W. H. Hulme. Engl. Stud. 18. 331—356.

Libri Psalmorum versio antiqua latina; cum Paraphrasi Anglo-Saxonica, partim soluta oratione, partim metrice composita. Nunc primum e cod. ms. in Bibl. Regia Parisiensi adservato descripsit et edidit Benjamin Thorpe, S. A. S. Soc. Lit. Isl. Hafn. Soc. Hon. Oxonii. MDCCCXXXV. Dazu: Tangers Collation in der Anglia (VI. 127 ff.).

Die Gesetze der Angelsachsen . . . . herausgegeben von Dr. Reinhold Schmid, Professor der Rechte zu Bern. Zweite . . . Auflage. Leipzig 1858. S. 58—109.
Nebenher: The Legal Code of Ælfred the Great edited with an Introduction by Milton Haight Turk, Ph. D. White Professor of English in Hobart College. Halle. 1893.

König Alfreds Vorrede zur Übersetzung der Dialoge Gregors. In Krebsens Aufsatz über „Die angelsächsische Übersetzung der Dialoge Gregors" in Anglia II. (S. 68/69).

The Whole Works of King Alfred the Great. Jubilee Edition. (Edited by J. A. Giles.) 3 vols. (2 Bde.) London 1858.

VERZEICHNIS
der übrigen benutzten Werke und Abhandlungen.

Bock, K. Die Syntax der Pronomina und Numeralia in König Alfreds Orosius. Göttinger Doktorschrift. 1887.
Bosworth, J. A Compendious Anglo-Saxon and English Dictionary. London 1876.
Bosworth, J. An Anglo-Saxon Dictionary. Edited and enlarged by T. Northcote Toller. Oxford, 1882—1892. (A—swiðrian.)
Breitkreuz, O. Ein Beitrag zur Geschichte der Possessivpronomen in der englischen Sprache. Erlanger Doktorschrift. Göttingen 1882.

ten Brink, B. Geschichte der englischen Litteratur. I. (Berlin 1877.) S. 94—103.

Callaway, M. The Absolute Participle in Anglo-Saxon. Doktorschrift. Baltimore 1889.

Chase, F. H. The Absolute Participle in the Old English „Apollonius". Modern Language Notes. VIII. 486—489.

Conradi, B. Darstellung der Syntax in Cynewulf's Gedicht „Juliana". Leipziger Doktorschrift. Halle 1886.

Cosijn, P. J. Altwestsächsische Grammatik. Haag 1888.

Cosijn, P. J. De taalvormen van Aelfred's Pastoraal. Overgedrukt uit de Taalkundige Bijdragen. (Leiden 1878.)

Delbrück, B. Ablativ Localis Instrumentalis im Altindischen Lateinischen Griechischen und Deutschen. Berlin 1867.

Delbrück, B. Ueber den indogermanischen, speciell den vedischen Dativ. In Kuhns Zeitschrift XVII. (1868.) 81 ff.

Delbrück, B. Vergleichende Syntax der indogermanischen Sprachen. I. (Dritter Band von Brugmanns „Grundrifs der vergleichenden Grammatik der indogermanischen Sprachen.") Strafsburg 1893.

Dewitz, A. Untersuchungen über Alfred's des Grofsen westsächsische Übersetzung der „Cura Pastoralis" Gregor's und ihr Verhältnifs zum Originale. Breslauer Doktorschrift. Bunzlau 1889.

Dietrich. Über den nordischen Dativ. In Haupts Zeitschrift VIII. (1850.) 23 ff.

Einenkel, E. Streifzüge durch die mittelenglische Syntax unter besonderer Berücksichtigung der Sprache Chaucer's. Münster i. W. 1887.

Einenkel, E. Syntax. In Pauls „Grundrifs der germanischen Philologie". I. 907—930.

Erdmann, O. Untersuchungen über die Syntax der Sprache Otfrids. Halle 1874 u. 1876.

Flamme, J. Syntax der Blickling Homilies. Bonner Doktorschrift. 1885.

Flebbe. Der elliptische Relativsatz im Englischen. In Herrigs Archiv, 60. Bd., S. 85 ff.

Fleischhauer, W. Ueber den Gebrauch des Conjunctivs in Alfred's altenglischer Uebersetzung von Gregor's Cura Pastoralis. Erlangen 1885.

Fricke, R. Das altenglische Zahlwort, eine grammatische Untersuchung. Erlangen 1886.

Furkert, M. Der syntaktische Gebrauch des Verbums in dem angelsächsischen Gedichte vom heiligen Guthlac. Leipziger Doktorschrift. 1889.

Grein, C. W. M. Sprachschatz der angelsächsischen Dichter. Cassel u. Göttingen 1861 u. 1864.

Grimm, J. Deutsche Grammatik. Vierter Theil. Göttingen 1837.

Hennicke. Der Conjunctiv im Altenglischen und seine Umschreibung durch modale Hülfsverba. Göttinger Doktorschrift. 1878.

Hertel, B. Der syntaktische Gebrauch des Verbums in dem angelsächsischen Gedichte „Crist". Leipziger Doktorschrift 1891.

Höser, J. Die syntaktischen Erscheinungen in Be Domes Dæge. Halle a. d. S. 1889.

Hofer, O. Der syntaktische Gebrauch des Dativs und Instrumentals in den Cædmon beigelegten Dichtungen. Leipziger Doktorschrift. Halle a. d. S. 1884.

Holtbuer, F. Der syntaktische Gebrauch des Genitives in Andreas, Gûðlac, Phönix, dem heiligen Kreuz und Höllenfahrt. Leipziger Doktorschrift. Halle a. d. S. 1885. (Auch: Anglia VIII. 1 ff.)

Hotz, G. On the use of the subjunctive mood in Anglo-Saxon, and its further history in Old English. Züricher Doktorschrift. 1882.

Hüllweck, A. Ueber den Gebrauch des Artikels in den Werken Alfreds des Grofsen. Berliner Doktorschrift. Dessau 1887.

Kellner, L. Historical Outlines of English Syntax. London 1892.

Kempf, E. Darstellung der Syntax in der sogenannten Cædmon'schen Exodus. Leipziger Doktorschrift. Halle a. d. S. 1888.

Kern, J. H. Zur Cura Pastoralis. In Paul u. Braune's Beiträgen XVI. 554 ff.

Klinghardt, H. *þe* und die relative Satzverbindung im Angelsächsischen. In den „Beiträgen zur deutschen Philologie". (Halle 1880) S. 193 ff.

Koch, C. F. Historische Grammatik der englischen Sprache. II². Cassel 1878.

Köhler, A. Ueber den syntaktischen Gebrauch des Dativs im Gothischen. Göttinger Doktorschrift. Dresden 1864.

Kölbing, E. Untersuchungen über den Ausfall des Relativ-Pronomens in den germanischen Sprachen. Strafsburg 1872.

Körting, G. Encyklopaedie und Methodologie der englischen Philologie. Heilbronn 1888. (S. 326 ff., 410—411.)

Körting, G. Grundrifs der Geschichte der englischen Litteratur. Münster i. W. 1887. (§§ 53—59.)

Krefs, J. Ueber den Gebrauch des Instrumentalis in der angelsaechsischen Poesie. Marburger Doktorschrift. 1864.

Kube, E. Die Wortstellung in der Sachsenchronik (Parker Manuscript). Jenaer Doktorschrift 1886.

Kühn, P. Th. Die Syntax des Verbums in Ælfrics „Heiligenleben." Leipziger Doktorschrift 1889.

Lehmann, A. Der syntaktische Gebrauch des Genetivs in Ælfreds Orosius. Leipziger Doktorschrift 1891.

Leicht, A. Ist König Ælfred der Verfasser der alliterierenden Metra des Boetius? Leipziger Doktorschrift. Halle 1882. (Auch Anglia VI. 126—170.)

Leicht, A. Zur angelsächsischen Bearbeitung des Boetius. In der Anglia, VII. 178—202.

Lenz, Ph. Der syntaktische Gebrauch der Partikel *ge-* in den Werken Alfred des Grofsen. Heidelberg 1886.

Lichtenheld, A. Das schwache Adjectiv im Angelsächsischen. In Haupts Zeitschrift 16. (N. F. 4.)

Lohmann. Über die Auslassung des englischen Relativpronomens. In der Anglia, III. 115 ff.

Mätzner, E. Englische Grammatik. 2. und 3. Band. Berlin 1864 u. 1865.

March, F. A. A Comparative Grammar of the Anglo-Saxon Language. London 1870.

Mather, F. J. The Conditional Sentence in Anglo-Saxon. Baltimorer Doktorschrift. Munich 1893.

Mohrbutter, A. Darstellung der Syntax in den vier echten Predigten des angelsächsischen Erzbischofs Wulfstan. Münsterer Doktorschrift. Lübeck 1885.

Moller, A. Ueber den Instrumentalis im Heliand und das homerische Suffix *φι* (*φιν*). Programm des städtischen Gymnasiums zu Danzig. 1874.

Müller, A. Der syntaktische Gebrauch des Verbums in dem angelsächsischen Gedichte von der Judith. Leipziger Doktorschrift. 1892.

Müller, F. Max. Lectures on the Science of Language. [6]. London 1871.
Müller, Th. Angelsächsische Grammatik. Her. v. Hilmer. Göttingen 1883.
Nader, E. Zur Syntax des Beówulf. Programme der Staats-Ober-Realschule. Brünn 1879 u. 1880.
Nader, E. Der Genitiv im Beówulf. Programm der deutschen Staats-Ober-Realschule. Brünn 1882.
Nader, E. Dativ und Instrumental im Beówulf. Jahresbericht der Wiener Communal-Oberrealschule im ersten Gemeinde-Bezirke. Wien 1883.
Nader, E. Tempus und Modus im Beowulf. In der Anglia, X. 542—563. XI. 444—499.
Noack, P. Eine Geschichte der relativen Pronomina in der englischen Sprache. Göttingen 1882.
Pearce, J. W. The Regimen of wyrðe in the „Historia Ecclesiastica". In den Modern Language Notes, VI. (1891.) Sp. 1—4.
Penning, G. E. A History of the Reflective Pronouns in the English Language. Leipziger Doktorschrift. Bremen 1875
Philipsen, H. Über Wesen und Gebrauch des bestimmten Artikels in der Prosa König Alfreds auf Grund des Orosius (Hs. L.) und der Cura Pastoralis. Greifswalder Doktorschrift. 1887.
Planer, J. Untersuchungen über den syntaktischen Gebrauch des Verbums in dem angelsächsischen Gedicht vom Phoenix. Leipziger Doktorschrift. o. J.
Platt, J. Angelsächsisches. In der Anglia, VI. 171—178.
Prollius, M. Ueber den syntactischen Gebrauch des Conjunctivs in den Cynewulfschen Dichtungen Elene, Juliana und Crist. Marburger Doktorschrift. 1888.
Reufsner, H. A. Untersuchungen über die Syntax in dem angelsächsischen Gedichte vom heiligen Andreas. Leipziger Doktorschrift. Halle a. d. S. 1889.
Röfsger, R. Über den syntaktischen Gebrauch des Genitivs in Cynewulf's Elene, Crist und Juliana. Leipziger Doktorschrift. Halle 1885. (Auch: Anglia VIII. 338 ff.)
Rose, A. Darstellung der Syntax in Cynewulfs Crist. Leipziger Doktorschrift. Halle a. d. S. 1890.
Schilling, H. König Ælfred's angelsächsische Bearbeitung der Weltgeschichte des Orosius. Leipziger Doktorschrift. Halle a. d. S. 1886.
Schmidt, A. Untersuchungen über König Ælfreds Bedaübersetzung. Berliner Doktorschrift. (1889.)
Schrader, A. Das altenglische Relativpronomen mit besonderer Berücksichtigung der Sprache Chaucer's. Kieler Doktorschrift. 1880.
Schrader, B. Studien zur Ælfricschen Syntax. Göttinger Doktorschrift. Jena 1887.
Schrader, K. Über den syntactischen Gebrauch des Genitives in der gothischen Sprache. Göttinger Doktorschrift. 1874.
Schürmann, J. Darstellung der Syntax in Cynewulfs Elene. Viertes Heft der Neuphilologischen Studien. (Paderborn 1884.)
Seyfarth, H. Der syntaktische Gebrauch des Verbums in dem Cædmon beigelegten angelsächsischen Gedicht von der Genesis. Leipziger Doktorschrift. 1891.
Sievers, E. Angelsächsische Grammatik. [3]. Halle 1886.
Sohrauer, M. Kleine Beiträge zur altenglischen Grammatik. Berliner Doktorschrift. 1886.
Spaeth, J. D. Die Syntax des Verbums in dem angelsächsischen Gedicht Daniel. Leipziger Doktorschrift. 1893.

Sweet, H. An Anglo-Saxon Reader in Prose and Verse. [5]. Oxford 1885. S. LXXXVI—C.

Wack, G. Über das Verhältnis von König Aelfreds Übersetzung der Cura Pastoralis zum Original. Greifswalder Doktorschrift. 1889.

Wack, G. Artikel und Demonstrativpronomen in Andreas und Elene. In der Anglia, XV. (N. F. III.) S. 209—220.

Wichmann, J. König Aelfred's angelsächsische Übertragung der Psalmen I—LI excl. In der Anglia, XI. S. 39—96.

Wohlfahrt, Th. Die Syntax des Verbums in Ælfric's Uebersetzung des Heptateuch und des Buches Hiob. Leipziger Doktorschrift. München 1885.

Wright, Th. Anglo-Saxon and Old English Vocabularies. Second edition. By . . . Wülcker. London 1884.

Wülcker, R. Über die angelsächsische Bearbeitung der Soliloquien Augustin's. In Paul und Braune's Beiträgen zur Geschichte der deutschen Sprache und Literatur. Bd. 4. S. 101—131.

Wülfing, E. Darstellung der Syntax in König Alfred's Übersetzung von Gregor's des Grofsen „Cura Pastoralis". Erste Hälfte. Bonner Doktorschrift. 1888.

Wülker, R. Grundrifs zur Geschichte der angelsächsischen Litteratur. Leipzig 1885.

Ziemer, H. Junggrammatische Streifzüge im Gebiete der Syntax. [2]. Colberg 1883.

Verzeichnis der Abkürzungen.

Be.	Beda-Ausgabe von Smith, s. S. XXIII.
Or.	Orosius-Ausgabe von Sweet, s. S. XXIII.
Cp.	Cura-Pastoralis-Ausgabe von Sweet, s. S. XXIII.
Bo.	Boethius-Ausgabe von Cardale, s. S. XXIII.
So.	Soliloquien-Ausgabe von Cockayne, s. S. XXIV.
Ps.	Psalter-Ausgabe von Thorpe, s. S. XXIV.
Le.	Leges Alfredi Regis, her. von Schmid, s. S. XXIV.
Di.	Alfreds Vorrede zu den Dialogen Gregors, her. von Krebs, s. S. XXIV.
Jub.-Ed.	Jubilee-Edition of Alfred's Works, s. S. XXIV.
Bosworth.	Bosworth, Compendious Dictionary usw., s. S. XXIV.
B.-T.	Bosworth-Toller, Anglo-Saxon Dictionary, s. S. XXIV.
E. St.	Kölbings „Englische Studien".
Mo. La. No.	Modern Language Notes.
PBB.	Pauls und Braunes „Beiträge".
Hs.	Handschrift.
Hss.	Handschriften.
ü.	Überschrift.
P. R.	} vgl. § 78, S. 110, und § 96, S. 149.
U.	vgl. § 96, S. 149.

Die übrigen Abkürzungen bedürfen keiner Erklärung.

Druckfehler und Nachträge.

S. 7 § 6 Zeile 6 lies *übersetzen*: statt *übersetzen*;
„ 10 „ 9 „ 24 „ b. statt d.
„ 18 im Kopf lies 18 statt 81
„ „ Z. 8 lies wafian statt wafian
„ „ „ 2 v. u. lies Ps. statt us.
„ „ „ 1 „ „ „ unaseegendlican statt Pnaseegendlican
„ 22 „ 3 „ „ „ bætan statt lætan
„ 38 § 33 Z. 3 lies geþafian statt geþafian
„ 45 Z. 17 füge hinzu: Di. 69 eallum þam þe Godes willan wyrceað.
„ 49 „ 10 lies 373. b. statt 373. 2.
„ 50 „ 2 füge hinzu: Di. 68 mid cynehades mærnysse; þurh haligra boca
gesægene; be haligra manna þeawum and wun-
drum; 69 be haligra monna larum and þeawum
and life.
„ 63 g. Z. 4 füge hinzu hinter „learning" in der Klammer: „*verbessert
es aber in einer Anmerkung auf S.* 509 *zu:* who
are very similar to me."
„ 79 Z. 1 v. u. lies fultumian statt fultumian
„ 107 § 76 letzte Zeile füge hinzu: Di. 68 us . . . is seo mæste ðearf
þæt we . . . .
„ 109 Z. 14 füge hinzu: Di. 69 þam wæs nama Petrus.
„ 112 zwischen Z. 2 und 3 füge hinzu: awritan, *aufschreiben*. Di. 68 þæt
hi me of Godes bocum be haligra
manna þeawum and wundrum awriten þas æfterfylgendan lare. *Vgl.
beim Akkusativ* § 97, S. 164.
„ 113 Z. 23 lies bereafian statt bereafian
„ 118 „ 5 füge hinzu: Di. 68 þam þe God swa micle heanesse world-
geþingða forgifen hafað.
„ 122 „ 5 lies 103. statt 193.
„ 132 „ 11 „ ure statt urc
„ 156 „ 20 v. u. lies alædan statt abædan
„ 229 „ 17 „ „ „ dome statt ðome.
„ 230 „ 15 „ „ „ Sweet statt Sweet:
„ 275 „ 2 „ „ am Anfange lies: *wortes mit* . . . .
„ 287 „ 10 „ „ lies 7. statt 6.
„ 292 „ 18 „ „ lies IV. statt VI.
„ 354 „ 4 lies Reflective statt Reflexive
„ 403 „ 2 „ Nominativ statt Nomminativ

DIE SYNTAX DER EINZELNEN WORTKLASSEN.

Erster Abschnitt.

DAS HAUPTWORT.

Litteratur:

A. Rose, Darstellung der Syntax in Cynewulfs Crist. Leipziger Doktorschrift. Halle 1890. (Behandelt nur Numeri und Kasus.) — Besprochen von Wülfing in den Engl. Stud. XVI. 294 ff.

Erste Abteilung.

DIE EINZELNEN KASUS.

Erstes Kapitel.

DER NOMINATIV.

Litteratur:

E. Nader, Zur Syntax des Beówulf. Progr. d. Staats-Ober-Realschule in Brünn. 1879.

1. *Der Nominativ, der Kasus der Unabhängigkeit, ist der* §1 *Kasus des grammatischen Subjektes:* **Be.** 500, 20 se gast up heofon gesohte; *usw. usw.* **Or.** 34, 25 wæs se hunger on þæs cyninges dagum on Egyptum þe mon hæt Amoses; *usw. usw.* **Cp.** 106, 8 se caldormon sceal lætan hiene selfne gelicne his hieremonnum; *usw. usw.* **Bo.** 66, 17 forþam heora dysige men wafiaþ; *usw. usw.* **So.** 169, 2 æalle þing synt under hym oððe mid hym; *usw. usw.* **Ps.** 9, 7 and heora gemynd onweg gewat mid þam myclan hlisan; *usw. usw.* **Le.** 64, 3 þa Apostolas and þa eldran brodor hælo cow wyscað; *usw. usw.* — *Diese wenigen Belegstellen mögen hier genügen.*

§ 2　　　　2. *Im Nominativ erscheint auch die prädikative Ergänzung bei* beon *und bei intransitiven und passiven Zeitwörtern.
Indem ich auf die ausführliche Behandlung des Prädikatsnomens
im zweiten Hauptteile (I. Abschnitt. IV. Abteilung. I. Kapitel) verweise, möchte ich hier nur eine Stelle besprechen:* Be. 481, 39 his
rices ðy ðriddan geare Aetius wæs haten mære man, se wæs in ær
heahealdorman; *so lese ich mit Unterdrückung des Punktes zwischen* haten *und* mære, *und übersetze demnach die ganze Stelle:
„Ferner im 23. Jahre seiner Regierung war ein edler Mann A.
geheifsen; der war . . .". Obgleich nämlich sonst im Beda die
Punkte meist sinngerecht angebracht sind, mufs der hier stehende
doch als falsch betrachtet werden, da sonst die Satzverbindung kaum
zu erklären wäre;* denn wohl stehen solche appositionelle Einschalte-
sätze wie „A. wæs haten" hinter dem dazu gehörigen Hauptworte,
nicht aber davor, wie es hier der Fall sein würde. — Auch Miller setzt die Zeichen in seiner neuen Beda-Ausgabe so wie ich, und
übersetzt: „. . there was a famous man named Aetius". Der lat.
Urtext lautet: „anno . . . ., Aetius vir inlustris qui et Patricius
fuit, ..."

Zweites Kapitel.

DER GENITIV.

Littcratur:

E. Nader, Der Genetiv im Beówulf. Progr. d. Staats-Ober-
Realschule in Brünn. 1882. — Besprochen von Klinghardt in den
Engl. Stud. VI. 288.

Fr. Holtbuer, Der syntaktische Gebrauch des Genitives in
Andreas, Gûðlac, Phönix, dem heiligen Kreuz und Höllenfahrt.
Leipziger Doktorschrift. Halle 1884. (Auch: Anglia VIII. 1 ff.)

R. Rössgcr, 'Über den syntaktischen Gebrauch des Genitivs
in Cynewulf's Elene, Crist und Juliana. Leipziger Doktorschrift.
Halle 1885. (Auch: Anglia VIII. 338 ff.)

A. Lehmann, Der syntactische Gebrauch des Genetivs in
Aelfreds Orosius. Leipziger Doktorschrift. 1891. — Besprochen
von Wülfing in den Engl. Stud. XIX. 119 ff.

K. Schrader, Über den syntactischen Gebrauch des Genitives in der gothischen Sprache. Göttinger Doktorschrift. 1874.

Zur Entstehung und Bedeutung des Namens Genitiv vgl.
M. Müller, Lectures on the Science of Language.⁶ I. 121 f.,
Nader, a. a. O., S. 3 und Schrader, a. a. O., S. 2 ff., wo auch
über den Zusammenhang des Genitivs mit dem Eigenschaftsworte
gehandelt wird.

A. Der Genitiv bei Eigenschaftswörtern.

*Der Genitiv dient zunächst zur Ergänzung von Eigen-
schaftswörtern, und zwar steht er:*

1. *Bei solchen, welche Fülle, Überfluſs, Leere, Mangel,* § 3
Freisein u. ä. bezeichnen.
   a. **æmanne** (?), *verlassen, frei von* (?). *In den Wörter-*
büchern findet sich nur æmen (*nach B.-T.:* æ + man = unmanned,
depopulated, desolate), *und mit dem einzigen Belege:* Guthl. 187
stod seo dygle stow idel and æmen. So. 165, 8 þu beþorftest
þæt ðu hæfdest digele stoge. & æmanne ælces oðres þinges (= *und*
jeden anderen Dinges baar?) & fæawa cuðe men & creftige mid
þe, ðe nanwiht ne amyrdan ac fultmodon to þinum crefte. *Nun*
heiſst es weiter: þa cwæd Ic. ic nebbe nan þara ne þonne æmenne
ne oðera manna fultum ne swa dygela stowe. *Wenn diese zweite*
Stelle nicht verderbt oder umgestellt ist, müſste man danach æmenne
für ein Hauptwort mit der Bedeutung „Verlassensein, Freisein von"
halten; dies könnte dann auch für die erste Hälfte gelten, wo als-
dann der Punkt zwischen stoge *und* & — *was allerdings in den*
So. *selten der Fall ist* — *richtig angebracht wäre. Als Eigen-*
schaftswort erscheint æmenne *aber noch, allerdings ohne Genitiv:*
Or. 76, 16 þa hie hit þær swa æmenne (= *so verlassen, so einsam)*
metton; 134, 12 hwy hit (= ðæt fæsten) swa æmenne wære.
Vgl. Cosijn, a. a. O., II. S. 75.
   b. **æmettig, æmtig,** *ledig, frei von. Vgl. § 40. l.* — **Cp.**
126, 23 ðæt hie æmettige beoð ðære scire; 190, 13 ða anlepan
menn þe æmtige beoð ðæs ðæt hie for oðre menn swincen.
   c. **clæne,** *rein, frei von. Vgl. § 40. m.* **Be.** 608, 21 his
lichoma ..... wæs clæne ælcere brosnunge funden (= corpus
.... corruptionis inmune repertum); 639, 30 he ... wæs clæne
gemeted ðara ðinga ðe hine mon forewregde & onstælde. **Cp.**
40, 14 þæt hie gehealdað hiera lichoman firenlusta clænne; 378,
13 ic eom clæne & unscyldig nugit todæg eowres ælces blodes;
eowres *ist hier an* ælces *angeglichen,* = eower; *vgl. Sweets Anm.*
zu 63, 1 auf S. 478.
   d. **earm,** *arm an.* **Cp.** 389, 8 hu earme we bioð ðara
eeena ðinga. **Bo.** 142, 8 hu ne biþ ælc mon genog earm þæs
ðe he næfþ.
   e. **freo,** *frei von. Vgl. § 40. o.* **Cp.** 176, 21 ða þe bioð
frio ðara benda; *ebenso* 393, 21. **So.** 188, 30 forðam ic wat swa
swa ðu freora byst þissa weorlde þinga swa ðu sweotolor ongyst
be ðam wisdome þe ðu wilnast.
   f. **full,** *voll von. Vgl. § 41.* **Be.** 522, 28 he ða eald &
dagena full (= senex et plenus dierum), þæt is godra dæda
.... fædera weg wæs fyligende; *ebenso* 530, 11 (*bezeichnend ist,*
daſs der Übersetzer dieselbe Redensart wie vorher [„senex ac plenus dierum"] *hier ohne weiteres übersetzt:* „ald & godra dæda
full"); *ferner* 621, 22; 643, 23 ðe we gehyraþ fulle beon ealre
rihtwisnesse (= quam plenam esse rationis audimus); 605, 30
wæs he wæteres full gemeted (= aqua plena); 606, 15 hi hine
... teara fulne ... atugon (= lacrimis plenum); 618, 12 sende

1*

him glæsfæt full wines (= misit ei calicem vini; *Miller liest:*
sende him glæsfulne wines; *die andere Lesung scheint mir richti-*
ger); 627, 38 oþer dæl wæs weallendum ligum full swiþe egesfullice, oþer wæs nohte ðy læs unaræfnendlic cyle hagles & snawes full (= unum latus flammis ferventibus nimium terribile,
alterum furenti grandine ac frigore nivium omnia perflante atque
verrente non minus intolerabile praeferebat); *Miller liest:* „un-
aarefndlice", *streicht das letzte* full, *und übersetzt:* one part was
very dreadful, being full of boiling flames, the other was not less
intolerable through the chill of hail & snow. *Ich lasse das erste*
full *nicht mit dem Dativ* weallendum ligum *zusammenhängen, son-*
dern als Adverb mit swiþe egesfullice, *also:* „der eine Teil war
gar sehr schrecklich wegen der wallenden Flammen"; in der zwei-
ten Hälfte könnte man allenfalls full *stehen lassen, und übersetzen:*
„*der andere war um nichts weniger unerträglich wegen der Kälte,*
[und] voll von Hagel und Schnee"; es wäre sehr auffallend, wenn
das erste full *mit einem Dativ verbunden wäre; man könnte dies*
höchstens durch ein lat. plenus *mit dem Ablativ erklären, was aber*
nicht vorliegt; auch wird im unmittelbar folgenden Satze grade
eine solche Verbindung durch full *mit dem* Gen. *wiedergegeben:*
627, 39 wæs æghwæþer monna sawla full (= animabus hominum plenum).. Or. 21, 16 þeah man asette twegen fætels full
calað oððe wæteres; 258, 13 twa cista, þa wæron attres fulle (=
arca venenorum pocula continens). Cp. 194, 20 hie wæron ...
utan mid eagum besett & eac innane eagna full; 280, 8 ðæt hio
wære .... deaðberendes atres full; 330, 7 ne wierð se gidsere
næfre full fios; ·465, 16 ic wæs full ægðer ge welona ge godra
weorca. Bo. 42, 24 se wer is Wisdomes· & Cræfta full; 46, 13
buton þu gyt to full sy þæs þe þe læfed is; 156, 22 ælces un-
þeawes & firenlustes full; 158, 15 ealle bec sint fulle þara bisna;
192, 4 siððan he þæs welan full biþ; 210, 11 ðonne is sum god
full ælces willan; 212, 7 se hehsta god is ælces godes fullast;
15 God is full ælcre fullfremednesse; 256, 21 he wære full ælcre
gesælþe; 294, 23 þa yfelan .... sint fulle ælces yfeles. So. 168,
4 þu wunast swa ful ælces goodes on ecnesse. Ps. 9, 27 his
muð byð symle full wyrignessa, and bitera worda, and facnes,
and searuwa; *ebenso* 13, 6; 25, 9 þæra weorc syndon fulle unrihtwisnesse; *ähnl.* 47, 9; 49, 20; 37, 7 eall min lichama is full
flæsclicra lusta.

g. **hean**, *(niedrig, gedrückt,) arm an.* Or. 296, 22 hu
hean he eft wearþ his geblota & his diofolgilda þe he on ge-
lifde, þa þa ge hiene gebundenne hæfdon; *Thorpe übersetzt (S. 511):*
how humble he was afterwards with his sacrifices & his idols;
hean *scheint mit dem Gen. sonst nicht vorzukommen.*

h. **idel**, *leer an.* Cp. 58, 18 ða þe idle beoð swelcra giefa.

i. **mægleas**, *arm an, ohne, eigentl.:* „without kinsmen". Le.
86, 27 fædrenmæga mægleas mon.

j. **nacod**, *entblößst von.* **Cp.** 431, 9 se lytega feond swa
micle iedelicor dæt mod gewundað, swa he hit ongiet nacodre
dære byrnan wærscipes. (*Sweet:* the more bare he perceives it
to be of the breastplate of caution).

k. **oferdruncen**, *betrunken, übervoll von.* **Cp.** 294, 3 dæt
mod, da hwile þe hit bið oferdruncen dæs irres (*Sweet:* intoxi-
cated with passion).

l. **rummod**, *freigebig, verschwenderisch mit. Die Person, gegen die man freigebig ist, steht im Dativ, s. § 55 ff.* **Cp.** 60, 13
he ne sie gidsiende oðerra monna æhta, ac sie his agenra (sc.
æhta) rummod.

m. **sicor**, *sicher vor, frei, schuldlos von; nicht etwa: einer
Sache gewiß.* **Cp.** 425, 3 swa us bið æt Gode, ðonne we wið
hine gesyngiað, ðeah we næbre eft swa ne don, gif we dæt gedone mid nanum ðingum ne betað ne ne hreowsiað, ne bio we
no dæs sicore; gif us dæt ne mislicað dæt us ær licode, ðonne
ne bið hit no us færgiefen.

n. **wædla**, *arm an. Eigentl. ein Hauptwort, das aber adjektivisch verwendet wird.* **Be.** 605, 18 wæs seo stow ge wæteres wædla (= inops) ge eorþwæstma ge treowa. **Ps.** 36, 24 ne
geseah ic næfre rihtwisne man forlætenne, ne his sæd þæt wære
hlafes wædla (= egens panem).

2. *Bei Eigenschaftswörtern wie* begierig, sorglos, *unbe-*   § 4
kümmert u. ä.

a. **georn**, *begierig nach.* **Vgl.** girnan *§ 11. e.* **Or.** 122. 21
ægþer þara folca wæs þæs gefeohtes georn.

b. **geornful**, *begierig nach.* **Or.** 80, 20 hie woldon ge-
ornfulran beon þære wrace þonne oþere men; 196, 17 Romane
wæron þæs færeltes swa geornfulle. **So.** 187, 20 ælc þara þe
hys wilnað & þe hys geornful byt.

c. **gifre**, *begierig nach.* **Bo.** 118, 15 ic heora eom swiþe
gifre ægþer ge to geherenne ge eac to gehealdanne.

d. **gimeleas**, *sorglos, unbekümmert um.* **Cp.** 431, 19 ðonne
hit bið to gimeleas his agenra ðearfa.

e. **grædig**. *begierig nach.* **Cp.** 36, 2 he weard eft swæ
ungemetlice grædig dæs godan deades (= *David wurde begierig
nach dem Tode des guten [Urias]*).

f. **oflyst** *(eigentl. ein Part. Pass.), sehr begierig nach.* **Bo.**
262, 17 he wæs oflyst dæs seldcuþan sones (*Cardale:* captiva-
ted with the unaccustomed sound).

g. **orsorg**, *sorglos, unbekümmert um, daher auch: frei von.*
Cp. 166, 21 ðonne mæg he beon orsorg dæs monslihtes; 401, 2
swa hie orsorgran bioð ðisses middangeardes ymbhogena; 427,
3 hu mæg se bion orsorg dære wrace his scylda, se ðe . . . .;
hu mæg he hira bion orsorg. **Bo.** 42, 25 se wer is . . . genog
orsorg . . . . ælces corþlices eges; 224, 30 uton lætan þonne bion

þas sprǽce & bion unc þǽs orsorge *(Cardale und Fox über-*
setzen: and be so far secure, *als ob* þǽs *Adverb* = so far *sei)*;
342, 4 swa bioþ ða men eallra orsorgoste ǽgþer gc ðises andweardan lifes earfoþa ge ðǽs toweardan, þa ðe ..... Ps. 30,
22 þu hi gehydst and gehyldst hale and orsorge, [ǽgðer ge
modes ge lichaman,] butan ǽlcere gedrefednesse *(= unbekümmert*
um Seele und Leib) ; *man könnte aber auch, und vielleicht besser (?),*
die Genitive zu gedrefednesse *ziehen.*   ·
  h. **orsorglic,** *unbekümmert um, sicher vor.* Cp. 399, 21 hit
mǽg ðeah bion orsorglic ælcra wita.
  i. **ðursteg,** *durstig auf, nach.* Bo. 54, 24 hio hiora simle
bið ðurstegu.

§ 5   3. *Bei Eigenschaftswörtern wie würdig, schuldig und deren*
Gegenteil. — *Über* deorwyrþe, *das einmal scheinbar mit einem Gen.*
verbunden ist, vgl. § 55. h.
  a. **medeme,** *eigentl. mittel, dann gemäfsigt, dadurch voll-*
kommen, und dann würdig, geeignet für, fähig zu. Bo. 316, 31
he wyrþ ælces cræftes medeme; 318, 5 þæt he sie ælces ðinges
swa medeme swa ....
  b. **scyldig.** *Vgl. beim Dativ § 63. B. a.* — 1. *schuldig (eines*
`Vergehens).` Cp. 142, 3 he bið diernegeligres scyldig wið God.
Le. 60, 25 ne sie he na mansleges scyldig; *ebenso* 62, 25.
  2. *schuldig (einer Strafe).* Be. 591, 41 ðu eart wiþ me deaþes *(Miller:* deaþe) scyldig (= dignus quidem es morte).
  3. *verwirkt habend.* Le. 72, 4 sie he his feores scyldig and
ealles þæs þe he age; *ebenso* 72, 2; 72, 5 sie he scyldig cyninges mundbyrde and þære cirican friðes ; *das Lat. hat:* culpabilis
sit infractionis regiae pacis et ecclesiae, *also eine etwas andere*
Auffassung; noch anders B.-T., er *bringt die Stelle nicht unter der*
ersten Bedeutung von mundbyrd = protection, patronage, aid,
wohin sie m. E. gehört, sondern unter der zweiten: the fine paid
for a violation of mund (= the king's peace), *und übersetzt* sc.
durch liable to pay; *ich übersetze wie Schmid: „Er habe ver-*
wirkt des Königs Schutz (mundbyrde *auch Gen.!) und der Kirche*
Frieden."
  4. *verantwortlich für.* Cp. 160, 1 ðylæs he sie scyldig ealra
hiera scylda; 376, 20 ðæt he sie genoh ryhtlice his broður deaðes scyldig.
  c. **unscyldig,** *unschuldig an.* Be. 639, 30 (he) unscyldig & butan leahtrum wæs clæne gemeted ðara ðinga ðe hine
mon forewregde & onstælde; *ob* ðara ðinga *wirklich auch zu*
unsc. *gehört, ist nicht ganz klar.* Cp. 378, 11 ðæt he swæ micle
unscyldigra wære his nihstena blodes swæ . . .; 13 *(vgl. § 3. c.).*
  d. **unwyrðe,** *unwürdig (einer Sache).* Be. 564, 2 þæt he
wære swa mycles hades unwyrþe. Cp. 30, 15 ða þe his (= ðæs
halgan hades) unwierðe wæron.

e. **wyrðe**, *würdig (einer Sache). Kommt auch — grade in dieser Bedeutung — mit dem Dativ vor, vgl. § 64.* **Be.** 478, 23 wæs þæt ðæs wyrþe þæt seo stow swa wlitig wære; *ähnl.* 500, 33; 516, 24; 528, 33; 478, 43 he wæs . . . . þæs heofonlican rices wyrþe geworden; 495, 11 ne sceal he hine wyrþne tellan broþra & Godes ðeowa gesomnunge (= dignum se congregationi fratrum aestimare non debet); 530, 30 he ðone mihte him to bisceop gehadian, & he hine ðæs wyrþne wiste on his lifes gcearnungum; *usw. usw.* **Or.** 194, 31 se him þone ren to gescildnisse onsende, þeh hie þæs wyrþe næron; 292, 15 se wære wierðe ealra Romana onwaldes for his monigfealdum duguðum. **Cp.** 60, 19 his weore sculon ðæs wierðe beon þæt him oðre men onhyrien; *ähnl.* 116, 18; 226, 11; 190, 7 swæ manigra wita hie beoð wyrðe; 200, 23 he sceal his hlaford æghwelcre arc & weorðscipes wurðne (*H.:* wierðne) onmunan; *usw. usw.* **Bo.** 2, 13 þæt hi mostan heora ealdrihta wyrðe beon; 14, 22 swa hwa swa þæs wyrþe biþ, þæt he . . . .; 70, 24 þæt he sie ealles þæs welan wyrþe ðe on þisse worulde is; 132, 24 þætte þæt ðing sie ælces weorþscipes betst wyrþe ; *usw. usw.* **So.** 165, 17 þæt þu si ðe werðer þines cræftest (!); 170, 21 gedo me þæs wyrðne, þæt ic þe mote geseon; 189, 20 hwæs þu weorðe byst; 21 þæt he si þæs wyrðe þe he nis. **Ps.** 23, 4 he byð þæs wyrðe. **Le.** 58, 12 þæt weorð sie hire mægðhades; 60, 13 sie he feores wyrðe *(= so' sei ihm das Leben geschenkt);* 21 þæs ilcan domes sie he wyrðe; 98, 49 monnes tux bið XV scill. weorð *(= wert?).*

4. *Bei Eigenschaftswörtern wie* eingedenk, uneingedenk, *erfahren, unbekannt, vergefslich u. ä.* § 6

a. **blind**, *blind für, unerfahren in.* **Bo.** 184, 1 hit is swiþe earmlic ðing þæt ða dysegan men sint ælces domes swa blinde, þæt hi nyton hwær ða soþan gesælþa sint gehydde; *Cardale und Fox übersetzen;* it is a very miserable thing, that unwise men are so destitute of all judgment; *B.-T. führt die Stelle nicht an, ebensowenig Koch; sie scheint ein ἅπαξ λεγόμενον zu sein; ich übersetze: „für jegliches Urteil des Augenlichtes (d. h. hier bildlich = der Einsicht) beraubt", also „unerfahren in jeglichem Urteil". Man vgl. Grimm, Gr. IV.* 729, *der drei ahd. und mhd. Belege bringt.*

b. **fremde**, *fremd in, unbekannt mit, oder:* beraubt (?). **Cp.** 399, 27 nis hit (= ðæt lif ðara gesinhiwena) naht feor ascaden from ðisse worulde, ne eac noht fremde ðære ecan hælo. *fremde kommt sonst mit dem Dativ vor (vgl. § 60. c.); wir würden ihn auch hier annehmen müssen, wenn nicht ein unzweifelhafter Gen. belegt wäre in dem von Hollbuer (a. a. O., S. 31, § 18. c.), Koch (Gr. II.² S. 195, § 254) und B.-T. (S. 332) angeführten Beispiele aus „Andreas" (1780 = 892):* ðe ðara gefeana sceal fremde weorþan; *es scheint hiernach, dafs* fremde *die Person im Dat.*, *die Sache aber im Genitiv bei sich hat.*

c. **gemun,** *eingedenk. Vgl. die entsprechenden Zeitwörter, §§ 13. 14.* **Or.** 48, 11 swa gemune men wæron ælces broces, þætte hie . . . . .

d. **gemyndig,** *eingedenk. Vgl. §§ 13. 14.* **Be.** 546, 28 he wæs gemyndig his ondettnesse & his gehata (*andere Lesart:* he wæs swiþe gem. ðæs gehates); 569, 4 he wæs . . . swa swyþe his ðara nyhstana dogera gemyndig; 595, 20 þæt hi ealle gemyndige wæron hyre bysene; 600, 14 wæs he gemyndig his bebodes & eac his gehates; 607, 25 þæt ðu si gemyndig ðines (*fehlt bei Miller*) getreowan geþoftan. **Cp.** 36, 20 bið ðara swiðe gemyndig. **Ps.** 19, 3 gemyndig sy Drihten ealra þinra offrunga; 24, 6 for þinre myclan mildheortnesse beo þu min gemyndig; 41, 7 ic eom gemyndig þin; 44, 18 hy beoð gemyndige þines naman.

e. **gerad,** *erfahren in.* **Or.** 30, 5 hy . . . wurdon gerade wigcræfta.

f. **gewis,** *gewifs. Vgl.* j. **Be.** 599, 14 he wære gewis his sylfes forþfore (= *sah voraus). Die Person, der eine Sache (un)gewifs ist, steht im Dativ, s. § 60. m.*

g. **ofergeotol,** *vergefslich, uneingedenk. Vgl.* ofergitan *§ 14. o.* **Ps.** 9, 12 he nis na ofergeotol þara gebeda his þearfena (= non est oblitus clamorem pauperum); 43, 21 gif we ofergeotole wæron Drihtnes naman (= obliti sumus nomen).

h. **ungemynde, ungemyndig,** *uneingedenk.* **Be.** 630, 38 ðas ðing . . . se wer . . . na læs eallum monnum æghwær swongrium & heora lifes ungemyndum secgan wolde (= vitae suae incuriosis). **Bo.** 244, 9 swa hwa swa ungemyndig sie rihtwisnesse.

i. **ungerad,** *unerfahren in.* **Cp.** 90, 24 gif ðonne se sacerd bið ungerad ðæs lareowdomes, hwæt forstent ðonne his gehlyd? *In der Bedeutung „nicht übereinstimmend mit" hat* ungerad *die Person im Dativ bei sich, s. § 58. q.*

j. **unwis,** *unwissend in, unbekannt mit. Vgl.* f. **Be.** 499, 22 he wæs ðære godcundan æfestnysse unwis (= divinae religionis ignarus); 521, 22 wæs he Penda deofolgyldum geseald & ðæs Cristenan naman wæs unwis; *ähnl.* 582, 18.

§ 7   5. *Bei den Eigenschaftswörtern froh und gewaltig.*
a. **cræftig.** 1. *fähig.* **Bo.** 348, 22 sume men bioþ ælces cræftes full cræftige.

2. *gewaltig über.* **Ps.** 24, 12 Drihten is mægen and cræftig ælces þæra þe hine ondræt; *eine merkwürdige Verbindung, denn der Genitiv gehört sowohl zum Hauptworte* mægen *als zu* cræftig.

b. **gefægen, gefagen,** *froh über.* **Cp.** 305, 7 he sceolde beon ðære spræce sua micle gefægenra sua him mare ðearf wæs.

So. 199, 22 ic com þæs swa gefagen swa ic næfre mes nanes
þinges swa gefagen.

c. gesælig, *froh über, gesegnet mit.* Be. 529, 34 se cyning wæs god wæpned man & godes tudres & haliges gesælig
(= bona ac sancta sobole felix).

6. *Bei Eigenschaftswörtern, die eine Ausdehnung oder das* § 8
Alter bezeichnen.

a. brad, *breit.* Be. 481, 10 corþwall, þonc man nu gyt
to dæg sceawian mæg eahta fota bradne; 486, 20 se is ðreora
furlunga brad; 585, 2 is sæ betwih geseted ðreora mila brad.
Or. 18, 33 hit mihte beon þreora mila brad; 160, 25 seo corþe
wæs fif recra bræde to axan geburnen; *ist dieses bræde etwa Adverb? Thorpe scheint es als Hauptwort und als absoluten Akkus.
aufzufassen, wenn er übersetzt:* „the earth, for the breadth of
five acres, was burnt to ashes." Cp. 218, 10 ðæt holh sceolde
beon ... anre elne brad.

b. eald, *alt.* Be. 559, 26 he wæs hund nigontiges wintra eald. Cp. 385, 15 ær he wæs ðritiges geara eald.

c. heah, *hoch.* Be. 481, 10 ðonc man nugyt todæg sceawian mæg twelf fota heanne. Or. 74, 19 twegea elna heah
weall; 210, 32 þæt wæs twegea mila heah; 246, 11 þæt hie næren X fota hea bufan wætere.

d. long, *lang.* Be. 475. 19 þæt is ðrittiges mila lang.
Or. 18, 5 þa beoð eahta and feowertiges elna lange & þa mæstan fiftiges elna lange; 174, 17 heo wæs hund twelftiges fota
lang. Cp. 218, 10 ðæt holh sceolde beon ... anre elne long.
Le. 98, 45 gif in feaxe bið wund inces lang . . ., gif beforan
feaxe bið wund inces lang.

e. þicce, *dick.* Or. 32, 6 seo ea .. þæt land .. oferfleow
mid fotes þicce flode.

*Anmerkung: Häufig ist wegen der Form des Hauptwortes
oder des Zahlwortes nicht zu erkennen, in welchem Kasus die Mafs-
bestimmung steht; es könnte auch Akkus. vorliegen, und dann gehörten die ff. Beispiele unter § 120:* Be. 473, 11 þæt is Norþ ehta
hund mila lang & tu hund mila brad *(hier zeigt allerdings* tu,
dafs wohl sicher Akkus. anzunehmen ist); 475, 19 þæt is [ðrittiges
mila lang . . .] & twelf mila brad *(wegen* drittiges *ist wohl auch*
twelf *als Genitiv aufzufassen)*; 486, 19 mycel ealond, þæt is syx
hund hida micel. Or. 18, 4 ne bið he lengra ðonne syfan elna
lang; 22 wgþer sy syxtig elna lang; 30 hit mæg bion syxtig mila
brad; 20, 8 se Estmere is huru fiftene mila brad; 24, 12 hit is
eahta hund mila lang, & twa hund mila brad; 74, 15 he is L
elna brad, & II hund elna heah; 210, 30 se weall wæs XX fota
ðicce, & XL elna heah; *wäre* XX *hier Akk., so hinge* fota *davon
ab, nicht von* ðicce. *Vgl. auch* Lehmann, *a. a. O., S. 30 o.*

§ 9   7. *Bei Eigenschaftswörtern, die ein Übereinstimmen, ein Teilhaben ausdrücken:*
    a. **gerisene**, *übereinstimmend mit, entsprechend, geeignet für.* Be. 488, 34 he sona ðara gerisne andsware onsende; *man könnte vielleicht besser* ðara *als von* andsware *abhängigen objektiven Gen. ansehen — und das scheint Miller zu thun, wenn er übersetzt:* „and he soon returned a suitable answer to his enquiries" *— zumal* gerisene *auch mit dem Dativ vorkommt (s. § 58. h.). Das Lat. hat allerdings:* „nec mora, congrua quaesitui responsa recepit"; *die Hs. B. hat übrigens* ðam risne, *wo dann* ðam *allerdings auch wieder zu* onsende *gehören kann. Ferner findet sich* gerisene *mit einem Genitiv:* 603, 1 on cyricean Sce. Petres ðæs Apostoles æfter gerisenre are his lifes & his hada bebyriged wæs (= in Ecclesia beati Petri Apostoli, juxta honorem et vita et gradu ejus condignum conditus est). *Man vgl. Or.* 178, 17 þæt hiora gerisna nære þæt hie swa heane hie geþohten; *die Form* gerisna *ist unklar;* stände gerisne, *so hiefse es:* „dafs es für sie nicht geeignet, nicht passend wäre"; *B.-T. führt die Stelle unter dem Hauptworte* gerisene *an, das er als Neutrum fafst; Cosijn giebt* gerisna *(a. a. O., II. S. 33 o.) unter Nom. Akk. Pl. in der jâ-Deklination, sagt aber, es könne auch Neutr. Pl. des substantivierten Eigenschaftswortes (oder Partizipiums) sein; dann macht aber die Einzahl* nære *Schwierigkeiten.*
    d. **geðæf**, *übereinstimmend mit, einsehend, eingestehend.* Cp. 22, 22 hu he his agene unðeawas ongietan wille & hira geðæf bion; *Sweet übersetzt:* to perceive his faults & subdue them, *doch sagt er selbst in der Anmerkung zu dieser Stelle (S. 475):* „My translation of *geðæf* is purely conjectural. Is it connected with *geðâfian?" Es gehört allerdings zu* geðafian *(aber* ă, *nicht* ā); *B.-T. giebt:* „geþæf = agreeing, content; consentiens. — He his no geþæf wæs, he was not a consenting party to it, Cod. Dipl. 183"; *unsere Stelle bringt er nicht, sie entspricht aber jener genau, und ich übersetze:* „seine Fehler zu erkennen und sie einzugestehen." *Dieses Eigenschaftswort schliefst sich in dieser Bedeutung und Verbindung mit dem Gen. an das Hauptwort* geðafa an, *das sehr häufig in* Bo. (142, 25; 190, 4; 196, 12; 214, 27 ic his wæs ær geþafa; *usw. usw.)* und So. (181, 12 þonne sceal ic beo þæs geðafa; 182, 1; 186, 11; *usw. usw.), sowie* Cp. 306, 14 (he bið simle ryhtes geðeahtes geðafa *(Sweet:* the supporter of good designs)) *vorkommt und immer mit einem objektiven Gen. verbunden ist.*
    c. **type**, *teilhaftig.* Be. 607, 32 wæs on gaste gelæred þætte he wæs from drihtne type *(Miller:* tigþa) ðære bene ðe he bæd.

§ 10   8. *Das Eigenschaftswort* **gelic**, *das in der Regel mit dem Dativ verbunden wird (s. § 57. f.), erscheint in den So. einmal mit dem*

Gen., vielleicht nur in Folge eines Druckfehlers, vielleicht auch durch Nachlässigkeit des Schreibers: So. 171, 29 ic nat nanwiht Godes gelices = *ich weifs nichts, das Gott gleich sei.* — *Vielleicht sind hierher zu rechnen auch die Stellen, an denen das Hauptwort* gelica *mit dem zueignenden Fürworte (d. h. dem Gen. des persönl.) verbunden ist:* Or. 178, 18 þæt hie heora gelican wurden. Bo. 76, 4 swa he nu dyde . . . . to manegum heora gelicum *(hier kann* gelicum *allerdings auch Eigenschaftswort sein; dann gehörte diese Stelle also sicher hierher);* 198, 10 nan mihtigra þe nis, ne nan þin gelica; *ebenso* 20. Ps. 31, 11 þa men, þe heora gelican beoð; 34, 11 eala Drihten, hwa is ðin gelica? — *Alle diese Fälle sind zu vergleichen mit dem deutschen „meinesgleichen, deinesgleichen." Vgl. aber auch Kellner, Historical Outlines of English Syntax, § 304.*

Ob Or. 150, 31 — hie þæt gewinn þa þæs licost angunnan þe hi hit ær ne angunnen — *auch hierher gehört, ist nicht klar, denn man kann das* þæs *auch als Adverb auffassen.*

B. Der Genitiv bei Komparativen.

Während beim Komparativ das, womit etwas verglichen wird, § 10 *in der Regel durch* þonne *verbunden ist oder im Dativ steht (s. § 65), kommt auch einmal der Genitiv vor:* Bo. 176, 17 gif þu ðe wilt don manegra beteran & weorþran, ðonne scealt þu ðe lætan anes wyrsan (= et qui præire ceteros honore cupis, poscendi humilitate vilesces). — *Eine andere Stelle gehört wohl nicht hierher:* Cp. 439, 29 ge . . . lætað untiogoðad ðætte diorwyrðre is cowra oðra æhta; *Sweet übersetzt:* „what is more precious than your other possessions", *als ob eo. oð. wh. von dem Komparativ abhänge; e. o. w. ist m. E. vielmehr Akkusativ:* „what is more precious, viz. your other possessions"; *da die Bibelstelle von Alfred erweitert ist, kann ihre Fassung im Matth. keine Auskunft geben.* — *Vgl. auch* § 245 *zu* Cp. 4, 13.

C. Der Genitiv bei Zeitwörtern.

Der Gen. erscheint bei Zeitwörtern, und zwar gewöhnlich mit dem Begriffe der nur unvollständigen (geteilten) Berührung durch die Thätigkeit des Zeitwortes, z. T. auch als Vertreter anderer Kasus. Vgl. Erdmann, a. a. O., II. § 198. — Die Zeitwörter mit dem Gen. lassen sich in mehrere Gruppen einordnen.

1. *Bei den Zeitwörtern, die ein Erzielen, Streben, Be-* § 11 *gehren, Wünschen ausdrücken, bezeichnet der Genitiv das Ziel, den Inhalt. Vgl. auch* § 20.

a. earnian, *erstreben* (to labour for). *In der Bedeutung „verdienen" hat dies Zeitwort den Akk. bei sich, vgl. § 101.* Bo. 102, 8 earnigaþ þæs; 274, 14 ælces monnes ingeþanc wilnaþ to

þære soþan gesælþe to cumenne, ðeah he ungelice hiora ear-
nige; 350, 9 sumum monnum God selleþ ægþer ge god ge yfel
gemenged, forþæm hi ægþres earniaþ (*hier wohl* = to deserve (?)).
So. 171, 9 seige nu, hwæs þu earnodest oððe hwæt þu habban
woldest.

b. **ehtan,** *verfolgen, also: zu erreichen suchen. Wird auch
mit dem Akk. verbunden, s. § 101.* Or. 134, 14 hie his siþþan
wæran . . . ehtende; 190, 24 he þara ælces ehtend wolde
beon; 262, 5 he wæs monna ærest (= *zuerst von allen Menschen)*
ehtend cristenra monna; 11 sona swa Romane ærest cristenra
monna ehton; *ähnl. noch* 264, 7; 274, 4; 264, 27 þæt hie wæren
cristenra monna ehtend. Cp. 166, 4 ðylæs hwelc . . . his ehte;
222, 18 gebiddað for þa þe eower ehtað; 362, 1; 3 min mon
eht (= *man verfolgt mich)*; *ebenso* 374, 3. Bo. 390, 23 ne eht
he nanre wuhte. Ps. 7, 1 alys me fram callum þam þe min
ehtað; *ebenso* 9, 14; 16, *ü.* þe his ehton; 17, 36 ic ehte minra
feonda; *usw. usw.*

c. **fundian,** *erstreben, zu erreichen (erforschen) suchen.* Bo.
272, 2 þæt þu wilt oððe most eft fundian þara þiostra ðisse worulde (*Cardale:* to explore).

d. **geearnian,** *verdienen. Meist mit dem Akkus., s. §§ 78, 103.*
Ps. 7, 3 gif ic to þisum, þe me nu swencað, þæs geearnod hæbbe,
þæt hi nu doð, *d. h. wenn ich es durch Sünde erziell, d. h. verdient habe. Vgl. die letzte Bo.-Stelle bei a.*

e. **girnan,** *ersehnen. Vgl.* georn(ful) *§ 4. a. b.* Or. 3, 32
hu Hanna wæs onwaldes giernende; 40, 30 þe swylcra mana
gyrnen; 98, 2 þa þe ær ute oðra ðeoda anwalda girndon; *ebenso*
148, 30; *und ähnl.* 166, 25; 280, 29. Cp. 142, 22 ða recceras
þe hiera agnes gilpes giernað; 395, 20 giernð ðæs ecan gefean.
Bo. 72, 16 ne diorwyrþra hrægla hi ne girndan; 78, 12 anweald
þe (*dies könnte auch Akkus. sein!)* ge swiþost girnaþ; 90, 7 ic . . .
ne girnde þisses eorþlican rices; 176, 24 gilpes þu girnest; 230,
1 ðonne nære hiora . . swa swiþe to girnanne. So. 204, 1 giornð
wisdomes. — *Dieses* girnan *kommt auch mit der Präposition* æfter
vor; s. dort.

f. **gitsian,** *erstreben. Einmal* gegitsian *mit Akk., s. § 103.*
Cp. 32, 19 þæt we his to swiðe ne gidsodon; 60, 12 he ne sie
gidsiende oðerra monna æhta; 62, 17 gitsiað ealdordomes; 262,
10 goda gitsien; 298, 10 ða ðing, þe (*unbestimmter Kasus)* hie
gidsiað; 334, 8 ða þe hiora agen nyllað sellan, ne eac oðerra
monna ne gidsiað (*der eigentl. von* gidsiað *abhängige Gen. ist
aus* agen *zu ergänzen)*; *ebenso* 336, 19 we brucað ures agnes ne
gitsige we nanes oðres monnes. Bo. 144, 2 ælc bit ðæs reaflaces ðe him on genumen biþ, oððe eft oþres gitsaþ (*auch hier
scheint* reaflaces *zu ergänzen zu sein).*

g. **hopian,** *hoffen auf, zu erreichen suchen, fast: auflauern.*
Vgl. § 20. Ps. 36, 32 se synfulla hopaþ symle þæs rihtwisan

and secð hine to fordonne *(Luther: Der Gottlose lauert auf den Gerechten).*
h. sinþyrstan, *immer dürsten nach, und:*
i. þyrstan, *dürsten nach. Kommt auch unpersönl. mit dem Akk. der Person vor, s. § 113.* Or. 30, 27 hio ðyrstende wæs mannes blodes; 76, 33 þu þe þyrstende wære monnes blodes; 130, 31 he wæs sinþyrstende monnes blodes. Cp. 30, 7 ðeah ðæt folc ðyrste ðære lare.
j. tilian, *erzielen, erstreben; auch: Sorge tragen für. Vgl. § 25. c. Vgl. aber auch § 75. I. gg.* Be. 495, 38 seo lufu ne biþ tuddres to tilianne (= *Nachkommenschaft zu erzielen; vgl. § 21).* Cp. 236, 16 swæ tilige ðære orsorgnesse; 250, 4 nyle wisdomes & cræftes . . . tilian (*Sweet*: cultivate); 362, 9 sibbe tiliað; 457, 10 forðæm sceal ðæs modes læce ær tilian ðæs ðe he wenð ðæt ðone mon ær mæge gebrengan on færwyrde. Bo. 16, 16 þæt ic þanon ongiton mæge, hwonan ic þin tilian scyle & hu *(hier mehr = Sorge tragen für; Cardale:* whence and how I may effect thy cure; *diese Bedeutung entwickelt sich so: was man erstrebt, dessen nimmt man sich an, dafür sorgt man, das pflegt man);* 126, 21 eallon mægene ðæs tilaþ; *ebenso* 26; 128, 16 sume tiliað wisa; 320, 22 þæt he (= se læce) his tilige; *ebenso* 322, 19 *(wieder = heilen; Cardale:* cure); 366, 11 hi tiledon godes hlisan; *merkwürdig ist* 164, 3 forþan se þe his *(refl.)* wr tide ne tiolaþ, ðonne biþ his on tid untilad, *wo auch das in untilad steckende* tilian *den Gen. regiert, als ob da etwa stände:* ðonne biþ his na tilad; *Fox und Cardale übersetzen:* „for he who does not timely take care for himself, will at length be destitute". *Vgl. § 16. c. zu Cp. 407, 19.* So. 164, 6 his . . . tilian (= *für sich selbst sorgen).* Ps. 48, 7 ælc man þæs tioluð (= *erstrebt).*
k. willan, *wollen, wünschen, begehren.* (?) Bo. 290, 7 swa hwæs swa his irsung willaþ; *da die Form* willaþ *nicht zu* irsung *paßt, wird wohl* wilnaþ *zu lesen sein. Vgl. l.* — willan *kommt sonst mit dem Akkus. vor, s. § 115. Vgl. auch § 12. a.*
l. wilnian, *wünschen, begehren, streben nach. Vgl. § 25. d. Die Person, von der begehrt wird, wird durch* to *eingeführt.* Be. 523, 32 he wolde sibbe & friþes wilnian; 559, 21 gehwæs (*Miller:* ge hwæs) he God bæd & to him wilnode. Or. 5, 22 hu Antiochus . . . wilnade Partha onwaldes; 130, 3 se wilnade þæs westdæles; 150, 33 þeh þe heo earmlice hiere scores to him wilnade; 174, 23 hie wilnedon friþes to Regule; *ähnl.* 180, 11; *usw. usw.* Cp. 22. 14 þæt hira nan ðara ne wilnige; 46, 23 monige wilniað folgoðes & ealdordomes; 52, 21 mon wilnode biscephades; 72, 4 ðæt ælces yfles wyrtruma wære, ðæt mon wilnode hwelcere gidsunge; 102, 16 ðeah þe hie selfe wilnigen ðæs hihstan; 110, 23 wilnode ealdordomes; *usw. usw.* Bo. 18, 11 sege me, hwelces endes ælc angin wilnige; *ebenso* 31; 64, 10 þæt þu wilnige

þissa andweardena gesælþa ofer gemet; 86, 27 þær nan wuht on
nis þæs to wilnianne seo; 122, 22 ðu ne wilnast nanes oþres
þinges ofer þa; 370, 16 nanes woges ne willniaþ; *usw. usw.* **So.**
164, 19 þonne hit hwæs wilnode; 170, 8 ic wilnege (cuman to
þe &) ðes ealles þe ic on ðam wege habban þearf; *ähnl.* 9; 21
gyf ic æniges þinges .. wilnige; 181, 15 ic nu ne wilnigie nanes
ðingges swiðor; 182, 33 hwæðer þu nu egniges welan wilnige;
usw. usw. **Ps.** 9, 30 and þæs wilnað; *ähnl.* 10, 3; 13, 7 hie
wilniað oþera manna unsælþa *(Akkus.?);* 37, 9 hwæs ic wilnie;
usw. usw. **Le.** 58, 9 ne wilna þu þines nehstan ierfes. — *wilnian
kommt auch mit dem Akkus. vor, s. §§ 78, 115.*

§ 12   2. *An die im vorigen § besprochenen Zeitwörter schliefsen sich
die des Bittens und Fragens an, bei denen der Gen. gleichfalls
Ziel oder Inhalt ausdrückt.*

a. **acsian,** *fragen nach, bitten um. Vgl. § 36. a. Kommt
auch in verschiedenen Bedeutungen mit dem Akkus. vor, vgl. § 97,
und mit doppeltem Akkus., s. § 117.* **Be.** 568, 26 acsa ðæs ðe ðu
wylle; *es könnte auch ðæs ðe von* willan *abhängen, namentlich wenn
ðe fehlt, wie bei Miller; vgl. § 11. k. und § 36. a. zu Or. 126,
30.* **Ps.** 48, 4 ic secge on þys sealme hwæs ic wylle ascian.

b. **biddan,** *bitten um. Die Person, von der man bittet, steht
mit æt, oder im Akkus., s. §§ 36. 98; die, für die man bittet,
im Dativ, s. § 26. Auch der Akkus. der Sache kommt vor, s. §§ 78,
98.* **Be.** 527, 18 ða Oswald . . . biscopes bæde *(= um einen
Bischof bat);* 575, 42 ðæs heo bæd; *ähnl.* 598, 32. **Or.** 48, 23
þe nu lustlice sibbsumes friðes & sumne dæl landes æt eow biddende sindon *(Gen. und Akkus. unmittelbar nebeneinander; oder
ist* sumne dæl *adverbiell zu nehmen? Vgl. Lehmann (a. a. O.,
S. 30), der meint, es solle offenbar die Aufeinanderfolge zweier Genitive vermieden werden.* (?)); 84, 14 he wæs biddende anes lytles
troges æt anum earman men; 108, 10 anwiges bæd; 114, 26
bædan his fultumes; 204, 2 friðes bæd. **Cp.** 284, 15 gif he on
ðæm sumera bideð *(H.:* bidt) ingonges in hefonrice; 305, 2 he
bæd his fultumes. **Bo.** 144, 1 ælc bit ðæs reaflaces ðe him ongenumen biþ; 262, 27 ongunnon ealle . . . biddan ðæs þe he bæd;
392, 18 biddaþ ðæs ðe riht sie. **So.** 170, 24 ic nat þeah hwes
ic þer bydde; 180, 33 ic bidde gyt þæs þe þu me ær gehete.

c. **frinan,** *fragen nach.* **Cp.** 385, 23 ða fundon hie hiene
. . . . frinende hiora lara *(kann auch Akkus. sein). Vgl. §§ 36.
d., 102.*

§ 13   3. *Der Genitiv erscheint bei Zeitwörtern der mündlichen
Äufserung irgendwelcher Art.*

a. **ætsacan,** *widersprechen, leugnen. Vgl. f.* **So.** 182, 7 ne
mæg ic þæs ætsacan.

b. **bodian,** *verkünden, sich rühmen. Dies Zeitwort, das*

*sonst immer mit dem Akkus. erscheint (vgl. §§ 78, 98), steht im Bo.
einmal mit dem Gen.:* **Bo.** 102, 19 he hine swa orgellice upahof
and bodode ðæs þæt he uðwita wære; *ich möchte* b. *hier durch
„s. rühmen" übersetzen.*

c. **gemyndgian,** *erwähnen; in dieser Bedeutung auch mit
dem Akk., s. § 103., vgl. auch § 37. d. f.; das einfache* myndgian
= *„sich erinnern" ebenfalls mit dem Genitiv, s. § 14. m.* **Or.** 110,
10 nu ic þyses Alexandres her gemyndgade; 142, 10 ic sceal eac
gemyndgian þæs þe ... æfterfylgendas ... dydon. *Vgl.* 98, 25
he ðær his selfes longe gemyndgunge gedyde.

d. **gemyn(e)gian,** *erwähnen; in dieser Bedeutung auch mit
dem Akk., s. § 103; das einfache* myngian = *„sich erinnern"
ebenfalls mit dem Genitiv, s. § 14. n.* **Be.** 476, 32 ða he gemynegode ðara eadigra Martyra; 551, 18 ðæs we ær gemyngodon;
ähnl. 560, 19; 574, 2; 599, 20; 637, 41; *usw. usw.*

e. **gilpan,** *sich rühmen, prahlen mit.* **Cp.** 144, 9 swiðe
scamleaslice gilpað ðisses hwilendlican onwaldes; 228, 15 ðæt
hie ... gilþen hiera nihstena dæda; 242, 25 gilpað hie & fagniað
ðæs; 312, 1 ðæt hie gulpun hiera fæstenes. **Bo.** 62, 12 ac gif
ðu gilpan wille, gilp Godes; 64, 32 gif þu nu þæs gilpst, hu ne
gilpst þu þonne heora godes næs þines; 160, 18 forhwi hi gilpan
swelces anwealdes; 168, 12 gif hwa þæs gilpþ. **Ps.** 4, *ü.* gealp
he & fægnode Godes fultumes; 19, 7 on ryne-wænum, and on
horsum, ure fynd fægniað, and þæs gilpað; 48, 6 þa þe ...
þære mycelnesse hiora speda gylpað and wuldrad.

f. **oðsacan,** *widersprechen, leugnen. Vgl. a.* **Bo.** 144, 7
hwa oðsæcð þæs; 188, 7 ne mæg ic þæs oþsacan; *ebenso* 214,
27; 220, 28; *usw. usw.*

g. **weddian,** *geloben, sich verpflichten zu.* **Le.** 68, 2 gif he
þonne þæs weddie.

h. **wuldrian,** *sich rühmen.* **Ps.** 48, 6 *(vgl. e.). Kommt auch
mit dem Akk. vor, s. § 115.*

4. *Bei den Zeitwörtern, die eine geistige Thätigkeit be-* § 14
zeichnen, steht der Gen. zur Angabe des Inhalts derselben.

a. **amunan,** *sich erinnern an.* **Ps.** 8, 5 hwæt is se mann,
þe þu swa myclum amanst; *Genitiv wird dies þe wohl sein, da
die einzige andere bei B.-T. erwähnte Stelle deutlich Gen. hat; unmöglich ist der Akk. allerdings nicht. Vgl. h. und i.*

b. **cepan,** *beobachten.* (?) *Vgl. § 19. g. zu* **Le.** 66, 6.

c. **forgitan,** *vergessen. Kommt auch mit dem Akkus. vor,
s. § 102; vgl. auch o.* **Or.** 88, 24 hie forgeatan þara utera gefeohta. **Cp.** 34, 7 on ðære gesuntfulnesse mon forgit his selfes;
ebenso 36, 20; 206, 11 ðære scame & ðære scande ... ic gedo
ðæt ðu forgitst. **Bo.** 6, 16 þu hæfst ðara wæpna to hraþe for-
giten. **Ps.** 12, 1 hu lange wilt þu min forgitan; *ähnl.* 41, 11;
49, 23 ealle þa þe Godes forgytað.

d. **forsugian,** *verschweigen.* *Vgl. q. Kommt auch mit dem Akkus. vor,* s. *§ 102. Die Person, der man etwas verschweigt, steht im Dat.,* s. *§ 75. I. g.* **Or.** 122, 10 we woldon . . iowra Romana bismra beon forsugiende; 164, 6 hu monegra maran bismra hie forsugedon.

e. **gedwælian,** *irren in. Vgl. § 40. n. und § 103.* **So.** 175, 3 ægðer þara ic wot, ne mæg nan man þæs gedwælian.

f. **gehiran,** *hören auf. Vgl. l.* **So.** 181, 31 his gehire nu hwæt þu swiðost lufæst æfter ðinum geagenum gewitte & æfter Gode. — gehiran *hat in dieser Bedeutung auch einmal einen Dativ der Person,* s. *§ 70. g., sonst aber stets den Akk.,* s. *§ 103; sollte hier* his *für* hic = ic *stehen?*

g. **geliefan,** *glauben an. Kommt auch mit dem Akkus. vor,* s. *§ 103. Die Person, der man glaubt, steht im Dativ,* s. *§ 72. b.* **Or.** 214, 11 gif hie þonne þæs ne geliefen; *Lehmann (a. a. O., S. 31) giebt auch die Stelle* 102, 19 hie geliefdon heora ofrunga; *dies ist aber kein Gen., sondern — wie das unmittelbar folgende* „& heora diofolgieldum" *— Dativ (s. Cosijn, a. a. O., II. S. 24).* **Cp.** 206, 2 hie his ne geliefað; 330, 20 he ne geliefð ðæs grines þe he mid gebroden wyrð; 362, 6 geliefdon ðære æriste; *ähnl.* 389, 36. **Bo.** 276, 4 ne gelefþ he nanes soþes; *ähnl.* 282, 19; 318, 16; 320, 8; 362, 25; 29 his ne mæg nan dysi man gelefan. **So.** 173, 9 gelyfst þu þæs; 11 ic hys gelife *(gleich darauf der Akkusativ!);* 181, 2 þu woldest unafanddes geleafan; *ähnl.* 192, 20, 35; *usw. usw.*

h. **gemunan,** *sich erinnern an. Kommt auch mit dem Akk. vor,* s. *§ 103.* **Be.** 514, 22 gemune ðu ðisse tide & uncres gespræces (*Miller:* gemyne þu þas tide uncres gespreces; *das Lat. hat:* memento hujus temporis, ac loquelae nostrae). **Or.** 52, 22 se cyning ne gemunde þara monigra teonena; 64, 14 gif hie gemunan willað hiora ieldrena unclænnessa & heora wolgewinna & hiora monigfealdan unsibbe & hiora unmiltsunge; *ferner* 82, 18; 110, 11 ic wille eac þæs maran Alexandres gemunende beon *(hier geht* gemunan *in die Bedeutung „erwähnen" über,* s. *§ 13. c. d.).* **Cp.** 150, 21 næron ge no min gemunende; 204, 14 gemunað eowerra foregengena; 206, 12 ðæs bismeres ðines wuduwanhades ðu ne gemanst; 258, 20 ure (*H.:* ura) synna to gemunanne; 413, 22 ðinra synna ne weorðe ic gemunende, ac gemun ðu hiora. **Bo.** 4, 1 he þa gemunde ðara eþnessa & þara ealdrihta *(= erwähnte?);* 18 he nanre frofre ne gemunde; 36, 18 gif þu nu gemunan wilt eallra þara arwyrþnessa; 136, 16 gemonð þæs wildan gewunan hire eldrana; 292, 31 gemun ðu simle ðæs miclan & ðæs fægran edleanes. **So.** 203, 35 hy gemunan . . . ægðer ge ðas (!) godes ge þes (!) yfeles. **Ps.** 6, 4 þa deadan . . . þin ne gemunan; 24, 5 gemun, Drihten, þinra miltsunga, and þinre mildheortnesse *(gleich darauf der Akk.!).*

i. **gemynan**, *sich erinnern an*. *Kommt auch mit dem Akk.
vor, s. § 103.* **Cp.** 24, 3 gemyne he ðæs yfles þe he worhte.
j. **gesugian, geswigian**, *verschweigen. Kommt auch einmal mit dem Akk. vor, s. § 103.* **Or.** 42, 7 ic wille geswigian Ton-
tolis & Philopes þara scondlicestena spella; 17 ic wille geswigian
þara mandæda; *ähnl.* 120, 17 (gesugian); 218, 20.

    k. **geþencean**, *denken an. Kommt auch mit dem Akkus. vor,
s. § 103. Vgl. auch r.* **Or.** 50, 22 geþence þonne þara tida &
nu þissa; 142, 13 þonne ic his geþencean sceal; 290, 26 geþohte
his misdæda *(Cosijn, a. a. O., II. S. 39, hält dies für Akk., was
möglich ist).* **Cp.** 76, 18 ðonne he singallice geðencð hiora lifes
bisene *(oder Akk., wie Cosijn will, a. a. O., II. S. 39)*; 108, 1
ne sculon hie na swæ swiðe ne swæ oft geðencean hiera caldor-
domes; 407, 30 hie geðenceað ðara gesælða. **Ps.** 9, 31 ne geþencð God þyllices.

l. **hlystan**, *horchen auf. Vgl. Mohrbutter, a. a. O., S. 59.
5.* **Cp.** 96, 1 hie gefeallað on ða heortan þe hiera hlyst; 385,
23 ða fundon hie hiene . . . hlystende hiora worda.

m. **myndgian**, *sich erinnern an. Vgl. §§ 13. c., 37. d. f.,
107.* **Cp.** 303, 8 hie beoð to myndgianne ðara goda (= *sie sollen sich erinnern; oder: sie sollen erinnert werden?)*.

n. **myngian**, *sich erinnern. Vgl. §§ 13. d., 37. g., 107.* **Ps.**
43, ii. Dauid sang þysne . . . sealm . . . and myngode þæra gyfa,
þe he . . . sealde.

o. **ofergitan**, *vergessen. Vgl. c. und* ofergeotol § 6. g.
Be. 508, 17 wære ðu ofergeotende minre bysne. **Cp.** 144, 2
hie ofergietað ðære hierdelican lufan.

p. **ongitan**, *erkennen, verstehen. Kommt sonst mit dem Akk.
vor, s. § 109.* **Or.** 86, 16 ic eac ealles þises middangeardes
na maran dæles ne angite buton ðætte on twam onwealdum
gewearð. **Ps.** 40, 1 eadig byð se þe ongyt þæs þearfan and þæs
wædlan (= *beatus qui intelligit super egenum; Luther: sich annehmen)*.

q. **swigian, swugian**, *verschweigen. Vgl. d. j. Kommt auch
einmal mit dem Akk. vor, s. § 112.* **Cp.** 88, 6 ðætte he ne swigige ðæs þe nytwierðe sie to sprecanne *(aber gleich in der folgenden Zeile ist dasselbe Wort mit dem Akk. verbunden)*; 90, 10
swigiað ðara ðreaunga; 144, 12 wilnað ðæt ðæs oðre men swu-
gien; 164, 16 ðonne abirst ðær hwilum hwæthwugu ut ðæs þe
he swugian sceolde (ðæs *könnte allerdings auch als Gen. des
hinweisenden Fürwortes zu* hwæthwugu *gehören, und dann wäre
fraglich, ob* ðe *Genit. ist)*; *ferner* 236, 9; 378, 24.

r. **ðencean**, *denken an. Kommt auch mit dem Akk. vor, s.
§ 113. Vgl. auch k. und § 28. a.* **Be.** 539, 38 ða wæs he nyttra
ðinga ðencende. **Cp.** 44, 19 nyllað ðæs ðencean, hu hie . . . .;
226, 22 ðencð ðæs timan hwonne he . . . . **Ps.** 5, 1 ðene þara
worda minra gebeda.

s. **truwian**, *trauen auf. Sonst stets mit dem Dativ, s. § 72.*
e. g. **Cp.** 46, 2 hwy hie þara *(so in beiden Hss.!)* geearnunga
hiora digelnesse & anette bet truwien ðonne ðære hu hie . . . .
t. **tweogan**, *zweifeln an. Vgl. §§ 28. d., 38., 113.* **Bo.**
230, 2 ne mæg ic þæs no tweogan; *ähnl.* 250, 22; 254, 27 ne
tweoþ þæs nan mon. *Vgl.* 360, 8 nis þæs nan twy, *und* **Cp.** 46,
10 nis ðæs nan tweo.
u. **wafian**, *staunen über, bewundern.* **Bo.** 66, 17 forþam
heora dysige men wafiaþ; 116, 22 ic his wæs swiþe wafiende;
328, 23 hwa ne wafaþ þæs; *ebenso* 330, 5.
v. **wenan**, *hoffen auf, erwarten, sich versehen, glauben.*
Kommt auch, aber selten, mit dem Akk. vor, s. § 115; auch mit re-
flexivem oder einfachem Dativ neben dem Genitiv, s. § 28. e. Die
Person, von der man etwas erwartet, steht im Dativ mit to. **Or.**
194, 22 ðeh ðe he wilniende wære & wenende Romana anwealdes. **Cp.** 66, 2 hwonon hie ðæs wenan sculon; 156, 20 hwæs
ðu wenan scealt; 196, 14 he his ðær no ne wende; 212, 24 hie
wæron onstyrede mid ðæm wenan ðæt hie ðæs endes swa neah
wendon; 216, 16 ðonne him mon ænigra ungerisna to wene;
433, 30 him wære ðonne ieðre ðæt he hira ær gearra wende
ðonne he hira ungearra wende; 451, 25 ælcum ðara ðe him ænges yfles to wenð; *ebenso* 27. **Bo.** X, 31 hi wendon his beteran þonne he wære; 84, 6 ðæs ilcan is to wenanne to eallum
ðam gesælðum; 156, 1 þeah þu his wene; *ferner* 194; 9; *usw.*
usw. **So.** 164, 28 þæs ic soðlicost wene þat hyt min sceadwisnes wære; 176, 26 ne wene ic þæt ænig man si swa dysig það
þæs wene; 29 ne wende hys næfre; *ähnl.* 189, 31; 191, 9; 198,
7; 201, 1 nis þæs æac na to wenanne þæt . . . .
w. **witan**, *wissen. Kommt sonst nur mit dem Akkus. vor,*
s. §§ 78, 115. **So.** 181, 3 ic his nað (= nat) naht gefæstlice (his
könnte hier auch von naht *abhängen*); 6 þer is gyt hwet hwigu þæs
þu ær witan scalt *(hier könnte* þe *ausgefallen sein, und* þæs *dann*
zu hwethwigu *gehören). Diese beiden Stellen sind also unsicher,*
sicher aber sind — wenn richtig überliefert —: 173, 25 mæg man
calles witan buton þam mid þam ingeþance; 30 hu wot ic hys
ðonne hu ic hine lufia scyle; 202, 6 ge witon ælces þinges þe
we nu wilniað to witanne.
x. **wundrian**, *sich verwundern über. Kommt auch einmal*
mit dem Akk. vor, s. § 115. **Or.** 170, 24 his wundredan, þæt hie
ær flugon. **Cp.** 4, 19 þa wundrode ic swiðe swiðe þara godena
witena; 38, 7 his ðonne wundriað ða þe him underðidde bioð.
Bo. 60, 13 heora to wundrianne; 19 hwi ge swa ungemetlice
wundrigen þara gimma oððe æniges þara . . . ðinga; *ferner* 62,
5; 204, 31; 234, 13; 282, 16; 326, 25; *usw. usw.* **So.** 171, 31
hie wondrie þin hwi þu secge þæt þu Gode nawiht gelices nyte.
us. 8, *ii.* he wundrade Godes wundra; 31, *ii.* wundriende þære
Pnasecgendlican gesælignesse bæra manna; 36, 1 ne wundrie

ge þæra yfelwillendra and þæra orsorgra *(Luther: erzürne dich nicht über die Bösen)*.

5. *Bei Zeitwörtern, die eine* Gemütsbewegung *oder deren*   § 15
Äufserung *bezeichnen, drückt der Gen. die Ursache aus.*
    a. **apreotan,** *müde werden, sich ekeln vor. Kommt auch unpersönl. mit einem Akk. der Person neben dem Gen. der Sache vor, s.* § 39. a. **Be.** 530, 4 se cyning, se þe Seaxna gereorde an cuþe, wæs aþroten his ællreordre gespræce; *Miller übersetzt:* got tired of, *und liest:* spræce, *allerdings ist* gespræc *nach B.-T. nur Neutrum.* **Cp.** 352, 11 ðæt mon aðreote ðære nætinge yfelra monna. — *In beiden Fällen könnte auch Dativ (des Grundes) vorliegen, doch führt auch Cosijn die zweite Stelle beim Genitiv an (a. a. O., II. S. 26. o.); an dieser könnte aber auch das Zeitwort unpersönl. gefafst werden. Vgl. auch* § 97.
    b. **efengefeon,** *sich gemeinsam, gleichfalls freuen über.* **Be.** 615, 26 ða wæs he se B.' efengefeonde his hælo (= cujus sanitati congaudens episcopus); *der Form nach könnte* hælo *auch Dativ oder Akk. sein.*
    c. **fægnian, fagnian,** *sich freuen über, dann auch: ersehnen* (?). **Cp.** 38, 15 he fægenode þæs miclan weorces & fægernesse ðære ceastre; 54, 6 fægenað ðæs hu . . ., *ähnl.* 126, 19; 148, 18; 60, 18 ðæs godes his nihstena he sceal fagenian swæ swæ his agnes; 242, 25 fagniað ðæs; *usw. usw.* **Bo.** X, 22 þæt ma manna fægnodon dysiges folces gedwolan ðonne hie fægnedon soþra spella; 25 fægniaþ hi þæs þe hi sceamian sceolde; 62, 5 we fægniaþ smyltre sæ; 13 hwæþer þu nu fægerra blostmæna fægnige; 66, 8 to hwon fagnast *(ersehnen?)* ðu þæs þe þu ær hæfdest; 88, 14; 104, 17; 166, 21, 23, 24; 168, 1; 358, 24; 66, 10 fægnast þu heora fægeres. **So.** 180, 27 ælc fognað (!) *(ersehnen?)* þæs þe læste he ongytan mæg; 182, 31 ic . . . . fagnige þæs þu cwyst; 183, 1; 189, 18. **Ps.** 4, *ü.* þa gealp he and fægnode Godes fultumes; 5, 12 fægnian þin ealle; 23, *ü.* sceoldon fægnian his cymes; 29, 1 þu ne lete mine fynd min fægnian; 34, 24 fægniað mines ungelimpes; *ebenso* 40, 11; 36, 11 fægniað þære myclan sibbe.
    d. **gefeon,** *sich freuen über.* **Be.** 517, 13 wæs swyþe gefeonde ðære ongytenesse ðæs soþan Godes biganges; 615, 24 wæs he gefeonde ðære ðenunge his fota, ðara ðe he swa micelre tide benumen wæs. **Cp.** 108, 3 & ne gefeon hie no ðæt hie ofer oðre menn bion moten swæ swiðe swæ ðæs ðæt hie . . .; 182, 1 ac gefioð ealle mode ðisses ondweardan lifes genyhte; 393, 28 gefeon ðissa goda. **Ps.** 34, 23 þæt mine fynd ne gefeon mines ungelimpes.
    e. **hiofan,** *klagen, trauern über.* **Cp.** 393, 30 ðæt hi . . . ðara yfela ðisse worulde . . . hiofen; *vgl. Sievers, Gr.² § 384. Anm. 2.*

2*

f. **hlihhan,** *verlachen, auslachen.* **Or.** 120, 7 ge ... magon hie swa hreowlice wepan swa ge magon þara oþra bliþelice hlihhan. **Cp.** 230, 7 we hlihhað gligmonna unnyttes crœftes; 248, 1 hwæt sceal ic ðonne buton hliehhan ðæs.

g. **hreowsian,** *bereuen. Kommt auch mit dem Akk. vor, s. § 104.* **Or.** 256, 13 heora synna *(oder Akk.?)* sceoldon hreow- sian. **Cp.** 198, 16 ðonne sceal he ... ðara læstena worda hreow- sian; 258, 23 ðæt mod hreowsað ðæs unnyttes þe he ær dyde; 415, 27 hit (= ðæt mod) ðæs hreowsað. **Ps.** 4, 5 hreowsiað þæs; 5, 5 his ne hreowsiað; 31, *ii.* he ne hreowsode his synna; 34, 16 hy þeah þæs na ne hreowsedon. *Vgl.* **Be.** 549, 13 heora synna hreowe dydon; 634, 31 his synna hreowe & andetnesse dyde.

h. **lustfullian,** *sich erfreuen an. Kommt auch mit dem Da- tiv (s. § 75. III. e.) und mit dem Akk. vor (s. § 106). In der Bedeutung „gefallen" hat l. auch einmal einen Dativ bei sich, s. § 73. e.* **Be.** 630, 32 forþon ðe ic lustfulliende ðære stowe swet- nesse *(oder Dativ?)* wæs & wlite ðe ic ðær geseah; 637, 46 ða ongan se biscop lustfullian ðæs iungan snyttro & his wislicra worda & his andwlitan fægernesse & glædnesse his dæda & ge- stæþþinesse his geþohta (= delectabatur enim antistes prudentia verborum juvenis, gratia venusti vultus *usw.*); *es könnte der Gen.* his wisl. w. *gleich* ðæs iungan *von* snyttro *abhängen, und die von* lustf. *regierten Kasus könnten dann Dative sein;* Miller *übersetzt aber wörtlich:* to take pleasure in the sagacity & wise words of the youth *usw.*

i. **mænan,** *beklagen* (?). *Dieses Zeitwort erscheint sonst nur mit dem Akkusativ, s. § 107., und an der Stelle* **Or.** 240, 9. — Julius (= Caesar) ... wepende mænde þa unare þe him mon buton gewyrhton dyde, & swiþost þara monna þe for his þingum forwurdon —, *wo auf den ersten Blick* þara monna *gleichwie* þa unare *zu* mænde *zu gehören scheint, könnte* þara monna *auch, und vielleicht besser, von* þa unare *abhängen, obgleich die Verbindung eines Zeitwortes mit zwei verschiedenen Kasus in einem Satze nicht gar zu selten ist. Thorpe hilft sich so:* „and, weeping, complain- ed of the dishonour that had been so undeservedly done him, and chiefly [on account] of those men who had perished for his sake. Lehmann *(a. a. O., S. 32) sagt:* „mænan *findet sich, viel- leicht unter Einflufs des unmittelbar vorhergehenden Superlativs, einmal mit dem Gen.*: 240, 10".

j. **sargian,** *betrauern.* **Cp.** 226, 21 & he ðonne swæ ge- bunden from ðæm diofle sargað ðæs.

k. **sceamian,** *sich schämen. Kommt auch unpersönlich mit dem Akk. vor, s. § 112., vgl. auch § 39. c. d.* **Cp.** 100, 5 ðæt ic eac ðæs ne scamige; 294, 2 swæ micle ma scamiað hiera un- ðeawes swæ hiene mon ær geðyldelicor forbær; 407, 15 hit is cyn ðæt we ure scomigen; 409, 33 ðios sæ cwið ðæt ðu ðin scamige, Sidon. **Bo.** 166, 20 gesege me nu ... forhwi hi ne

magan heora ina sceamigan ðonne fagnian. **Ps.** 6, 8 sceamian
heora forði ealle mine fynd; 24, 1 ic þæs næfre ne sceamige: 3
scamien heora ealle þa unrihtwisan; *ähnl.* 34, 4, 24; 39, 16.
    l. **wandian,** *zu thun fürchten, aus Scheu unterlassen.* **Cp.**
144, 17 ðæt mon nanre ryhtwisnesse fore him ne wandige.

    6. *Bei den Zeitwörtern des Berührens, sich Näherns, Em-*   § 16
pfangens, Erwerbens, Besitzens u. ä. kommt der Begriff der
Teilung wieder mehr zur Geltung, aber auch der des Zieles.
    a. **begitan,** *erwerben, erlangen. Kommt sonst mit dem Akk.*
der Sache (und Dativ der Person) vor, s. §§ 78, 98. **Bo.** 126, 10
þara wilniaþ ealle ... men to begitanne; *ähnl.* 14; 128, 18 þæt
hi þurh þæt mæge mæst bearna begitan; *vgl. hierzu auch § 21.*
    b. **ceapian,** *handeln ·um, (kaufen).* geceapian *hat den Akk.,*
s. § 103. Vgl. auch § 30. **Or.** 228, 21 þæt mon nane burg ne
mehte ieð mid feo geceapian, gif hiere ænig mon ceapode. *Lenz*
(„Partikel ge“, S. 50) hält hiere *für einen Dativ; B.-T läfst es*
einfach weg.
    c. **fandian,** *versuchen, kosten. Kommt auch einmal mit dem*
Dativ vor, s. § 75. I. d. **Cp.** 152, 15 se reccere .... on ðæm
anbide, þe he hiera fandige; 328, 5 ic wæs untrum & on car-
cærne, & ge min noldon fandian *(hier geht es durch „aufsuchen“*
in die Bedeutung „besuchen“ über); 403, 7 ða ðe gefandod habbað ðara flæsclicra synna; *merkwürdig ist* 407, 19 ða ðe ðonne
giet ungefandod habbað flæsclicra scylda (*Sweet:* who have not
yet tried carnal sins; *vgl. § 11. j. zu* Bo. 164, 3); *dasselbe steht*
409, 16; 465, 9 se lytega fiond wile fondian ælces monnes.
Bo. 102, 17 an swiþe wis mon ... ongan fandigan anes uþwitan; 22 ða wolde se wisa man his fandigan; 118, 28 he is swiðe
biter on muþe ..., þonne ðu his ærest fandast. **So.** 182, 29
þeah ic þe frasige & ðin fandige. **Ps.** 25, 2 fanda min (= proba
me); 34, 16 fandodon min (= tentaverunt me); *ebenso* 40, 6.
    d. **gefredan,** *fühlen. Sonst mit dem Akk., s. § 103.* **Cp.**
138, 19 his man ðeah ne gefret; 21 ðæt we his furðum ne ge-
fredað.
    e. **gehrinan,** *berühren. Auch mit dem Akk., s. § 103.* **Be.**
544, 29ª & gyt se leg ðære studu gehrinan ne mihte (29ᵇ *und*
Miller: ac hwæþre se leg ða ilcan studu g. n. m.). **Cp.** 421,
32 se ðonne gehrinð eft ðære unclænnesse.
    f. **habban,** *haben. Meist mit dem Akk., s. §§ 78, 104.* **Or.**
48, 22 for hiora cræftum iowra selfra anwaldes eowres⁻unþonces
habban mehton; 78, 27 se wæs mid his dædum snelra þonne he
mægenes hæfde; 80, 8 ðæt hit wundor wære, hwær hie · landes
hæfden þæt hie mehten an gewician, oþþe wæteres þæt﹐hie mehten him þurst of adrincan; 100, 1 Læcedemonie hæfdon þa hwile
maran unstillnessa þonne hie mægenes hæfden, & wæron swiþor
winnende on Thebane þonne hie fultumes hæfde. **Le.** 94, 42,

§ 1 gif he mægnes hæbbe, þæt he his gefan beride; *§ 3* gif he
þonne þæs mægenes ne hæbbe, þæt he hine inne besitte.

    g. **hrinan**, *berühren. Auch einmal mit dem Akk., s. § 104.*
Cp. 270, 3 gif his mon hrinð (*II.*: onhrinð).
    h. **neosian**, *besuchen. Sonst mit dem Akk., s. § 108.* **Be.**
619, 43 æfter medmiclum fæce neosode he min eft.
    i. **onberian, onbirigan**, *versuchen, kosten.* **Bo.** VIII, 23 gif
hwa biteres hwes onberede; 122, 10 gif he hwene ær biteres onbirigþ; 136, 15 þæt heo blodes onbirigð.
    j. **onfon, anfon**, *empfangen. Kommt auch mit dem Dativ*
vor, s. § 75. III f., und mit dem Akk., s. § 109. **Be.** 472, 10
Eastseaxe . . . . ðære gife onfengon Cristes geleafan *(oder Da-*
tiv?). **Or.** 40, 18 his se cyning þær Tenelaus mildelice onfeng;
96, 20 he . . . þara ærenda . . . anfeng; 126, 14 hie him ongean comon & his mid eaþmodnessun anfengon; 146, 33 he heora
. . . mid bismere onfeng; 218, 34 ne his þa onfon noldon; 258,
26 hie þæs cristendomes onfengon; 280, 11 he his onfeng. **Cp.**
202, 12 swiðe gearwe wisdomes to onfonne; 292, 25 hie onfoð
ðære lare *(Dativ?)*; 344, 21 manige onfoð synderlicre gife (*Da-*
tiv?); 399, 30 ðinre bene ic wille nu onfon *(Dativ?).* **Bo.** 162,
12 þa nolde se cyning þæs onfon; 354, 27 onfoh hiora nu. **So.**
171, 3 do me gesceawisne & rihtwisne & foreþancfulne & ful-
fremdne, &, god, gedo me lufiende & onfundne þines wisdomes
(kann man dies Partizip (= onfondne?) *schon als substantiviert*
betrachten?). **Ps.** 14, 6 nanes feos ne wilnað æt þam unscyldigan onfon; 34, 13 heora nolde onfon se dema; 47, 8 we onfoð
þinre mildheortnesse *(Dativ?)*; 48, 1 onfoð heora.
    k. **onhrinan**, *berühren.* **Be.** 544, 33 ðære stude no ne
onhran. **Cp.** 76, 1 gif hio hiere onhrinð; 240, 14 ær ðu his o
onhrine. **Bo.** 356, 7 sio fyrene sunne ne onhrinþ no ðæs dæles
þæs heofenes, ðe se mona onirnþ, ne se mona no ne onhrinþ
þæs dæles ðe sio sunne onirnþ.
    l. **tocuman**, *sich nähern. Sonst mit dem Dativ, s. § 71. qq.*
So. 169, 30 tæc me hu ys ic scile tocuman; *setzt man hys für*
ys, *so läfst sich Sinn in den Satz bringen, sonst müfste man* ys
wohl ganz streichen.

    7. *Der Genitiv steht ferner bei Zeitwörtern des Sorgetra-*
gens und Nichtsorgetragens, des Gewalthabens u. ä.
    a. **agyman**, *sich kümmern um.* **So.** 177, 22 þam tinium þe
ic hys agyme. *Das Wort fehlt bei B.-T.; die Jubilee-Ed. über-*
setzt:,,carefully think of.''
    b. **aslawian**, *nachlässig sein in.* **Cp.** 461, 15 ðylæs he oðre
awecce mid his wordum, & himself aslawige godra weorca.
    c. **lætan**, *zügeln, zurückhalten.* **Bo.** 380, 23 god scipstyra
. . hæt . . . lætan . . . þa betinge, gif he ær þweores windes
bætte.

d. **gewealdan**, *Gewalt haben über*. **Or.** 194, 19 heora nan ne mehte nanes wæpnes gewealdan.

e, **gyman, geman**, *sich kümmern um, Sorge tragen für. Kommt auch zweimal mit dem Akk. vor, s. § 103.* **Be.** 503, 8 is cuþ þæt he nis of Gode, ne ge his worda gyman (*Miller:* gemað; *Beda:* constat quia non est de Deo, neque nobis ejus sermo curandus); 508, 39 heo Eadbaldes worda ne gemdon; 532, 30 ða broþra oðra (*Miller:* oðerra) weorca swyðor gymdon; 545, 20 he hyre ne gymde. **Cp.** 128, 13 sceolde ðære heorde gieman; 138, 2 se þe ne gimð ðara þe his beoð; 140, 16 giemeð ðara uterra ðinga; 180, 24 ne giemað ðæs eccan gefean; 190, 23 ðæt hie to slawlice ðara ne giemen þe him befæste sien; 348, 20 ðæt hie . . giemen ðissa eorðlicena gesceafta; 383, 6; 431, 12. **Bo.** 72, 18 ne gemdon hie nanes fyrenlustes; 24 seolocenra hrægla hi ne gimdon. **Ps.** 39, 20 Dryhten min gymð. *Vgl.* **Be.** 591, 2 ðe his gymenne dyde; *ebenso* 9. **Or.** 134, 21 hie þæs wealles nane gieman ne dydon. **Cp.** 44, 12 we habbað gieman urra nihstena; 138, 24 habban giemenne ðissa uterrena ðinga; 395, 19 & ðeah for niedðearfe hæið giemenne his flæsces.

f. **recan, reccan**, *sorgen für, sich kümmern um, sich etwas machen aus. Kommt auch einmal mit dem Akk. vor, s. § 111.* **Cp.** 356, 11 ðeah hiere mon ne recce; 405, 12 wenestu recce he hire æfre ma. **Bo.** 106, 13 ne se dead þeah swelces ne recþ; 136, 25 ne reccaþ hi þara metta; 364, 10 gif he ænigra cræfta recþ oððe æniges weorþscipes her for worulde, oððe eces lifes æfter ðisse worulde. **So.** 194, 2 hwæt rohte ic þæs lyfes, gyf ic nawiht nyste. **Le.** 58, 12 gif he hire ne recce.

g. **scrifan**, *sich kümmern um. In der Bedeutung „vorschreiben" hat* scrifan *den Dativ der Person bei sich, s. § 69. dd.* **Cp.** 322, 16 ne he ne scrife ðæs hlisan, buton hu he ryhtost wyrce.

h. **slæpan**, *und*

i. **wacian**, *Sorge und nicht Sorge tragen um.* **Cp.** 431, 24 hit (= ðæt mod) wilnað ðæt hit to ðon onwæcne ðæt hit mæge eft weorðan oferdruncen; forðæm, ðeah ðæt mod slæpe godra weorca (*Sweet:* is asleep over good works), hit wacað hwæððre on ðæm ymbhogum ðisse worlde, & wilnað ðæt hit sie oferdruncen his agnes willan; swa hit gebyreð ðæt ðæt mod slæpð ðæs ðe hit wacian sceolde, & wacað ðæs ðe hit slapan scolde (*Sweet:* sleeps over what it ought to be awake to, and is awake to what it ought to sleep over). *Wollte man auch die beiden ðæs ðe als Konjunktionen auffassen, so bliebe doch die erste Stelle, wo godra weorca unmöglich von* mod *(= Lust zu) abhängen kann, weil das folgende* hit *sich nur auf* mod, *nicht auf* mod godra weorca *beziehen kann.*

j. **w(e)aldan**, *Gewalt haben über. Auch mit dem Dativ, s. § 68. h., und mit dem Akk., s. § 115.* **Or.** 60, 7 þonne hie heora willan *(Dat.? Akk.?)* moton wel wealdan; 148, 24 him *(refl.)* calles þæs anwaldes weold Macedonia rices. **Cp.** 88, 22 þe ðyses middangeardes waldað; 220, 5 we sceoldon urra selfra waldan; *ähnl.* 256, 4; 376, 9 gif hwelc folc bið mid hungre geswenced, & hwa his hwæte gehyt & oðhielt, hu ne wilt *(ebenso H.)* he ðonne hiora deaðes *(Sweet:* dœs he not desire their death; *aber* wilt *kann doch keine 3s. von* willan *sein! Es heifst: hat er da nicht ihren Tod in seiner Gewalt?, obgleich das andere besseren Sinn gäbe. S.* Cosijn, *a. a. O., II. S. 146);* 391, 4 manigra folca gestreones hie wieoldon. **Bo.** X, 3 God welt ealra gesceafta; XII, 21 God wealt ealra gesceafta; 16, 18 gelefst þu þæt seo wyrd wealde þisse worulde; 20, 2 God wylt þisse worulde; 30, 20 þæt ic ne mot wealdan minra agenra þeowa; 136, 4; *usw. usw.* **So.** 164, 8 se wilega gidfola seðe egðer wilt ge þissa lænena stoclife ge þara ecena hama, se ðc ægþer gescop & ægðeres wilt; 166, 19 þu þe æalles middangeardes wealst; 195, 12 he weal (= wealþ?) þara kyninga, **Ps.** 2, 9 þæt þu heora wylst mid isernre gyrde; 9, 25 þæt he mæge . . . . wealdan ealra his feonda; 21, 26 he wylt ealra þeoda; 48, 14 þa rihtwisan heora wealdað. *Vgl. hierzu und zu d:* **Or.** 76, 18 hi heora selfra lytel geweald hæfdon; 116, 33; 248, 5 he hæfde onweald calles middangeardes; *usw.* **Cp.** 36, 5 þa he his wel geweald ahte; 196, 22; 220, 1 hætð anwald ðæs modes; *usw.* **Le.** 104, 77 þæt he nage þæra geweald.

§ 18   8. *Der Genitiv ist verbunden mit Zeitwörtern, die irgendwie eine Trennung bezeichnen, ein Berauben, Ablassen u. ä. Vgl. Erdmann, a. a. O., II. § 209.*

a. **bereafian,** *berauben. Wird die Person ausgedrückt, die man beraubt, so steht diese im Akk., s. §§ 40. h., 98.* **Bo.** 6, 2 ða bereafodon ælcere lustbærnesse, þa ða ic him æfre betst truwode; *der Akk.* me *ist ausgelassen. Vgl. auch § 78.*

b. **beswician,** *entrinnen, frei werden von, beraubt werden.* **Be.** 577, 17 Torhtgyþ . . . na læs þæt an oþra lima, ac swylce eac ðære tungan onstyrenesse beswicade; 617, 24 heo ðære langan untrumnesse beswicede. *Vgl. beim Akk. § 98.*

c. **blinnan,** *ablassen von.* **Be.** 619, 15 ic ða word gehyrde & noht ðon ær ðære ærninge blon; 642, 14 & he ðæs ne blon, oþþæt . . . . *Vgl. beim Dativ § 71. j.*

d. **fæstan,** *fasten, sich enthalten von.* **Cp.** 136, 25 ðæt hie selfe ne fæsten ðæs hlafes ryhtwisnesse (*Sweet:* abstain from the bread of righteousness). *Vgl. §§ 78, 102.*

e. **forlæten beon,** *verlassen sein von. Nur so, kein Aktiv möglich; vgl. h.* **Be.** 577, 3 ealre hire lichoman ðeninge ofgifen & forlæten wæs, þæt heo nænig lim onstyrian mihte (= omni corporis fuerat officio destituta . . .).

f. **gestieran,** *steuern (einer Sache), verbieten, (sich zurück-*

hallen von. Vgl. j. Cp. 44, 22 ðonne bioð hie swæ monegum
scyldum scyldige, swæ hie monegra undeawa gestieran mealiton
(*Sweet:* as they could have corrected faults); 70, 16 gif hiere
ne bið sona gestiered (*Sweet:* checked); 116, 14 gestieren ðara
scylda (*Sweet:* correct); 268, 22 ða þe ne magon ðrowunga gestieran yfelra weorca (*Sweet:* be kept from). *Nicht zu erkennen
ist der Kasus:* Or. 218, 4 þa monegan (sc. yfel) . . þe hie wendon þæt hie mid hiera deofolgildum gestiered hæfden. *Die Person, der man verbietet, steht im Dativ, s. §§ 31. c., 68. b. Vgl.
auch § 40. s.*

g. **geswican,** *ablassen von, aufgeben. In der Bedeutung „im
Stiche lassen, verraten" hat dies Wort den Dativ bei sich, s. § 67. dd.*
Or. 100, 6 þæt hie ðæs gefeohtes geswicen; 134, 30 hie noldon
þæs weallgebreces geswican; *ähnl.* 136, 13; 192, 23. Cp. 58,
25 gif he ðonne git geswicen næfð his agenra undeawa; 194, 11
gif he ðonne ðære hnappunge ne geswicð (*II.:* swicð), ðonne
hnappað he oð he wierð on fæstum slæpe; 266, 15 noldon geswican hiera yflena weorca; *ähnl.* 304, 5; 366, 23. Bo. 354, 2
& nele ðeah þæs geswican. So. 203, 15 hy nellað heora yfeles
geswican. Le. 84, 22 gif mon . . . his eft geswican wille.

h. **ofgifen beon,** *verlassen sein von. Aktive Wendung (mit
Akk. der Person und Gen. der Sache) nicht möglich.* Be. 577, 3
(vgl. e).

i. **sciran,** *eigentl.: unterscheiden, dann: frei werden, loskom-
men von.* Or. 114, 32 þæt hie þæt mæste yfel forberan sceoldon,
ge eac þæt hie his sciran ne dorstan. *Fox hat:* to free themselves from; *auch B.-T. bringt unsere Stelle unter der Bedeutung:* to
get clear of obligation, trouble, get exemption, *mit der Übersetzung:* they durst not get rid of it; *ganz falsch bringt Lehmann das Wort unter (a. a. O., S. 32), unter den Zeitwörtern der
Rede und Mitteilung, mit der Bedeutung: „klar machen, ans Licht
bringen, sprechen von".*

j. **stieran,** *steuern (einer Sache), verbieten, (sich) zurückhalten
von. Vgl. f.* Cp. 32, 10 swiðe medomlice Jacobus se apostol
his stirde (*Sweet:* forbade it); 54, 10 on ðæm hiewe ðe he sceolde his gilpes stieran, on ðæm he his striend (*Sweet:* mortify-
ing); 242, 2 swa . . . ðætte se lareow ðæs yfles þe he stieran
sceolde, ðeah þe he hit ær wiste, ðæt he hit ðonne nat (*Sweet:*
that the teacher knows nothing of the evil he was to correct, although he knew it before; *mir scheint ðæs yfles den in þe stek-
kenden Gen. vorauszunehmen*); 302, 3 ðonne hie hwelces undea-
wes stiran sculon (*Sweet:* correct). *Vgl. §§ 68. g., 112.*

k. **þolian,** *verlieren. In der Bedeutung „erdulden" hat es
den Akk., s. § 113.* Or. 34, 36 þeah God langre tide wille hwam
hys willan to forlætan, & he þonne þæs eft lytelre tide þolige,
þæt he sona forgyt þæt god þæt he ær hæfde, & geðencð þæt
yfel þæt he þonne hæfð (= enimvero cui placet, obliviscitur: cui

dolet, meminit; *Lehmann (a. a. O., S. 36) fafst die Stelle auch
so auf;* þæs *könnte aber auch Adverb sein, und* þolian *dann doch
seine ursprüngl. Bedeutung haben; so scheint Thorpe die Stelle
zu nehmen, wenn er übersetzt (S. 269):* and he then suffer for a
short time). Le. 70, 4 þolige his wæpna and his ierfes (= per-
dat); 82, 20 þolige his se þe hit ær ahte; 84, 22 þolige his an-
gyldes. *Es bedeutet wohl: leiden durch den Verlust (der Waffen,
usw.); zu übersetzen ist es durch: „verlieren" allein; Holthuer
(a. a. O., S. 30) sagt: „entbehren", Lehmann (S. 36): „zur Strafe
ausgeschlossen werden von."*

l. **wiernan,** *verweigern, vorenthalten. Vgl. §§ 31. b. g., 78,
115.* Cp. 380, 6 se þe ne wiernð ðæs wines his lare; 10 Dryhten, ðu wast ðæt ic ne wirne mine welora (*richtiger wohl H.:*
minra welora).

9. *Bei den Zeitwörtern des Genießens, Gebrauchens,
Bedürfens bezeichnet der Genitiv den Inhalt.*
    a. **behofian,** *bedürfen, verlangen.* **Be.** 599, 40 mycel wund
behofaþ mycles læcedomes. **Cp.** 455, 5 ða lare, ðe hi ealle be-
hofigen, — *wo der Kasus allerdings nicht kenntlich ist (vgl. Sohrauer, a. a. O., S. 17. u.).* **Bo.** 90, 24 & gehwæt þæs þe þa þre
geferscipas behofiaþ. **So.** 178, 10 ælces licuman æagan behofað
*(Form! vgl. Cosijn, a. a. O., II. S. 179; man kann es auch un-
persönlich fassen)* þreora þinga on hym silfum to habbænc.
    b. **benugan,** *genießen.* **Bo.** 136, 25 ne reccaþ hi þara
metta, gif hi þæs wuda benugon.
    c. **beþurfan,** *bedürfen.* **Cp.** 455, 27 ongean swelce met-
trymnesse mon beðorfte stronges læcedomes. **Bo.** 66, 27 he beþearf eac micles fultumes; 29 þætte þa micles beþurfon, þe micel agan willaþ; 144, 4 beþearf ælc mon fultumes. **So.** 163, 8
ic geseah hwæthwugu þæs þe ic æt ham beþorfte *(nicht ganz
sicher, da þæs nur zu hw. gehören kann);* 183, 33 ic beþeafr (!)
þeah micle maren to ðara manna þearfa.
    d. **brucan,** *benutzen, gebrauchen, genießen, inne haben.
Kommt auch mit dem Akk. vor, s. § 98, und einmal mit dem Dativ,
s. § 71. k.; allerdings kann auch in manchen der hier angeführten
Fälle Dativ angenommen werden.* **Be.** 477, 35 gif ðu wille þysses
lifes gesælignysse mid us brucan (= si vis perennis vitæ felicitate
perfrui); 486, 40 breac ealdre healsunge (= vetere usus augu-
rio); 547, 13 he wæs brucende engellicre gesihþe (= angelica
visione perfrui); 554, 6 þa he on Eastseaxum biscopðenunge
brucende wæs (= episcopatus officio fungeretur); 558, 4 ealle
ðas wæron endebyrdlice . . . bisceophada brucende (= episcopatu sunt functi); *ähnl.* 570, 28 (= fungi); 571, 5 willnedon ðara
goda brucan (= uti); 587, 24 ðæs gemanan heo wæs twelf wintra brucende (= uti); *ähnl.* 30 (= uti); 630, 32 ic lustfulliende
ðære stowe swetnesse wæs & wlite ðe ic ðær geseah, & eac so-

mod ðara gemanan & eadignesse brucan ðe ic on ðære stowe
sceawode (*im Lat. eine andere Wendung;* = *ich freue mich an...,
und zu geniefsen die Freundschaft und Seligkeit derer, die ich dort
sah).* Or. 32, 8 þa wæs þæt folc þæs micclan welan ungemetlice
brucende; 86, 1 uton nu brucan þisses undernmetes; 272, 26
woldon ... hiora sibban fela wucena ætgædere brucan. Cp. 56,
7 brycð ðære godcundan are worldcundlice; *ähnl.* 80, 13; 132,
3; 246, 10 hie ... brucað ðære mildheortlican Godes giefe; *ebenso*
318, 10; 308, 8 ðæt ic ænigre leohtmodnesse bruce; 336, 19 we
brucað ures agnes; 399, 8 swaðeah his agenra ryhthiwena ne
brycð swa swa he mid ryhte sceolde. Bo. 24, 22 þeah þu heora
bruce; 30, 11 þæt þu minra gifa wel bruce; 24 seo sæ mot brucan smyltra yþa; 36, 5 he ure þe onlænde æfter his bebodum
to brucanne *(das kann heifsen: er verlieh dir, uns zu geniefsen —
aber auch, wie Cardale und Fox übersetzen:* he lent us to
thee, to be enjoyed; *vgl. § 34. c.);* 104, 18 heo mot brucan þæs
heofenlican (sc. ðinges); 110, 9 þe hire brycþ; 128, 5 þæt he
mihton ... þissa woruldlusta brucan, & eac þas welan *(ist þas
(auch bei Fox so!) Schreib- oder Druckfehler statt þæs? oder
stehen hier Gen. und Akk. beim selben Zeitwort unmittelbar nebeneinander?);* 178, 2 woldest brucan ungemetlicre wrænnesse; 200,
30 ne mihte nanwuht libbendes ðære eorþan brucan ne þæs wæteres; 352, 21 hi his brucað. So. 183, 2 ic ... ne hys ful ungemetlice ne bruce; 186, 2 & hys syððan bruce.

   c. **notian**, *benutzen, geniefsen.* Cp. 389, 1 sien ða ðe ðisses middangeardes notigað, swelce hi his no ne notigen. Bo.
94, 17 eall moncynn & ealle netenu ne notigað nawer neah
feorþan dæles ðisse eorþan þæs þe men gefaran magon; *Fox
und Cardale übersetzen:* .. do not occupy anywhere nigh the
fourth part of this earth, which men are able to go over. So.
189, 18 ac nota þæs wisdomes þe þu habbæ. *Vgl.* Or. 48, 25
& ge his nane note ne hæfdon (= *und ihr hattet keinen Nutzen
davon).*

   f. **nyttian**, *benutzen, geniefsen.* So. 187, 28 sume beoð
stæreblinde & nyttiað þeah þare sunnan; *kurz vorher steht der
Akkusativ, vgl. § 108.*

   g. **þurfan**, *bedürfen.* Cp. 8, 16 hie his sume ðorfton (*Sweet:*
some of them needed it); 304, 6 ðæt hiera eac oðre men ðurfon;
324, 5 þe micles ðorfton. Bo. X, 9 he maran ne þorfte; 66, 30
þa þurfon swiþe lytles; 124, 12 þætte man ne ðurfe nanes oþres
godes; *ähnl.* 126, 18; 132, 19, 20; 140, 13; *usw. usw.* So. 170,
28 þu bet wast .... hwæs ic ðerf; 178, 20 hwæs þearf heo
ðonne maran; 35 hweðer ic ðurfe þara þreora þinga ealra; 187,
35 ne þærf he nan (!) oðres laðtewes. Le. 66, 6 ne þearf he
nanra domboca oðerra [cepan]; *will man dies von Schmid aus
H. ergänzle* cepan *beibehalten, so mufs dieses Zeitwort* (= observe,
meditate; *B.-T.) unter die Zeitwörter der geistigen Thätigkeit ein-*

gereiht werden, s. § 14. b. Hier ist zu *vgl.* Be. 507, 21 we ðæs
ðearfe nabbaþ; 566, 35 swa ðæs ðearf wære; 598, 37 hwyle ðearf
is ðe husles. Cp. 304, 2 hu miclc ðearfe we hiera habbað. Bo.
126, 1 ne he nanes neodðearfe næfþ; 380, 7 his nis nan neodþearf. So. 179, 2 hwilc ðearf byð ðonne þæs geleafan. Le. 72,
5, § 1 gif hiwan hiora cirican maran þearfe hæbben.

§ 20   10. *Der Genitiv bezeichnet das Ziel, den Inhalt bei den Zeitwörtern des Erwartens. Vgl. § 11.*
            a. **abidan,** *erwarten, abwarten.* Be. 623, 19 hi monige da-
gas windes & gewidor *(Akkus.!)* abidon; *Miller:* windes & ge-
widera beodan; *es wird also auch wohl* gewidora bidon *zu lesen
sein. Vgl. § 97.*
            b. **anbidian, ambidian,** *erwarten.* So. 180, 5 ic ... swiðe
gefagen ambidie þara gehata. Ps. 24, 4 ælce dæge ic anbidige
þines fultumes; 19 ic symle þæs anbidode; 36, 9 þa þe ... his
fultumes anbidiað; 38, 9 hwæs anbidie ic, butan þin, Drihten.
            c. **bidan,** *erwarten. Kommt auch mit dem Akk. vor, s. § 98.*
Be. 575, 16 ðær heora lichoma restan sceolde & æriste *(vgl.
Cosijn, Gr. II. S. 38)* dæges bidan; 577, 23 swa swa heo bidende wære his andsware; 599, 5 utan we well ðære tide bidan.
Or. 17, 15 he ðær bad westanwindes; *ähnl.* 17. Cp. 226, 11
bitt ðære tide, hwonne he ....
            d. **geanbidian,** *erwarten.* Bo. 36, 7 wit geanbidigaþ þinre
ondswore.
            e. **gebidan,** *erwarten. Kommt auch mit dem Akk. vor, s.
§ 103.* Bo. 324, 5 hwi ne magon ge gebidan gecyndelices deaðes. Ps. 36, 33 gebid Drihtnes (= expecta Dominum).
            f. **onbidan,** *erwarten.* Or. 240, 23 þær his Pompeius on
anre dune onbad.
            g. **sætian, settian,** *nachstellen, aufpassen. (B.-T.:* to lie in
wait for, waylay.) Cp. 160, 24 hu æghwelc syn bið sætigende
ðæs ðeondan monnes. Ps. 9, 29 he ... settað his digollice,
swa swa leo deð of his hole; he sætað, þæt he bereafige þone
earman *(beidemale:* = insidiatur); 16, 11 hy sætiað min; 36, 12
se synfulla sætað þæs rihtwisan.

§ 21   11. *Bei den Zeitwörtern, die Erzeugen nnd Gebären bezeichnen, steht der Genitiv.*
            a. **beran,** *gebären, hervorbringen.* Be. 473, 15 ðeos eorþe
is berende missenlicra fugela & sæwihta (= insula avium ferax
terra marique diversi generis); *Koch (II. S. 195) betrachtet berende als Eigenschaftswort. In der Bedeutung „tragen, bringen"
hat beran den Dativ der Person und Akk. der Sache bei sich, s.
§§ 78, 98.*
            b. **cennan,** *erzeugen, hervorbringen. Kommt meist mit dem
Akk. vor, s. §§ 78, 99.* Be. 546, 39 Anna .... wæs god monn

& ðæs betstan tudres cenned (?) (*Miller:* cennend; = vir optimus, atque optimae genitor sobolis).

c. **strienan**, *erzeugen, hervorbringen*; gestrienan *hat den Akk.*, *s.* § *103.* Be. 495, 33 for intigan anum . . . bearna to strynenne. Or. 46, 10 & þær þonne bearna striendon; 56, 26 bi eallum heora wifum bearna striendon; 130, 12 heo (= *die Weiber)* woldon wið Alexander & wið his mærestan cempa beárna strienan; 154, 17 þa þe .... sceoldon be heora wifum bearna strienan. Cp. 54, 10 on ðæm hiewe ðe he sceolde his gilpes stieran on ðæm he his striend (*Sweet:* increase); 332, 16 se . . . dead hie . . . bereafode ðæs þe hie . . . striendon (þe *kann natürl. auch Akk. sein; wahrscheinl. aber bezieht sich ðæs þe zusammen sowohl auf* bereafian *(s.* § *40. h.) wie auch auf* strienan); 397, 10 hie sculon bearna strienan. **So.** 164, 34 þu ne mehat (!).... maran strynan (= *erwerben?).*

12. *Der Genitiv findet sich endlich bei folgenden einzelnen*   § 22 *Zeitwörtern, die sich in keine der elf vorhergehenden Gruppen einreihen lassen.*

a. **angildan**, *entgelten für, bestraft werden für.* Or. 250, 27 hu eall moncyn angeald þæs ærestan monnes synna mid miclum teonum & witum; 254, 15 Romane anguldon þæs wordes mid . . . miclum hungre; 256, 6 hi his anguldon; 274, 13 nan hus næs binnan þære byrig þæt hit næfde þære wrace angolden.

b. **fremman**, *ausführen. Sonst immer mit dem Akk., s.* § *102.* Or. 168, 17 þa tugon hie hiene þæt he heora swicdomes wið Alexander fremmende wære.

c. **fulgangan**, *ausführen, vollenden. Kommt auch mit dem Dativ vor, s.* § *70. f., und mit dem Akk., s.* § *102.* Bo. 32, 3 þæt ic ne mot mid minum ðeawum minra ðenunga fulgangan, swa ealla oðra gesceafta moton.

d. **gebigan**, *beugen.* Be. 502, 27 gebigde his cneowa (*Miller:* cneo). *Es hat sonst den Akk., s.* § *103.*

e. **gedafenian**, *sich gebühren.* Be. 571, 42 ðy mode, ðe bisceopa gedafenode (= eo quo Pontificem decebat animo); *Miller liest* biscope; *sonst hat das Wort allerdings stets den Dativ der Person, s.* §§ *75. I. i., 76. b. e., oder den Akk. der Person, s.* § *103.*

f. **gehelpan**, *helfen, abhelfen. Vgl. h. Kommt auch mit dem Dativ vor, s.* § *67. aa.* Or. 88, 5 þær (= *wenn)* heora þa ne gehulpe (!) þa þær æt ham wæron; 98, 15 þæt hie (C.: he) tidlice hamweard wære & heora gehulpe; 102, 16 hu heora godas .... þæs monnewealmes gehulpon; 186, 25 gif his sunu his ne gehulpe; 268, 14 þæt hie heora gehulpen. Cp. 46, 3 hu hie oðerra monna mæst gehelpen; 4 þæt he ure gehulpe; 391, 24 se læce . . . wend ðæt (sc. he) his gehelpan ne mæge; 26 ac ðæs ðe he wend ðæt he gehelpan mæge ðæm he forwiernð swiðe

fela. **Bo.** 64, 13 hie naþer ne magon ne þin gehelpan ne heora
selfra; 380, 25 swiþe wel ðu min hæfst geholpen.

g. **hawian,** *erschauen.* **So.** 178, 6 ælc man ðara þe æagan
heft, ærest hawað þæs ðe he geseon wolde; 34 swa þu me nu
tehtest, þæt ic his hawian sceolde; 179, 20 þæt heo hawien ðes
þe heo geseon; 180, 4 þæt man spurige æfter gode & hys hawie. **Ps.** 21, 16 hy min hawodon (min *statt* me *nach Tangers
Collation, Anglia XI.* 127 *ff.*).

h. **helpan,** *helfen. Vgl. f. Kommt auch mit dem Dativ vor,
s. § 67. gg.* **Cp.** 44, 5 he nyle ... helpan ðæs folces mid ðæm
þe he his healp; 136, 16 ðæt he hiera utan ne helpe; 376, 19
forwirnð ðæt he his helpe. **Bo.** 320, 4 ic wolde helpan þæs þe
ðær unscyldig wære; 26 þæt mon helpe þæs uncyldigan.

i. **lænan,** *leihen.* **Le.** 82, 19 be þam monnum, þe heora
wæpna to monslyhte lænað.

j. **miþan,** *verbergen, verheimlichen. Vgl. hierzu §§ 78 und
60. b.* **Be.** 627, 30 monig ðing geseah, ðe oðre men miðon
(*Miller:* meoðon); *ob ðe nicht etwa Dativ od. Akk. ist, ist nicht
klar; jedenfalls scheint das „*multa, quae alios laterent*" *mifsverstan-
den worden zu sein; Miller übersetzt: that is hidden from others;
B.-T. bringt die Stelle unter II. „*to be concealed, lie hid*", *dann
würde man aber doch* oðrum monnum *erwarten müssen.* **Cp.** 22,
10 ic min maþ & wolde fleon; 150, 8 hwilum bið god, wærlice
to miðanne his hieremonna scylda (*Akk.?*). **Bo.** 142, 2 þeah ic
his miþe.

k. **onleon,** *leihen. Vgl. § 34. c.* **Le.** 82, 1 gielde se þæs
wæpnes onlah, þæs weres þriddan dæl. *Vgl. Nader, a. a. O.,
S. 15. h., wo* onlîhan *nach Sievers (Gr.*[2] *§ 383. Anm. 1.) durch*
onleon *zu ersetzen ist.*

l. **onseon,** *ansehen.* **Or.** 186, 7 he hie swa unweorðlice
forseah, þæt he heora self onseon nolde (= injuriosissime etiam
conspectu suo abstinuit). *Vgl. § 239. a. γ.*

m. **pleon,** *wagen, Gefahren aussetzen.* **Cp.** 36, 7 se ilca
Dauid miclum *(Adverb!)* his agnes herges plch; 228, 20 se þe
nu on ðæm gefeohte ðisses andweardan lifes nyle swincan ne his
selfes plion.

13. *Mit dem Genitiv erscheint endlich* **beon (wesan)**; *diesen
Genitiv möchte Grimm (Gr. IV. 652.) „*den prädikativen nennen,
weil er sich leicht in ein substantives oder adjektives Prädikat auflösen läfst.*"*

§ 23   a. *Der Genitiv drückt* ' *die Zugehörigkeit, den Besitz
aus, und es liegt dann auch meist etwas partitives in ihm; vgl.
Grimm, Gr. IV. 654. u.* **Be.** 476, 5 Severus Casere se wæs
Aeffrica cynnes (= Severus genere Afer; *Miller scheint den Genitiv für adverbiell zu halten, er übersetzt:* who was an African
by descent; *ebenso B.-T.; das würde dem Lat. genau entsprechen;*

ich halte Aeffrica cynnes *für eine ähnliche Zusammensetzung wie* Angelcyn, *oder* Aeffrica *ist Gen. Plur.*); 477, 26 saga me, hwylces hiredes & hwylces cynnes ðu si (= cujus familiae vel generis es); 489, 15 nænig heora of ðam ðe hi ahton owiht his beon onsundran ewæþ (= nullus eorum ex his quae possidebant aliquid suum esse dicebat; *ob wohl der Angelsachse noch den Genitiv gefühlt hat, oder ob* his *hier schon ganz zueignendes Fürwort ist, läfst sich hier und sonst kaum entscheiden*); 500, 15 wæs he lichomlicre gebyrde *(Dativ!)* æþeles cynnes (= erat carnis origine nobilis); 520, 5 ða ðe sacerdhades wæron (= sacerdotali erant gradu praediti); 24 ða ðing ðe ðisses middangeardes wæron; 529, 43 wæs he Gallia cynnes (= natione quidem Gallus; *entweder gehört* G. c. *zusammen, oder* G. *ist Gen. Pl.*); 538, 34 þæt nis minre gecarnunge þæt ic yldinge onfo to lifianne (= non hoc esse meriti mei, ut.....; *Miller:* receive for my own merits a respite; m. g. *kann natürl. auch Dat. sein,* = *durch mein Verdienst*); 539, 27 se wæs Cantwara leode *(= aus dem Volke der* C.; *Miller:* leod = *ein Mann der* C.; = de gente Cantuariorum); 546, 38 he wæs eac ðæs cynecynnes (= de regio genere; *Miller:* of heora cyningcynne); 551, 15 se nyhsta wæs Scyttysces cynnes (= natione Scottus); 37 se wæs eac Scotta cynnes (= de natione Scottorum); 41 he wæs Englisces cynnes (= natione quidem Anglo); 557, 20 æghwæþer heora wæs Scotta cynnes (= de genere Scottorum); 21 se wæs Angelcynnes (= de natione Anglorum); 582, 4 is þæs landes seofen þusendo hida *(= das Land besitzt (Miller:* contains), *od.: zu dem Lande gehören* 7000 *Familien);* 640, 24 nemne ðynre eþunge anre ætywde þæt he lifes wæs (= quia viveret demonstrans; = *dafs er dem Leben noch angehörte);* 647, 3 ðeah ðe hi synd of miclum dæle heora sylfes anwealdes (= qui quamvis ex parte sint sui iuris; *Miller:* independent). Or. 12, 3 monege þeoda sindon þæs landes; 14, 18 þæs landes is XLIII þeoda; 18, 11 þara wæron syx stælhranas *(der Gen. kann hier auch von* syx *abhängen);* 24, 25 næs na fordam þe þæs landes swa fela wære; 26, 30 ðara iglanda þe man hæt Ciclades þara sindon þreo & fiftig; 30, 30 ælcne þara þe hio geacsian myhte þæt kynekynnes wæs; 68, 1 ealle þa þe þær cynecynnes wæron; 78, 10 his heres wæs seofon hund þusenda; 80, 6 þara scipa wæron IIIM; *ähnlich häufig, so* 186, 20; *usw. usw.; hängt in solchen Fällen der Genitiv nicht vielleicht vom Zahlwort ab, z. B.* 80, 6 *statt: zu diesen Schiffen gehörten* 3000 — *etwa: dieser (solcher) Schiffe gab es* 3000 = 3000 *solcher Schiffe gab es? Ferner:* 106, 30 þæt seo dæd his nære, ne eac beon ne mehte nanes corðlices monnes; 126, 23 þæt he wære Amones heora godes; 150, 10 for þon þe he ryhtcynecynnes wæs; 190, 16 buton he æþeles cynnes wære; 248, 26 þara wæron VIM; 258, 25 ealle þa þe þære mægþe wæron. Cp. 84, 19 ge sint acoren kynn Gode & kynelices preosthades *(Sweet:*

ye are a race chosen for God of royal priesthood); 138, 2 se
þe ne gimð ðara þe his beoð; 210, 4 sume cwædon ðæt hie
wæron Apollan, s. c. ð. h. w. Paules, sume Petres, sum cwæð
ðæt he wære Cristes; *ähnl.* 13; 14 ge ures nanes (= ure nanes)
ne sindon; 232, 12 ðæt bið ure ðæt ðæt we lufiað on oðrum
monnum; *ähnl.* 252, 9; 328, 18; 332, 12; 348, 21 þe anes cynnes bioð; 393, 28 ðara ðe Godes sien; 411, 23 ðe læssan hades
bioð. Bo. VI, 5 þæt is nu git þinre unrihtwisnesse; *genau so*
36, 13; 4, 8 se Casere wæs heora ealdhlafordcynnes; 14, 10
hwylcra gebyrda þu wære & hwylcra burgwara; 64, 31 ne beoþ
þæt þonne heora godes, næs þines; 66, 4 nan þara goda þin
nis; 236, 4 hi sint stilre gecynde and heardre; 9 þæt wæter &
sio lyft bioþ hwene hnescran gecynde; 284, 4 ne biþ þæt na ne
mihta þæt mon mæge yfel don, ac beoþ unmihta; 300, 14 he
wæs cynecynnes; *merkwürdig ist* 56, 25 geðenc nu hwæt þines
agnes seo ealra þissa woruldæhta & welena (= *was von allen
Schätzen der Welt zu deinem Eigentum gehört;* agen *ist dann Hauptwort; Fox übersetzt:* what is thine own of all these worldly possessions and riches; *Cardale:* what, of all th. w. p. & r., is
thy own.). **So.** 169, 21 ic wes geo þin; 196, 31 he wes . . .
mines hlafordes kynnes; 199, 17 nis heo na swa dysigra gesceafta; 203, 16 hys ægnes kinnes weron; 204, 18 hwilces cynnes ic com. **Ps.** 21, 26 Drihtnes synd þa ricu; 23, 1 Drihtnes
ys eorðe and eall þæt heo mid gefyld is, and eall mancynn,
þe þæron eardað, is Drihtnes; 49, 11 min synt ealra wuda wildeor. **Le.** 58, 11 sie hio and·hire bearn þæs. hlafordes.

§ 24   b. *Der Genitiv bezeichnet eine Eigenschaft:* **Be.** 499, 8
hwylcre geearnunge se halga wer wære (= qualis meriti vir fue-
rit); 503, 4 ic com milde & eaþmodre heortan (= quia mitissum
& humilis corde); *genau ebenso* 5; 513, 1 wæs ðeos onwrigenes
ðysses gemetes (= erat autem oraculum hujus modi); 526, 21
he wæs micelre forhæfdnysse & forwyrcdnesse lifes; 527, 25 ða
men wæron unatemedlice & heardes modes & ellreordres; 531,
33 ðe gelyfedre yldo wæron (= aetate provectae erant); 540,
14 þæt he wære þære mæstan eaþmodnysse; 541, 18 hwylcre
geearnunge ðes biscop wære; 585, 13 hwylces geleafan hi wæron
ähnl. 587, 1; 591, 34; 593, 42; 597, 3; 600, 3 ic eom gungre
yldo; 624, 14; 625, 13; 627, 36; 630, 17; 633, 1 ða wæron
ongrislices andwlitan (*Miller:* swiðe ongrislicum heowe & ond-
wliotan); 636, 34. *Hierher gehört wohl auch* 580, 14 ða wæs
seo ðryh semninga gemeted gerisenlicre lengo to gemete ðæs
lichoman — *und* 594, 20 þæt wæs . . . mycles mægenes teald &
gelyfed (= quod eo tempore magnae virtutis aestimabatur). **Or.**
212, 25 eowre ieldran wæron utan hlæne & innan fætte, stronges modes & fæstes; 222, 2 þæt hie swelces modes wæron; 264,
2 he wæs swa godes willan; *das deutsche ,,der Ansicht sein" ist*

zweimal übersetzt durch þæs wordes beon: 190, 24 sæde eac þæt he þara ælces ehtend wolde beon swa swa his feondes, þe þæs wordes wære þæt (sc. he? *vgl. § 302. c.*) from Romebyrig þohte; 286, 6 ac ealle hie wæron þæs wordes . . . . . þæt him leofre wæs . . . . **Cp.** 86, 20 ðæt fleax . . . bið hwites hiewes; 172, 18 hie ne sint ealle anes modes & anra ðeawa; 307, 8 ðe sinle anes willan wæs & God fæder; 344, 18 ðæt ge sien swae gelices modes swæ ge sint gelices lichoman; 348, 1 he bið godes willan; 2 ðæs (= ðæt?) he sie clænes willan & godes; 385, 18 ærðæmðe he self wære fulfremedre ielde. **Bo.** 140, 28 næs ic næfre git nane hwile swa emnes modes; 386, 23 sint swiþe ungelices hiwes. **So.** 200, 4 beo nu godes modes. **Ps.** 35, 10 þe synt rihtes modes; 44, 3 he ys fægrostes andwlitan.

    A n m e r k u n g: Ähnlich erscheint einmal **weorðan.** **Cp.** 447, 6 se ðe forlæt ðone cele ungetreownesse, & wyrð wlacra treowa. *Vgl. übrigens beim Instr. § 124. 7.*

    14. *Neben einem Genitiv der Sache findet sich noch ein Dativ der Person, der häufig reflexiv, vielfach ein Dativ commodi oder incommodi ist, bei folgenden Zeitwörtern, die ich in dieselben Gruppen einordne wie die, die den Genitiv allein regieren.*

    1. *S t r e b e n. Vgl. § 11.*   § 25
    a. **ærendian**, *durch eine Botschaft zu erreichen suchen.* **Cp.** 142, 2 se esne þe ærendað his worldhlaforde wifes. *Vgl. auch § 97.*
    b. **geærendian**, *durch e. Botschaft erstreben, erbitten.* **Or.** 258, 4 to þon þæt he him sceolde Gaiuses mildse geærendian; mildse *könnte allerdings auch Akk. sein, wie Cosijn (Gr. II. S. 33.) annimmt. Vgl. auch § 67. u.*
    c. **tilian**, *erstreben. Vgl. § 11. j., aber auch § 75. I. gg.* **Bo.** 168, 27 ic lære þæt ðu fægenige oþerra manna godes & heora æþelo to þon swiþe þæt ðu ne tilige ðe selfum agnes; *Cardales und Foxens Übersetzung: . . . but so far only, that thou ascribe it not to thyself as thy own, ist wohl nicht richtig, es heifst vielmehr: „freue dich über Anderer Gutes und Adel (d. h. äufsere Tugenden), aber erstrebe keine eigenen für dich selbst."*
    d. **wilnian**, *wünschen, begehren. Vgl. § 11. l.* **Or.** 136, 10 him coman ærendracan . . . & him friþes to him wilnedon (= *begehrten Frieden für sich von ihm).* **Cp.** 28, 11 ne cwæð he þæt forðy þe he ænegum men ðæs wyscte oððe wilnode (= *weil er irgendjemand solches wünschte); 54, 2 he wilnað him selfum gilþes. **Ps.** 14, ü. wilnað him (refl.) sumere rothwile on þissere worulde, and ec reste æfter þisum; 15, ü. wilnode him (refl.) to Gode sumre frofre. Über eine zweifelhafte Stelle mit Akk. der Sache und Dat. der Person vgl. § 78. Vgl. auch § 115.*
    e. **wyscan**, *wünschen. Die Sache, die man wünscht, steht ein anderes Mal im Akk., s. § 78.* **Cp.** 28, 11 *(vgl. d.).*
    2. *B i t t e n. Vgl. § 12.*   § 26

biddan, *bitten um etwas für jem. Vgl. § 12. b. Die Person, die man bittet, von der man erbittet, steht in der Regel im Akk. (und dabei die Sache im Genitiv), s. § 36. c.; die Sache kann aber auch im Akk. stehen, wenn die Person, die man bittet, im Dativ steht, s. § 78; im Akk. allein steht die Person, die man bittet, oder die Sache, die man erbittet, s. § 98.* **Be.** 474, 11 him *(refl.)* bædon setles & eardungstowe; 480, 22 hi to Rome him *(refl.)* fultumes bædon (= Romanorum auxilia quaesierint); *ebenso* 26; 37; 481, 32 & Bryttas to Rome fram Ettio ðam cyninge wæron him fultumes biddende; 484, 17; 534, 12 heo . . . hire wæteres bæd; 540, 20 him com sum ðearfa togeanes & him ælmæssan bæd *(= für sich; nicht etwa = von ihm);* 613, 22 ic ða wæs mid his gespræce wel gereted & me bletsunge bæd. **Or.** 96, 26 hie sendon to Egyptum Læcedemonie & him fultumes bædon; 242, 16 he for on Aegyptum & him fultumes bæd æt Pholomeuse þæm cyninge. **Le.** 94, 42 þæt he ne feohte ærþam þe he him ryhtes bidde (him = sibi; *Schmids „bevor er ihn um Recht gebeten hat" ist falsch, wenn „ihn" him übersetzen soll).*

§ 27   3. *Mündliche Äufserung. Vgl. § 13.*

a. **geandwyrdan,** *antworten. Vgl. beim Dativ § 69. m.* **Bo.** 374, 5 ic þe mæg swiþe eaþe geandwyrdan þæs spelles.

b. **gehatan,** *versprechen. Vgl. beim Dativ §§ 69. q., 78., beim Akkus. § 103.* **Bo.** 290, 8 swa hwæs swa his irsung willaþ, ðonne gehet him þæs his reccelest; *Fox übersetzt richtig:* whatsoever his anger wills his recklessness promises him; *Cardale aber falsch:* whatsoever the man's anger dictates, he promises himself his security thereby.

c. **geþancian,** *danken.* **Or.** 224, 32 Romane him geþancodon ealles his geswinces.

d. **sprecan,** *sprechen.* **Ps.** 40, 8 ealle mine fynd . . . . þohton me yfeles and spræcon me yfeles. *Vgl. §§ 37. Anm., 112.*

e. **þancian,** *danken. Vgl. beim Dativ § 69. gg.* **Be.** 638, 5 ða ðancode he him geornlice ðære arfæstnesse ðe he him forgifen hæfde (= gratias agens pietati). **Cp.** 318, 3 Gode ðanciað mid godum weorcum his gifa. **So.** 172, 24 hu swiðe woldest ðu him þæs þancian. **Ps.** 4, 8 þeah hi his ðe ne ðancien; 22, *ü.* hu hi sceoldon Gode þancian þær aara ; 28, *ü.* hi eac þæs Gode þancodon; 32, *ü.*; 34, 25. *Vgl.* **Be.** 514, 11 he him þæs wolde wurþlice ðancunge don; 537, 25 & symble Drihtne Gode his goda ðanc sægde. **Or.** 34, 32 lytle þoncunge wiston Josepe þæs þe he hi . . . ahredde; 202, 7 him unþanc sæde þæs andwyrdes. **Bo.** 30, 11 þu miht þæs habban þanc. **So.** 192, 10 gode (scil. si) þanc þæs dæles þe ic wot.

f. **wiðcweðan,** *abschlagen. Vgl. beim Dat. § 70. x., beim Akk. § 115.* **Or.** 116, 8 him þa burgleode þæs wiðcwædon.

§ 28   4. *Geistige Thätigkeit. Vgl. § 14.*

a. **ðencean,** *denken. Vgl. §§ 14. r., 113.* **Ps.** 34, 5 scamien

heora, þa þe me ðenceað yfeles; 40, 8 calle mine fynd þohton
me yfeles.

b. ðyncean, *dünken.* *(?)* *Unpersönlich.* **Bo.** 194, 20 þæs
me ðincþ þæt þæt beo seo soþe . . gesælþ *(Cardale und Fox:
of this I am persuaded; ob aber ðæs hier etwa nur Adverb ist?
vgl. § 260. 1.).* **So.** 181, 18 þeah me hwæt cume to mode þæs
þe me þonne ðincg (= ðincþ); *auch diese Stelle ist nicht klar,
þæs þe kann Konjunktion sein (vgl. § 260. 2.). An beiden Stellen
könnte übrigens me auch Akkus. sein. Vgl. auch §§ 75. I. ff., 76. x.*

c. **togelefan,** *glauben, zutrauen.* **Bo.** 14, 9 ne seeolde þe
eac nan man swelces togelefan *(= würde dir so etwas zutrauen (?)) ;
Cardale und Fox scheinen to zu þe zu ziehen, wenn sie übersetzen:* nor could any one think in this manner with respect to
thee — *und:* nor could any one thus believe it of thee.

d. **tweonigean,** *zweifeln.* *Unpersönlich.* *Vgl. §§ 14. l., 113.*
So. 174, 26 nu þu segst þæt ðe þæs nanwith ne tweonige. *Vgl.*
Bo. 386, 5 þam englum nis nan tweo nanes þæra ðinga þe hi
witon.

e. **wenan,** *hoffen, erwarten, sich versehen. Vgl. §§ 14. v.,
115.* **Be.** 541, 43 hi him *(refl.)* nænigra synto *(Miller:* gesynta)
wendon; 558, 39 him mon feores ne wende; 613, 26 ne we us
naht *(adverbiell)* elles *(Miller:* nohtes elles; *B.:* nowihtes) ne
wendan nemþe deaþes sylfes; 616, 9 hire mon feores ne wende
(Miller: her life · was despaired of). **Or.** 124, 32 him mon
þæs lifes ne wende; 146, 20 ac he Umenis him wende from Antigones hamfærelte micelra untreowða; 154, 23 sendon . . . æfter
fultume, þær hie him æniges wendon; 166, 13 hie untweogendlice nanra treowþa him ne wendon; 218, 19 þeh þe hie him
leana to þære dæde wenden; 268, 13 þæt hie him heora feores
ne wendan. **Cp.** 162, 14 foresægð ða dieglan sætinga ðæs lytegan feondes, þe he him wenan mæg; 328, 13 geðenceað hwelces
wites ge wenen ðæm þe oðre men reafiað. **Bo.** 70, 30 þonne ne
wendest þu þe ðines feores; 130, 1 ðeah he him nanra operra
leana ne wene; 354, 1 he . . . wenð him þara leana; 278, 20
ða dysegan nanwuht nyllaþ onginnan, ðæs þe hi him awþer mægen towenan oðde lofes oðde leana; *so druckt* *Cardale* *die
Stelle. Ich fafste sie zuerst so auf:* towenan *ist ein Wort; der
Genitiv ðæs þe bezeichnet den Ausgangspunkt, von wo, d. h. die
Sache, wofür sie Lob oder Lohn erwarten;* lofes *und* leana *bezeichnen partitiv, was sie erwarten. Beide Hss. lesen statt* hi —
hit, *ebenso druckt Rawlinson.* *Fox hat, wie Cardale,* hi; *dieser übersetzt:* whereby they may expect to themselves either praise
or rewards, *Fox dagegen:* from which . . . . . *Ich neige mich jetzt
eher der Ansicht Tollers zu, der mir über diese Stelle schreibt:*
„You will find a similar government of „to wenan" *(getrennt!)* in
the Pastoral (217, 16 & 451, 25, 27; *vgl. § 14. v.).* It is similar
to the construction with *hopian, to* marking the point, to which

3*

a person's hopes or expectations are directed, þæs I take to be governed by namwuht, & þe is practically governed by to: nothing of that to which they look for rewards for themselves."

§ 29   5. Gemütsbewegung. Vgl. § 15.

a. ofsceamian, schämen. Bo. 8, 21 gif þu ðe (Akkus.? vgl. § 39. c. d.) ofsceamian wilt ðines gedwolan.

b. ofðyncean, bereuen, sich ärgern. Unpersönlich. Vgl. §§ 75. I. z., 76. n. Cp. 160, 2 ðonne him hiera na ne ofðyncð; 224, 19 ðonne ofðyncð him ðæs ilcan þe he ær forbær; 320, 19 ðylæs . . . him eft hefiglice ofðynce ðæt þe hie sceal don (H.: sealdon); sceal don kann ein Druckfehler oder — wahrscheinlicher — ein Fehler des Schreibers sein.

§ 30   6. Erwerben. Vgl. § 16.

ceapian, kaufen. Vgl. § 16. b. Be. 601, 18 mid ðam hi .... utwæpnedmonna freondscipes him ceapiaþ (= quibus externorum sibi virorum amicitiam comparent).

§ 31   7. Trennung. Vgl. § 18.

a. beniman, berauben. Dieses Zeitwort hat gewöhnlich die Person im Akk. bei sich, vgl. § 40. g., nur einmal im Dativ: Bo. 292, 21 ne mæg þara yfelena yfel þam godan beniman heora goodes & hiora wlites.

b. forwiernan, verweigern, verhindern. Vgl. g. — Akkus. der Person statt Dativ (vgl. auch § 74. f) kommt nur einmal vor, s. § 40. k. Or. 64, 27 hie him þara bena forwierndon; 76, 7 him þær se gionga cyning þæs oferfæreldes forwiernan mehte; 78, 9 him mon ðær wifes forwiernde; 164, 29 him mon þæs forwiernde; 216, 31 him Romane his forwierndon. Cp. 254, 25 geseah ðone engel . . . him ðæs færeltes forwiernan; 264, 15 (? vgl. § 40. k.); 376, 6 swelce hie gehyden lifes læcedom & his forwiernen ðæm cwelendum modum; 378, 2 ðæt is ðonne ðæt mon forwerne his sweorde blodes, ðæt hwa forwirne his lare; 391, 19 him .... sum wiðerweardnes his forwiernð; 35 him sum broc ... hiera forwiernð; 411, 30 ðæs ðe sio endebyrdnes & ðæt gecynd forwiernð ðæm iacinte, se wlite his beorhtnesse hi eft geiecð. Bo. 238, 4 hire biþ forwerned hire gecyndes. So. 185, 10 toðæce me forwyrnde ælcre leornunga; 202, 32 geþenc þæt þu hym forwyrndest ælcra getesa. Ps. 20, 2 þæs þu him ne forwyrndest; 48, 18 þa him nanes willan næs forwyrnd her, ne nanes lustes.

c. gestieran, zurückhalten. Vgl. f. und § 18. f., und beim Dativ § 68. a., b., g. Es kommt auch einmal ein Akkus. statt des Dativs der Person vor, s. § 40. s. Or. 94, 32 þætte him his feond mæge swa eaþe his mid wordum gestieran; 296, 11 þæt he þæm Gotan þæs gewinnes mehte raðe gestieran. Cp. 40, 4 ic wolde . . . gestieran ðære wilnunge ðæm unmedemum; 256, 12 gestierde ðæm witgan his unryhtre & dysigre wilnunge; 340, 11 swæ wierð eac gestiered ðæm gidsere ðæs reaflaces. Bo. 88,

21 þæt se godcunda anweald ne mihte.... him þære þuhhunge
gesteoran; 304, 10 him biþ ... gestyred hiora orsorgnesse; 326,
17 se yfela, þe mon his ylles gestyran ne mæg.

d. oflætan, *ablassen*. Bo. 162, 14 þæt him mon oflete
blodes on þam earme; *gleichsam: ihn vom Blute trenne? Vielleicht
ist folgende Auffassung besser: dafs man etwas Blut (partitiv!) ab-
lasse ihm am Arme, an seinem Arme. Vgl. § 87.*

e. ofteon, *wegnehmen, berauben. Kommt auch mit Dat. und
Akkus. vor, s. § 78.* Cp. 142, 23 ðæm ... ðe hie ondrædað ðæt
him derian mæge æt ðæm gilpe, & him ofteon mæge ðisses eorðlican weorðscipes; 290, 25 oðrum he wolde oftion ðæs þe he to
fela hæfde; 326, 22 ðonne selð he Gode ða læstan ryhtwisnesse,
& oftihð him ðære mæstan; *ähnl.* 376, 2, 5; 415, 28. Bo. 288,
14 gif ... mon ... him oftihþ þara þenunga & þæs anwealdes;
18 þæt him wyrþ sume hwile þara þenunga oftohen & þara clapa
& þæs anwealdes. So. 185, 10 toðæcce me forwyrnde ælcre leornunga, ac he me ne ofteah deah (!) eallunga ðes ðe gemyndes
(*weshalb* ðe?). *Vgl. auch § 71. ee.*

f. stieran, *steuern, abhalten von. Vgl. c., § 18. j. und beim
Dativ § 68. g.* Cp. 52, 18 stierð ofermetta mid ðære tælinge
his hieremonnum; 128, 18 he us stierde urra womba oferfylle;
453, 24 ðæt he swa stiere ðæm ungeðyldegum irsunga.

g. wiernan, *verweigern, verhindern. Vgl. b., § 18. l. und
beim Dativ auch § 78, beim Akk. § 115.* Or. 38, 19 swa swyðe
swa hi ær Moyse & hys folce þæs utfæreldes wyrndon. Cp. 256,
9 him wiernð his unnyttan færelta *(über die Form vgl. Cosijn,
Gr. II. S. 13, auch Sievers, Gr.² § 304. Anm. 2.);* 378, 1 awyr-
ged bið se mon se þe wyrnð his sweorde blodes; 391, 27 we
eac wiernað urum cildum urra peninga mid to plegianne.

h. wiðbregdan, *verhindern, berauben.* Cp. 360, 2 þe (=
Godes fiond) simle wiðbritt ðæm untruman mode ðære sibbe þe
he self forlet. *Vgl. beim Dativ § 70. w.*

i. wiðstandan, *hindern. Vgl. beim Dativ § 70. gg.* Bo.
22, 13 þonne þær micel stan oninnan (= *in den Bach)* fealþ &
hine todælð & him his rihtrynes wiþstent.

8. Bedürfen. *Vgl. §. 19.*

Hierher gehören:

a. þearf beon, *und*

b. nedþearf beon, *bedürfen. Vgl. beim Dativ § 70. Anm.*
Be. 598, 37 hwylc ðearf is ðe husles; 601, 3 me ðæs is micel
ðearf. Cp. 272, 3 him nis na ðæs anes ðearf; 376, 18 ðæt his
hwæm ðearf bið. Bo. 8, 20 ðe is nu frofre mare ðearf þonne
unrotnesse; 390, 29 nis him nanes ðinges nedþearf. So. 188,
25 nanwiht ... þæs þe þe *(dir)* mare ðearf sie. Ps. 15, 1 þu
me eall þa good sealdest þe ic hæbbe, & þe heora nan nydþerf
nis eft on me to nimenne.

c. wana beon, *ermangeln.* Cp. 310, 20 him wæs ðæs

§ 32

wana. **Bo**. XII, 29 gif hwam ðara auþres wana wære; 44, 5
þæs anes hire is nu wana; *ähnl.* 46, 19; 124, 24; 134, 20; *usw.*
usw. Vgl. aber 274, 3 þam biþ anweald wana. **So**. 168, 3 þe
nanes godes nis wana; 178, 19 hwæs byd hyre þonne wana;
ähnl. 191, 21; 202, 11. **Ps**. 22, 1 ne byð me nanes godes wan;
33, 9 þæm ne byð nanes goodes wana.

§ 33   9. *Ferner erscheinen Genitiv und Dativ nebeneinander bei*
Zeitwörtern des Gewährens und Gönnens:
a. **geþafian**, *erlauben. Vgl. beim Dativ §§ 74. g., 78; beim*
Akk. § 103. **Or**. 88, 21 þeh hie him þæs geþafiende næren.

b. **getygþian**, *erlauben, gewähren. Vgl. beim Dativ § 74. i.*
Über tygþian, *das einmal die Person im Akk. bei sich hat, vgl.*
§ 42. f. **Or**. 64, 30 hie him þæs getygðedon; 82, 24 hi him
þære bene getygþedon; *ähnl.* 98, 20; 126, 8; 140, 18; 146, 31;
200, 32.

c. **geunnan**, *gönnen.* **Or**. 64, 12 þætte he him . . . ægþres
geuþe ge hiora cyninges ge heora anwaldes; 26 þætte hi him
geuðen hiora dohtra him to wifum to habanne. **Bo**. 162, 13
þa nolde se cyning þæs onfon ne him his feores geunnan.

d. **unnan**, *gönnen. Vgl. beim Dativ § 67. rr.* **Or**. 98, 31
forþæmþe hie him ænigra goda uþen. **So**. 186, 21 ne an ic
his nanum men butan me selfum; 23 þeah ic hys uðe ælcum
men. **Ps**. 39, 17 þa þe me yfeles unnon.

§ 34   10. *Endlich haben folgende einzelne Zeitwörter Genitiv*
und Dativ bei sich.
a. **ceosan**, *wählen.* **Or**. 44, 22 hie him *(refl.)* woldon
oðerra wera ceosan. *Die Sache, die man wählt, steht sonst im*
Akk., s. §§ 78., 99.

b. **gedripan**, *tropfen.* **So**. 202, 31 he hym gedripte wæte-
ris on þa tungan; *der Gen. ist hier partitiv.*

c. **onlænan**, *leihen. Vgl. § 22. k.* **Bo**. 36, 4 he ure þe onlænde æfter his bebodum to brucanne *(vgl. § 19. d).* **Le**. 82, 19
gif hwa his wæpnes oðrum onlæne. — *Die Sache steht sonst im*
Akkus., s. § 78.

15. *In dieselben Gruppen verteile ich diejenigen Zeitwörter,*
die neben einem Genitiv der Sache einen Akkusativ der Per-
son haben.

§ 35   1. *Streben. Vgl. § 11.*
lystan, *gelüsten. Vgl. beim Akk. § 106. Es kommt auch ein-*
mal mit einem Dativ (der Person) vor, s. § 76. q. **Cp**. 228, 14 ðæt
hie eac selfe ðæs ilcan lyste; 350, 8 swæ hiene swiður lyst ðisses andweardan lifes; 445, 29 gif us ne lyst ðæra ærrena yfela
ðe we ær worhton. **Bo**. 14, 26 ne me na ne lyst mid glase
geworhtra waga ne heahsetla mid golde & mid gimmum gere-
nedra ne boca mid golde awritenra me swa swyþe ne lyst swa me
lyst on þe rihtes willan; 16, 13 ðeah ðe wel lyste wearmes mus-

tes; 34, 6 forþam ðe ðissa woruldsælða to wel ne lyste; 23 ðe
ongan lystan ure, nas us þin; 68, 16 þæt hine þara twega lyste;
190, 27 his hine lyst; *usw.* So. 171, 17 fela me lyste witan
ðes þe ic nat, ne lyst me þurht (?) þeah nanes þinges swiðor to
witanne þonne þises; 183, 8 ne lyste þe fægeres wifes & sceam-
festes & wel gelceredes & goodra þeawa; 22 ne lyst me nu þæs;
26 hu swiðe lyst ðe þæs; 190, 29 þæs an (?) me lyst; *usw. usw.*,
auch 181, 16 ic ne der þæt gehaten þæt me naure wihte ealles
ne læste (!) buton þæs, *wo* lyste *zu lesen ist (?).* Ps. 36, 22
hine lyst his wega and his weorca swiðe; 40, 6 þeah hy þæs lyste.
   2. *Bitten, Fragen. Vgl. § 12.*   § 36
   a. acsian, *fragen. Vgl. § 12. a. und beim Akk. §§ 97. 117.*
Be. 568, 26 mot ic ðe ahtes acsian. Or. 126, 30 hu he him
ondwyrdan sceolde þæs he hiene ascade *(Lehmann, a. a. O.,
S. 32, zieht þæs zu ondwyrdan, was nicht grade unmöglich ist;
vgl. § 12. a. zu Be.* 568, 26, *ferner § 276 und Bock, a. a. O.,
S. 26).* Bo. 208, 7 anes þinges ic ðe wolde ærest acsian; 388,
20 ðu me ahsast micles & earfoþes to ongitanne. So. 200, 16
næfst me gyt geandweard be ðam þe ic þe nu niehst acsode
(beide Kasus allerdings nicht deutlich zu erkennen).
   b. bensian, *bitten, beten. Vgl. beim Akk. § 98.* Be. 619, 35
ic wene þæt he wære bensiende ða uplican arfæstnesse minra
gesynta (= pro mea sospitate supernae pietati supplicans).
   c. biddan, *jem. um etwas bitten. Vgl. § 12. b. Der, für den
man um etwas bittet, steht im Dativ, s. § 26. Dasselbe Wort kommt
auch mit Dativ der Person und Akk. der Sache vor, s. § 78. Vgl.
auch § 98.* Be. 528, 19 hine ælmæssan bæde *(Miller:* bædon); 559, 20 gehwæs he God bæd; 564, 7 ða bæd he hine
yldinge & fyrstes; 630, 35 ic minne latþeow ne dorste owihtes
(Miller: owiht) biddan. Or. 48, 29 þæt ænegu þeod oþre . . .
friþes bæde; 112, 25 þe hiene ær fultumes bæd; *ähnl.* 146, 19;
206, 1; 210, 19; 290, 27 hi hiene bædon ryhtes geleafan & fulwihtes bædes. So. 192, 21 ic wille . . . þes God byddan. Ps.
20, 4 he þe bæd langes lifes (þe *eingesetzt nach Tanger).* Le.
94, 42, § 3 bidde hine fultumes.
   d. frignan, *fragen. Vgl. § 12. c. und beim Akkus. § 102.*
Cp. 102, 5 he . . . frægn ðæs Dryhten.
   3. *Mündliche Äußerung. Vgl. § 13.*   § 37
   a. behatan, *versprechen, geloben. Vgl. aber beim Dat. §§ 69.
g., 78.* Cp. 403, 5 se ðe hine selfne maran godes behæt *(Sweet:*
he who pledges himself to the greater good).
   b. beteon, *zeihen, anklagen.* Le. 106, 3 gif mon cyninges
þegn beteo manslihtes. *Vgl. über eine andere Bedeutung § 98.*
   c. forewregan, *schwer anklagen.* Be. 639, 30 eallra heora
dome *(= durch)* unscyldig & butan leahtrum wæs clæne gemeted ðara ðinga, ðe hine mon forewregde & onstælde; *dafs ðe
Genitiv ist, ist nicht bestimmt, aber höchst wahrscheinlich.*

d. **gemyndgian**, *erinnern. Vgl. f. und §§ 13. c., 14. m.* **Or.**
82, 15 se Themestocles gemyndgade Ionas þære ealdan fæhþe
þe Xersis him to geworht hæfde. **Cp.** 206, 4 ðæt his lareow
hiene . . . gemyndgige his unðeawa; 332, 15 hie gemyndgað ðara
welegra; 465, 32 his unmehta hine gemyndgað.

e. **hligan**, *rühmen (jem. wegen einer Sache)*. **Cp.** 366, 18
ðæt hie mon hlige wisdomes.

f. **myndgian**, *erinnern. Vgl. d. und § 107.* **Cp.** 210, 21 gif
we hie myndgiað hiera godna weorca.

g. **mynegian**, *erinnern. Vgl. §§ 13. d., 14. n., 107.* **Bo.** 244,
14 hu ne mynegodest þu me þære ilcan spræce; 250, 7 ic þe
ær mynegode ðære ilcan spræce; 366, 19 ic wolde ðe nu myngian þære manigfealdan lare.

h. **oncunnan**, *anklagen.* **Le.** 88, 33 gif hwa oðerne god-
borges oncunne. *Vgl. beim Akk. § 109.*

i. **onstælan**, *schwer anklagen. Vgl.* onbestælan *§ 78.* **Be.**
639, 30 *(vgl. c.).*

j. **teon**, *zeihen, anklagen. Vgl. b.* **Le.** 80, 17 gif hine hwa
hwelces teo; 90, 36, § 1 gif hine mon tio gewealdes on þære
dæde. *Vgl. beim Akk. § 113.*

A n m e r k u n g : **sprecan** *hat einmal scheinbar einen Genitiv der Person und einen Akk. der Sache bei sich:* **Or.** 206,
29 þæt he his ungerisno spræce wið þa senatos; ungerisno *ist
Akk. Pl. (s.* Cosijn, *a. a. O., II. S. 33 o.); bei* Thorpe *(a. a. O.,
S. 428)* steht ungerisna, *er übersetzt:* (he accused him) *'of spea-
king disparagingly of him before the senate;* Lehmann *(a. a. O.,
S. 32) übersetzt: dafs er ungeziemendes von ihm gesprochen hätte.
His ist aber wohl entweder zueignendes Fürwort, oder noch besser
objektiver Genitiv zu* ungerisno. *Prof.* Toller *schreibt mir zu
der Stelle — nach Anführung von zwei anderen, wo dies Hauptwort ebenfalls in der Mehrzahl vorkommt —:* „The singular occurs in Haupts Zeitschr. 9, 507. l. 8. *ad infame dedecus* „to æwisc-
licum bismer & ungerisne.“ *His* in the passage you quote, I
think is genitive, „what was unbecoming to him“, and *ungerisno,*
as in the instances quoted by Cosijn is plural.“ *Vgl. §§ 27.
d., 112.*

§ 38   4. *Geistige Thätigkeit. Vgl. § 14.*
          tweogan, *zweifeln. Unpersönlich. Vgl. §§ 14. t., 28. d., und
beim Akk. 113.* **Bo.** 54, 2 nanne mon ðæs tweogan ne þearf;
84, 10 nanne mon þæs ne tweoþ; *ähnl.* 186, 22; 210, 22 *und öfter.*
§ 39   5. *Gemütsbewegung. Vgl. § 15.*
          a. **aþreotan**, *müde werden, sich ekeln. Unpersönlich. Vgl.
§§ 15. a., 97.* **Or.** 218, 21 his me sceal aþreotan for Romana
gewinnum. **Cp.** 128, 4 forðon aðreat ða hieremen ryhtes lifes.
          b. **geortrywian**, *verzweifeln.* **Bo.** 22, 20 þæt is þæt ðu
ðe ne ahebbe on ofermetto . . . ., ne eft þe ne geortrywe nanes
godes on nanre wiþerweardnesse; *B.-T. druckt nur* þæt ðu ne

geortrywe, *es ist aber unpersönlich gebraucht, und* þe *ist Akkusativ (oder Dativ?). Vgl. auch § 72. c.*

c. gesceamian, *schämen. Unpersönlich. Vgl. d., § 15. k. und beim Akk. § 103.* Ps. 30, 1 ne gesceamað me næfre þæs.

d. sceamian, *schämen. Unpersönlich. Vgl. c. und §§ 15. k.,* 112. Cp. 226, 19 oft ðone geðyldegestan scamað ðæs siges. Bo. X, 25 ðonne fægniaþ hi þæs þe hi sceamian ·sceolde (þe *wird wohl Genitiv sein, oder* þæs þe *zusammen sowohl zu* f. *als auch zu* sc. *gehören*); 36, 15 ic wolde þæt ðe sceamode swelces gedwolan; 106, 2 mæg hine scamian þære brædinge his hlisan. Ps. 21, 4 hi þæs ne sceamode; 24, 18 þæt me ne sceamie þæs þe ic to þe clypige; *oder ist* þæs þe *Konjunktion. Thorpe setzt ein Komma vor* þæs.

6. *Trennung. Vgl. § 18.*   § 40

a. aidlian, *verhindern. Kommt so nur zweimal in passivischer Wendung vor, vgl. aber beim Akk. § 97.* Cp. 66, 10 ðæt mon ... sie bedæled & aidlod ælces godes weorces; 110, 10 he bið innan aidlad ðære ryhtwisnesse.

b. amyrran, amærran, *verhindern.* So. 173, 6 ðonne beo ic amyrred þæs þe ...; 181, 19 þæt me nan þing ne mage þæs amærran. *Vgl. beim Akk. § 97.*

c. aðwean, *frei waschen, reinigen. Kommt so nur zweimal passivisch vor.* Cp. 104, 23 swæ (sc. gedrefed) bið ðæs sacerdes mod ðonne ðær bið ' micel folc on aðwægen hiera scylda ðurh his lare; 435, 1 hie wæren aðwægene ðæra scylda. *Vgl. beim Akk. § 97.*

d. bedælan, *berauben.* Cp. 66, 10 *(vgl. a.);* 13 se forudfota bið ælces feðes bedæled; 68, 23 he hiene bedæleð ðære oncnawnesse ðæs uplican leohtes; *usw.* Bo. 94, 5 he bið ... bedæled ælces godes; 244, 6 nis nan swa swiþe bedæled ryhtwisnesse; *ähnl.* 280, 13; 290, 25; 292, 15.

e. beladian, *reinigen. Vgl. v. und beim Akk. § 98.* Or. 126, 25 he wolde beladian his modor Nectanebuses þæs drys, þe mon sæde þæt heo hie wið forlege. Cp. 240, 2 ge furðum ðara scylda þe openlice bioð gesewena, hie wilniað ðæt hie scylen hie beladian.

f. benæman, *berauben. Vgl. aber § 78.* Or. 46, 36 (he) ne mehte hie þæs londes benæman; 146, 25 Antigones .... hie benæmde ægþer ge heora wifa, ge heora bearna ge heora eardes *usw.;* 284, 22 Constantinus hiene benæmde ægþer ge þæs onwaldes ge þære purpuran.

g. beniman, *berauben. Dieses Zeitwort hat einmal die. Person im Dativ bei sich, s. § 31. a.* Be. 492, 14 ðone we ne sceoldan . . . beniman ðære onfangenan ealdorlicnysse; 511, 15 he sceolde Edwine ðone cyning ge rice ge lif beniman (*B.:* ge rices ge lifes benumen); 529, 31 hine his rices benam; *ähnl.* 573, 39; 615, 25; 617, 38; 640, 17. Or. 20, 11 þonne benimð Wisle

Ilfing hire naman; 62, 17 ær hio hiere anwaldes benumen wurde;
23; 28; 64, 10; 86, 30; 94, 4, 7; 96, 22; 252, 10 þa Cirus
benom Babylonia hiere onwealde (? *C.:* anwealdes). **Cp.** 250,
10 he ðære hælo benumen wierð. **Bo.** 18, 13 me hæfþ þeos
gnornung þære gemynde benumen; 28, 30 swilce þu . . . seo ðines
agnes benumen; 30, 14, 26, 29; 38, 22.

    h. **bereafian,** *berauben. Vgl. x. und § 18. a., beim Dativ
§ 78. und beim Akk. § 98.* **Or.** 122, 3 he hie bereafade heora
claþa & heora wæpna. **Cp.** 40, 21 hie weorðað bereafod ðara
gifa þe him God . . . geaf; 42, 1 hie bereafiað hie selfe ðara
goda; 332, 16 se færlica deað hie . . . bereafode ðæs þe . . . .
Bo. 10, 18 þa sunnan heore leohtes bereafaþ; 25 þu þe þa treowa . . . heora leafa bereafast; 18, 19 heo hit ne mæg his gewittes bereafien; 29; 162, 6; 350, 9.

    i. **bescyri(g)an,** *berauben. Vgl. beim Akk. § 98.* **Be.** 491,
27 ne syndon hi . . . to bescyrianne gemænsumnysse Cristes lichoman & blodes; *ähnl.* 34; 492, 14 ðone we ne sceoldan bescyrian ne beniman ðære onfangenan ealdorlicnysse; 617, 38 he wæs
lama & eallra his lima ðenunge (*Miller:* þegnunga) benumen
& bescyred.

    j. **beswican,** *betrügen. Nur einmal passivisch:* **Or.** 62, 17
ær hio hiere anwaldes benumen wurde & beswicen. *Vgl. beim
Akk. § 98.*

    k. **forwiernan,** *verhindern. Gewöhnlich steht die Person im
Dativ, s. §§ 31. b., 74. f.* **Cp.** 264, 15 ða men, þe swingellan
ne magon forwiernan ne na gelettan hiera unryhtwisnesse (þe
könnte hier auch Dativ sein, gelettan *aber erfordert den Akkus.,
vgl. q.*).

    l. **geæmettigian,** *frei machen. Vgl. § 3. b. und beim Akk.
§ 103.* **Cp.** 4, 2 ðæt ðu ðe þissa woruldðinga geæmettige; 130,
5 hu hie geæmetigian sceoldon oðerra weorca.

    m. **geclænsian,** *rein machen. Vgl. § 3. c. und beim Akk.
§ 103. Nur einmal passivisch:* **Cp.** 413, 31 ðonne wyrð he eallra
geclænsod.

    n. **gedweligan,** *ablenken. Vgl. §§ 14. e., 103.* **Bo.** 196, 1
þæt his me nan man gedweligan ne mæg.

    o. **gefreon,** *frei machen. Vgl. §§ 3. e., 103.* **So.** 170, 21
gefreo me þæs. **Ps.** 15, 7 he me þara uterrena gewinna gefreode.

    p. **gefrylsian,** *befreien. Vgl. beim Akk. § 103* (gefreolsian).
Bo. 378, 26 genog þu me hæfst gefrylsod þære tweounge mines
modes.

    q. **gelettan,** *hindern. Vgl. beim Akk. § 103.* **Or.** 72, 27
hiene Gandes seo ea þæs oferfæreldes longe gelette. **Cp.** 256,
22 hiene . . . ðara gelett þe he don wolde; 264, 15 *(vgl. k.).*

    r. **gerestan,** *ausruhen (sich von etwas). Nur einmal reflexiv:*

Or. 70, 9 hie heora gefeohta þa hwile hie gerestan. *Vgl. beim Akk. § 103.*

s. **gestieran,** *abhalten. Sonst steht die Person im Dativ, s. § 31. c. Vgl. auch §§ 18. f.,* 68. *b.* **Cp.** 268, 22 ðæm . . . ðæm þe man . . . . gecierran ne mæg, & ða þe ne magon ðrowunga *(Subjekt)* gestieran yfelra weorca.

t. **getriowian,** *reinigen. Nur einmal reflexiv:* **Le.** 80, 17 getriowe hine facnes seþe hine fede.

u. **getrumian, getrymian,** *erholen (sich von etwas). Nur einmal reflexiv und einmal passivisch:* **Be.** 559, 23 Ecbyrht hine ðære adle getrymede; 618, 14 swa aras he instæpe & ðære caldan untrumnesse getrumad wæs. *Vgl. beim Akkus. § 103.*

v. **ladian,** *reinigen. Vgl. e. und § 106.* **Cp.** 308, 7 ðære leohtmodnesse & ðære leasmodnesse sanctus Paulus hine ladode.

w. **ongyrwan,** *berauben.* **Be.** 547, 34 he wæs lichoman ongyrwed (= corpore exutus); *ebenso* 631, 5. *Ein andermal mit refl. Akk. der Person und ablativischem Dativ der Sache, s. § 78. Vgl. auch ongierwan § 109.*

x. **reafian,** *berauben. Vgl. h.* **Cp.** 370, 25 he wile reafian ðone þe hie him sealde his anwaldes.

7. *Ferner erscheinen Genitiv und Akkusativ nebeneinander bei Zeitwörtern des Füllens. Vgl. § 3. f.*   § 41

a. **afyllan,** *anfüllen. Vgl. beim Akk. § 97.* **Or.** 76, 32 se (cylle) wæs afylled monnes blodes; 258, 7 mon afielde (*C.:* afylde) diofolgielda þa cirican et Hierusalem.

b. **fyllan,** *anfüllen.* **Cp.** 250, 5 ne fylð se no his agen hus godra cræfta. *Vgl. beim Akk. § 102.*

c. **gefyllan,** *anfüllen.* **Cp.** 4, 8 hu þa cirican geond eall Angelkynn stodon maðma & boca gefylda; 250, 1 fremde ne sceoldon bion gefylde ures mægenes; 290, 9 ne bið se no gefylled ðæs Halgan Gastes. **Bo.** 152, 1 ælces godes þeawas *(wofür, wie auch Cardale in der Anm. auf S. 418 sagt,* þeawes *zu lesen ist)* he gefyllþ ðone ðe hine lufað; 176, 9 hu manegra yfela ða welan sint gefylde. **Ps.** 16, 15 beo þanne gefylled ealles goodes. *Vgl. §§ 75. I. k., 103.*

8. *Genitiv und Akk. stehen endlich bei folgenden einzelnen Zeitwörtern.*   § 42

a. **belecgan,** *belegen, bekleiden.* **Or.** 122, 26 se ilca Papirius wæs . . . . mid Romanum swelces domes beled (= hic autem P. adeo tunc apud R. strenuissimus habebatur; *Thorpe:* P. was invested with such authority).

b. **bemetan,** *bemessen, fähig halten. Nach Lehmann: sich einer Sache versehen.* (?) **Or.** 118, 23 hie na siþþan nanes anwaldes hi *(refl.)* ne bemætan ne nanes freodomes; 128, 5 þæt hie heora miclan anwaldes & longsuman hie selfe siþþan to nohte ne bemætan.

c. **gedon,** *einreihen.* **So.** 167, 18 ðu þe us gedydest þines

hyredes (= *machtest uns zu einem Teile deiner Herde*). *Vgl. beim
Akk. § 103., beim Dativ §§ 71. r., 78.*
    d. **geweorðan**, *übereinkommen. Unpersönlich.* **Or.** 204, 33
þa hie nanre sibbe ne gewearð; *Thorpes Übersetzung:* when they
obtained no peace — *ist falsch;* B.-T. *hat richtig:* when they
could not agree upon any terms of peace. *Vgl. §§ 75. I. q. hh.,
76. n., 103.*
    e. **geweorðian**, *würdigen.* (?) **Ps.** 7, 6 aris, Drihten, of
þinum yrre, and sær (B.-T.: = rær?) on minra feonda mearce
and geweorða þe sylfne þara; *die Stelle ist mir unverständlich.
Vgl. beim Akk. § 103.*
    f. **typigean**, *gewähren.* **Be.** 550, 43 ne hine mon on oþre
wisan his bene typigean (*Miller:* tygþian) wolde. *Über getygþian vgl. §§ 33. b., 74. i.*
    Anmerkung: Das Zeitwort **timbrian** (*vgl. §§ 78, 113*) *er-
scheint* So. 163, 13 *mit einem Akk. der Sache, die gebaut wird,
und einem Genitiv der Sache als des Mittels, womit gebaut wird (?);
die Stelle lautet:* þat he mage windan manigne smicerne wæn
& manig ænlic hus settan & fegerne tun timbrian [&] þara &
þær murge & softe mid mæge on eardian; *ich möchte mit Wülker, der (Beitr. IV.) behauptet, ganz genau nach der Hs. zu lesen,
das erste, von mir eingeklammerte, & streichen und þara als Genitiv des Mittels, womit er baut (es sind die Z. 10 genannten ðas
stuðan sceaftas), auffassen; auch die Jubilee-Ed. übersetzt:* and
build many a fair town, of them.

D. Der Genitiv bei Hauptwörtern.

*Der Genitiv erscheint bei einem in irgendwelchem Kasus ste-
henden Hauptworte als attributive Bestimmung, um Beziehungen der
verschiedensten Art auszudrücken.*

§ 43   1. *Der Genitiv des Subjekts bezeichnet den in ihm ausgedrückten Begriff als thätig, als Subjekt, als Ausüber der in dem
regierenden Hauptworte liegenden Thätigkeit, als Besitzer oder Ur-
heber des darin Ausgedrückten, oder die Zugehörigkeit eines zum
andern.* **Be.** 471, 13 ealdra manna cwidas & dæda; 472, 1
fram leorningcnihtum ðæs eadigan Papan; 39 ðone wæstm
arfæstre ðingunge; 473, 13 on treowum misenlicra cynna; *ebenso*
17; 583, 1; 477, 6 ða becom þæt to earan ðæs manfullan ealdormannes; 478, 8 on ðæs streames brycge; 479, 12 oðre monige æghwæþeres hades; 484, 19 on ðysses mannes tid; 493, 19
se willa þæs lichoman; *usw. usw. Merkwürdig ist die Übersetzung
von* „clericum quendam" 476, 36 *durch* „sumne Godes mann preosthades", *wo* Godes mann *wohl als ein Begriff („Gottesmann")
zu nehmen ist.* **Or.** 1, 20 ymbe monegra oþerra folca gewinn;
2, 1 þæs cyninges wif; 22 Dariuses gewinn; 3, 7 þæs maran

Alexandres eam; 32, 9 Godes wraco; 42, 28 ealle þa æðelestan bearn þara Atheniensa; 98, 24 mid miele gefean þara burgleoda; *usw. usw.* **Cp.** 6, 9 mid Godes fultume; 8, 1 on Godes noman; 9 dryhtnes eempa; 22, 12 ðara byrðenna hefignesse; 16 þæt ingeðone ðæs leorneres; 24, 5 beforan ðæs diglan deman eagum; 34, 13 for ðære weorðunge ðæs folces he bið on ofermetto awended; 38, 9 his Deman ierre; 42, 12 ures flæsces lustum; 44, 11 æfter minra boca bebodum; 16; 20; 46, 3, 14; 52, 5; 56, 21; 60, 11, 18; 78, 14; 106, 6; 128, 16 ðæs modes eagan; 130, 3 ðære ciricean ðegnas; 298, 11 ðære Soðfæstnesse stemne; *usw. usw.* **Bo.** 40, 16 þu þe eart modur eallra mægena; 80, 30 Jobes sunu; 156, 20 mid ælces cynnes gimmum; 196, 24 ðone fæder eallra þinga; 226, 16; 254, 3; 288, 4; *usw. usw.* **So.** 165, 11 oðera manna fultum; *usw.* **Ps.** 3, *ü.* his sylfes earfoðu ægðer ge modes ge lichaman; 8, 4 þæt weorc þinra fingra; 9, 26 butan mycelre frecennesse minra feonda; 28, 3 Godes word; *usw.* **Le.** 58, *ü.* Ælfredes domas.

Hierher gehört der appositive Genitiv: **Be.** 474, 11 Scotta ðeode *(solche Beispiele gehören natürlich nur dann hierher, wenn das ganze Volk gemeint ist, anderes Falles ist der Genitiv partitiv)*; 478, 34 he onfeng sigebeah (*Miller:* beah & sige) eces lifes (= coronam vitae); 42 mid ðy bæþe his blodes;. 479, 34 þæt deadbærende attor his getreowleasnysse; 492. 31 þæt geryne . . . fulluhtbæþes; 494, 9 blodryne . . . monaþadle; 504, 9; *usw.* **Or.** 1, 10 Egypta folc; 16 Israhela folc; *usw. usw.* **Cp.** 32, 20 he com to rode gealgan; 88, 18 for Israhela folce; 128, 14 ðæt leoht ðære soðfæstnesse; *usw.* **Bo.** X, 3 mid þam bridlum his anwealdes; XII, 21 mid þam steorroþre his godnesse; *ebenso* 250, 18; 256, 29; 56, 3 se wind strongra geswinca; 122, 9 huniges biobread; *usw.* **Ps.** 5, 13 þu . . . us gescyldst mid þam scylde þinre welwilnesse. **So.** 167, 22 hlaf eces lyfes.

Die Wiederholung desselben Hauptwortes im Genitiv mit eall *verstärkt den Begriff:* **Cp.** 24, 7 se cræft þæs lareowdomes bið cræft ealra cræfta; *usw.* **So.** 180, 3 creft, ðe is creft ealra crefta.

2. *Der Genitiv des Objekts bezeichnet den in ihm ausgedrückten Begriff als leidend, als Objekt, als Erleider der im regierenden Hauptworte liegenden Thätigkeit.* **Be.** 474, 5 on smeaunge gewrita; 41 on huntunge heorta & rana; 476, 32 on fæmnena lofe; 478, 8 to ðenunge ðæs eadigan martyres; 45 fram ehtnysse cristenra manna; 482, 32 for þam ege ðæs deaþes (= timore mortis; *Miller:* for all that terror of death, *was wohl nicht richtig ist*); *über* 488, 34 *vgl. § 9. a.;* 645, 26 hi witegan wæron grimmes wæles; *usw.* **Or.** 2, 11 for hiora mægdena offrunga; 28, 27 mid ungemætlicre gewilnunge anwaldes; 36, 13 be þæm Theulialeon wæs gecweden, swilce mon bispel sæde, þæt § 44

he wære moncynnes tydriend, swa swa Noe wæs; 38, 5 þæt fifte
wæs hyra nytena cwealm; 58, 25 nu he þara læssena rica rec-
cend is; 64, 23 mid his broðor slege; 66, 2 for þara cilda lufan;
144, 22 he ðæs ærendes ærendraca wæs; 274, 10 swa longe swa
seo ehtnes wæs þara cristenra monna; *usw. usw.* Cp. 22, 24 for
ðy underfenge his lareowdomes; 34, 23 on Urias slæge his agnes
holdes ðegnes; 42, 6 sio feding ðara sceapa; 128, 15 sio geornfulnes eorðlicra ðinga; 146, 12 to ðære lufan ures Scippendes;
280, 9 ælces unnyttes wordes . . . hie . . . sculon . . . ryht awyrcean *(= Rechenschaft geben über)*; 330, 18 for ðæm luste ðæs
metes; *usw. usw.* Bo. II, 2 Aelfred Kuning wæs wealhstod ðisse
bec; 16, 23 God rihtere is his agnes weorces; 68, 25 ealle men
wæran ealra oþra gesceafta wealdandas; 78, 21 hwelce cehhet-
tunge ge woldon þæs habban; *usw.* So. 165, 20 þu ðe eart scypend ealra gesceafta; 167, 28 næbben nan edlean heora gearnunge; 170, 5 þone toopan þæs æcan lyfes; 179, 5 þare lufu
nefre ne byð nan ende; *usw.* Ps. 6, *ü.* be þam ege þæs domes
on domesdæge; 14, 5 Godes ege; 28, 7 secgon him þæs lof;
usw. usw. Le. 72, 3 þæs borges bryce; 78, 11 cirliscre fæmnan
onfenge; 86, 29 se þæs sleges andetta sie; 104, 74 geselle mon
þæs to bote; *usw. usw. — Verbindungen eines Genitivs mit Aus-*
drücken wie gieme habban, note habban, þanc secgan, onweald
habban *u. ä. sind bei den betr. Zeitwörtern gleicher oder ähnlicher*
Bedeutung (§ 11 ff.) schon erwähnt worden, weil hier wohl der
ganze verbale Begriff, nicht das betr. Hauptwort allein den Genitiv
regiert; vgl. auch Nader, a. a. O., § 13; Erdmann, a. a. O., II.
§ 187.

§ 45   3. *Der Genitiv der Eigenschaft bezeichnet eine Eigen-*
schaft des regierenden Hauptwortes: Be. 473, 18 ða betstan me-
regrotan ælces hiwes; 479, 7 þær wæs cyrice geworht wundorlices geweorces; 482, 27 oþrum mannum ðysses gemetes; 563, 10
ðy gemynegodan geare ðære foresprecenan sunnan asprungennysse
(= anno memorato praefatae eclipsis). *Den lateinischen Aus-*
druck „beatae memoriae episcopus, papa" *u. ä. übersetzt Aelfred*
regelmäfsig wörtlich durch „ðære eadigan gemynde bisceop" *usw.,*
so 587, 27; 593, 4 *(Miller:* ðæs ead. gem. (!)); 549, 29; 602,
17; 606, 6; 616, 15; 621, 21; 636, 16 se wæs abbud ðæs mynstres ðære eadigan gemynde Wilfriþes bisceopes; 645, 13 wæs he
discipul ðære eadigan gemynde Theodores arcebisceopes; *dieser*
Ausdruck steht also regelmäfsig vor dem regierenden Hauptworte,
so auch, wenn dies mit einer Präposition verbunden ist, wie 594,
18 cwom ða to Cent to ðære eadigan gemynde Theodore Arce-
biscope; *aber* 586, 30 *läfst Aelfred die Präposition das* ead.
gem. *regieren und setzt den Namen in den Genitiv (!):* he arwurþlice fram þære eadigan gemynde Agathones ðæs Papan onfangen wæs *(ebenso Miller), denn fram regiert — soweit bekannt*

— *nie den Genitiv.* **Or.** I, 10 æt þæm scofon geara miclan
hungre; 34, 10 þara opera syfan geara wædle; *usw.* **Cp.** 44, 10
on sibbe weg; 86, 3 dyrodine twegra bleo; *ähnl.* 10, 13; 110,
23 ða bearn oferhyde (= children of pride); 172, 15 ðære eadgan gemynde wer Gregorius; *usw. usw.* **Bo.** 180, 28 mid þreora
daga frefre. **So.** 166, 9 of þam slepe ure synna; 167, 23 lyfes
wylle. **Ps.** 7, 11 þa heortan rihtra geþohta; *usw.* · **Le.** 70, 2
age he þreora nihta fierst.

4. *Der partitive Genitiv bezeichnet das Ganze, von dem* § 46
das regierende Wort ein Teil ist; dies kann sein:

a. *Ein Hauptwort:* **Be.** 473, 29 under ðam sylfum norþdæle middangeardes; *ähnl.* 33; 475, 12 mycelne dæl ðæs landes;
15 ðy feorþan geare his rices *(= seiner Regierung);* 478, 5 he
geseah micle menigo monna; 482, 30 swa mycele menigo heora;
494, 6 gehran þæt fæs his hrægeles; 522, 26 þæt rim weox ðara
geleafsumra; 534, 19 anre stowe fæc; 539, 5 scæfþan . . . ðæs
foresprecenan treowes; 563, 13 ærran dæge iduum Juliarum;
usw. **Or.** I, 12 ealra hiora wæstma þone fiftan dæl; 14, 2 on
suþhealfe þæs landes; 10, 3; 16, 27 on oðre healfe þæs mores;
32, 12 þæs dæles se dæl se . . .; 92, 21 M punda goldes; 124,
20; 140, 29 heora ungemet ofslog; 176, 5; 182, 24 ænne eles
dropan; 190, 12 þrio mydd gyldenra hringa; 196, 21 ane yndsan
goldes & an pund scolfres; 200, 15 hie his ænne ende onbærndon; *usw. usw.;* — 84, 2 *haben beide Hss.* mid sumum dæle his
fultume þonan afor, *wo aber wohl dennoch* fultumes *zu lesen ist.*
Cp. 4, 21 hi hiora þa nanne dæl noldon . . . . wendan; 6, 5
sumne dæl hiora; 10 eal sio gioguð þe nu is on Angelkynne
friora monna *(oder (?): „die jetzt in E. zu den Freien gehört":*
dann gehörte diese Stelle nach § 23.); 36, 6 genam his loðan
ænne læppan; 42, 21 ðone rim his gecorenra; 94, 7 unrim fol
ces; 196, 21 forcearf his mentles ænne læppan; 314, 22 sellað
hiora ondlifene ðone dæl, þe hie him selfum ofteoð; 332, 1; 358,
21 unrim oðerra yfla; *usw. usw.* **Bo.** 42, 11 þone mæstan dæl
þinra gesælþa; *ähnl.* 50, 5; 54, 8 unrim ðara monna; *ähnl.* 146,
13; 234, 1 eall se dæl, se þe þæs treowes on twelf monþum ge-
weaxeþ; 8 ælc wuht cwices; 348, 8 sumne dæl andgites; 9 nan
grot andgites; *usw.* **So.** 168, 31 sumne dæl gestæþinesse; 189,
11 þæra sunnan leohtes þone dæl, þe hi hys geseon magon;
191, 35; 195, 22; 202, 2. **Ps.** 4, 8 him sealdest geniht hwætes
& wines & eles; 15, 5 þu eart se dæl mines yrfes; 47, 2 on þa
norðhealfe þæs muntes Syon. **Le.** 60, 21 XXX scill. scolfres;
72, 3 mid V pundum mærra pæninga; 82, 1 þæs weres þriddan
dæl & þæs wites þriddan dæl; 98, 47 VI pæningas & þriddan
dæl pæninges; *ähnl.* 102, 71; § 1 þridda dæl þære bote; 106, 2
to VIII healfmarcum asodenes goldes; 3 XI his gelicena.

b. *Ein substantiviertes Eigenschaftswort:* **Be.** 546,

35 heora heriges ðær wæs mycel ofslægen; 559, 35 medmicel
hlafes; 614, 44 swa mycel hreofla & sceorfa (*Miller:* miclc
hreofle & scyrf) on his heafde hæfde. **Or.** 46, 6 oð hie þæs
londes hæfdon micel on hiora onwalde; *ähnl.* 22; 70, 27 hie
sceoldon bringan feowerfetes twa hwite (= *von vierfüfsigen Tie-*
ren zwei weifse; **Thorpe** *(S. 301):* and should bring four-footed
[cattle], two of them white; *B.-T.:* of four-footed [cattle] they
must bring two white); 102, 29 þæt heo heora deadra to lyt
hæfden; 120, 4 þeh eow lytles hwæt swelcra gebroca on becume;
134, 34 þær forwearþ micel Alexandres heres; 136, 23 on weste-
weardum þisses middangeardes (*gewöhnlich aber werden* weste-
weard *und ähnliche Eigenschaftswörter abjektivisch verwendet, so*
z. B.: 136, 26 on easteweardum þeosan middangearde); 156, 12
micel þæs folces; 164, 11 heora bismeres wearð lytel asæd; 208,
15; *usw.* **Cp.** 70, 23 hio gehæt him æghwæs genoh; 228, 2 an
lytel fefres; 278, 16 swiðe lytel unnyttes. **Bo.** 16, 14 mot ic
nu cunnian hwon þinre fæstrædnesse (*Cardale übersetzt:* may
I now enquire a little concerning the state of thy mind, *als ob*
der Genitiv von cunnian *abhinge;* *Fox liest:* þinne); 42, 20 he
. . . hæfþ ælces godes genoh; *ebenso* 44, 2; 48, 2; 146, 13 ælces
gimcynnes genog; *usw. usw.* **So.** 177, 11 ic hys mæg swiðe litel
ongytan.

c. *Ein Komparativ oder ein Superlativ, sei er als*
Eigenschaftswort, sei er als Hauptwort, oder auch als Adverb ge-
braucht: **Be.** 471, 11 on ma stowa; 505, 7 ealles mæst (= *am*
*allermeisten); 22 ealra swyþost (*dasselbe) ; so häufig z. B.* 602,
17; 614, 27; 630, 11; 511, 40 seo wæs gefullad . . . . ærest
manna of Norþanhymbra ðeode; *ähnl.* 531, 8; 514, 41 hwæt sceolan we ðæs mare secgean; *ebenso* 559, 21; 579, 29 ma monna;
583, 28 ðara se ærra; *usw. usw.* **Or.** 17, 2 þæt he ealra Norðmonna norþmest bude; 24, 28 sie hæfð genumen þæs suðdæles
mare þonne se cyle þæs norðdæles hæbbe; 32, 29 Joseph, se þe
gingst wæs hys gebroðra; 66, 27 þe hira eallra fracoþast wæs;
70, 36 Romulus gesette ærest monna senatum; 82, 8 þæt he
þæs gewinnes mehte mare gefremman; 112, 3 hie cuþon on horsum ealra folca feohtan betst & ærest; 114, 11 seo wæs fæstast
& welegast Mæcedonia rices; 130, 26 hwæðer ma mærlecra dæda
gefremed hæfde; 158, 3; *usw. usw.* **Cp.** 198, 23 on ðæm ealra
læstan ðingan; 222, 21· ða lac beoð Gode ealra andfengeost;
366, 23 ðonne sculon we hie ealra ðinga ærest & geornost læran; 469, 11 ðylæs he forsceade scirost wætra. **Bo.** X, 22 ma
manna; 94, 2 se ealra forcuþesta wilnað þæs ylcan; 112, 9 þæt
is þæt eallra deorweorþeste feoh; *ähnl.* 162, 17; 246, 7 ic wolde
get his mare æt ðe geheoran; 258, 18 swa mid læs worda swa
mid ma; 314, 1, 9; 342, 4; *usw. usw.* **So.** 164, 21 ealles swyðust; 174, 7 þæt hi his mare wiston; *ähnl.* 175, 9; 184, 31 æalra
mest; 185, 26 se æalra betsta cræft; 187, 31 hy mare gefoð

þæs leohtes; *ähnl.*⌐33; *usw. usw.* **Ps.** 11, 9 þeah . , . heora sy
myele ina þonne ure; 20, *ü.* oalra mæst; 39, 14 heora wæs ma
þonne hæra on minum heafde. **Le.** 76, 2 næbbe þæt þæs ierfes
þon mare þe sio modor; 88, 34 þonne him þearf sie ma manna
up mid him to hæbanne.

d. *Ein Fürwort.* Vgl. *§§* 255. *Anm.*, 286, 289, 295, 307. *a.,*
309, 311, 314. *b.*, 320, 323. *b.*, 325. *b.*, 326. *Anm. 1.*, 327. *2.*, 329. *1. b.*,
330, 332. *b.*, 335. *b.*, 337. *2.*, 339. *b.*, 340. *2.*, 342, 346, 348, 349. *b.*,
351, 352. *b.*, 354. *b.*, 356. *b.*, 358. *2. b.*, 361. *β.*, 363. *b.*, 364. *b.*, 365. *b.*,
365", 368. *Anm. 1. 2.*, 371. *b.*, 373. *2.*, 375. *b.*

c. *Ein Zahlwort.* Vgl. *§§* 170, 174, 181—212, 213. 5. *b.*

5. *Die Stellung des eben behandelten attributiven Genitivs
in allen seinen Arten ist äußerst mannigfaltig und erfordert daher
eine gesonderte Besprechung. Man vgl. in der Arbeit von K u b e
über „Die Wortstellung in der Sachsenchronik" (Jena 1886.) den
§ 30. (S. 50 f.).*

1. *Die Stellung des*⌐*einzelnen attributiven Genitivs.*   § 47
Dieser kann stehen:

a. *Vor dem Beziehungsworte, von dem er abhängt, sei
es dafs dies den Artikel bei sich hat oder nicht:* **Be.** 475, 18 Romana onwalde; 487, 28 ðære frympelican cyrican lif & lare; *usw.
usw.* **Or.** 1, 12 ealra hiora wæstma þone fiftan dæl; 2, 26 Ueiorum þa burg; 5, 20 Romano ieldesta biscep; *usw. usw. Merkwürdig ist* 8, 10 Asia & Europe hiera landgemircu, *vgl. darüber
§ 251.* **Cp.** 8, 9 dryhtnes cempa, Rome papa; 42, 22 ðæs gefarenan broður wif; 160, 17 Godes ðæt hefonlice wuldor; *usw. usw.*
Bo. VI, 11 þæs windes yst; 70, 1 ðæs menniscan lifes gecynd;
usw. **So.** 163, 22 mines modes eagan; *usw.* **Ps.** 2, *ü.* ðæs æfteran sealmes capitul; *usw.* **Le.** 60, 25 mannes hus; 106, 3 cyninges þegn; *usw.*

b. *Vor dem Beziehungsworte und der dieses regierenden Präposition:* **Or.** 10, 6 Asia ongen ðæm middeldæle.
Bo. 84, 7 þisses andweardan lifes ge on cræftum ge on æhtum.

c. *Vor dem Beziehungsworte, aber hinter der dieses
regierenden Präposition:* **Be.** 471, 27 on ealdra manna sæ-
genum; 477, 9 to ðæs martyres huse; *usw.* **Or.** 1, 14 on Am-
bictiones dagum; 20 ymbe monegra oþerra folca gewinn; 28, 2
on ælces sceatan ende; 92, 16 on þære ea noman; 142, 16 ofer
Europe þone mæstan dæl; *usw. usw.* **Cp.** 24, 1 mid his lifes
bisenum; 30, 16 mid hira heortan earum; 19 to sæs grunde; 68,
1 on ðæs siweniggean eagum; 134, 17 æt ðæra stræta endum;
usw. usw. **Bo.** II, 14 for Godes naman; 120, 22 mid ealles modes geornfullan ingeþance; 258, 10 buton oþerra gesceafta fultume; *usw. usw.* **So.** 164, 3 on his hlafordes læne; *usw.* **Ps.**
1, 2 on Godes æ; 3 neah wætera rynum; 5, 8 fram minra feonda

willan; *usw.* Le. 62, 41 on þæs folces unræd; 104, 75 for þære
sinwe wunde; *usw.*

d. *Vor dem Beziehungsworte, aber hinter dem dazu
gehörigen Artikel oder Fürwort:* Be. 482, 25 þæt drihtnes
eowde; 29 ða gehwyrfdon modes menn (= corruptae mentis
homines); 543, 20 on anum ðæs cyninges tune. Or. 1, 10 æt
þæm seofan geara miclan hungre; 10, 10 be norþan þæm Gandes muþan; 16, 28 þone ilcan sæs earm; 24, 22 ymbe ealle Europe landgemæro; 34, 18 þa Godes wundor; 216, 21 an Ueriatuses þegn; 264, 12 eall Dauides cynn; *usw. usw.* Cp. 30, 17
ðone Cristes cwide; 58, 15 ða Godes gifa; 130, 1 nan Godes
ðeow; 202, 14 to ðæm Godes wisdome; 214, 21 sio Godes lufu;
258, 9 ðæt Godes leohtfæt; *usw. usw.* Bo. XII, 7 ealle þæs
lichoman cræftas; 6, 24 þa mines Modes eagan; 220, 10 ealle
þas þæs monnes good; *usw.* Ps. 8, 5 se mannes sunu; 7 ealle
eorðan nytenu; 45, 4 seo Godes burh. Le. 106, 3 mid anum
cyninges þegne.

e. *Vor dem Beziehungsworte, aber hinter dem dazu
gehörigen Eigenschaftswort:* Be. 472, 12 ðæs arwurþan
WestSeaxna biscopes; 475, 2 se ærra Romwara casere; 477, 5
se foresprecena Godes man; *usw. usw.* Or. 5, 23 se betsta Romano þegn; 28, 13 an lytel sæs earm; 60, 1 mid unasecgend-
licre Godes tacnunge; *usw.* Cp. 44, 16 mid monegum Godes
gifum; 46, 3 se ancenda Godes sunu; 128, 22 se færlica domes
dæg; 368, 24 mid ryhtum Godes dome; 401, 18 se æðela ðioda
lareow; *usw.* Ps. 18, 3 mistlica Godes gesceafta. Le. 64,
49 se ancenneda Dryhtnes sunu; 74, 5 on þone Halgan þunres
dæg (!).

f. *Hinter dem Beziehungsworte:* Be. 472, 1 fram leorningcnihtum ðæs eadigan Papan; 473, 13 on treowum misenlicra cynna; *usw. usw.* Or. 42, 28 þa . . . bearn þara Atheniensa; 98, 24 mid micle gefean þara burgleoda; *usw. usw.* Cp.
52, 5 ðone cwide ðæs apostoles Paules; 312, 19 ðone unðeaw
ðære gifernesse; *usw.* Bo. X, 3 mid þam bridlum his anwealdes; XIV, 11 be þære foreteohunga Godes; *usw.* Ps. 15, *ü.*
be his earfoðum ægðer ge modes ge lichaman.

g. *Hinter dem Beziehungswort und dem Zeitwort:*
Be. 472, 10 ðære gife onfengon Cristes geleafan; 33 to eallum
ðe ðis ylce stær becyme ures cynnes; 479, 6 smyltnes com Cristenra tida; 491, 7 ða sceondlicnysse onwreon mægsibba; 496, 36
of hwylcere wisan ðam mode hit gegange ðæs slæpendan; 541,
39 ða yþa weollan & weddan ðæs sæs; 554, 27 fram unsyfer-
nyssum hi geclænsian þara ærrena mana & besmitenessa. Or.
5, 6 hu þæt þridde gewinn wearþ geendod Romano & Cartaina;
124, 20 þær wæs ungemetlic wæl geslagen Persa. Cp. 4, 1 we
nu ænigne on stal habbað lareowa; 34, 16 he ðone onwald onfeng ðæs rices; 22 he ða byrðenne næfde swæ manegra earfoða;

68, 4 sio scearpnes bið gewierd ðæs æples; 140, 7 ðylæs . . .
ðæt ingeðonc sie gebunden ðære heortan; usw. Bo. 10, 15 heo
. . . . þa þeostre adwæscþ þære sweartan nihte; 72, 12 hu gesælig seo forme eld was þises middangeardes; 86, 9 he ne mæg
þa grundleasan gitsunga afyllan þæs gitseres; 92, 20 & þeah ne
heoþ to þam hrofe þonne git cumen fulfremedra mægena; 110,
25 heo swiþe hraþe þa mod þe geopenaþ ðinra getreowra freonda;
354, 19 gif ðu æfter ðam hean anwalde spyrian wilt ðæs ælmihtigan Godes. So. 175, 30 þæt ðæt scyp healdan sceal þines
modes; 176, 1 hu manige þu forleten hæbbe þisse worlde lusta.
Ps. 1, 1 þe . . . ne on þam wege ne stent synfulra.

    *Anmerkung: Vor dem Beziehungswort und dem Zeitwort
steht der Genitiv:* Or. 48, 32 Crist, þe calles middangeardes is
sibb & frið.

    h. *Durch andere Satzteile vom Beziehungsworte ge-
trennt:* Be. 482, 34 nalæs æfter myclum fæce grimre wræc ða
fyrenfullan ðeode þæs grimman mannes wæs æfterfyligende (=
acrior gentem peccatricem ultio diri sceleris secuta est); 486, 31
ær ðam becom hlisa to him ðære Cristenan æfestnysse; 519, 22
he . . . cyricean . . . getimbrede, ðære gyt to dæg mon mæg
gescon ða weallas standan. Or. 10, 7 þær ligeð se muþa ut on
þone garsecg þære ie, þe mon hateð Gandis; 196, 29 & monege
mid him þara ieldestena witena; 218, 11 he aspon . . DC monna
to him his geþoftena (= men of his associates). Cp. 136, 8
ðonne grewð ðæt sæd swiðe wel ðara worda. Bo. 254, 23 þæt
þær asprunge sum spearca up soþfæstnesse; 266, 3 þa hæfde
ic þaget hwæthwega gemynd on minum Mode þære unrotnesse;
296, 14 hi habbaþ þæs mennisces ðonne þone betstan dæl forloren. So. 167, 28 næbben nan edlean æfter þisse worulde heora
gearnunge swa godes swa yfeles.

    i. *Durch ganze Wortgruppen oder Sätze vom Bezie-
hungsworte getrennt:* Be. 642, 19 & monig nytlico ðing, ðe
he on his eþle ne mihte, cyriclicra gesetnessa ðær he gesceah:
644, 12 ðone wisdome (*Miller:* wisdom) ðe heo cuþe ðære
godcundan cyðde. Cp. 78, 4 ða domas he bær on his breostum
beforan Gode Israhela bearna simle; swa sceal se sacerd gitt
simle ða domas beran awritene on his breostum Israhela bearna.
Le. 66, 7 þa wurdon monega seonoðas geond ealne middangeard gegaderode, and eac swa geond Angelcyn, siððan hie Cristes
geleafan onfengon, haligra biscepa and eac oððera geþungenra
witena.

    *Anmerkung 1: Ist der Genitiv mit einer Apposition verbun-
den, so steht diese von ihm getrennt:* Or. 22, 5 Donua muða þære
ea; 40, 21 ðæs kyninges þeaw Bosiriðis.

    Anmerkung 2: Das Beziehungswort ist fortgelassen: Cp.
212, 11 eower geleafa hæfð oferðungen swiðe monegra oðerra
monna (sc. geleafan). Le. 100, 57 gif se scytefinger bið ofa-

4*

slegen, sio bot biᚧ XV scill.; his nægles (sc. bot) biᚧ IIII scill.
(*vgl.* 58 sio bot biᚧ XII scill. and his nægles bot biᚧ II scill.);
ähnl. 59 *und* 60. *Vgl.* 98, 47 be monnes eagwunde and oᚧerra
missenlicra lima, *als ob* eagena *da stände.*

§ 48   2. *Die Stellung von zwei gleichstehenden attributiven Genitiven.*
          a. *Beide stehen, durch & verbunden, hinter dem Bezie-
hungswort:* Be. 484, 32 ᚧa reliquias ᚧara halgera apostola &
eac oᚧra martyra. Or. 210, 15 þæt þridde gewinn Romana &
Cartaina; 212, 13 þa wæs þæt þridde gewin geendad Punica &
Romana.
          b. *Beide stehen vor dem Beziehungswort:* Be. 484, 27
Germanus . . . ærest ᚧæs sæs & æfter ᚧam ᚧara Pelagianiscan
hreohnysse . . . . gestilde. Le. 106, *ü.* Aelfredes & Guᚧru-
nes friᚧ.
          c. *Sie sind durch das Beziehungswort getrennt:* Be.
472, 15 ymbe Myrcna ᚧeode & East Seaxena; 476, 29 Sce. Albanus ᚧrowung & his geferena; 478, 20 soþfæstnesse freond &
Cristes geleafan; 479, 28 Gallia rice & Ispania; *usw.* Or. 4, 35
Romano æfterre gewinn & Punica; 16, 14 Begwara landgemæro
& Swæfa; 60, 20 se Procos wæs Numetores fæder & Mulieses;
ähnl. 21; 66, 5 mid broᚧor blode & mid sweora; 92, 4 Romana
gewinn & þara Gallia, þe wæron of Senno þære byrig; 130, 31
ge his folc ge oᚧerra cyninga; 140, 25; 164, 6; 166, 20; 202,
31. Cp. 387, 15 ᚧæs dæges bierhto & ᚧære sunnan. Bo. VIII,
7 be Ðeodrices anweald & Nerones. So. 193, 22 æfter þæs lycho-
man gedale & þære sawle; *ebenso* 194, 34.
          Drei gleichstehende Genitive sind Or. 288, 31 *so ver-
bunden:* to Italia anwalde, & to Gallia, & to Ispania.

§ 49   3. *Sind zwei attributive Genitive von einander abhängig, so stehen sie nebeneinander:* Be. 477, 22 ᚧam ehterum
Godes geleafan; 481, 36 ᚧæs Caseres rices ᚧy eahteþan geare;
usw. usw. Or. 8, 17 on westhealfe Alexandres herga; 22, 9 an
suᚧhealfe þæs sæs earmes; 120, 4 þeh eow lytles hwæt swelcra
gebroca on becume; 132, 30 twa hund þusenda monna gehorsades folces; 134, 34 þær forwearþ micel Alexandres heres; 136,
12 se mæsta þurst monnes blodes; 142, 27 Alexandres þegna
an; *usw. usw. Eine merkwürdige Verbindung findet sich* 212, 22
ge eowerra ieldrena hwetstan forluron eowerra gewinna & eowres
hwætscipes; *hier sind beide Genitive von* hwetstan, *nicht von
einander abhängig; der erste bezeichnet den Besitzer des* hwetstan,
*die anderen beiden sind appositiv oder bezeichnen die Eigenschaften
des* hwetstan. Cp. 30, 2 Godes sceapa gærs; 44, 6 ælces ᚧara
god; 50, 2 on swæ micelne haligdom fon ᚧære clænan ᚧenunge
ᚧæs sacerdhades; 66, 22 ᚧæt sæd Godes worda; 98, 2 ᚧa heanesse ᚧære sceawunga his ingeᚧonces; 128, 18 se Aliesend monna
cynnes; 230, 5 micle mede oᚧerra monna godra weorca; *usw.*

Bo. 222, 6 monnes lichoman limu. **Ps.** 9, 25 he næfð nan gemynd Godes doma. **Le.** 82, 20 butan þæs munuces hlafordes
lefnesse.

Besonders beachtenswert ist die Stellung: **Be.** 635, 38 awrat
he æþele boc his þeode mid sinoþæs bebode (= jubente Synodo
suae gentis).

4. *Drei von einander abhängige Genitive finden sich:* § 50
Cp. 44, 18 bioð onælede mid ðære girninge ðara smeaunga Godes wisdomes anes; 54, 5 his mod bið afedd mid ðære smeaunga
ðære wilnunge oðerra monna hiernesse.

5. *Vier von einander abhängige Genitive:* **Be.** 479, § 51
15 heora sawle to gefean sendon ðære upplican ceastre heofona
rices wuldres.

E. Der Genitiv als adverbiale Bestimmung.

Der adverbiale Genitiv giebt Zeit, Ort oder Art und Weise an.

1. *Der adverbiale Genitiv zur Zeitangabe.* § 52
Es kommen nur die Genitive dæges, nihtes *und* þæs *vor:*

a. **dæges** *und* **nihtes** *sind meist zu* „dæges & nihtes" *verbunden, sonst kommt nur* „nihtes" *allein vor:* **Be.** 476, 38; 481,
20; 508, 9 & þa ærest longe nihtes in halgum gebedum wæs;
634, 16. **Or.** 38, 14 ge dæges ge nihtes; 46, 34 & þa nihtes
on ungearwe hi on bestæl; 92, 1 & hie nihtes on frumslæpe on
bestælan; 234, 6; 238, 9. **Cp.** 126, 20. **Bo.** 260, 23 ægþer ge
dæges ge nihtes. **Ps.** 1, 2; 15, 7; 21, 2. **Le.** 60, 25 gif þeof
brece mannes hus nihtes.

b. *Über* **þæs** *vgl. beim hinweisenden Fürwort § 260.*

2. *Der adverbiale Genitiv zur Ortsangabe:* **Or.** 21, 4 § 53
& þonne rideð ælc hys weges mid ðan feo; *vgl. Grimm (Gr.
IV. 681), der diesen Genitiv dort bei den „kühneren Wendungen"
dieses Kasus unterbringt, und Lehmann (a. a. O., S. 35); dieser
bringt (S. 41) noch die ursprünglichen Genitive* hærtomiddes, þwyres *und* uppweardes, *die ich beim Adverb behandeln werde, wohin
sie m. E. eher gehören, da sie entschieden schon ganz adverbial
geworden sind.*

3. *Der adverbiale Genitiv der Art und Weise.* § 54
Es kommen (un)ðonces *und* (un)gewealdes *häufig, einige andere vereinzelt vor:*

a. ðonces *und* unðonces, *freiwillig, unfreiwillig. Vgl.
Erdmann, a. a. O., II. S. 185.* **Or.** 38, 17 hy hwæðre þa
hyra unðances him gehyrsume wæron; 48, 22 eoweres unþonces
(= gegen euren Willen); 64, 27; 244, 21; 272, 22 hie þa miclan
feorme þigedon Cristes þonces (*Thorpe übersetzt:* in honour of

Christ), æt þæs caseres palendsan, þe hie ær ælce geare þigedon
æt hiora deofolgildum deofla þonces. Cp. 26, 15 hi ricsodon,
næs ðeah mines ðonces; 34, 19 þa he him ær hira ðonces
(*Sweet:* with their approval) gestiran ne meahte; 112, 2 ða he
hine his agnes ðonces upahof (*Sweet:* in imagination (?)); 136,
21 ungenidde, mid eorum agnum willum, ge sculon ðencean for
eowre heorde Godes ðonces (*Sweet:* for the love of God); 250,
12 ðonne hio hiere unðonces gebædd wierð, ðæt yfel to forlæ-
tonne ðæt hio ær longe on woh hiere agnes ðonces gedyde;
307, 14; 439, 15; 463, 26, 33. Bo. 14, 1 þæt seo weord þas
woruld wende heora agenes þonces buton Godes geþeahte; *ähnl.*
26, 24; 38, 27; 58, 4 sege me nu hwæþer se þin wela ðines
þances (*Cardale:* in thy judgment) swa deore seo; 82, 15 gif
se weorþscipe & se anweald agnes ðonces god wære ; *ähnl.* 88, 27.

        b. **gewealdes** *und* **ungewealdes**, *aus eigener Macht, Un-
macht, freiwillig, unfreiwillig, absichtlich, unabsichtlich.* Or. 262,
2 ac he wræc his ungewealdes ærest on þære byrig hiora misdæda, & siþþan on him selfum, þa he hiene ofstong, þæt hie
Petrus & Paulus gemartredon. Cp. 354, 19 ic wolde ðæt .ge
wið ælcne monn hæfden sibbe eowres gewealdes (*Sweet:* as far
as in your power); *ebenso* 20; 25; 445, 6 ðonne hie forlætað
hiora willes & hiora gewealdes ða god. Bo. 62, 16 hwæþer hit
nu ðines gcwealdes sie þæt se hærfest sie swa welig on wæstmum; *ebenso* 20; 82, 26 of heora agnum gecynde & heora agnes
gcwealdes nauht gode ne sient; 236, 24 ure gast biþ swiþe wide
farende urum unwillum & ures ungewealdes. Le. 58, 13 se monn
se þe his gewealdes monnan ofslea, swelte se deaðe ; se þe hine
þonne nedes ofsloge oððe unwillum oððe ungcwealdes, ...;
60, 13 of giernesse & gewealdes; 78, 13 gif mon oðerne . . .
offelle ungewealdes.

        c. *Andere:* Be. 637, 21 ða ongeat he se iunga stycce-
mælum gleawcs modes, þæt . . . (= animadvertit paulatim ado-
lescens animi sagicis; *hiernach wohl übersetzt Miller:* being a
youth of sagacity, he gradually perceived, *mir aber scheint die
Stellung dagegen zu sprechen, es heißt:* „*da erkannte der Jüng-
ling allmählich weisen Sinnes*"); 37 he ða cwices modes geornlice leornade ða ðing; *auch hier hat Beda dasselbe; von dem substantivierten Eigenschaftsworte dort* (sc iunga), *oder von dem persönlichen Fürworte hier* (he) *kann der Genitiv aber nicht wohl
abhängen.* Cp. 431, 26 ðæt mod . . . wilnað ðæt hit sie oferdruncen his agnes willan (*der Genitiv hängt hier natürlich nicht
von* oferdruncen *ab wie* 294, 3 *(s. § 3. k.);* Sweet *übersetzt:* voluntarily wishes to be drunk); 445, 6 ðonne hie forlætað hiora
willes & hiora gewealdes ða god. Bo. 82, 10 þonne he on nane
wisan his agnes cræftes ne mæg forbugan þæt he þæt ilce yfel
ne geþafige (*Cardale und Fox übersetzen:* by his own strength).
Le. 58, 13 se þe hine þonne nedes ofsloge (= of necessity,

not willingly). *Lehmann (a. a. O., S. 42) bringt noch dearnenga, sona, nales u. a., die ich beim Adverb bespreche. Vgl. § 53.*

Drittes Kapitel.

DER DATIV.

Litteratur:

J. **Kress**, Ueber den Gebrauch des Instrumentalis in der ags. Poesie. Marburger Doktorschrift. 1864.

E. **Nader**, Dativ und Instrumental im Beówulf. Jahresbericht der Wiener Communal-Oberrealschule im ersten Gemeindebezirke. Wien 1883. — Besprochen von Klinghardt in den Engl. Stud. VII. 368 ff.

O. **Hofer**, Der syntakt. Gebrauch des Dativs und Instrumentals in den Cædmon beigelegten Dichtungen. Leipziger Doktorschrift. Halle 1884. (Auch: Anglia VII. 355 ff.).

A. **Köhler**, Ueber den syntaktischen Gebrauch des Dativs im Gothischen. Göttinger Doktorschrift. Dresden 1864.

Dietrich, Über den nordischen Dativ. In Haupts Zeitschrift VIII. (1850.) 23 ff.

B. **Delbrück**, Ablativ Localis Instrumentalis im Altindischen Lateinischen Griechischen und Deutschen. Berlin 1867.

B. **Delbrück**,. Ueber den indogermanischen, speciell den vedischen Dativ. In Kuhns Zeitschrift XVII. (1868.) 81 ff.

Ich erwähne hier alle Stellen, wo **wirklich** der Form nach ein Dativ vorkommt; wo er instrumental **aufzufassen** ist, ergiebt sich ja meist von selbst. Der wirkliche Instrumentalis wird besonders behandelt, s. §§ 123—132.

A. Der Dativ bei Eigenschaftswörtern.

Die Eigenschaftswörter, bei denen der Dativ steht, sind meist prädikativ gebraucht; weit seltener ist der Dativ mit attributiven verbunden. Ich ordne sie in verschiedene Gruppen ein.

1. *Bei solchen, die Liebe, Geneigtheit, Treue, Gehorsam, Milde und deren Gegenteil bezeichnen, ist der zugehörige Dativ gleichsam ein* Dativus commodi *oder* incommodi. *Vgl. Delbrück, K. Z., S. 90.* §55

a. **andrysne**, *schrecklich, furchtbar, ehrwürdig.* Or. 222, 20 ða wearð Scipian þæt ondwyrde swiþe andrysne. Cp. 108, 20 ðæm hie wilniað ðæt hie andrysne sien ðæm þe on woh libbað (*Sweet:* wish to be feared by those who lead a corrupt life). Bo. 146, 20, 23 *(vgl. qq.).*

b. **arfæst**, *(ehrbar, gut,) gnädig, milde gegen.* Be. 610, 31 wæs Drihten biddende þæt he him arfæst & milde wære.

c. **arwyrþe**, *verehrungswürdig*. **Be.** 622, 42 þæt mynster
þæt on Hii ðam ealonde monigum folcum Pehta & Scotta lange
arwyrþe awunode (= venerabile mansit).

d. **besorg**, *lieb, teuer*. **Bo.** 162, 17 Papinianus wæs An-
toninuse ðam Kasere ealra his deorlinga besorgost.

e. **bliþe**, *freundlich, milde gegen*. **Be.** 540, 37 & bæd þæt
he him bliþe wære (= ut sibi placatus esset); *ähnl.* 41; 598, 42.

f. **cystig**, *freigebig*. **Cp.** 326, 7 manige welige menn . . .
fedað yfle gliimen mid oferwiste, & bioð ðæm to ungemetlice cystige.

g. **deore**, *teuer*. **Bo.** 58, 5 hwæþer se þin wela . . . swa
deore seo þe for his agenre gecynde.

h. **deorwyrþe**, *wert, teuer*. **Cp.** 359, 23 nan cræft nis
Gode deorwyrþra ðonne sio lufu, ne eft ðæm deofle nan cræft
leoftælra ðonne hie mon slite (*C.:* Godes; *dies ist entweder ein
Druckfehler, oder der Schreiber von C hat sich zur Setzung eines
Genitives verführen lassen durch das -wyrþe, das ja auch mit Genitiv vorkommt (s. § 5. e.); Sweet übersetzt:* no virtue is more
acceptable to God than love; *Gregor hat:* nihil pretiosius est
Deo virtute dilectionis). **Bo.** 52, 3 hwæþer þu auht þe deorwyrþre habbe þonne ðe sylfne (= *etwas dir mehr teures als dich
selbst)*.

i. **eaþmod**, *ergeben, unterthänig, gehorsam*. **Be.** 528, 11 he
ðearfum & ellreordigum symble eaþmod & fremsum & rummod
wæs. **Cp.** 120, 21 he bið to eaðmod ðæm yflum monnum.
So. 203, 17 þa he goode wæs swa eadmod swa swa he mid
ryhte sceol.

j. **egefull**, *schrecklich*. **Cp.** 262, 15 bio him swiðe egefull
ðæt ece wite. **Bo.** 98, 10 he wæs ðeah ðær ymbutan manegum
folce swiþe egefull.

k. **emleof**, *gleich lieb*. *Vgl. z.* **Or.** 30, 8 him ða wearð
emleof on hyra mode þæt hi gesawon mannes blod agoten swa
him (sc. leof) wæs þara nytena meolc þe hy mæst bi libbað. *Vgl.
wegen em- §§ 56. c., 57. a.—e. und die Anm.*

l. **frecenlic**, *gefährlich*. **Bo.** 64, 16 hit þe þeah unwynsum
biþ, oððe ungetese, oððe frecenlic eall þæt þu nu ofer gemet dest.

m. **fremsum**, *zugeneigt, freundlich*. **Be.** 528, 11 *(vgl. i.)*.

n. **gehyrsum**, *gehorsam*. *Vgl. v.* **Be.** 514, 18 he wolde
on eallum ðingum him gehyrsum beon; 515, 27 gif ðu his willan gehyrsum beon wylt; *ähnl.* 525, 36. **Or.** 38, 18 hy . . .
him gehyrsume wæron; *ähnl.* 40, 33; 56, 28; 98, 28. **Cp.** 56,
13 hu nytwierðe he sie & hu gehiersum ðæm þe . . . .; *ähnl.*
254, 8. **Bo.** 10, 13 ða tunglu þu gedest þe gehyrsume.

o. **gelastfull**, *hilfbereit*. **Or.** 148, 18 þa ne getriewde hio
þæt hiere wolde se oðer dæl gelastfull beon.

p. **gespræce**, *leutselig*. **Be.** 606, 34 he wæs eallum gespræce ða ðe to him for intingan frofre coman (= affabilis omnibus; *Miller:* affable).

q. **getreowe**, *treu*. **Be.** 539, 42 mid ane his ðegne þe him getreowastne tealde (*Miller:* þe he him). **Or.** 114, 1 he þa wende on þa- ane þe him þa getriewe wæron. **Bo.** 24, 16 hie ne beoþ nanum men getreowe; 28, 2 nu ðu hie þonne æfter þinum willan þe getrewe habban ne miht.

r. **giofol**, *freigebig.* **Cp.** 324, 9 ne bio ge oðrum monnum swæ giofole ðæt hit weorðe eow selfum to geswince.

s. **grom**, *wild, böse, zornig.* **Or.** 260, 23 he wearð him swa grom.

t. **heard**, *hart, strenge.* **Be.** 527, 32 þæt ðu wære ðam ungelæredum mannum heardra ðonne hit riht wære on ðinre lare. **Or.** 254, 30 þa wearð Tiberius Romanum swa wrað & swa heard.

u. **hold**, *hold, freundlich, ergeben.* **Be.** 511, 22 ða þæt ða Lilla geseah se cyninges ðegn him se holdesta; 539, 44 ðone he him ær ðone holdestan gelyfde; 602, 7 hi ða unscæþþendan ðeode & symble Angelcynne ða holdestan earmlice forhergodon. **Or.** 266, 23 he wearð cristnum monnum swa leof & swiþe hold oþ his lifes ende; *ähnl.* 268, 19; 272, 2.

v. **hyrsum**, *gehorsam. Vgl. n.* **Be.** 486, 26 seþe him hyrsum beon weolde; *ähnl.* 503, 20; 514, 16.

w. **ieþe**, *leicht, sanft.* **Or.** 254, 30 þa wearð Tiberius Romanum swa wrað & swa heard swa he him ær wæs milde & ieþe. *Vgl. auch § 61. d. g.*

x. **irre**, *zornig.* **Or.** 114, 4 þæt ealle godas him irre wæren; *ebenso* 162, 29. **Cp.** 62, 14 wið oðerne, ðe he bið eac ierre; 336, 7 him wearð irre se goda wyrhta; *ähnl.* 381, 23. **Ps.** 2, 12 þylæs eow God yrre weorðe; *ähnl.* 17, 7.

y. **laþ**, *unangenehm, verhafst.* **Be.** 630, 32 ða wæs ic þæt swiþe onscuniende & me laþ wæs. **Or.** 66, 26 þa cyningas . . . wæron . . . þæm folcum laðran & ungetæsran; 122, 16 hu lað eow selfum wæs to gelæstanne eowre aþas; 198, 15 swa lað wæs Pena folc Scipian; *usw. usw.* **Bo.** 58, 17 seo gitsung gedeþ heore gitseras laþe ægþer ge Gode ge monnum; *ähnl.* 156, 21. **Ps.** 40, 9 nis him nan lað.

z. **leof**, *lieb, angenehm. Vgl. k.* **Be.** 504, 30 forþferde ða Gode se leofa fæder Agustinus (= defunctus est autem Deo dilectus Pater A.); 505, 39 ðe se ylca Papa Gode ðam leofan ærcebisceope Laurentie . . . sende (= Deo dilecto archiepiscopo); 510, 35 Gode se leofa wer Scs. Paulinus; *ebenso, immer mit dieser Stellung:* 524, 5; 532, 21; 535, 28; 548, 16 ðonne we ðisses middangeardes welan foresettaþ and us leofran lætaþ ðonne ða lufan ðara heofonlicra eadignessa (= cum mundi divitias amori caelestium praeponimus); 608, 34 þæt him þæt licode & leofre wære (*Miller:* leof); *usw. usw.* **Or.** 44, 14 þæt him leofre wære wið hiene to feohtanne; *ähnl.* 66, 19; 96, 30; 106, 25; 110, 30; *usw. usw.* **Cp.** 216, 12 him bið liofre scande to ðolianne; 14

ðæm gilpnan bið liofre ðæt he . . .; 411, 8 ðonon wyrð oft Gode
leofre ðæt lif ðætte . . . . **Bo.** 38, 1 ða þu me wære ær leof
þonne cuþ; 22 þæs þe him leofast biþ; 44, 20 manegum men is
leofre ðæt he . . .; *ähnl.* 48, 6 ; *usw.* **So.** 173, 12 me wære
leofre þæt ic hit wiste. **Le.** 96, 43 þam þe him leofost sie to
sellanne æghwæt þæs þe . . . .

aa. **licworðe**, *angenehm.* **So.** 170, 31 þone ræd . . . ðe
þe licworðe si & me best. *Vgl. § 62. d.*

bb. **lioftæl(e)**, *angenehm.* **Cp.** 358, 24 ðæm deofle nan cræft
(nis) lioftælra.

cc. **liðe**, *sanft, milde.* **Cp.** 124, 24 ðæt he him sie liðe.

dd. **lufigendlic**, *angenehm.* **Be.** 590, 16 se wæs swyþe lufigendlic & leof æghwæþerre ðeode; = utrique provinciae multum amabilis; *ob nicht vielleicht ein Komma hinter* lufigendlic *zu
setzen ist?* ,

ee. **milde**, *milde.* **Be.** 599, 43 þæt . . . ðu geearnige hinc
ðe mildne gemetan. **Or.** 162, 15 hie . . . him eallum wurdon
to milde & to forgiefene; 254, 22 he wæs Romanum swa for-
giefen & swa milde; 30 *(vgl. w.).*

ff. **rummod**, *freigebig. Die Sache, womit man freigebig ist,
steht im Genitiv, s. § 3. l.* **Be.** 528, 11 *(vgl. i.).*

gg. **scondlic**, *unangenehm, schimpflich.* **Or.** 108, 2 þa gewearð hit, þeh hit me scondlic sie, cwæð Orosius, þætte . . . (=
horresco referre, quod gestum est).

hh. **sefte**, *sanft, angenehm.* **Bo.** 348, 26 þone deaþ . . .
he him gedeþ seftran ðonne oþrum monnum.

ii. **swete**, *süfs, angenehm.* **Be.** 647, 27 me symble swete
& wynsum wæs. **Bo.** 254, 1 gif him þa leasunga næron swetran.

jj. **swið**, *stark, unangenehm.* **Bo.** IV, 21 hu se Wisdom
sæde þam Mode þæt him naht swiþor nære þonne hit forloren
hæfde þa woruldsælþa þe hit ær to gewunod hæfde; *entsprechend*
24, 5 (= fortunae prioris adfectu desiderioque tabescis).

kk. **ðancwyrþe**, *dankenswert, angenehm.* **Be.** 472, 38 ða
ðe ic gemyndewyrþe & ðam bigengum ðancwyrþe gelyfde (=
incolis grata); *ebenso* 649, 10. *Miller übersetzt:* acceptable to.
*In der Jubilee-Edition ist diese ganze Stelle nicht genau übersetzt,
es heifst da nämlich:* as I have earnestly toiled to write to thee
concerning sundry provinces . . . ., that I . . . . may find . . .;
Alfred hat hier den Beda recht genau übersetzt, denn dieser hat:
ut qui . . . adnotare curavi, apud omnes fructum . . . . inveni-
am = þæt ic ðe *(= welcher)* . . . geornlice ic *(dieses gehört zu
dem Relativum* ðe) tylode to awritanne þæt ic *(Wiederholung des
vorhergehenden* þæt ic) mid eallum ðone wæstm . . . gemete; *das
kann also nur heifsen:* that I who . . . toiled, may find; *Miller:* hat denn auch richtig: that I who have endeavoured . . . .,
may obtain . . . . .

ll. **underþeod**, *untergeben, ergeben.* **Bo.** 164, 24 þæt he

... ne sie to ungcrisenlice underþeod his unþeawum. **Ps.** 36,
7 beo þu Gode underþyd.
A n m e r k u n g 1 : **So.** 183, 10 ne lyste þe fægeres wifes
. . . . & seo þinum willum & wel unþeod; *staff des zweiten &
ist wohl* sic (*Konjunktiv von* beon) *zu lesen, staff* unþeod *aber*
underþeod; *die Jub.-Ed. übersetzt:* wishest thou not a fair wife
. . . and well subject to thy will.
A n m e r k u n g 2 : *Vgl.* **Or.** 208, 15 seo wæs Romanum
underþeow; 210, 12 nan folc, þe him underþeow wæs; 242, 27
ealle Egypti wurdon Juliuse underþeowas; *aus dieser letzten Form
geht hervor, dafs dies Wort ein Hauptwort ist. Vgl. § 80.*

mm. **ungetæse,** *hart, unangenehm.* **Or.** 66, 26 *(vgl. y.).*
Bo. 64, 16 *(vgl. l.).*

nn. **unðoncfull,** *undankbar.* **Cp.** 260, 23 hwa sceal . . .
Gode unðoncfull beon. *Vgl. aber § 63. B. b.*

oo. **unweorð,** *nicht wert, nicht lieb, verachtenswert. Vgl. h.
und qq.* **Or.** 66, 16 forþon þe Romulus & ealle Romware oþe-
rum folcum unweorðe wæron, forþon ðe hie on cnihthade wæron;
84, 23 Xersis wearþ his agenre þeode swiþe unweorþ (= con-
temtibilis suis factus); 118, 2 Philippus him dyde heora wig unweorð (*Thorpe:* P. regarded their hostility as contemptible);
218, 17 him þa wæron laðe & unweorþe þe hiera hlaford beswican. **Bo.** 148, 12 he cynð to ðam wyrrestan, & to þam þe us
unweorþoste bioþ; 156, 22 hu ne wæs he (= Nero) þeah ælcum
witum laþ & unweorþ. *Vgl. auch § 64.*

pp. **unwynsum,** *unangenehm.,* **Bo.** 164, 16 *(vgl. l.).*

qq. **weorð,** *wert, lieb. Vgl. h. und oo.* **Be.** 541, 23 he
forþon eallum ge þisse worulde ealdormonnum wæs leof & weorð.
Or. 266, 12 he wearð þa Romanum swa leof & swa weorð. **Cp.**
130, 11 se þe wæs Gode swæ weorð, ðæt he oft wið hiene selfne
spræc. **Bo.** X, 17 þone dysegan þam oþrum dysegum weorþne; 58, 18 þa cysta gedoþ þa simle ... weorþe ægþer ge Gode
ge monnum; 126, 20 þæt he sie his geferum his geferena weor-
þost (*Cardale übersetzt falsch:* that he be among his fellows
the most honourable of his fellows); 146, 20 he mæg hine gedon weorþne & andrysne oþrum dysgum; 23 þonne ne biþ .he
nauþer þam dysegan ne weorþ ne andrysne; 162, 21 se Seneca
wæs Nerone, & Papinianus Antonie þa weorþestan & þa leofestan. *Vgl. § 64.*

rr. **willsum,** *ergeben.* **Be.** 574, 16 on ðære heo mihte
Gode willsumra wifmonna lareow & festermodur gestandan (=
in quo ipsa Deo devotarum mater ac nutrix posset existere fe-
minarum); 579, 5 Gode se willsuma wer (= vir multum Deo
devotus); 588, 2 heo mynster getimbrade Gode willsumra fæmnena (= virginum Deo devotarum); 603, 5 Gode seo .willsume
fæmne (= devota Deo doctrix).

ss. **willsumlic,** *ergeben.* **Be.** 599, 29 lifde se man his lif on mycelre forhæfdnesse & on halgum gebedum Gode swyþe willsumlice (= ducens vitam in continentia & orationibus multum Deo devotam).

tt. **wiðermod,** *widerspenstig, ungehorsam.* **Cp.** 212, 1 þæt we hie wiðermode ne gedon us mid ðære tælinge.

uu. **wiðerweard,** *feindlich gesinnt, entgegengesetzt.* **Be.** 490, 32 þæt þysse frignysse wiþerword (*Miller:* wærword) si gesawen (= quod huic capitulo contradicere videatur); 492, 20 ða ðe wiðerwearde syndon ðære hæse & bebodum ures scyppendes; *ähnl.* 502, 12; 503, 18, 25; 560, 41; 564, 21; 636, 2. **Or.** 4, 16 Gallie wurdon Romanum wiðerwearde; *ähnl.* 148, 7; 180, 24; 248, 31; 260, 3. **Cp.** 222, 19 ðæm men, þe him wiðerweard sie. **Bo.** 84, 26 ælc gesceaft onscunað þæt þæt hire wiþerweard biþ; *ähnl.* 120, 21; 236, 3. **So.** 165, 32 þe nis nan gesceaft wiðerweard. **Ps.** 3, 6 þu ofsloge ealle þa ðe me wiðerwearde wæron.

vv. **wrað,** *zornig, feindlich.* **Or.** 254, 30 *(vgl. t.).*

ww. **wynsum,** *wonnig, angenehm.* **Be.** 647, 27 *(vgl. ii.).* **So.** 191, 20 depplicu is seo acsung & winsumu to witanne þam þe . . . .

§ 56   2. *Ein entschiedener Dativ steht auch bei den Eigenschaftswörtern der Nähe, der Ferne und des Mangels.*

a. **andweard, ondward,** *gegenwärtig, nahe.* **Be.** 541, 43 hi ealle deaþ sylfne him ondwardne gesawon. **Bo.** 390, 15 þæt an us is gewislice andweard þætte þonne biþ, ac him *(d. h. Gott)* is eall andweard, ge þætte ær wæs, ge þætte nu is, ge þætte æfter us bið, eall hit is him andweard.

b. **anhende,** (= onhende), *wörtlich: zur Hand.* **Or.** 88, 24 ac swa on twa todælde him betweonum wunnan þæt hie forgeaton þara utera gefeohta þe him anhende wæron (*B.-T.:* on hand, demanding attention).

c. **emnneah,** *gleich nahe.* *Vgl. i.* **Bo.** 202, 17 on ælcere stowe he is hire emnneah; 340, 7 se spaca bið ægðrum emnneah. *Vgl. §§ 55. k., 57. a.—e. und Anmerkung.*

d. **feor,** *ferne.* **Be.** 617, 5 sumes gesiþes tun, noht feor urum mynstre. **Or.** 24, 7 seo us fyrre Ispania (= Hispania ulterior); 26, 3 sio us fyrre Aegyptus; 256, 18 þa se mona ful wæs & þære sunnan firrest (= lunam longissime a conspectu solis abfuisse); *schon ganz Präposition ist* feor: 200, 12 þæt þa foreweardas wæron feor ðæm fæstenne gesette. **Cp.** 362, 19 ðeah hio him ðonne giet fior sie. **Bo.** 340, 23 ða felga bioþ fyrrest þære eaxe. **So.** 187, 22 þeah hi hym sume near sien sume fyer. **Ps.** 21, 1 hwi forlete þu me swa feor minre hælo (= longe a salute mea); 37, 11 þa þe me nyhst wæran, standað me nu swiðe feor. — *Bei* feor *und bei* neah *(vgl. i.) ist in*

sehr vielen Fällen nicht sicher festzustellen, ob das Wort noch als Eigenschaftswort oder schon als Adverb oder als Präposition gilt.
e. **fromweard**, *abgewendet.* **Bo.** 52, 21 ælc para pe pas woruldgesælpa hæfp ..., he wat pæt he him fromwearde beop; *Cardale und B.-T. übersetzen:* that they are about to depart from him.
f. **geandweard**, *gegenwärtig, nahe.* **So.** 198, 30 forhwi hyt wite pæt hym nu geandweard is.
g. **getenge**, *nahe, bedrückend.* **Or.** 232, 8 pa mænde pæs consules folc to him heora purst, pe him getenge wæs; 260, 22 Romane witan Claudiuse pone hunger, pe him getenge wæs; 274, 12 swa longe swa seo ehtnes wæs para cristenra monna, swa longe him wæs ungemetlic monewealm getenge. **Bo.** 16, 4 pe is swipe micel unrotness nu getenge; 44, 26 nis pe nu git nan unaberendlic broc getenge.
h. **gewon**, *ermangelnd. Vgl. m.* **Be.** 507, 2 ne ðæm treowleasan cyninge ðære uplecan ðrea sweopon gewon wæron (= defuere).
i. **neah**, *nahe. Vgl. e. und den Schlufs von d.* **Be.** 598, 37 ne ðinre forpfore swa neah is; 599, 3 hu neah ðære tide wære pætte ....; *an diesen beiden Stellen ist hit zu ergänzen, die erste wird von fast allen frei übersetzt, Miller hat:* it is not so near your death; *an der zweiten sagt die Jub.-Ed.:* how nigh it was to the hour, *Miller:* how near it was t. t. h.; 628, 31 ða he ða se sweg me nyr wæs. **Or.** 8, 16 pa sindon neh pæm garsecge; 10, 11 pær Caucasis se beorg endað neh pæm garsecge *(Präposition!);* 12, 19, 21, 29; 16 seo Aegyptus pe us near is; 14, 3 seo us nearre Aegyptus (= ex inferiore Aegypto); *ähnl.* 22, 31; 24, 9; 26, 1; 20, 33 sceall beon se læsta dæl nyhst pæm tunc ðe ...; *ähnl.* 21, 3; 60, 34 pa lond, pe nihst pære byrig wæron; 162, 12 peh pe pa aðas wæren near mane ponne soðe; 210, 22 pæt nan ne sæt hiere X milum neah; 232, 10 pe us nihst is. **Cp.** 96, 22 sie se lareow eallum monnum se nihsta; 212, 6 hie wendon ðæt hit near worlde endunge wære ðonne hit wære; 288, 22 ðæt ðær swiðe neah ligeð ðære manðwærnesse, ðæt is sleacness; 433, 14 hu neah him hwelc frecenes sie. **Bo.** 6, 22 ða eode se Wisdom near ... minum hreowsiendan gepohte; 330, 4 hio ne bip ðeah py near pære sæ; 340, 10, 27; 370, 19; 328, 22 hi sint swa neah ðam norpende pære eaxe; *ähnl.* 356, 14; 334, 2 hit is neah pære tide; 338, 22 sio nafa nehst ðære eaxe; *ähnl.* 26; 340, 25. **So.** 187, 21 peah hi hym sume near sian sume fyer; 190, 13 sume dæle næar pam lohte ðæs andgyttes; *ähnl.* 192, 16; 201, 32. **Ps.** 21, 9 me synt earfoðu swyðe neh; 33, 18 swipe neah is Drihten pam pe ...; 37, 11 pe pe me nyhst wæran; 44, 15 æfter pam pære seo nyhste (= post ea proximae ejus).
j. **toweard**, *bevorstehend, nahe.* **Be.** 514, 13 se man seðe

ðe ðyslyce gife . . . ðe towearde forecwyþ (= tibi tanta dona
adventura praedixerit); 549, 46 he foreseah Godes cyricum . . .
micle frecnesse towearde (= periculum imminere praevidens);
579, 24 he ongeat þæt him deaþes dæg toweard wæs (= diem
sibi mortis imminere sensisset); 629, 3 hwæþer me ænig fultum
toweard wære (= si forte quid auxilii adveniret); 645, 28 hi . . .
micel yfel mannum toward tacnedon (= mala mortalibus imminere signarent). **Bo**. 48, 21 he nat hwæt him toweard biþ. *Vgl.*
Ps. 37, 11 mine frynd . . . standað nu . . . ongean me, and
synt me nu toweardes; *dieser adverbiale Genitiv scheint präposi-
tionale Geltung zu haben.*

k. **unfeor**, *nicht fern, unweit.* **Be**. 563, 30 on Niridano
ðam mynstre, þæt is unfeor ðære byrig Neapoli (= non longe
a . . .); unfeor *ist fast Präposition.*

l. **ungefere**, *unzugänglich.* **Cp**. 244, 23 ðonne þa mod þe
Dryhtne ungeferu sint weorðað gescended (*Sweet:* the minds
which are impenetrable to God). *Vgl.* gefere *bei B.-T.*

m. **won, wana**, *ermangelnd.* *Vgl. h.* **Be**. 599, 23 him
hwæþere won ne wæs seo monung (= non defuit). **Cp**. 290,
25 oðrum he wolde geicean ðæt him wana wæs.

§ 57   3. *Wirklicher Dativ (oder sozialiver Instrumentalis (?), s.
Erdmann, a. a. O., II. S. 249, und Delbrück, Abl., S. 56) steht
ferner bei solchen Eigenschaftswörtern, die Gleichheit oder Ähn-
lichkeit oder deren Gegenteil bezeichnen.*

a. **efnmihtig**, *gleich mächtig.* **Cp**. 260, 16 se þe for us
gebæd to his Fæder, ðeah he him efnmihtig sie on his godhade.

b. **efnswið**, *gleich grofs.* **Cp**. 74, 10 him sculon eglan
oðerra monna brocu swelce he efnswiðe him ðrowige; 206, 17
swelce he efnswiðe him bære (*Sweet:* as if he suffered equally
with them).

c. **emfela**, *gleich viel.* **Or**. 36, 28 þæt þara wyrma nære
emfela þæm mete.

d. **emngod**, *gleich gut.* **Bo**. 214, 18 nanwuht nis betere
ðonne he, ne emngod him (= Gode).

e. **emsarig**, *gleich traurig.* **Or**. 46, 3 forþon hie dydon
swa þe hie woldon þætte þa oþere wif wæren emsarige him.

*Anmerkung zu a.—e.: Nicht von em(n) hängt der Dativ
ab bei den Eigenschaftswörtern emleof (s. § 55. k.) und emnneah
(s. § 56. c.).*

f. **gelic**, *gleich. Vgl. hierzu § 10.* **Be**. 516, 24 ðyssum wordum gelicum oþre ealdormen & ðæs cyninges ðeahteras spræcan
(= his similia & caeteri majores natu ac Regis Consiliarii divinitus admoniti prosequebantur; *Miller:* in similar terms; *ich
glaube* gelicum *für substantiviert nehmen zu sollen und* ðyssum
wordum *davon abhängig, also: mit diesen Worten gleichen (d. h.
Worten)*); 539, 28 on his gelærednysse he wæs his foregengum

gelic; *ähnl.* 589, 16; 590, 35; 591, 18; 596, 39 *und öfter*; 636,
34 wæs he gelicre (*Ca.: gerislicre*) wilsumnesse modes Cenrede
ðam cyninge. **Or.** 100, 20 ic mæg eac on urum agnum tidum
gelic anginn þæm gesecgan; 142, 13 hit is þæm gelicost; *ähnl.*
24; 152, 30 hit is us nu swiþor bismre gelic; 182, 16 þæt ure
ne sien ðæm gelican; *ähnl.* 23; 214, 4 gelicost þæm þe hie nu
ewepen (= *gleich als ob*). **Cp.** 106, 8 se ealdormon' sceal lætan
hiene selfne gelicne his hieremonnum; *ähnl.* 15; 19; 108, 2;
110, 15, 25; 120, 22; 194, 18; *usw. usw.* **Bo.** XIV, 4 be þam
deore þe he gelicost wære; 42, 32 heo is on callum þeawum
hiere fæder gelic; *ähnl.* 44, 12; 64, 4; 138, 25; 198, 29; *usw.*
usw. **So.** 171, 31 þæt þu gode nawiht gelices nyte *(vgl. § 10)*;
ähnl. 33; 34; 176, 31; 189, 7; 195, 13, 14; 200, 35. **Ps.** 1, 5
hi beoð duste gelicran; *ähnl.* 13, 5; 21, 5; 27, 1; 39, 5; 44, 2;
48, 11, 20.

Anmerkung: **Le.** 100, 52 þæt bið gelic [and] eaganbote
(and *fehlt in H.*).

g. **onlic, anlic,** *gleich.* **Cp.** 24, 7 monige sindon me swiðe
onlice on ungelærednesse (= sunt plerique mihi imperito (aliter:
imperitia) similes; *Sweet übersetzt falsch*: there are many who
seem to me to be very similar in want of learning); 84, 5 se
gim iacinctus se is lyfte onlicost on hiewe; 431, 35 se bið swiðe
onlic ðæm stioran . . . seðe . . . . **Bo.** 76, 10 swiþe onlice þam
micelan flode ðe giu .on Noes dagum wæs; 152, 21 þis andwearde
lif is swiþe anlic sceade; *ähnl.* 180, 10; 298, 15, 22; 320, 12;
hier stets anlic. *Vgl.* **Cp.** 459, 31 *in* § 90.

h. **ungelic,** *ungleich.* **Be.** 483, 41 ne wæs ungelic wræce
þam ðe iu Chaldeas bærndon Hierusaleme; 502, 12 monig oþer
ðing ðære cyriclican annesse hi ungelice & wiþerword hæfdon;
617, 3 oþer wundor swylce noht ungelic ðyssum. **Cp.** 22, 23
þylæs . . . his lif sie ungelic his ðenenga; 174, 8 ðæt hie noht
ungelice ðæm sone ne singað; 306, 17 him selfum ungelic; 435,
14; 449, 36. **Bo.** 236, 3 flihþ þætte him wiþerweard biþ & ungebyde & ungelic; 258, 29 to ungelic bispell ðære spræce ðe
. . .; *ähnl.* 306, 27: 354, 9. **So.** 170, 7 heo us (= ys?) ungelic
æallum goodum.

4. *Der Dativ (oder soziative Instrumentalis (?), s.* Erdmann, § 58
a. a. O., II. S. 249) steht auch bei denjenigen Eigenschaftswörtern,
die Angemessenheit, Übereinstimmen, Gewohnheit *bezeich-*
nen, und die sich in ihrer Bedeutung zum Teil denen nähern, die
in den §§ 55 und 57 behandelt sind.

a. **andfenge,** *annehmbar, angenehm.* **Be.** 502, 23 ðysses geleafa & wyrenes si gelyfed Gode andfenge (= Deo devota);
585, 42 eadigra fædera & Gode andfengra (= Deo acceptabi-
lium patrum). **Cp.** 222, 21 ða lac beoð Gode ealra andfengeost,
þe beforan his eagum se lieg ðære lufe forbærnð . . . .

b. **gecop(e)**, *geeignet, passend.* **Cp.** 76, 26 hu he gehwelcne læran scile & hwonne, & hwæt him gecopust sie; 274, 18
hwelcum tidum him gecopust sie to sprecanne.

c. **geheme**, *gewohnt (?).* **So.** 181, 17 forðam me is swiðe
geheme þæah me hwæt cume to mode þæs þe me þonne ðincg,
þæt me nan þing ne mage þæs amærran, þæt ic hyt ne firðrige
& fremme, þonne cymð oðer ðing (= nam sæpe mihi usu venit,
ut cum alia nulla re me crederem commoveri, veniret tamen aliquid in mentem, quod me multo aliter atque praesumseram,
pungeret).

d. **gemæc**, *geeignet, passend.* **Bo.** 48, 10 manege beoþ ....
full unrote, þonne hi oþer twega oððe wif habbaþ him gemæc
oþþe him gemece nabbaþ.

e. **gemet**, *passend.* **Be.** 589, 42 seo ðruh wæs swa gemete
(*Miller:* gescrepe) ðære fæmnan lichoman gemeted (= aptum
corpori virginis).

f. **gemetlic**, *geeignet, passend.* **Cp.** 94, 1 wietað ðæt ðæt
eow gemetlic sie & eower ondefnu sien to wietonne. **Bo.** 68,
10 mare . . . þonne . . . him gemetlic seo.

g. **genoh**, *genügend.* **Be.** 541, 19 is us nu genoh ðæt ....
Cp. 411, 6 ðæt him genog sie on hira lifes clænnesse.

h. **gerisene**, *geeignet, passend.* **Be.** 499, 13 æfter gerisenre
are swa myclum were & swa halgum (= iuxta honorem tanto
viro congruum); *ebenso* 636, 45. *Vgl. § 9. a.*

i. **gescræpe**, *passend, geeignet.* **Be.** 473, 22 ðis land . . .
hafaþ . . . hat baþo ælcere yldo & hade ðurh todælede stowe
gescræpe (= omni aetati & sexui per distincta loca accomodos).
Vgl. e. und r.

j. **geþwære**, *einverstanden, übereinstimmend.* **Cp.** 254, 1 hie
wilniað ðæt we him geðwære sien (*Sweet:* they wish to make
us docile (?)). **Bo.** 150, 7 ðu noldest on eallum ðingum beon
geþwære þæs unrihtwisan cyninges willan Ðeodrices (*Cardale
und Fox:* conformable).

k. **geþywe**, *gewohnt.* **Be.** 543, 24 & him geþywe wæs þæt
he oft þær wunode (= consueverat).

l. **gewunelic**, *gewohnt.* **Be.** 547, 9 þæt weorc þæt him
gewunelic wæs (= solitum sibi opus). **Bo.** 232, 11 on þæm
lande, ðe him betst gerist & him gecynde biþ & gewunelic.

m. **riht**, *richtig, angemessen.* **Be.** 618, 29 swa swyþe swa
monnum riht is to ehtienne (= quantum hominibus æstimare
fas est). **Cp.** 282, 6 se slawa ongitt hwæt him ryht bið to donne.
Le. 68, 2 gif he þonne þæs weddie, þe hym riht sy to gelæstanne.

n. **unalyfedlic**, *unerlaubt.* **Ps.** 16, 14 hi eton swynenflæsc,
þæt Judeum unalyfedlic ys to etanne.

o. **ungebyde**, *nicht übereinstimmend (?).* **Bo.** 236, 3 fliһþ
þætte him wiþerweard biþ & ungebyde & ungelic; *Bosworth,*

Cardale und Fox übersetzen: disagreeing; *der erste führt nur diese einzige Stelle an.*
p. **ungemod,** *uneinig mit (?).* **Cp.** 348, 7 swæ lange swæ hie bioð from ðære lufe aðied hiora nihstena, & him ungemode bioð (= quamdiu a proximo per charitatem discordant; *Sweet:* are at variance with them; *Bosworth führt nur diese einzige Stelle an*).
q. **ungerad,** *nicht übereinstimmend, im Zwiespalt mit; Bosworth:* disagreeing. **Or.** 254, 18 for þon þe þa latteowas wæron Agustuse of monegum landum ungerade. *In der Bedeutung „(un)-erfahren in"* hat (un)gerad *die Sache im Genitiv bei sich, s. § 6. e. i.*
r. **ungescræpe,** *nicht passend, ungeeignet für. Vgl. i.* **Be.** 605, 20 eardungstow .... , æghwylcre menniscre eardunge ungescræpe (= humanae habitationi minus accommodus).
s. **ungeþwære,** *nicht übereinstimmend.* **Bo.** 352, 28 simle bioþ þa godan & ða yflan ungeþwære betwyh him, ge eac hwilum ða yflan bioþ ungerade betwuh him selfum, ge furþum an yfel man bið hwilum ungeþwære him selfum. **Ps.** 15, 2 þa þeoda, þe me ungeðwære wæron. *Vgl. j.*

5. *Echter Dativ (oder soziativer Instrumentalis (?), s. Erd-* § 59
*mann, a. a. O., II. S. 249) steht ferner bei solchen Eigenschafts-
wörtern wie eigentümlich, gemeinsam, angeboren u. ä. und
deren Gegenteil.*
a. **agen,** *eigen, eigentümlich. Vgl. f.* **Be.** 593, 42 eallum wære eall gemæne & noht agnes ænigum gesewen wæs (= cum nihil cujusquam videretur esse proprium); *ich übersetze: nichts wurde gesehen, das irgend einem eigen gewesen wäre; anders scheint Miller die Verbindung aufzufassen, wenn er sagt:* no one regarded anything as his own.
b. **gebyrde,** *angeboren.* **Bo.** 62, 24 ne him nis gebyrde þæt hi ðe folgien (*B.-T.:* inborn, innate, natural; *Cardale:* nor is it their nature).
c. **gecynde,** *natürlich, angeboren.* **Or.** 34, 14 sæde þæt Moyses wære þæs Josepes sunu, þæt him wæran fram hym dry-cræftas gecynde (= praeter paternae scientiae haereditatem), *d. h. dafs ihm von ihm (d. h. dem Vater) her Zauberkräfte ange-boren waren; Thorpe übersetzt ganz frei:* from whom he learned magic; *ebenso Barrington; Bosworth giebt in der Jub.-Ed. folgende eigentümliche Fassung:* and that the arts of magic were naturally from him; *bei B.-T. fehlt die Stelle.* **Bo.** 62, 23 nis hit no þe gecynde þætte þu hi age; *ähnl.* 25; 64, 9; 70, 6 ðam neatum is gecynde þæt hi nyton hwæt hi send; 138, 3 swa bið eac þam treowum, ðe him gecynde biþ up heah to standanne; 154, 2; *usw. usw.*
d. **gecyndelic,** *natürlich, angeboren.* **Be.** 641, 35 Leden him wæs swa cuþ & swa gemimor swa swa Englisc þæt him ge-

cyndelic wæs (= quae sibi naturalis est). **Bo.** 68, 13 toeacan
þam fodre, þe him gecyndelic biþ.

e. **gemæne,** *gemeinsam.* **Be.** 474, 5 þæt an is, þæt Leden,
on smeaunge gewrita eallum ðam oþrum gemæne; 489, 15 him
eallum wæron eall gemæne; *ebenso* 593, 42. **Or.** 98, 10 ðone
ealdan teonan . . þe him on ærdagum gemæne wæs; 214, 6 hie
wæron eallum folcum gemæne. **Cp.** 262, 12 hie sint ægðerum
gemæne ge yflum monnum ge godum. **Le.** 60, 23 *(vgl.* habban
§ 78).

f. **unagen,** *nicht eigen.* *Vgl. a.* **Cp.** 320, 9 *(vgl. § 60. g.).*

g. **uncynde,** *unnatürlich, ungeeignet.* **Bo.** 232, 19 nim þonne
swa wuda swa wyrt . . . of þære stowe þe his eard & æþelo
biþ on to weaxanne, & sette on uncynde stowe him, ðonne ne
gegrewþ hit ðær nauht.

h. **ungecyndelic,** *unnatürlich.* **Bo.** 236, 28 ungecyndelic
is ælcre wuhte þæt hit wilnige frecennesse oððe deaþes.

i. **ungewilde,** *nicht unterthänig.* **Or.** 284, 6 monege þeoda
þe ær wæron Romanum ungewilde *(Bosworth:* not under authority).

§ 60   6. *Ein wirklicher Dativ bezeichnet bei den Eigenschaftswörtern*
bekannt, offen u. ä. und deren Gegenteil die Person, der
etwas bekannt usw. ist.

a. **cuþ,** *bekannt.* **Be.** 547, 16 forþam ðe him cuþ forþfor
toweard wære (= certus sibi exitus); 564, 9 sum munuc . . .,
se wæs cuð Adriane ðam abbude; *ähnl.* 18; 565, 28; 614, 42;
637, 28; 641, 34; 645, 16. **Or.** 24, 21 hit is feawum mannum
cuð; *ähnl.* 50, 16; 146, 14; 158, 13; 166, 33; 170, 4; 192, 14
þa hæfde Marcellus Romanum cuð gedon þæt . . . .; 198, 31;
212, 21; 266, 7. **Cp.** 62, 4 gif he me ðonne cuð ne bið; *ähnl.*
154, 12. **Bo.** 38, 1 ða þu me wære ær leof þonne cuþ; 120, 18
oþ þe þæt þing cuþre sie; *ähnl.* 130, 6; 378, 30. **So.** 171, 20
genoh cuð me bydde (= bið *oder* beoð (?)) god & min sawel,
gyf hi me beoð swa cuðe swa þis þing; 22 nat ic nan ðin (!)
me swa cuð; 172, 22; 173, 1; 176, 7; 198, 22. **Ps.** 15, 11 þu
me gedydest lifes wegas cuðe; 24, 3 gedo me þine wegas cuðe;
31, 5.

b. **digol** (**dahle**), *verborgen, dunkel, unbekannt.* **Be.** 604,
23 him ðuhte þæt him ða ane miþene *(Junius hat:* miþe ne)
dahle wæron (= quia nimirum haec eadem illum latere nullo
modo putabant); *die Jubilee-Ed. hat:* that only the omitted were
hid from him; *B.-T. giebt* „miðene, concealed" *für diese Stelle*
unter miðan; *mir scheint, dafs der Übersetzer die Vorlage nicht*
verstanden hat, und dafs seine Fassung wörtlich zu übersetzen ist:
„*sie glaubten, dafs ihm diese allein (nämlich: ihre Thaten) verbor-*
gen [und] unbekannt wären"; „&" ist dann zu ergänzen, wenn
man nicht ein, hier allerdings auffallendes, Asyndeton annehmen

will. Miller liest: him ðuhtc ðæt hinc ða anc miþc, þc he
ðaa nc hcora degolncsse witan nc gymde, *und übersetzt:* they
thought that they alone escaped his notice, whose secrets he did
not then care to know. *Die Stelle ist jedenfalls verderbt.* So.
201, 12 þæt us nc beo nanwiht dyhle; 204, 27 þær us nanwiht
nc byð dygles.

c. **fremde,** *fremd, unbekannt. Die Sache, mit der man unbekannt ist, steht einmal — wies scheint — im Genitiv, vgl. § 6.*
b. Cp. 218, 18 him bioð freindc ða þe he hinð. Bo. 62, 23
þa þing . . . þa þe heora agenc gecynd þe gedydou freinde. So.
167. 8 ðu us wel lerdest þæt we ongeatan þæt us wæs freinde
& lene þæt ðæt we iuwedon þæt ure agen were, þæt ys weoruldwela, & þu us æac lærdest, þæt we ongeatan þæt ðæt ys
ure agen þæt we icowedon þæt us fremde wære, þæt ys þæt
heofonrice ðæt we þa forsawon. Ps. 48, 9 hy beð him swyðc
freinde.

d. **gemimor,** *bekannt. Nach Grimm, Deut. Myth.³, S. 353:*
= memoriter notus. Be. 641, 35 Leden him wæs swa cuþ &
swa geminor swa swa Englisc (*Miller:* familiar & fluent).

e. **gesynelic,** *sichtbar. Vgl. l.* Be. 549, 15 þæt tacen . . .
gesynelice eallum mannum on his sculdre & on his ceacan bær
(= visibile cunctis).

f. **hiewcuð,** *wohlbekannt* (familiarly known, familiar). Cp.
62, 6 ic nc com him swæ hiewcuð (= familiaritatis ejus noti-
tiam non habemus); 9 se þe hiene selfne hiewcuðne nc ongit
Gode ðurh his lifes gecarnunga (= qui familiarem se ejus gra-
tiae esse nescit).

g. **læne,** *gelihen, vergänglich (B.-T.* granted for a time
only, transitory). Cp. 320, 9 hic hic sculon swa micle estelicor
dælan, swæ hic ongietað ðæt him kcnre & unagenre bið ðæt hic
ðær dælað (= tanto humiliter praebeant, quanto et aliena esse
intelligunt, quae dispensant). So. 167, 8 (vgl. c.).

h. **open,** *offen, bekannt.* Bo. 26, 13 ða triowa ðe ðe nu
sindon opene (*Cardale:* exposed to thee), hi sindon git mid
manegum oþrum behelede.

i. **seldsiene,** *selten gesehen, wenig bekannt.* Or. 76, 11 þæt
þæm folce seldsiene & uncuðe wæron wines dryncas.

j. **sweotol,** *offenbar, klar.* Bo. 70, 8 nu þe is swiþe sweotol þæt ge beoþ on gedwolan; 224, 20 hu ne is þe nu genoh
sweotol þæt . . . . .

k. **uncuð,** *unbekannt.* Be. 475, 3 wæs Breotone calond
Romanum uncuþ; 516, 15; 570, 4; 628, 27. Or. 76, 11 (vgl. i.);
120, 28 forþæm . . . þe him þæt land uncuþre wæs þonne hit
Somnitum wære; 214, 21 hit is us uncuð & ungcliefedlic. So.
173, 4 me is uncuð; ähnl. 176, 6. Ps. 50, 7 þa gyfa synt behelede and uncuþe manegum oðrum. Le. 68, 9 me wæs uncuð,
hwæt þæs þam lician wolde.

5*

l. **ungesewenlic**, *unsichtbar*. *Vgl. e.* **Be.** 552, 17 God ma wære to ongytenne on ðrymme [unbefeondlicne] menniscum eage ungesewenlicne (= humanis oculis invisibilem; *Miller:* ungesenelicne) ælmihtigne ecne. **Bo.** 336, 9 ægþer ge þæs þe we geseoþ, ge þæs þe us ungesewenlic biþ.

m. **ungewis**, *ungewifs*. *Die Sache, deren man (nicht) gewifs ist, steht im Genitiv, s. § 6. f. j.* **Be.** 547, 16 forþam ðe him cuþ forþfor toweard wære & ungewiis sco tid ðære ylcan forðfore.

§ 61   7. *Auch die Eigenschaftswörter l e i c h t und s c h w e r haben einen Dativ bei sich.*

a. **earfeðe, earfoðe**, *schwer, schwierig*. **Or.** 212, 29 is me nu swiþe earfeðe hiera mod to ahwettanne. **Cp.** 50, 5 hit swæ earfoðe is ænegum men to wietanne hwonne he · geclænsod sie. **Bo.** 202, 23 wæter & eorþe sint swiþe earfoþe to geseonne oððe to ongitonne dysgum monnum on fyre.

b. **earfoþlic**, *schwierig*. **Bo.** 306, 17 ðæt is wundorlic þæt ðu segst, & swiþe earfoþlic dysegum monnum to ongitanne.

c. **earfoþrime**, *schwer zählbar*. **Bo.** II, 8 ða bisgu us sint swiþe earfoþrime (*Cardale:* very difficult to be numbered).

d. **eaðe**, *leicht*. *Vgl. § 55. w.* **Cp.** 202, 17 him is micle ieðre to gestiganne; 433, 29 him wære ðonne ieðre ðæt he hira ær gearra wende. **Bo.** 204, 5 nis hire ðonne eþre to feallanne ofdune ðonne up.

e. **hefig**, *schwer, beschwerlich*. **Be.** 487, 14 ne wyllaþ we forþon eow hefige beon (= nolumus molesti esse vobis). **Ps.** 34, 13 þa þa hi me swa hefige (= molesti) wæron; *ebenso* 14.

f. **leoht**, *leicht*. **Be.** 589, 3 wæs heo gesewen, þæt hire leohtor & swa well wære swa þætte . . . . (= videbatur illa aliquanto levius habere).

g. **unieðe**, *nicht leicht, schwer*. **Or.** 136, 18 swaþeh þe him lytles hwæt unieðe sie, hu earfeðlice hi hit gemænað. **Cp.** 385, 10 ðu gionga, bio ðe unieðe to clipianne & to læranne (*Sweet:* be not · ready to call out).

§ 62   8. *Bei den Eigenschaftswörtern n ö t i g , n ü t z l i c h , h e i l s a m u. ä. steht ebenfalls ein reiner Dativ.*

a. **bryce**, *nützlich, brauchbar*. **Be.** 555, 33 he monegum on Godes cyricum nyt & bryce wæs (= multisque in Ecclesia utilis fuit); 602, 41 & he ðær . . . . in heardnesse munuclifes nales him seolfum anum ac swiþe monegum bryce monegra geara tide lifde (= vitam non sibi solummodo, sed & multis utilem plurimo annorum tempore duxit).

b. **gehæled**, *sicher, dienlich*. *Vgl. c.* **Be.** 507, 31 þæt him selre & gehæledre wære þæt heo ealle hwurfon to heora eþle (= quia satius esset; *Miller:* better & safer).

c. **gehyldre,** *sicherer. Vgl. b.* **Be.** 485, 31 & ðohtan |æt him wisliere & gehyldre wære |æt hi ma ham cyrdan |onne hi . . . . (= redire domum potius cogitabant & hoc esse tutius; *Miller liest* gehæledra *und übersetzt:* wiser & safer, *bei B.-T. heifst es bei* gehyldra: „compar. of *geheald* (?)").

d. **god** (wel, bet, betst), *gut, dienlich.* **Be.** 533, 34 & ðær hwile abad, hwonne his horse bett wurde oððe he hit- ðær dead forlete (= coepit exspectare horam, qua aut melioratum reciperet jumentum, aut relinqueret mortuum); 539, 6 him bet wæs & hine getrumede (= melius habere coepit); *ebenso* 640, 31. **Or.** 296, 20 |æt eow selfum wære betere |æt ge . . . . **Cp.** 30, 18 him wære betre ðæt him wære sumu esulewcorn to ðæm swiran getigged; *ähnl.* 204, 3; 4 ðæm medwisan bið genoh god ðæt he . . . .; 397, 17 god bið men ðæt he sie butan wife; *ähnl.* 18; 445, 32 him wære betere ðæt hi . . . **Bo.** 34, 5 ðe was |eos hwearfung betere (*Cardale und Fox:* more tolerable); 108, 5 hwæt bið eow |onne ðy bet; 130, 16 |æt him sie betst; 174, 15 |æt him wære betere |æt he bearn næfde; 362, 6 sio wiþerwearde wyrd is |æm god |e . . . . **So.** 164, 24 hwile good him were betst to donne & hwile yfel betst to forletende (!); 169, 34 forðam ic me nanwiht betere nat |onne |æt (= *weil ich nichts kenne, das mir besser wäre als dies)*; 170, 31 |one ræd . . . . ðe |e licworðe si *(vgl. § 55. aa.),* & me for bam lyfum best; 183, 16 |æt hyt si preostum betere; 202, 20 þara freonda, |e hi bestan heom lefdon. **Ps.** 34, 23 wel, la wel is urum modum (= euge, euge, animae nostrae; *Luther: Da, da! das wollten wir)*; 36, 15 betere ys |am rihtwisan lytel, |onne þam synfullan mycel wela.

e. **halwende,** *heilsam.* **Be.** 548, 40 manig ðing . . ., ða ðe him sylfum & eac eallum ðam ðe hit gehyran woldan, swiþe halwende wæron to witanne (= salubria). *Bei Flamme (a. a. O., S. 6. § 7. b.) fehlt, was bei B.-T. steht:* se middangeard wæs mannum halwende *Blickl. Hom.* 115, 8 : 209, 10.

f. **nedþearflic,** *nötig.* **Be.** 487, 35 ða ðing ane, ða ðe heora andlyfene nedðearflico gesawen wæron (= ea tantum quae victui necessaria videbantur); 488, 34 ða ðe him nydðearflice gesewen wæron (? — him *kann hier auch von* gesewen *abhängen; so Miller:* which seemed to him necessary); 622, 27 ealle ða ðing gegearwade ða ðe scyplidendum nydðearflicu gesewen wæron (= quae navigantibus esse necessaria videbantur).

g. **neod, nied,** *nötig (eigentlich ein Hauptwort).* **Cp.** 80, 6 geðence he ðonne ðæt him is efnmicel nied, ðæt he eac swæ do swæ swæ he lærd. **So.** 171, 13 gadera |æt ðæt |e |ince |æt þe mæst neod sy & mæst þerf to witande (!); 193, 7 wilna þæs, |e |e *(dir)* mest neod hys (= is) & si.

h. **neodbehæfe,** *nötig.* **So.** 179, 19 ðreo |inc sint neodbehæfe ðam eagan elcere sawle.

i. **nidbeðearf,** *nötig.* **Cp.** 6, 7 suma bec ða þe nidbeðyrfesta (*H.*: niedbeðearfosta) sien eallum monnum to witanne.

j. **niedðearf,** *nötig.* *Es kann an diesen Stellen allerdings
auch Hauptwort sein.* **Cp.** 74, 5 he geðence ... hu micel niedðearf him is ðæt he sie gebunden; *ähnl.* 88, 20, 24; 282, 25
ðæt weorc þe him niedðearf wære to wyrccanne. **Ps.** 9, 20 hwi
noldest þu cuman to us, to þære tide þe us nydþearf wæs. **Le.**
66, 5 ofer þæt þe eow nedþearf wæs to healdenne.

k. **nyt,** *nützlich.* **Be.** 555, 33 *(vgl. a.).* **Cp.** 46, 1 magon
hiera nihstum swæ nytte bion; *ähnl.* 17; 108, 4 ðæt hie oðrum
monnum mægen nyttoste bion. **So.** 170, 24 *(vgl. q.);* 185, 3
hi beoð me on sumum ðingum nytte. **Ps.** 29, 8 hu nyt is þe
min slæge.

l. **nytwierðe,** *nützlich.* **Cp.** 44, 19 hu hie mægen nytwierðuste (*H.*: nyttweorðuste) bion hiera nihstum; 56, 13 hu nytwierðe he sie & hu gehiersum ðæm þe ... **Bo.** 108, 23 seo
wiþerwearde wyrd byþ ælcum men nytwyrþre þonne seo orsorge.

m. **rædlec,** *rätlich.* **Or.** 212, 16 hwæþer him rædlecre
wære.

n. **rihtwyrðe,** *richtig, und daher: nützlich. Fehlt bei B.-T.*
So. 170, 31 þone ræd ... ðe þe licworðe si, & me best & riht-
wyrðost si.

o. **sel,** *gut, dienlich, besser.* **Be.** 507, 31 *(vgl. b.);* 512, 15
smeade hwæt him selest to donne wære; *ebenso* 513, 32; 515,
17; 553, 21 him sona sel wæs (*Miller:* and they at once re-
covered); 610, 25 gif him þæt selre (*Miller:* festre) wære (=
si hoc sibi utile esset); 616, 11 þæt hire sona sel (*Miller:*
wel) wære æfter his bletsunge (= eam mox melius habituram);
34 me sel (*Miller:* wel) wæs (= statim melius habere incipio);
618, 4 þæt him sona sel (*Miller:* wel) wære (= statim melius
haberet). **Or.** 202, 18 cwædon þæt him soelest wære þæt hie
friþes to Romanum wilnaden.

p. **þerf,** *nötig.* **So.** 171, 13 *(vgl. g.).*

q. **unnytt,** *unnütz, nutzlos. Vgl. k.* **Cp.** 96, 18 gedeð ða
spræce unnytte ðæm tohlystendum. **Bo.** 334, 21 nis him nanwuht unnyt þæs ðe he gesceop. **So.** 170, 24 hweðer ic bydde
nyttes þe unnittes me sylfum oððe þam freondum.

r. **wislic,** *weise, und daher: nützlich.* **Be.** 485, 31 þæt him
wislicre & gehyldre wære þæt hi ... *(vgl. c.).*

s. **wyrs(t),** *schlecht(er).* **Be.** 632, 32 ða wyrstan (*Miller:*
wyrrestan) ingewitnesse me ic geseo & fore minum eagum hæbbe
(= pessimam mihi scientiam certus prae oculis habeo; *Miller:*
I see for myself & have before my eyes the most dreadful con-
sciousness; me *gehört aber zu* wyrstan). **Or.** 48, 18 þæt eow
nu wyrs sie on þiosan cristendome þonne þæm þeodum þa wære.
So. 183, 14 me ne þincð nawiht wyrse þam ðe god þeawian
wile þonne wyf to hæbbenne.

9. *Aufser* wyrþe, *das einer ausführlichen Besprechung bedarf* § 63
(s. § 64.), erscheinen noch die folgenden einzelnen Eigenschafts-
wörter, die sich nicht in jene acht Gruppen unterbringen lassen, mit
dem Dativ.

A. *Mit einem wirklichen Dativ:*

a. **unbleo,** *farblos, rein (?).* **Ps.** 15, 6 forþam is min land
nu foremære, and me swyðe unbleo (= haereditas mea praeclara est mihi). *Prof.* Toller *schreibt mir hierzu:* „*unbleo[h]*
occurs again in the poem „*Be domes dæge*" (Early Engl. Text
Soc. Pub. 1876.): „*Hïð þam þu mote gemang þam werode ear-*
dian unbleoh on ecnesse" *l. 302.* Unfortunately the Latin poem is
not literally translated, and so there is no word in the Latin of
Bede which corresponds. The editor in a note takes it to re-
present incolumem, but this word hardly belongs to the passage. I think „swyðe unbleo" in the Psalm is simply another
rendering of *prae*-clara, and the same meaning might suit the
other cass. The literal meaning (after the analogy too, of twi-
bleo = bis tinctus) is un-coloured, hence unstained,
clear: at least something of that kind I believe to be the
meaning."

b. **ungeliefedlic,** *unglaublich.* **Or.** 74, 7 swa ungeliefedlic
is ænigum menn þæt to gesecgenne; 214, 21 forþon hit is us
uncuð & ungeliefedlic forþon þe we sint on þæm friþe geborene.

B. *Mit einem Dativ, der einen ursprünglichen Instru-*
mentalis vertritt:

a. **scyldig,** *schuldig durch.* *Vgl. beim Genitiv § 5. b.* **Cp.**
44, 21 ðonne bioð hie swæ monegum scyldum scyldige swæ hie
monegra unðeawa gestieran meahton *(vgl.* Koch, *Gr. II. ² S. 198*
und B.-T. scyldig *II. 2.).* — *Anders:* **Be.** 573, 1 syn hi begen
bisceopes dome scyldig (= excommunicationi subjacebit); *Mil-*
ler übersetzt: shall be liable to excommunication by the bishop;
ich glaube, dafs domes *zu lesen ist, vgl. die Hs. B.:* syn hi begen ðæs bisceopdomes wyrþe & scyldige.

b. **ðancfull,** *dankbar für, zufrieden mit. Die Person, gegen*
die man (un)dankbar ist, steht im (wirklichen) Dativ, s. § 55. nn.
Be. 572, 33 þæt he ðoncfull si styre him ðæs bebodenan folces
(= contentus sit gubernatione creditae sibi plebis); 573, 3 þætte
ælþeodige bisceopas & Godes ðeowas syn ðoncfulle heora gæst-
liþnesse & feorme (= contenti sint hospitalitatis munere oblato);
646, 36 Scottas wæron ðancfulle heora gemærum (= suis contenti finibus).

10. *Während* weorð *und* unweorð *in der Bedeutung „(jeman-* § 64
dem) lieb, teuer" und „nicht lieb, verachtenswert" mit dem Dativ ver-
bunden werden (s. § 55. 00. qq.), haben wyrðe *und* unwyrðe *in der*
Bedeutung „(einer Sache) würdig" und „unwürdig" in der Regel
den Genitiv bei sich (s. § 5. d. e.); es kommen aber auch einige

Fälle im Be. vor, wo nicht der Genitiv, sondern der Dativ bei
wyrðe *steht, wenn es die Bedeutung* „dignus" *hat. Ich habe auf
diese Thatsache schon im 15. Bande der* „Engl. Stud." *(S. 159 f.)
hingewiesen und dort die Belege beigebracht. Fast gleichzeitig that
J. W. Pearce im 6. Bande (1891) der* „Modern Language Notes"
(Sp. 1 ff.) dasselbe. Die Belege sind: Be. 479, 7 ðær wæs cyrice
geworht & getimbrad wundorlices geweorces & his ðrowunge
& martyrdome wyrþe (= mirandi operis atque ejus martyrio
condigna); 527, 38 heora ealra dome gedemed wæs þæt he wære
biscophade wyrþe (= ipsum esse dignum episcopatu); 564, 2
he . . . cwæþ, þæt he wære swa mycles hades (!) unwyrþe, &
cwæþ þæt he mihte oþerne getæcan, ðe biscophade wyrþe
wære ge on gelærednysse ge on his lifes geearnunge ge on ge-
defre yldo (*Gen. und Dat. nebeneinander!*) = qui indignum se
tanto gradui respondens, ostendere posse se dixit alium, cujus
magis ad suscipiendum episcopatum & eruditio conveniret &
aetas; *Miller hat hier:* biscophada wyrðra); 597, 26 ðam wordum sona monig word in þæt ylce gemet Gode wyrþes (*Miller: ebenso; T.:* Godes wordes)*) songes to geþeodde (= eis
mox plura in eundem modum verba deo digni carminis adiunxit);
613, 13 ða onfangenan ðenunge mæssepreosthades æfter wyrðum
dædum ðam hade gehalgade (= acceptum presbyteratus offi-
cium condignis gradu ipse consecrabat actibus); 618, 31 ðæs
biscopes lif . . . ic gemette biscope wyrþe beon (= vitam illius
. . . . episcopo dignam esse comperi; *Miller:* biscobwyrðe);
639, 31 þæt he wære his biscophade wel wyrþe (= episcopatu esse dignus inventus est).

*Zu diesen sieben Stellen, (von denen allerdings, wenn Mil-
lers Lesarten richtig sein sollten, zwei fortfallen, näml. 564, 2
und 618, 31) kommt vielleicht noch eine achte, an der auch das
Eigenschaftswort* efenwyrðe *(= gleich würdig) mit dem Dativ verbunden ist:* Be. 574, 18 heo efenwyrðe [heo] on eallum ðingum ðam bisceope & hire breþer on rihtum life & on reogollicum gegearwode (= condignam se in omnibus episcopo
fratre . . . praebuit); *die beiden Dative können nämlich von dem
zweiten Bestandteile in* efenwyrþe *abhängen, und dann gehört die
Stelle hierher; so denkt auch Pearce; unmöglich ist aber nicht,
und dem Sinne gemäfs wäre es auch möglich, dafs der Dativ nicht
von* -wyrðe, *sondern von* efen- *abhinge, und dann würde das Wort
in § 57 unterzubringen sein.*

Eine andere Stelle ist noch unsicherer: Be. 631, 14 se eft
æfter ðon þæt bisceopsetl efenwyrþe dædum his hades ðære
cyricean æt Lindesfarena ea sæt & heold (= qui nunc Episco-

---

*) *Wie Pearce (a. a. O., Sp. 1.) behaupten kann:* „Smith *prints*
Gode wyrpes, *and gives no varia lectio for the passage" ist mir unerfind-
lich; vgl. übrigens über Körners Lesart* godewyrþes *ebenda.*

palem Lindisfarnensis Ecclesiae cathedram condignis gradu actibus servat); efenwyrðe *(das auch Wheloc hat) könnte Adverb
sein, und dædum davon abhängig; dann gehörte die Stelle hierher
oder nach § 57; es ist aber fraglich. Pearce setzt* efenwyrðum
*ein, ebenso Miller (nach T und B), dann hängt natürlich der
Genitiv* his hades *von* efenwyrðum *ab, und dies würde in § 5
einzureihen sein.*
    Pearce gibt noch die Stelle Be. 550, 40 was he . . . . .
cyninges namon & hada well wyrþe (= regis nomine ac persona
dignissimus); *sie ist jedes Falles sehr zweifelhaft, denn* namon *sowohl wie* hada *können ebensowohl Genitive wie Dative sein,* hada
*sogar entweder Gen. der Mehrzahl oder der Einzahl; s. Sievers,
Gr.² § 273. Anm. 2.*
    *Aufserdem kommt nun noch eine Stelle vor, an der nicht der
Dativ, sondern reiner Instrumentalis steht (vgl. § 123):* Be.
566, 6 ic me sylfne næfre ðy hade wyrþe demde (= quippe
qui neque me umquam hoc esse dignum arbitrabar; *B.:* ðæs
hades wyrþne ne dyde; *Miller:* ic þy hade mec seolfne næfre
wyrðne demde).
    Wenn ich in den „Engl. Stud." sagte, diese Verbindung von
wyrþe = dignus *mit dem Dativ scheine bisher unbekannt gewesen
zu sein, so war das ein Irrtum, denn Koch sagt Gr. II.² § 257
bei* wyrðe *mit dem Genitiv: „Doch auch mit Dativ oder Akk.:* Se
ðe lufað fæder oððe modor ma, þonne me, nys he me wyrþe.
Mt. 10, 37." — Es hiefs dann weiter (E. Stud. XV. 160.): „Nur
Einenkel (Streifzüge, S. 211) erwähnt eine Stelle der „Blickling
Homilies" 163, 13, wo er „seo heall Gode weorþe" funden wæs"
durch „Gottes wert, würdig" übersetzt, während Flamme in seiner Doktorschrift über die Syntax der Bl. H. (Bonn, 1885. S. 6.
§ 7. c.) weorþe weniger zutreffend durch „geeignet für" wiedergibt,
indem er Morris' „fit for" übersetzt. — Grimm, Gr. IV.² (1837),
S. 747 bemerkt bei „wert": „Die Bedeutung von dignus fordert
den Genitiv" . . . . Von den sieben [oder mehr] Stellen scheinen Sweet (Anglos. Reader, p. 195. [5. ed., p. 197]) und Aug.
Schmidt („Untersuchungen über König Aelfreds Bedaübersetzung".
Doktorschrift, Berlin 1889.) nur die zuletzt erwähnte [d. h. 597, 26]
zu kennen, denn an sie knüpfen sie ihre Bemerkungen; Sweet
meint, wirðe müsse den Genitiv bei sich haben, die ganze Stelle
beweise überhaupt durch ihre ungeschickte Übersetzung, dafs Alfred
nicht der Verfasser sein könne; aber, wie ich gezeigt habe, kann
wirðe sehr wohl mit dem Dativ verbunden werden, und ungeschickt
übersetzte Stellen giebt es auch in den anderen [sicheren] Werken
Alfreds. Schmidt (a. a. O., S. 51) meint, „man wisse gar nicht,
ob der Übersetzer* gode *von* wyrþes *abhängen lasse"; wie will
Schmidt denn den ganzen Satz verstehen? Er behauptet ferner,
„dafs dem Übersetzer die Construction des lateinischen dignus überhaupt nicht ganz geläufig war", und führt als Beweis die folgen-*

den beiden Stellen an: 620, 24 and ðær his lif in Godᵉ mid
wyrþre drohtunge gefylde (= ibique vitam in deo digna conver-
satione complevit); *Schmidt giebt hier selbst einen sehr nahe liegenden und sicher richtigen Grund an, weshalb Alfred falsch übersetzt haben kann; er hat nämlich „in* deo'' *zusammengefafst. Die
andere Stelle ist* 478, 43 wæs þæs heofonlican rices wyrþe geworden (= regni caelestis dignus factus est ingressu); *Schmidt
sagt dabei: „als ob von* dignus abhinge *regni caelestis"; es ist
gar nicht nötig, es so aufzufassen, Alfred hat hier zwar etwas frei
übersetzt, aber den Sinn richtig wiedergegeben. Es geht ja überhaupt aus den oben angeführten sieben Stellen mit Dativ, sowie
aus den zahlreichen mit Genitiv deutlich hervor, dafs Alfred die
Construction des lateinischen* dignus *sehr wohl verstanden hat; bemerkenswert ist aber, dafs ihm für ein und dieselbe lateinische Verbindung die Übersetzung durch* wyrþe *s o w o h l mit dem Genitiv
als mit dem Dativ geläufig ist." — Vgl. P e a r c e n s Schlufsworte
(a. a. O., Sp. 4.): „*The dative with *wyrþe* must at least have
been intelligible to the people, else such construction could hardly
have been used so frequently." — *Über Verbindung von* wyrþe
mit dem Akkusativ vgl. S o h r a u e r, a. a. O., S. 26.

B. Der Dativ bei Komparativen.

§ 65   *Beim Komparativ steht das, womit etwas Anderes verglichen
wird, häufig im Dativ (vgl. beim Genitiv § 10ᵃ.):* Be. 476, 23
wæs seo ehtnysse ðyssa arleasra cyninga unmetre & singalre
eallum ðam ærgedonum (= quae persecutio omnibus fere ante
actis diuturnior atque immanior fuit); 481, 25 wæs ðis gefeoht
wælgrimre & strengre eallum ðæm ærgedonum (= strages cunctis crudeliores prioribus); 499, 19 se ma eallum Angelcyningum
& caldormannum Brytta ðeode fornom & forhergode (= qui plus
omnibus Anglorum Primatibus gentem vastavit Brittonum); *ähnl.*
514, 40; 518, 31; 534, 20; 22 þæt þær sum halig[ra] man hwylchugu ðam oþrum weorude ofslegen wære (= quia ibidem sanctior caetero exercitu vir aliquis fuisset interfectus; *ich setze* haligra *statt* halig, *das zwar alle Hss. haben; dasselbe thut M i l l e r);*
546, 17; 580, 5 ða wæs se lichoma sponne lengra ðære ðryh;
ebenso 17; 596, 9; 629, 24; 633, 3; 637, 18. Cp. 106, 11 ðætte
he on nanum ðingum hiene betran ne doo ðæm godum; 114,
23 ne ongeat he no hiene selfne betran oðrum godum monnum;
300, 12 se ure Aliesend, þe mara is & mærra eallum gesceaftum*). Bo. 152, 11 þonne biþ ælc dysi man þe unweorþra þe

---

*) *W i c h m a n n s Behauptung (Anglia XI. S. 67. Abs. 2), dafs Al-
fred in der* Cp. *im zweiten Gliede eines Vergleichungssatzes den Dativ
nicht anwende, ist somit unrichtig.*

he mare rice hæfþ ælcum wisum men; 198, 9 nan mihtigra þe nis;
vgl. 68, 31 nu ge wenaþ þæt .... & teohhiaþ þæt eall eowre
woruldgod sien ærran (*Coll.:* diorran) ge selfe; *sowohl Cardale
als Fox übersetzen:* . . . are superior to yourselves; *auch nach
dem Lateinischen müfste es so heifsen; es scheint fast, als wäre*
ærran *hier gerade wie der Positiv* ær *als Präposition gebraucht.*

    Sonst wird der verglichene Gegenstand durch ðonne *ange-
knüpft:* Be. 473, 32 ðis Ealond hafaþ mycele lengran dagas on
sumera, & swa eac nihta on wintra ðonne ða suþdælas middangeardes; 474, 22, 30; 477, 19; 507, 33; 547, 26; 575, 9. Or.
18, 4 se hwæl bið micle læsse þonne oðre hwalas; 14; 19, 19;
24, 18; 40, 25 ; 70, 2 ; 118, 16. Cp. 24, 19 ða wunda ðæs
modes bioð digelran ðonne þa wunda ðæs lichoman; 26, 20;
30, 11; 32, 16; 36, 21; 46, 2, 9; 80, 23; 116, 18; 122, 8; 301,
21; 326, 19; 411, 27. Bo. II, 17 gif he hit rihtlicor ongite
þonne he mihte; XII, 6 is ðeah betera þonne ealle þæs lichoman
cræftas; 70, 4 hi send wyrsan þonne nytenu. So. 163, 22 þæt
he . . . þisne weig gelimpfulran gedo þonne he ær (*nach Wülker, Beitr. IV. 110: stall* æt) þissum wes ; 165, 14; 201, 33; 186,
35 se þe scerpest (*für* scerper?) locian mæg þonno se ðe ealra
scearpost locianne mæg. Ps. 8, 6 þu hine gedest lytle læssan
þonne englas; 9, *ü.;* 11, 9; 12, 5; 16, 13; 18, 9; 20, 3; 21, 5.
Le. 64, 3 eow hefigran wisan budan to healdanne þonne we
him budon; 76, 1 ; 106, 3.

    Anmerkung 1. ðon *steht statt* ðonne: Be. 521, 32 þæt hi
. . . ne him in ænigum ðingum ma gemænsumian willaþ ðon
hæþenum mannum (= magis quam).

    Anmerkung 2. ðe *steht statt* ðonne: Bo. 282, 23 ne biþ
se cwuca ðonne nyttra þe se deada.

    Anmerkung 3. ðe . . . ðe, ðon . . . ðe *stehen statt* ðonne:
Cp. 309, 3 ðonne ne burne se weliga ðe sniður on ðære tungan
ðe on oðrum limum; 318, 18 ðæt hie . . . ne hie selfe ðy betran ne talien þe ða oðre. Bo. 48, 22 he nat hwæt him toweard biþ hwæþer þe god þe yfel þon ma þe þu wistest; 232, 8 ne
ðearft þu no be þæm gesceaftum tweogan þe ma þe be þæm
oþrum ; 288, 10 ne murnþ nauþer ne friend ne fiend, þe ma ðe
wedende hund; 340, 20 to nauhte ne weorþaþ, gif hi . . . ne
bioþ gefæstnode to Gode, þon ma þe þæs hweohles felga magon
bion . . .; 364, 4 ne scyle nan wis monn forhtigan . . . ðon ma
þe se hwata esne scyle ymb þæt gnornian. So. 201, 34 he . . . .
þeah ne þincð us hwilum þe bradder þe an scyld. Le. 76, 2
gif hio bearn gestriene, næbbe þæt þæs ierfes þon (*II.:* þe)· mare
þe sio modor (*B.:* na mare þonne seo moder). — *Vgl. hiersu*
Or. 260, 28 he hæfde giet þe ma unþeawa þonne his eam hæfde
ær Gaius. *Vgl. auch § 259.*

C. Der Dativ bei Zeitwörtern.

Der Dativ erscheint als Objekt von Zeitwörtern und hat dann „seinem Wesen nach etwas persönliches; sächliche Dative erhalten gleichsam persönliche Färbung." (Grimm, Gr. IV. S. 684 o.). Die Zeitwörter teile ich, im Anschlusse an Grimm, in Gruppen ein.

§ 66   1. *Wirklicher Dativ steht zunächst bei solchen Zeitwörtern wie schmeicheln, opfern, tadeln, rächen, bestrafen, bedrohen.* a. **ætwitan**, *tadeln. Vgl. j., m. Was man tadelt, steht im Akk., s. § 78.* **Be.** 632, 23 ðy læs him ætwite & on edwit sette his geþoftan, þæt he for ege ðæs deaþes ða ðing dyde. **Bo.** 28, 27 to hwam ætwite þu me ær þæt ðu ....; 324, 4 forhwy ætwite ge eowerre wyrde, þæt hio nan geweald nah. **Ps.** 31, *ü.* and he ætwat eac him sylfum, þæt he ne hreowsode his synna.

b. **blotan**, *opfern. Vgl. § 78.* **Or.** 64, 29 ðæt hie hiera godum þe ieð blotan mehten; 162, 30 þæt hie him þagit swiþor ofreden & bloten; 184, 5 þæt hie sceolden mid monnum for hie heora godum blotan; 296, 13 Rædgota . . . dæghwamlice wæs blotende diofolgildum mid monslihtum.

c. **bysmrigan**, *tadeln, verspotten. (?) Kommt sonst mit dem Akk. vor, s. § 98.* **Be.** 628, 31 ungelæredes folces & bysmrigendes gehæftum heora feondum (= vulgi indocti captis hostibus insultantis; *vielleicht ist dies absoluter Dativ, = wenn ihre Feinde gefangen sind ?).*

d. **cidan**, *tadeln.* **Cp.** 22, 10 mid eaðmode ingeðonce ðu me ciddest; 26, 14 swelcum monnum Dryhten cidde; 122, 9 eft ðurh ðone witgan wæs gecidd ðæm hierdum; *ähnl.* 184, 8; 246, 23; 354, 15.

e. **geoleccan**, *schmeicheln, locken. Vgl. h.* **Bo.** 26, 10 *(vgl. h.).*

f. **lean**, *tadeln.* **Or.** 184, 27 him logan þæt he æt þæm gefeohte ne come wið Gallie. *Kommt auch mit dem Akkusativ vor, s. §§ 78, 106.*

g. **offrian**, *opfern. Was man opfert, steht im Akkusativ, s. § 78.* **Or.** 106, 31 Romane him woldon ofrian swa heora gewuna wæs; 162, 30 *(vgl. b.);* 254, 10 woldon þæt mon to him gebæde & him ofrede. **Cp.** 368, 3 ða Godes æ, þe us forbiet deoflum to offrianne.

h. **oleccan**, *besänftigen, schmeicheln. Vgl. e.* **Cp.** 180, 10 he him olecte þa he cwæð; 182, 16 he sceal oleccean ðæm welegan eaðmodan; 206, 10; 312, 12; 383, 12; 421, 17. **Bo.** 24, 10 ða woruldsælþa . . . oleccaþ þæm modum; 26, 11 hy wæron rihte þa hi ðe mæst geoleccan *(vgl. e.)* swilce hi nu sindon, þeah þe hy þe oleccan on þa leasan sælþa; 130, 30, 31; 144, 17 þonne beþurfon hi þæt hi oleccan þæm æfter friþe þe ...; 23; 176, 15; 262, 5; 352, 15.

i. **onsecgan**, *opfern*. *In anderen Bedeutungen mit dem Akkusativ, s. § 109*. Be. 477, 36 ne yld ðu þæt ðu þam myclan godum mid us onsecge. Or. 56, 16 noldon ðæt Læcedemonia mægdenmenn mid heora ofreden & heora godum onsægden. Le. 62, 32 and se þe godgeldum onsæcge ofer God anne, swelte se deaðe.

j. **oðwitan**, *tadeln*. *Vgl. a., m., §§ 78, 109*. Ps. 21, 2 ic ðe na ne oðwite, þæt þu me ne gehyrst, ac minum agnum scyldum ic hit wite.

k. **þrean**, *tadeln, bestrafen. Sonst mit dem Akkusativ, s. § 113*. Bo. 12, 6 heo (= seo wyrd) þreaþ þa unscildigan & nauht ne þreaþ þam scildigum *(Akkusativ und Dativ nebeneinander!)*.

l. **tobeotian**, *bedrohen*. Be. 493. 30 seo gifu ðæs halgan gerynes . . . ðam ðe se deaþ tobeotaþ butan ænigre yldinge is to gebeoranne (ðam ðe *gehört sowohl zu* gebeoranne *wie zu* tobeotaþ); 611, 23 ne ða tobeotiendan frecednesse ðam eagan mennisc hand gehælan mihte (= imminens oculo exitium); 628, 43 hæfdon hi fyrene eagan . . . . . & fyrene tangan him on handa hæfdon & me nyrwdon & me tobeotodan; 629, 8 ða ðe me ær mid heora tangan tobeotodan; *diese fraglichen Kasus werden wohl Dative sein (= sie drohten mir, bedrohten mich), während das, was man androht, im Akkusativ steht, s. § 113*.

m. **witan**, *tadeln. Vgl. a., j. und § 78*. Bo. II, 16 þæt he . . . . him ne wite, gif he hit rihtlicor ongite; 34, 21 hwæt witst þu us, la Mod, hwi irsast þu wiþ us.

n. **wrecan**, *rächen, bestrafen. Vgl. § 78*. Bo. 262, 21 Parcas ða hi secgaþ þæt (= *von denen sie sagen, dafs sie . . .)* . . . . ælcum menn wrecan be his gewyrhtum. *Sonst mit dem Akkusativ, s. § 115*.

2. *In eine zweite Gruppe ordne ich Zeitwörter wie* s c h o n e n , § 67 *beschützen, verteidigen, helfen, trösten, versorgen, nützen, schaden, vernachlässigen, verraten, belügen, quälen u. ä.*

a. **abelgan**, *reizen, quälen, plagen, erzürnen*. Or. 266, 10 Quadratus . . . forbead ofer ealne his onweald þæt mon nanum cristenum men ne abulge. Cp. 220, 25 ðæt he ðone mon eft lufian mæge þe him ær abealg. Bo. 34, 22 hwi irsast þu wiþ us, on hwam abulgon we ðe. *Ist es eine Sache, die man reizt, so steht der Akkusativ, s. § 97*.

b. **ærendian**, *urspr.: eine Botschaft ausrichten; dann: den Vermittler machen für. Der, bei dem man den Vermittler macht, wird durch* to *eingeführt (vgl. aber u.); das, was man vermittelt, steht im Genitiv; vgl. § 25. a. b. Vgl. auch § 97*. Cp. 62, 8 hu dear se gripan on ða scire ðæt he ærendige oðrum monnum to

Gode, se se þe hiene selfne hiwcuðne ne ongit Gode (*Sweet:* to undertake the office of mediator).

c. **aredan,** *raten.* **Be.** 533, 25 symble mid ðy he lyfde untrumum & ðearfum arede & ælmessan sealde (= infirmis & pauperibus consulere . . . non cessabat). *B.-T. gibt die Stelle auch bei* arædan; *Miller aber druckt* arode *und übersetzt:* that he ever in life regarded the poor and sick; *dann würde die Form zu* arian *gehören (vgl. d). Vgl. übrigens beim Akkusativ (§ 97.)* arædan.

d. **arian,** *ehren, achten, sich Jemandes annehmen, schonen, verzeihen. Vgl. v. Kommt auch mit dem Akkusativ vor, s. § 97.* **Be.** 521, 35 þæt he ne forþon wiflice *(instrumentale Form)* hade oþþe ðære unsceþþenda yldo cilda arede; 553, 19 he [h]is feondum swiþe arede (= parcere); 602, 8 ne cyricum ne mynstrum seo here hand ne sparode ne arode (= parcere); 638, 30 aredon him ða & ne woldan hine cwellan (= parcere). **Cp.** 44, 21 gif him ðonne God . . . deman wile, & he him for his mildheortnesse ne arað *(= schonen).* **So.** 203, 14 ac þa goodan nellað heora yflum freodum arian; *ähnlich* 15. **Le.** 58, 4 ara þinum fæder & þinre medder.

e. **awreþian,** *unterstützen, aufrechterhalten. Steht sonst mit dem Akkusativ, s. § 97.* **Be.** 631, 3 se eft ðære ytemestan yldo his lifes . . . mid medmiclum hlafe & cealde wætere awreþede (= ultimam vitae aetatem pane cibario & frigida aqua sustentat).

f. **beorgan,** *beschützen, verteidigen. Vgl. w.* **Or.** 86, 32 him from afaran het ealla þa burgware þe he of oðerum londe him to fultome abeden hæfde, þæt hie him gesunde burgen. **Ps.** 16, 8 geheald me, Drihten, and beorh me, swa swa man byrhð þam æplum on his eagum mid his bræwum.

g. **brycian, bricsian,** *nützen.* **Be.** 559, 33 he ðurh þæt ge his ðeode ge eac ðam cynnum Scotta & Peohta . . . . mid his lifes bysne . . . . . swyðe bricsade (= profuit); 590, 32 hi brycaþ monigra hælo gif heo asæd biþ (= multorum saluti fore proficuum); 622, 11 he wolde monigum brycsian (= pluribus prodesse); 623, 33 he ða his geferum ma of his mægna bysenum brycian gymde (= prodesse; *Miller:* brytian); 632, 6 ðæs gesyhþe & word ... monegum mannum ne eac him sylfum bricsade (= profuit).

h. **campian,** *kämpfen für. Dasselbe Wort kommt auch mit dem Dativ derjenigen Person vor, gegen die man kämpft, s. § 70. d.* **Be.** 521, 7 of ðam wintrum he syx wintra Cristes rice campode (= Christi regno militavit); 609, 7 sum fæc on digolnesse Drihtne campode (= aliquandiu secretus Domino militabat).

i. **derian,** *schaden. Vgl. x. Kommt auch vereinzelt mit dem Akkusativ vor, s. § 100.* **Or.** 90, 23 him þæt setl swiþor derede þonne þam þærinne wæron. **Cp.** 30, 10 ne dereð nan mon swiður ðære halgan gesomnunge; 114, 4; 142, 23; 172, 19; 236, 10; 310, 21; 362, 11; 449, 29; 457, 1. Bo. 12, 9 nauht ne ðeregaþ monnum mane aþas; 32, 14 þæt him ða stormas ðerian ne mahan; 64, 15; 70, 18; 78, 29; 122, 6; 302, 28; 304, 7; 380, 16.

j. dugan, *nützen.* Bo. 164, 2 ne huru heora ofermetta . . . ne dohte him ða nawþer; 320, 28 ic secge þæt sio forespræc ne dyge nauþer ne þam scyldigan ne þam þe him fore þingaþ; *B.-T. giebt diese Stelle unter einem besonderen Zeitwort* dygan, *es ist aber m. E. der Konjunktiv von* dugan; *vgl. Sievers, Gr.*[2] *§ 421.*

k. efnðrowian, *bemitleiden.* Cp. 96, 20 hu se larcow sceal beon eallum monnum efnðrowiende & foreðcncende on hiera earfeðum (= ut rector sit singulis compassione proximus, prae cunctis contemplatione suspensus); *eigentl. = zusammen erdulden; ob in der obigen Bedeutung der Dativ etwa noch von* efn- *abhängt, wie es in der ursprünglichen sicher der Fall wäre, ist zweifelhaft.*

l. eglan, *quälen, ärgern. Kommt auch unpersönlich vor, s. § 76. c.* Cp. 74, 10 him sculon eglan oðerra monna brocu swelce he efnswiðe him ðrowige; 309, 3 gif ðam gifran ungemetlicu spræc ne egldc. Bo. 26, 4 swelce oþrum monnum ær þæt ilce ne eglede.

m. foreðencean, *denken, sorgen für (?).* Cp. 96, 20 *(vgl. k.).*

n. foreðingian, *eintreten für, verteidigen. Kommt auch mit dem Akkusativ vor, wenn es eine Sache ist, für die eingetreten wird, s. § 102. Vgl. auch ee. und qq.* Bo. 320, 26 þæt mon helpe þæs unscyldigan & him foreþingie; 322, 1 þam þe him fore-þingaþ.

o. forpæran, *zerstören, vernichten.* Cp. 286, 5 hie forpæ-rað ðæm edleane (*Sweet:* they lose their reward).

p. forstandan, *helfen, nützen. Kommt in anderer Bedeutung (und vielleicht auch einmal in dieser,) mit dem Akkusativ vor, s. § 102.* Cp. 266, 8 gif hit him nauht ne forstent; 332, 8 hwæt forstent ænegum men, ðeah he gemangige . . . . .; *u. ö.* Bo. 104, 5 hwæt forstod þonne þam betestum mannum, þæt hi . . . .; *ähnlich 8;* 108, 7 hwæt forstent eow þonne se gilp; 164, 8 hwæt forstod seo menigu þara freonda þam deorlingum þara cyninga, oððe hwæt forstent heo ængum men. *Vgl.* Ps. 2, 4 hwæt forstent heora spræc?

q. frefrian, *trösten. (?)* Be. 627, 17 ða frefrade he him & cwæþ (= consolatus); *Miller hat* hio; him *pafst allerdings nicht, denn es geht auf eine Frau; es kommt aber auch sonst nur mit dem Akkusativ vor, s. § 102.*

r. freoþian, *versorgen, unterhalten, beschützen.* Be. 508, 32 sona in eallum ðingum ðære cirican eahtum & godum freoþode & fultemede swa he fyrmest mealite (= consulere ac favere).

s. fultumian, *helfen, unterstützen. Vgl. y.* Be. 508, 32

(vgl. r.); usw. **Cp.** 232, 8 sio womb sceal fulteman ðæm hondum; 326, 4. **Bo.** 386, 26 þæt him nauþer ne fet ne fiþeras
ne fultumaþ. **So.** 170, 30 fultuma me; 186, 18 þe me to wisdome fultmiað; 200, 6. **Ps.** 47, 3 he hire symle fultumað. **Le.**
94, 42, § 3 gif he him fultumian ne wille.

     t. **fylstan,** *helfen. Vgl. z.* **Or.** 54, 22 he him æt ðære
pinunge fylstan wolde þe he ðæm folce donde wæs; 64, 28;
146, 3; *usw.*

     u. **geærndian,** *vermitteln bei jemandem. Vgl. b.* **Be.** 626,
13 & him ða geærndode Blyþþryþ his cwen (= interpellare) þæt
he him wunonesse stowe sealde. *Vgl. auch § 25. b.*

     v. **gearian,** *ehren, schonen, gnädig sein, verzeihen. Vgl. d.*
Kommt auch mit dem Akk. vor, s. § 103. **Or.** 290, 31 him siþþan
het gearian. **Cp.** 36, 1 se ilca se monegum yflum wið hine selfne
forworhtum ær gearode. **Ps.** 34, *ii.* hu he hine gebæd to Gode,
þæt he him gearode.

     w. **gebeorgan,** *beschützen, verteidigen. Vgl. f.* **Cp.** 457, 5
ðæs lichoman læcas oft . . . ðæm lichoman gebeorgað. *Vgl.*
Engl. Stud. XVI. 84., XVII. 292.

     Anmerkung: **Cp.** 28, 5 oft for ðæs lareowes wisdome
unwisum hiremonnum við geborgen (*Sweet:* often through the
teacher's wisdom foolish disciples are preserved). **Ps.** 32, 15 þi
byð swiðe dysig, se þe getruwað on his horses swiftnesse, forþæm hit is swiðe leas tohopa; forþæm nawþer ne ðam horse,
ne þæm rædemen, ne wyrð geborgen of his agnum 'cræftum.
Diese passive Verbindung erscheint nur an diesen beiden Stellen bei
Alfred; B.-T. führt aber eine ähnliche an Homl. Thorpe I. 56, 18:
ne við us geborgen = we shall not be secure.

     x. **gederian,** *schaden. Vgl. i.* **Bo.** 80, 9 nan mon ne mæg
þam gesceadwisan Mode gederian. *Das Wort kommt ein anderes*
Mal passivisch (mit dem Akkusativ) vor, s. § 103.

     y. **gefultumian,** *helfen, unterstützen. Vgl. s. Kommt auch*
mit dem Akkusativ vor, s. § 103. **Be.** 474, 17 ðonne gefultumiaþ
we eow; 477, 38; 480, 27; 515, 2; *usw.* **Or.** 114, 24 him gefultumade; 25. **Cp.** 68, 13 we . . . gefultumað urum ondgiete;
360, 13 ðonne bið geieced heora mægen, & hiora yfelan weorcum gefultemad; 387, 11. **Bo.** 4, 10 bædon hine þæt he him
to heora Cristendome & to heora ealdrihtum gefultumede. **So.**
170, 1 gefultuma me; 200, 5, **Ps.** 36, 39 Drihten him gefultumað; 40, 1.

     z. **gefylstan,** *helfen, beschützen. Vgl. t.* **Or.** 148, 8 þætte
hio him gefylste; 150, 34 þæt he him gefylste; *usw.*

     aa. **gehelpan,** *helfen. Vgl. gg. Kommt auch mit dem Ge-*
nitiv vor, s. § 22 f. **Be.** 524, 15 þætte he his bigengum mid
heofonlice fultume gehulpe. **Or.** 32, 27 & him ða Joseph, rihtwis man, mid godcunde fultume gehealp; 218, 6. **Cp.** 36, 10
ðær him eft ða geswinc & ða earfeðu ne gehulpen; 224, 23;

250, 19. **Ps.** 21, 9 nis nan oþer þe wylle . . . me gehelpan; 45, 5.

bb. **geliðian,** *besänftigen, milde behandeln.* **Cp.** 150, 2 ðætte forðy to ungemetlice ne sie geliðod ðæm scyldgan (*Sweet:* that the sinful man be not let off too easily); 158, 3 is swiðe micel niedðearf ðæt mon mid micelre gemetgunge swelcra scylda ðrea-unga geliðigie & gemetgige (*Sweet:* that the chiding of such sins be tempered and regulated); *ob diese Stelle hierher gehört, ist zweifelhaft; wegen des* gemetgian, *das nur mit dem Akkusativ vorkommt, wäre wohl eher Akkusativ anzunehmen, so dafs die Person im Dativ, die Sache aber im Akkusativ stehen würde; Akkusativ (Sing. od. Pl.) nimmt auch* Cosijn *an (s. Gr. II. S. 25). Vgl. auch § 103.*

cc. **gemildsian,** *gnädig sein, verzeihen. Vgl. kk. Kommt vielleicht auch mit dem Akkusativ vor, s. § 103.* **Be.** 538, 35 nemne God me earmum & unwyrþum gemildsian wylle. **So.** 166, 35 cum to me & gemylsa me. **Ps.** 4, 2 gemiltsa me, Drihten, and gehyr min gebed; *ebenso* 9, 13; 24, 14.

dd. **geswican,** *aufgeben, verlassen, im Stiche lassen, verraten. In der Bedeutung „ablassen von" hat dies Zeitwort den Genitiv bei sich, s. § 18. g.* **Or.** 52, 7 þæt him mon geswicen hæfde; 192, 3 calle Italiam geswicon Romanum & to Hannibale gecir-don (= omnis Italia ad Annibalem defecit); 264, 26 eall þa folc þe him niwlice geswicen hæfdon; 286, 18 þa geswac he him þæt nan mon nyste þæs færeltes hwær he com *(= betrog ihn, schwin-delte ihm vor).*

ee. **geðingian,** *sich mit jem. einigen, für jem. eintreten. Vgl. qq., auch n.* **Cp.** 62, 3 ðæt we . . . him geðingien; 11 nat, hwæ-ðer him selfum geðingod bið; 312, 17.

ff. **gymeleasian,** *vernachlässigen.* **Be.** 604, 6 monige . . . gymeleasedon ðam gerynum ðæs halgan geleafan (= neglectis fidei sacramentis).

gg. **helpan,** *helfen. Vgl. aa. Kommt auch mit dem Genitiv vor, s. § 22. h.* **Cp.** 173, 19 sio ilce lar ðe oðrum hielpeð, hio dereð ðæm oðrum (*C:* oðre!). **Bo.** 12, 3 help nu þinum ear-mum moncynne; 380, 13. **So.** 203, 12 þa gooda helpað ðam goodum. **Ps.** 7, 7 þu woldest helpan unscyldegum.

hh. **laðian,** *verhafst sein (?), hassen, quälen.* **Or.** 148, 13 Olympiade . . . þæm folce fela laðes gedyde, ... þa Cassan-der þæt geascade þæt hio ðæm folce laðade, þa gegaderade he fird; *Thorpe übersetzt:* she was detested by the people; *B.-T.:* she was hateful to the people, *dies kann verhafst und hafserfüllt heifsen; ich glaube, dafs* laðian *hier die zweite Bedeutung hat, wie das vorhergehende* lað *gedon.*

ii. **leanian,** *belohnen. Vgl. §§ 78, 106.* **Bo.** 360, 13 þæt hio him leanige þæt he ær tela dyde; *aus dem relativen þæt kann auch ein hinweisendes (Akkusativ) ergänzt werden.*

·jj. **leogan**, *belügen. Vgl. ll, mm.* **Cp.** 280, 3 ðæt mod lichð him selfum; 288, 17 oft eac ða grambæran leogað him selfum. **Bo.** 70, 19 ðu wast nu þæt ic þe ne leoge; 290, 6 ðonne ongiñþ him leogan se tohopa þære wræce.

kk. **mildsian**, *gnädig sein, verzeihen. Vgl. cc.* **Be.** 537, 30 Drihten God, mildsa ðu saulum ussa leoda; 538, 41 þæt me drihten ðurh his geearnunge mildsian wylle. **Cp.** 100, 11 ðæt mon him miltsode; 309, 5 Fæder Habraham, miltsa me. **Bo.** 322, 15 hit is rihtre þæt him mon mildsige; 324, 18 þæt mon . . . mildsige þam yfelum. **Ps.** 6, 2 miltsa me, Dryhten; *ebenso* 27, 1.

ll. **ofleogan**, *belügen. Vgl. jj., mm.* **Ps.** 17, 43 þa ælðeodgan bearn me oflugon (= filii alieni mentiti sunt mihi); *in der Anmerkung auf S. 441 sagt Thorpe: „oftlugon,* littera *t* a manu secunda superscripta; legendum censeo: *oft lugon".*

mm. **onleogan**, *belügen. Vgl. jj, ll.* **Bo.** 166, 23 hi geheoraþ þæt him man onlihþ.

nn. **sceþþan**, *schaden, verletzen. Kommt auch mit dem Akkusativ vor, s. § 112.* **Be.** 500, 21 nænig geweald deaþes him sceþþað; 509, 35.

oo. **scildan**, *beschützen, verteidigen.* **Or.** 158, 10 þæt oþer folc wæron swa swiðe sleande swa hi him scildan sceoldon.

pp. **sparian**, *schonen. Hat sonst den Akkusativ, s. § 112.* **Be.** 602, 8 *(vgl. d.).*

qq. **ðingian**, *für jem. eintreten. Vgl. ee., auch n.* **Cp.** 62, 10 hu dear he ðingian oðrum monnum; 14 se se þe bidcð ðone mon þæt him ðingige wið oðerne. **Bo.** 320, 15 ac þa þingeras þingiaþ nu hwilum þæm ðe læssan þearfe ahton, þingiaþ þæm þe þær man yflaþ, & ne þingiaþ þam þe þæt yfel doþ; þæm wære mare þearf, þe þa oþre unscyldige yfelaþ, þæt him mon þyngode to þam ricum. *In der Bedeutung „um Verzeihung bitten" hat dieses Wort die Person, an die sich die Bitte richtet, im Dativ bei sich, vgl. § 69. hh.*

rr. **unnan**, *gönnen. Was man gönnt, steht im Genitiv, s. § 33. c., d.* **Cp.** 348, 14 ðæt hwa . . . him unne ðæt he to ryhte gecierre.

Anmerkung 1: Hierher sind auch zu rechnen die Ausdrücke wel don *und* laþ don *(= Gutes oder Übles zufügen); z. B.* **Cp.** 222, 17 doð ðæm wel þe eow ær hatedon, & gebiddað for þa þe eower ehtað & eow lað doð; 304, 11 ðæt we ðe mægen wel don; 324, 25 do wel ðæm eaðmodum. *Vgl. auch hh.*

Anmerkung 2: Eine sehr merkwürdige Stelle, die auch den Übersetzern viele Schwierigkeiten gemacht zu haben scheint, ist **Or.** 56, 23 þæt hi heora feondum bet dyde þonne wyrs mid þæm; *der Sinn ist: dafs sie dadurch ihren Feinden eher nützten als schadeten; aber weshalb der zweite Komparativ? Vgl. dazu Ziemer, a. a. O., S. 67 f. Thorpe übersetzt:* that they were rather

doing better for their enemies than worse, *also ganz wörtlich;*
Bosworth: that they did more good than evil to their enemies; *und Barrington:* that therefore their enemies would in
the end be in a better condition than they were. *Orosius hat:*
veriti ne sibi magis hac perseverantia, quam Messeniis perditio
nutriretur.

3. *Den Dativ haben ferner die Zeitwörter des Lenkens und* § 68
Waltens.

a. astyran, *lenken. Vgl. b., g.* So. 168, 9 þu astyrst &
wildest æallum þis middangearde.

b. gestieran, *jem. lenken, leiten, abhalten. Vgl. a., g. Die*
Sache, von der man abhält, steht im Genitiv, s. §§ 18. f., 31. c.,
40. s. Or. 190, 21 hie þæt swa gelæsten, gif him Scipia ne ge-
stirde *(= sie würden das ausgeführt haben, wenn sie S. nicht ab-*
gehalten hätte); 288, 23 Burgendum he gestierde þæt hie on
Gallie ne wunnon; mid þæm him wæs swiþost gestiered þæt
him mon gehet fulwiht. Cp. 204, 22 ðæm scamleasan ne wyrð
no gestiered butan micelre tælinge; 268, 20. Bo. 350, 28 ða
witu gestirdon oþrum þæt hi swa don ne dorsten.

c. racian, *lenken.* Bo. 240, 8 *(vgl. g.);* 252, 13 þæt hehste
god . . . . eallum swa gereclice racaþ (= cuncta regit fortiter;
falsch übersetzen Fox: so widely over all extends; *und Cardale:*
so widely every way extends.

d. rædan, *lenken. Die Sache, die man lenkt, steht einmal*
im Akkusativ, s. § 111. (2.). In der Bedeutung „lesen" hat dies
Wort immer den Akkusativ, s. § 111. (1.). Cp. 32, 16 hwa meahte
icð monnum rædan butan scylde, ðonne se þe hi gescop; 44, 2
ðæm þe hie wel ofer mæge, & hiere wel rædan cunne; 124, 5.
Bo. 240, 8 *(vgl. g.);* 248, 21 he reht (*Cott.:* riht) & ræt eallum
gesceaftum. Ps. 22, 1 Drihten me ræt (= Dominus regit me);
47, 12 he ræt us and recð.

e. reccean, *lenken.* Ps. 47, 12 *(vgl. d.) In dieser Bedeu-*
tung hat reccean sonst den Akkusativ, s. § 111; in der Bedeutung
„erklären" hat es den Dativ der Person, s. § 69. s., cc., und den
Akkusativ der Sache, s. § 111. Vgl. auch § 78.

f. rihtan, *lenken.* Bo. 248, 21 *(vgl. d.).* rihtan *hat sonst*
den Akkusativ bei sich, s. § 111.

g. stieran, *lenken, leiten, verbieten, abhalten von. Vgl. a.,*
b., §§ 18. j., 112. Cp. 78, 15 ðonne ne stirð he no his hieremonnum butan miclum ege (*Sweet:* to correct); 160, 1 ðæt he
. . . mid miclum andan & reðnesse him stiere; *ähnlich* 196, 19;
292, 25; 431, 34 se deð swa se stiora ðe ðæt stiorroðor forliesð,
se ðe forlæt ðone ymbhogan & ða geornfulnesse ðe he mid stioran *(= steuern, lenken)* scolde ðære sawle & ðæm lichoman. Bo.
12, 13 þu heore nelt stiran; 240, 8 gif hi næfdon ænne God,

6*

þe him eallum stiorde & racode and rædde; 270, 24. **So.** 195,
10 he . . . þam æallum stiorð.

h. **wealdan,** *walten, lenken.* *Kommt auch mit dem Genitiv
vor, s. § 17. j., und mit dem Akkusativ, s. § 115. Vgl. E. St. XVI.
84., XVII. 292; Köhler, a. a. O., S. 17.; Kress, a. a. O., S. 17.*
Be. 506, 11 wæs he se ðridda cyning . . . þæt eallum suðmæg-
þum weold. **Bo.** VIII, 22 he welt eallum his gesceaftum; 226,
24 ðe ealle ðing gebirht & eallum welt. **So.** 168, 9 *(vgl. a.).*
Ps. 8, *ü.* se wylt eallum gesceaftum.

§ 69   4. *Bei Zeitwörtern des Sagens, Antwortens, Befehlens
u. ä. der mündlichen Äufserung steht die Person, an die sich
diese Äufserung richtet, im Dativ.*

a. **andettan, ondettan,** *gestehen, beichten.* *Was man beichtet, steht im Akkusativ, s. §§ 78, 97.* **Be.** 516, 2 ic ðe soþlice
andette, þæt ic . . ..; 35 he ða se cyning openlice andette ðam
biscope & him eallum, þæt he . . .; 591, 38 ða dyde he swa,
ondette him & sægde þæt he . . .; 643, 19 ic ðonne nu cow
openlice andette & cyþe, þæt ic . . . . **Cp.** 419, 9 ða he hæfde
befæst Gode his synna, ða he getiohchod æfde ðæt he him ondettan sceolde. **Bo.** 248, 23 nu ic ðe andette þæt ic . . . .
So. 177, 9 ic þe andette þæt ic hine wolde lufian; 181, 15. **Ps.**
6, 4 þa deadan . . . ne ðe andetað; 7, 17; 9, 1; 17, 47; 34, 18.

b. **andswarian, ondswarian,** *antworten.* *Vgl. l. Was man
antwortet, steht im Akkusativ, s. § 97.* **Be.** 474, 12 andswearedon Scottas him, þæt heora land ne wære to ðæs mycel; 477,
27 ða andswarede him Scs. Albanus; 503, 1; 507, 16 ondswa-
rede se biscop him; *usw. usw.* **Cp.** 304, 12 ða andsuarode he
him & cuæð. **Bo.** VI, 2 hu þæt Mod andsworede þære Gesceadwisnesse; 19; 8, 3 ða andswyrde se Wisdom him; 23; 62, 1,
7; 102, 29; 250, 6. **So.** 164, 18 hu hys gesceadwisnes answarode hys mode; 26; 171, 7; 184, 18. **Ps.** 14, 2 þa andswarode
Drihten þæs witgan mode; 31, 9; 37, 15; 38, 14; 45, 8.

c. **andwyrdan, ondwyrdan,** *antworten.* *Vgl. m.* **Or.** 44,
11 hie him þa gesceadwislice andwyrdon; 126, 30 *(vgl. § 36. a.)*;
156, 3, 30; 178, 19; 232, 8; 242, 8. **Cp.** 4, 22 ic þa sona eft
me selfum andwyrde; 62, 5; 196, 19 he him sona ondwyrde;
443, 25. **Bo.** 18, 8 cwist þeah þæt ic þe andwyrdan scyle; 34,
20; 36, 6. **So.** 189, 6 ne ðing me nu þæt þu me awiht *(adverbial)* gesceadlice andwyrde; 198, 33.

d. **areccean,** *erklären.* *Was man erklärt, steht im Akkusativ,
s. §§ 78, 97.* **Be.** 596, 20 hi ða ðam broþrum ðurh endebyrdnesse arehton, hu hi ðas ðing . . . geleornodon (= exponere).

c. **asecgan,** *sagen.* *Was man sagt, steht im Akkusativ, s.
§§ 78, 97.* **So.** 203, 2 þæt he him asecge on hwilcum gewite
ic eom.

f. **bebeodan,** *gebieten, befehlen.* *Die Sache, die man gebietet,*

befiehlt, anempfiehlt, steht im Akkusativ, vgl. §§ 78., 98. Be. 477,
42 het ða & bebead hraþe [men] swingan . . . ðone godes andettere (= caedi sanctum Dei confessorem a tortoribus praece-
pit; *bei Miller fehlt* men, *wofür überhaupt eigentl.* monnum *stehen müfste; der Akkusativ könnte allerdings von* het *abhängig sein);*
486, 24 swa him Gregorius bebead; 495, 5; 528, 16; 553, 27.
Or. 114, 30 him bebead þæt hie . .; 116, 27; 122, 5; *usw. usw.*
Cp. 4, 1 ic ðe bebeode ðæt ðu doo . . .; 168, 20; 188, 18;
200, 20; 216, 18. Bo. 90, 9 to þam weorce þe me beboden
wæs to wyrcanne; 264, 9 bebead him ða, ðæt . . . . . So. 165,
3 eall þæt þu geðengst & hym bebeotst to healdenne. Ps. 28,
ü. bebeodende þam folce þæt hi . . . .; 39, 9; 49, 5 he bebyt
þære eorðan þæt heo . . . . Le. 64, 49 þa domas þe se ælmihtiga God . . . him bebead to healdenne.

      g. **behatan,** *versprechen.* *Vgl. q., x., §§ 37. a., 78.* Be.
624, 29 se tungerefa him wæs behatende, þæt he . . . . . Or.
54, 29 swa se geotere þæm æðelinge ær behet. So. 180, 6 þæt
þu me behete þæt þu . . . . .

      h. **beodan,** *gebieten.* *Vgl. n. Was man gebietet, steht im
Akkusativ, s. §§ 78., 98.* Or. 178, 18 hie budon him þæt he on
cyþþe mid him wunade. Cp. 46, 13 þe him mon beodeð to underfonne; 62, 23 he sceolde beodan Arone, þæt . . . . Ps. 39,
7 ne bud þu me na ælmesan to syllan. Le. 64, 3 ure geferan
sume . . . . eow hefigran wisan budan to healdanne, þonne we
him budon.

      i. **beswapan,** *überzeugen, überreden. In der Bedeutung „be-
decken"* hat beswapan *den Akkusativ, s. § 98.* Be. 514, 3 gif
hwylc sy þæt . . . Rædwolde on mod beswape, þæt he ðe nanwiht laþes ne do (= si quis sit qui . . . Redualdo suadeat,
ut . . . .).

      j. **cyþan,** *verkündigen.* *Vgl. p., §§ 78, 99.* Be. 477, 22
Albanus . . . cyþde & openade ðam ehterum Godes geleafan þæt he
Cristen wære; 481, 15; 483, 37; 488, 31; 511, 32. Cp. 2, 2
[ic] ðe kyðan hate þæt . . .; 42, 20; 162, 3; 172, 15; 200, 15;
298, 4. Le. 64, 3 we eow cyðað þæt . . . . .

      k. **foresecgan,** *vorhersagen. Vgl. § 78.* Be. 621, 24 þone
sylfan rim wintra hine hæbbende beon, oft he ær his monnum
foresæde, þæt he mid onwrigenesse his swefnes ongeate (= quem
se numerum annorum fuisse habiturum, ipse jamdudum somnii
revelatione edoctus suis praedicere solebat).

      l. **geandsworian,** *antworten (auch bildlich). Vgl. b.* Cp.
391, 6 ðonne ðæt mennisce mod Godes glædmodnesse mid godum weorcum ne geandsworað. Bo. VI, 5 hit (þæt Mod) ne
mihte him geandsworian.

      m. **geandwyrdan,** *antworten.* *Vgl. c.* *Das, worauf man
antwortet, steht im Genitiv, s. § 27. a.* Or. 40, 24 ic wolde nu
þæt me ða geandwyrdan, þa þe secgað þæt . . .; 102, 14; 204,

33, Cp. 38, 20 se digla Dema . . . him swiðe undigellice geondwyrde. Bo. 16, 6 ic ðe ne mæg nuget geandwyrdan; 36,
11. So. 176, 23 þu me hæfst geandwyrd; 200, 16.
    n. gebeodan, *anbieten.* *Vgl. h. und § 78.* Be. 638, 2 him
eac swylce gebead þæt he . . . (= offerebat). Or. 54, 21 he
þa se geotere gebead þam æðelinge þæt he . . . . wolde; 94,
23; 104, 14.
    o. gebodian, *verkündigen.* *Was man verkündigt, steht im
Akkusativ, s. §§ 78, 103.* Be. 562, 6 ða þæt Wulfhere ongeat
& him gebodad wæs þæt . . . . .
    p. gecyþan, *verkündigen.* *Vgl. j., §§ 78, 103.* Be. 534, 38
ða wæs him gecyþed þæt . . . .; 541, 19. Bo. 66, 3 nu þe is
genoh openlice gecyþed þætte . . . . Le. 88, 34 gecyðe symle
. . . cyninges gerefan.
    q. gehatan, *verheifsen, versprechen.* *Vgl. g., x. Die Sache,
die man verspricht, steht im Genitiv, s. § 27. b., oder im Akkusativ, s. §§ 78, 103.* Be. 513, 6 he him gehet þæt he swa don
wolde; 529, 6; 556, 38; 561, 25; 591, 36. Or. 66, 11 him gehet ðæt he . . .; 82, 10; 108, 16; 114, 25, 27. Cp. 328, 6 ðæm
monnum is gehaten ðæt he . . . Bo. 118, 17 swa swa þu me
nu lytle ær gehete; *ebenso* 194, 18. So. 177, 29 þu me gehatst
það þu . . .; 202, 3, 8. Ps. 33, *ü.* gehatende Drihtne þæt he . . . .
    r. geopenian, *eröffnen.* *Vgl. aa, §§ 75. I. bb., 78, 103.* Bo.
110, 12 hio him geopenaþ hu . . . .
    s. gereccean, *erklären.* *Vgl. cc., §§ 78., 103.* Cp. 46, 17
ðonne . . . . him gereaht bið þæt he oðrum mæg nyt bion; 332,
14 gif se lareow him gerecð hu fleonde ðis lif is. Bo. XII, 20
wolde him þa gereccan hwær hit wæs; 42, 9; 48, 26; 50, 29;
52, 32; 152, 19; 184, 12; 250, 1; 272, 20. Le. 60, 18 swa him
domeras gereccen; 88, 34 is ciepemonnum gereht; *an diesen beiden Stellen hat* gereccean *die Bedeutung „vorschreiben".*
    t. gesecgan, *sagen.* *Vgl. ee., §§ 78, 103.* Be. 481, 3 ða
gesægdon Romane on an Bryttum þæt hi . . .; 514, 1 gesege
me, hwylce mede . . . . Cp. 162, 7 him eac gesægð hu . . . .; *usw.*
    u. geswerian, *schwören.* *Vgl. ff. und § 103.* Or. 178, 9
he him geswor on his goda noman þæt he . . . .
    v. gewitgian, *vorherverkünden.* Or. 100, 22 hiere gewitgad
wæs of soðfæstum monnum, þæt heo sceolde on eorþan besinca.
    w. godspellian, *das Evangelium verkündigen, erklären.* Cp.
80, 12 ðu þe wilt godspellian Sion, astig ofer heanne munt;
*Sion mufs Dativ sein, obgleich es aus der Form nicht ersicht-
lich ist.*
    x. hatan, *befehlen.* *Vgl. g., q., §§ 104, 117.* Or. 132, 25
he Alexander him het siþþan twa byrg atimbran; *man kann him
auch als reflexiven „Dativus commodi" auffassen.*
    y. onbeodan, *verkünden; auch: befehlen.* *Vgl. §§ 78, 109.*
Be. 498, 4 Agustinus het him eac onbeodan þæt . . . .; *ebenso*

513, 12. **Or.** 146, 30 |a onbead he him ðæt he . . .; 240, 2 *(befehlen)*; 254, 23.

z. **oncweðan**, *antworten, zurückhalten.* **Bo.** 138, 1 |incþ him wynsumre |æt, him se weald oncwe|e.

aa. **openian**, *eröffnen. Vgl. r, und § 75. I. bb.* **Be.** 477, 22 *(vgl. j.)*.

bb. **oðswerian**, *eidlich ableugnen.* **Or.** 162, 10 ·|a oðswo-ran hie |æm ærendracan mid |æm bismerlicestan aðe, |æt hie . . . . .

cc. **reccean**, *erklären. Vgl. s. Was man erklärt, steht im Akkusativ, s. §§ 78, 111. Auch in der Bedeutung „lenken" hat* reccean *den Dativ, s. § 68. c.* **So.** 174, 14 forðam ic wolde nu |æt |u me reahtest hwæð |er beo.

dd. **scrifan**, *vorschreiben. In der Bedeutung „sich kümmern um" hat* scrifan *den Genitiv bei sich, s. § 17. g.* **Le.** 68, 2 |rowige |ær, swa biscep him scrife; 70, 8 bete . . . |one wedbryce, swa him his scrift scrife.

ee. **secgan**, *sagen. Vgl. l., §§ 78, 112.* **Be.** 471, 24 swy-|ost he me sæde of Ðeodores gemynde; 477, 26 saga me, hwyl-ces . . . .; 488, 31; 491, 20 he ðam cyninge sæde |æt . . .; 536, 17. **Or.** 17, 1 Ohthere sæde his hlaforde, Aelfrede cyninge, |æt he . . . .; 44, 21; 68, 27; 88, 12; 96, 18; 114, 4; *usw. usw.* **Cp.** 180, 14 sæcgeað ðæm welegum gind ðisne middangeard ðæt hie . . .; 214, 6; 300, 16; *usw.* **Bo.** IV, 22 hu se Wisdom sæde |am Mode, |æt . . .; *ebenso* XII, 24. **So.** 171, 15 ic |e secge; 19; 172, 21. **Ps.** 15, 1 hu ne sæde ic |e, Drihten, |æt |u eart min God.

ff. **swerian**, *schwören. Vgl. u., §§ 78, 112.* **Ps.** 14, 6 se |e his nyhstan swereð & hine mid treowum ne beswicð.

gg. **þancian**, *danken. Das, wofür man dankt, steht im Ge-nitiv, s. § 27. c., e.* **Bo.** 20, 8 ðanca nu Gode, |æt he ðe geful-tumade. **Ps.** 9, *ü.* Dauid hine gebæd to Drihtne and him þan-code; 32, *ü.*; 45, *ü.*; 47, *ü. Vgl.* **Be.** 511, 30 ðoncunge dyde his godum; *ebenso* 31.

hh. **ðingian**, *um Verzeihung bitten. In der Bedeutung „ein-treten für jem." hat* ðingian *die Person, für die man eintritt, im Dat. comm. bei sich, s. § 67. qq.* **Be.** 553, 20 sona |æs ðe hi heom ðingedon & forgyfenysse bædon.

5. *Wirklicher Dativ steht auch bei den Zeitwörtern des Ge-horchens, Folgens, Dienens u. ä. und deren Gegenteil.* § 70

a. **abugan**, *sich beugen vor. Vgl. c.* **Or.** 38, 17 |æt folc nolde ær Gode abugan.

b. **æfterfolgian, æfterfyligan**, *nachfolgen, verfolgen. Wenn nicht auch das ·einfache Zeitwort* fyligan *(vgl. e.) mit dem Dativ verbunden wäre, könnte man vielleicht besser annehmen, dafs der Dativ hier von* æfter *abhänge. Das Wort kommt übrigens auch* *mit dem Akkusativ vor*, *s.* § 97. **Be.** 502, 4 and eac hwylc wracu him forhogiende æfterfyligde (= quaeve illos spernentes ultio secuta sit); 510, 2 ðæm sona æfterfyligde Justus; 515, 13; 570, 27; 575, 24; 613, 9; 641, 22. **Or.** 38, 22 hrædlice se cyninge þa mid his folce him wæs æfterfylgende; 44, 16 him æfterfolgiende wæron; 74, 33; 76, 30; 84, 9; 92, 14; *usw. usw.*

c. **anbugan,** *sich beugen vor. Vgl. a.* **Or.** 54, 19 he wæs þæt folc cwielmende, to ðon þæt hie him anbugen.

d. **compian,** *kämpfen gegen. Dasselbe Wort kommt auch mit Dativ derjenigen Person vor, für die man kämpft, s.* § 67. *h.* **Be.** 481, 6 hi compedon & wiþstodan heora feondum.

e. **folgian, fyligan,** *nachfolgen, verfolgen. Vgl. b. Kommt auch mit dem Akkusativ vor, s.* § 102. **Be.** 503, 2 fyligeaþ him; 516, 24; 624, 10, 26 *(an diesen beiden Stellen hat Miller Akkusativ);* 638, 27. **Or.** 166, 18 eall hit him wepende hamweard folgade; 272, 8. **Cp.** 80, 3 sio heord se þe folgað ðæm wordum & ðæm ðeawum ðæs hirdes; 86, 12; 188, 5; 254, 21; 308, 15; 364, 21; 409, 8. **Bo.** XII, 3 ða men . . . ða heora lichoman lustum fyligaþ; 78, 10; 82, 17; 154, 23; 264, 1; 280, 15; 392, 21. **So.** 166, 30 se se þe lufað, se þe sæcð; se se þe fylið; se þe hæfð; 169, 12 þe yc folgige; 176, 14; 190, 26. **Ps.** 22, 8 folgie me nu þin mildheortnes; 33, 14. **Le.** 90, 37 þe he ær . . . folgode.

f. **fullgan, fullgangan,** *erfüllen, vollenden, auch folgen. Kommt auch mit dem Genitiv vor, s.* § 22. *c., und mit dem Akkusativ, s.* § 102. **Or.** 30, 33 for ðon þe hio hyre firenluste fulgan ne moste; 98, 33 þæt hie mosten for him þy bet þæm gewinne fullgongan; 192, 1 wið þæm þe hie him æt þæm gefeohtum fulcoden; 214, 24 gif we him fulgongan willaþ. **Bo.** 10, 3 hi ðinum willan woldon fulgan; 28, 22 þæt þu eac heora þeawum fulgange; 128, 1 fulga eallum his lustum; 172, 21 seðe his woruldlustum eallum fulgæþ; 282, 5 forlæt ælc god & fulgæþ þam yfele; 326, 9 þæt hi mægen þy eþ hiora Wisdome fulgan; 344, 3 ðe hiora willan fulgæþ. **So.** 192, 20 þisse lære ic wille fulgan. **Ps.** 23, 4 se þe ne hwyrfð his mod æfter idlum geþohtum, and him mid weorcum fulgæð.

g. **gehieran,** *hören auf. Vgl. l. In derselben Bedeutung hat* gehieran *einmal den Genitiv, s.* § 14. *f., sonst aber nur den Akkusativ, s.* § 103. **Or.** 84, 1 se cyning þa Xersis swiþe geliefedlice his þegne gehierde.

h. **gehiersumian,** *gehorchen. Vgl. m.* **Or.** 114, 9 ealle Capadotiam him gehiersumedon.

i. **gelæstan,** *folgen. Vgl.* §§ 78, *103.* **Or.** 190, 32 on þæt gerad þæt he him aðas sworan þæt hie him æt þæm gewinnum gelæsten. *Vgl.* læstan *bei Nader, a. a. O., S. 3 u.*

j. **geðenian,** *dienen.* **Cp.** 198, 18 hreowsode, ðæt he him æfre swæ ungerisenlice geðenian sceolde.

k. **gieldan**, *nachgeben, dann: huldigen. Vgl. §§ 78, 103, 118. II.* Cp. 393, 14 oððæt he diofluin ongan gieldan.

l. **hyran**, *hören auf, gehorchen, dienen. Vgl. g. Hat einmal in dieser, sonst in der Bedeutung „etwas hören", den Akkusativ, s. § 104.* Be. 502, 10 hi him hyran ne woldan; 516, 10 *(vgl. l.);* 548, 39; 551, 27; 553, 27; 624, 26. Or. 144, 16 þa noldan Crecas þæm bebode hieran; 19. Cp. 128, 25 ne mæg nan mon twæm hlafordum hieran; 190, 1; 356, 5; 469, 1. Bo. 160, 28 þe him here; 250, 24, 26; 384, 14 hio hyrigaþ monnum. So. 190, 25 si ðam þanc, ðe þe manað, & æac þe, gyf þu hym hære (!).

m. **hyrsumian**, *gehorchen. Vgl. h.* Be. 477, 25 he his bebodum hyrsumian ne wolde; 485, 28; 508, 41 ðæm godcundan bebodum ðeowode & hearsumede. Or. 60, 8 hie him hiersumedon; 72, 4; 94, 26. Cp. 2, 6 Gode & his ærendwrecum hirsumedon. Bo. 8, 26 þe ðe heorsumian woldan; 10, 28 þe ealle gesceafta heorsumiaþ.

n. **oferfylgan**, *verfolgen.* Cp. 166, 15 gif him mon to ungemetlice mid ðære ðreawunga oferfylgð; 294, 10 ða irsiendan men oðrum monnum oferfylgað; 14 Assael hiene unwærlice mid anwalde ðreatode & him oferfylgde.

o. **oferhieran**, *nicht gehorchen. In der Bedeutung „hören" hat dies Wort den Akkusativ, s. § 109.* Or. 140, 4 swa he ær unweorðlice þara goda biscepum oferhirde; 210, 3 Romane for his cidinge & þurh his lare oferhierdon þæm godum. Bo. 12, 1 þe ealle gesceafta heorsumiaþ, butan men anum se ðe oferheorþ.

p. **onfeohtan**, *bekämpfen.* Or. 80, 27 þæt him mon sceolde an ma healfa onfeohtan þonne on ane. *Ein andermal mit Akkusativ, s. § 109.*

q. **onhyrian**, *nacheifern. Vgl. § 109.* Be. 471, 15 seþe hit gehyreþ he onhyreþ ðam. Cp. 60, 19 his weorc sculon ðæs wierðe beon þæt him oðre men onhyrien; 118, 11; 228, 15; 230, 3, 15; 397, 1. Bo. 278, 19 ða cild ridaþ on heora stafum & manigfealdne plegan plegiaþ, ðær hi onhyriaþ ealdum monnum; 366, 10; 384, 28. Ps. 36, 1 him na ne onhyriað; 7; 48, 11, 20.

r. **onwinnan**, *bekämpfen. Kommt auch einmal mit dem Akkusativ vor, s. § 109.* Or. 30, 5 under ðæm þe he him onwinnende wæs; 184, 3; 274, 27.

s. **ðeni(ge)an**, *dienen, pflegen. Kommt sonst mit dem Akkusativ vor, s. §§ 78, 113.* Be. 543, 33 ða men þe him ða ðenedon; 575, 40; 598, 29; 617, 26. Cp. 120, 8 ne com he no to ðæm on corðan ðæt him mon ðenade ac ðæt he wolde ðenian. Bo. 288, 16 ðe him ðar þeniaþ; 374, 10.

t. **ðeodan**, *sich anschliefsen an, dienen.* Be. 516, 9 ic him geornlicor ðeodde & hyrde; 538, 30 ic me (*Miller:* ma) synnum & leahtrum ðeodde (*Miller:* þeowde), swyþor ðonne Godes bebodum; 558, 1 Criste . . . ðeoddon.

u. ðeowian, *dienen.* Be. 477, 30 Cristenum ðenungum ðeowian wylle: 487, 33 Drihtne ðeowdon; 507, 9, 32, 38; 508, 38,
41 *(vgl. m.)*; *usw. usw.*; 631, 18 þæt he ðær mihte freoslice ....
his scyppend herian & ðeowian, *hier hätte also* ðeowian *den Akkusativ bei sich;* Miller *liest aber* „his sceppende heran & ðeo-
wigan". *Bemerkenswert ist:* 634, 14 þeowode he swyþe drun-
cennesse & monigum oþrum unalyfednessum ðæs sleacran lifes.
Or. 64, 11 Romane mid hiora cristnan cyninge Gode þowiende
wæron; 112, 29 hie him þeowiende wæron. Cp. 138, 8 ðonne
hie (= ða heortan) mid ðissum hwilendlicum ðingum hie selfe
abisgiað, & ðæm unwærlice ðeowiað; 250, 16 he Gode nolde
ðeowian; 401, 17 hu ge fullecost magon Gode ðiowian. Bo.
112, 16 ðæm þeowiaþ ealle þa þe þeowiaþ; 18; 356, 24; 358,
23, 26. So. 167, 7 we ðe wel þeawiað; 20 us ne forlæst unryhtum hlaforde ðeowian; 168, 5; 169, 12, 24; 183, 18 gode to
þawianne; *kurz vorher (Z. 14) steht der Akkusativ (*þam ðe god
þeawian wile*), der aber wohl in den Dativ umzuwandeln ist.* Ps.
2, 11 þeowiað Drihtne; 17, 42; 18, *ü.*; 21, 28.
    v. winnan, *bekämpfen.* Vgl. *§ 115.* Be. 595, 18 ðurh syx
singal gear .... þære ylcan hefignesse adle unablinnendlice won.
    w. wiðbre(g)dan, *entgegentreten.* Cp. 70, 8 gif ðæt mod
ær ðæm willan ne wiðbritt; 78, 21 hit is micel ðearf ðæt mon
hiere swiðe hrædlice wiðbrede (*H.:* wiðbregde); 130, 1 he him
wiðbræd. *Vgl. auch § 31. h.*
    x. wiðcweðan, *widersprechen, abschlagen, ausschlagen. Kommt
auch einmal mit dem Akkusativ vor, s. § 115. Vgl. auch § 27. f.*
Be. 493, 12 swyþe dyslic is þæt sceolde ðære godcundan gyfe
wiþcweden beon; 497, 31 hit ðære lustfullnysse . . . wiþcwyþ;
503, 17 eallum his wordum wiðcwædon & wiþwunnan; 549, 6;
562, 16. Cp. 46, 12 he for nanre anwilnesse ne wiðcwið ðæm
nyttum weorcum þe him mon beodeð to underfonne; 110, 5 gif
he hwæt yfeles deð, ne wiðcwið ðæm nan mon; 144, 11; 184,
21. Bo. 252, 9 nis nan wuht þe mæge oððe wille swa heagum
Gode wiþcweþan. So. 174, 32 ne wiðcweðe ic þam.
    y. wiðfeohtan, *widerstreiten.* Be. 497, 35 ic geseo oþre
æ on minum leomum wiþfeohtende ðære æ mines modes ; *ähnlich* 39. Cp. 160, 23 unðeawas him wiðfeohtað.
    z. wiðgefeohtan, *fechten mit.* Or. 180, 6 him Punice þær
wiðgefuhton.
    aa. wiðhabban, *wiederstehen.* Or. 84, 13 þæt him nan sæ
wiþhabban ne mehte. *Vgl. Nader, a. a. O., S. 3 o.*
    bb. wiðsacan, *widerstreben, meist: entsagen, zurückweisen.*
Be. 511, 35 gehet hine sylfne deofolgyldum wiþsacan; 516, 36
he wolde ðam deofolgyldum wiþsacan; 546, 20; 548, 14; 551,
21; 567, 23. Or. 78, 5 he heora godgieldum eallum wiðsoc;
124, 2. Cp. 40, 21 hie him wiðsacað; 44, 2; 48, 5; 50, 9.
    cc. wiðscorian, *zurückweisen.* Cp. 58, 13 se ðonne se þe

ðconde bið on swelcum cræftum & on geearnungum, swelce we
ær spræcon, & ðonne to swiðe wiðscorað ðæm ealdordome, healde
hiene, ðæt he ne . . . .

dd. **wiðscufan**, *verschmähen, vermeiden, zurückweisen. Kommt
meist mit dem Akkusativ vor, s. § 115.* Be. 482, 37 to gewear-
nienne & to wiþscufanne swa reþre hergunge & swa.gelomlicre
ðara norþ ðeoda.

ee. **wiðslean**, *entgegentreten.* Cp. 294, 11 ne sceal mon
no mid openlice edwite him wiðslean.

ff. **wiðsprecan**, *sprechen mit.* So. 177, 24 ic eom seo gesceadwisnes ðines modes þe ðe wiðsprecð; *ebenso* 178, 8.

gg. **wiðstandan**, *entgegenstehen, widerstehen. Vgl. § 31. i.*
Be. 474, 17 gif hwylc eow wiþstondeþ ðonne gesultumiaþ we
eow; 481, 6 *(vgl. d.),* 14; 483, 41; 509, 21; 524, 9; *usw. usw.*
Or. 46, 29 hu hi him wiþstondan mehten; 58, 2; 80, 15; 96, 8;
122, 28; 152, 2; 160, 9; 186, 17. Cp. 88, 21 ðæt he wiðstande
mid his spræce ðæm unryhtwillendum; 24; 90, 14; 162, 4; 214,
16; 399, 21. Bo. 22, 13 swa doð nu þa þeostro þinre gedrefednesse wiþstandan minum leohtum larum.

hh. **wiðteon**, *widerstehen, verhindern.* Cp. 254, 23 ac his
estfulnesse wiðteah se eosol þe he onuppan sæt (= sed ejus vo-
tum animal cui praesedit, praepedit).

ii. **wiðwinnan**, *widerstehen, bekämpfen. Dies Wort kommt
auch einmal mit dem Akkusativ vor, s. § 115.* Be. 503, 17 *(vgl. x).*
Or. 114, 4 þæt ealle godas him irre wæren & wiðwinnende. Cp.
162, 3 ða synna him wiðwinnað; 226, 7. Bo. 290, 16 þæt he
him nyle furþum wiþwinnan.

6. *Bei den Zeitwörtern des Zeigens, Näherns, Entfer-* § 71
*nens u. ä. steht ein Dativ, der vielleicht bei den zuletzt genannten
ablativisch ist.*

a. **abysegad beon**, *beschäftigt sein mit.* Be. 638, 19 he
ðam gesæligum gelesum geornlice abysegad wæs. *Vgl. beim Akkusativ § 97.*

b. **ætecan**, *hinzufügen. Vgl. pp. Was man hinzufügt, steht
im Akkusativ, s. § 97* (ætycan). Be. 559, 33 ætecte he eac
swylce his gehatum ðe we ær sægdon, þæt he . . . .

c. **ætfeolan**, *hängen an, sich widmen, sich beschäftigen mit.
Vgl. h., s., zz. Vgl. auch bei Sievers, Gr.² § 387. Anm. 2.* Be.
547, 14 þæt he geornlice ætfealh ðære anginnan (*Miller:* ongunnan) ðenunge ðæs godcundan wordes; 594, 16 he . . . geornlice his leornunge ætfealh; 599, 41 ætfeolh ðu ðinum fæstenum; 601, 2 þæt ðu ma woldest wæccan & gebedum ætfeolan;
3 þæt ic halwendum weacenum ætfeole; 617, 12 ða ætfealh se gesiþ geornlice his benum. Cp. 374, 5 iow is micel ðearf ðæt ge
swæ ætfeolen ut *(Adverb)* ðære lare.

d. **ætstandan**, *stehen bei.* Be. 477, 17 to ðam deofolgyldum ðe he ætstod; 600, 41 ða geseah ic semninga ine ætstandan sumne mannan uncuþes andwlitan.

e. **ætywan.** — *1. zeigen. Vgl. jj. Was man zeigt, steht im Akkusativ, s. §§ 78, 97.* Be. 579, 35 seo him . . . afyrde, & eac swylce him ætywde, hwylce dæge he . . . . Cp. 122, 24 ðæt he ætiewe his hieremonnum, ðæt he sie . . . . .; 160, 16. *2. erscheinen.* Be. 508, 12 ða æteawde him sona se eadgesta aldor; 512, 33; 514, 25; 576, 7, 18. Cp. 290, 6 us ætiewde se Halga Gast.

f. **aspringan,** *urspr.: fortspringen, dann: fehlen.* Ps. 30, 21 þa swetnesse þu him ne lætst næfre aspringan; 33, 10 þa þe God seceað, ne aspringeð him nan god.

g. **becuman,** *kommen zu, treffen. Vgl. l.* Be. 592, 18 hwylce wiþerweardnesse . . . him (*Miller:* hine) becom; 628, 28 hwylc ende me become. Or. 166, 6 him þær becom swa færlic yfel. Cp. 4, 5 geðenc hwelc witu us þa becomon; 38, 5; 158, 12; 182, 5; 340, 5; 383, 23. Bo. 344, 17 þæm godum becymþ anfeald yfel on þisse worulde & þam yflum anfeald god. So. 183, 23 gyf hyt me æfre on lust becymð; 192, 18. Ps. 39, 18 þonne me hwylc ungelimp becymð; *ähnlich* 40, 1.

h. **befeolan,** *sich beschäftigen mit. Vgl. c., s., zz.* Be. 594, 19 he ðær sum fæc halgum leornungum befealh. Cp. 6, 11 þe þa speda hæbben þæt hie ðæm befeolan mægen.

i. **bisenian,** *e. Beispiel geben.* Cp. 194, 23 ðæt hie . . . . utane mid godum bisnum hiera agnes lifes hiera hieremonnum bisþnigen. Bo. 198, 22 ne bisnode þe nan man; *ähnlich* 350, 23. *Vgl. § 78 und* bysnian *in § 98.*

j. **blinnan,** *verlassen. In der Bedeutung „ablassen von" hat es die Sache im Genitiv bei sich, s. § 18. c.* Be. 482, 17 him ælc mennisc fultum blonn.

k. **brucan,** *benutzen. Kommt sonst mit dem Genitiv vor, s. § 19. d., oder mit dem Akkusativ, s. § 98.* Be. 588, 6 heo næfre linenum hræglum brucan wolde ac wyllenum.

l. **cuman,** *kommen zu, treffen. Vgl. g.* Be. 471, 20 ic cyþe hwanan me ðas spell coman; 473, 30; 492, 4; 569, 44. Or. 32, 9 him com of þæm firenluste Godes wraco; 64, 18; 86, 25 þe him raðe ðæs æfter com; 134, 25; 136, 8; 158, 20. Cp. 72, 9 ðonon cymeð sio medtrymnes ðæm healedum; 212, 18; 344, 2; *usw.* Bo. 30, 1 ægþer þara þe (*Dativ*) com ær from me; 14; 34, 8; 152, 7; *usw.* So. 177, 12 þam timum, þe . . . . me ænig onbrerdnes cym; 181, 23; 183, 1. Ps. 7, 14 he cenð ælc unriht, & hit cymð him sare & his geferum; 24, 19; 47, 6.

m. **don,** *thun; als Vertreter eines anderen Zeitwortes. Vgl. r., §§ 78, 100, 117.* Bo. 84, 17 swa deð eac se gecynda cræft ælcum men, þæt þæt god ne mæg beon wið þæt yfel gemenged.

n. **eawan,** *zeigen.* Be. 508, 24 he . . . him eawde, mid hu miclum swingum he ðread & witnod wæs.

o. **forecuman**, *zuvorkommen.* **Be.** 599, 42 þæt ðu si fore-
cumende Drihtnes onsyne in andetnesse (= quo praeoccupando
faciem Domini in confessione); *am natürlichsten ist es wohl*, onsyne *hier als Dativ zu fassen.*

p. **forleosan**, *verlieren. Kommt sonst mit dem Akkusativ vor,
s. § 102. Vgl. Engl. Stud. XVI. 84, XVII. 292.* **Bo.** 286, 13
he næfre ne forlyst ðæm leanum; 292, 25 þonne forliest god
man his leanum, ðonne he his god forlæt.

q. **gebyrian**, *zustoßen, zufallen. Kommt auch unpersönlich
vor, s. § 76. d.* **Bo.** 292, 9 anum he (= se beag) ðeah gebyraþ; 368, 20 men ewædon gio ðonne him hwæt unwenunga gebyrede, þæt þæt wære weas gebyred. **So.** 189, 12 þæt ne mæg
furðum þam æallra halestum æagum gebyrrian, þæt hy . . . .

r. **gedon**, *thun. Vgl. m. In anderer Bedeutung kommt* gedon
auch vor, s. §§ 42. c., 78, 103. **Bo.** 80, 9 nan mon ne mæg þam
gesceadwisan Mode gederian ne him gedon þæt hit ne sie þæt
þæt hit biþ.

s. **gefeolan**, *sich beschäftigen mit. Vgl. c., h., zz.* **Be.** 552,
43 he ðære godspellican lare georne gefealh; 637, 11 hine het
& lærde, þæt he ðæm halwendan ongynnessum georne gefeole.

t. **gegangan**, *zufallen. Vgl. aber beim Akkusativ § 103.* **Be.**
489, 6 þæt ealles þæs andlyfenes ðe him gegonge feower dælas
beon sceole (= quod accedit); 496, 36 ne smealice geþencan
sculan of hwylcere wisan ðam mode hit gegange *(nicht unpersönlich!)* ðæs slæpendan (= accidat).

u. **gemænsum(i)an**, *Teil nehmen an oder mit. Vgl. aber
§ 78.* **Be.** 507, 24 þæt hy . . . . . ðæm halgan hlafe gemænsumede (= ut quis oblationi sacrosanctae communicaret); 521,
32 hi . . . . ne him in ænigum ðingum ma gemænsumian willaþ
ðon hæþenum mannum (= neque in aliquo eis magis communicare quam paganis).

v. **gemenged beon**, *sich fleischlich vermischen mit. Vgl.
§ 103.* **Be.** 492, 35 se wer seþe his wife gemenged biþ; 493,
39 ne sculon hi heora werum gemengede beon; *ähnlich* 41; 495,
6, 9; 496, 9.

w. **genealæc(e)an**, *sich nähern. Vgl. cc.* **Be.** 531, 31 on
ðam dæge ðe genealæhte hyre gecygednesse of ðyssum life *(Miller:* ona þa ðæm dæge nealæhte hire gecegnesse; *das wäre dann
unpersönlicher Gebrauch; vgl. § 76. l.);* 536, 36 seo fæmne . . .
genealæhte ðam cafertune ðyses huses; 548, 22, 24, 44. **Bo.**
202, 16 ðeah he hire nawer ne genealæce. **So.** 190, 18 gyf ic
a genealece ðam leohte. **Ps.** 31, 7 ne genealæcð him na þæt
flod; *ähnlich* 11; 33, 5.

x. **getacnian**, *zeigen. Vgl. mm., §§ 78, 103.* **Be.** 502, 19
þæt he geeadmodige, us to getacnian mid heofonlicum wundrum,
hwyle . . . . . **Cp.** 256, 1 hit getacnað ðæm mode for ðære
swingan, hwæt Godes willa bið.

y. **getæc(e)an**, *zeigen. Vgl. nn., §§ 78, 103.* **So.** 165, 29
þe getæcd feawum wisum mannum þæt yfel naht ne byð; 169,
17; 170, 15; 175, 35; 180, 7; 200, 7.

z. **geþeodan**, *sich vereinigen mil. Vgl. uu., §§ 78, 103.* **Be.**
492, 32 æfter hu mycelre tide mot ðam wife hire wer in lichoman gegaderunge geþeodde beon; 495, 9 ðonne unalyfedre willnunge monnes mod on geþohte ðurh lustfulnysse biþ geþeoded;
633, 36 ðonne mihte he ðara rime geþeoded beon.

aa. **geweaxan**, *erwachsen. (Dat. comm.) Vgl. ww.* **Be.** 510,
13 ðam cyninge seo onfengnes (*Miller:* þære onfongennisse)
Cristes geleafan & ðæs heofonlican rices eac swylce on halsunge
geweox meaht eorþlices rices (= cui videlicet regi in auspicium
suscipiendae fidei & regni caelestis, potestas etiam terreni cre-
verat imperii); *könnte nicht bei Beibehaltung der ursprünglichen
Lesart* geweaxan *als transitives Zeitwort mit dem Akkusativ* (meaht)
gefaßst werden? **Bo.** 254, 16 ne gewexþ him nan weorþscipe on
þæm, ac wyrþ se gewanod þe hi ær hæfdon.

bb. **losian**, *verloren gehen, entgehen, entschlüpfen. Vgl. hierzu
und zu ähnlichen Zeitwörtern der Trennung Rose, a. a. O., § 25.*
Cp. 38, 1 ne geðencean ne can hwæt him losað on ðære gæc-
linge; 84, 7; 150, 3; 246, 7; 248, 7; 262, 15; 264, 11. **Bo.**
52, 13 forþam þe heo þurh nan ðing ne mæg þam men losian;
106, 18; 264, 18 Orfeus . . . ða beseah he hine underbæc wiþ
ðæs wifes, þa losede heo him sona; 306, 1. **Le.** 82, 20 gif mon
oðres monnes munuce feoh oðfæste . . . and hit him losige.

cc. **nealæc(e)an**, *sich nähern. Vgl. w. Kommt auch unpersönlich vor, s. § 76. t.* **Be.** 597, 7 he geseah ða hearpan him
nealæccan; 600, 28; 629, 6. **Or.** 56, 30 þa hi him nealæhtan.
Cp. 461, 7 ðætte ða ðiestran mod ðæra dysegena monna auht
nealæccen ðæm leohte ðære soðfæstnesse.

dd. **oferstandan**, *stehen über.* **Be.** 584, 36 ond se cwellere
him oferstod (= moxque illi instante carnifice; *Miller:* came
upon them).

ee. **ofteon**, *entziehen. Vgl. §§ 31. e., 78.* **Cp.** 142, 18 ðonne
ðæm synfullan menn bið oftogen ðæt hiene mon stiðlice arasige.

ff. **onbecuman**, *kommen zu, treffen.* **Bo.** 38, 13 wenst þu
nu þæt þe anum þyllic hwearfung, þillic unrotnes onbecumen & nanum oþrum mode swelc ne onbecome. **Ps.** 45, 1 on earfoðum,
þe us swiðe swiðlice oft onbecomon.

gg. **oncuman**, *kommen zu, treffen.* **Le.** 90, 37, 1 healf in
þa þe he oncymð (= quo venerit).

hh. **onhweorfan**, *den Rücken kehren.* **Bo.** 158, 17 manegum cyninge onhwearf se anwcald & se wela, oð þæt he eft
wearþ wædla.

ii. **onwacan**, *erstehen.* **Or.** 212, 18 to þon þæt him gewin
eft þonan onwoce.

jj. **oþewan**, *zeigen. Vgl. e. 1. und § 78.* **Bo.** 120, 14 ic ðe

healsige þæt þu me oþewe buton ælcum tweon hwæt sio soþe
gesælþ sie.

kk. **opfleon**, *entschlüpfen*. **Or.** 32, 21 wilniende þæt hi ælcum gewinne oðflogen hæfdon; 94, 11 uneaðe mehte ær ænig
þæm Gallium oðfleon oþþe oðhydan.

ll. **oðhydan**, *sich verbergen vor*, *entschlüpfen*. Or. 94, 11
(vgl. kk.).

mm. **tacnian**, *zeigen*. *Vgl.* .v, *§§ 78, 113*. **Cp.** 252, 17 ðæt
ðonne tacnað us, ðætte we . . . .

nn. **tæc(e)an**, *zeigen*. *Vgl.* y, *§§ 78, 113*. **Or.** 102, 25 ic
gehwam wille þærto tæcan þe hiene his lyst ma to witanne. **Bo.**
228, 21 ic þe tæhte ða, þætte . . .; 394, 14 tæc me ðinne willan to wyrcenne. **So.** 169, 30 tæc me hu . . .; *ähnlich* 171,
28; 178, 34.

oo. **þurhwunian**, *bleiben bei*. *Vgl. bbb.* **Bo.** 158, 13 hwæþer þu æfre gehyrdest þæt he angum þara, þe ær us wære, eallunga þurhwunode.

pp. **toætycan**, *hinzufügen*. *Vgl. b., §§ 78, 113*. **Be.** 617, 40
toætycte se gesiþ eac swylce his benum, þæt he . . . .

qq. **tocuman**, *kommen zu*. *Kommt auch einmal mit dem Genitiv vor, s. § 16. l.* **Be.** 514, 22 ðonne ðis tacen ðyslic ðe tocume, ðonne gemune ðu ðisse tide. **Bo.** 70, 25 hu he him tocuman mihte; 152, 15.

rr. **tofundian**, *sich nähern, zu erreichen suchen*. **Bo.** 272, 23
twa ðing sindon þe ælces monnes ingeþanc tofundaþ.

ss. **togeenan**, *sich vereinigen mit (?)*. **So.** 184, 11 acsige
ic þe hweðer þu . . . hym eft togeenan wille; *dem Sinne nach
könnte die genannte Bedeutung passen.*

tt. **togesettan**, *halten (an oder gegen)*. **Be.** 611, 40 ða he
ða ðam feaxe onfeng ðæs halgan heafdes, ða wæs he mid hal-
wendre onbryrdnesse monad þæt he togesette ðam untruman
brehge (= *apposuit*).

uu. **togeþeodan**, *sich vereinigen mit*. *Vgl. z, § 78*. **Bo.** 110,
11 (heo) gefreoþ ælc þara, þe hio togeþieð; 17 þa þe hiere to-
geþeodaþ.

vv. **wanian**, *mangeln*. *Vgl. § 115*. **Bo.** 176, 13 þær þær
hit ðe wexþ, þonne wanaþ hit oþrum. **So.** 167, 13 þæac us ure
speda wanodon.

ww. **weaxan**, *(er)wachsen*. *(Dat. comm.)*. *Vgl. aa.* **Cp.** 112,
6 him weoxon ofermetto; 162, 8 ðæm monnum, þe him mægen
& cræft wixst. **Bo.** 176, 13 *(vgl. vv.)*.

xx. **wisian**, *zeigen, anweisen, lehren*. **Cp.** 130, 24 ðæt heafod sceal wisian ðæm fotum ðæt hie stæppen on ryhtne weg.
Le. 70, 8 bete þone borg-bryce, swa him ryht wisie; *ebenso* 72, 3.

yy. **wiðblawan**, *fortblasen*. **Cp.** 439, 24 be ðæm wæs geeweden on ðæm godspelle to Fariscum ðæt hi wiðbleowen ðære
fleogan, & forswulgun ðone olfend.

zz. **wiþfeolan**, *sich beschäftigen mit. Vgl. c., h., s.* **Be.** 552, 43 he ðære godspellican lare georne gefcalh (*Ca:* wiþfealh).
aaa. **wiþmetan**, *vergleichen. Vgl. § 78.* **Be.** 621, 35 ðeah ðe he no si his foregengan to wiþmetenne.
bbb. **wunian**, *verbleiben bei. Vgl. oo.* **Bo.** 50, 24 ne hie þam geþyldegum & þam gemetfæstum simble ne wuniaþ; *ähnlich* 164; 16; 168, 11.

§ 72   7. *Die Zeitwörter des Trauens und Glaubens u. ä., und deren Gegenteil, haben einen Dativ (der Person) bei sich.*

a. **fultruwian**, *ganz vertrauen.* **Bo.** 146, 6 ic nat hwi ge fultruwiaþ þam hreosendan welan.

b. **geliefan**, *glauben. Das, woran man glaubt, steht im Genitiv, s. § 14. g., oder im Akkusativ, s. § 103.* **Or.** 102, 19 hie geliefdon heora ofrunga (*vgl. hierzu § 14. g.*) & heora deofolgieldum; 214, 14 gif hie þonne him ne geliefen. **Cp.** 24, 2 þe his wordum ne geliefen. **Bo.** 66, 20 gelief me nu; 300, 14 þæt dysige folc him gelyfde; 302, 22 ðe þysum leasungum gelefdon; 314, 20 hi nyllaþ þisse ðinre race gelefan. **So.** 188, 34 gelyf me gyf þu wille; 196, 19 ic hym ne gelife; 22 ðu gelyfst þinum hlaforde; 197, 26; 199, 12; 201, 19.

c. **geortriew(i)an**, *mißtrauen, verzweifeln.* **Or.** 86, 4 ne geortriewe (*C.:* geortruwige) ic na Gode þæt he us ne mæge gescildan to beteran tidun þonne we nu on sint. *Die Sache steht im Genitiv, s. § 39. b.*

d. **getriewan**, *vertrauen.* **Ps.** 10, 1 ic getrywe Drihtne. **Le.** 62, 28 gif he þonne gewitnesse næbbe, and he him ne getriewe, swerige he þonne.

e. **getruwian**, *vertrauen. Vgl. g.* **Be.** 619, 6 ic getruwade minum horse. **Or.** 210, 12 him nan folc ne getruwade; *ähnlich* 230, 7. **Cp.** 50, 16 he getruwode ðæs mægene þe hit him bebead. **Ps.** 21, 15 þam ic getruwode.

f. **tre(o)wian**, *vertrauen.* **Bo.** 292, 6 irnaþ calle endemes, ða þe hiora ærninge trewaþ. **So.** 196, 9 ðe þu tweowast (= treowast) bet þonne þe siluum.

g. **truwian**, *vertrauen. Vgl. e. Kommt auch einmal mit dem Genitiv vor, s. § 14. s.* **Or.** *In Thorpes Ausgabe in Paulis „Life of Alfred the Great" steht S. 446 o. ein Satz, worin* truwian *mit dem Dativ vorkommt, den Sweet (oder wahrscheinlicher sein Setzer) S. 224 u. oder S. 226 o. ausgelassen hat:* eala Romane hwa mæg eow nu truwian, þa ge swylc lean dydon eowrum þam getrywestan witan. **Cp.** 180, 15 ðæt hie . . . to wel ne truwigen ðissum ungewissum welum; 208, 6; 305, 14; 391, 23. **Bo.** 6, 3 þa ða ic him æfre betst truwode. **So.** 173, 14 þæt þu ne truwie þam uttram gewitte naðer ne þam eagum ne þam earum ne þam stence, ne ðam swece, ne ðam hrinunge;

18 ne truwig ic hiin na; 196, 12, 13; 197, 6, 9. **Ps.** 40, 9 þe ic betst truwode; 48, 6 þa þe truwiað heora agenum mægene.

8. *Der Dativ steht auch bei den Zeitwörtern des Gefallens* § 73 *und Mifsfallens.*

a. **cweman,** *gefallen.* *Vgl. b.* **Or.** 54, 21 he him cweman þohte. **Cp.** 146, 20 ic wilnige on eallum ðingum ðæt ic monnum cweme & licige; 451, 17 he hæfð ðæs gewitnesse ðe he ðær cweman ðencð. **Bo.** 348, 30 manege tiligaþ Gode to cwemanne. **Ps.** 34, 14 ic . . . him tilode to licianne & to cwemanne; 48, 12.

b. **gecweman,** *gefallen.* *Vgl. a.* **Or.** 116, 2 he . . . ne mehte þæm folce mid gifan gecweman.

c. **gelician,** *gefallen.* *Vgl. d.* *Kommt auch unpersönlich vor,* *s. § 76. g.* **Be.** 482, 38 þæt ða gelicode him eallum. **Or.** 120, 2 ic nat, for hwi eow Romanum sindon þa ærran gewin swa wel gelicad; 156, 25 hu him se sige gelicade; 214, 12.

d. **lician,** *gefallen.* *Vgl. c.* *Kommt auch unpersölich vor, s.* *§ 76. o.* **Be.** 489, 37 me nu ðynceþ & bet licaþ þæt . . .; 39; 501, 32; 573, 7; 632, 9; *usw. usw.* **Or.** 50, 22 hwæþre him bet licien. **Cp.** 34, 21 Dauid, se . . . Gode licode; 70, 24 *(vgl. e.);* 140, 14; 142, 4, 10; 146, 20 *(vgl. a.);* 208, 14; *usw. usw.* **Bo.** VII, 1 hwi him ne sceolde lician fæger land; 10; X, 10; 26, 17; 60, 29; 62, 3; 76, 20; 90, 6; 100, 3; 140, 31; 164, 4; 312, 3. **So.** 163, 15 þam se wudu licode; 189, 4; 196, 35. **Ps.** 18, 13 þonne sprece ic þæt þe licað; 24, 10; 25, 3; 34, 14 *(vgl. a.);* 43, 5. **Le.** 68, 9 þa þe me licodon; 10 þæt him þæt licode eallum to healdenne.

e. **lustfullian,** *gefallen.* **Cp.** 70, 24 ðeah ðæt ðonne ðæm mode licige & lustfullige. *In der Bedeulung „sich freuen über"* *hat* lustfullian *einen instrumentalen Dativ bei sich, vgl. § 75. III.* *e., oder einen Akkusaliv, s. § 106, oder einen Genitiv, s. § 15. h.*

f. **mislician,** *mifsfallen.* *Vgl. c., d.* **Be.** 632, 10 he . . . him sylfum mislicade. **Cp.** 130, 2 ðylæs he mislicige ðæm þe he . . . .; 158, 13; 208, 15 hie Gode misliciað; 303, 4.

9. *Der Dativ steht ferner bei den Zeitwörtern des Erlau-* § 74 *bens, Zustimmens, Verbietens u. ä.*

a. **alyfan, aliefan, alefan,** *erlauben.* *Vgl. j.* *Kommt auch* *unpersönlich vor, s. § 76. a.* *Das, was man erlaubt, steht im Ak-* *kusaliv, s. §§ 78, 97.* **Be.** 496, 18 him eac alyfed biþ; 517, 6; 572, 35; 573, 3; 584, 32; 618, 42. **Or.** 118, 9 Philippus . . . . aliefde eallum Crecum þæt . . . . **Bo.** 316, 8 þæt men seo alefed yfel to donne; *ähnlich* 354, 12. **Le.** 58, 12 gif þonne he alefe his suna mid to hæmanne.

b. **andsacian,** *verweigern, leugnen.* **Cp.** 362, 5 Saducie

andsacedon ðære æriste æfter deaðe. *Ein andermal steht der Akkusativ, s. § 97.*

c. **bewerian**, *verhindern, verbieten. Was man verhindert,
steht im Akkusativ, s. §§ 78, 98.* **Be.** 487, 16 ne we eow be-
weriaþ þæt ge . . . .; 494, 22; 495, 36; 588, 13; 602, 23.

d. **forbeodan**, *verbieten, verhindern. Vgl. §§ 78, 102.* **Cp.**
72, 17 him bið forboden ðæt he . . . .; 138, 26; 210, 24; 212,
25; 318, 1. **Ps.** 39, 9 minum weolorum ic ne forbeode, ac bebeode þæt hy þæt sprecon symle.

e. **forgifan**, *gewähren. Vgl. §§ 78, 102.* **Be.** 486, 6 þæt
he him sylfum forgeafe þæt he . . .; 496, 26; 579, 28; 584, 32.
Cp. 106, 2 him forgifð, ðæt he ..; 172, 9. **Bo.** 206, 12 forgif nu,
Drihten, urum Modum þæt hi . . . . **So.** 164, 10 forgife me,
þæt me . . .; *ebenso* 165, 20. **Ps.** 15, 2 Drihten . . . me forgeaf, þæt ic . . . .

f. **forwiernan**, *verhindern. Vgl. §§ 31. b. g., 40. k.* **Or.**
232, 26, ac him þagiet Marius & Furius forwierndon. **Bo.** 114,
26 se ilca forwyrnþ þæræ sæ þæt heo . . . *Vgl. auch Höser,
a. a. O., § 16. c., S. 11.*

g. **geþafian**, *erlauben, gestatten, zustimmen. Einmal steht die
Sache, die man erlaubt, im Genitiv, s. § 33. a., in der Regel aber
im Akkusativ, s. §§ 78, 103.* **Be.** 497, 27 þæt mod ðære ylcan
lustfullnysse ne geþafaþ; 502, 14; 507, 26; 530, 2; 555, 2; 556,
11; 576, 5; 637, 10. **Or.** 66, 30 Tarcuinius his suna geþafode
þæt he læg mid Latinus wife. **Cp.** 58, 22 naðer ne hie selfe
on ryhtne weg gan noldon, ne oðrum geðafian; 118, 18; 142,
20; 184, 26 ðæt he him nylle geðafian ðæt he hiene sniðe; 192,
18. **Bo.** 82, 29 him geþafiaþ þæt hie . . . . **Ps.** 43, 13 þu us
geþafodest him to metsianne. **Le.** 62, 41 ne him ne geþafa.
Vgl. **Be.** 516, 12 ðyssum wordum geþafunge sealde.

h. **geþwærian**, *übereinstimmen mit. Vgl. aber § 103.* **Be.**
502, 16 hi geþwæredon eallum Cristes cyricean; 569, 33 geþweriaþ eac swylce ðære onwrigennysse & ðære gesegene ðæs foresprecenan broþer.

i. **getigðian, getiðian**, *gewähren. Die Sache, die man ge-
währt, steht im Genitiv, vgl. § 33. b. Vgl. auch § 42. f.* **Be.** 525,
30 hi him lustlice getiþedon & him biscop sendon; 592, 14 &
he him getiþade; 617, 16 he unc getiðode. **Or.** 118, 16 hie þa
sume him getygðedon, sume . . . .

j. **liefan**, *erlauben. Vgl. a., §§ 78, 106.* **Cp.** 397, 20 ægðer
he dyde, ge he egesode ða ðe on unryht hæmdon, ge he liefde
ðæm ðe hit forberan ne meahton; 451, 29 ða ða he sumum liefde
to ðicgganne.

10. *Der Dativ erscheint ferner noch bei einer Reihe anderer
Zeitwörter, die sich in obige neun Gruppen nicht unterordnen lassen, ferner bei einigen, bei denen er eigentlich von der Präposi-*

tion abhängt, mit der das Zeitwort zusammengesetzt ist, und end-lich bei solchen, bei denen der Dativ Vertreter eines anderen älte-ren Kasus ist.

I. *Einfache Zeitwörter mit dem Dativ.*

a. belimpan, *zugehören, angehen. Vgl. n.* Bo. 62, 9 hwæt belimpþ þe heora fægernesse, hwæþer ðu durre gilpan · þæt heora fægernes þin sie (= num te liorum aliquid attingit); heora fæ-gernesse *ist Genitiv und hängt von* hwæt *ab; demnach ist auch an der Stelle* VIII, 3 (hwæt him belumpe to hira fægernesse) to *zu* him *zu ziehen, nicht aber zu* hira fægernesse, *man vgl. hierzu ferner* Le. 70, 2 (þe ne cyninges feorm to belimpe) *und die An-merkung Schmids dazu; da* tobelimpan *in einem Worte (Bos-worth giebt es gar nicht) sonst nicht belegt zu sein scheint, so wäre es vielleicht besser, das* to *mit Price ganz von* belimpe *zu trennen; dann kann es sich aber nur auf* þe *als einen Dativ be-ziehen, da es, wenn es zu* cyninges feorm (*H. hat allerdings das in diesem Falle richtigere* feorme) *gehörte, wohl davor, nicht aber dahinter stehen würde;* Thorpe *übersetzt:* which are free from the king's feorm; *wie Schmid übersetzt („die nicht zu einem Hof-gute des Königs gehört"), müsste* feorm(e) *als Dativ angenommen werden, der von* tobelimpan *abhinge.*

b. dælan, *austeilen an, verteilen unter. Was man verteilt, steht im Akkusativ, s. §§ 78, 100.* Be. 579, 21 swylce he brohte ðam ylcan biscope mycel feoh & unlytel ðearfum to dælanne (= *um es unter die Armen zu verteilen*).

c. deman, *richten, verurteilen. Vgl. j. und § 78. Kommt auch mit dem Akkusativ vor, s. § 100.* Be. 492, 21 ne miht ðu deman Gallia biscopum (*Miller:* biscopas); 548, 27 hwæþere hit æfter weorca geearnunge anra gehwylcum demeþ & bærneþ (*Miller:* gehwylcne); 569, 27 to demanne cucum & deadum (*Miller:* cwice & deade). Or. 266, 11 gif rwnig cristen agylte, þæt se þonne wære beforan him gelædd, & he him þonne demde self, swa him ryht þuhte. Cp. 38, 12 se Dema se ðæt ingeðonc eal wat, he eac ðæm ingeðonce demð; 44, 21; 96, 13; 158, 7; 401, 30; 415, 4. Ps. 9, 38 dem nu þearfe þæs earman; 34, 1 dem me and þæm þe me swencað; 36, 32; *u. ö.* Le. 66, 6 þæt he nanum men ne deme, þæt he nolde þæt he him demde (*un-mittelbar vorher Akkusativ!*).

d. fandian, *erproben, versuchen. Kommt sonst nur mit dem Genitiv vor, s. § 16. c.* Or. 54, 30 cwæð þæt þæm weorce na-num men ær ne gerise bet to fandianne þonne þæm wyrhtan.

e. forgyldan, *vergelten, entgelten. Vgl. r., §§ 78, 102, 118.* II. So. 177, 28 god ælmihtig þe forgylde me. Ps. 30, 27 God forgylt þe fullan ælcum þe ofermetto doð.

f. forhelan, *verhehlen, verbergen. Vgl. s., §§ 78, 102.* Cp. 184, 24 forhæl him ðæt he hiene eft ðreatian wolde.

g. forswigian, *verschweigen. Was man verschweigt, steht im*

7*

Genitiv, s. § 14. d., oder im Akkusativ, s. § 102. **Be.** 527, 10 he
ðæs biscop ricum mannum no' for are ne for ege næfre forswigian wolde, gif hi on hwon agylton.

h. **gebetan,** *Bufse geben.* **Vgl.** *§§ 78, 103.* **Le.** 78, 11 gif
mon on cirliscre fæmnan breost gefo, mid V scill. hire gebete:
80, 1 gif beweddodu fæmne hie forlicgge, . . . mid LX scill.
gebete þam byrgean; *ähnlich* 84, 25; 92, 39.

i. **gedafenian,** *geziemen. Kommt auch unpersönlich vor, sowohl mit dem Dativ, s. § 76. e., wie mit dem Akkusativ, s. § 103.;
eine Stelle mit Genitiv ist zweifelhaft, vgl. § 22. e.* **Be.** 514, 38
þæt þæt nænig ðing ne gedafenade swa æþelum cyninge; 547,
28 & þætte swiþust halegum gedafenaþ *(= und was . . .).*

j. **gedeman,** *richten, verurteilen.* **Vgl.** *c., §§ 78, 103.* **Ps.**
9, 18 þæt eallum folcum sy gedemed beforan ðe.

k. **gefyllan,** *ausfüllen, verbringen.* **Be.** 592, 41 mid ðy
heo hæfde syx & syxtig wintra, ðam wintrum todæledum efenlice
dæle, ðreo & ðrittig ðam ærestum heo æþellice gefylde in weo-
ruldhade drohtiende, & efenfeola ða æfterfyligendan heo æþellicor in munuclife Drihtne gehalgode (= quibus (sc. annis) aequa
portione divisis, triginta tres primos in saeculari habitu nobilis-
sime conversata complevit); *der Dativ beruht wohl nur auf falscher Anlehnung an das vorhergehende* ðam wintrum. *Vgl. §§ 41.
c., 103.*

l. **gehreowan,** *gereuen.* **Vgl.** *t. Kommt auch unpersönlich
vor, s. § 76. f.* **Cp.** 324, 8 ðylæs . . . . him ðonne gehreowe
sio ælmesse. ,

m. **gehwierfan,** *vertauschen. Hat sonst den Akkusativ, s.
§ 103.* **Cp.** 182, 10 oft se welega & se wædla habbað swæ ge-
hwierfed hiera ðeawum, ðæt se welega bið eaðmod & sorgfull,
& se wædla bið upahafen & selflice.

n. **gelimpan,** *zugehören, angehen, zustofsen. Vgl. a. Kommt
auch unpersönlich vor, vgl. § 76. h.* **Be.** 492, 15 gif ðe fore *(=
e. Fahrt)* gelimpe on Gallia mægþe; 496, 21 æfter bysmrunge,
seo ðurh slæp wæpnedmonnum gelimpeð; 627, 23 ðonne ðriddan
(dæl), ðe him gelamp, he instæpe ðearfum gedælde. **Le.** 78, 5
gif æðelborenran wifmen þis gelimpe; 92, 39, § 2 gif syxhyndum
þissa hwæðer gelimpe.

o. **geþyncean,** *dünken. Vgl. ff. Kommt auch unpersönlich
vor, s. § 76. m.* **Or.** 94, 30 ne geþyncð þe swelc gewin noht
lustbære; 184, 14. **Cp.** 112,'17 ða ða he him selfum wæs lytel
geðuht, ða wæs he Gode mycel geðuht.

p. **gewearnian,** *vermeiden.* **Be.** 482, 37 *(vgl. § 70. dd.).*
Vgl. auch § 78.

q. **geweorþan,** *geschehen, zu Teil werden. Vgl. hh., § 42. d.
Kommt auch unpersönlich vor, s. §§ 76. n., 103.* **Be.** 494, 28 us
þæt wæs geworden of synne ðæs ærestan mannes, þæt us hingrian mihte. **Or.** 38, 21 seo hreowsung þe him þa gewearð,

wearð swyðe raðe on wyrsan geþanc gehwyrfed; 176, 5 þiss gewearþ Punicum on þæm teoðan geare hiora gewinnes & Romana.
r. **gyldan**, *vergelten, entgelten*. *Vgl. e.,* § *118. II.* **Bo.** 370, 27 se gylt ælcum æfter his gewyrhtum; *ähnlich* 374, 19; 378, 24. **Ps.** 10, 6 þæt he him mæge gyldan be heora gewyrhtum; 17, 20; 19, 4; 27, 5.
s. **helan**, *verhehlen*. *Vgl. f.,* §§ *78, 104*. **Cp.** 274, 3 ðæt hie him ne helen forhwy hie hie tælen.
t. **hreowan**, *gereuen*. *Vgl. l., aber auch* § *104*. **Cp.** 417, 1 him nan yfel ne hriwð; 35 ðylæs him to hwon hreowen ða geðohtan synna. **Bo.** 282, 23 gif him his yfel ne hreowþ.
u. **liehtan**, *leuchten*. **Cp.** 364, 15 swæ swæ ðæt liohtfæt lieht on niht urum eagum, ðætte ða gewritu on dæg lichten urum mode.
v. **libban, lifian**, *leben*. *Vgl.* § *106*. **Be.** 529, 20 he ðær . . . Gode lifde & cyricean worhte; *ebenso* 555, 23 (lifian); 569, 38; 623, 31. **Cp.** 42, 11 hwæt is ðonne betre . . . . ðonne we ures flæsces lustum ne libben, ac ðæs bebodum þe for us dead wæs & eft aras (= superest ut qui vivunt, jam non sibi vivant, sed ei qui pro ipsis mortuus est et resurrexit). **Bo.** 42, 32 seo liofaþ nu þe, þe anum. **Ps.** 21, 28 min sawl him leofað (= anima mea ipsi vivet).
w. **metgian**, *und*
x. **miscian**, *das richtige Maſs zumessen*. **Bo.** 346, 21 he of þæm hean hrofe hit eall gesihþ, and þonan miscaþ & metgaþ ælcum be his gewyrhtum (= qui, cum ex alta providentiae specula respexerit, quid unicuique conveniat, agnoscit, et quod convenire novit accommodat).
y. **myrgan**, *jauchzen, frohlocken*. *Mit dem Dativ der Richtung*. **Ps.** 46, 1 hebbað upp eowre handa, and fægniað, and myrgað Gode mid wynsumre stemne (= jubilate Deo).
z. **ofðyncean**, *unangenehm sein, ärgern*. *Die Sache, über die man sich ärgert, steht im Genitiv, s.* § *29. b. Das Wort kommt auch unpersönlich vor, s.* § *76. u.* **Or.** 232, 21 hit wæs þa swiþe oþþyncende (C.: ofþincende) þam oþrum consulum; 236, 3 þa ofþuhte þæt Mariuse þæm consule, þæt mon ðæt gewin nolde him betæcan; 244, 16 hit þa eallum þæm senatum ofþyncendum & þæm consulum þæt he heora ealdan gesetnessa tobrecan wolde, ahleopon þa ealle . . . .; *eine höchst eigentümliche Satzform, die nur aus dem, wenigstens der Form nach, entsprechenden lateinischen* „conscio etiam plurimo senatu" *erklärt werden kann; statt hit wäre jedesfalls* him *zu erwarten. Vgl.* § *95*.
aa. **ondrædan**, *fürchten*. *Vgl.* §§ *78, 109*. **Cp.** 118, 13 ðæt hie him mægen ondrædan.
bb. **openian**, *sich öffnen, offen stehen für*. **Be.** 497, 6 ðonne openaþ ðam mode his scyld; 620, 34 fulluhte bæþes . . . ., in ðam anum he geleornode moncynne ingong openian (*Miller:*

geopenian) ðæs heofonlican lifes (= in quo solo didicerat generi
humano patere vitae celestis introitum). *In der Bedeutung „eröffnen" hat* openian *ebenfalls den Dativ der Person bei sich,* s.
§ *69. r.,* aa.

cc. scencan, *einschenken.* Vgl. *§§ 78, 112.* Be. 617, 26 ðam
biscope bær drincan & us eallum ðenade & scencte.

dd. scinan, *scheinen. Mit dem Dativ der Richtung oder
Dat. comm. (?).* Vgl. scynan *§ 112.* Be. 511, 10 ðylæs him scine
seo onlyhtnes Cristes godspelles & his wuldres.

ee. singan, *singen, zur Ehre Jemandes.* Vgl. *§§ 78, 112.* Ps.
12, 6 ic singe þam Gode, þe me eall god syleð; 46, 6 singað
urum Gode & heriað hine. Vgl. *Erdmanns „Syntax Otfrids",
II. S. 204.*

ff. ðyncean, *dünken. Kommt auch unpersönlich vor,* s. *§§ 28.
b., 76. x.* Be. 515, 41 hwylc him ðuhte & gesawen wære ðeos niwe
lar. Or. 94, 3 him þæt þagiet to lytel yfel þuhte; 120, 10 þonne
þuhte eow þas tida beteran; 250, 17 eallum monnum swa nanuht god ne þuhte. Cp. 22, 13 ðylæs hi hwæm leohte ðyncen
to underfonne; 24, 9; 46, 9; 112, 9; 202, 14, 15, 20; 284, 1;
427, 26, 27. Bo. VIII, 23 him þuhte beobread þi swetre; XIV,
14; 26, 26; 38, 24; 44, 6; 46, 4; *usw.* So. 165, 6 ac me þincð
þath þeah, þæt þu . . .; 168, 30 þæt heo us þince ungehwære;
171, 12; 181, 20. Le. 68, 9 þa þe me ryhtoste þuhton.

gg. tilian, *zählen, rechnen.* Vgl. *aber §§ 11. j., 25. c.* Be.
524, 3 þæt ðe eallum gemænelice licode ðe ðara cyninga tidum
tiledon (*Miller:* tiide teledon; = cunctis placuit regum tempora
computantibus).

hh. weorþan, *geschehen, zu Teil werden.* Vgl. *q.* Vgl. *auch
§ 24. Anm.* Or. 5, 4 hu Romanum wcarþ se mæsta ege from
Sceltiferin, Ispania folce; *ähnlich* 198, 32; 208, 24; 216, 10; 256,
9 on þæm twelftan geare Tiberiuses rices wearþ eft Godes wracu
Romanum. Ps. 30, *ü.* & eac he witgode be þære wræce, þe
æfter him wurðan sceolde þæm folce.

II. *Mit Präpositionen zusammengesetzte Zeitwörter, bei denen
der Dativ eigentlich von der Präposition abhängt. Von den
schon in den vorigen §§ erwähnten, mit Präpositionen zusammengesetzten Zeitwörtern gehören vielleicht noch einige hierher, besonders solche, deren zugehöriges einfaches Zeitwort nicht mit dem
Dativ verbunden vorkommt; z. B. §§ 66. l., 67. m., 69. z., 70. p.,
w.—hh., 71. b.—e., f. (?), h., o., dd., ee.—gg., pp., yy.—aaa.; natürlich nicht § 69. k.*

a. æfterspyrigan, *nachforschen.* Cp. 4, 16 we him ne cunnon æfterspyrigan. Bo. 58, 1 gif þu him sceadwislice æfter-
spyrast.

b. forebeon, *vorstehen.* Be. 499, 18 ðyssum tidum forewæs Norþanhymbra rice se strangesta cyning; 521, 6; 530, 3;
545, 36; *usw. usw.;* 635, 33 wæs se biscopdom·. . . on twa

biscopscire todæled; oþer wæs seald Daniele ða he gyt todæg receþ, oþer Ealdelme dære he feower gear fromlice heold & forewæs *(O., B., C. und Miller lassen „heold &" aus). Über eine fragliche Stelle mit Akkusativ vgl. § 102.*

c. **foresittan**, *vorsitzen*. Be. 571, 25 be ðam sinoðe, ðam wæs foresittende se Arcebiscop Ðeodorus; 606, 6 ðam sinoþe on ealdordome foresæt . . . Theodor.

d. **oferricsian**, *herrschen über*. Cp. 118, 19 him geðafode ðæt hit mid onwalde him moste oferricsian.

e. **onblawan**, *anblasen. Vgl. § 109.* Bo. 56, 17 ðeah þe se wind þara earfoþa & seo singale gemen þissa woruldselþa him onblawe.

f. **onfeallan**, *fallen auf, treffen.* Cp. 160, 18 he ne ongit hu maniga costunga ðæs lytegan feondes him onfeallað *(H.: on feallað; = quanta hic irruant hostis callidi tentamenta).*

g. **onhreosan**, *fallen auf, treffen.* Be. 613, 24 swa mycel winter us onhreas.

h. **onlocian**, *anschauen.* Cp. 110, 21 ðeah he forsio ðæt he him onlocige. So. 180, 26 þas sunnan, þe we lichamlicum eagum onlociað.

i. **onstandan**, *stehen, sich befinden auf.* Be. 540, 21 het ðam ðearfan þæt hors syllan mid ðam cynelican gebætum, ðe him onstodon.

j. **tohopian**, *hoffen auf jem.* Ps. 17, 29 he is gefriþiend ælces þara, þe him tohopað.

k. **tosprecan**, *sprechen zu jem.* Be. 575, 32 swa swa he hyre andweardre tospræce (= quasi præsentem alloquens; *Miller: to spræce).*

l. **underlicgan**, *sich unterwerfen.* Cp. 188, 20 ða underðioddan (sc. mon sceal læran), ðæt hie him eaðmodlice underlicggen, & ða ofergesettan, ðæt hie gemetlice him ofer sien (= illi ut humiliter subjaceant, isti quoque ut temperanter praesint).

m. **wiðseon**, *sich erheben gegen (?).* Or. 162, 17 þa wiðsawon hie þæm hlafordum, & þa þeowas mid him, oþ hie wyldran wæron þonne hie *(Thorpe:* they thereupon rose against the lords).

III. *Zeitwörter, bei denen der Dativ andere ältere Kasus vertritt.*

a. **blissian**, *sich freuen über.* Be. 500, 30 ðyssum sigorum ðus Godes bisceop blissian miht (= Hisque Dei Consul factus laetare triumphis). *Vgl. beim Akkusativ § 98.*

b. **efenblissian**, *sich ebenfalls freuen über.* Be. 488, 14 ðara geleafan & gehwyrfednesse is sæd þætte se cyning swa wære efenblissiende, þæt he . . . (= quorum fidei & conversioni ita congratulatus esse rex perhibetur).

c. **gebredan, gebregdan,** *blank ziehen. Vgl. beim Akkusativ § 103, beim Instrumentalis* tobredan *§ 124. 4.* Or. 190, 22

he his sweorde gebræd; sweorde *wird vielleicht noch als wirklicher Instrumentalis aufzufassen sein, womit* gebre(g)dan *im Beowulf ein paarmal vorkommt; ebenso wohl* wæpne: **Le.** 80, 15 gif
mon . . . gefeohte oððe wæpne gebregde; 92, 39, § 1 gif he
wæpne gebrede. *Vgl. Engl. Stud. XVI. 84. XVII. 292.*

d. **genihtsumian,** *Überflufs haben an. Vgl. § 76. i.* **Be.**
582, 42 æghwæþer ge seo sæ ge heora ea fiscum genihtsumede
(= piscibus abundabant).

e. **lustfullian,** *sich erfreuen an, sich freuen über etw., geniefsen. In derselben Bedeutung hat* lustfullian *auch den Genitiv
bei sich, s. § 15. h., oder den Akkusativ, s. § 106. Vgl. auch § 73. e.*
Be. 488, 8 se cyning . . . . ongan lustfullian þæt claeneste lif
haligra & heora ðam swetestan gehatum (= delectatus vita mun-
dissima sanctorum, & promissis eorum suavissimis; *Miller hat
mid statt &, wodurch der auffallende Kasuswechsel vermieden wird*);
511, 34 ongan he lustfullian ðæs biscopes wordum; 589, 24;
600, 22; 630, 32 *(unsicherer Kasus!)*; 637, 31.

f. **onfon,** *nehmen, ergreifen, empfangen. Kommt auch mit
dem Genitiv vor, s. § 16. j., sowie mit dem Akkusativ, s. § 109.*
Be. 475, 32 ða onfengan Bryttas fulluhte & Cristes geleafan;
476, 19 he onfeng cyne gewædum; 477, 20, 40; 492, 34; 510,
20 onfeng he ðonan wife Aeþelburhge Aeþelbyrhtes dohtor ðæs
cyninges (= accepta in conjugem Aedilbergae filia Aedilbercti
regis); *und noch an 28 anderen Stellen.* **Or.** 62, 5 Babylonia
ðiowdome onfeng from Ciruse ðæm cyninge; 68, 9; 126, 18 (an-
fon); 268, 21. **So.** 186, 3 ic nat hu þu hym onfon mage. **Le.**
64, 46 ne onfoh þu næfre medsceattum; 66, 7 moston þære fiohbote onfon *(oder Genitiv?). Man könnte auch annehmen, dieser
Dativ sei ein Dativ des räumlichen Zieles; vgl. Dietrich in
Haupts Zeitschrift XIII. N. F. I. S. 132.*

§ 76   11. *Der Dativ steht endlich bei den folgenden unpersönlichen Zeitwörtern, von denen einige schon in persönlicher Verwendung in den vorigen §§ erwähnt worden sind.*

a. **alefan,** *erlaubt sein. Kommt auch persönlich vor, s. §§ 74.
a., 78, 97.* **Be.** 492, 31 æfter hu fela daga alefeþ him þæt geryne onfon fulluhtbæþes; 34 hwæþere alefeþ hire in cyricean gangan; *ebenso* 494, 9.

b. **dafenian,** *geziemen.* **So.** 181, 9 *(vgl. e.).*

c. **eglan,** *ärgern. Kommt auch persönlich vor, s. § 67. l.*
Cp. 234, 8 him eglde ðæt he wæs betra ðonne he (= quem
meliorem se esse doluit).

d. **gebyrian,** *zufallen, sich ereignen; zuweilen auch: geziemen, zukommen. Kommt auch persönlich vor, s. § 71. q.* **Or.** 52, 36
þa þeahhwæðre gebyrede him þæt hie hwæthwara gebugan to
fleonne; 118, 32 þa Philippuse gebyrede þæt he . . .; 162, 32
þa gebyrede hiere þæt heo hie forlæg. **Cp.** 38, 6 oft ðonne

hwæm gebyreð þæt he hwæt mærlices & wunderlices gedeð; *ferner* 40, 1, 21; 194, 12; 224, 15; 316, 25; *usw. usw.* Bo. 174,
12 be þære hæfegan gemenne bearna, cwæþ min mægister Euri-
pides, þæt hwilum gebyrede ðam heardsælegum, þæt him wære
betere þæt he bearn næfde ðonne he hæfde (= in quo Euripidis
mei sententiam probo, qui carentem liberis infortunio dixit esse
felicem; *Cardale giebt folgende merkwürdige Übersetzung:* concerning the heavy care of children, said my master E., who so-
metime suffered from that unhappiness; that it were better for
him . . . .; *Fox dagegen die richtige:* c. the h. c. of ch., said
my m. E., that it sometimes happened to the unhappy, that it
would be better for him . . . .); 254, 15; 288, 17. So. 181, 21
hwilum me gebyrað, þæt byð hwæthwugu swa fæste on mode.
Ps. 39, ii. & swa ylce gebyreð ælcum cristnum men, þas twegen
sealmas to singanne.

e. **gedafenian**, *geziemen*. *Vgl.* b. *Kommt auch persönlich
mit dem Dativ vor, s. § 75. I. i., auch mit dem Akkusativ, s. § 103;
über eine zweifelhafte Stelle mit dem Genitiv vgl. § 22. e.* Be.
471, 19 ðe gedafenaþ ðine ðeode to heranne; 492, 38; 569, 27.
Cp. 52, 11 biscepe gedafenað þæt he sie tælleas; 74, 5; 98, 20.
So. 181, 9 ðe gedafenað to lerrenne & me to hlistenne & me
dafenað to andsweorianne.

f. **gehreowan**, *gereuen*. *Kommt auch persönlich vor, s. § 75.
I. I.* Cp. 214, 11 him eft gehreoweð, siððan he hit wat; 220,
16 wyscð ðæt hit him gehreowe.

g. **gelician**, *gefallen*. *Vgl.* o. *Kommt auch persönlich vor,
s. § 73. c.* Or. 106, 23 siþþan gelicade eallum folcum þæt hie
. . . .; 116, 6; 250, 19 ne fer (*Thorpe, Barrington und Junius:* for) þan þætte ænigum folce his ægenu æ gelicade to healdenne. Le. 66, 3 us eallum gelicode þa, þæt we . . . .

h. **gelimpan**, *geschehen, sich ereignen*. *Vgl.* p. *Kommt auch
persönlich vor, s. § 75. I. n.* Be. 553, 40 him swa gelamp; 590,
33 gelomp him on his geoguþhade þæt he sume mandæde gefremede; 609, 33 ðe us gelamp þæt we niwan gehyrdon; 634,
18. Cp. 126, 23 ðonne him eft gelimpð ðæt hie æmettige beoð.
Bo. 328, 3 & him gelimpþ oft æfter hiora agnum willan.

i. **genihtsumian**, *genügen*. *Über eine andere Bedeutung vgl.
§ 75. III. d.* Be. 533, 28 ac us nu genihtsumaþ, þæt we twa
oþþe ðreo gehyron.

j. **gerisan**, *geziemen*. Be. 531, 12 swa þæt swa æþelum
aldre geras; 544, 4 swa swa hit well swa arwurþan biscope geras. Or. 54, 30 þæt þæm weorce nanum men ær ne gerise bet
to fandianne. Cp. 60, 10 swelcum ingeðonce gerist, ðæt he . . . .;
74, 8 ðæm hierde wel geristð ðæt he . . . . Bo. 232, 11 wile
weaxan on þæm · lande selost ðe him betst gerist (= wo es ihm
am besten paßst).

k. **gesewen (gesawen) beon**, *scheinen*. Be. 487, 12 ðæs

ðe me geþuht & gesawen is (= ut ego mihi videor perspexisse); *ferner persönlich:* 515, 41 hwylc him ðuhte & gesawen wære ðeos niwe lar; *ähnlich* 516, 13 ðyslic me is gesewen ðis andwarde lif manna; 576, 4 þæt eower blacern & leoht me is eallinga ðystre gesewen; *dann wieder unpersönlich:* 579, 11 þanon monigum wæs gesewen & oft cweden, þæt. . . . (= unde multis visum & saepe dictum est); 597, 32 ða wæs him eallum gesewen, þæt. . . .; 617, 38; 632, 25; 633, 4.

l. **gespowan,** *gelingen. Vgl. w.* Or. 166, 33 þa him æt þære byrig ne gespeow, þa gelende he . . . to anre oþerre byrig; 168, 20 þær him seldon teola gespeow.

m. **geþyncean,** *dünken. Vgl. x. Kommt auch persönlich vor, s. § 75. l. o.* Be. 487, 12 *(vgl. k.).* Or. 84, 12 se se þe him ær geþuhte þæt him nan sæ wiþhabban ne mehte; 96, 15 him þa rædlecre geþuhte; 116, 1; 118, 17; 166, 26; 188, 26; 224, 17; 292, 6. Le. 66, 5 þæm halgan gaste wæs geþuht and us, þæt we nane byrðene on eow settan noldon.

n. **geweorþan,** *geschehen. Kommt auch persönlich vor, s. §§ 42. d., 75. l. q., 103.* Bo. 272, 2 ic wat þeah, gif ðe æfre gewyrþ, þæt þu wilt oððe most eft fundian þara þiostra ðisse worulde, þonne gesihst ðu . . . .

o. **lician,** *gefallen. Vgl g. Kommt auch persönlich vor, s. § 73. d.* Or. 214, 16 hu him licade, þonne hie mon beforan hiera triumphan drifon.

p. **limpan,** *geschehen, sich ereignen. Vgl. h.* Or. 170, 10 swa him eac selfum siþþan æfter lamp. Ps. 1, 5 ne him eac swa ne limpð.

q. **lystan,** *gelüsten. Dies Wort hat sonst die Person im Akkusativ, die Sache im Genitiv bei sich, s. §§ 35, 106.* Be. 542, 33 forþon þe him lyste ðær on digolnysse his gebedu begangan.

r. **mislimpan,** *mißglücken.* Or. 164, 24 æfter þæm þe him swa oftrædlice mislamp, hie angunnan . . .

s. **misspowan,** *mißglücken.* Or. 82, 34 gif þæm folce buton him þagiet misspeowe, swa him ær dyde.

t. **nealæc(e)an,** *sich nähern. Kommt auch persönlich vor, s. § 71. w. cc.* Be. 598, 24 forþon ða ðe ðære tide nealæhte his gewitenesse & forþfore. *Vgl. auch die erste Stelle bei § 71. w.* Cp. 461, 3 ðonne hit nealæcð dæge, ðonne singð he smælor.

u. **ofþync(e)an,** *unangenehm sein, ärgern. Kommt auch persönlich vor, s. § 75. l. z. Die Sache, über die man sich ärgert, steht im Genitiv, s. § 29. b.* Or. 116, 14 þa ofþuhte him þæt he þæt feoh to sellanne næfde his here; *ähnlich* 162, 15. Cp. 226, 21 him ofðyncð ðæt he . . . .; *ähnlich* 232, 20. Bo. 252, 26 ða sceolde ðam gigantum ofþincan þæt he hæfde hiera rice; *Cardale übersetzt das ganz falsch durch:* then should it seem to the giants that . . ., *während B.-T. die richtige Übersetzung giebt:* it is said that the giants were displeased at his having their kingdom. **Ps.** 36, 1 ne cow ne ofpince, þeah cow ne sy swa swa him, þa þe unriht wyreað. *Vgl. auch § 95.*

v. **onhagian, anhagian,** *gelingen. Vgl. § 109.* **Or.** 168, 21 þa ne anhagode Agathocle heora cyninge þæt he wið hie mehte buton fæstenne gefeohtan. **So.** 164, 10 forgife me þæt me to ægðrum onhagige ge her nytwyrðe to beonne ge huru þider to cumane.

w. **spowan,** *gelingen. Vgl. l., s.* **Be.** 505, 27 hu swyþe him speowe. **Cp.** 2, 8 & hu him ða speow ægðer ge mid wige ge mid wisdome. **Le.** 64, 2 þa hie þa ongeaton, þæt him ne speow.

x. **þyncean,** *dünken. Vgl. m., § 28. b. Kommt auch persönlich vor, s. § 75. I. ff.* **Be.** 489, 37 me nu ðynceþ & bet licaþ, þæt ....; 507, 9 ongunnon heo ... deofolgildum þeowian, þe monnum þuhte þæt heo hwæthwugu forlæten hæfde; 516, 10; 527, 31; 529, 10; 532, 14, 18; 550, 13; 598, 32; 604, 23; 632, 25. **Or.** 17, 34 him þuhte; 30, 17 hyre þagyt to lytel þuhte þæs anwaldes; 92, 27 hu þyncð eow nu; 98, 3; 102, 28; 116, 1; 154, 18 cwædon þæt him wislecre þuhte þæt hie ....; 182, 22; 246, 25; 266, 12; 292, 28. **Cp.** 6, 6 me ðyncð betre, gif iow swa ðyncð, þæt we ...; 50, 15; 56, 6; 86, 1; 104, 25; 112, 10; 128, 1; 176, 18; 230, 20; 240, 4; 260, 19; 292, 6. **Bo.** 50, 4 ic wat þæt manegum men ðuhte þæt he ...; 100, 15; *usw. usw.* **So.** 169, 23 ac gyf þe nu þincð swa swa me ðincð; 173, 13, 26; 189, 6 ne ðing me nu þæt þu .... **Ps.** 36, *ü.* þeah him þuhte þæt hie ...; 43, *ü.;* 45, 3.

Anmerkung: Zu diesen Zeitwörtern kann man die unpersönlich gebrauchten Ausdrücke **ðearf beon** *und* **niedðearf beon** *rechnen; bei ihnen steht die Sache, deren man bedarf, im Genitiv, vgl. § 32. a. b.* **Be.** 489, 20 swa æghwylcum ðearf wæs; 544, 44 swa hwylcum seocum men ðearf wæs. **Or.** 194, 28 þonne him þearf bið. **Cp.** 66, 4 anginnað .... mare secggean ... ðonne him ðearf sie to begonnanne; 92, 26; 116, 12; 136, 10 forðæm is niedðearf ðæm reccere ðæt he ...; 166, 17; 168, 14; 182, 8; 190, 10; 305, 3 swelce him niedðerf wære; 338, 17; 397, 14; *usw. usw.* **Bo.** 104, 9 ðy wære ælcum men mare ðearf, þæt he ....; 292, 13; 364, 16. **Le.** 88, 34 þonne him þearf sie ma manna up mid him ... to hæbbanne.

12. *Das Hilfszeitwort* **beon (wesan)** *erscheint mit dem Dativ in verschiedenen Bedeutungen. Vgl. §§ 23, 24.*

a. **beon** *bezeichnet zugehören, zu Teil werden u. ä. Vgl. Erdmann, a. a. O., II. § 240.* **Be.** 481, 42 wæs se fruma *(des Briefes)* ðus awriten: Ettio ðriga cyninga her is Brytta geong & geomerung (= Aetio ter consuli gemitus Brittanorum); 489, 2 me nis tweo; 7 þæt feower dælas beon sceole, an ærest bisceope & his hirede, oþer dæl Godes ðeowum, ðridda ðearfum; 14 ðis lif, þætte on fruman ... wæs ussum fæderum; 566, 31 ðeaw

wæs ðain ylcan arwurþan biscope, þæt he . . .; 575, 13 nænigum
heora tweo wæs; 576, 38 hire nænig tweon wæs; 589, 13 seo
wuldor Drihtnes noman (= sit gloria nomini Dei); 600, 31 acsade, hwæt him wære & forhwon he swa gebærde (= *was ihm
wäre*; *Miller:* what was the matter); 604, 15 wæs in þa tid
ðeau Ongelcynnes folcum; 19 þonne wæs ða halgan Godes men
Cuþberhte swa mycel getydnes & gelærednes to sprecanne (=
porro Cudbercto tanta erat dicendi peritia; *hier mufs entweder
ða in ðam geändert werden, wie Miller thut, oder halgan, das
in T. (und bei Miller) fehlt, gestrichen und dann ða als Adverb
betrachtet werden*); 617, 22 swa hwær swa hire mæst sar & ece
wære, þæt heo mid ðy wæter ðwoge; 634, 28 *(mit ausgelassenem
Zeitwort:)* wa me earmum. **Or.** 84, 6 þa wæs ðæm cyninge
swiþe ange on his mode *(substantiviertes Eigenschaftswort)*; 178,
15 cwæð þæt him to micel æwisce wære, þæt he . . . *(B.-T.
giebt æwisc als Nominativ; was sollte denn aber diese Form hier
sein?).* **Cp.***) 2, 18 Gode ælmiehtigum si ðonc; 8, 3 *(eingeschoben:)* Gode ðonc; *ebenso* 26, 3 *(vgl. hierzu § 95);* 332, 10 hwelc
fremu bið men ðæt hie . . . . **Bo.** 16, 28 ic wundrige swiþe
ungemetlice hwæt þe seo oþþe hwæt þu mæne; 34, 3 hwæt is þe
þonne þæt þu þær mid ne hwearfige (*Cardale:* what privilege
is to thee, that thou . . . .; *Fox:* what is there peculiar to thee,
that thou . . . .); 146, 12 hwelc fremu byþ þam welgan gitsere
þæt he . . .; 394, 19 si þe lof & wulder. **So.** 173, 32 he nat
hu he me lufað; ic wot ðæt hym is þæt ylce be me *(= ich weifs,
dafs es für ihn dasselbe bei mir ist, d. h. ich weifs nicht, wie ich
ihn liebe);* 177, 16 ða cwæð heo: hweðer þu nu wilnige þæt þu
hinc geseo & swytole ongyte; ða cwæð ic: nys me nan willan
(was natürlich Nominativ sein mufs) ofer þæne; 28 god ælmihtig,
þe forgylde me, is swiðe micel þanc þæt . . . *(statt god ælmihtig
·ist wohl der Dativ zu lesen, oder þe, als Dativ von þu, vor is zu
wiederholen);* 183, 20 ic wolde witan hwæðer ðe þu [*Read* þe]
gyt ægnig lufe oððe lust si ænigne [*Read* ænigre] hwemnesse;
185, 7 ne ondrede ic þeah nawiht ða mettrimnesse, gyf me nære
for ðrim ðingum (*es ist hier wohl ein Hauptwort zu ergänzen,
etwa „Furcht"; = wenn ich nicht Furcht hätte wegen dreier
Dinge; die Jubilee-Ed. giebt die Übersetzung:* I nothing dread
sickness, however, were it not for three things); 26 hu ne ys
þæt eac nu butan ælcum tweon, þæt ælcum men ys se ealra
betsta cræft & þæt se leste [beste] weorc þæt he æfter wysdome

---

*) **Cp.** 34, 11 swiðe oft mon bið þære earfoðnesse lareowdome underðided, ðeah he ær nolde, his lareowes ðeawum & larum bion; *diese
Stelle ist nicht so aufzufassen, wie ich es in meiner Doktorschrift (S. 17)
gethan habe, dafs nämlich die letzten Dative von bion abhängen, sondern es ist am Schlusse wieder* underðided *zu ergänzen, und die Dative
sind hiervon abhängig.*

spurige; 190, 25 si ðam þanc, ðc þe manað, & wac þe, gyf þu
hym hære; 191, 8 gode (sc. si) þanc, þæt þu hyt swa wel ongitst; *ähnlich* 192, 10; 191, 18 þes nis man (*für* men) nan tweo,
þæt . . . .; 192, 17 & (God) ne læt þe nanwiht widerweardes
beon *(der Dativ könnte hier allerdings auch zu* widerweardes *gehören; vgl. § 55. uu.).* Ps. 37, 3 nan sib ne nan rest nis minum banum; 40, ii. he witgode be Ezechie . . . ., þæt him sceolde þæt ylce beon; 41, 3 me wæran mine tearas for hlafas.
Le. 78, 3 gif oðer mon mid hire læge ær, sie be healfum þæm
þonne sio bot; þæm þonne *fehlt in B.; bei* þæm *ist wohl* men *zu
ergänzen; oder heifst es: so sei die Bufse dann halb so grofs wie
jene? vgl. das Lat.:* sit emendatio medietas haec; *das wäre
eine merkwürdige Verbindung, in Angleichung jedenfalls an den
Dativ beim Komparativ.*

　b. beon *bezeichnet* s c h e i n e n, *oder es drückt das aus, was für
einen so und so ist, oder es bedeutet zu Mule sein u. ä.* Be.
489, 30 cow beoþ ealle clæne; 494, 39 eall biþ clæne clænum,
ðam besmitenum & ungeleafsumum noht biþ clæne. Or. 136, 21
hu wenað hie hu ðam wære þe . . . . Cp. 152, 12 ðonne bið
me swelce ic hiene bere; 316, 20 he cwæð þæt ðæm clænum
wære eal clæne, & ðæm unclænum nære nauht clæne. Bo. 104,
3 hu langsum wæs him se hlisa, þe he ær mid leasungum wilnode; 142, 7 eall me wæs swa swa þu sædest; 154, 16 þonne
biþ ægþer ge þam wisan ge þam ælþeodegan his wela for nauht;
336, 24 ðeah hit us manigfealdlic ðince . . ., hit is þeah him
anfeald god. Ps. 36, 1 þeah cow ne sy swa swa him, þa þe
unriht wyrcað.

　c. beon *erscheint ferner in einer Bedeutung, die sich der
zuletzt behandelten sehr nähert, zuweilen sich ganz mit ihr deckt;
man übersetzt die betr. Wendungen am besten durch: „es geht
einem, es verhält sich mit einem", z. B.:* Cp. 36, 22 him
bið swæ swæ ðæm menn þe bið abisgod on færelte (*Sweet:* he
is like the man who . . . .); 266, 24 swæ bið ðæm þe swiðe
gnornað (*Sweet:* so he who mourns); 284, 13 swæ bið ðæm
þe nu . . . (*Sweet:* so it will be with him who . . . .); *ähnlich*
330, 19; 336, 13; 342, 22; 419, 31; 421, 4. Bo. 132, 8 swa
biþ eac þam Mode, ðonne hit . . . . (*Cardale:* so is it also
with the mind, when it . . .); *ähnlich* 138, 2; 316, 3; 318, 6;
332, 18 swa is ðisse spræce þe ðu . . . .; 340, 1; 372, 10. So.
203, 21 hym byð þonne swa swa þam mannum, þe . . ... Ps. 1,
3 him byð swa þam treowe; 4 swa byð þam men, þe we ær
ymbspræcon.

　d. *Ist* beon *mit einem Dativ und einem flektierten Infinitiv
verbunden, so bedeutet es „müssen".* Be. 482, 36 ræddon, hwæt
him to donne wære & hwær him wære fultum to secanne; 489,
25 hwæt is us to sprecanne; 507, 30; 515, 17; 527, 27; 535,
23 geopnode hu arwyrþlice hi wæron to onfonne eallum geleaf-

fullum (= quam reverenter eac suscipiendae a cunctis fidelibus essent, patefecit); *usw. usw.* **Cp.** 124, 13 ðæm lareowe is to mengenne ða liðnesse wið ða reðnesse; 132, 16; 208, 12; 314, 23 us is swiðe geornlice to gehieranne; *usw. usw.* **Bo.** 168, 8 forþæm is ðæs folces hlisa ælcum men for nauht to habbenne. *Vgl. darüber auch beim Infinitiv.*

§ 78   13. *Mit einem Dativ und einem Akkusativ nebeneinander erscheinen die folgenden Zeitwörter, die ich ohne Anordnung in Gruppen nach der Buchstabenfolge aufführe. Der Akkusativ ist natürlich stets das direkte Objekt der transitiven Zeitwörter — sei dieses nun eine Sache, wie in den meisten Fällen, oder eine Person —, der Dativ dagegen bezeichnet in der Regel die Person oder persönlich gedachte Sache, gegen die sich die Thätigkeit des Zeitwortes hin bewegt, in manchen Fällen aber ist er auch ein reiner Dativ commodi oder incommodi, und in einigen hängt er von der Präposition ab, mit der das Zeitwort zusammengesetzt ist. Vgl. § 75. II. Kommt das Zeitwort nur passivisch vor, so bezeichne ich das durch P, kommt es nur reflexiv vor, durch R hinter der deutschen Bedeutung.*

ablendan, *blenden. Vgl. beim Akkusativ § 97.* **Cp.** 128, 15 sio geornfulnes eorðlicra ðinga ablent ðæs modes eagan mid ðære costunge ðæm folce.

abredan, *entfernen.* **Bo.** 330, 20 gif him God abrit of þam mode þæt dysig. *Vgl. beim Akk. § 97.*

æteaw(i)an, *zeigen.* **P. Ps.** 16, 15 þonne me byð æteawed ðin wuldor.

ætfæstan, *mitteilen.* **Cp.** 114, 19 he wolde him ætfæstan his eaðmetto (*Sweet:* to impart).

ætfæstnian, *befestigen an.* **So.** 175, 10 þa eagan hyt ætfæstnodon minum ingeþance.

ætwitan, *vorwerfen. Vgl. § 66. a.* **Cp.** 443, 10 him ætwat Petrus ða dæd. *Vgl. oðwitan.*

ætywan, *zeigen. Vgl. §§ 71. e. 1., 97.* **Be.** 492, 23 þu scealt .... him ætywan ðinra godra weorca onhyrenysse; 513, 25; 549, 19; 575, 15; 615, 18. **Cp.** 220, 4 ðæt us ætiewde Dryhten; 276, 23 *(refl.).*

afyrran, aferran, *entfernen, wegnehmen. Was man entfernt, steht im Akkusativ, s. § 97.* **Be.** 522, 23 mycle hloþe ... ðam ealdan feonde afyrde; 579, 34. **Cp.** 138, 6 ðæt hie ne sien ðæm incundum ingeðance afirrede. **Bo.** 4, 4 hu he þæt rice ðam unrihtwisan cyninge aferran mihte; 88, 19; 352, 16. **Ps.** 31, *ii.* God .... him ælc geswinc aferþ; 39, 12.

agieldan, *darbringen. P. Vgl. beim Akkusativ § 97.* **Be.** 477, 37 ða onsægdnysse, ða ðe from eow deoflum wæron agoldene.

agifan, *geben. Vgl. beim Akkusativ § 97.* **Be.** 472, 37 ðas

mede heora edleanes me agife; 513, 10; 514, 4; 597, 38; 649,
9. Or. 54, 7 he þa Cirus ageaf þæm cyninge his came calle
þa are þe he ær hæfde; 64, 31; 132, 8; 146, 29, 35; 178, 12; 210,
21; 224, 14; 230, 6, 29; 236, 12; 280, 7. Cp. 397, 24 agife
se wer his wife hire ryht on hira gesinscipe & swa same ðæt
wif ðæm were. Bo. 30, 5 ic hit þe eft eal agife; 262, 6; 264,
7. So. 169, 29 ne agyf me næfre eft him. Le. 62, 38 þine
teoðan sceattas . . . agife þu Gode; 76, 3; 78, 13.

agnian, *aneignen (sich etwas). R.* Cp. 24, 12 ða unwaran,
þe him agniað ðone cræft ðæs lareowdomes; 334, 13. Bo. 64,
32 hu miht þu þonne þe agnian heora god.

aleogan, *eigentlich: belügen, dann: durch Betrug brechen.
Vgl. beim Akkusativ § 97.* Or. 122, 13 ge witon þæt ge giet
todæge wæron Somnitum þeowe, gif ge him ne alugen iowra
wedd & eowre aþas, þe ge him sealdon. Bo. 140, 19 aleogaþ
him þeah ma þonne hi him gelæstan.

alyfan, *erlauben, gewähren. Vgl. §§ 74. a., 76. a., 97.* Be.
515, 6 he ne wolde him fyrst alyfan. Or. 4, 34 hu Cartainum
wearþ frið alifed from Scipian þæm consule; 202, 20, 23; 204,
2; 210, 20; 238, 7. Cp. 391, 24 ðonne aliefð he him eal ðæt
ðæt hine lysð to donne; 403, 26. Bo. 304, 8 nis hit him no
swa longe alefed. So. 172, 14 me [h]ys egðer þara alyfad.

andettan, ondettan, *beichten. Vgl.* geondettan *und §§ 69.
a., 97.* Be. 599, 38 andette him ða his scylde. Cp. 104, 16
he ðonne ondette ælce costunge, þe him on becume, ðæm mode
his scriftes. Ps. 31, 6 ic wolde . . . þa (sc. scylda) Gode andettan; *ähnlich* 37, 18.

ansettan, *auflegen.* Bo. 348, 19 hit gebyreþ oft þæt God
nyle for his mildheortnesse nan unaberendlice broc him ansettan.

areccean, *erklären. Vgl. § 69. d. und beim Akk. § 97.* Bo.
42, 31 eall heore god ic ðe mæg mid feaum wordum areccan.

asceppan, *schaffen, geben.* Or. 40, 33 þære þeode oþerne
naman ascop; *ähnlich* 72, 14.

asecgan, *sagen. Vgl. § 69. e. und beim Akk. § 97.* Or. 282,
13 hit anfunde his dohtor, & hit Constantinuse asæde. So. 176,
2 syððan þu ðonne me þæt asæd heafst.

asingan, *vorsingen. Vgl. beim Akk. § 97.* Be. 597, 38 ðy
betstan leoþe geglenged him asong & ageaf þæt him beboden wæs.

aslean, *abhauen. Vgl. beim Akk. § 97.* Le. 60, 20 gif hwa
aslea his þeowe oþþe his þeowenne þæt eage ut; 98, 46 gif him
mon aslea oðer eare of; — *an diesen beiden Stellen hängt der
Dativ vielleicht mehr mit dem Hauptwort im Akkusativ, als mit
dem Zeitworte zusammen.*

astellan, *hinstellen. Vgl. beim Akkusativ § 97.* Cp. 32, 18
he wolde us ða bisene astellan, þæt we . . .; *ebenso* 190, 5;
449, 23.

abeodan, *trennen (jem. von etw.). P.* Cp. 354, 8 we swæ micle fierr bioð ðæm hiehstan ryhte aðiedde.
bebeodan. *Vgl. § 69. f.* — 1. *befehlen.* Bo. 228, 13 þæt an ic þe bebeode, þæt þu .... So. 169, 14 ic þe bydde þæt ðu me bebeode þæt þæt þu wille; 19; 188, 24. Ps. 39, 6 hyrsumnesse þu me bebude.
2. *anempfehlen, übergeben.* Be. 492, 24 ealle Brytta biscopas we bebeodaþ ðinre broþorlicnysse (= committimus; *Miller:* commit); 508, 18 fore Cristes cneohtum, ða he me in tacnunge his lufan bebead (= commendaverat; *Miller:* committed); 541, 31 hi bletsode & Gode bebead (= commendans; *Miller:* commend); 546, 8 forlet ðæt eorþlice rice & his mæge Ecgrice bebead (= commendare; *Miller:* handing it over); 568, 19 þæt hi mine forþfore ... Drihtne bebeodan (= commendent; *Miller:* commend); 584, 15 he ða ðone dæl ... bebead sumum his preoste (= commendavit; *Miller:* committed); 606, 43 Drihtne his willan bebead (= commendabat; *Miller:* commended). Or. 40, 23 ealle þa cuman þe hine gesohton he to blote gedyde & hys godum bebead; 168, 13 swa he hit him eft ham bebead on anum brede awriten. Cp. 44, 1 þæt sio gimen ðære halegan cirican sie ðæm beboden, þe hie wel ofer mæge (= imponatur); 84, 14. So. 189, 34 hys welwylnesse ic me bebeode. Ps. 21, 8 þinre gymenne ic wæs beboden.
befæstan, *übergeben, anvertrauen. Vgl. beim Akkusativ § 98.* Be. 546, 6 forlet þæt eorþlice rice & hit befæste Ecgrice his mæge; 602, 38; 618, 37. Cp. 24, 1 befæste he mid his lifes bisenum ða lare ðæm þe his wordum ne geliefen; 190, 24; 192, 7; 316, 19; 320, 14; 378, 7; 419, 9; 465, 2 *(refl.).* Bo. 90, 12 þone anweald, þe me befæst wæs. So. 164, 31 þæt þæt ðu gestreone & him befæste; 165, 1; ealla (= eall), þæt him me on (= mon?) befæst; 170, 23; 189, 33. Ps. 44, 1 þam cyncge ic befæste anweald ofer eall min weorc. Le. 82, 20 be þam þe munecum heora feoh butan leafe befæstað.
begitan, *erlangen, erwerben (etwas für jem.). Vgl. beim Akkusativ § 98. Die Sache kann auch im Genitiv stehen, s. § 16. a.* Be. 551, 34 he ða ... mycel folc Drihtne begeat & gestrynde ðurh his lare (= adquisisset); 552, 40 mycele cyrican & gesomnunge Drihtne gestryndon & begeaton (= congregassent); 620, 33; 624, 13 þæt hi ðær ænige ðurh heora lare Criste begitan mihte (= adquirere). Le. 60, 16 gif hwa slea his þone nehstan ..., begite him læce (= *so besorge er ihm einen Arzt).*
behatan, *versprechen. Vgl. § 69. g. Über eine einzelne Verbindung vgl. § 37. a.* Be. 478, 34 he onfeng sigebeah eces lifes, ðone God behet eallum þam ðe hine lufian wyllaþ; 572, 39. Or. 122, 15 noldon eow gelæstan þæt hie eow beheton.
behelan, *verbergen. Vgl. beim Akkusativ § 98.* Ps. 18, 11 from þæm ðe me beholen synt geclænsa me.

behelian, *verbergen. Vgl. beim Akkusativ § 98.* **Ps.** 50, 7 þa gyfa synt behelede & uncuþe manegum oðrum.
bemiðan, *verbergen.* **Cp.** 38, 12 we magon monnum bemiðan ure geðonc & urne willan, ac we ne magon Gode.
beneman, *berauben. Vgl. §§ 31. a., 40. f. g. Vgl. auch* bereafian. **Be.** 481, 27 ða earman ceasterwaran tosjitene & fornumene wæron fram heora feondum & heora æhtum beneinde; *also Akkusativ der Person und Dativ-Ablativ der Sache.*
beodan. *Vgl. §§ 69. h., 98.* — 1. *befehlen.* **Cp.** 303, 9 to gehieranne ðæt him mon ðonne beodan wielle. **So.** 188, 23 & beoð *(Imperativ)* me þæt þæt þu wylle.
2. *anbieten.* **Or.** 124, 3 Athene budon gefeoht Alexandre; 126, 7 ða bead Darius healf his rice Alexandre. **Cp.** 40, 20 ða þe ðonne ðyllice bioð, & him mon swelcne folgoð beodeð, & hic him wiðsacað. **Bo.** 136, 24 þeah heora lareowas him ðonne biodan þa ilcan mettas.
beran, *tragen, (dar)bringen. Vgl. beim Akkusativ § 98. In der Bedeutung „erzeugen“ hat dies Wort den Gen. bei sich, s. § 21. a.* **Be.** 477, 13 se deina stod æt his godgyldum & deoflum onsægdnesse bær; *ebenso* 40; 528, 20 het he sona se cyning niman ðone mete . . . & beran ðam ðearfum; 540, 6; 574, 11; 592, 26; 606, 41.
bereafian, *berauben. Vgl. §§ 18. a., 40. h., 98. Vgl. auch* beneman. **Be.** 581, 4 his cyrice eallum hire æhtum wæs bereafod; *ablativischer Dativ.*
bestan (?), ? . **So.** 192, 13 [gelyf] gefæstlice gode & beste þe halne gode; *die Jub.-Ed. übersetzt:* and betake thyself wholly to God; *steht* beste *vielleicht für* beset?
betæc(e)an, *übergeben.* **Be.** 602, 32 ða ðe mid sweorde ofslægene wæron oþþe ðeowdome betæhte; *ähnlich* 647, 5. **Or.** 82, 32 þæt he þæt gewinn him betæhte; 236, 4; 292, 27; 294, 31; 296, 1, 2, 3.
betan, *büßen, als Buße bezahlen. Vgl. beim Akkusativ § 98.* **Le.** 70, 1 bete þara æghwelc mid ryhte þeodscipe and þam hiwum hundtwelftig scill. ciricfriðes to bote; *der Dativ kann allerdings auch mit* to bote *zusammengehören. Vgl.* gebetan *und § 75. l. h.*
bewerian, *verbieten, verhindern. Vgl. §§ 74. c., 98.* **Be.** 602, 17 him swyþe þæt his frynd beweredon (= prohibere); 618, 38 ic ne wæs min mod fullfremedlice bewerigende ðam geoguþlicum unalyfednessum (= cohibere); *an dieser Stelle ist die Verbindung also grade umgekehrt (ablativischer Dativ, vgl.* beneman *und* bereafian) *wie an der ersten und an der folgenden:* 638, 28 se biscop him þæt swiþe bewerede (= prohibere).
biddan, *erbitten (etwas von jem.).* **Bo.** 118, 25 ac ic þe wille nu secgan hwelc se læcecræft is minre lare ðe ðu me nu bitst; 368, 2 þæt þæt ðu me ær bæde. *Gewöhnlich steht die*

Sache, um die man bittet, im Genitiv, s. §§ 12. b., 26, 36. c. Vgl. aber auch § 98.

bisnian, *durch ein Beispiel erklären. Vgl. § 71. i. und* bys-nian *§ 98.* **Cp.** 164, 24 ðæt ilce Dryhten God us bisnade ðurh Moysen.

blotan, *opfern. Vgl. § 66. b.* **Or.** 3, 30 hu þa burgleode on Cartaina bleoton men hiora godum; 40, 29; 164, 16. **Cp.** 342, 9 swelce hwa wille blotan ðæm fæder to ðance & to lacum his agen bearn *(Sweet:* as if one were to wish to sacrifice to the father his own child as a gratification & offering; *der Dativ kann aber auch zu „to* ðance *& to lacum" gehören).*

bodi(ge)an, *verkünden. Über eine Stelle mit dem Genitiv vgl. § 13. b. Vgl. auch § 98.* **Be.** 485, 15 Gregorius Augustinum sende mid munecum Angelðeode to bodiganne Godes word & geleafan; 28; 486, 11; 487, 8, 33; 503, 24; 510, 7; 515, 28; 549, 32. **Cp.** 162, 2 ne sceal he no ðæt an bodigean his hieremonnum; 204, 15; 461, 5. **Ps.** 21, 20 ic . . . bodie þinne naman minum broðrum; 29.

brecan, *brechen. Vgl. beim Akkusativ § 98.* **Cp.** 314, 13 brec ðæm hyngriendum ðinne hlaf; *Dat. comm.*

bringan, brengan, *bringen. Vgl. beim Akkusativ § 98.* **Be.** 500, 30 ðu Drihtne brohtest mycel gestreon haligra saula; 525, 7; 560, 38; 574, 11; 605, 33; 622, 36. **Or.** 18, 1 þa teð hie brohton sume þæm cyninge; 108, 1, 13 (brengan); 142, 24; 146, 32 gif hie him Umenes þone cyning, þe heora hlaford þa wæs, gebundenne to him brohten *(Bock, a. a. O., S. 17 (beim refl. Dat.) sagt: „hier ist der Dativ* him *vielleicht pleonastisch zu dem folgenden* to him*"; das ist sicher so, denn an reflexives* him *ist hier nicht zu denken);* 250, 24. **Cp.** 8, 8 ðis ærendgewrit Agustinus ofer saltne sæ suðan brohte iegbuendum; 314, 21 (brengað); 334, 11; 342, 8 (brengð). **Bo.** 110, 24 þæt . . . . þætte þeos repe & þeos egeslice wiþerweardnes þe bringþ; 148, 26 (brengþ); 172, 17 (brengaþ). **So.** 169, 31 nebbe ic þe nanwiht to bringende (= bringenne) butan goodne willan. **Ps.** 4, 6 offriað ge mid rihtwisnesse & bringað þa Gode to lacum *(der Dativ kann hier auch von* to lacum *abhängen);* 28, 1, 2; 40, 3; 44, 15.

bryttian, *verteilen.* **Cp.** 320, 4 þe hit him bryttian sceoldon. *Vgl. § 98,* brucan.

cennan, *erzeugen, gebären. Vgl. §§ 21. b., 99.* **Be.** 511, 28 seo cwen cende dohtor ðam cyninge. **Cp.** 42, 15 gif he ðonne bearn ðærbie gestriene, ðonne cenne he þæt ðæm gefarenan breðer.

ceosan, *erwählen. Vgl. §§ 34. a., 99.* **Be.** 474, 22 þæt hi ðonne ma of ðam wifcynne him cyning curan ðonne of ðam wæpnedcynne.

cnodan, *zuschreiben (?), loben (?).* **Cp.** 110, 4 gif hwæt welgedones bið, ðonne cnodað him ðæt ealle ða þe him under-

ðidde bioð mid herenesse (= omnes subditi, si qua bene gesta
sunt, laudibus efferunt; *Sweet*: praise him for it); *B.-T*. *hat das
ðæt übersehen und übersetzt:* all exalt him with praise; *nach ihm
kommt dieses Zeitwort sonst nur noch einmal vor, und zwar (vgl.
§ 99.)* Be. 522, 24 & ðone tun . . . . gyt todæg mon his naman eneodeþ (= cujus nomine vicus . . . usque hodie cogno-
minatur). *Vgl. Sievers, Gr.² § 384. Anm. 4.*

cweðan, *sagen. Vgl. beim Akkusativ § 99.* Cp. 423, 34
se ðe oðrum bismer cwið oððe deð; 453. 1 ne cweðe ge nan
lað ðæm deafan (= non maledices surdo). Ps. 34, 24 þa ofer-
sprecan þe me yfel cweðað; 40, 5 mine fynd me cwædon yfel.

cyðan, *verkünden, ankündigen. Vgl. §§ 69. j., 99.* Be. 498,
23 ðam ðe he ðæs heofonlican rices wuldor openede & cyþde;
549, 21; 564, 14. Or. 254, 28 þæt hie hit siþþan mehten eallum Romanum cyþan. Cp. 146, 18 he us kyðde þa digolnesse
his geornfulnesse. So. 192, 12 þonne cyðe ic hyt þe sona. Ps.
18, 2 seo niht þære nihte cyð Godes wisdom.

dælan, *austeilen. Vgl. § 100.* Be. 579, 2 *(vgl. § 75. I. b.).*
Or. 196, 31 he hit het ðæm folce dælan. Bo. 312, 13 *(in der
Bedeutung „trennen von", so dafs der Dativ hier ablativische Geltung hat:)* ic wille dælan ða yfelan ðam yfelum nu on twa *(die
Wörter ðam yfelum fehlen übrigens in der Cottonschen Hs.);* 334,
23 he dælþ manega & mistlice gemetgunga eallum his gesceaftum; 336, 12. Le. 90, 37, § 1 dæle he hwæðre þæt healf cyninge in þa scire þe he ær folgode, healf in þa þe he oncymð.

deman, *bestimmen. Vgl. §§ 75. I. c., 100.* Cp. 200, 1 ðæt
he . . . . him selfum deme swelc wite swelce he wene ðæt his
hlaford him deman wolde. Le. 64, 43 ne dem þu oðerne dom
þam welegan, oðerne þam eormen, ne oðerne þam liofran, and
oðerne þam laðran ne dem þu.

don, *(an)thun, zufügen u. ä. Vgl. §§ 71. m., 100, 117.* Be.
477, 45 ealle ða witu ðe him man dyde; 486, 30; 493, 18; 508,
26; 510, 28; 513, 25. Or. 54, 22 æt ðære pinunge þe he ðæm
folce donde wæs; 148, 2; 262, 25; *Thorpe* 446, 1 *(vgl. § 72. g.).*
Cp. 2, 10 þa ðeowutdomas þe hie Gode don sceoldon; 98, 12;
136, 5; 138, 11; 142, 25; 200, 24; 224, 16; *usw.* Bo. 68, 23
hu micelne teonan ge doþ Gode eowrum sceppende; 80, 22, 23;
108, 15; 320, 20, 21. So. 167, 19 þu þe . . . . simle us good
dest; 184, 29. Ps. 9, *ü.* þæt his sunu and eac oðre fynd him
ne mihton eall þæt yfel don; 14, 4; 16, 4; 17, 45, 48; 30, *ü.*
Le. 58, 12 do hiere gyfta . . . ., gif he hire þara nan ne do;
66, 5. *Vgl. auch § 67. Anm. 1.*

eawian, *zeigen.* So. 189, 33 he wot hwæt he me eawian wile.

eowan, *zeigen. Vgl. beim Akkusativ § 101.* Cp. 152, 19 ða
eowde he me ane duru beinnan ðæm wealle; 397, 17 ðam un-
halum læcedom eowde.

eowian, *zeigen. Vgl. beim Akkusativ § 101.* Be. 589, 17

eowodon me ða wunde ðæs snides; 615, 6. Cp. 272, 4 hwelce
hie hie selfe utane eowigen mannum; 314, 19; 449, 31; *usw.*
Bo. 194, 15 þe ic þe ær gehet þæt ic ðe eowian wolde; 250,
10; 268, 18. So. 186, 2 þonne eowað he hyt swiðe feawum
mannum; 189, 20.

   facian, *erwerben.* Or. 152, 6 Pirrus him for þam swiþost
fylste, þe he him selfum facade Mæcedonia anweald (= his se
Pyrrhus . . . . jungit, sperans Demetrium Macedonia posse de-
pelli).

   fæstan, *fasten.* Cp. 316, 1 eall ðæt ðæt ge fæston & weopon . . ., ne fæste ge ðæs nauht me (= cum jejunaretis et plan-
geretis . . ., numquid jejunium jejunastis mihi). *Vgl. §§ 18. d., 102.*

   fetigean, *holen.* Be. 541, 24 he sceolde Oswio ðam cyninge wif fetigean Eanflæde *(es kann hier auch der Dativ zu wit
gezogen werden,* = *als Weib für O.).* So. 163, 10 fetige him
þar ma *(refl.).*

   findan, *finden.* Vgl. beim Akkusativ § 102. Be. 536, 25 heora
ða nænig him ænige helpe findan mihte; 566, 26 bæd he þæt
he him & his leodum bisceop funde & sealde.

   forbeodan, *verbieten.* Vgl. §§ 74. d., 102. Be. 620, 9 ic
him forþon ða ðenunge forbead. Or. 196, 8 þeh þa senatus him
hæfden þa dæd fæste forboden. Cp. 459, 1 ða forbead he him
ðæt yfel. Ps. 11, 4 hwylc hlaford mæg us forbeodan urne willan;
33, 13 forbeode his tungan ælc yfel.

   forberan. 1. *vorziehen.* Be. 573, 10 þætte nænig bisceop
hine oþrum forbere (= praeferat); 637, 8 he mynsterlif ðam
weoruldlife forbær (= praetulit).

   2. *nachgeben, hingehen lassen.* Vgl. § 102. Cp. 222, 6 he
ætiewde . . ., ðætte ðæm monnum ðe we for geðylde hwæt forberan sculon, ðæt we hie . . .; 19; 294, 1 swæ him mon ær
geðyldelicor forbær hiera irre; *ähnlich* 9 *(vgl. zu diesen beiden Stellen Sohrauer, a. a. O., S. 8, der him refl. fa/st);* 397, 5; 403,
27. Bo. 314, 12 þæt ða wæron ungesæligran, ðe him *(= denen)*
hiora yfel forboren wære.

   forbindan, *zubinden.* Cp. 104, 8 ne forbinde ge no ðæm
ðerscendum oxum ðone muð.

   forceorfan, *zerschneiden. Vgl. beim Akkusativ § 102.* Or. 178,
23 þa forcurfon hie him þa twa ædran on twa healfu þara
eagena.

   fordician, *verbauen, verlegen. Vgl.* forsettan. Cp. 360, 4
ðæt he us ðone weg fordicige (= eis iter . . . abscidit); 383,
23 ðylæs hie himselfum fordikigen ðone weg ðære bote (= viam
sibi abscindant).

   foreberan, *vorziehen.* Be. 579, 8 & he sundorlif & munuclif wæs foreberende eallum ðam weolum & arum ðæs eorþlican
rices (= praeferens).

   forecweðan. 1. *vorhersagen. Vgl. beim Akkusativ § 102.* Be.

514, 13. se man sepe ðe ðyslice gife . . . . ðe towearde fore-cwyþ.

2. *vorsagen.* **Be.** 615, 13 ða het he se bisceop him silla-bas & word forecwepan (= *proponere*).

foregielpan, *sich sehr rühmen (einer Sache vor jem.).* **Or.** 182, 14 nu we sindon cumen . . . to ðære genihtsumnisse þe hie us ealneg foregielpað þæt ure ne sien ðæm gelican; *B.-T. giebt bei* foregilpan *nur die Stelle in der Überschrift, die gleich erwähnt werden soll;* Thorpe *übersetzt:* to the abundance that they are always boasting of before us. [saying] that ours are not like to them; *er scheint also* fore *vom Zeitworte zu trennen und als nachgestellte Präposition zu* us *zu ziehen. Vgl. die Über-schrift dieses Abschnittes:* 4, 18 hu Orosius sæde þæt he wære cumen to ðæm godan tidan, þe Romane est fore gulpon; *hier ist wohl* fore — *das hier auch von* Sweet *von* gulpon *getrennt gedruckt ist — in der Bedeutung „wegen" zu* þe *zu ziehen. Sollte dies auch an der ersten Stelle zu thun sein, so dafs zu übersetzen wäre: „wegen deren sie sich uns gegenüber rühmen [und sagen], dafs unsere denen nicht gleichkämen"? Bock (a. a. O., S. 17) hält us für einen „rein ethischen Dativ". Vgl. auch § 102.*

foresecgan, *vorhersagen. Vgl. § 69. k.* **Be.** 541, 17 ðæt se biscop Aidan ðam scypfarendum ðone storm towardne fore-sægde; *ähnlich* 607, 7. **Cp.** 162, 14 ðonne he ðæm ryhtlicum ingeðonce his hieremonna foresægð ða dieglan sætinga ðæs lyte-gan feondes.

foreseon, *besorgen (etwas für jem.); stets als wörtliche Über-setzung von lateinischem* pro- *oder* praevidere. **Be.** 493, 29 seo gifu ðæs halgan gerynes . . . . lifigendum & ðam ongytendum mid mycle gesceade is to foreseonne (= sancti mysterii gratia . . . viventibus atque discernentibus cum magna discretione pro-videnda est; *Miller:* . . . is to be provided with much discre-tion for those who are alive & sensible); 565, 8 þæt he him on his biscopscire geriscne stowe foresæge & sealde (= ut in dioc-cesi sua provideret et daret ei locum in quo . . . .; *über die Form vgl.* Sievers, Gr.² § 391. 2. Anm. 5: „Statt sāwon findet sich in nicht streng ws. Texten auch* sǣgon"; *dem entsprechend steht hier also im Konj.* sæge *statt* sawe); 627, 27 in digle an-corstowe code, ða se abbud him foreseah (= quam praeviderat abbas; *B.:* forgeaf).

foresettan, *vorsetzen. Vgl. § 75. II. b. c.* **Be.** 624, 23 monige ealdormen wæron heora ðeode foresette (= praepositos). *Vgl. über eine andere Bedeutung § 102.*

forgifan. *Vgl. § 74. e.* — 1. *geben, gewähren, erlauben.* **Be.** 483, 19 þæt hi him andlyfne & are forgeafen for heora gewinne; 484, 6; 485, 2; 486, 29; 487, 16; 494, 20, 21; 502, 29; 511, 36; 539, 2; 550, 19, 40; 582, 10; 584, 33. **Cp.** 134, 14 ðonne ða hadas . . . ðære halgan endebyrdnesse bioð forgifene ðæm

widgillan wegum hiora agenra lusta (= deditae; *ergeben*); 146,
4; 220, 21. **Bo.** 60, 29 ðe . . . us ealle ða god forgeaf; 150,
26; 152, 3; 206, 16; 238, 9; 352, 22. **So.** 170, 3 forgyf me
þonc creft; 5; 176, 15; 193, 3, 9. **Le.** 96, 7 æt his medder,
þe wære to æwum wife forgifen his fæder; 43.
    2. *vergeben, verzeihen. Vgl. § 102.* **Or.** 140, 16 þæt þa se-
natum forgeafen þæm suna þone gylt; 250, 15; 258, 27, 28. **Bo.**
310, 15 him biþ buton gewyrhtum forgifen hiora yfel. **Ps.** 31,
6 þu me þa forgeafe þæt unriht minra scylda.
    forgyldan, *vergelten. Vgl. §§ 75. I. e., 102, 118. II.* **Or.**
30, 7 hy him æfter þæm grimme forguldon þone wigcræft þe hy
æt him geleornodon; 40, 19; 84, 19; 100, 32. **Ps.** 40, 10 to
þam þæt ic him mæge forgyldan þæs lean.
    forhelan, *verhehlen. Vgl. §§ 75. I. f., 102.* **Cp.** 459, 26
ne forhilð ða diogolnesse ðæs godcundan wisdomes ðæm dysegum. **Ps.** 37, 9 min granung þe nis na forholen.
    forlætan. 1. *hinterlassen.* **Be.** 479, 31 Constantinus . . .
ðam godan Casere . . . his rice forlet; 508, 16; 549, 38; 563,
15; 635, 5; 645, 11.
    2. *erlauben, vergeben, verzeihen.* **Be.** 553, 21 he smylte mode
& bliþe him eall forlet. **Cp.** 162, 20 ne him nohte ðon ma ne
beoð forlætna his agna synna; 423, 31. **So.** 190, 8 ðu hæst me
forlætan · þa unrotnesse (?); *die Stelle ist unklar, sinngemäfser
wäre wohl* forboden *statt* forlætan. *Vgl. § 102.*
    forsettan, *verlegen, Vgl.* fordician. **Be.** 548, 4 tiledon þæt
hi him ðone heofonlican weg forsetton & fortyndon (= inter-
cludere).
    forsittan, *verlegen.* **Or.** 172, 19 him hæfdon Pene þone
weg forseten.
    forslean, *zerschlagen. Vgl. § 102.* **Le.** 104, 73 gif mon
oðrum þa sculdru forslea; 77 gif mon oðrum þa geweald forslea
uppe on þam sweoran *(vgl. Schmids Anmerkung zu dieser Stelle);
ähnlich* 102, 69, 70.
    fortendan, *wegbrennen.* **Or.** 46, 12 þæm mædencildum
hie fortendun þæt swiðre breost foran, þæt hit weaxan ne sceolde.
    fortynan, *verlegen. Vgl. beim Akkusativ § 102.* **Be.** 548, 4
(vgl. forsettan).
    gad(e)rian, *sammeln. Vgl. beim Akkusativ § 103.* **So.** 163,
1 gaderode me þonne kigclas & stuþan sceaftas. **Ps.** 38, 8 hy
gaderiað feoh, and nyton hwam hy hyt gadriað.
    geærendian, *erbitten.* **Or.** 258, 5 *(vgl. über diese fragliche
Stelle § 25. b.). Vgl. auch § 67. b. u.*
    geagnian, geahnian, *aneignen. P.* **Be.** 474, 8 ða Suþdælas
ðysses ealondes him gesæton & geahnodon; *ähnlich* 27. **Or.**
224, 4 se wolde geagnian him þa læssan Asiam; 20; 284, 31.
    gearwian, geearwian, *bereiten, verschaffen. Vgl. beim Ak-
kusativ § 103.* **Cp.** 138, 17 hie sculon ladteowdom geearwian

(*II.:* gearwian) ðæm geleaffullum & him sculon fore bion (=
qui ut sacrum ducatum praebeant, fidelibus praesunt; *Sweet:*
they are to act as guides of believers & govern them); 260, 18
se se þe deadum monnum lif gearwað, & he self lif is, he becom to deaðe (= quod vitam mortuis praeparans usque ad mor-
tem ipse vita pervenit). So. 167, 30 ðu us simle. gearwast
æce lyf.

geawian, *zeigen.* So. 185, 35 he hine wyle swiðe seldon
ænegum men swa openlice geawian.

gebeodan, *anbieten.* Vgl. § 69. *n.* Be. 571, 35 him mycel
feoh & unlytel wiþ ðon gebead. Or. 3, 4 hu Cartaina ærend-
wracan comon to Rome, & him frið gebudon; 94, 27 hie þa
Lacedemoniæ lustlice þære sibbe hirsumedan, for þæm lytlan ege,
þe him mon gebead (þe *geht auf* sibbe); *ähnlich* 98, 30. Cp.
42, 24 ðæs gefarenan broður wif on ðære ealdan æ wæs gebo-
den ðæm libbendan breðer to anfonne.

gebeoran, *tragen, geben.* Be. 493, 30 *(vgl. § 66. l.).*

gebetan, *verbessern, Genugthuung geben, als Bufse geben.*
Vgl. betan *und* §§ 75. *l. h., 103.* Or. 154, 12 bædon þæt him
man gebette þæt him ðer to abylgðe gedon wæs. Le. 76, 10
hundtwelftig scill. gebete þam were; *ähnlich* 82, 3.

gebodian, *anzeigen. Vgl. §§ 69. o., 103.* Le. 74, 3 gehcal-
den hi hine XXX nihta, & hie hine his mægum gebodien;
ähnlich 94, 42, § 1.

gebrytnian, *verteilen.* Cp. 318, 20 ðætte hie ða endebyrdnesse & ða ðenunga hiora hieredum gebrytnige (= disper-
tiens).

geceosan, *erwählen. Vgl. beim Akkusativ § 103.* Be. 567,
19 he wæs ðurh eall meodum & Gode gecoren; 602, 38 he him
sylfum wununesse & wic geceas on ðam oft ewedenan mynstre;
622, 24 ða geceas he him geferan. Or. 3, 9 he him geceas Bizantium þa burg; 56, 29 ac gecuron him anne scop to cyninge;
116, 4 þa geceas he him ane burg wið þone sæ.

gecweðan, *bestimmen, gestalten. Vgl. beim Akkusativ § 103.*
Le. 66, 7 buton æt hlafordscarwe, þam hie nane mildheortnesse
ne dorfton gecwaðan.

gecyþan, *anzeigen, verkündigen. Vgl.* cyþan *und §§ 69. p.,
103.* Be. 563, 24 æfter ðon ðe he ðone intingan his sibfætes ðam
Apostolican Papan gecyþed hæfde. Or. 178, 11 wolde . . . him
þæt anwyrde eft gecyþan. Cp. 80, 3 ðæt he on his life gecyðe
lifes weg his hieremonnum; 90, 3. Ps. 30, 24 he . . . gecydde
his mildheortnesse me. Le. 64, 42 gecyðe hit him; 96, 4.

gedælan, *austeilen. Vgl.* dælan *und § 103.* Be. 528, 21
bebead þæt mon ðone disc tobræce to styccum & ðam þearfum
gedælan (*Miller:* gedælde); 627, 23. Or. 240, 16 þa for Julius to Rome, & abræc hiera maðmhus, & eall gedælde his firde
þæt þærinne wæs.

gedeman, *bestimmen. Vgl.* deman *und §§ 75. l. j., 103.* **Le.**
66, 7 æt hlafordsearwe, þam hie nane mildheortnesse ne dorfton
gecwæðan, forþam þe God Ælmihtig þam nane ne gedemde þe
hine oferhogodon *(H.:* nane mildheortnesse; *das entspricht auch
dem Lateinischen:* quia Deus Omnipotens nullam (sc. pietatem)
adjudicavit contemptoribus suis; *Schmid aber übersetzt falsch:
weil der allmächtige Gott über die nicht richtete, die ihn verach-
teten).*

gedon, *thun, zufügen, gewähren. Vgl.* don, *§§ 42. c., 71. r.,
103.* **Be.** 514, 33 ne wile he ðe owiht laþes gedon; 525, 17;
534, 34; 584, 30. **Or.** 7, 17 hu God gedyde Romanum his
mildsunge; 92, 19, 36; 128, 15; 142, 8; 148, 14; 166, 21; 218,
9; 276, 14 him Romane gedydan ænne gyldenne scield, þære
dæde to weorðmynte; 290, 30. **Bo.** 26, 21 ða ilcan þe ðe gedydon nu þas gnornunga. **Ps.** 36, 5 he þe gedeð fultum.

gedreogan, *zufügen.* **Cp.** 346, 18 maran demm gedrigð
him selfum mid ðæm lote (= multo majus merebitur supplicium).

geearnian, *erwerben. Vgl. §§ 11. a. d., 103.* **Cp.** 246, 12
ðæt hie her on worlde . . . him geearnigen ða ecean hælo (=
ne oportunitatem salutis in perpetuum promerendae despiciant).

geedniwian, *erneuern, wiederherstellen. Vgl. beim Akkusativ
§ 103.* **Be.** 485, 6 ðam healtan geongan his stæpe he geedni-
wade; 8 he him geedniwode ðone stæpe rihtes geleafan (= re-
cuperarit). **Ps.** 15, 5 þu eart se þe me geedniwodest min rice
(= qui restituisti mihi haereditatem meam).

geeowan *und* **geeowian,** *zeigen.* **Bo.** 130, 24 hu ne is
þe nu genog openlice geeowad þara leasena gesælþa anlicnes.
So. 166, 3 þu þe nelt þe eallunga geeowian openlice nanum
oðrum buton þam þam þe geclænsode beoð on heora mode. **Le.**
68, 10 ic þa Ælfred eallum minum witum þas geeowde.

gefæstnian, *bestimmen, gleichsam: vermachen. Vgl. beim Akkusativ § 103.* **Or.** 244, 23 hiene hæfde Julius him ær mid gewritum gefæstnod, þæt he æfter him to eallum his gestreonum
fenge.

gefeallan, *durchs Fallen verursachen.* **Or.** 72, 11 nugiet
todæge hit is on leoðum sungen hwelcne demm hie Romanum
gefeollan. *Vgl. Lenz, Partikel ge, S. 13.*

gefeohtan, *erfechten. Vgl. beim Akkusativ § 103.* **Or.** 82,
26 þa . . . þe hie betst getriewdon þæt him sceolde sige gefeohtan.

gefremian *und* **gefremman,** *verschaffen. Vgl. beim Akkusativ § 103.* **Be.** 506, 26 betwih ða oþre god ðe he his leodum
ðurh geþeaht gefremede (= conferebat; *Miller:* conferred);
632, 31 ne miht ðu me ofer ðisne dæg ænige helpe ne geoce
gefremman (= conferre; *Miller:* give).

gegæderigan, *sammeln. Vgl. beim Akkusativ § 103.* **Bo.** 278,
7 ic þe wolde gegæderigan manigu spell & manega bisna.

gegearwian, *bereiten, verschaffen. Vgl.* gearwian *und § 103.*
Be. 506, 31 wolde he ðam gescyldnesse gegearwian (= prae-stare); 508, 8; 555, 38; 594, 24; 598, 31; 609, 14.

gegierwan *und* **gegyrian,** *bereiten. Vgl. beim Akkusativ § 103.* **Or.** 42, 11 hu he his agenne sunu his godum to blote acwealde, & hine him sylf siððan to mete gegyrede; · 52, 24 hu se cyning het his sunu ofslean, & hiene siþþan þæm fæder to mete gegierwan. *In beiden Fällen kann der Dativ auch zu* to mete *gezogen werden. Vgl. auch § 239. b. α. αα.*

gehalgian, *heiligen, weihen. Vgl. beim Akkusativ § 103.* — 1. *jemanden für (zu) etwas oder jemandem weihen.* **Be.** 510, 3 he ðære cyricean for hine oðerne biscop gehalgode; *ähnlich* 563, 22; 626, 21; 556, 19 wolde his dohter Gode forgifan & gehalgian; 40 he . . . hi gehalgode eecre clænnysse. **Cp.** 196, 20 ðæt hie slogen Gode gehalgodne kyning.

2. *etwas jemandem.* **Be.** 504, 23 het . . cyricean . . . ge-halgian S^ce. Paule ðam Apostole; 28; 593, 1 efenfeola ða æf-terfyligendan (sc. winter) heo æþellicor in munuclife Drihtne ge-halgode. **Cp.** 352, 16 hiora hondu wæron gehalgode Gode.

gehatan, *verheissen, versprechen. Vgl. §§ 27. b., 69. q., 103.* **Be.** 480, 26 him gehetan eaþmode hyrnysse; 484, 20; 514, 7, 24; 546, 29. **Or.** 252, 30 Abrahame wæs gehaten Cristes cyme; 254, 3; 288, 25. **Cp.** 70, 23 hio gehæt him æghwæs genoh; 182, 5; 186, 16. **Bo.** 2, 12 he gehet Romanum his freondscipe; 8, 25; 140, 18; 142, 21; 182, 2; 194, 15; 262, 16; 366, 25. **So.** 163, 18 ðe he us gehaten hefð; 24; 168, 33 (gehec!); 180, 5, 10, 34; 189, 4; 192, 32. **Ps.** 4, 7 þe us man gehæt; 43, *u.*

gehealdan, *verwahren, belassen. Vgl. beim Akkusativ § 103.* **Be.** 493, 8 for fremsumnysse his arfæstnysse him geheold wæstm-bærnysse tuddres (= reservavit); 579, 21 ðæs ealles nowiht him sylfum wæs gehealdende. **Bo.** 292, 20 symle biþ se beah godes edleanes þam godum gehalden on eenesse. **Ps.** 30, 21 seo my-celnes þinre swetnesse, þe þu hæfst gehyd & gehealden þam þe þe ondrædað.

gehefgian, *erschweren. Vgl. beim Akkusativ § 103.* **Cp.** 158, 21 ðonne hie willað him selfum ðæt yfel ðæt hie ðurhtugon to swiðe gelihtan, ðæt hie ðonne ondrædeu for ðæs lareowes ðrea-unge ðæt hie hit him gehefgien.

gehrespan, *zerreissen (?).* **Ps.** 43, 12 þa þe us hatiað, hy us gegripað, and him sylfum gehrespað (= eos (!!) qui oderunt nos, diripiebant sibi).

gehydan, *verbergen, verwahren. Vgl. beim Akkusativ § 103.* **Ps.** 30, 21 (*vgl.* gehealdan).

geicean, *vermehren. Vgl. beim Akkusativ § 103.* **Cp.** 290, 25 oðrum he wolde geicean ðæt him wana wæs.

geiewan, *zeigen.* **Cp.** 38, 4 him geiewde his goldhord.

gelænan, *leihen.* **Cp.** 387, 12 on ðæt ðe him her gelæned bið.

gelæran, *lehren.* **Vgl.** §§ *103, 117.* **Be.** 604, 17 gehyrdon ða ðe him gelærde wæron (= ea quae dicerentur audirent).

gelæstan *leisten, ausführen, thun, zufügen.* **Vgl.** §§ *70. i.,* *193.* **Or.** 82, 12 þeh hie him eft facen gelæsten; 122, 15 noldon eow gelæstan þæt hie eow beheton; 16 to gelæstanne eowre aþas þæm þe . . . . **Bo.** 118, 17 þæt þu hi me gelæste; 140, 20; 182, 1; 366, 25. **So.** 180, 9 ic ðe gelæste þæt ic þe gehet; 35.

geleanian, *belohnen.* **Vgl.** *beim Akkusativ § 103.* **Bo.** 310, 16 þa . . . þe him (= *denen*) biþ hiora yfel geleanod be heora gewyrhtum.

gelihtan, *erleichtern.* **Vgl.** *beim Akkusativ § 103.* **Cp.** 158, 20 (*vgl.* gehefgian).

gemænsuman, *mitteilen.* **Vgl.** *§ 71. u.* **Be.** 487, 14 ða ðing . . . . þæt ge eac swylce wylladon us ða gemænsuman (= ea nobis quoque communicare desiderastis); 644, 13 ðone wisdome . . . . lustlice . . . Angelfolcum cyþde & gemænsumede.

gemetgian, *mäfsigen.* **Vgl.** *beim Akkusativ § 103.* **Cp.** 100, 16 he ongeat ðæt he oferstag hiene selfne on ðære sceawunge ðære godcundnesse, & eft hiene selfne ofdune astigende he cuðe gemetgian his hieremonnum (= quia et semetipsum noverat contemplando transcendere, et eundem se auditoribus condescendendo temperare); *Sweet übersetzt:* he knew how to let himself down again to the level of his disciples; *Alfred hat den Sinn offenbar nicht ganz verstanden; ist vielleicht „his hieremonnum" als Dat. comm., aufzufassen, und der Satz so zu übersetzen: niedersteigend wufste er sich zu mäfsigen für seine Jünger?* **Bo.** 364, 24 gif hi þonne þone midmestan weg arediad willaþ, ðonne scylan hi selfe him selfum gemetgian þa winsuman wyrde & ða orsorgan, þonne gemetgaþ him God þa reþan wyrde.

genacodian, *entblöfsen.* **Ablativischer Dativ!** **Be.** 567, 24 he . . . . hine (*refl.*) middangeardes ðingum to ðon ongyrede & genacodade, þæt he . . . . (= se mundi rebus exuit).

geniman. **Vgl.** *beim Akkusativ § 103.* — 1. *nehmen.* *R.* **Or.** 44, 27 hie him þær eard genamon. **Cp.** 160, 7 ðæt he him gename ane irene hierstepannan; 9 genim ðe ane tiglan; *ähnlich* 162, 22.

2. *wegnehmen.* **Vgl.** *dazu Erdmann, a. a. O., II. S. 214.* **Or.** 112, 12 he . . . . him ðæt an genam, þæt he self hæfde.

geondettan, *beichten.* **Vgl.** andettan. **Cp.** 102, 21 ðætte ða þe him underðiedde sien, him durren hiera diglan ðing for scome geondettan.

geopenian, *eröffnen, verkünden.* **Vgl.** §§ *69. r., 103.* **Cp.** 90, 10 mid nanum ðingum nyllað geopenian ðæm syngiendum hiera

unryht; 242, 19. **Bo.** 110, 25 heo swiþe hraþe þa Mod þe geopenaþ ðinra getreowra freonda and eac þinra feonda.

geotan, *giefsen*. *Vgl. beim Akkusativ § 103.* **Be.** 492, 8
ðæt hi . . . ðam ælmihtigan Gode heora bena & gebodu sendan
& geotan (= omnipotenti Deo preces fundant).

geræcan, *reichen*. Cp. 467, 24 ic ðe bidde ðæt ðu me . . .
sum bred geræce.

gereccean, *erzählen, erklären*. *Vgl. §§ 69. s., 103.* **Bo.** 14,
4 ær þu þe self hit me gerehtest; 248, 15; 250, 5; 328, 6. **So.**
198, 23 þu hyt me hefdest genoh swætele gereaht; 201, 15 (ge-
reihte!). **Le.** 104, 77 buton him witan ryhtre & mare gereccan
(Schmid übersetzt: zuerkennen).

gesceawian, *zeigen*. *Vgl. beim Akkusativ § 103.* **Be.** 530,
2 he him wolde arlic bisceopsetl gesceawian (*B.-T. und Miller:*
provide).

gesceppan, *schaffen, bestimmen*. *Vgl. beim Akkusativ § 103.*
Be. 597, 22 he ærest gescop eorþan bearnum heofon to rofe
(der Dativ kann hier auch zu to rofe *gezogen werden).* **Bo.** 376,
8 hit him swa gesceapen wæs þæt hi ne moston elles don.

gesecgan, *sagen, nennen*. *Vgl. §§ 69. l., 103.* **Be.** 477, 30
gesage me ðinne naman. Cp. 150, 24 he hit him ðeah swigende
gesæde.

gesellan, gesyllan, *geben*. *Vgl. § 103.* **Be.** 476, 18 gesealde him westdæl middaneardes. **Or.** 34, 24 hi geara gehwilce
þone fiftan dæl ealra hiora corðwæstma þæm cyninge to gafole
gesyllað; 54, 11; 96, 23, 27; 118, 29; 170, 27; *usw. usw.* Cp.
192, 4 ðonne hafast ðu oðrum men ðin wed geseald. **Bo.** 32,
1 hie me habbað gesealdne heora wlencum. **Ps.** 17, 38 me hine
gesealdest. **Le.** 60, 21 geselle þam hlaforde XXX scill. seolfres;
74, 8; 80, 2; 88, 33; 98, 47; 104, 77.

gesettan, *einsetzen, einrichten*. *Vgl. § 103.* **Be.** 498, 33 he
ðær him sylfum eardungstowe gesette & eallum his æfterfyligendan; 546, 3 he him lareowas gesette æfter Cantwara ðeawe. **Or.**
4, 27 Romane him *(refl.)* gesetton dictator; *ähnlich* 68, 2; 70, 1;
usw. **Bo.** 112, 18 se ilca gesette unawendendlicne sido & þeawas & eac gecyndelice sibbe eallum his gesceaftum; *ähnlich* 114,
19; 200, 6. **Ps.** 24, 7 forþam gesette God æ scyldiendum on
heora wegum (= propter hoc legem statuit delinquentibus in
via; *der Bindestrich zwischen* æ *und* scyldiendum *bei Thorpe ist
natürlich zu streichen*); *ähnlich* 10; 26, 13.

Anmerkung: Eine andere Bedeutung hat gesettan *an folgender Stelle:* **Or.** 274, 23 Ualerianus for mid fierde ongean Sa-
pan Persa cyning, & þær gefongen wæs; & siþþan he wæs Sa-
pan þæm cyninge to ðon geset (= *unterworfen?*) oþ his lifes
ende, þæt he swa oft sceolde stupian swa he to his horse wolde,
& he þonne se cyning hæfde his hrycg him to hliepan.

gesittan, *einnehmen. R. Vgl. § 103.* **Be.** 474, 8 (*s.* geagnian).

gestrynan, *erwerben.* **Be.** 551, 35 (*vgl.* begitan); 552, 40 *(ebenso).* **Cp.** 8, 11 he moncynnes mæst gestrynde rodra wearde (*Sweet:* he gained over most of mankind to the Guardian of heaven).

getacnian, *zeigen, verkünden. Vgl. §§ 71. x., 103.* **Or.** 248, 12 se ele getacnade miltsunge eallum moncynne. **Cp.** 256, 8 ðurh ða mettrymnesse getacnað se lichoma ðæm mode ðone ungesewenan engel þe him togeanes stent.

getæc(e)an, *zeigen. Vgl. §§ 71. y., 103.* **Bo.** XII, 11 hu se Wisdom hæfde getæht þam Mode þa anlicnessa þara soþena sælþa; 48, 24; 120, 17; 184, 17; 194, 19; 196, 18; 228, 13; 268, 20; 272, 10; 366, 26. **So.** 170, 1 getæc hit me; 17; 174, 2 (gætecan!); 175, 34; 177, 29 (hic = hit); 180, 35. **Ps.** 24, 7 him getæceð his wegas; 12; 31, 9; 49, 24.

getellan, *zuschreiben. P. Vgl. beim Akkusativ § 103.* **Or.** 34, 19 to þon þæt hi hiora agnum godum getealde wæron þæt sint diofolgild, nales þam soþan Gode.

geteohhian, getiohhian, getihhian, *bestimmen. Vgl. beim Akkusativ § 103.* **Bo.** 292, 12 ac hit is nanum men getiohhod, ac is eallum monnum (*Cardale und Fox:* offered); 352, 9 ðæs edleanes angin, ðe him God getihhod hæfþ. **Ps.** 9, *ü.* þancode þæt his sunu and eac oðre fynd him ne mihton eall þæt yfel don, þæt hi him geteohod hæfdon; *ebenso* 9, 14; 16, 13.

geþafian, *gestatten, erlauben, gewähren. Vgl. §§ 33. a., 74. g., 103.* **Be.** 565, 22 him eall Angelcynn hyrnysse geðafode. **Cp.** 142, 22 ðæm hie geðafiað ðyllic; 397, 5; 459, 1. **Bo.** 82, 11 ne mæg forbugan, þæt he þæt ilce yfel ne geþafige oþrum monnum, þe he ær oþrum dyde (= qui, quod ipse in alio potest, ne id in se alter valeat, efficere non possit). **Ps.** 43, 13 þu us geþafodest him to metsianne swa swa sceap (= dedisti nos tamquam oves escarum; *oder gehört* us *als Akkusativ zu* metsianne?). **Le.** 74, 6 gif . . . him mon þæt geþafian wille.

geþeodan, *hinzufügen. Vgl. §§ 71. z., 103.* **Be.** 592, 31 ic hit forþon hluttorlice & untweogendlice gelyfde urum ðam cyriclican stære to geþeodenne & into gesettanne (= inserendam); 621, 2; 637, 42.

gewearnian, *vermeiden. R. Vgl. § 75. l. p.* **Be.** 515, 11 he him ða sætnunge ða gewearnode ðæs unholdan cyninges (= regis sibi infesti insidias vitavit; *hiernach wäre anzunehmen, dafs* him *zu* unholdan *gehöre, was anderseits die Stellung verbietet*).

gewrecan, *rächen (etwas an jem.). Vgl. beim Akkusativ § 103.* **Or.** 256, 7 þeh hit eallum þæm folcum of oþrum londum swa swiþe gewrecen ne wurde swa hit oft ær wæs.

gewyrc(e)an, *machen, einrichten. Vgl. beim Akkusativ § 103.* **Be.** 486, 38 het him ute setl gewyrcean; 605, 23 geworhte he

him nearo wic & wunenesse. **Or.** 2, 7 se argeotere geworhte
anes fearres onlicnesse þæm æþelinge; 82, 2 hu we mægen ....
us selfum betst word & longsumast æt urum ende gewyrcan;
168, 28 him þær raðe fæsten geworhte.

geyppan, *eröffnen.* *Vgl. beim Akkusativ § 103.* **Le.** 84, 22
gif mon ... cyninges gerefan geyppe eofot (= si quis ... prae-
posito regis proclamationem ostendat).

gieldan, *bezahlen, entrichten.* *Vgl. §§ 70. k., 103, 118. II.*
Or. 18, 16 on þæm gafole, þe ða Finnas him gyldað; *ebenso* 44,
19; 54, 14. **Cp.** 334, 19 ðæt we him gielden scylde; 338, 11;
425, 2. **Bo.** 324, 15 þæt hiora ælc gulde oþrum edlean. **Ps.**
7, 4 him gulde yfel wið yfle; 21, 23 ic gylde min gehat Drihtne;
34, 12. **Le.** 76, 3 gielde, cyninge þara medrennæga dæl; 86, 28.

gifan, *geben.* **Be.** 488, 17 him Bryttan sealdan & geafan
eardungstowe; 488, 19. **Or.** 180, 12 hie hit him on þæt gerad
geafon, þæt hie .... **Cp.** 40, 22 þe him God .... geaf; 44,
5; *usw.* **Bo.** 58, 2 æt þam gifum, þe ðu cwist þæt seo wyrd
eow gife; 158, 5; 292, 27; 310, 31; 374, 14. **So.** 177, 6 þe ðe
egðer gyfð; 179, 32; 192, 2, 5. **Ps.** 33, *ü.* for þæm gifum, þe
he him geaf.

habban, *haben.* *Vgl. §§ 16. f., 104.* **Or.** 20, 1 þa habbað
him sylf cyning *(reflexiv = die haben einen König für sich; ob
das* him *in diesem und in ähnlichen Fällen wirklich noch als reflexiver Dativ aufzufassen ist, läfst sich mit Sicherheit nicht bestimmen; vgl. § 239. b.);* 36, 20 hie hine heom for god hæfdon:
112, 20 hie woldon of ælcerre byrig himself anwald habban; 152,
24 him hæfdon siþþan ealle þa anwealdas þe hie ealle ær hæfdon; *so ähnlich noch* 274, 14; 282, 12; 296, 6. **Bo.** XII, 10
ne he eft him næfþ ðæt þæt he ær wende; 90, 20 he habban
sceal to þam tolum þam þrim geferscipum biwiste *(Cardale:*
besides the tools, provision for the three classes). **Ps.** 44, 14
habbað him þæt to mæstum gylpe, þæt .... *(hier kann him
allerdings auch zu* to gylpe *gezogen werden).* **Le.** 60, 22 gelde
swelc neat swelc þæron (= wæterpyt) befealle, & hæbbe him
þæt deade *(Schmid: „und behalte für sich das tote Rind");* ähnlich 23 & hæbben him þæt weorð gemæne — *wo* him *auch von*
gemæne *abhängen könnte (vgl. § 59. e.); und im selben Abschnitte
noch:* & hæbbe him eall þæt flæsc.

halgian, *heiligen, weihen.* *Vgl.* gehalgian *und § 104.* **Be.**
479, 23 cyricean timbredon & halgodon ðam halgum martyrum.

healdan, *behalten, verwahren.* *Vgl. beim Akkusativ § 104.*
Be. 489, 24 fram eallum unalyfednyssum heora heortan & tungan & lichoman Gode ælmihtigum clæne healdan (= conservent;
*hier tritt der Dativ in freier Weise zum ganzen Satze, als Dat.
comm.; Miller:* in the sight of God Almighty); 490, 19 heora
woruldgod, ðe hi agon, him healdaþ, ða ðe ... (= servant);

527, 19; 606, 28. **Ps.** 16, 14 þæt, þæt hi læfon, healdan heora bearnum.

helan, *verheimlichen.* *Vgl.* *§§ 75.* *I. s., 104.* **Be.** 477, 19 þone forhycgend ura goda ðu me helan woldest; 604, 22. **Bo.** 388, 23 ne mæg ic ðe nauht helan þæs þe ic wat. **So.** 192, 8 ne hel hyt me; 202, 12.

iewan, *zeigen.* **Be.** 572, 25 ða ywde ic him sona ða ylcan boc. **Cp.** 184, 26 gif he hit him iewe.

ingelædan, *einführen.* *P.* **Be.** 576, 37 oþþæt he openien-dum heofonum ingelædded wæs (= donec caelis patentibus intro-ducta); *wäre nicht diese lateinische Verbindung, so könnte man ab-soluten Dativ annehmen, wie Miller zu thun scheint, wenn er übersetzt:* till the heavens opened and it was carried in; *in Wirk-lichkeit hängt aber der Dativ hier von* ingelædan *ab.*

lædan, *zuführen.* *Vgl.* *beim Akkusativ § 106.* **Be.** 591, 8 he sceolde cyninges ðegnum heora andlyfene & mete lædan; 624, 22. **Ps.** 35, 10 læt forð þine mildheortnesse þam þe þe witon, and þine rihtwisnesse þam þe synt rihtes modes.

læfan, *hinterlassen.* *Vgl.* *beim Akkusativ § 106.* **Cp.** 4, 15 ðurh ðone hie begeaton welan & us læfdon. **Bo.** 48, 13 eallne þone welan . . . . hi læfað fræmdum to brucanne; 92, 12. **Ps.** 38, *ii.* nytan, hwam hi hine (= welan) læfað; 48, 9. **Le.** 94, 41 se mon se þe bocland hæbbe, and him his mægas leafden (*H.:* læfdan).

læran, *lehren.* *Vgl.* *beim Akkusativ §§ 106, 117.* **Be.** 487, 8 hi sona him lifes word . . . . bodedon & lærdon; *ebenso mit* bodian *zusammen:* 34; 510, 12; 549, 32; 604, 13; *mit* secgan *verbunden:* 565, 41; 554, 17 se him & his hiwum godcunde lare lærde; 625, 33. **Or.** 162, 27 þe hi him lærende wæron. **Cp.** 303, 7 sua hwæt sua we him anðer oððe lean, oððe læra wiellen.

lean, *vorwerfen, tadeln.* *Vgl.* *beim Dativ § 66. f., beim Ak-kusativ § 106.* **Cp.** 132, 5 gif he self drohtað on ðæm eorðlicum tielengum þe he oðrum monnum lean sceolde; 303, 7 (*vgl.* læran).

leanian, *belohnen.* *Vgl.* *beim Dativ § 67. ii., beim Akkusa-tiv § 106.* **Cp.** 336, 20 gif we nauht ðæs ne doð þe us mon mid gode leanian ðurfe. **Bo.** 352, 24 þæt hi scyle ðam godum leanian hiora god.

licettan, *vorspiegeln.* *Vgl.* *beim Akkusativ § 106.* **Cp.** 54, 16 ðonne hit ðencð fela godra weorca to wyrccanne, & ðæt licet oðrum monnum.

liefan, *erlauben.* *Vgl.* *beim Dativ § 74. j., beim Akkusativ § 106.* **Cp.** 4, 6 þa þa we hit nohwæðer ne selfe ne lufedon ne eac oðrum monnum ne lifdon; 457, 33 ða liefde he him ðone gielp to sumre hwile, & forbead ðæt yfel.

miðan, *verbergen.* *P.* *Vgl.* *§ 22. j.* **Be.** 604, 23 (*vgl. über diese Stelle § 60. b.).*

nemnan, *nennen. Vgl. beim Akkusativ § 108.* **Be.** 620, 4 ðæs Mæssepreostes naman him nemde. **Bo.** 290, 14 þe ic ðe ær nemde. **So.** 200, 10 on þære bec, þe ic þe ær nemde.

niman, *nehmen. Vgl.* geniman *und beim Akkusativ § 108.* **Be.** 535, 4 ðær hælo gyfe him sylfum & heora freondum niman ongunnon. **Cp.** 405, 11 gif hwele wif forket hiere ceorl & nimð hire oðerne.

ofaceorfan, *abschneiden. Vgl. beim Akkusativ* accorfan *§ 97, und § 109.* **Or.** 76, 31 seo cwen het þa ðæm cyninge þæt heafod ofaceorfan; *ebenso* 198, 29; 218, 12; 242, 17. **Le.** 88, 32 him mon accorfe þa tungan of; 102, 66 gif men sie se earm . . . . ofacorfen.

ofadrincan, *forttrinken.* **Or.** 80, 10 þæt hie mehten him þurst ofadrincan.

ofaslean, *abschlagen. Vgl. beim Akkusativ § 109.* **Or.** 290, 14 þæt him mon aslog þæt heafod of. **Le.** 98, 47 gif mon men ,eage ofaslea; *ähnlich* 48; 49; 102, 71 gif monnes eage him mon ofaslea.

ofateon, *entziehen. Vgl. beim Akkusativ § 109.* **Cp.** 170, 19 hie sculon simle stician on ðæm hringum, & næfre ne moton him beon ofatogene.

ofergesettan, *setzen über.* **Cp.** 126, 17 ðæt hie beoð oðrum broðrum ofergesett; 196, 1 ðara . . . ., þe him ofergesette bioð.

offrian, *opfern. Vgl. § 66. g.* **Cp.** 64, 1 þæt nan mon . . . ne offrode his Gode nanne hlaf. **Ps.** 49, *ii.* hy ofredon Gode heora nytenu; 15 ofriað Gode þa offrunge lofes.

ofslean, *abschlagen.* **Be.** 638, 26 ðær him mon sceolde þæt heafud ofslean.

ofteon, *entziehen. Vgl. §§ 31. e., 71. ee.* **Be.** 623, 23 he hine *(refl.)* ofteah ðære fore (= subtraxit se illi profectioni). **Cp.** 314, 22 hie ðearfendum monnum sellað hiora ondlifene ðone dæl, þe hie him selfum ofteoð. **Bo.** 38, 4 ic ðe geongne gelærde swelce snytro swylce manegum oþrum ieldran gewittum oftogen is.

onbeodan, *anzeigen. Vgl. §§ 69. y., 109.* **Be.** 488, 23 se ylca . . . onbead Gregorio ðam Papan ða ðe on Breotene gedon wæron. **Or.** 244, 32 he forlet Octauianuses swostor, & him selfum onbead gewin & openne feondscipe.

onbestælan, *überführen. P. Vgl. § 37. i.* **Le.** 60, 15 and hit hym onbestæled sie. *Das Wort fehlt bei B.-T.*

ondrædan, *fürchten. Vgl. §§ 75. l. aa., 100.* **Cp.** 158, 15 ðonne ge eow selfum ondrædað ðæt, ðæt ge on oðrum tælað. **So.** 202, 26 se yfela welega þe on helle tintregum ondræd hys freodum þa ylcan witu þe he gearnoð hæftde.

ongeniman, *fortnehmen. Vgl.* ongeneoman *in § 109.* **Bo.** 94, 24 eall ða sceard ðe heo him ongenumen hæfþ.

ongeslean, *schlagen.* **Be.** 480, 30 him mycel wæl ongeslo-

gan (= magnam eorum multitudinem sternens); 482, 20 hi him
ða micel wæl ongeslogan (= inimicis strages dare coeperunt).
ongewrecan, *rächen.* *P.* **Bo.** 314, 13 þa, þe him hiora
yfel ryhtlice ongewrecen wære.
ongyrwan, *entblöfsen.* *Ablativischer Dativ.* **Be.** 540, 35
ungyrde hine ða his sweorde; 547, 34 he wæs lichoman ongyrwed; *ebenso* 631, 5; 567, 24 (*vgl.* genacodian). *Vgl. §§ 40. w., 109.*
onlænan, *leihen. Vgl. § 34. c.* **Cp.** 350, 13 ic iow onlæne
ða gewitendan. **Bo.** 30, 2 þa hi þe onlænde wæron.
onsendan, *zusenden. Vgl. § 109.* **Be.** 472, 2 ða he me ealle
onsende; 480, 28; 501, 29. **Or.** 194, 30 þæt se him þone ren
to gescildnisse onsende; 206, 2; 242, 18. **Ps.** 19, 2 onsende
þe fultum.
onstellan, *aufstellen. Vgl. § 109.* **Cp.** 102, 6 he onstalde
(*H.:* astealde) on ðæm (*Sweet:* thus) bisene ðæm reccerum.
onstyrian, *erregen, verursachen. Vgl. § 109.* **Be.** 645, 23
hi mycle fyrhto onstyredon ˙ðam monnum.
onteon, *anziehen. R.* **Or.** 88, 20 se him wæs onteonde˙
ealdordom ofer þa oþere.
ontynan, *öffnen. Vgl. beim Akkusativ § 109.* **Be.** 575, 12
him ða stowe wæs ontynende.
onwegahebban, *wegnehmen.* **Be.** 493, 7 he ða ðam menn
undeadlicnysse onwegahof (= abstulit).
onwendan, *abwenden. P. Vgl. § 109.* **Bo.** 24, 24. nan gewuna ne mæg nanum man (= men) beon onwended; 380, 11
swa fæste . . . þæt hit næfre þinum willum onwended weorþe.
onwreon, *enthüllen. Vgl. beim Akkusativ § 109.* **Be.** 512,
24 ðe him iu seo godcunde arfæstnys onwreah; 514, 36; 567,
20; 607, 4. **Ps.** 36, 5 onwreoh Gode þine wegas.
openian, *eröffnen, zeigen.* **Be.** 498, 23 ðam ðe he ðæs
heofonlican rices wuldor . . . openede & cyþde; 606, 20.
opdon, *ausschlagen.* **Le.** 60, 19 gif hwa oðrum his eage
oðdo (*H.:* ofdo).
opfæstan, *anvertrauen.* **Bo.** 16, 10 se þe þonne wile hwilc
sæd opfæstan þam drium furum. **Le.** 62, 28 gif hwa oðfæste
his friend fioh; 80, 17; 82, 20.
opgripan, *entreifsen.* **Be.** 622, 19 gif wen wære þæt he
ðær hwylce mihte deofle opgripan & to Criste gecyrran (= erep-
tos Satanae).
opiewan, opewan, *zeigen. P. Vgl. § 71. jj.* **Or.** 2, 23
hu Romanum wearð an wundor opiewed; 134, 35 (oðewed);
156, 33.
opþringan, *austreiben, entreifsen,* **Or.** 136, 15 hu hie him
mehten þæt lif opþringan.
opwitan, *vorwerfen, tadeln. Vgl.* ætwitan *und §§ 66. j., 109.*
Be. 472, 32 þæt he me þæt ne otwite (!). **Or.** 182, 15 to þæm
godan tidun, þe us Romane opwitað. **Cp.** 26, 14 him swelc

oðwat; 208, 22; 266, 14. **Bo.** 44, 23 ne meaht þu nu git þinre wyrde nauht oþwitan. **Ps.** 31, 2 eadig byð se wer, þe him God ne oðwit his scylda.

ræcan, *reichen*. **Be.** 507, 14 forhwon ne ræcst ðu us ðone hwitan hlaf; 526, 26 call ða weoruldgod . . . sona he ða gefeonde ðearfum rahte & sealde.

reccean. *Vgl. §§ 68. e., 69. cc., III.* -- *1. reichen.* **Be.** 489, 27 call þæt ofer biþ to lafe . . . arfæstum & godum is to recceanne & to syllanne.

2. *erzählen, erklären.* **Be.** 507, 34 ða rehton hi him & sægdon sum halig spell. **Bo.** IV, 19 hu he him rehte bispell bi þære sunnan; XII, 30 þæt him God reahte ðurh hine þæt þæt he rehte; 180, 29; 246, 27; 256, 17; 260, 7; 298, 21; 318, 15. **So.** 181, 4 ic hyt ne rehte gyt þe on þa wisan, þe þu . . . .

sceawian, *zeigen.* *Vgl. beim Akkusativ § 112.* **So.** 164, 31 gyf ðu enigne godne heorde hæbbe . . ., sceawa hyne me.

scencan, *zu trinken geben.* *Vgl. §§ 75. I. cc., 112.* **Cp.** 451, 24 ðonne scenceð he ða scylde mid ðære bysene ælcum ðara ðe him ænges yfles to wenð.

sculan, *schulden.* **Cp.** 56, 8 ðynceð him ðæt se hie him niedscylde sceolde se se hie him salde.

secan, *suchen.* *R.* *Vgl. beim Akkusativ § 112.* **Be.** 481, 20 ða sohtan heora gewinnan him sarwe; 530, 28 he him fultum sohte. **Or.** 100, 26 sece him ðonne self þæt.

secgan, *sagen, erzählen.* *Vgl. §§ 69. ee., 112.* **Be.** 472, 9 fela hi me sædon; 13; 477, 20; 487, 9; 519, 6; 556, 39; 577, 33; 597, 34; 606, 20. **Or.** 17, 31 fela spella him sædon þa Beormas; 44, 13; 184, 27; 202, 7 þa wæs Hannibale . . . þæt andwyrde swiþe lað, & him unþanc sæde þæs andwyrdes; 254, 14; *usw. usw. usw.* **Cp.** 34, 18 he him sæde . . . his undeawas; 206, 1; 212, 9; 294, 4. **Bo.** IV, 24 sæde him bispell; 8, 27; 40. 16; 66, 21; 212, 19; 362, 28. **So.** 171, 14 sege hit me; 177, 18; 182, 2; 192, 9, 25; 196, 14. **Ps.** 16, 4 ne ic furðum nanum menn ne sæde eal þa earfoða; 18, 2; 26, 7; 28, 7; 43, 1; 47, 11. **Le.** 66, 4 þæt hi eow þæt ilce secgan.

sellan, syllan, *geben.* *Vgl. beim Akkusativ § 112.* **Be.** 474, 14 we magon eow sellan halwende gepeahte; 21; 477, 15; 481, 13; 483, 17; 484, 3; 486, 8; 487, 15; 566, 26; *usw. usw.* **Or.** 5, 35 hu Romane scaldon Gaiuse þæm consule seofon legian; 102, 28; 110, 2; 112, 11; 116, 15; 118, 27; 122, 13; *usw. usw.* **Cp.** 4, 4 þe ðe God sealde; 56, 8; 80, 24; 84, 22; 248, 21; 250, 24; 260, 12; 284, 12; *usw. usw.* **Bo.** 6, 16 ðe ic þe ær sealde; 10, 22; 34, 18; 52, 17; 156, 4; 170, 11; 194, 21; 304, 25; 326, 30; 372, 18. **So.** 166, 31 þe þu us sealdest; 33; 167, 1, 3, 4, 22 (sillest), 26 (silst); 168, 32; 169, 16 (sile); 170, 2 (sile); 171, 1 (sile); 191, 35 (scealde!). **Ps.** 2, 8 ic þe sylle þeoda; 4, 7, 8; 8, 6; 12, 6; 13, 11; 15, 1; 24, 10; 27, 5, 6.

Le. 58, 4 þa þe Drihten sealde; 11; 60, 23; 62, 35, 39; 68, 2; 74, 2; 84, 23; 94, 41.
    sendan, *senden. Vgl. beim Akkusativ § 112.* **Be.** 471, 9 ic
ðe sende þæt spell; 492, 8; 498, 2, 16; 520, 17; 563, 20. **Or.**
162, 8 Cartaginenses sendon fultum Tarentinum; 170, 21. **Cp.**
8, 14 me his writerum sende. **Ps.** 20, 3 þu sendest his heafod
kynegold (= posuisti in capite ejus coronam; heafod *mufs also
wohl zu* heafde *geändert werden*); 33, *ü.; ganz eigentümlich, und
wohl nicht mit* sendan *zu verbinden, steht ein Dat. comm.* 39, 2
he . . . sende on minne muð niwne sang [þæt is lofsang] urum
Gode (= immisit in os meum canticum novum, hymnum Deo
nostro; *also: d. h. einen Lobgesang für unseren Gott; der Dativ
hängt gleichsam von* lof *ab*).
    settan, *setzen, einrichten, erschaffen. Vgl. beim Akkusativ
§ 112.* **Bo.** 78, 19 gif ge nu gesawen hwelce mus þæt wære
hlaford ofer oþre mys & sette him domas. **Ps.** 48, 12 ac þes
weg, and þeos orsorgnes þyses andweardan lifes him set witu
on þam toweardan (= haec via eorum scandalum ipsis; *Luther:
dies ihr Thun ist eitel Thorheit*). **Le.** 58, 11 þis synt þa domas,
þe þu him settan scealt; 72, 5 we settað æghwelcere cirican
þis frið.
    singan, *singen. Vgl. §§ 75. I. ee., 112.* **Be.** 575, 5 ðær ða
gewunelican lofsangas Drihtne sungon; 597, 12 Cedmon, sing
me hwæthwegu; 606, 41 he Gode onsægednesse bær & mæssan
sang. **Ps.** 29, *ü.* Dauid sang þysne . . . sealm þam Gode, þe
. . . .; 32, 3 singað him niwne sang.
    stellan, *stellen, geben. Vgl. § 112.* **Cp.** 190, 12 ðonne he
oðrum yfle bysene steleð.
    strewian, *streuen, vorbereiten.* **Cp.** 102, 14 he strewede
ðone weg ðære onhyrenesse ðæm godum lareowum (= imitatio-
nis videlicet viam bonis rectoribus sternens).
    swerian, *schwören. Vgl. §§ 69. ff., 112.* .**Or.** 190, 32 on
þæt gerad þæt he him aðas sworan.
    tacnian, *zeigen, bezeichnen. Vgl. §§ 71. mm., 113.* **Cp.** 196,
22 hwæt tacnað us ðonne Saul buton yfle hlafordas.
    tæc(e)an, *zeigen, lehren. Vgl. §§ 71. nn., 113.* **Be.** 534, 28
him mon setl tæhte *(= man bot ihm einen Sitz an); ebenso* 639,
35; 564, 4 tæhte ða ðam Papan . . . . sumne gedefne munuc.
Cp. 40, 12 hie hie sceoldon monegum tæcean. **Bo.** 248, 27
ðeah þu me tæhtest ær þa duru; 308, 1; 332, 3; 382, 16. **So.**
174, 1 nat ic, hu hyt þu me þi þar (?) tæcce; 20; 179, 33; 187,
5; 201, 17. **Ps.** 4, 7 hwa tæcð us teala?
    talian, *anrechnen. Vgl. § 113.* **So.** 184, 21 ne talige ic þe
þeah þæt to nanre scylde.
    tellan. *Vgl. beim Akkusativ § 113.* — 1. *anrechnen.* **Be.** 493,
25 we ðonne þæt sylfe sar & wite hyre on synne tellaþ. **Cp.**
78, 1 hu he . . . nowuht him selfum synderlice wilnige, ac his

nihstena god he sceal tellan him selfum (= nihil quoque proprium quaerere; sed sua commoda propinquorum bona deputare;
Sweet: not desire to appropriate anything to himself only, but
reckon the prosperity of his neighbours as his own). **Bo.** 64,
23 gif þu nu wenst þætte wundorlice gerela hwelc weorþmynd
sie, ðonne telle ic þa weorþmynd þæm wyrhtan þe hie worhte,
næs na þe (*Cardale:* then ascribe I the honour to the artificer).
2. *erzählen*, *sagen*. **Bo.** 44, 18 eall þæt ic þe ær tealde;
294, 3 þe ic ðe ær tealde on ðriddan bec.

teohhian, *bestimmen*. **Ps.** 43, 23 hy teohhiað us him to
snædineg-sceapum (= aestimati sumus ut oves occisionis; *Luther: wir sind geachtet wie Schlachtschafe*).

þenian, *reichen*. *Vgl. §§ 70. s., 113.* **Be.** 526, 5 ða ðe sacerdhades wæron him fulluht ðenedon; *ähnlich* 527, 19; 582, 6;
584, 18; 594, 42; 605, 32 þæt ylce wæter oþ ðisne andweardan
dæg eallum ðyder cumendum his heofonlicre gife genihtsumnesse
ðegnaþ. *Das Lateinische hat stets* ministrare.

þurhteon, *vollenden*, *liefern*. *Vgl. beim Akkusativ § 113.* **Or.**
142, 9 hwy nyllað ge geþencan þa monegan ærran (gefeoht) þe
eow Gallie oftrædlice bismerlice þurhtugon.

tigþian, *gewähren*. **Or.** 290, 22 þæt he him aðer dyde
oþþe wiernde, oþþe tigþade; *ganz sicher ist nicht, ob der in dem
konjunktionalen aðer steckende ursprüngliche Akkusativ zu den beiden letzten Zeitwörtern zu ziehen ist; da er aber offenbar zu* dyde
gehört, wird er wohl auch zu den anderen gehören.

timbrian, *bauen*. *Vgl. §§ 42. Anm., 113.* **Be.** 474, 32 ne
scypene his neatum ne timbreþ; 566, 41 sealde him . . . fiftig
hida landes . . . him minster on to timbrianne on ðære stowe
ðe is nemned Ætbearwe; *das Lateinische hat hier nichts Entspre-
chendes; ich beziehe* him *als refl. Dat. comm. zu* timbrian.

toætycan, *hinzufügen*, *vergröfsern*. *Vgl. §§ 71. pp., 113.* **Be.**
580, 6 toætycton lengeo ðære ðryh twegra fingra gemet; 581, 31
ðyssa rime twegen bisceopas toætycte.

todælan, *verteilen*. *Vgl. beim Akkusativ § 113.* **Be.** 489,
19 hi wæron todælende heora weoruldgod syndrigum mannum.
Cp. 372, 19 ðæt mon ða godcundan spræce ðære mengio ðæs
folces todæle.

toforlætan, *zulassen*, *gewähren*. **Or.** 34, 35 þeah God
langre tide wille hwam hys willan toforlætan; 132, 23 him eft
his rice toforlet for his þegnscipe. **Bo.** 114, 4 he him þæt ge-
rum his wealdleðeres toforlæt.

togeþeodan, *hinzufügen*. *Vgl. § 71. nn.* **Be.** 597, 27 ðam
wordum sona monig word . . . togeþeodde. **Bo.** 110, 8 ælcne
þara, ðe *(Dativ)* hio hi *(refl.)* togeþiet.

tosendan, *zusenden*. **Be.** 527, 24 ðære ðeode, ðe he to-
sended wæs; 29 ðam lareowe, ðe hi him tosendon.

9*

tosprecan, *sprechen zu.* **Be.** 552, 25 ðas word . . . . ðam cyninge . . . tospræc.

underþeodan, *unterwerfen.* *Vgl. beim Akkusativ § 114.* **Be.** 475, 9 he Wihte ealond ðam Romaniscan cynedome underþeodde; 18; 482, 27; 510, 17; 581, 33; *usw. usw.* **Or.** 264, 25 he underþiedde Romanum eall þa folc þe him niwlice geswicen hæfdon; 284, 5; *usw. usw.* **Cp.** 34, 11 mon bið þære earfoðnesse lareowdome underðided; 38, 8; 46, 15; 78, 7; *usw. usw.* **Bo.** 88, 15 næs him no þy læs underðeod eall þes middangeard; 110, 20; 146, 16; 338, 8; 370, 23. **So.** 167, 14 þæt we underþieddan urne lycuman ure mode; 168, 6 ðe ys ælc god sawl underþæd. **Ps.** 17, 45 me swylc folc underþydes; 46, 3.

unscogean, *entschuhen.* *P.* **Cp.** 44, 14 ðonne bið us swiðe fracuðlice oðer fot unscod. *Vgl.* anscogean *in § 118. I.*

untynan, *öffnen.* *Vgl. beim Akkusativ § 114.* **So.** 167, 22 us geledest to þære dura & us ða untynst; 169, 29 untin me þine dura.

utbringan, *herausbringen.* **Cp.** 102, 2 he sceawode ða digolnesse ðære godcundnesse & ðonon utbrohte ðæm folce.

utræcan, *ausliefern.* **Le.** 74, 3 gif he self his wæpno his gefan utræcan wille (= si inimicis suis arma sua reddiderit).

wiernan, *verweigern.* **Or.** 290, 22 (*vgl.* tigþian). *Vgl. aber auch §§ 18. l., 31. g., 115.*

wilnian, *wünschen.* *Vgl. §§ 11. l., 25. d., 115.* **Cp.** 78, 1 nowiht him selfum synderlice wilnige (*vgl.* tellan; *man könnte den Dativ statt als Dat. comm. auch als von synderlice abhängig denken).*

witan, *wissen.* *Vgl. §§ 14. w, 115.* **Or.** 34, 32 Egipti . . . lytle þoncunge wiston Josepe þæs þe he hi æt hungre ahredde. **So.** 190, 2 nat ic þe nanne betran reð þonne þu ær cwede (= *ich weifs dir keinen besseren Rat?).* **Ps.** 39, 14 min heorte and min mod me forleton, to þam þæt ic me nyste næne ræd (= *so dafs ich mir keinen Rat wufste);* 48, 18 he nyste him nænne þanc, ne Gode ne mannum.

witan, *tadeln, vorwerfen.* *Vgl. § 66. m.* **Or.** 164, 25 hie angunnan hit witan heora latteowum; 220, 9; 260, 22. **Cp.** 206, 19 ic eom swiðe gefionde on Dryhtne, ðætte ge æfre woldon ænige wuht eow selfum witan, ær ic hit eow wite. **Ps.** 21, 2 minum agnum scyldum ic hit wite; 34, 15 ic nyste hwæt hi me witon.

witgian, *vorhersagen.* *Vgl. beim Akkusativ § 115.* **Cp.** 90, 2 eowre witgan eow witgodon dysig & leasunga.

wiþmetan, *vergleichen.* *Vgl. § 71. aaa.* **Be.** 499, 21 swa efne ðæs þe mihte wiþmeten beon Saule iu cyninge Israhela ðeode.

wræcan, *rächen.* *Vgl.* gewrecan *und §§ 66. n., 115.* **Ps.** 9, 34 nu hit wære cyn þæt þu hit him wræce mid þinre handa. *Vgl. Höser, a. a. O., § 14. d.*

wyrc(e)an, *machen, schaffen. Vgl. beim Akkusativ § 115.* Be. 481, 5 hi him wæpno worhton *(refl.)*; *ebenso* 14; 21; 506, 37 he sona mycle wonunge & æwyrdlan wæs wyrcende dære mærwan cyrican weaxnesse. Or. 2, 7 hu se argeotere geworhte anes fearres onlicnesse þam æþelinge; 102, 12; 202, 5; 210, 25. Bo. 366, 12 worhton gode bisne þam de æfter him wæron.. Le. 58, 10 ne wyrc þu þe gyldne godas odde seolfrene.

wyscan, *wünschen. Vgl. § 25. c.* Le. 64, 3 þa Apostolas and þa eldran brodor huelo cow wyscad.

ymbsellan, *legen (etwas um etwas). P. Vgl. beim Akkusativ § 116.* Be. 589, 22 swa swa dy seolfan dæge hire dam ekenum limum hi ymbsealde wæron; 609, 12 swa swa heo dagyta dam lichoman dæs halgan fæder ymbseald wæron.

14. *Über diejenigen Zeitwörter, die neben einem Genitiv* § 79 *der Sache einen Dativ der Person bei sich haben, vgl. §§ 25—34.*
Über den reflexiven Dativ werde ich beim Zeitworte handeln.

D. Der Dativ bei Hauptwörtern.

1. *Der Dativ bezeichnet bei Hauptwörtern, die mit* **wesan** *oder* **weordan** *prädikativ verbunden sind, die Person oder die Sache, für die der Inhalt dieses Hauptwortes Giltigkeit hat.*

a. *Diese Verbindung dient zur Bezeichnung persönlicher* § 80 *Verhältnisse:* Be. 471, 22 ærest me wæs fultumiend & lareow se arwurþa Abbad Albinus; 488, 16 hi wæron him efenceaster-wearan dæs heofonlican rices; 513, 5 hine bæd þæt he . . . him feorhhyrde wære; 540, 8 he wæs eallum rumgifa ge æþelum ge unæþelum; 553, 18 þæt hi . . . yrre wæron & dam cyninge fynd; 571, 34 bæd þæt he him dæs siiþfætes latteow wære. Or. 3, 20 hu under II consulum wurdon Somnite & Gallie of Senno Romanum wiþerwinnan; 6, 6 hu sume Ispanie leode wæron Agustuse wiþerwinnan; 122, 4 on þæt gerad þæt hie him siþþan ece þeowas wæren; 178, 21 þæt hit na geweorþan sceolde þæt se wære leoda cyning se þe ær wæs folce þeow; 208, 15 seo (burg) wæs Romanum underþeow; 210, 12 nan folc, þe him underþeow wæs; 242, 27 ealle Egypti wurdon Juliuse underþeowas. Cp. 54, 2 he bid donne him selfum gewiota, dæt he . . . .; *ebenso* 144, 13; 106, 5 hu se reccere sceal bion dæm weldondum monnum gefera; 200, 20 he is efndeow his deowe; 262, 22 dæt ge Gode geagnudu bearn beon scylen; 360, 1 he bid hiewcudlice diow dæm Godes fionde. Bo. 104, 19 þæt Mod him selfum gewita biþ Godes willan. So. 176, 20 me þincd betere þæt ic forlete þa gyfe & folgyge dam gyfan de me egder ys stiward ge das welan ge eac hys freonscypes.

§ 81   b. *Die prädikativen Hauptwörter sind sächlich oder abstrakt:* Be. 494, 18 wifum heora monaþadle blodes flownys biþ untrumnys; 500, 21 se gast up heofon gesohte, nænig geweald deaþes him sceþþað, ðam oþres lifes se sylfa deaþ me (= ma) is weg (= Spiritus astra petit, leti nil jura nocebunt, Cui vitae alterius mors magis ipsa via est; *die Jub.-Ed. übersetzt:* to which of other life death's self is more the way); 527, 28 þæt hi ðære ðeode hælo beon mihton (ðære ðeode *kann allerdings auch Genitiv sein*). Or. 82, 33 sæde þæt hit þæm cyninge læsse edwit wære; 220, 11 wæron þa (tida) him selfum þa ungesælgestan *(substantivierter Superlativ); ähnlich* 88, 29; 262, 26 seo onsien wearð þa micel wundor Romanum. Bo. 50, 8 heo (= seo stow) is þam monnum eþel þe þæron geborene wæran; 164, 17 hwelc is wyrsa wol oððe ængum men mare daru þonne he hæbbe . . .; 174, 10 hu hefig sorg men beoþ seo gemen his bearna; 326, 23 ða god, þe sceoldon bion edlean godum monnum godra weorca; 352, 3 þæt is swiþe sweotol tacn ðam wisan þæt he . . . . Ps. 15, 1 þe (= *dir)* heora nan nydþerf nis eft on me to nimene; 24, 8 ealle Godes wegas syndon mildheortnes and rihtwisnes ælcum þæra þe his æ secað & his bebodu lufiað. Le. 102, 1 æghwelcere wunde beforan feaxe . . . sio bot bið twysceatte mare; *diese Stelle läfst sich auch so auffassen, dafs der Dativ mehr zu beon gehört, als zum Prädikate.*

§ 82   c. *Auch bei* gestandan *kommt diese Verbindung einmal vor.* Be. 594, 39 heo on hire mynstre ðam andweardum lifes bysne (*Miller:* bysen) gestode.

Andere Zeitwörter, bei denen die Verbindung mit dem Dativ allerdings auch recht frei ist, wo er aber doch mehr vom Zeitworte, als vom Hauptworte abhängig ist, sind bei den Zeitwörtern behandelt; vgl. z. B. § 71. ii. ww.

2. *Präpositionsverbindungen.*   *Bei* wesan, weorðan *und anderen Zeitwörtern, oder in freierer Weise beim ganzen Satze, steht oft ein Dativ, der zu dem von einer Präposition abhängigen Hauptworte gehört.*

§ 83   a. *Bei* on.
α. *Bei* wesan *und* weorðan: Be. 483, 33 hi wæron on myclum ege ðam sylfan landbigengan; 521, 8 him Penda on fultume wæs; 577, 21 me is ðin cyme on myclum ðonce; 631, 37 he monigum monnum . . . . on hælo wæs. Or. 17, 24 him wæs ealne weg weste land on þæt steorbord; *ähnlich* 27; 19, 14, 25 *usw.;* 48, 24 þæt hie eow on fultume beon moten; *ähnlich* 78, 22; 98, 20; 144, 26; 196, 7; 74, 31 him on nanum fultome beon ne mæhte; 90, 11 Darius . . . . Læcedemonium on fultume wearð; 52, 5 ealle þa þe he ondred ðæt him on fylste beon wol-

don; 232, 23 hic mid [ærc wrace [æm adrœfdan on nanum stale beon ne mehton (*B.-T.: they could not be of any assistance to the exile*); 282, 18 heora nan him ne mehte bion nane gode (*hier lesen C, Thorpe, Junius 15 und Barrington: on nanum gode; vgl. aber § 124. Anm.*). **Bo.** 26, 23 [a ilcan [e (*dir*) wæron on stilnesse; *Cardale in der Anmerkung auf S. 413 übersetzt dies wörtlich:* the same would have been to thee in tranquillity, *frei aber auf S. 27:* would have suffered thee to be in tranquillity; = haec eadem tranquillitatis (caussa) esse debuisset. **So.** 178, 9 ic eom ælcum manniscum mode on [am stale, [e seo hawung byð [am eagum.

β. *Bei anderen Zeitwörtern:* **Be.** 482, 39 hi Seaxna ðeode him on fultum gecygdon; *ebenso* 602, 9. **Or.** 17, 9 let him ealneweg [æt weste land on ðæt steorbord (*man kann hier him auch reflexiv auffassen, wie Sohrauer thut, a. a. O., S. 8*); 52, 27 [æs folces [one mæstan dæl fleonde mid calle forlædde, & mid searwe [æm Perseo cyninge on onwald gedyde; 68, 13 aspon Tuscea cyning him on fultum; *ähnlich* 82, 9 (gespon); 90, 7; 96, 5; 106, 3 getugon Somnite him on fultum Pirrusan Epira cyning. **Cp.** 192, 17 ðu eart on borg gegan ðinum friend. **Ps.** 17, 9 he . . . astah me on fultum.

γ. *In freierer Weise zum ganzen Satze gehörig:* **Be.** 557, 2 gebohte tyn hida landes, hire on æhte. **Or.** 234, 22 sende him mon ane blace hacelan angean, him on bismer.

b. *Bei* **to.**   § 84

α. *Bei* **wesan** *und* **weorðan: Or.** 54, 10 him Arpellas . . . . to beswice wearð; 98, 9 heora hryre wearð Ahtenum to aræmesse; 210, 11 seo dæd wearð Romanum to ðæm mæstan hearme. **Cp.** 42, 19 ðis . . . is nu us to bispelle; 272, 19 weorðað hic him to ðy maran sare innan (*vielleicht ist aber hier der Dativ mehr vom Zeitworte selbst abhängig*); 336, 10 ðæt monegum men to nytte weorðan meahte; 352, 9 he sceal weorðan his life to nytte. **Bo.** 258, 26 woldon [æt hit wurde to nytte ðam geherendon. **So.** 198, 15 weorðað eft to ðam ylcan wlite & to [ære ylcan winsumnesse manna bearnum. **Ps.** 21, 5 ic eom worden mannum to leahtrunge & to forsewenesse; 29, 10 he wearð me to fultume; 30, 13 ofer ealle mine fynd ic eom geworden to edwite, and minum neahgeburum swiðost; ic eom worden him to ege, and eallum [am [e me cunnon.

β. *Bei anderen Zeitwörtern:* **Be.** 476, 17 se geceas Maximianum him to fultume his rices; 505, 14 he Clementem him to fultume godcundre lare & him to æfterfyligende gehalgode; 519, 35 hæfde he him to fultume on ðære godcundon ðenunge Jacobum; 556, 30 ða ðe ðam cyninge to fultume coman; 485, 34 ðis gemænelice him to rede gecuron; 35 ðone ðe hi him to biscope gecoren hæfdon; 560, 4 hi begen wæron Norþhymbrum

to biscopum gehalgode; 7 hine mon sceolde him & his hiwum
to bisceope gehalgian; 490, 18 ða sylfan . . . wilniaþ him to
yrfeweardum to habbanne; 544, 24 seo foresprecene wræþstudu
ðam wage to wræþe geseted wæs; 553, 44 hine onfeng æt ful-
luhtbæþe him to godsuna Aeþelwald; 611, 29 ða genamon hi
sumne dæl his feaxes him to reliquium. Or. 4, 27 hu Romane
him gesetton tictator, & Scipian to consule; *ähnlich* 144, 23; 7,
12 Brettanie namon Maximianum him to casere; *ähnlich* 88, 7;
30, 32 hyre agene sunu hio genam hyre to geligere; 34, 34 hi
. . . . hy ealle to nydlingum him gedydon; 162, 19 him to wifum dydon þa þe ær wæran heora hlæfdian; 40, 7 þa hæfdon
monige unwise menn him to worde & to leasungspelle, þæt sio
hæte nære for hiora synnum; 42, 11 he his agenne sunu his
godum to blote acwealde; 52, 16 he nam his nefan him to suna;
64, 26 þætte hi him geuðen hiora dohtra him to wifum to habbanne; *ähnlich* 30; 270, 17 he hæfde twa geswostor him to
wifum; 72, 7 þæt hie hit siþþan mehten him eallum gemænelice
to nytte gedon; 74, 25 gelice & heo wære to bisene asteald
eallum middangearde; 80, 31 þa burgware þe he of oðerum
londe him to fultome abeden hæfde; *ähnlich* 148, 11; 154, 29;
168, 1; 292, 6; 96, 10 Lacedemonie gecuron him to ladteowe
Irrclidis; *ähnlich* 138, 33; 96, 28 hæfdon him to ladteowe ænne
wisne mon; 29 him to gielpworde hæfdon, þæt . . . .; 112, 9
he begeat Arues dohtor him to wife; 114, 29 dyde he him eac
þa ricu to gewealdon; 130, 34 he . . . him to gafolgieldum hie
geniedde; 132, 9 hæfde ealle Indie him to gewildon gedon;
ähnlich 134, 4; 148, 9; 244, 31 him geteah Antonius to gewealdon ealle Asiam; 276, 23 he hi him teah to anwalde; 140, 22
he him þa to fultume com; *ähnlich* 144, 29; 144, 24 asponon
him to fultume Corinthum þa burgleode; 154, 11 þæt him man
gebette, þæt him ðær to abylgðe gedon wæs; 160, 8 hæfdon hie
þa eahteðan (legian) Regiense to fultume gesette; 198, 23 Has-
terbal . . . for . . . . Hannibale to fultume; 36 Scipia . . . Romanum to ræde gelærde, þæt hie . . . .; 224, 30 hu he him to
þeowdome gewylde ealle Ispanie; 242, 32 þæt he . . . hiene him
to friðe gesohte; *ebenso* 228, 13; 250, 14; 256, 2 þe he him to
fultume hæfde acoren; 274, 25 se cyning hæfde his hrycg him
to hliepan. Cp. 26, 3 se weorðscipe ðisse worlde is gecyrred
to weorðscipe ðæm æwfæstestan; 52, 7 hie doð him to lade (*H.:*
leafe) ðone cwide; 76, 13 he bið gesett to bisene oðrum monnum; *ähnlich* 118, 25; 192, 20; 360, 17 hio dyde sciella to bisene his heorðcnihtum; 112, 10 ic ðe gesette eallum Israhelum
to heafde; 120, 19 wolde he hit habban him to agnum anwalde,
& dyde him ðæt riceter to sioda & to gewunan; 140, 1 ða geðohtas, þe he scyle his hieremonnum to nytte habban; 160, 6
he him tæhte to fultome ðæt he . . . .; 220, 4 sio geðyld is
gesett to hierde urre gesceafte *(dies kann allerdings auch Geni-*

tiv sein); 244, 17 he ... deð his agenne unðeaw him to weorðscipe; 246, 8 hie ða trumnesse ðære Godes giefe him to unnytte gehweorfað; 248, 1 hwæt sceal ic ðonne buton ... habban me ðæt to gamene; 274, 4 sio spræc cymð hiera ægðrum
to hurlo; 305, 4 he sohte hine him to latðeowe on ðæm wege;
320, 7 hie sint gesette ðæm hefencundan Gode to ðeningmon-
num; 334, 10 ðis corðe eallum monnum is to gemanan geseald.
Vgl. auch bei blotan, *§ 78.* **Bo.** 28, 21 þu þe selfne to anwealde þam woruldsælþum gesealdest (*Cardale:* thou hast given
thyself up to the power of worldly goods); 36, 24 ic þe me to
bearne genom; 64, 2 ðas eorþlican wæstmas sint gesceapene ne-
tenum to andlifene; 310, 5 þæt mon mæg swiðe eaðe gereccan
mid rihte him to gode. **So.** 167, 32 cum me nu to fultome.
Ps. 1, 4 eall him cymð to gode þæt þæt he deð; 8, 3 þæt he
doð to bysmore þinum feondum; 9, 25 þæt he mæge ... don
him to yfele þæt þæt he wylle; 17, 41 þu me gesettest him to
heafde; 18, *ü.* ðysne sealm Dafid sang Gode to þancunga his
mislicra ... gesceafta; 32, 11 þæt fole þe se Drihten gecyst
him to yrfeweardnesse. **Le.** 62, 29 he ... hæbbe hie siððan
him to wife; 100, 56 þam sceal XXX scill. to bote; 108, 5 þæt
man gislas sylle friðe to wedde.

γ. *In freierer Weise zum ganzen Satze gehörig:* **Or.** 38,
35 þæt deð God to tacne eallum monkynne; 70, 34 crætwæn,
se wæs mid siolfre gegiered, hiora consulum to mærþe; 108, 20
þæm gylte to tacne mon hætt ðæt lond Manfeld; 194, 8 æt þære
ie gewicade, þe ..., eallum Romanum to ðæm mæstan ege; 200,
10 hie wæron flocmælum þiderweard þæm oþrum to fultume;
208, 33 þæt mon theatrum worhte him (= *den Göttern*) to plegan; 214, 17 cyningas .... beforan hiera triumphan drifon, him
to gelpe; 276, 15 him Romane gedydan ænne gyldenne scield,
þære dæde to weorðmynte. **Cp.** 38, 18 sio micle Babilon, þe
ic self atimbrede to kynestole & to ðrymme, me selfum to wlite
& to wuldre; 52, 5 hie gripað ðone cwide ðæs apostoles Paules
hiora gidsunge to fultome; 62, 18 ðæt hie ne weorðen ealdormen to forlore hiera hieremonnum; 84, 1 se sacerd sceolde scinan beforan Gode, monnum to bisene; 102, 24 ðæt hie mægen
fleon to ðæs lareowes mode him to andettunge; 252, 12 be ðys
ilcan is gecweden on kyninga bocum, swæ swæ hit geworden
wæs, & eac us to bisene; 278, 1 hio self fiht wið hie selfe to
fultome ðæm wiðfeohtende; 8 hit .... of his tungan utabirst
to openum bismere ðæm oðrum. **So.** 202, 15 ealle þa godan
hyne gesceð heom to frofran & to gefean & to are & to eaðnesse
& to wuldre, & þa yfelan hyne gesceð swa ylce swa þa godan
heom þeah to wite. **Le.** 98, 44 heafodwunde to bote ....
XXX scill. geselle him mon. **Di.** 60 hu .. Gregorius ... spræc
to his diacone be haligra monna larum .... to lare and to
bysne eallum þam þe ...

§ 85   c. *Bei* for: Cp. 318, 5 he cwæð ðæt hit wære god ðæt
mon foreode flæsc & win for bisene his broðrum.

§ 86   3. *Der besitzanzeigende Dativ (Dativus possessivus).*
Hier behandele ich die Fälle, in denen ein beliebiger, durch
ein Hauptwort ausgedrückter Gegenstand mit einer durch einen
Dativ ausgedrückten Person auf irgend eine Weise — sei es kör-
perlich, sei es anders — verbunden ist; man kann statt des Dativs
stets einen Genitiv des Subjektes oder ein zueignendes Fürwort ein-
setzen; letzteres steht sogar zuweilen noch neben dem Dativ, ich
bezeichne diese Fälle durch ¹. *Durch den Dativ wird der ge-*
schilderte Vorgang sinnlicher, „freier und lebendiger" (Erdmann),
als durch Genitiv oder Fürwort, die Person, die an dem Vorgange
beteiligt ist, wird mehr hervorgehoben — man setze nur einmal in
dem in § 87 gegebenen Beispiele aus Or. (168, 4) statt „him . . .
þa" ein „his" ein.

Wenn überhaupt manche Erscheinungen bei syntaktischen Ein-
teilungen nicht mit voller Sicherheit hier oder dort untergebracht
werden können, so ist dies namentlich hier beim possessiven Dativ
der Fall; vielleicht wäre manches der Beispiele aus den §§ 78 (vgl.
dort z. B. forbindan, forceorfan, forslean, ofaceorfan, ofaslean
u. ä.), 81, 83, 84 hierher zu ziehen.

§ 87   a. *Körperteile:* Be. 477, 10 eode him on hond (= se
militibus exhibuit); 482, 16 heora monige heora feondum on hand
codan; *ähnlich* 484, 5; *bei dieser Redensart ist allerdings die Zu-*
gehörigkeit des Dativs zu on hand *kaum noch fühlbar, da dies*
eben mit gangan *zu einem Begriff geworden ist, so daſs hier auch*
kaum noch ein Genitiv oder ein Fürwort statt des Dativs eingesetzt
werden könnte; 517, 8 nam him spere on hand; *hier könnte man*
him *allerdings auch als reflexives Fürwort zum Zeitworte ziehen;*
ähnlich 546, 32; 553, 35; 567, 26; 628, 43; 478, 17 him to fotum feoll; *ebenso* 515, 21; 37* him ða eagan of his heafde ascuton; 514, 21 sette he mid ða swiþran hand him on þæt heafod; *ähnlich* 515, 19; 611, 17* sum giong mon, ðam unwlitig
swile & atelic his eagan bregh wyrde & wemde. Or. 38, 2 hy
crupon þæm mannum betuh þa þeoh; 66, 1 heora fæderum wæron to fotum feallende; 112, 15 him ðær wearþ oþer eage mid
anre flan utascoten; 168, 4 þa sticode him mon þa eagan ut,
& siþþan him mon slog þa handa of; 120, 31 sceoldon . . .
Somnitum an hand gan; *ähnlich* 134, 18; 196, 27, 34; 198, 14;
124, 31 þa for þæm ciele him gescruncan calle þa ædra; 174,
11 þa wearð hiere mid anum wierpe an ribb forod; 216, 24 þa
slog he anes monnes hors . . . ., þæt him wand þæt heafod of.
Cp. 42, 16 hræce hio him on ðæt neb; *ähnlich* 44, 3; 260, 10;
44, 15 ðonne bið us swiðe fracuðlice oðer fot unscod; 228, 8
þeah he . . . . him ðone stiðan swioran fortræde (*H.:* forbræce);

260, 14 ðæt him mon sette ðyrnenne beag on ðæt heafod. **Bo.**
160, 11 þæt bið gesælig mon, ðe him ealneweg ne hangað nacod sweord ofer þam heafde be smalan þræde. **So.** 202, 30
þæt he myd hys lytlan fingre hym gedripte weteris on þa tungan.
Ps. 22, 7* þu gesmyredest me mid ele min heafod; 44, 11 þær
stent ewen þe on þa swyðran hand. **Le.** 64, 42 gif þe becume
oðres monnes giemeleas fioh on hand.

b. *Seele, Gemüt:* **Be.** 530, 19 ða com him ætnyhstan on   § 88
gemynde, þæt . . .; 536, 26 ða com semninga ðære Abbudissan
on gemynd seo forespreccne molde; 538, 30 me is nu fæstlice
in mode; 549, 2 him to gemynde com, þæt he . . .; 578, 22
hyre becom on mod. **Cp.** 2, 2 me com suiðe oft on gemynd.
Bo. 48, 28* gif him ænigwuht bið wið his willan. **Ps.** 23, 4
þeah hi him on mod cumen.

c. *Die örtliche Nähe bezeichnet dieser Dativ in folgenden*   § 89
Fällen: **Be.** 627, 36 wæs une on ða wynstran healfe geseted;
vgl. 628, 29 gehyrde ic micelne sweg me on bæcling. **Or.** 46, 2
þe him on neawestc wæron. *Vgl. auch das vorletzte Beispiel*
im § 87.

4. *Zum ganzen Satze tritt der Dativ, der sich dann ge-*   § 90
wöhnlich als ein Dat. comm. erklären läfst, in freier Weise an
folgenden Stellen; auch hier gilt wegen der Einordnung das bei 3
(§ 86) Gesagte. **Be.** 561, 15 þæt he riht gelyfde bisceopas ðurh
ealle Brotene Angelcynnes cyricum syþþan hadian mihte; 570,
31 Coloman . . . twa mynstro on Scottum geworhte, oþer ðam
Scottum, oþer ðam Engliscan; *ähnlich* 574, 12; 598, 41 hi me-
nigne incan to him wiston, ac hi him ealle swyþe bliþe mode
wæron (= placidissimam se mentem ad illum habere; *man könnte*
den Dativ auch von bliþe *abhängig denken, vgl. § 55. c.*); 625, 28
Swiþbyrht on Breotone & Willrord mt Rome biscopas wæron
Fresna ðeode gehalgode *(vgl. § 78).* **Cp.** 459, 31 æghwelc ðæra
halgena larcowa, ðe nu lærað on ðære ðisternesse ðisses middangeardes habbað onlicnesse ðæm kokkum, ðe on ðistrum nichtum
crawað. **Bo.** 310, 6 ac þa, þe him bið unwitnode eall hiora
yfel; 9 him bið ungewitnode hiora yfel; 316, 9 sio ðæd him
mote bion unwitnod. **Le.** 58, 3 wyrceað cow syx dagas *(=*
arbeitet für euch); 92, 30, § 2 gif syxhyndum þissa hwæðer gelimpe, þriefcaldlice arise be þære cierliscan bote, twelfhyndum
men twyfcaldlice be þæs syxhyndan bote; *ganz unabhängig steht*
ein Dativ: 106, 3 gif mon cyninges þegn beteo manslihtes . . . .,
gif man þone man betyhð, þe bið kessa maga, ... And swa
ægehwilcere spræce (= et sic in omni causa; *ich übersetze: und*
so sei es mit jeder Sprache, d. h. Anklage).

E. Der Dativ als adverbiale Bestimmung.

Der adverbiale Dativ dient zur Bezeichnung des Mittels oder Grundes, der Art und Weise, der Zeit, und des Ortes. Er ist in allen diesen Fällen der Vertreter eines ursprünglichen Instrumentalis oder Lokalis.

§ 91   1. *Zur Bezeichnung des Mittels oder Grundes dient der adverbiale Dativ in den folgenden Fällen, unter denen sich wiederum einige befinden, in denen man auch an Bezeichnung der Art und Weise denken könnte. Der lateinische Urtext hat in der Regel den Ablativ.* Be. 474, 2 ðis ealond . . . ſiſ ðeoda gereordum ænne wisdom ðære hean soþfæstnysse & ðære soþan heanesse smeaþ & andetteaþ (= quinque gentium linguis); 477, 3 his ðam halwendan trymnyssum wæs gelæred; 479, 13 ða wæron missenlicum cwealmnyssum ðreste & ungeheredre leoma toslitnysse wundade; 481, 4 þæt hi no ma ne mihton for heora gescyldnysse swa gewinnfullicum fyrdu swencte beon (= tam laboriosis expeditionibus posse fatigari; *Miller hat* fyrdum, *und sagt am Fuſse der Seite:* „fyrdū (traces of erased. stroke over u. Interlinear writing has been erased here and often elsewhere); fyrdon *B.“*); 483, 39 ða beotunge dædum gefyldon (= minas effectibus prosequuntur); 506, 39 he . . . . unalyſeddre ſorlegnesse & egeslicre wæs besmiten; 512, 17 ðæt se Papa Bonefatius ðone ylcan cyning onsendum gewritum wæs trymmende to rihtum geleaſan (= missis litteris sit hortatus ad fidem; *man könnte dies auch als absoluten Dativ auffassen, wie* Callaway *thut (vgl. a. a. O., S. 7)*; 526, 29 ac he eall (*Miller:* hit eall) his fotum geeode (= pedum incessu vectus); 535, 20 ealdum ſeoungum hine eac swilce deadne ehton; 536, 15 he misenlicum styrenessum ongan his limu ðræstan; 548, 10 geseah he eac IIII fyr onæled . . . . . nowiht miclum ſæce betwyh him tosceaden; 552, 11 no mihton Godes beon ða ðe manna handum geworhte wæron; 15 wæron . . . fotum tredene; 563, 18 swa swa we on ðysse ærran bec feawum wordum forecwædon; 607, 2 swa swa he seolſa . . . monegum monnum . . . . . digelum wordum openode & cyþde; 568, 37 þa wæs he sona gerinen lichomlicre untrumnysse (= languore corporis tactus est); *ebenso* 575, 35 (gehrinen); 578, 32 seo ær hire ðeowa handum ðyder gelæded wæs; 579, 14 ða wæs he lichomlicre untrumnesse mycelre swyþe ðread; 580, 19 ðæs monungum *(= durch dessen . . .)* he gelæred wæs & geleornode; 583, 3 þære fremsumnesse se B. eallra heora heortan on his luſan gecyrde (= quo beneficio); 5 ðæs ðenunge hi ða hwilendlican god namon & onfengon (= cujus ministerio); 586, 41 ða ðe se hring ealles geares on wurþunge symbeldaga abæde, he eac swylce stafum awrat & on bec gesette (= literis mandando; *mit Buchstaben*); 633, 8 ða gemette ic on hire (= ðære bec) sweartum

stafum & atollicum sweotollice awritene eall ða man; 591, 21
ðære mærsunge wæs geworden þæt ic ær cwæþ (= quarum cele-
bratione); 595, 32 heo bliþe deaþ geseah, & gyt soþre þæt ic
Drihtnes wordum sprece, þæt heo of deaþe ferde to life (= ut
verbis Domini loquar); 40 gehyrde heo . . . hleoþor heora clug-
gan, ðære hi gewunedon to gebedum gecigde & awehte beon
(= sonum, quo); 42 (vgl. § 95); 601, 40 ðylæs . . . . his yrre
. . . . us . . . . hwilendlicum yrmþum rihtlice swence & wæce;
611, 4 ða hrægel, ðam ðe (sc. hi) ðone lichoman gyredon; 612,
2 for ðy feaxe ðæs Godes weres ðam he gehrinen wæs; 614, 39
seþe wære micelre untrumnesse & weþelnesse hefigad; 627, 11
wearð he lichamlicre untrumnesse gehrinen & gestanden; ähnlich
598, 25; 627, 37 oþer dæl wæs weallendum ligum full swiðe
egesfullice, oþer wæs nohte ðy læs unaræfnendlic cyle hagles &
snawes full (wie ich diese Stelle auffasse, habe ich § 3. f. gezeigt);
630, 3 seo dene, ðe ðu gesawe weallendum ligum & ðam stran-
gum cylum egeslice beon; 634, 21 ða wæs se mon geslegen &
gestanden hefigre adle; 640, 24 he ðær læg . . . swa swa dead
mon, nemne ðynre eþunge anre ætywde, þæt he lifes wæs. Or.
256, 11 wyrþigre wrace hie forwurdon ða. Cp. 2, 1 Ælfred
kyning hateð gretan [Wærferð biscep] his wordum luflice &
freondlice; 32, 6 we ðis feawum wordum sædon; ähnlich 72, 20;
178, 12; 370, 12 ðætte hie hie selfe ne geunðwærien ðæm wordum þe hie kærað; 8, 12 mærðum gefrægost; 190, 18 ðæt hie
self hiera selfra gewyrhtum sien clæne. Bo. 22, 5 se superna
wind hwilum miclum stornce gedrefeþ þa sæ; 206, 11 ðu . . .
þas corþan . . . aseowe mistlicum sæde treowa & wyrta; 14 openum eagum ures modes we moten geseon ðonc æþelan æwelm
ealra goda; 358, 15 þanon he welt þam gewealdleþerum ealle
gesceaftu. So. 180, 26 þas sunnan, þe we lichamlicum eagum
onlociað. Le. 100, 52 gif monnes tunge bið of heafde oðres
monnes dædum don; 106, 3 ladie hine XI his gelicena & anum
cyninges þegene (? es wird wohl hier mid ausgefallen sein, das
vorher, und in der anderen Lesart auch an dieser Stelle, steht).
Di. 69 Gregorius ærest wæs sprecende be him selfum þisum wordum.

2. Der adverbiale Dativ bezeichnet die Art und Weise der § 92
Handlung; die Unterscheidung von dem im vorigen § behandelten
Dativ des Mittels oder Grundes ist nicht immer streng zu treffen.
Be. 474, 20 ða geþafedon hi ðære arednesse & him wif scaldon, þæt hi . . . . (= ea solum conditione dare consenserunt,
ut . . . .; doch könnte der Dativ auch von geþafedon abhängen,
vgl. § 74. g.); 486, 33 þæt wif he onfeng fram hire yldrum ðære
arednesse, þæt heo . . .; 478, 32 fram ðære burnan, ðe he ær
drigum fotum ofer eode; 479, 25 ða godcundan geryno clænan
muþe & clænre heortan halgedon & fremedon; 480, 26 wependre
bene him fultumes bædon; 37 wependre stefne him fultumes

bædon; 481, 8 þæt hi . . . fæsten geworhten . . . ., stænenc
weal rihtre stige fram east sæ oþ wæst sæ (= recto tramite;
Miller: in a straight line); 20 þær forhtigendre heortan wunode
dæges & nihtes; 487, 24 hi ðysne Letanian & Antefn gehleoþre
stæfne sungan; 538, 24 he forhtigende & wependre stæfne ðus
wæs sprecende; 566, 5 ða andswarede he eadmodre stæfne;
586, 39 ðeaw ðæs sanges cwicre stæfne . . . sangeras lærde;
589, 12 gehyrdon we ða Abbudissan inne hluddre stæfne cleopian; 600, 43 cuþre st.; 632, 29 earmlicre st.; 484, 7 ðearfendum life *(Schmidt, a. a. O., S. 54 fafst dies, den folgenden Instrumentalis und die eben erwähnten Stellen* 480, 26, 37 *fälschlich
als absolute Dative auf; das Partizip hat adjektivische Geltung
erlangt)* on wuda & on westene & on hean clifum sorgiende
(also hier Instrumentalis!) mode symle wunedon; 16 ealre *(Miller:* ealra) anmodre geþafunge heofonlices fultumes him wæron
biddende (= unanimo consensu); 489, 21 þæt hi godum ðeawum
leofigean under cyriclicum reogole; 490, 15 ðysse gemete we
sculon men ðreagean; 31 eallum gemetum þæt is alyfed; 497,
11 ðrym gemetum biþ gefylled æghwylc syn (= tribus enim modis impletur omne peccatum); 20 eallum gemetum ne biþ ðær
syn ðurhtogen; 491, 22 ðyssum manfullum onsinscype wæron
sæde gemengde (= huic nefando conjugio dicuntur admixti;
*obgleich hier im Lateinischen der Dativ vom Zeitworte abhängig
ist, scheint es mir sinngemäfser, im Altenglischen den Dativ adverbial zu fassen);* 509, 13 halum gongum his modes he glædlice all eorþlic ðing wæs oferhleapende; 15 wæs he lichomlicre
gebyrde æþeles cynnes (= erat carnis origine nobilis; *er war
nach leiblicher Geburt edelen Stammes);* 511, 20 geswippre muþe
licettende ærend wrehte; 595, 42 geseah heo openum eagum;
560, 35 his dædum & ðeawum his geherend trymede & lærde;
568, 14 hi ða ungewerigadre geornfullnysse fylidon & læston;
574, 13 æghwæþer ðara (mynstera) reogollicum ðeodscipum well
gesette; 599, 8 he hluttre mode & bylehwite *(Miller:* bilwitre)
& smyltre willsumnesse Drihtne ðeowde; 602, 10 singalum benum lange bædon; 607, 21 ne geseo wit unc ofer þæt in ðysse
weorulde lichomlicum eagum; *ebenso* 37; 609, 20 he ða se bisceop ðas word . . . mid manegum tearum . . . . & swylce eac
forhtigendre tungan gefylde (= lingua etiam tremente; *hier
könnte auch im Englischen an absoluten Dativ gedacht werden, vgl.
§ 95.);* 629, 17 ne wat ic hwylcre endebyrdnesse wæron wit
on his heanesse; *ebenso* 630, 36. **Or.** 6, 4 hu Octauianus feng
to Romano onwalde hiora unwillum; *ähnlich* 166, 8; 298, 5;
48, 29 þæt ænegu þeod oþre hiere willum friþes bæde; *ähnlich*
206, 30; 280, 30; 296, 34, 35; 38, 29 hi drigan fotan *(die
Form fehlt bei Cosijn)* þæne sæ oferferdon; 132, 22 he hæfde
Poros monegum wundum gewundodne. **Cp.** 32, 20 his agnum
willum he com to rode gealgan; 48, 3 oðer hine his selfes wil-

lum gebead to ðære lare; 445, 17 se ðe his willum for his slæwðe
forlætt his godan weorc; 437, 6 on oðre wisan sint to manienne
ða ðe oftrædlice syngiað, & ðeah lytlum scyldum; 453, 17 swa
swa scearp sweord ða wunde tosceat on tu, & gæð gehalre ecgge
forð; 469, 5 sume hine ketað ofer landscare riðum torinnan;
276, 12 swelce hit eall lytlum riðum torinne; 346, 7 on ðæm
chore bioð monege men gegadrode ænes hwæt to singanne anum
wordum & anre stemne. Bo. XIV, 17 hu we sceoldan eallon
mægne spyrian æfter Gode; ebenso 126, 20; 162, 24; 170, 2;
292, 14; 388, 7; 6, 23 he . . . hit fram bliþum wordum, hwæþer hit . . .; 12, 20 him bliþum eagum on locude; 50, 10 ðe
heora willum [wær on eardigaþ; ähnlich 52, 8; 230, 29, 30; 236,
13; 250, 14, 19; 256, 30; 350, 1; 370, 22; 150, 4 forhwi þu
hit est þinum unwillan forlete; 236, 24 ure gast biþ swiþe wide
farende urum unwillum & ures ungewealdes; ähnlich 250, 23, 25;
56, 23 þæt wit mægen smeaticor sprecan & diogolran wordum;
348, 1 ic þe mæg sume bisne feawum wordum secgan; 286, 1
þæt mon mæge & wille well don swa læssan spedum swa maran, swæþer he hæbbe. So. 165, 18 & gebyde þe feawum wordum; ebenso 193, 6; 186, 24 ic hys uðe ælcum men minum willan; 204, 5 swa swa sum rice man . . . hym habbe hys deorlinga sumne fram adrifen oððe heora begra unwyllum hym si
fram anyd. Ps. 17, 43 hi hyra willum ne heoldon Judea æ;
44, 16 oþþe heora willum oððe heora unwillum. Le. 58, 13 se
þe hine nedes ofsloge oððe unwillum oððe ungewealdes; 88, 1
and þonne ealle forgielden þone wer gemænum hondum.

3. Der adverbiale Dativ dient zur Angabe der Zeit, wann,
auch häufig: wie lange, wie oft (*) etwas geschieht. Be. 472, 9 fram
gehwylcum biscopum & hwylcum cyninga tidum (! = quorum
tempore regum) Eastseaxe ðære gife onfengon Cristes geleafan;
474, 15 þæt we magon oft leohtum dagum geseon; 475, 4 Gaius
. . . hit mid fyrde gesohte & geeode syxtygum wintra ær Cristes
cyme; 28 ðara cyninga tidum wæs se halga wer Eleuðer biscop;
479, 28 ðyssum tidum; ähnlich 481, 30; 482, 5; 499, 18; usw.
usw.; 480, 10 twam gearum ær Romaburh abrocen . . . wære;
41 se wæs cumende ungewenedre tide on herfeste; 487, 11 ða
wisan, ðe we langere tide mid ealle Angelðeode heoldan (=
tanto tempore); ähnlich 522, 21; usw. usw.; 499, 9 æghwylcre
niht heofonlic leoht wæs ætywed; 507, 37 na les micelre tide
æfter ðon ðe heo . . . . .; 508, 13 hine micelre tide ðære deah-
lan neahte . . . swong & þreade; 511, 28 ða wæs ðære ylcan
nihte ðara halgan Eastrena, þæt . . . .; 517, 39 wæron eac gefullade æfterfyligendre tide oþre his bearn; 525, 1 ða eode he
sumre nihte on ise; 535, 21 ðære sylfan nihte; 551, 29 wæron
ðæs ðing ongunnen twam gearum ær Pendan deaþe ðæs cyninges; 554, 31 eallum þam dagum; 558, 31 se sylfa eac swylce

§ 93

ðære æfterfylgendan yldo Hiberniam gesohte *(vgl. Callaway,
a. a. O., S. 5. Anm. 4.)*; *ähnlich* 582, 15 *(? vgl. § 95.)*; 587, 32;
568, 1 swa swa healfre tide fæce (= transacto quasi dimidiae
horae spatio); 577, 3 monegum gearum . . . . ealre hire lichoman ðeninge ofgifen . . . wæs; *usw. usw.* **Or.** *Hier wären alle
Einleitungsätze der einzelnen Abschnitte zu erwähnen,* z. *B.* 28,
25 ær ðæm ðe Romeburh getimbred wære þrim hund wintra &
þusend wintra, *doch vgl.* man *darüber beim Zahlworte den Schlufs
von § 212;* 34, 35 þeah God langre tide wille hwam hys willan
to forlætan, & he þonne þæs eft lytelre tide þolige; 168, 6 uferan dogore; 226, 17 þære ilcan niht; *ebenso* 236, 12; 244, 8*
him mon dyde feower siþan (= siþum; *Thorpe liest* siðon) þone
triumphan. **Cp.** 252, 10 ðæt hie ðonne her on worlde ðolien
earfeðu ðæm timum þe hie ðyrfen; *ebenso* 399, 35; 274, 18 hwelcum tidum him gecopust sie to sprecanne; 280. 12 auðer oððe
eft uferran dogore oððe ðonne. **Bo.** 16, 11 se ðe wintregum
wederum wile blosman secan; 32, 14 se earn . . . up gewit
bufan þa wolcnu styrmendum wederum; 34, 10 þara steorrena,
þe þeostrum nihtum scinaþ; 102, 16 þætte gio dagum gelomp;
314, 17 þæm timum þe ic þa gehere. **So.** 172, 33 ic wot nu
be ðam monan hu he tomorgen ferð & oðerre niht; 177, 12
þam timum þe ic his agyme. **Ps.** 11, 7* swa þæt seolfor þe
byþ seofon siðon amered (= purgatum septuplum). **Le.** 60, 21
gif se oxa hnitol wære twam dagum ær oððe þrim; 72, 5 þæt
hine seofan nihtum nan mon ut ne teo.

§ 94   4. *Zur Bezeichnung des Ortes, wo etwas geschieht, dient der
adverbiale Dativ in folgenden Fällen:* **Be.** 473, 15 ðeos eorþe is
berende missenlicra fugela & sæwihta & fiscwyllum wæterum &
wyllgespryngum (= sed et avium ferax (sc. est insula) terra marique generi diversi. Fluviis quoque multum piscosis, ac fonti-
bus praeclara copiosis; *Miller:* . . . and marine animals, and
(it abounds) in springs and waters full of fish); 474, 1 æfter rime
fif Moyses boca, ðæm seo godcunde æ awriten is (= quibus lex
divina scripta est; *in denen*); 502, 20 us to getacnian, hwylcum
wegum to efestanne sy to ingange his rices; 506, 19 se Cristenesta, se ðyssum ylcum gemærum rice hæfde (= hisdem finibus).
Cp. 387, 9 ða . . . ðe simle habbað ðisse worulde ðæt ðæt hie
wilniað; *dies könnte auch ein partitiver Genitiv sein;* = qui in
hoc quod temporaliter appetunt, prosperantur; *vielleicht kann das
auch der Fall sein in Zeile 5* ða ðe eall orsorglice begitað ðisse
worulde ðæt ðæt hie wilniað, *weil das Lateinische dasselbe hat.*
Bo. 38, 23 þæt hi hit beniman þæs þe him leofast biþ þisse
worulde *(partitiver Genitiv?)*; 168, 5 þeah he seo anum (sc.
lande) gehered, ðonne biþ he oþrum unhered; — *hierher ist
auch zu rechnen:* 318, 1 oþþe he . . . weorþe bæm eagum blind.
Anmerkung: Zur Angabe des Mafses dient ein adverbialer

Dativ an folgenden Stellen: **Be.** 539, 41 sco is tyn milum west-rihte fram Cetrihtworþige; *ähnlich* 542, 29; 552, 31; 556, 22 ða hæþenan ðrittigum siþa mare weorud hæfdon þonne Oswio. **Or.** 210, 22 þæt nan ne sæte hiere X milum neah.

F. Der absolute Dativ.   § 95

Litteratur:

M. Callaway. The Absolute Participle in Anglo-Saxon. Doktorschrift. Baltimore 1889.

Frank H. Chase. The Absolute Participle in the Old English „Apollonius". Mo. La. No. VIII. 486—9.

In der genannten amerikanischen Doktorschrift hat der alt-englische absolute Dativ eine ausführliche Behandlung erfahren. Besprochen wurde sie von „E." in den „Mitteilungen" des 13. Ban-des der Anglia (1891) S. 368 f., und vorher von mir im 16. Bande der „Engl. Stud." S. 395 ff. Ich brauche hier nur Einiges zu wiederholen, was ich schon dort gesagt habe und was sich auf Al-freds Werke bezieht. Vgl. auch Kellner, Hist. Outl. of Engl. Sy. § 409 ff.

Schon früher hatte Mätzner vom angelsächsischen absoluten Dativ gesprochen (Gr. III. S. 73 und 87), aber keine Stelle aus Alfred beigebracht. Dann gab Aug. Schmidt in den „Untersu-chungen über König Aelfreds Bedaübersetzung" eine allerdings un-vollständige Liste der im Be. vorkommenden absoluten Dative (S.53f.); von den übrigen Schriften Alfreds heißt es dort: „Im Orosius . . . habe ich nur wenige Fälle dieser Construction gefunden" — dann führt er die fünf auch von mir gefundenen Beispiele an — „aus der Cura und dem Boethius weiß ich kein Beispiel anzuführen"; dies ist nur in so fern richtig, als im Bo. allerdings keines, in der Cp. aber wenigstens einmal — wenn auch nicht ein absoluter Da-tiv, so doch — ein absoluter Instrumentalis vorkommt (vgl. § 132), wie ich schon in meiner Doktorschrift (Bonn 1888. § 20. 3.) nachgewiesen hatte. Was den Be. angeht, so sind von den von Schmidt als absolute Dative aufgefaßten vier Stellen (480, 26, 37; 484, 7, 8), denen kein lateinischer absoluter Ablativ entspricht, vielmehr die ersten drei als adverbiale Dative, die vierte aber als adverbialer Instrumentalis der Art und Weise zu betrachten (vgl. §§ 92, 129); in der 3. Zeile v. u. auf S. 53 muß es übrigens heis-sen 573, 35 statt 574, 35.

Was Callaways Arbeit betrifft, so stimmt das Ergebnis mei-ner Untersuchung in Bezug auf Alfreds Werke mit dem seinen überein; ich habe nur einige kleine Zusätze zu machen. In dem ersten Abschnitte (Statistics of the absolute participle in Anglo-saxon) fehlen aus Be. drei Stellen, an denen ich absoluten Dativ sehe: **Be.** 543, 1 he geseah swapendum windum ðone leg . . . .

ahefenne (= qui cum ventis ferentibus globos ignis . . . . exal-
tari conspiceret); 570, 7 ac æfter fæce ðær getimbrede cyricean
ðæs eadegestan ealdores ðara Apostola Sc. Petres, ða wæron on
ða his ban geseted (= sed postmodum constructa ibidem ecclesia . . . in eandem sunt ejus ossa translata; *Callaway hat hier
wahrscheinlich* getimbrede *für die 3. Sg. Praeter. gehalten und
an Auslassung des Subjektes gedacht)*; 601, 20 forþon be gewyrhtum ðisse stowe & heora eardigendum hefig wræc of heofonum
grimsiende ligum is gegearwod (= unde merito loco huic & ha-
bitatoribus ejus gravis de caelo vindicta flammis saevientibus
praeparata est); *Miller liest an der letzten Stelle* grimsiendum
legum *und übersetzt:* therefore deservedly his heavy vengeance
by furious flames from heaven prepared for this place & its in-
habitants; *er fafst also den Dativ als Dativ des Mittels auf; dasselbe thut er auch an der ersten Stelle, wo er übersetzt:* he saw
the flames . . . . carried up by the sweeping winds. *Obgleich
diese Auffassung nicht geradezu falsch ist, glaube ich doch, dafs
absoluter Dativ auch an diesen Stellen anzunehmen ist, zumal das
Lateinische den absoluten Ablativ hat.* — *Zu* Be. 585, 27 *(S. 5)
bemerke ich, dafs ich das* foregesettendum ðam godspellum *der
Hss., dem lateinischen* praepositis evangeliis *entsprechend, durch*
foregesettum *ersetzen möchte, was Miller auch wirklich thut; das
kurz vorher zweimal stehende* (fore)sittendum *wird dem Übersetzer
(Schreiber? Drucker?) noch gegenwärtig gewesen sein.* — *In* Be.
622, 17 ymbliðendre Breotone (= circumnavigata Britannia) *möchte
ich* ymbliðendre *als Schreibfehler für* ymbliðenre *ansehen; Callaway (S. 5) sagt auch: „ymbliðendre* a scribal error for *ymbliðenre?"* *Nach Miller haben allerdings alle Hss. ein* d, *das aber
in* T. *über der Zeile steht; Miller übersetzt:* by sailing round
Britain. — *Zu* Be. 565, 10 ðæt Ðeodorus se Arcebisceop gondferendum ealle Angelcynnes cyricum . . . . (= ut Theodoro
cuncta peragrante, Anglorum ecclesiae . . . . coeperint . . .) *weifs
ich auch keinen besseren Ausweg als* Callaway, *der (S. 6. o.) statt*
gondferendum gondferdum *als richtig vermutet; Miller liest:*
ðæt Þeodorus se arcebiscop gondferend ealle Angelcynnes cyricean . . . . .; *Ca. hat nach ihm* gondferendū, *B. aber:* Þeodoro
ðam arcebyscope geondfarendum; *den Übersetzer scheint die lateinische Satzverbindung hier ganz verwirrt zu haben, und die Schreiber suchten sich, jeder auf seine Weise, aus der Not zu helfen.* —
Be. 570, 12 *(S. 6)* ne weotendum oþþe no gymendum ðære hyr-
dum ðære stowe; *hier ist das erste* ðære *wohl zu* ðæm *zu ändern, was Miller wirklich thut.* — Be. 566, 24 *(S. 6. u.)* þam
forþferdum Gearomonne bisceop (= mortuo Jarumanno) *ist
wegen des* þam, *für das Miller allerdings* þa *liest, und wegen
des fehlenden Dativ-e bei* bisceop *merkwürdig.* — *Zu Callaways
Äufserung zu* Be. 569, 25 to heora mode gelæddum ðærre forh-
tiendan tide hwonne . . . (= reducto ad mentem tremendo illo

tempore quando . . .): „gelæddum instead of gelæddre, by the influence of reducto before the translator came to tide, the translation of tempus?" — bemerke ich, dafs ich denselben Gedanken gehabt habe. Anderseits könnte gelæddum auch durch den Dativ mode beeinflufst sein, was auch Miller annimmt, der gelæddre druckt und in einer Fufsnote sagt: „T. O. B. have gelæddū (um Ca) in agreement with mode". — Die Stelle aus der Cp. (Instrumentalis), die fünf Stellen aus Or., und die eine aus den Le. führt Callaway richtig an. — Der zweite Teil seiner Arbeit behandelt „Uses of the absolute participle in Anglosaxon"; hier wird gezeigt, wie das Angelsächsische das absolute Partizip, genau wie das Lateinische den absoluten Ablativ, verwendet zur Bezeichnung der Zeit, der Art und Weise, der Ursache, der Bedingung, der Einräumung und des Zweckes. — Im dritten Teile („Origin of the a. p. in A.") kommt er durch ausführliche Nachweisung an seinen Belegstellen zu dem interessanten Schlusse: No absolute participle occurs in Anglo-Saxon without having a prototype in Latin, either directly or indirectly, ... the abs. part. of the Anglo-Saxon was borrowed from the Latin, but it failed to commend itself to our forefathers and never acquired a real hold in their language." — Der vierte Teil handelt vom „Origin of the abs. p. in other Teutonic languages," wodurch der im vorhergehenden Abschnitte gelieferte Beweis nur bekräftigt wird, und der fünfte bringt eine ausführliche Darstellung von „The Anglos. rendering of the Latin ablative absolute"; hier zeigt der Verfasser, wie der lateinische absolute Ablativ im Angelsächsischen, abgesehen von der Übersetzung durch ein absolutes Partizip, sonst noch wiedergegeben wird; hier wird denn auch in der vierten Unterabteilung der Ersatz des lateinischen absoluten Ablativs durch ein Hauptwort und ein Eigenschaftswort im Dativ behandelt, was wieder hierher gehört. Der Verfasser giebt hier folgende fünf Stellen aus Be. 585, 8 be ðam sinoþe se wæs geworden on ðam felda se wæs genemned Hæþfeld andweardan ðam Arcebisceop (Miller: ærcebiscope) Theodore (= praesidente Archiepiscopo Theodoro); 588, 37 se lichoma . . . . openre ðære byrigenne wæs forþ on leoht gelæded (= aperto sepulcro; das aperto ist hier wohl sicher als Partizip aufzufassen, und demnach die altenglische Verbindung auch absolut); 595, 42 ða geseah heo openum eagum . . . mycel leoht cuman (= apertisque oculis; hier scheint mir das lateinische apertis schon wirkliches Eigenschaftswort, und daher im Altenglischen openum eagum adverbialer Dativ (des Mittels) zu sein; vgl. § 91.); 597, 30 ða het heo gesomnian . . . . ða leorneras, & him andweardum het secgan þæt swefen & þæt leoþ singan (= jussus est, multis doctioribus viris praesentibus, indicare somnium & dicere carmen; wäre dieser lateinische absolute Ablativ nicht, so könnte man den Dativ zu secgan ziehen, = „ihnen, den anwesenden, erzählen"); 618, 21 ðis wundor se gemy-

negoda Abbad stede, þæt hit ne wære him andweardum ðus geworden (= hoc autem miraculum memoratus Abbas non se prae-
sente factum . . . . perhibet esse). — *In der neunten Unterabteilung (S. 45), wo Callaway die Übersetzung des lateinischen
absoluten Ablativs durch ein Hauptwort im Dativ oder Instrumentalis mit noch einem anderen Hauptworte bespricht, sagt er am
Schlusse:* „Once an accusative is similarly used", *und giebt als
Beleg:* Cp. 26, 3 se weorðscipe is gecyrred, Gode ðonc, to
weorðscipe ðæm æwfæstestan (= auctore Deo); *hier liegt aber
durchaus kein absoluter Akkusativ vor, sondern* ðonc *ist Nominativ,
und es heifst:* „. . . . *ist, Gott sei Dank, verwandelt";* vgl. 8, 3
swæ gelærede biscopas, swæ swæ nu, Gode ðonc, well hwær
sindon. *Vgl. auch § 77. a. — Aus einer Anmerkung im 6. Abschnitte* („The Anglos. abs. p. as a norm of style", *S. 49) ersieht
man, dafs der Verfasser eine Arbeit über* „The appositive participle in Anglosaxon" *unter Händen hat; bis jetzt ist mir aber von
deren Erscheinen nichts bekannt geworden. — Im 7. Teile giebt
Callaway noch eine gedrängte Übersicht über die Ergebnisse seiner Untersuchung.*

*Obgleich bei Callaway sämmtliche Stellen aus Be. (mit Aus-
nahme der schon oben besprochenen) und auch die anderen wenigen
aus Alfreds Werken angeführt sind, will ich doch auch hier alle
angeben, da vielleicht jene Arbeit nicht leicht zugänglich ist. Ich
bemerke dabei, dafs sämmtlichen Stellen im Be. bis auf eine* (544,
20) *ein lateinischer absoluter Ablativ entspricht.* Be. 474, 24 ða
forþgongenre tide (= procedente autem tempore) æfter Bryttum
& Peohtum ðridde cynn Scotta Breotone onfeng; 478, 10 neah
ðon eallum utagangende (! *Miller:* utagangendum); 29; 479,
39; 480, 2, 5; 481, 30; 482, 28; 485, 5, 7, 8; 502, 3; 505, 3,
10; 506, 2; 512, 17 *(vgl. § 91);* 514, 7; 521, 2; 529, 2; 533, 7
togeteledum ðy geare *(Dativ und Instrumentalis gemischt!);* 535,
36 *(weshalb Callaway diese Stelle und einige andere anders
betrachtet (Anm. 4 auf S. 5), ist mir nicht klar; jedesfalls ist seine
Einteilung ganz willkürlich und pafst nur auf die von ihm genannten Stellen* 558, 31; 582, 15 (?); 587, 32); 536, 9; 537, 4;
539, 12; 543, 1 *(vgl. oben),* 7; 544, 20 eallre ðære cyricean &
ðam oþrum getimbre forburnen *(vgl. Callaway, S. 7);* 22; 547,
30; 550, 19, 33; 552, 4; 553, 12, 13, 14; 555, 2, 11; 556, 2;
557, 15 ofaheawenum ðy getreowleasan heafde Pendan *(Dativ
und Instrumentalis gemischt!);* 560, 2, 11; 563, 6, 7; 565, 10
(vgl. oben); 566, 15, 24 *(vgl. oben);* 568, 23; 569, 25 *(vgl. oben);*
26; 570, 12 *(vgl. oben),* 30; 571, 11, 18; 572, 3, 4; 573, 12,
35, 37; 576, 34 hwylcum teonde *(Instrumentalis und Dativ gemischt;* = quo trahente); 42; 578, 28; 580, 1; 581, 38; 585, 8
(vgl. oben), 12, 19, 24, 26, 27 *(vgl. oben);* 588, 37 *(vgl. oben);*
592, 41; 595, 42 *(? vgl. oben);* 596, 4, 12; 597, 30 *(vgl. oben);*
599, 33; 601, 15, 20 *(vgl. oben);* 605, 9; 606, 42; 609, 20 *(vgl.*

§ 94); 610, 35; 613, 7; 618, 21 (vgl. oben); 621, 17; 622, 17 (vgl. oben); 628, 24; 631, 26 ymb hine flowende (Miller: flowendum) ðam styccum healf brocenra isa; 635, 3, 10; 636, 12 þissum monnum ðone bisceophad ðeniende (Miller: þeniendum); 641, 12; 643, 34; 644, 17, 18, 26; 646, 31. Or. 34, 1 ðæt, him ða ondrædendum þæm gebroðrum, hy genamon Joseph (= cujus excellens ingenium fratres veriti); 52, 18 se þa, mid ðon þe he geweox, him þa ofþyncendum & ðæm Perseum þæt hie on his eames anwalde wæron & on þara Meða, ac hie gewin upahofan; 80, 23 Xersis, swiþe him þa ofþyncendum þæt his folc swa forslagen wæs; 112, 27 þa Crece þæt þa undergeaton, & eac him swiþe ofþyncendum þæt hie an cyning . . . . beþridian sceolde; 244, 16 hit þa eallum þæm senatum ofþyncendum & þæm consulum þæt he heora ealdan gesetnessa tobrecan wolde, ahleopon þa ealle (= conscio etiam plurimo senatu; vgl. § 75. I. z.). Vgl. hierzu bei Callaway S. 8 und 25. Le. 96, 7 gif he gemeteð oðerne æt his æwum wife betynedum durum oððe under anre reon (= clausis ostiis vel sub una veste). Di. 68 ic Alfred, geofendum Criste mid cynehades mærnysse geweorðod, habbe gearolice ongyten . . .; diese Stelle fehlt bei Callaway.

Viertes Kapitel.

DER AKKUSATIV.

Litteratur:

E. Nader. Zur Syntax des Beówulf. Programme der Staats-Ober-Realschule in Brünn. 1879. 1880.

A. Der Akkusativ als Prädikatsnomen.   § 96

Vom Prädikatsnomen werde ich im zweiten Hauptteile handeln; vgl. dort I. Abschnitt. IV. Abteilung. II. Kapitel.

B. Der Akkusativ bei Zeitwörtern.

1. Der Akkusativ allein erscheint bei Alfred bei folgenden Zeitwörtern, die ich nach der Buchstabenfolge aufführe. — P. bezeichnet, dafs das Zeitwort nur im Passiv vorkommt; die reflexiven Zeitwörter sind hier nicht mit aufgeführt oder mit R. bezeichnet, die unpersönlichen werden durch U. kenntlich.

abelgan, abylgean, erzürnen, reizen. Be. 548, 17 þæt we   § 97 ða mod abylgean ura ðara nyhstena on idlum ðingum. — Wenn Personen das Objekt sind, so steht der Dativ, s. § 67. a.

·   abeodan, erzählen, verkünden. Or. 178, 10 he wolde . . . . þæt ærende abeodan; ähnlich 14; 22.

aberan, *ertragen.* **Be.** 477, 46 he ealle ða witu ðe him man dyde geþyldelice .... abær & aræfnde; 491, 31; 549, 33; 577, 25; 600, 5; 610, 27. **Cp.** 236, 13 ge hit ne magon nugit aberan. **Bo.** 348, 17 hi ne magon nan earfoþa geþyldelice aberan. **So.** 163, 4 be þam dele ðe ic aberan meihte; 6 gif ic hyne ealne aberan meihte.

abeþecian, *enthüllen, entdecken.* **Bo.** 176, 14 buton þu hit forstele oððe gereafige oððe abeþecige (*Cardale:* find it hid).

abidan, *erwarten.* **Be.** 533, 34 & ðær hwile abad hwonne his horse bett wurde (= coepit expectare horam qua; *hiernach gehört* hwile *zum Zeitworte; es könnte aber auch adverbialer Akkusativ der Zeitangabe sein; Miller:* awhile); 623, 19 *(vgl. § 20. a.).*

abiddan, *etwas verlangen, erbitten; auch: jemanden bitten.* **Be.** 586, 41 ða ðe se hring ealles geares on wurþunge symbeldaga abæde (= ea, quae ... poscebat); 619, 8 ðeah ðe ic georne bæde, ne mihte ic .... lyfnesse abiddan (= impetrare); 623, 18 (= poscere). **Or.** 80, 5 he hæfde of operum þeodum abeden IIII C M; 31; 148, 11; 182, 10 hit abiddan ne mehton (= nec impetrarent); *ebenso* 12; 13; 194, 26 þæt oþþe ge oþþe oðere æt ænegum godum mehten ren abiddan; *während hier die Person, von der man bittet, mit* æt *eingeführt wird, steht sie ein andermal selbst im Akkusativ:* **Bo.** 392, 15 abbidaþ hine eaðmodlice.

abitan, *beifsen.* **Or.** 246, 25 þa het hio niman ipnalis þa nædran, & don to hiere earme, þæt hio hie abite; 27; 286, 12. **Bo.** 136, 19 seo leo ... abit ærest hire ladteow. **Le.** 84, 23 gif hond mon toslite oððe abite.

ablendan, *blenden.* **Be.** 511, 10 þæt God ða mod ðara ungeleafsumra ablende. **Cp.** 128, 15 *(vgl. § 78).* **Bo.** 4, 26 me ablendan þas ungetreowan woruldsælþa & me þa forletan swa blindne on þis dimme hol; 226, 19; 280, 22; 316, 1 *(P.);* 318, 3 *(P.);* 344, 4 *(P.);* 370, 24 *(P.).* **Le.** 64, 46 hie ablændað ful oft wisra monna geþoht.

abrædan, *ausbreiten.* **Be.** 535, 22 nemne mon teld ðærofer abrædde.

abrecan, *brechen, besiegen, einnehmen.* **Be.** 542, 20 he ne mihte ne mid gefeohte ne mid ymbsete hi (= ða burh) abrecan ne gegan. **Or.** 2, 27 hu Gallie of Senno abræcan Romeburg; *ähnlich* 3, 33; 48, 20; 66, 21; 74, 9, 29; 84, 19; 182, 8 hie frið abrocen hæfdon; *usw. usw.* **Cp.** 218, 17 se þe fæste burg abrycð. **Bo.** 2, 6 Gotan ... Romane burig abræcon. **Ps.** 2, 9 ic gedo þæt þu heora wylst mid isernre gyrde, and hi miht swa eaðe abrecan, swa se croccwyrhta mæg ænne croccan. **Le.** 72, 3 gif hwa cyninges borg abrece.

abredan, *fortziehen, entfernen. Der, dem man etwas fortzieht, steht im Dativ, vgl. § 78.* **Be.** 490, 5 swa hwylc swa

hwæthugu of cyricean ðurh stale ut abredeþ; 629, 11 ða wæron
wit sona of ðam ðystrum abrodene. Or. 134, 14 hrædlice þone
weall self oferclom, & he ðær wearð from þæm burgwarum in
abroden (= hineingezogen). Bo. 250, 6 swelce ðu hæbbe ða
duru abroden þe ic ær sohte.

abregan, erschrecken. P. Be. 543, 12 hi sume mid ðam
fyre gederede wæron & ealle to ðon abregde, þæt hi : . . . .

abregdan, entfernen. P. Bo. 104, 18 heo mot brucan þæs
heofenlican (sc. ðinges), siþþan heo biþ abrogden from þæm
corþlicum.

abys(e)gian, beschäftigen, in Anspruch nehmen. Vgl. § 71. a.
Be. 478, 9 hi swa on ðæs streames brycge abysgade wæron;
482, 3 he wæs abysgod mid hefegum gefeohtum. Cp. 128, 15
sio geornfulnes corðlicra ðinga abisgað ðæt ondgit. Bo. 242,
20 ðeah sio swærnes þæs lichoman & þa unþeawas oft abisegian
þæt Mod mid ofergiotulnesse. So. 181, 24 þonne cymð me þeah
sum gedrefnesse þæt me abysgað to ðam þæt ic . . .; 201, 23
(P.). Ps. 18, 12 gif hi me abysgiað; 38, 13 byð ælc mon abysgod on idlum sorgum.

acennan, hervorbringen, erzeugen, gebären. Be. 479, 31 se
wæs of Elena ðam wife acenned; 493, 34 þæt wif forhycgeaþ
heora bearn fedan, þa þe hi acennaþ; ebenso 37. Bo. 172, 16
swa swa wif acenþ bearn; 270, 29 hionon ic wæs acenned. So.
198, 28 ær ðu acenned wære. Ps. '2, 7 cwæð Drihten to me:
ðu eart min sunu, nu todæg ic ðe acende; 21, 29 (P.); 48, 2 (P.).

aceorfan, abschneiden. Be. 544, 43 monige men of ðære
ylcan styde sprytlan acurfon; 611, 21. Or. 172, 4 þæs þe ðæt
timber acorfen wæs. Cp. 138, 27 ðæt he ealle ða geðohtas of
his mode ne aceorfe ; 166, 7. Vgl. ofaceorfan in § 78.

aceosan, erwählen. Or. 78, 24 hie acuron endlefan þusend monna; 256, 2.

acigan, rufen. Be. 482, 33 fram heora sawle deaþe acigde
beon ne mihton; 513, 19 hine acigde ut; 618, 34.

acsian. — 1. jem. erfragen. Be. 477, 8 ða het he hraþe
his ðegnas hine secan & acsian.

2. jem. fragen. Das, wonach man fragt, (worum man bittet,)
steht im Genitiv (vgl. §§ 12. a., 36. a.) oder im Akkusativ (vgl. 3.
und § 117.). Be. 515, 19 hine acsode, hwæþer he . . . .; 536,
34; 541, 3; 569, 16. Or. 68, 25 þa acsedon hie hine, hu . . . .;
120, 33; 156, 1, 29. Bo. VI, 22 acsode hine, hwa . . . .; 102,
28; 150, 1; 208, 10; 222, 2; 332, 1; 344, 20; 370, 2. So. 175,
35 ic þe scolde erest acsian, hu . . .; 176, 23; 184, 9. Ps. 9,
35 þeah hine hwa ahsode, forhwi he swa dyde; 10, 5 his bræwas ahsað manna bearn (Luther: prüfen); 39, ü.

3. etwas fragen. Vgl. § 117. So. 171, 19 spura þanne æfter
& sæc, þæt þu acsast; 191, 25 ac me lyste witan þæt þu ær
acsodest; 199, 27.

acwellan, *töten.* **Be.** 511, 27 he ða eac . . . . oþerne cyninges ðeng mid ðy manfullan wæpne acwealde; 523, 25; 540, 1; 541, 10. **Or.** 42, 11 hu he his agenne sunu . . . . acwealde; 120, 34; 208, 15; *usw. usw.* **Bo.** 162, 9 Neron wolde . . . . his fosterfæder acwellan; 324, 15. **Le.** 64, 45 soðfæstne man and unscildigne ne ˙acwele þu þone næfre.

acwencean, *auslöschen.* **Or.** 200, 17 ealle wæron wið þæs fyres weard, to þon þæt hie hit acwencean þohton.

acyrran, *abwenden.* **Be.** 478, 2 þæt he hine . . . ne mihte from ðam bigonge ðære Cristenan æfestnysse acyrran; 479, 2ˑ

adælan, *trennen.* *P.* **Bo.** 214, 17 þæt ænig god sie . . . from him adæled.

adelfan, *graben.* **Be.** 524, 16 þæt he . . . seaþ adulfe ; *ähnlich* 605, 27. **Or.** 246, 23 hio þa Cleopatra het adelfan hiere byrgenne. **Cp.** 459, 23 gif hwa adulfe pytt. **Ps.** 7, 15 he adylfð þone pytt; 11, 7 syþþan se ora adolfen byð. **Le.** 60, 22 gif hwa adelfe wæterpyt.

adilgian, *vertilgen.* **Be.** 523, 27 hine mid ealle his weorude adylgode; 553, 39. **Cp.** 348, 16 nu man ælc yfel mæg mid gode adilgian; 397, 15. **Ps.** 9, 5 ðu adilgas heora naman; 17, 40; 50, 2.

adimmian, *verdunkeln.* *P.* **Bo.** 132, 3 þeah heora Mod & heora gecynd sie adimmad.

adon, *entfernen.* **Be.** 524, 3 þæt hi onweg adyde ða gemynd ðara getreowleasra cyninga; 532, 17. **Or.** 104, 28 on ðæm tohopan, þæt hie sume siðe God þonan ado to heora agnum lande; 118, 15; 224, 29; 278, 8. **Cp.** 210, 10 noldon from cow adon ða þe ðæt dydon; 224, 9. **Bo.** 76, 15 ðone cynelican naman of Romebyrig ærest adydon; 108, 6; 146, 8; 164, 24.

adræfan, *vertreiben.* **Be.** 580, 27 Ecfriþ . . . adræfde Wilfriþ ðone arwyrþan biscop. **Or.** 40, 17 se wearð of his rice adræfed; 66, 35; 126, 16; 150, 23; 228, 12; 232, 20; *usw.*

adrencan, *ertränken.* **Or.** 90, 21 an sæflod com & hie aweste & þa men adrencte; 294, 4 (R.). **Bo.** 80, 32 wolde hine adrencan on þære ea; 82, 1.

adreogan, *ertragen.* **Cp.** 262, 13 ðæt hie . . . ne fleon . . . ðis andwearde yfel, swelce hie hit adreogan ne mægen; 397, 7; 455, 28. **Bo.** 46, 14 ac ic ne mæg adreohan þine seofunga; 350, 17; 364, 20 (adriohan).

adrifan, *vertreiben.* **Be.** 480, 30; 482, 13 Bryttas . . . ða elreordian of heora gemærum adrifan; 483, 3, 36; 499, 17. **Or.** 34, 16 þæt Egypti adrifen Moyses ut mid hys leodum; 152, 8; 162, 19; 276, 14; *usw.* **Cp.** 262, 20 sio fullfremede Godes lufu adrifeð aweg ðone ege. **Bo.** 26, 20 adrif hi fram þe; 144, 21; 354, 18. **So.** 169, 16 adrif fram me dysig & ofermæto; 204, 6. **Ps.** 7, ü. þa Absolon his sunu hine adrifen hæfde; 10, ü. (P.); 14, ü. (P.); 43, 11.

adrigan, *trocknen.* **Or.** 38, 29 he ðone Readan Sæ on twelf wegas adrigde. **Bo.** 6, 22 adrigde þa mines Modes eagan.

adwæscan, *auslöschen, vertilgen.* **Be.** 484, 36 þa brynas ðara husa gebiddende adwæscte ; 493, 6; 509, 3; 575, 41; 590, 22. **Or.** 182, 25 þence hit mid þæm adwæscan; 26. **Cp.** 278, 11 sio fioung adwæscð ða sibbe; 435, 10. **Bo.** 10, 15 þa sunnan þu gedest þæt heo mid heore beorhtan scinan þa þeostre adwæscþ þære sweartan nihte; 202, 5. **Ps.** 28, 6 Godes word adwæscð fyres lig.

æcan, *vermehren.* **So.** 204, 25 þi me þincð swiðe dysig man & swiðe unlæde, þe nele hys andgyt æcan.

æfterfyligan, *nachfolgen. Das Wort hat gewöhnlich den Dativ bei sich, s. § 70. b.* **Be.** 482, 35 grimre wræc ða fyrenfullan ðeode þæs grimman mannes wæs æfterfyligende (= acrior gentem peccatricem ultio diri sceleris secuta est; *Miller:* grimre wræc þa þære fyrenfullan ðeode . . . . .); 486, 4 hi wiston þæt ðæt micle gewin mare wuldur eces edleanes æfterfyligde; 544, 5 hine æfterfylide Finan on bisceophade. **Or.** 34, 22 þæt folc nugyt þæt tacn Josepes gesetnesse æfterfylgeað.

æfterhyrigean, *nachahmen.* **Be.** 545, 44 sona ða ðing, ðe he on Gallia begongan geseah, þæt is ðone rihtan geleafan, he wilnode æfterhyrigean.

ælan, *anzünden.* **Be.** 543, 10 se leg & seo hætu ræsde on ða seolfan ðe ðæt fyr ældon & bærndon. **Cp.** 42, 3 ne scyle nan mon blæcern ælan under mittan.

ældan, *aufschieben.* **Be.** 491, 31 seo halige cyrice sum ðing ðurh wælm receþ, ... sume ðurh sceawunge yldeþ & swa abireþ & ældeþ, þæt . . . .

ærdyan (?), *bewohnen. Vgl.* eardian. **Be.** 510, 15 eall Breotene gemæro on anweald onfenge, ða þe oððe heora mægðe on Angelcynnes oððe Brytta ærdydon (*Miller:* eardodon).

ærendian, *eigentlich: eine Botschaft bringen, etwas ausrichten.* **Be.** 515, 4 ða ærenddracan . . ., ðe his cwale ærnddedon (*Miller:* who sought his death). **Cp.** 62, 5 ne mæg ic ðæt ærendian (= ad intercedendum venire non possumus; *Sweet:* I cannot undertake such an errand). *Vgl. beim Genitiv § 25. a. b., beim Dativ § 67. b. u.*

ætycan, *hinzufügen.* **Be.** 532, 10 ond ætycton hi eac & sædon oþre wundru. *Die Sache, der man etwas hinzufügt, steht im Dativ, s. § 71. b.*

ætywan, *zeigen. Vgl. § 71. e. 1.,* 78. **Be.** 565, 20 he rihte endebyrdnysse lifes ætywde; 569, 30. **Cp.** 158, 22 ðæt he ðurh ða stemne his larcowdomes ætiewe ðæt wuldor ðæs uplican eðles; 164, 11.

afægrian, *schmücken. P.* **Be.** 478, 22 seo (dun) wæs ða tidlice grene & fæger & mid missendlicum blostmum afægrod.

afæran, *erschrecken.* **Or.** 172, 21 þa men afærde. **Bo.** 362,

27 ða wearþ ic afæred. **Ps.** 26, 2 hwy sceal ic beon afærd; 4
ne byð min heorte nawuht afæred.

afæstnian, *befestigen.* **Or.** 294, 28 his fultum mehte mæstra
ælcne heora flana on hiora feondum afæstnian. **Bo.** 206, 17
forgif us ðonne hale eagan ures modes, þæt we hi þonne moton
afæstnian on þe. **So.** 175, 34 hu ic þa ancras begytan mage
oððe hu ic hi afastnian mage. **Ps.** 9, 14 ða ðeoda þe min ehtað syn afæstnode on ðam ylcan earfoðum, þe hi me geteohhod
hæfdon; 37, 2 þine flana synt afæstnade on me.

afandian, *erfahren, erproben.* **Bo.** 174, 12 ðu hit hæfst
afandad be þe selfum. **Ps.** 16, 3 þu hæfst afandod min mod;
40, . ü.

afedan, *ernähren, erziehen.* **Be.** 527, 34 ðu hi styccemælum afedde mid ðy Godes worde. **Or.** 36, 12 he hi þær afedde;
152, 29 þe an anum hierede wæron afedde & getyde. **Bo.** 6,
13 ne eart þu se mon þe on minre scole wære afed & gelæred.

afellan, *fällen, hinfällig machen (?).* **Le.** 90, 36, § 1 ge-
triowie hine be þam wite and mid þy þæt wite afelle *(Schmid:
und thue damit die Wette ab).*

afeohtan, *angreifen.* **Be.** 543, 13 heo ealle afyrhte onweg
flugon & blunnon ða burg afeohton; 647, 1 ðone steall ealre
ryhtgelyfedre Godes cyricean . . . afuhton.

afindan, *finden.* **Bo.** 254, 21 nu wit þæt afunden habbaþ,
þæt wit ær sohton.

aflyman, *in die Flucht schlagen, vertreibem.* **Be.** 480, 31;
521, 28 he wolde eall Angolcyn of Breotone gemærum aflyman;
629, 21. **Or.** 1, 26 hu II æþelingas wurdon afliemed of Sciþ-
þium; 44, 24; 282, 13. **Cp.** 455, 33 he afliemð æt anum cierre
ða mettrymnesse; 457, 6. **Ps.** 35, ü. he wæs aflymed fram
Sawle. **Le.** 70, 7 sie he afliemed.

afrefr(i)an, *trösten.* **Cp.** 124, 25 be ðissum ilcan cwæð
David to Gode: ðin gierd & ðin stæf me afrefredan. **Bo.** 118,
2 hu þu me hæfst afrefrodne . . . mid þinre smealican spræce.
Ps. 22, 5 ðin gyrd and þin stæf me afrefredon. *Man beachte
die genaue Übereinstimmung der Cp.- und der Ps.-Stelle.*

afylan, *faul machen, verderben.* *P.* **Bo.** 294, 24 nallas no
þæt an þæt hi bioþ afylde, ac forneah to nauhte gedone.

afyllan, *erfüllen.* **Bo.** 86, 9 he ne mæg þa grundleasan
gitsunga afyllan þæs gitseres. *Das, womit man füllt, steht im Genitiv, s. § 41. a.*

afyllan, *fällen.* **Be.** 479, 36 se gedweola wæs on ðam
Nyceniscan sinoþe geniþerad & afylled (= detecta atque dam-
nata); 558, 16. **Or.** 84, 14 þæt he hiene mid scipun & mid his
fultume afyllan ne mehte; 188, 27. **Le.** 78, 13 gif man afylled
bið on gemænum weorce.

afyrhtan, *erschrecken.* **Be.** 486, 1 þæt hi no afyrhte þæt
gewin þæs siþfætes.

afyrran, *entfernen. Das, wovon man entfernt, steht im Dativ,*
s. § 78. **Be.** 506, 30 sepe . . . . cyricean æhtc . . . mid stale
afyrde. **Bo.** 22, 16 afyr fram pe pa yfelan sælpa; 38, 17 (afir-
ran), 20; 180, 28 (afeorran); 394, 11. **Ps.** 13, 11 pu . . . . pe
afyrst hæftnyd of pinum folce; 21, 17; 45, 8 (afierð).

agælan, *hindern. P.* **Or.** 134, 20 eall pæt fole wearð mid
him anum agæled, pæt hie pæs wealles nane gieman ne dydon.

agælwan, *erstaunen machen. P.* **Bo.** 218, 11 pa wearp ic
agælwed & swipe afæred.

agan, *haben, besitzen.* **Be.** 482, 20 sige ahton; 489, 15;
490, 19; 501, 15; 523, 28; 571, 10; 578, 35; 583, 3 hundteontig hi sealdon ðearfum, hundteontig ðam ðe ða net eahton (=
his a quibus retia acceperant; *ich vermute, dafs* eahton *zu* ahton
zu ändern ist, und sehe dies bei Miller bestätigt); 626, 15. **Or.**
116, 33 hie wælstowe geweald ahton; 198, 17; 288, 9, 10. **Cp.**
42, 15 pe hie ær ahte; 332, 9. **Bo.** 30, 5 swelces hwæt agnes
ahte; 62, 24; 66, 26; 70, 18 pe hit ah; 152, 17; 164, 22; 320,
16. **So.** 193, 1 gyf ic geweald hahte; 199, 19 ðe heo ne ahte. **Le.**
70, 2 age he preora nihta fierst; 72, 4; 74, 8; 76, 1 (nage); 82, 20.

ageotan, *vergiefsen.* **Be.** 476, 30 ðe . . . . for drihtne
heora blod aguton; 535, 1 *(P.).* **Or.** 30, 9 hi gesawon mannes
blod agoten. **Ps.** 13, 6 heora fet beoð swiðe hraðe blod to
ageotanne.

agieldan, *zahlen, darbringen. Der, dem man zahlt, steht*
im Dativ, s. § 78. **Or.** 250, 31 pa ærran þing agoldene wæron.
Cp. 280, 13 we . . . sculon ryht agyldan unnyttra worda *(=*
Rechenschaft geben über . . .).

agiemeleasian, *vernachlässigen.* **Cp.** 44, 13 gif we ðonne
agiemeleasiað urra nihstena ðearfe *(H.:* ðearfa); 86, 11 agiemeleasian pa giemenne; 136, 2; 252, 2.

agifan, *(zurück)geben. Der, dem man giebt, steht im Dativ,*
s. § 78. **Be.** 500, 20 pæt ðu hine eft agyfan mæge; 543, 41
his gast agæf. **Or.** 268, 23 hwæt mon on gearc agiefan sceolde.
Le. 62, 29 agife he pæt sioh; 36 *(P.);* 82, 19, § 3; 88, 33.

aheawan, *abhauen.* **Be.** 528, 26 mon aheow ða hand.

ahebban, *erheben.* **Be.** 478, 13 his eagan ahof upp to
heofonum; 515, 27; 543, 4. **Or.** 230, 25 pæt hie heora feawa
ahebban mehton. **Bo.** 50, 5 pæt he wære to heofonum ahafen;
296, 20 manna godnes hi ahefp. **So.** 166, 32 ure toopa us
ahefð to pe; 192, 16. **Ps.** 3, 2 pu ahefst upp min heafod; 8,
2 *(P.);* 9, 32; 17, 46; 26, 6.

ahefian, *aufheben. P.* **Bo.** 270, 17 siððon þu ðonne forþ
ofer pone bist ahefod.

ahefigian, *niederdrücken.* **Be.** 493, 19 ne bip heo mid
nænige synne byrpenne ahefegad. **Cp.** 66, 16 ðonne ahefegiað
hiera heortan ða byrðenna. **Bo.** 132, 9 hit bið ahefigad.

ahon, *aufhängen.* **Be.** 534, 28 aheng he ðone sceat; 537,

35. **Or.** 3, 29 hu Caperrone sio nunne wearþ ahangen; 164, 1, 33; 222, 30; 256, 15; 276, 16; 294, 10. **Cp.** 168, 2 ahoh hie swiðe fæste.

ahred(d)an, *befreien.* **Or.** 1, 10 hu Joseph se ryhtwisa mon ahredde Egypta folc æt þæm . . . hungre; *ebenso* 34, 33. **Ps.** 4, *ü.* þa he wæs ahred æt his feondum; 7, 2 hwa me ahredde & gehæle; 16, 12; 17, 3 *(P.)*, 17; 21, 18; *usw. usw.*

ahrysian, *erschüttern.* **Ps.** 28, 6 Drihten ahrysode þa westan eorþan.

ahweorfan, *abwenden.* *P.* **Bo.** 24, 26 þu eart eac nu of þinre stilnesse ahworfen.

ahwettan, *wetzen,* *reizen.* **Or.** 212, 30 hiera mod to ahwettanne; 280, 14 æfter þæm þe his mod wæs mid þæm bismre ahwet.

ahwyrfan, *abwenden.* **Be.** 633, 36 he . . . . ða gedweolan . . . gereccan gymde . . . . & ða ðurh gode dæde fram Godes eagum ahwyrfan (= abscondere). **Bo.** 296, 26 he biþ ahwerfed from gode to yfele. **Ps.** 9, 31 ahwyrfð his eagan; 12, 1.

ahydan, *verbergen.* **Ps.** 39, 10 þu wast þæt ic ne ahydde . . . þine rihtwisnesse; *ebenso* 11.

aidl(i)an, *nutzlos machen, entweihen.* **Be.** 516, 40 ða heargas þara deofolgylda . . . heo ærest aidlian & toweorpan scolde (= profanare); 604, 5 monige ðone geleafan ðe hi hæfdon mid unrihte weorce aidledon (= profanabant). *Vgl. beim Genitiv § 40. a.*

aladigan, *entschuldigen.* *R.* **Bo.** 378, 22 hu magon hi hi aladigen.

abædan, *wegführen.* **Be.** 513, 21 ic ðe alæde of ðisse mægþe. **Bo.** 182, 10 hu hefig . . . . þæt dysig is, ðe ða earman men gedwelaþ & alæt of þam rihtan wege. **Ps.** 22, *ü.* hu hy sceoldon beon alæd of Babilonia þeowdome; 30, 5; 39, 1; 46, 3.

alætan, *verlassen.* **Or.** 120, 31 heora lif alætan; 180, 17 þa þæt fyr hie alet. **Cp.** 198, 1 ne magon . . . . ða ær alætan. **Bo.** 52, 8 þe ðu næfre þinum willum alætan woldest; 26; 138, 5; 164, 3. **So.** 181, 23 þæt ic næfre be me cwucum aletan ne scile; 186, 7; 194, 29. **Ps.** 44, 12 alæt þin folc (= obliviscere populum tuum).

alecgan, *niederlegen.* **Or.** 20, 30 alecgað hit ðonne; 21, 10; 246, 32; 280, 21. **Le.** 90, 2 gif he hine on hengenne alecgge; 94, 2 gif mon in Lencten halig ryht in folce butan leafe alecgge, gebete mid CXX scill. (= sanctum velum deponat, *entsprechend der Lesart* halig ryft; = *bei Seite setzen, verletzen? Vgl. Schmids Anm. zu der Stelle).*

aleogan, *belügen, (einen Eid) brechen.* *Die Person, die dadurch geschädigt wird, steht im Dativ, s. § 78.* **Or.** 108, 19 hie þa Romane for þæm gylte þe heo hiere beot aleag, swa cuce on eorþan bedulfan. **Le.** 68, 2 gif hwa to hwæðrum þissa (aða)

genied sie on woh.... þæt is þonne ryhtre to aleoganne þonne
to gelæstanne.

alesan, *auswählen.* **So.** 200, 15 nu heft þa ewidas geendod þe þu on of ðisum twam bocum alese; 204, 29 þa ewidas,
þe Ælfred kining alæs of þære bec.

alibban, *verleben.* **Or.** 30, 6 þeah hi ær hyra lif.bylwetlice
alyfden; 108, 17 heo wolde hiere lif on fæmnhade alibban.

alicgan, *niederlegen, vernichten.* *P.* **Or.** 96, 34 þær wearð
Lacedemonia anweald & heora dom alegen. **Bo.** 100, 4 forþy
wyrþ oft godes monnes lof alegen inne on ðære ilean þeode þe
he on hamfæst biþ.

aloccian, *verlocken.* **Or.** 206, 18 þæt hie mid ðæm alocco-
den ut þa þe þærbinnan wæron; 222, 3.

alucan, *trennen, wegziehen.* **Le.** 60, 13 aluc þu hine fram
minum weofode.

alyfan, *erlauben.* *P.* **Be.** 490, 31 þæt is alyfed. *Die Per-*
son, der man etwas erlaubt, steht im Dativ, vgl. §§ 74. a., 76.
a., 78.

alysan, *befreien, erlösen. Das, wovon man befreit, steht ein-*
mal im Instrumentalis, s. § 118. I. **Be.** 514, 3 gif hwylc sy þæt
ðe fram ðyssum nearonessum alyse; 519, 10; 527, 15; 557, 14;
601, 6 þæt hi heora synna mid godum weorcum alysan; 603,
21. **Or.** 48, 34 þæt men hie mehten aliesan . . . of þeowdome;
62, 5 *(P.);* 214, 24 *(P.).* **Bo.** 32, 23 þa alysde ic hine mid
heofonlicon rene. **So.** 165, 23 þæt ðu me for ðinre mildheortnesse alyse & gefreolsige; 167, 29; 170, 15. **Ps.** 5, *ü.* þa he
alysed wæs of his mettrumnesse; 6, 3 alys mine sawle; 7, 1;
16, 12; 17, *ü.; usw. usw.*

amansumian, *in den Bann thun.* **Be.** 553, 26 amansu-
mede he hine; 586, 10, 11. **Or.** 284, 1 hiene to oferflitanne &
to amansumianne. **Le.** 70, 7 sie he afliemed and sie amænsu-
mod of eallum Cristes ciricum.

ameldian, *verraten.* **Be.** 539, 46 hine ðær ameldode; 584,
26 *(P.).*

amerian, *prüfen, reinigen. P.* **Bo.** 312, 17 oþer dæl sceal
beon geclænsod & ða amered on þam heofonlicon fyre. **Ps.** 11,
7 þæt seolfor, þe byþ seofon siðon amered; 17, 29 Godes word
synt amered on fyre.

ametan, *zeichnen.* **Cp.** 156, 12 swelce he hit amete & atifre
on his heortan.

ametan, *messen.* **Be.** 596, 26 ðær syndon betweonan ðam
twa mynstrum ðreottyne mila ametene. **Bo.** 392, 5 his micel-
nesse ne mæg nan monn ametan.

amyrran, *hindern, widerstehen, zerstreuen, verderben. Das,*
woran man jem. hinderl, steht im Genitiv, s. § 40. b. **Or.** 138,
8 þæt folc to amierrenne; 162, 26 þa diofla . . . hi amirdon;
212, 27 ic min geswinc amirre. **Cp.** 38, 1 hwæt him losað on

ðære gælinge *(dieses Wort fehlt übrigens bei B.-T.)* þe he þa hwile amirð (*H.:* amierreð; *Sweet übersetzt nur:* what he loses in the delay). **Bo.** 176, 4 þæs andwearda wela amærþ & læt ða men ðe . . .; 242, 8; 266, 12. **So.** 165, 10 ðe nanwiht ne amyrdan; 167, 26.

anæþelian, *entehren, erniedrigen. P.* **Bo.** 170, 25 & ðonan wyrþ anæþelad oþþæt he wyrþ unæþele.

anbindan, *losbinden.* **Bo.** 110, 10 seo wiðerwearde (wyrd) þonne anbint & gefreoþ ælc þara þe hio togeþieð.

andettan, ondettan, *beichten, bekennen, anerkennen. Die Person, der man beichtet, steht im Dativ, s. §§ 69. a., 78.* **Be.** 474, 3 ænne wisdom smeaþ & andetteaþ; 562, 17; 585, 35; 632, 11; 640, 3. **Cp.** 104, 15 he ðonne ondette ælce costunge. **Bo.** 210, 25 ealle men þæt ilce andettaþ þæt God sie þæt hehste god. **Ps.** 21, 2 ic . . . andette mine scylda; 29, 3; 41, 6, 14; 42, 6. **Le.** 78, 14 þæt he ne mæge his synna . . . . andettan.

andsacian, *leugnen.* **Bo.** 40, 15 ne mæg ic na wiþcweþan ne andsacigan þæt, þe þu me ær sædest. — *Ein andermal steht der Dativ, s. § 74. b.*

andswarian, *antworten.* **Be.** 553, 17 ne mihton hi owiht elles andswarian. *Die Person, der man antwortet, steht im Dativ, s. § 69. b.*

anescian, *schwächen.* **Be.** 477, 44 wende þæt he mid swinglan sceolde ða bedu & ða anrednesse his heortan anescian (= emollire).

anforlætan, *allein lassen, verlassen, verlieren.* **Be.** 490, 25 heo gesewen biþ of eorþlicum ðingum anforlætan. **Cp.** 86, 13 ðonne hæfð he anforlæten ðæt tweagea bleo godweb. **Bo.** 30, 10 þa woruldare . . ., þe þu nu sorgiende anforlete.

angefon, *gefangennehmen.* **Ps.** 34, 8 hi teldedon gryne, and þa gehyddon to þam þæt hi woldan me angefon; an *ist wohl von* gefon *zu trennen,* = *darin?*.

anhebban, *erheben.* **Be.** 528, 9 ðeah ðe he mid ða heannesse þæs eorþlican rices swa anhafen wære. **Bo.** 22, 18 þæt ðu ðe ne anhebbe on ofermetto.

anydan, *zurückhalten, zurückstoſsen, trennen. P.* **So.** 204, 7 swa swa sum rice man . . . hym habbe hys deorlinga sumne fram adrifen oððe heora begra unwyllum hym si fram anyd.

apinsian, *erwägen, schätzen.* **Cp.** 413, 25 he ðæra Judea misdæda ealle apinsode.

aplantian, *pflanzen. P.* **Ps.** 1, 3 him byð swa þam treowe, þe byð aplantod neah wætera rynum.

arædan, *bestimmen, erraten, entziffern, lesen.* **Be.** 536, 39 se mæssepreost Orationem arædde (= data oratione); 564, 15 & hwæþere ðis betwyh heom aræddon (= his tamen conditionibus interpositis); 572, 18 ða gesetnysse, ða ðe fram halgum fæderum & gecorenum arædde & gesette wæron (= canonice decreta); 577, 29 gif hit eallinga ðus aræded si (= definitum est). **Cp.** 6, 13 oð ðone first þe hie wel cunnen Englisc gewrit arædan. *Vgl. beim Dativ § 67. c.*

    aræfn(i)an, *ertragen.* **Be.** 477, 46 (*vgl.* aberan); 491, 30; 496, 40; 497, 8; 503, 25; 508, 21; 549, 15; 610, 27; 627, 41 hi þæt mægen ðiere unmætan hæto aræfnan ne mihton; 631, 30. **Or.** 120, 9 sceoldon ge swa lustlice eowre agnu brocu aræfnan. **Bo.** 50, 13 gif hit mon lustlice deð & geðyldilice aræfnþ; 118, 7.

    aræran, *aufrichten.* **Be.** 524, 14 & ðær þæt halige tacen Cristes rode arærde. **Cp.** 122, 13 seþe . . . ðone þe afielð on synne eft gehwierfð & arærð; 162, 12; 467, 25. **Ps.** 40, 10 þu þonne, Drihten, nu gemiltsa me, and arære me. **Le.** 92, 38, § 1 gif· he folcgemot mid wæpnes bryde arære (= turbabit).

    arafian, *aufwinden.* **Cp.** 244, 22 arafað ðæt cliwen ðære twyfealdan heortan (= corda . . . . duplicitatibus involuta dissolvit; *Sweet:* unravels the clew of the insincere heart).

    arasian, *entdecken, verraten, tadeln.* **Cp.** 38, 22 þa upahæfenesse he arasode & hi getælde (= reprehendit; *mit Recht bemerkt Wack (a. a. O., S. 21. Anm.) hierzu: „arasode übersetzt Sweet mit* rebuked; *der Grundbedeutung und dem Zusammenhang entsprechender wäre an dieser Stelle* discerned, penetrated, brought to light"); 142, 9; 144, 1; 240, 3; 451, 19.

    areccean, *erzählen, erklären, übersetzen. Der, dem man erzählt, erklärt usw., steht im Dativ, s. §§ 69. d., 78.* **Be.** 481, 43 ðus hi heora yrmþo arehton (= explicant); 494, 35 (= exponens); 541, 20 (= ponere); 627, 7 (= breviter perstringere). **Or.** 14, 27 nu wille we ymbe Europe londgemære areccean swa micel swa we hit' fyrmest witon; 42, 7; 86, 15. **Cp.** 2, 15 swiðe feawe wæron . . . . þe . . . . cuðen . . . . an ærendgewrit of Lædene on Englisc areccan. **Bo.** 88, 1 ða se Wisdom þa þis spell þus areht hæfde; *ebenso* 104, 21; 122, 1 *(andere Lesart:* aræd, *s. o.);* 164, 20; 170, 4; 354, 13; *usw. usw.* **So.** 201, 16 ma þonne ic areccam mage.

    aredian, *fertig machen, ausführen, finden, erreichen. Meist ist weg das Objekt.* **Cp.** 152, 4 buton he ðone timan aredige ðæs læcedomes (= nisi cum tempore medicamenta conveniant; *Sweet:* unless he arrange the time of treatment); 168, 3 call ðis aredað se reccere swiðe ryhte (= omne hoc rite a rectore agitur). **Bo.** 120, 11 ðu ne mihtest gyt fulrihtne weg arediau to ðam soþum gesælþum (= intueri); 196, 26; 248, 2, 28; 364, 16, 23; 368, 5. **So.** 163, 23 þæt ic mag rihtne weig aredian to þam ecan hame; 170, 30 þæt ic simle þone ræd arædige ðe þe licworðe si.

    aretan, *erheitern, trösten.* **Bo.** VIII, 26 hu se Wisdom & seo Gesceadwisnes hæfdon þæt Mod aret; 130, 11; 374, 28. **So.** 180, 32 swiðe wel þu me hæfst aretne. **Ps.** 27, *ü.* wilnode þæt he hine arette; 28, *ü.*

arian, *ehren, Sorge tragen für. Kommt auch mit dem Dativ vor, s. § 67. d.* **Cp.** 326, 4 se ðæm unrihtwisum fultemað & hiene arað. **Bo.** 346, 18 he araþ þa godan; 376, 6. **Ps.** 39, 15 þæt þu me arige; 21.

ariman, *aufzählen.* **So.** 168, 23 swelces ðe nu ys lang eall to arimanne; 197, 24 þa us sedon ma þyllicra weorda þonne we ariman magen; 204, 16 þa ic ne mæg æalla ariman.

arweorþian, arwyrþian, *verehren.* **Be.** 479, 1 ongan arweorþian ða ðrowunge haligra martyra; 535, 15 þæt mynster seo ylce cwen . . . swyþe lufode & awyrþode & beeode.

asawan, *besäen.* **Bo.** 206, 11 ðu fyldest þas corþan mid mistlicum cynrenum netena, & hi siþþan aseowe mistlicum sæde treowa & wyrta.

ascadan, asceadan, *trennen.* **Be.** 570, 40 þæt is feor asceaden fram Hibernia. **Cp.** 346, 2 se þe wille ascadan ða forhæfdnesse from ðære anmodnesse.

ascan, *bitten.* **Cp.** 172, 2 ðonne ðonne he iewan sceolde, ðæt him mon to ascað (= *was man von ihm bittet*; *Sweet:* what is asked of him).

asceotan, *schieſsen.* **Or.** 294, 25 hie ne mehton from him nænne flan asceotan. *Intransitiv gebraucht erscheint dieses Zeitwort:* **Be.** 478, 38 him ða eagan of his heafde ascuton & . . . on corþan feollan.

ascirian, *trennen.* P. **Bo.** 110, 15 seo wiþerweardnes þonne biþ simle untælu & wracu ascirred mid þære styringe hire agenre frecennesse (= hanc sobriam succinctamque et ipsius adversitatis exercitatione prudentem).

ascirpan, *schärfen.* **Bo.** 226, 20 get swiþor he ablendaþ ðæs Modes eagan, ðonne hi hi ascirpan.

ascrencan, *ein Bein stellen, in die 'Irre führen.* **Cp.** 128, 7 ðonne ætspornað hie, & weorðað mid ðæm ascrencte (= (in exemplo ejus) quasi in obstaculo itineris offendit (= *macht e. Fehler, Fehltritt*); *Sweet:* then they become rebellious, and thus are led astray; *Wack (a. a. O., S. 5. Anm.) bemerkt mit Recht, daſs es besser sei zu übersetzen:* then they stumble, and are thereby supplanted; *statt* ostendit *ist bei ihm* offendit *zu lesen*); 316, 9 (B.-T. giebt die falsche Zahl 43, 9 an) ne eft sio ðræsting ðæs lichoman ðæt mod ne ascrence mid upahæfennesse (= ne istos afflicta caro ex elatione supplantet; *Sweet:* . . . . deceive the mind with pride).

ascufan, *vertreiben, verbannen.* **Be.** 581, 17 se ylca bisceop wæs asceofen & adrifen of his biscopsetle. **Bo.** 84, 27 swið georne tiolaþ þæt hit him þæt from ascufe.

asecan, *suchen, erfordern.* P. **Be.** 496, 8 mid swa mycle foreseonysse wæs ðæs lichoman clænnesse asoht.

asecgan, *sagen, aufzählen. Die Person, der man etwas sagt, steht im Dativ, s. §§ 69. e., 78.* **Be.** 524, 39 þæt we an mægen

& an wundor of monegum ascegan. **Or.** 42, 7 hwa is þæt þe eall ða yfel þe hi donde wæron ascegean mæge oððe areceean; 100, 16. **Bo.** 72, 11 ða seo Gesceadwisnes ða þis spell asæd hæfde; *ebenso* 112, 10; 136, 1; 146, 10; 156, 16.

asendan, *entsenden.* **Or.** 44, 7 he ... his ærendracan beforan asende.

aseoðan, *kochen, sieden, reinigen.* *P.* **Be.** 595, 15 hire ða balgan saule eac swylce mid longre hire lichoman untrumnesse ademde & asodene beon. **Cp.** 180, 12 ðe ic geceas on ðæm ofne þe ðu on wære asoden, ðæt wæs on ðinum iermðum. **Le.** 106, 2 þæt is to VIII healfmarcum asodenes goldes.

asettan, *(hin)setzen.* **Be.** 484, 32 ðær to asette ða reliquias; 490, 2; 520, 6; 534, 2, 9, 10; 544, 3. **Or.** 21, 16 man asette twegen fætels full calað oððe wæteres; 258, 9; 270, 13. **Ps.** 30, 9 asettest mine fet on swyðe brad land; 39, 2; 47, 2 *(P.).*

asingan, *singen.* *Die Person, der man etwas vorsingt, steht im Dativ, s. § 78.* **Bo.** 6, 8 ða ic þa ðis leoþ ... asungen hæfde; *ebenso* 8, 18; 56, 19; 74, 16; 90, 1; 108, 9; 116, 19; 124, 1; 138, 21; 158, 1; *usw. usw.*

aslean. — 1. *aufschlagen, errichten.* **Be.** 543, 33 hi aslogan an geteld; *ebenso* 589, 8; 619, 26.

2. *abschlagen.* *P.* *Vgl. beim Dativ § 78.* **Be.** 537, 34 his hand . . . ., ðe of his lichoman aslegen wæs.

aslitan, *spalten, zerstören.* **Be.** 542, 20 aslat ða ða tunas calle.

asme(ag)an, *prüfen, betrachten.* **Be.** 573, 12 se nygeþa capitul wæs gemænelice asmead. **Bo.** 390, 8 gif wit þæt ealle sculon asmeagan. **So.** 192, 24 siððam þu þis asmæad hæbbe; 200, 22.

asmorian, *erwürgen.* **Or.** 224, 34 hie hiene on his bedde asmorodon & aþrysemodon. *Vgl.* **Le.** 66, 5 þæt ge . . . . blod ne þicgen ne asmored *(H.:* asmorod; = *Ersticktes).*

aspanan, *verlocken, überreden, heimlich einführen* *. **Be.** 530, 4* aspeon ða on Westseaxe operne biscop (= subintrodu-xit); 565, 39 wæs he asponnen of Cent fram Willferþe (= invitatus). **Or.** 52, 5 aspon him from calle þa þe . . . .; 66, 11; 68, 13; 90, 7; 144, 24; 184, 12; *usw. usw.*

aspendan, *verbrauchen.* *P.* **Or.** 21, 6 hys gestreon beoð þus eall aspended.

aspiwan, *ausspeien.* **Cp.** 419, 28 se hund wile aspiwan ðone mete ðe hine hefegað.

astænan, *mit Steinen verzieren.* *P.* **Ps.** 20, 3 þu sendest his heafod kynegold, mid deorwyrþum gimmum astæned.

astellan, *aufstellen, unternehmen* *. *Vgl. beim Dativ § 78.* **Or.** 74, 24 gelice & heo wære to bisene asteald eallum middangearde; 78, 32* þæt gewinn þæt his fæder astealde (= bellum

a patre susceptum). **Ps.** 8, 4 heofonas & mona & steorran, þa
þu astealdest.
  astemnian, *gründen, erbauen.* **Be.** 472, 17 ðæs Mynstres,
ðe hi sylf astemnedon.
  astifician, **astyf(e)cian**, *entwurzeln, ausroden, vernichten.*
Cp. 427, 18 ðæt hi willen astyfecian ðæt yfel on him . selfum.
Bo. 148, 2 þæt he astificige unþeawas & awyrtwalige of ricra
manna mode. **So.** 184, 3 hwæðer .... þin ealde gytsung....
of ðinum mode astyfcod wære.
  astreccan, *ausstrecken.* **Cp.** 64, 18 astrecceað eowre agæledan honda.
  astyrian, *bewegen, aufregen, erheben.* **Cp.** 78, 20 gemalic-
nesse, sio oft ðæt mod ðæs recceres astyreð (*Sweet:* disturbs);
172, 22 mid ðære ilcan wistlunge mon mæg hund astyrian; 188,
3. **Bo.** 56, 4 þonne hit se wind strongra geswinca astyroð; 78,
23; 198, 8; 332, 10. **Ps.** 14, 7 se þe þus deð, ne wyrð he
næfre astyred ne scynd on ecnesse; 17, 7; 28, 6.
  aswapan, *wegfegen.* **Cp.** 258, 17 sio sorg ðonne aswæpð
aweg ðæt yfel of ðæm mode.
  aswebban, *beruhigen.* **Be.** 542, 5 þæt he hine aswefede &
gestilde.
  asyndr(i)an, *trennen. P.* **Bo.** 236, 23 þa siofoþa weorþaþ
asyndred; 342, 7 swa hi swiþor bioþ asyndrode fram Gode.
  atæfran, *zeichnen. Vgl.* atifran. **Cp.** 467, 19 hu· fægerne
& hu wlitigne monnan ic hæbbe atæfred. **So.** 174, 35 þe on þam
þoðere þe (!) atefred wæs.
  atellan, *erzählen, aufzählen.* **Or.** 92, 18 ne wene ic þæt
ænig mon atellan mæge eallne þone demm; 140, 30; 150, 24.
Bo. 36, 20 gif ðu nu atellan wilt ealle ða bliþnessa.
  atemian, *zähmen, unterwerfen.* **Cp.** 344, 24 gemidliað hiora
giefernesse & atemiað hiora lichoman. **Bo.** 136, 20 wudufuglas,
ðeah hi beon wel atemede.
  ateon, *wegziehen.* **Be.** 586, 10 noht toætycende oþþe onweg ateonde; 598, 19 þæt he men atuge fram synna lufan. **Or.**
246, 33 sio mæg ateon ælces cynnes ator ut of men; 296, 24.
Bo. VIII, 21 þæt he atuhge of ærest þa þornas; 122, 4 atio
ærest of þa þornas; 242, 17. **Ps.** 9, *ü.* his fynd hine ne meahton ateon; 29, 2 þu atuge mine sawle of neolnessum.
  aþenian, *ausstrecken, ausdehnen.* **Be.** 478, 35 seþe his ar-
lease handa aþenede; 567, 45 he ða geornlice his mod aþenode
on ða ðing ðe ....; 589, 8 aþenodon hi & aslogan geteld ofer.
Or. 174, 16 he het . . . þa hyde ... to mærðe aðenian, forþon
heo wæs hundtwelftiges fota lang. **Bo.** 172, 21 heora willa to
nanum oþrum þingum nis aðenod. **So.** 175, 19 swa swa scipes
ancerstreng byð aþenæd on gerihte fram þam scype to þam ancre.
  aþewan, *forttreiben.* **Or.** 294, 2 he hie raðe aweg aþewde.
  aþreotan, *ermüden, ekeln, verdriefsen. U. Die Sache, deren*

man müde wird, steht im Genitiv, s. §§ 15. a., 39. a. **Or.** 42, 12
eac me sceal aðreotan ymbe Philopes . . . to asecgenne. **Bo.**
178, 25 ac hwi ne læte ge cow þonne aþreotan þæt ge ne wun-
drien & herigen þætte unnyttre is, þæt is þes corþlica wela (=
aliquando desinite vilia mirari; *Cardale und Fox:* why then
suffer ye it not to warn you, that ye should not admire . . . .;
B.-T.: why then let ye it not to be loathsome to you.). **So.**
183, 8 me nu aðread.

aþriettan, aþrytan, *ermüden.* **Or.** 238, 10 & hie þæt sole
mid þæm aþrytton þæt hie . . . (*Cosijn bringt die Form (a. a. O.,
II. S. 162) mit einem ? als cj. von* aþrŷtan). **Bo.** 354, 26 ic ongite þæt ic þe hæbbe aþriet nu mid þis langan spelle.

aþrysemian, *ersticken.* **Or.** 224, 34 (*vgl.* asmorian).

aþwean, *waschen, reinigen. Das, wovon man jemanden reinigt, steht im Genitiv, s. § 40. c., sonst mit* fram. **Be.** 496, 32
ðæt he ða synne ðæs geþohtes mid tearum aþwea; 518, 11; 529,
14; 532, 37; 535, 29; 552. 35; 582, 13; 583, 19; 584, 35; 639,
24. **Cp.** 258, 3 ðæt sar ðære swingellan ðissa worldbroca aðwiehð
ægðer ge ða gedohtan synna ge ða gedonan of ðære saule; 413,
8; 419, 2. **Ps.** 25, 6 þæt ic aðwoge mine handa; 50, 3.

aþystrian, *verdunkeln.* **Be.** 633, 34 he . . . eall durh his
unrihtdæde . . . . aþystrade & fordilgade. **Cp.** 130, 22 ðæt ðæt
dust ðisse corðlican giemenne ne aðiestrige ðæt eage ðæs recceres.
Ps. 17, 9 seo corðe wæs gesworcen & aðystrod.

atifran, *zeichnen. Vgl.* atæfran. **Cp.** 156, 4 eac wæs gesewen on ðæm wage atifred ealle ða heargas; 12 swelce he hit
amete & atifre; 13 swæ tweolice & unfæstlice he atifreð ðæs
ðinges onlicnesse.

atihtan, *anlocken.* *P.* **Bo.** XII, 5 ða men þe beoþ atihte
to þam soþum gesælþum; *ebenso* 176, 5 (*Cardale:* intent upon).

atimbran, *bauen.* **Or.** 126, 21 þær het þa burg atimbran.
130, 17; 132, 25; 284, 7.

aweccan, *wecken.* **Be.** 526, 34 he hi aweahte; 596, 14;
598, 20. **Cp.** 138, 1 ðas ilcan geornfulnesse ðara hierda sanctus
Paulus aweahte; 192, 18. **Bo.** 216, 19 þæt hi mægen mid ðy
aweccan þæt Mod þara geherendra; 244, 2. **So.** 166, 9 þe us
awehte . . . of þam slepe ure synna; 31. **Ps.** 3, 4 Drihten me
awehte.

awecggean, awegan, *bewegen.* **Cp.** 224, 6 lytel wind mæg
ðone cið awecggean; 306, 9 ne læte ge eow ælcre lare wind
awecggan. **Bo.** 56, 3 þæt mennisce Mod bið underéten & aweged of his stede.

awendan, *(ab)wenden.* **Or.** 78, 6 se awende ealle Asiriac
& Caldei eft to Perseum. **Bo.** 106, 20 þa sunnan awendan of
hiere stede; 370, 23; 376, 5. **Ps.** 21, 22 he his andwlitan ne
awende fram me; 26, 10; 29, 7; 38, 11.

11*

awenian, *entwöhnen. P.* **Be.** 493, 33 ær þonne þæt acennede bearn fram meolcum awened si.

aweorpan, *wegwerfen.* **Be.** 517, 4 he ða sona fram him
awearp ða idlan dysignysse; 552, 2; 557, 44; 582, 36. **Or.** 140,
14 þa wolde an senatus hiene aweorpan; 176, 20; 198, 30. **Cp.**
64, 23 aweorpað ðæt yfel; 224, 8 aweorp ærest of ðinum agnum
eagan ðone greatan beam; 419, 32. **Bo.** 296, 22 hiora yfelnes
awyrpþ hi under ða menniscan gecynd. **Ps.** 2, 3 utan . . . aweorpan heora geocu of us; 9, 36 *(P.)*; 17, 22; 21, 22; 43, 3. **Le.**
68, 9 mancge þara þe me ne licodon, ic awearp.

awestan, *verwüsten.* **Or.** 44, 16 hie . . . . ealle Aegypte
awestan; 48, 8; 62, 2; 72, 25; 90, 14; 128, 27; *usw. usw.*

awiergan, *erwürgen. R.* **Or.** 294, 11 gelicost þæm þe her
hiene selfne unwitende hæfde awierged.

awindan. — 1. *durchwinden. P.* **Be.** 534, 32 se hrof wæs
mid gyrdum awunden (= culmen domus, quod erat virgis con-
textum; *Miller:* which was interwoven with rods).
2. *abwinden, ausziehen.* **Bo.** 288, 13 gif him mon þonne
awint of þa claþas.

awindwian, *fortblasen.* **Ps.** 43, 7 þurh þe we beþurscon
ure fynd & awindwedan (= in te inimicos nostros ventilabimus).

awreþian, *unterstützen. Zweimal P., einmal R. Es kommt
sonst einmal mit dem Dativ vor, s. § 67. e.* **Be.** 505, 1 fram Gode
mid wundra wyrcnesse awreþed wæs; 610, 18 he mid his crycce
hine awreþiende ham becom. **Cp.** 112, 11 siððan he understun-
gen & awreðed wæs mid ðys hwilendlecan onwalde.

awritan, *aufschreiben, beschreiben.* **Be.** 471, 9 þæt spell þæt
ic niwan awrat; 18; 474, 2 *(P.)*; 487, 4 *(P.)*; 545, 6; 586, 41;
635, 38. **Or.** 14, 5 nu hæbbe we awriten þære Asian supdæl;
80, 2; 156, 27. **Cp.** 22, 12 ðara byrðenna hefignesse, eall þæt
ic his geman, ic awrite on ðisse andweardan bec. **Bo.** 100, 11
þeah hi nu eall hiora lif & hiora dæda awriten hæfdon. **So.**
165, 6 awrit hit; 7; 16; 175, 1 *(P.).* **Le.** 68, 9 ic . . . awritan
het monege þara.

awriþan, *verbinden.* **Be.** 590, 36 sylfa his wunda awraþ.

awyrc(e)an, *thun.* **Cp.** 280, 10 ælces unnytes wordes . . .
hie sculon eft ryht awyrcean on domes dæge (= reddent de eo
rationem; *Rechenschaft geben, ablegen*).

awyrtwalian, *entwurzeln, entreifsen.* **Cp.** 282, 4 oððæt hio
us awyrtwalað from ælcre lustbærnesse godra weorca. **Bo.** 122,
19 gif ðu ærest awyrtwalast of ðinum mode ða leasan gesælþa;
148, 2 (*vgl.* astifician). **So.** 184, 19 þa worlde lustas ne sint
eallunga awyrtwalode of ðinum mode. **Ps.** 36, 9 hy beoð awyrtwalode of corþan.

§ 98   **bædan,** *zwingen, antreiben.* **Cp.** 134, 10 ða sacerdas to

weorðunga ures Aliesendes ne bædað ða þe him underðiedde
bioð (= exigunt).

bærnan, *anzünden*, *verbrennen*. Be. 483, 41 Chaldeas bærndon Hierusaleme weallas; 548, 48; 576, 5. Or. 94, 2 Gallie
wæron ... þa burg bærnende; 6; 120, 13; 292, 3. Bo. 76,
9 se byrnenda swefl ðone munt bærnþ ðe we hataþ Aetne; 320,
24. Ps. 7, 13 þæt he mæge ... bærnan þa þe her byrnað on
wræunnesse. Le. 62, 27 gif fyr sie ontended, ryht to bærnenne
*(Turk liest rÿt, Lambard ryp; das erste findet sich bei B.-T.
nicht)*; 78, 12 gif mon oðres wudu bærneð.

baðian, *baden*. Be. 589, 38 hi ða ðwogan & baþedon þone
lichoman ðære halgan sæmnan.

bealcettan, *rülpsen*, *von sich geben*. Ps. 44, 1 min heorte
bealcet good word (= eructavit cor meum verbum bonum. *Vgl.*
Bo. 118, 29 se læcecræft .... werodaþ syðþan he innaþ, &
biþ swiþe liþe on ðam innoþe, & swiþe swete to bealcetenne
(*Cardale*: very pleasant to the stomach; *Fox*: pleasant to the
taste).

bebaðian, *baden*. P. Be. 492, 36 ærþon he bebaþod si;
ähnlich 496, 17.

bebeodan, *befehlen*, *empfehlen*. *Die Person steht im Dativ*,
s. §§ 69. f., 78. Be. 585, 15 ðysne geleafan he gymde bebeodan (= commendare). Or. 274, 20 þa bebudon hie begen cristenra monna ehtnesse; *ganz ähnlich* 276, 24; 280, 17; 282, 27.
Ps. 32, 8 he bebead his willan; 39, 7 ic sylle, þæt þu ær bebude.

bebycg(e)an, *verkaufen*. Be. 514, 39 his freond þone betstan ... bebycgean; 592, 3. Ps. 43, 14 þu us bebohtest. Le.
58, 12 nage he hie ut .... to bebycganne; 60, 15, 23, 24. *Vgl.*
gebycgean § 103.

bebyr(i)g(e)an, *begraben*. Be. 482, 31 þæt hi ða deadan
bebyrigdan; 574, 37; 591, 20. Or. 3, 6 hu an nunne wearþ
cuce bebyrged; 100, 7; 128, 16; 166, 8; 176, 31; 184, 7.

becirran, *verlassen (?)*. Cp. 32, 14 Judeas comon & woldon hine don nidenga to kyninge; ða se hælend þæt ongeat, þa
becirde he hi & gehydde hine; *Sweet übersetzt:* he dismissed
them, *und sagt in einer Anmerkung auf S. 476:* „There is no
corresponding word in the Latin"; *wie schon Kern in P.B.B.
XVI. (554 ff.) bemerkte, ist das nicht ganz richtig; „in einigen Hss.
wenigstens steht — so sagt Kern —: ,fugit iterum in montem ipse
solus & abscondit se' fich bemerke dazu, dafs in meiner Textaus-
gabe (von Westhoff, Münster 1846) die letzten drei Wörter feh-
len]; ,becirde' ist wohl Übersetzung von ,fugit'; für die von Sweet
richtig angegebene Bedeutung ,entweichen' vgl. bebûgan mit Akkusativ. Aus der Bedeutung ,entweichen, verlassen' erklärt sich auch
,verraten' (Chron. Thorpe S. 266.)"* Was soll aber das „hi", wenn
becirran „entweichen, evade" heifst? Nach Kern wohl = „er
entwich ihnen"? — *Vgl. noch* 433, 5 sume unðeawas hit ofertrit,

sume hit ær gesihð, & utan becierð (= modo alia superans cal-
cat, modo alia providens declinat; *Sweet:* some vices it passes
over, some it sees beforehand, and passes round).

beclippan, *umarmen*, **Cp.** 389, 11 Drihtnes winestre hand
is under minum heafde, & his swiðre hand me beclipð (= am-
plexabitur me).

becnyttan, *knüpfen.* **Cp.** 58, 16 ðæt he ða (gifa) ne becnytte on ðæm sceate his slæcwðe. *Vgl.* **Be.** 534, 29 *(Fufsnote)*
aheng he ðone sceat ðe seo molde on becnit wæs up on ane
studu.

bedelfan, *begraben.* **Or.** 108, 19 hie þa Romane . . . swa
cuce on eorþan bedulfan.

bedrifan, *treiben.* **Be.** 482, 20 hi . . . hi ham bedrifan.
Or. 88, 4 wearð on an fæsten bedrifen; 98, 12; 138, 29; 144,
31; 146, 17; 150, 5; 200, 6; *usw. usw.*

befæstan, *befestigen, lehren, anbefehlen. Der, dem man etwas
befestigt, steht im Dativ, s. § 78.* **Cp.** 4, 4 ðæt ðu ðone wisdom
þe ðe God sealde ðær ðær ðu hine befæstan mæge, befæste. **Ps.**
30, 5 Drihten, an þine handa ic befæste mine sawle.

befleon, *entrinnen.* **Cp.** 401, 21 ðonne se Godes ðiow on
ðæt gemearr ðære woruldsorga befehð, ðeah he' ðonne hæbbe
beflogen ðone gesinscipe, ðonne næið he no beflogen ða byrðenne
(= non evasit).

befon, *ergreifen, umgeben, umfassen.* **Or.** 8, 7 Asia is befangen mid Oceano; *ähnlich* 12, 12; 210, 29; 140, 22 Pontius
. . . . hæfde þon consul . . . . mid his folce utan befangen; 142,
28. **Bo.** 114, 1 se anwealda hæfþ ealle his gesceafta swa mid
his bridle befangene; 124, 15. **So.** 171, 13 befoh hyt þonne
mid feawum wordum.

befyllan, *erfüllen.* **Be.** 489, 26 hu hi . . . mildheortnesse
befyllan.

began *und* **begangan.** — 1. *umgeben.* **Ps.** 11, 9 ðeah þa
unrihtwisan us utan began on ælce healfe.

2. *bewohnen.* **Be.** 488, 1 mid ðy Romane ðagyt Breotone
beeodan; 643, 37 ða ðe Hii þæt ealond eardedon & beeodan.

3. *besuchen.* **Or.** 256, 14 heora synna sceoldon hreowsian
. . . . swiþor þonne heora plegan began.

4. *verehren, pflegen.* **Be.** 477, 33 ðone soþan God . . . ic
symble bigange; 507, 11; 508, 30; 510, 29; 516, 29; 517, 1;
535, 15; 567, 34. **Or.** 154, 34 hiene his godas & his deofol-
geld beswicon, þe he begongende wæs; 210, 6; 294, 15; 296,
21. **Cp.** 381, 16 ðonne hie wel begað hira plantan. **Ps.** 24,
19 þa rihtwisan, þa þe begangað.

5. *ausführen, ausüben.* **Be.** 489, 22 wæccan to begangenne;
26 hu hi . . . . gestliþnysse begonge; 516, 4 seo æfæstnys ðe
we oþ þis hæfdon & beeodon. **Cp.** 106, 17 ne ondræde he,
ðæt he begonge his ryhtwisnesse; 120, 4; 122, 22; 126, 18;

128, 10; 397, 31; 409, 31. **Bo.** 72, 20 hie ... swiþe gemetlice þa geeynd beeodan. **So.** 188, 29 þæt þu ne mote began þæt þæt þu wilnast. **Ps.** 30, 6 þu hatodest þa þe beeodon idelnesse.

6. Cp. 22, 14 ic eac lære, þæt hira (= ðara byrðenna) nan ðara ne wilnige, þe hine unwærlice bega (= ut et haec (pondera) qui vacat, incaute non expetat). *Zu dieser Stelle äus-sert sich Kern in P.B.B. XVI. (554 ff.) wie folgt: "Alfred zog augenscheinlich das* incaute *zu* vacat. ðe hine unwærlice bega *würde also heifsen & haec pondera qui vacat incaute. Das geht aber nicht an. ðe hine könnte bedeuten "den" (zurückgehend auf nan ðara); bega wäre dann unpersönlich. Ein anderes Beispiel dieses Gebrauches von began ist mir unbekannt, und ðe he und dgl. kommt in der Cp. selten als Relativ vor (so se ðe him 43, 6). hine mufs deshalb wohl reflexiv gefafst werden. hine* began *heifst "sich üben", s. z. B. Ps.* 118, 27 *(Grein): þæt ic ... me ....* begange = exercebor, *Vespas:* ic biom bigongen; *1. Tim.* 4, 7: bega þe sylfne to arfæstnysse *(B.-T.). Der Übersetzer hat in das sinnlose "vacat incaute" einen Sinn hineingelegt, nämlich "sich unvorsichtig (ohne die nötige Vorbereitung) an etwas wagen" und* ðe hine unwærlice bega *bedeutet: "der sich ohne Sorgfalt übt, der sich ungenügend vorbereitet." Sweets Übersetzung: "I also advise no one to desire them who manages them rashly" setzt ein* ðe hie voraus, *während alle Hss.* hine haben. *Aufserdem, was ist* to manage rashly the burdens of pastoral care? *Die Abtrennung* hi ne *gäbe keinen Sinn.* ða byrðenne *in Z. 11 ist Akk. Pl., wie Cosijn richtig erkannt hat (Gr. II. S. 28, Z. 9; man streiche 23*[11] *in Z. 2 dort)". — Soweit Kern; seine Erklärung läfst sich hören: was seine Bemerkung über* (se)ðe he *in Cp. angeht, so verweise ich auf §§ 290, 296 a. b. d. — Wack (a. a. O., S. 35) sagt; "Alfred nimmt* vacare = Zeit haben für etwas, einer Sache obliegen; began *in dieser Bedeutung auch* 121, 4; 123, 22; 129, 10; 397, 31; 409, 31." *Vgl.* 5.

beg(e)an, big(e)an, *biegen, beugen.* **Be.** 509, 29 se wind .... ða bærnnisse ut of begde; 524, 14 his eneow bigde; 21; 544, 39; 548, 8; 580, 10; 606, 13; 610, 23; 614, 5; 640, 31; 643, 15. **Bo.** 138, 5 þeah ðu teo hwelene boh ofdune to þære corþan, swelce þu began mæge.

begitan, *erlangen, erwerben, ergreifen, einnehmen*. Der, für den man etwas erwirbt, steht im Dativ, s. § 78.; die Sache kann auch im Genitiv stehen, s. § 16. a.* **Be.** 482, 3 ne mihton hi nænigne fultum æt him begitan; 500, 28; 581, 35*; 641, 41. **Or.** 48, 30 hwær ænegu þeod æt oþerre mehte frið begietan; 64, 28*; 66, 24*; 68, 20*; *usw. usw.* **Cp.** 2, 12 hu we hi nu seeoldon ute begietan; 4, 15; 128, 14; 208, 18; 332, 7; 387, 5. **Bo.** 30, 10 ic ... þe þa snyttro on gebrohte, þe þu þa woruld-are mid begeate; 130, 17, 23; 134, 25; 152, 22; 190, 28; 224,

12; 274, 25; 286, 19; 370, 15. **So.** 165, 15 þæt ðu mage þurh
ða hele begitan þæt ðæt þu wilnast; 175, 33; 176, 3.

begyrdan, *umgürten, bekleiden, umgeben.* *Vgl. § 118. II.*
Be. 476, 10 hit begyrde & gefæstnade mid dice ; 477, 24 he
begyrded wæs mid wæpnum ðæs gastlican camphades. **Ps.** 17,
37 þu me begyrdest mid mægenum and mid cræftum to wige.

behabban, *umfassen.* **Or.** 8, 9 Asia . . . swa ealne þysne
middangeard from þæm eastdæle healfne behæfð.

beheafdian, *enthaupten.* **Or.** 282, 32 hiene siþþan het beheafdian.

behealdan, *nahe halten, beobachten, ansehen, besichtigen.* **Be.**
577, 21 ongan sprecan to ðære gesyhþe ðe heo behealdende wæs
(= intuebatur); 595, 6 ða heo ða geornlice hi sceawode & be-
heold (= attentius consideraret); 637, 5 he swa gemetfæstlice
& swa ymbsceawiendlice hine sylfne on eallum ðingum behcold,
þæt he . . . . (= ita se modeste & circumspecte in omnibus
gereret). **Or.** 106, 24 hiora æ to behealdanne. **Cp.** 204, 15
behealdað hiera liif & hiera forðsiið (= intuentes); 455, 24 ðeah
ðæs modes læcas behealden ðas lare (= ita custodiunt). **Bo.**
26, 7 hie beheoldon on þe hiora agen gecynd (= servavit); 178,
21 behealdaþ nu ða widgilnesse & þa fæstnesse & ða hrædfer-
nesse þisses heofenes (= respicite); 356, 4 beheald þa tunglu
þæs hean heofnes (= adspice). **So.** 168, 8 eallungla [*Read* ealle
tungla] heora rina behealdað be þinre hese. **Ps.** 21, 16 hy me
(*T.:* min) hawodon and me beheoldon (= consideraverunt et
conspexerunt me).

behelan, *verbergen, bedecken. Die Person, der man etwas
verbirgt, steht im Dativ, s. § 78.* **Cp.** 240, 20 mid ðære beheleð
his fet & ða stæpas his unnyttan weorces.

behelian, *bedecken, verbergen. Der, dem man etwas verbirgt,
steht im Dativ, s. § 78.* **Cp.** 140, 9 ðæt hie (= ða loccas) ða
hyd beheligen. **Bo.** 30, 22 se heofen mot . . . eft þæt leoht
mid þeostrum behelian; 74, 15 ðe ær behyd wæs & behelod mid
ðære eorþan. **Ps.** 31, 1 heora synna beoð behelede; 34, 9 gefo
hi þa grynu, þe wið hy beheled synt; and eac þa þe hi wið me
beheled hæfdon.

behringan, *umgeben.* **Cp.** 162, 16 mid hu scearplicum cos-
tungum we sint æghwonan utan behringde. **Ps.** 17, 28 þeah
heo sy utan behringed mid minum feondum; 31, 8 þe me habbað utan behringed; 48, 5 sio me hæfð utan behrincged.

behwerfan, *drehen, vorbereiten, belehren (?).* **Bo.** 138, 19
ðonecan þe heo utan behwerfed sie; 216, 15 ac ic wolde get
mid sumre bisne þe behwerfan utan þæt þu ne mihtest nænne
weg findan ofer.

behydan, *verbergen. P.* **Bo.** 74, 15 (*vgl.* behelian).

behyldan, *schinden.* **Or.** 174, 15 þa hio (= an nædre)
gefylled wæs, he het hie behyldan & þa hyde to Rome bringan.

behypan, *umgeben.* *P.* **Be.** 537, 28 he wæs mid wæpnum
& mid feondum eall utan behyped (= circumseptus).
     beladian, *entschuldigen.* *R.* *Wovon man sich entschuldigt,*
steht im Genitiv, s. *§ 40. e.* **Cp.** 346, 19 he mæg hiene ðylæs
beladian.
     belicgan, *umgeben.* **Or.** 22, 17 hit (= Italia) belið Wendelsæ
ymb eall utan, ... æt þæm ende hit belicgað ða beorgas þe
man hæt Alpis.
     belucan, *(ein)schliefsen.* **Or.** 106, 9 þæt Janas duru siþþan
belocen wurde buton anum geare; *ähnlich* 114, 23; 284, 9; 166,
23 hiene ænne þærinne beleac & hiene selfne ofslog. **Cp.** 220,
13 hiene ðærinne ne belycð nan ege; 336, 22 hie belucað hiera
modes earan ongean ða godcundan lare. **Bo.** 4, 13 het he hine
gebringan on carcerne & þærinne belucan. **Ps.** 34, 3 beluc heora
wegas mid þinum sweorde.
     belytegian, *verlocken.* **Or.** 112, 26 he belytegade ealle
Crece on his geweald.
     bendan, *spannen.* **Ps.** 7, 13 he bende his bogan; *ähnlich*
10, 2; 36, 13.
     bensian, *anbeten.* **Be.** 601, 4 me . . . is ðearf, þæt ic hal-
wendum weacenum ætfeole & for minum gedwolum & synnum
geornlice Drihten bensian (= Dominum deprecari; *Miller:* ben-
sie). *Die Sache, wofür man bittet, steht im Genitiv, s. § 36. b.*
     beodan. *Die Person, der man gebietet, steht im Dativ, s.*
§§ 69. h., 78. — 1. *befehlen.* **Or.** 264, 28 þa sæde him hiora an,
þæt he woh bude, & miclum on þæm syngade.
     2. *anbieten.* **Bo.** 162, 11 ða bead he ealle his æhta wiþ
his feore.
     beprenan, *winken, zwinkern.* **Bo.** 100, 21 tele nu þa lenge
þære hwile þe þu ðin eage on beprenan mæge, wiþ ten þusend
wintra.
     berædan, *enteignen, berauben.* **Bo.** IV, 3 hu Gotan gewun-
non Romana rice, & hu Boetius hi wolde berædan & Deodric
þa þæt anfunde & hine het on carcerne gebringan; *Cardale*
und Fox übersetzen: & how B. wished to deliver them, *beziehen*
also hi auf Romana; *ich möchte es vielmehr auf* Gotan *beziehen,*
und berædan durch disposses, deprive *wiedergeben (vgl. B.-T.);*
sinngemäfs ist ja Beides.
     beran, *tragen.* *Die Person, der man etwas trägt, bringt, steht*
im Dativ, s. § 78. In der Bedeutung „erzeugen" hat das Wort
den Genitiv, s. § 21. a. **Be.** 495, 26 he bær ða wætan ðære un-
cystan in ðam telgan; 503, 6; 504, 3; 536, 35; 549, 16; 577, 6.
Or. 19, 6 & berað þa Cwenas hyra scypu ofer land on ða meras;
20, 27; 80, 7; 202, 26, 27; *usw.* **Cp.** 152, 7 he birð on
his geðylde ða byrðenne hiera scylda; 12; 162, 15; 168, 20;
336, 7 se fiicbeam se on ðæm godspelle gesæd is þætte nanne
wæstm ne bære *(hier wörtlich = tragen, nicht etwa = hervor-*

bringen, *was Genitiv haben müfste*, *s. § 21. a.).* **Bo.** 8, 22 onginne ic þe sona beran; 206, 23 ðu brist (!) ealle ðing buton
geswince; 338, 20 (byrþl). **Ps.** 39, 18 beren hi swiþe raþe heora
agene scame.

bereafian. — 1. *(be)rauben. Die Sache, deren man jemanden beraubt, steht im Genitiv, s. §§ 18. a., 40. h. Vgl. auch § 78.*
Or. 152, 32 þonne us fremde . . . an becumaþ & lytles hwæt
on us bereafiað. **Ps.** 9, 30 he sætað þæt he bereafige þone
earman.

2. *rauben, nehmen, einnehmen.* **Or.** 116, 17 monega byrg
bereafode on Cheranisse, Creca folce; 128, 9 ær he þa wicstowa
& þæt wæl bereafian mehte.

beridan, *umreiten, belagern.* **Le.** 94, 42, § 1 þæt he his
gefan beride and inne besitte.

besætian, *belagern (?). Fehlt bei B.-T.* **Or.** 146, 11 hie
hiene besætedon.

besceawian, *beobachten.* **Or.** 168, 13 he Alexandres wisan
besceawade.

besceran, besciran, *scheeren.* **Or.** 204, 8 þæt hie eal hiera
heafod bescearen. **Le.** 90, 3 gif he hine on bismor to homolan
bescire; 4 gif he hine to preoste bescire; *ebenso* 6.

bescufan, *stofsen, stürzen.* **Or.** 54, 31 het hiene þa niman
& ðæron bescufan; 224, 16 he hiene het siþþan to Rome bringan & on carcern bescufan.

bescyrian, *trennen. berauben. P. Das, wovon man jem.
trennt, steht im Genitiv, s. § 40. i.* **Be.** 494, 3 þæt heo si bescyred fram Godes cyricean ingange.

besencan, *versenken.* **Be.** 499, 6 ða wæs besenced on
sumne sæs sceat. **Or.** 172, 10 his XXX scipa genom, & XIII
on sæ besencte.

beseon, *(be)sehen.* **Be.** 477, 14 he beseah Scm. Albanum
(= vidisset). **Cp.** 136, 12 ðæt he . . . . hie eac on hiora nied-
ðearfum utane besio (= providere).

besittan. — 1. *besetzen, belagern.* **Or.** 2, 26 Romane besæton Ueiorum þa burg X winter; 4, 1, 22; 6, 1 hu Julius besæt Tarquatus Pompeiuses ladteow, on anum fæstenne; 56, 18;
90, 23; 144, 25; 148, 24; *usw.* **Cp.** 160, 4 besittað hie utan.
Ps. 19, *ü.* þa he wæs beseten mid his feondum on þære byrig.
Le. 94, 42, § 3 þæt he hine inne besitte.

2. *besitzen.* **Be.** 501, 16 walawa, þæt is sarlic þæt swa
fæger feorh & swa leohtes andwlitan men sceolan (*Miller:* scyle)
agan & besittan ðystra ealdor (= quod tam lucidi vultus homines tenebrarum auctor possidet).

beslepan, *auflegen, anziehen.* **Bo.** 88, 23 hu hefige geoc
he beslepte on ealle þa þe on his tidum libbende wæron on
eorðan. **Ps.** 34, 24 beslepen hi on hy bismor; 44, 15 utan beslepte and gegyrede mid . . . . wlitum.

besmitan, *beschmutzen, schänden.* **Be.** 494, 34 nalæs þæt ingangaþ on muþ mannan besmiteþ, ac ða ðe utgongaþ of muþe; 523, 7 ðone geleafan his agenre þeode besmiton (= prodiderunt). **Cp.** 326, 21 ðonne hwa . . . his mod & his lichoman mid unryhtwisnesse besmit. **Bo.** 74, 3 ne seo corþe þaget besmiten mid ofslegenes monnes blode.

bespanan, *verlocken.* **Or.** 30, 16 þæt ylce gewin þe hio hine on bespon.

besprecan, *anklagen.* **Or.** 54, 33 forhwi besprecað nu men þas cristnan tida.

besprengan, *besprengen.* **Ps.** 50, 8 bespreng me nu mid þinum haligdome, swa swa mid ysopon.

bestandan, *umgeben.* **Ps.** 31, 8 ahrede me æt þam þe me habbað utan bestanden.

bestyrian, *einrammen.* **Be.** 524, 20 his ðegnas mid moldan hit (= þæt Cristes mæl) bestyredon & gefæstnedon.

bestyrman, *bestürmen.* **Bo.** 8, 12 on hu grundleasum seaðe þæt Mod þringþ, þonne hit bestyrmaþ þisse worulde ungeþwærnessa.

beswapan, *bedecken, bekleiden. In der Bedeutung „überzeugen" hat das Wort den Dativ, s. § 69. i.* **Be.** 534, 13 heo wæs gehæled . . ., & hire wæteres bæd & hi ðwohg & hire feax geræddle & hi mid scytan besweop. **Cp.** 82, 11 ðæt he beo . . . . . wið ælce orsorgnesse beswapen mid ðissum mægnum.

beswemman, *schwimmen machen, zur Schwemme führen. P.* **Bo.** 298, 18 he bið anlicost fettum swinum . . . þeah hi seldnm hwonne beswemde weorþan, ðonne sleaþ he eft on þa solu.

beswican, *täuschen, betrügen. Das, worum man jemand betrügt, steht im Genitiv, s. § 40. j.* **Be.** 487, 1 þæt hi hine oferswyþan & beswican sceoldan; 515, 23. **Or.** 2, 5 hu hiene beswac Arbatus; 4, 26; 30, 31; 46, 31; 76, 9, 22; 124, 19; 154, 34; 170, 10; 210, 10; *usw. usw. usw.* **Cp.** 56, 22 ðæt hiene his agen geðanc ne beswice; 226, 12; 228, 7; 465, 11. **Bo.** 24, 11 þe hi on last willaþ swiþost beswican; 34, 26, 27; 92, 19; 110, 4; 208, 11. **Ps.** 14, 6 hine mid treowum ne beswicð; 50, *ü.* he hine beswac for his wifes þingum. **Le.** 62, 29 gif hwa fæmnan beswice unbeweddode.

beswician, *entrinnen.* **Be.** 481, 1 ealle ða ðe ðone deaþ beswician myhtan; *ähnlich* 512, 36; 555, 36. *Dies Wort kommt anderseits auch zweimal mit dem Genitiv vor, s. § 18. b.*

beswingan, *geisseln.* **Bo.** 290, 3 ðonne wyrþ þæt Mod beswungen mid þam welne þære hatheortnesse. **Le.** 90, 1 gif hine mon beswinge.

besylwan, *beflecken. P.* **Bo.** 88, 25 hu oft his sweord wære besyled on unscyldigum blode.

besyrian, *betrügen, täuschen.* **Or.** 76, 19 he þa Cirus hie þær besyrede & mid ealle ofslog; *ähnlich* 84, 24; 116, 25; 120,

27 *(P.)*; 140, 22; 170, 2; 274, 3. **Ps.** 36, 13 þæt hi mægen besyrian þone earman & þone wædlan.

betælan, *betrügen (?).* **Be.** 602, 19 (*vgl.* betynan 2.).

betan. — 1. *ausbessern:* **Be.** 488, 6 cyrican to timbrianne & to betanne; *ähnlich* 566, 3.

· 2. *büßen.* *Vgl. beim Dativ § 78.* **Be.** 599, 25 ðæt hi heora synna witnade & bette ðurh fæsten & ðurh wopas & ðurh gebedo; *ähnlich* 632, 11. **Cp.** 423, 31 gif he hit ne bet. **Ps.** 36, 9 þa þe yfel doð & þæt ne betað; 50, 5. **Le.** 60, 18 bete þone æwerdlan; 70, 8, 1; 78, 14.

3. *anzünden.* **Or.** 286, 30 þa het he betan þærinne micel fyr.

beteon, *überziehen.* *P.* **Or.** 230, 24 hiera scieldas wæron betogen mid elpenda hydum. *Über eine andere Bedeutung vgl. § 37. b.*

beþeccean, *bedecken.* *P.* **Be.** 534, 32 se hrof wæs mid gyrdum awunden & mid ðæce beþæht.

beþencean, *anvertrauen.* **Or.** 150, 16 & hæfde his wisan swiþost beþoht to Seleucuse; 174, 30 beþohtan hie ealle heora wigcræftas to Exantipuse.

beþerscan, *bedreschen.* **Ps.** 43, 7 (*vgl.* awindwian).

beþridian, *überwältigen.* **Or.** 80, 28 Leoniþa þæt þa geascade, þæt hiene mon swa beþridian wolde; 112, 28; 182, 31; 294, 21.

beþyan, *stoßen.* **Or.** 158, 6 onbærndon hit & beþydan hit þonne on þone elpend hindan.

betynan. — 1. *schließen, zuschließen.* **Or.** 6, 5 hu Octauianus se casere betynde Janes duru; *ebenso* 248, 5; 250, 21; 262, 27. **Cp.** 459, 23 gif hwa adulfe pytt, & ðonne forgiemeleasode, ðæt he hine betynde. **Le.** 60, 22 gif hwa adelfe wæterpyt, oððe betynedne ontyne.

2. *einschließen.* **Be.** 500, 22 ðæs hean biscopes leoman on ðysse byrigenne syndon betyned; 602, 19 hine betilldon *(Miller:* betyldon; *zu* betælan? *vgl.* B.-T.) in an nearo fæsten *(dem lateinischen* introductus est *entspricht vielleicht besser* betyndon, *wie B. liest).* **Or.** 166, 23 he þæt folc þær ute betynde. *(= schloß sie aus).* **Le.** 60, 21 gif he hine innan betynan nolde.

3. *beendigen.* **Be.** 577, 28 ðus þæt word betynde & geendode; 598, 23 fægere ende his lif betynde & geendode.

bewæfan, *bedecken.* *P.* **Bo.** 234, 10 hu þæt treow biþ uton gescyrped & bewæfed mid þære rinde wiþ ðone winter.

bewegan, *bedecken.* **Bo.** 332, 17 ær he hi bewæg mid wuda utan & forbernde ða mid fyre.

beweorpan, *werfen.* **Or.** 76, 32 seo cwen het þa ðæm cyninge þæt heafod ofaceorfan & beweorpan on anne cylle. **Bo.** 26, 1 hwæt bewearp þe on þas care.

bewerian. — 1. *verteidigen.* **Or.** 104, 5 þæt hie þa burg bewerian mehton; 138, 10; 172, 14; 270, 13. 2. *einschränken, zurückhalten.* **Vgl.** *beim Dativ §§ 74. c., 78.* **Be.** 491, 32 seo cyrice . . . þæt wiþerwearde yfel beweraþ (= compescat); *ähnlich* 492, 21; 493, 23 (= prohibere); *ebenso* 553, 26; 604, 10 (= cohibere); 611, 21 (= vetabant); 619, 11 (= cohibere); 12 (= prohibere),

bewindan, *umwickeln.* **Be.** 576, 32 ða geseah heo swutole swa swa monnes lichoman mid scytan bewundenne. **Or.** 158, 5 & hie (= ða næglas) mid flexe bewundon. **Ps.** 16, 9 hi habbað calle heora fætnesse . . . . swiþe orsorhlice utan bewunden.

bewitan, *beobachten, bewachen, lenken.* **Or.** 66, 35 þa forleton hie ða firde, þe hie bewitan sceoldan; 72, 4; 88, 19. **So.** 183, 34 to ðara manna þearfa ðe ic bewitan sceal.

bewitigan, *beobachten.* **Bo.** 30, 26 calle gesceafta motan heora gewunan & heora willan bewitigan.

bewreon. bewrion, *bedecken.* **Cp.** 328, 4 ic wæs nacod, & ge me noldon bewrion. **Ps.** 43, 17 mid minum bismre ic com bewrogen (= confusio vultus mei operuit me).

bewrihan, *bedecken.* *P.* **Be.** 532, 16 ðone stan, ðe seo byrigen mid bewrigen wæs. **Bo.** 12, 11 þæt lease lot þe beoþ mid þam wrencum bewrigen. **Ps.** 43, 20 þær we wæron bewrigene mid deaþes sceade.

bewrixlan, *vertauschen (?).* **Ps.** 43, 14 þu us bebohtest & bewrixledest.

bewyrcan, *bebauen.* *P.* **Or.** 74, 21 he (= se weall) is mid stænenum wighusum beworht.

bidan, *erwarten.* **Be.** 568, 45 ðone he symble sorgiende bad; 593, 14 bad ðone ecan sige. *Das Wort kommt häufig mit dem Genitiv vor, s. § 20. c. Vgl. auch* abidan *(§ 97) und* gebidan *(§ 103).*

biddan. — 1. *jem. bitten.* **Be.** 472, 31 ðone leornere ic nu eadmodlice bidde & halsige; *ähnlich* 475, 30; 486, 5; 501, 29; 502, 18, 28; 505, 24; 517, 4; 524, 22; 606, 14. **Or.** 64, 25 hie bædon Sabini þa burgware þætte hi . . . . .; 82, 18; 92, 7; 98, 19; 146, 29; 150, 33; 268, 13. **Cp.** 62, 13 se se þe bideð ðone mon, þæt . . .; 172, 9; 304, 4. **Bo. II,** 14 nu bit & for Godes naman healsaþ ælcne þara ðe . . .; XII, 26; 4, 9; 118, 16; 262, 14. **So.** 165, 21 þæt ic þe cunne . . . . biddan; 166, 11; 169, 14; 170, 33; 188, 19; 190, 23 swa þu me byst (!). **Ps.** 2, 8 bide me.

2. *etwas erbitten.* **Be.** 488, 34 his geþeahte wæs biddende; 586, 31 *(s. onfon § 109);* 607, 34 unc forgeaf þæt wit bædon. **Bo.** 196, 21 we scylon biddan ðone godcundan fultum. **So.** 174, 9 þæt þæt ic bæd. **Ps.** 36, 4 syleð he þe þæt þu bidst on þinum mode. *Die Sache, die man erbittet, kann auch im Ge-*

nitiv stehen, s. §§ 12. b., 26., 36. c. Auch Dativ der Person neben Akkusativ der Sache kommt vor, s. § 78.

bindan, *binden.* **Be.** 556, 16 he ða wæs mid gehate hine sylfne bindende; 591, 13 ða ðe hine bundan. **Bo.** 82, 6 þa het he hi bindan; 246, 17.

blæcan, *bleichen.* **Be.** 473, 20 ðone ne mæg ne sunne blæcan ne ne ren wyrdan.

blendan, *blenden.* **Bo.** 316, 5 se dæg blent & ðiostraþ hiora eagan.

bletsian, *segnen.* **Be.** 499, 27 he his sunu bletsade; 541, 30; 616, 25; 618, 4, 8. **Ps.** 9, 22 hine bletsiað þa yfelan; 15, 7; 33, *ü.*; 36, 21.

blissian, *sich erfreuen an. Vgl. beim Dativ § 75. III. a.* **Be.** 644, 41 hi blissedon ða mundbyrde ðæs ferendan fæder to Drihtne (= lactabantur de patrocinio pergentis ad Dominum patris; *hiernach wohl: sie erfreuten sich (an) der Beschützung; oder: sie (Akk.) erfreuten die Beschützungen? oder sollte ða Adverb sein, und* mundbyrde *Dativ?*).

bodi(ge)an, *verkündigen, predigen. Die Person, der man verkündigt, steht im Dativ, s. § 78. Über eine Stelle mit Genitiv vgl. § 13. b.* **Be.** 486, 12 Godes word bodigende; 487, 21, 39; 502, 34. **Cp.** 294, 24 tungan, þe ðæt uplice leoht bodiað; 364, 4. **Bo.** 356, 21 bodaþ þære sunnan cyme. **Ps.** 9, 1 ic bodige ealle ðine wundra; 12; 13; 18, 1 heofonas bodiað Godes wuldor, and his handgeweorc bodiað rodor (!! = caeli enarrant gloriam Dei, et opera manuum ejus annuntiat firmamentum); 21, 29; 49, 7.

brædan, *erbreitern, ausbreiten.* **Be.** 479, 24 heora stowe bræddon. **Or.** 166, 19 he se cyning his handa wæs uppweardes brædende wið þæs heofones. **Cp.** 366, 13 ðæt mon his mearce bræde. **Bo.** 168, 2 þæt hi his naman brædan.

brecan, *(er)brechen. Vgl. beim Dativ § 78.* **Or.** 174, 9 mid þæm hie weallas bræcon; *ähnlich* 206, 13; 238, 8. **Cp.** 278, 16 se se þone wer bricð. **Ps.** 28, 5 þæs Godes word brycþ cedortreowu, & symle se God brycð þa hean ceder on Libano. **Le.** 60, 25 gif þeof brece mannes hus nihtes; 64, 4 bebodu to brecanne.

bredan, *reifsen.* **Cp.** 172, 10 ne brede (*H.:* bregden) ge no ða stengeas of ðæm hringum.

bregan, *erschrecken.* **Be.** 486, 2 þæt hi no afyrhte þæt gewin þæs siþfætes ne wyrigcwydolra manna tungan ne bregde; 569, 13; 628, 45. **Cp.** 180, 7 ða oðre sint to bregeanne. **Ps.** 9, 5 ðu ðreast & bregst þa ðeoda þe us ðreatigað; 17, 19.

bringan, brengan, *bringen. Die Person steht im Dativ, s. § 78.* **Be.** 516, 23 gif þeos niwe lar owiht cuþlicre & gerisenlicre bringe; 528, 27; 556, 33. **Or.** 70, 27 hie sceoldon bringan feowerfetes twa hwite; 84, 10; 100, 4; *usw. usw.* **Cp.** 122, 11

ne sohte ge ꝺæt ne ham ne brohton; 348, 12. **Bo.** 8, 23 ic
þe . . . . bringe miꝺ me to heofonum; 30, 21 (brengon); 114,
24; 340, 30. **So.** 103, 6 ealne þane wuꝺe ham brengan; 168,
8; 175, 11. **Le.** 58, 11 brenge hinc þonne his hlaforꝺ to þæs
temples ꝺura.

brocian, *quälen.* **Or.** 70, 11 þa monigfealꝺan iernþo þa
werigan burg swiþe brocienꝺe wæran; 272, 7. **Bo.** 352, 2 ꝺa
. . . . þe hi ꝺonne brociaþ.

brucan, *gebrauchen, geniefsen.* **Be.** 491, 20 þæt he his
broþor wif bruce; *ähnlich* 495, 33; 610, 11 hwitlas, ꝺa ꝺe he on
cumena bure brucenꝺe wæs; 623, 32 forþam ꝺe he ꝺa utlican
to geleafan brucan ne mihte (= *quoniam externis prodesse ad*
fidem non poterat; die Millersche Lesart: forꝺon þe ꝺæm utlican
to geleafan brytian (= *nützen, vgl. aber* bryttian § 78) ne mehte
— *wird daher wohl besser sein).* **Bo.** 48, 23 þæt þæt he þonne
gesællice bryeþ. **So.** 178, 12 ꝺu hæfst & briest & lufast þæt,
ꝺæt þu ær toopedest. *Kommt auch mit dem Genitiv vor, s. § 19.*
d., und mit dem Dativ, s. § 71. k.

bugian, buian, buwian, *bewohnen.* **Bo.** 90, 23 lanꝺ to
bugianne; 96, 1 ofer swelene cafertun, swelce þæt is þætte men
bugiaþ þisse worulꝺe. **Ps.** 32, 12 he wlit ofer ealle þa þe ealre
eorꝺan ymbhwyrft buiaꝺ; 36, 3 buwa eorꝺan; 33 þæt þu bust
eorꝺan; 48, 1 ealle þa þe eorꝺan buiaꝺ.

bycg(e)an, *kaufen.* **Be.** 501, 5 monige coman to bycgeanne
ꝺa ꝺing. **Le.** 58, 12 se þe hie bohte.

byldan, *ermutigen.* **Be.** 546, 20 þæt he hyra fultum try-
meꝺe & bylde (= *ad confirmandum militem*). **Cp.** 128, 12 ꝺonne
ne tyht nan man his hieremonna moꝺ ne ne bielt to gastlicum
weorcum (= sublevat).

byrgan, byrigean, *beerdigen.* **Be.** 550, 10 his lichaman . . .
on cyrican neah weofoꝺe byrgan wolꝺon; 577, 6 oþ ꝺæt hine
mon byrigean sceolde. **Or.** 108, 21 þær hie mon byrgꝺe.

byrigan, *kosten, schmecken.* **Be.** 629, 36 seo swetnes, ꝺe
ic ær byrigꝺe (*Miller:* bregꝺe).

bysgian, *in Anspruch nehmen, beschäftigen.* **Cp.** 190, 21
swæ hiene læs oꝺerra monna giemen bisgaꝺ. **Bo.** II, 8 þe hine
oft ægþer ge on moꝺe ge on lichoman bisgodan.

bysmrian, *verhöhnen, tadeln. Kommt auch vielleicht einmal*
mit dem Dativ vor, s. § 66. c. **Or.** 2, 6 hu þa wifmen hysmre-
ꝺan hiora weras, þe hie fleon wolꝺon; 118, 25; 140, 2; 228, 19;
258, 6. **Cp.** 242, 25 ꝺonne hie oꝺre men miꝺ hiera lote bism-
riaꝺ; 260, 7. **Bo.** 72, 6 þonne mihtest þu bismerian þas anꝺ-
weardan welan; 102, 18. **Ps.** 9, 23 se synfulla bysmraꝺ Drihten; 33; 24, 2; 34, 16, 21.

bysnian, *ein Beispiel nehmen für etwas (?).* **So.** 166, 23
of þinum rice we bysniaꝺ eall þæt we godes ꝺoꝺ. *Ist diese meine*
Auffassung richtig, so ist die Stelle ein neuer Beleg zu denen, die

Sievers in einer Anmerkung zu Kerns Bemerkungen zur **Cp.** *in P.B.B. XVI.* 554 *ff. bringt für die Bedeutung von* bysnian *„ein Beispiel nehmen", jene sind allerdings alle intransitiv. Bei der Bedeutung „ein Beispiel geben" steht die Person im Dativ, s. §§ 71. i., 78.*

§ 99   **calan,** *kalt werden. U.* **Bo.** 144, 24 hwæþer þa welgan nu næfre ne hingrige ne ne þyrste ne ne cale.

     cennan, *erzeugen, gebären. Die Person, der man erzeugt, steht im Dativ, s. § 78. Was man erzeugt, steht einmal im Genitiv (?), s. § 21. b.* **Be.** 492, 29 æfter ðon ðe heo bearn cenneþ; 30; 493, 23; 495, 24; 511, 33. **Or.** 46, 10 þonne þa wif heora bearn cendon. **Ps.** 7, 14 he cenð ælc unriht.

     ceorfan, *schneiden.* **Cp.** 270, 3 se hearda stan, ðone mon mid nane iscne ceorfan ne mæg. **So.** 163, 10 þar ic ðas stuðan sceaftas cearf.

     ceosan, *wählen. Die Sache, die man wählt, steht einmal im Genitiv, s. § 34. a.; die Person, für die man wählt, im Dativ, s. §§ 34. a., 78.* **Be.** 638, 6 þæt he oþer lif ma cure & lufode. **Or.** 72, 15 Romane curon III hund cempena & siex; *usw.*

     cigan, cygan, *rufen.* **Be.** 483, 34 ðe hi wr hider laþedon & cygdon; 538, 22; 568, 18; 575, 32, 37; 589, 14; 640, 30. **Le.** 58, 2 ne minne noman ne cig þu on idelnesse.

     clænsian, *reinigen.* **Be.** 496, 5 þæt hi heora hrægel weocsan & clænsodon; 576, 23. **Cp.** 124, 12 ðæt sio reðnes ðæs wines ða forrotedan wunde suge & clænsige.

     cleopian, *rufen.* **Be.** 538, 22 cleopede me ða & cigde; 589, 13; 616, 26.

     clipian, *rufen.* **Cp.** 62, 1 nu ðu me clipodest; 378, 17. **So.** 167, 21 þu us clypast to urum wege.

     clyppan, *umarmen, lieben.* **Be.** 598, 1 ða ongan seo abbudisse clyppan & lufian ða Godes gife in ðæm men (= amplexata). **Cp.** 298, 6 hwelc nauht ðes worldgilp is þe hie clyppað & lufiað.

     cneodan, *nennen.* **Be.** 522, 24 & ðone tun ... gyt todæg mon his naman *(Instr.)* cneodeþ. *Vgl.* cnodan *beim Dativ § 78.*

     cnys(s)an, *drängen, schlagen.* **Or.** 96, 9 him Ahteniense .... wiðstodon, & hie mid gefeohte cnysedan. **Cp.** 140, 14 ðæt hiene ne cnysse sio wilnung; 142, 19 ðonne hiene mon ne cnysð mid nanre reðnesse.

     cnyttan, *knüpfen.* **Cp.** 58, 14 ðæt he ne cnytte ðæt underfangne feoh on ðæm swatline.

     costi(g)an, *versuchen.* **Be.** 496, 30 seþe costad biþ mid unclænnysse. **Or.** 258, 18 Godes wracu, þa he þæt folc costigan let. **Cp.** 78, 22 sio scyld, þe hiene ðurh scinnesse costað; 465, 11.

cristnian, *katechisieren, bekehren* (= catechizare). **Be.** 518, 7 he ðær þæt folc cristnade; 620, 10 ða cristnade he me.

cunnan, *kennen*. **Be.** 485, 33 ðara ðe hi furþon ða gereorde ne cuþan; 489, 2, 36; 510, 27; 513, 40; 525, 39; 530, 4; 542, 14; 571, 40; 582, 43; 634, 7. **Or.** 30, 11 Soroastrem Bactriana cyning, se cuðe manna ærest drycræftas (= magicae artis repertorem); 190, 1 (coðon). **Cp.** 304, 15 ðu cans eal ðis westen. **Bo.** 38, 1 ærþonþe þu cuþest minne tyht & mine þeawas; 64, 8; 146, 4. **So.** 171, 30 ðus geara ic wolde cuman [*Read* cunnan] good swa ic þis þing can; 172, 27; 202, 10. **Ps.** 17, 42 þæt folc me þeowode, þæt ic næfre ne cuðe; 30, 13.

cunnian, *erforschen*. **Bo.** 16, 15 mot ic nu cunnian hwon þinre fæstrædnesse.

cweccan, *schwingen, schütteln*. **Ps.** 7, 12 se deofol cwecð his sweord to cow.

cwellan, *töten*. **Be.** 480, 35 slogan eall & cwealdan þæt hi gemetton; 638, 30. **Or.** 164, 18 þæt hie hale for hie cwealdon; 184, 10.

cweðan, *sprechen, sagen, nennen*. *Die Person, der man etwas sagt, steht im Dativ, s. § 78*. **Be.** 488, 2; 495, 17 ðeah ðe we ðas ðing cwæþan; 615, 11. **Cp.** 58, 10 ða cræftas, þe we ær bufan cwædon. **Bo.** 8, 27; 12, 18 ða þæt Mod þa þillic sar cweþende wæs; 36, 25; 66, 28. **Ps.** 11, 2 þeah hi hwilum tela cweðen; 32, 8.

cwylman, *quälen, töten*. **Be.** 558, 20 ðis ylce wite eac swylce Hibernia . . . . gelice wæle sloh & cwylmde; 624, 41. **Or.** 54, 18 mid ungemetlicre pinunge he wæs þæt folc cwielmende. **Cp.** 60, 8 ðone mon, þe on monegum ðrowungum his lichoman cwilmð.

cyssan, *küssen*. **Be.** 528, 23 genam hine ða be ðære swiþran handa & cyste & ðus cwæþ; 609, 10 ða sylfan hrægel mid wundorlicre lufan cyssende wæs. **So.** 185, 31 hu ne wost ðu nu þæt ælc þara manna þe oðerne swiðe lufað, þæt hine lyst bet þaccian & cyssan ðonne oðerne on bær lic þonne þer þær claðas beotweona beoð.

cyþan, *verkünden*. *Der, dem man etwas verkündet, steht im Dativ, s. §§ 69. j., 78*. **Be.** 489, 2 þæt halige gewrit þæt cyþeþ; 505, 28. **Or.** 76, 16 þonne hie ænigne swicdom cyþan dorsten; 104, 19; 232, 27. **Cp.** 156, 21 ær he hit mid wordum oððe mid weorcum cyðe. **Bo.** 90, 12 nan mon ne mæg nænne cræft cyðan; 20; 102, 19. **Ps.** 15, 9 ic cyðe þa blisse on minre tungan; 25, 7; 29, 9; 39, 9.

dælan, *(ver)teilen*. *Der, an den man etwas verteilt, steht im* § 100 *Dativ, s. §§ 75. I. b., 78*. **Be.** 489, 25 hu hi heora ælmessan dæle; 499, 28. **Or.** 66, 11 ðæt he his rice wið hiene dælan

wolde. **Bo.** 186, 6 þeah hine dysige men on manig dælan; 198,
28. **Ps.** 47, 11 dælað hire weorðias swiðe rihte.

delfan, *graben.* **Bo.** 74, 13 þe ærest þa eorþan ongan
delfan æfter golde; 368, 21, 24.

deman, *(ver)urteilen. Es kann auch der Dativ stehen, s.*
§§ 75. I. c., 78. Den Unterschied aber, den Höser für möglich
hält (a. a. O., S. 11, § 16. a), dafs nämlich das sachliche Objekt
im Akkusativ, das persönliche aber im Dativ stehe, habe ich nicht
feststellen können. **Bo.** 316, 18 ne recce ic hwæt hi deman; 344,
1 ic wat þæt hio demþ eal þing swiþe rihte; 9 he demþ ðeah
eall swiþe ryhte; 370, 9 se mæg deman & tosceadan hwæt he
wilnian sceal (*das Objekt liegt in dem fragend-relativen Fürwort*
hwæt). **So.** 167, 24 þu lerst þæt hy rihte domas deman. **Ps.**
9, 4 þu demst minne dom & mine spræce; 30, 8 me ne demest
on minra feonda handa.

derian, *verletzen, schädigen.* **Or.** 230, 16 toeacan þæm hie
derede ægþer ge þurst ge hæte. **So.** 190, 5 seo unrotnes derað
ægðer ge mod ge lichaman. **Le.** 62, 34 þa wuduwan & þa stiopcild ne sceððað ge, ne hie nawer deriað. *Viel häufiger hat* derian *den Dativ bei sich, s. § 67. i.*

diernan, *verbergen.* **Or.** 234, 1 þeh hie hit ær swiþe him
betweonum diernden.

diglian, *verbergen.* **Be.** 479, 22 ða ðe hi ær . . . . on wudum & on westenum & on scræfum hi hyddon & digledon. **Cp.**
380, 11 ðine ryhtwisnesse ic ne digle on minre heortan.

dihtan, *anordnen, diktieren.* **Be.** 490, 21 hit ðæt gemet
ðære ðrea dihtaþ & findeþ (= dictat).

dil(e)gian, *vernichten, vertilgen.* **Cp.** 423, 32 se writere,
gif he ne dilegað ðæt he ær wrat; 429, 6 ðætte him ær wæs
onsended mid to dielgianne hira synna; 445, 7 ðæt hi ðonne
mid ðy dilgiað ða ðe hi ær ongunnon.

don, *thun.* — 1. *Selbständig. Der, dem man etwas thut,*
steht im Dativ, s. § 78, vgl. auch § 117. **Be.** 473, 25 gif mon
hine on fyr deþ; 474, 14 hwæt ge don magon; 38; 482, 17, 25;
486, 3; 488, 4 mæssesong don; 536, 24; 562, 15. **Or.** 1, 19
se cyning het don to geblote ealle þa cuman; *usw. usw.* **Cp.**
8, 2 þæt nan mon ðone æstel from þære bec ne doe; 140, 11;
427, 9. **Bo.** II, 20 ælc mon sceal . . . don þæt þæt he deþ;
XII, 30; 4, 1; 50, 13. **So.** 165, 13 ic nat, hwæt ic don sceal;
166, 24; 167, 12, 24; 169, 18. **Ps.** 1, 4 þæt þæt he deð; 5,
11; 7, 3; 8, 3; 28, *u.* **Le.** 62, 25 gif he . . . . . þis deð; 72,
4, § 1; 106, 3.

2. *Als Vertreter eines anderen transitiven Zeitwortes. Vgl.*
§ 71. m. **Cp.** 186, 2 he . . . snið swiðe hrædlice; swæ se witga
dyde ðone kyning mid his wordum.

dragan, *ziehen.* **Cp.** 431, 17 hi me drogon; 21 hit mon
dragð.

dreccan, *quälen*. So. 189, 28 swuga la suwuga! nc drece me ne ic mine unrotnesse. Ps. 25, ä. he þam þe hinc unscyldigne dreccaδ; 42, 2. Le. 64, 47 mid nanum unrihtum þu hinc ne drecce.

drefan, *stören*, *quälen*, *beunruhigen*. Be. 569, 24 þæt he heora oferhyd towcorpe & gedyrstignesse drefe (= conturbet audaciam). Bo. 324, I forhwi drefe ge eowru mod mid unrihtre fiounge.

drencan, *tränken*. Cp. 413, 11 God us drencte swiδe gemetlice mid tearum; 449, 26 swelce hie hie selfe drenccn mid wine. Ps. 35, 8 on þære æ þines willan þu hy drencst.

dreogan. — 1. *ausführen*, *fechten*. Or. 30, 17 hio þæt ylce gewin .... twa & feowertig wintra wæs dreogende; 32, 18; 50, 26; 68, 31; 90, 18; 134, 7; 140, 27; 182, 4; 202, 31; 238, 3. 2. *erdulden*. Or. 50, 18 hwelce ungetina & hwelce tibernessa hie dreogende wæron; 214, 15; 224, 28. Cp. 465, 19 hwæt he siδδan dreag. Bo. 302, 21 for þam ermþum, δe hi drogan.

drifan, *treiben*, *verfolgen*. Be. 481, 44 us drifaþ δa æll-reordan to sæ; 507, 27; 543, 2. Or. 5, 10 hu hie monege cyningas beforan hiora triumphan wiδ Rome weard drifon; 70, 29; 122, 7; 214, 3; 246, 28. Cp. 292, 1 oδerne he draf swiδe geornfullice mid sticele; 296, 3. Ps. 43, 24 ne drif us fram þe. — *Merkwürdig ist die Bedeutung von* drifan *an folgender Stelle:* Or. 120, 14 eower Romana brocu, þe ge δær ealneg drifaδ, næs buton þrie dagas; *Thorpe übersetzt:* which you are adducing.

drincan, *trinken*. Or. 20, 16 se cyning & þa ricostan men drincaδ myran meolc, & þa unspedigan & þa þeowan drincaδ medo; 76, 18; 34 drync nu þine fylle. Cp. 30, 3 δeah ge hit ær undrefed druncon. Bo. 72, 22 nalles scir win hi ne druncan; 27. Ps. 49, 14 þæt ic .... þara buccena blod drince.

drygan, *trocknen*. Cp. 68, 3 hie bioδ oft drygge (*H.:* drygde). Bo. 358, 5 se hata sumor drygþ & gearwaþ sæd & bleda.

drypan, *tröpfeln*. Or. 182, 24 mon nime ænne eles dropan & drype on an micel fyr.

dunnian, *verdunkeln*. Bo. 10, 16 swa deþ eac se mona mid his blacan leohte, þæt þa beorhtan steorran dunniaþ on þam heofone; *es mufs* dunnaþ *heifsen* (= condat stellas luna minores). *Man kann aber auch* dunniaþ *stehen lassen, es intransitiv fassen, und übersetzen: „so bewirkt auch der Mond mit seinem bleichen Lichte, dafs die glänzenden Sterne dunkel werden am Himmel."*

dwelian, *täuschen*. Bo. 256, 9 me þincþ þæt þu me dwelige and dyderie; 258, 4 ic þe nauht ne dwelode.

dwellan, *täuschen*. Cp. 88, 8 giemeleaslicu spræc menn dweleδ. Bo. 258, 3 ic þe dwealde.

12*

dyderian, *täuschen.* **Bo.** 256, 9 (*s.* dwelian).

§ 101   **eacan**, *vermehren.* **Bo.** 144, 29 þa welan . . . sculon ælce
dæg eacan þæt mon ælce dæg wanaþ. **Le.** 64, 49 þæt he . .
come . . . þæs bebodu . . . to eacanne.

     eahtian, *besprechen, erwägen.* **Cp.** 196, 1 ðæt hie ðara un-
ðeawas þe him ofergesette bioð, to swiðe & to ðristelice ne eah-
tigen; 226, 17 (= exaggerant); 370, 3.

     eardi(g)an, *bewohnen. Vgl.* ærdyan. **Be.** 474, 18 ongunnan
eardigan ða Norþdælas; 630, 42; 642, 26; 643, 37.

     earnian, *verdienen.* **Bo.** 224, 11 þæs þe he mid þam ear-
naþ; 16; 292, 1. *In der Bedeutung „erstreben" hat* earnian *den
Genitiv, vgl. § 11. a.*

     ecan, **æcan**, *vermehren, vergröfsern.* **Bo.** 54, 14 ða ongan
se Wisdom gliowian & geoddode þus, ecte þæt spell mid leoþe;
146, 8; 160, 1. **So.** 189, 29 þeah ðu hy ne æce.

     edni(o)w(i)an, *erneuern.* **Be.** 479, 22 hi ða edniwedon
Godes cyricean ða ðe ær toworpene wæron; 498, 30; 561, 42.
So. 198, 13 he gewlitegað . . . æalle gesceafta . . & eft ed-
niowað.

     efsian, *scheeren.* **Cp.** 138, 15 hie sceoldon hie efsian mid
scearum.

     eftgian, *wiederholen.* **Cp.** 421, 10 ne eftga ðu ðin word
on ðinum gebede; *ebenso* 11. *Vgl. Sweets Anmerkung dazu auf
S. 493.*

     eg(e)sian, *erschrecken.* **Or.** 142, 23 Alexander XII gear
þisne middangeard under him þrysmde & egsade. **Cp.** 144, 2
egesiað hie & ðreatiað; 397, 20; 453, 18 *(vgl.* færan, *§ 102).*

     ehtan, *verfolgen. Kommt auch mit dem Genitiv vor, s. § 11
b.* **Be.** 476, 14 he Cristene men wæs ehtende; 481, 24; 490,
20; 504, 4; 513, 2; 535, 21. **Ps.** 39, 16 þa þe ehtað mine
sawle.

     endian, **ændian**, *beendigen.* **So.** 190, 18 uton ændian þas
boc. **Ps.** 9, 6 þa hi hit endian sceoldan.

     eowan, *zeigen. Die Person, der man etwas zeigt, steht im
Dativ, s. § 78.* **Cp.** 118, 7 he hiene sceal eowan utan.

     eowian, *zeigen. Die Person, der man etwas zeigt, steht im
Dativ, s. § 78.* **Cp.** 312, 2 ðonne eowað he utan eaðmodnesse;
358, 33; 449, 9. **Bo.** 148, 6 þonne eowaþ he hi, nalles he hilð;
216, 18. **So.** 186, 1 on ðam timum þe he ænig lim swa bær
eowian wile.

     erian, *pflügen.* **Or.** 18, 15 þæt lytle þæt he erede he erede
mid horsan; 25 eal þæt his man aþer oððe ettan oððe erian
mæg. **Bo.** 146, 14 þeah he erige his land mid ðusend sula.

     etan, **ætan**, *essen.* **Be.** 499, 27 on ær mergen he yteþ
hloþe; 533, 41 ongan giferlice þæt gærs etan. **Cp.** 306, 10 hie
etað ðone wæsðm hiera ægnes weges. **Bo.** 72, 21 treowa wæst-

mas hi æton; 302, 16. **So.** 172, 34 ic nat hweð ic to morgen
ætan sceal; 183, 28. **Ps.** 16, 14 þæt hi eton swynenflæsc; 49,
14. **Le.** 60, 21 ne sie his flæsc eten; 62, 39.
    ettan, *abweiden lassen*. **Or.** 18, 25 (*vgl.* erian).

    færan, *erschrecken*. **Cp.** 453, 19 ðæt he huru swa egesige § 102
ða ofermodan, ðæt he ða eaðmodan mid ðy to swiðe ne fære.
    fæstan, *fasten*. **Cp.** 314, 25 eall ðæt ðwt ge fæston &
weopon ...., ne fæste ge ðæs nauht me. *Vgl. § 78, auch § 18. d.*
    fæstnian, *befestigen*. **Be.** 505, 37 ða ðing ... wrat &
fæstnade (= subscribens confirmaret). **Ps.** 47, 11 fæstniað eower
mod on his wundrum.
    fætan, *aufnehmen*. **Cp.** 419, 33 & ðonne eft foð to ðæm
ilcan & fætað in æfter ðære ondletnesse ðæt ilce yfel (= resu-
munt). *Bei B.-T. fehlt das Wort; Sweet sagt dazu in einer
Anmerkung auf S. 493: „fætað, an obscure word, evidently con-
nected with German vatzen, vaz, O. E. fæt, etc. The nearest
in form is the Icelandic fæta, used in such phrases as „eiga
um vandræða at fæta“ (grapple with); „traull megu menn um
hann fæta“ (manage him). For other examples see the Oxford
Dictionary, s. v. The whole group of words belongs to the root
fad, used in a transitive sense.“*
    fagian, *verändern*. **Bo.** 114, 9 weorþaþ eft geedniwade;
hi hit fagiaþ, þæt ... (*Cardale und Fox übersetzen:* so they
are varied, that ...).
    fealdan, *falten*. *R.* **Bo.** 380, 21 hæt fealdan þæt segl.
Ps. 49, 5 hæt hine þæt he hine fealde swa swa boc.
    feccan, *holen*. **Be.** 564, 43 he sceolde hine feccan & to
him gelædan.
    fedan, *(er)nähren*. **Be.** 493, 34 þæt wif forhycgeaþ heora
bearn fedan; *ebenso* 37. **Or.** 46, 10 þonne feddon hie þa mæ-
dencild; 228, 8. **Cp.** 42, 5 fed ðonne min sceap; 136, 18. **Bo.**
172, 7 seo oferfyll simle fet unþeawas; 358, 10. **Ps.** 22, 2 fedde
me be wætera staðum; 30, 4; 32, 16; 36, 3. **Le.** 68, 2 his
mægas hine feden; 70, 3; 80, 17.
    feohtan, *kämpfen*. **Or.** 268, 28 he wæs cene & oft feaht
anwig.
    feormian. *Vgl.* gefeormian *§ 103.* — 1. *ernähren, bewirten,
aufnehmen*. **Be.** 573, 1 se ðe hine feormode. **Le.** 90, 37, § 1
se þe hine to men feormie (= qui eum in hominem susceperit).
    2. *reinigen*. **Be.** 610, 11 he wolde his reowan & hwitlas
on sæ wacsan & feormian.
    feran, *marschieren*. **Be.** 541, 30 ða hi swa micelne siþfæt
feran sceoldan (= tantum iter erant adgressuri); 623, 6 ðæs siþfætes, ðe he feran wolde (= quo iret).
    findan, *finden*. *Der, für den man etwas findet, steht im
Dativ, s. § 78.* **Be.** 483, 39 ðær hi hit findan mihton; 490, 21;

547, 6; 574, 39. **Or.** 21, 12 gyf þar man an ban findeð; 56, 2; 92, 2 þysne nyttan cræft . . . funde heora tictator *(über die Form vgl. Sievers, Gr.² § 386. Anm. 2., Cosijn, a. a. O., II. S. 132)*; 126, 5 *(P.)*; *usw. usw.* **Cp.** 184, 16 ðætte he nane lade ne mæge findan; 385, 21; 399, 19; 423, 15; 445, 22. **Bo.** 74, 14 þa frecnan deorwurþnessa funde; 182, 13; 244, 10; 368, 25, 26 *(P.)*, 28. **So.** 164, 32 sec hyne oð þu hyne finde; 170, 1, 2; 186, 25; 199, 18; 200, 21. **Ps.** 16, 3 þu ne fundest on me nan unriht wiþ hi; 36, 10, 35. **Le.** 60, 21 swa þæt witan to rihte finden; 62, 25 *(P.)*.

fion, *hassen.* **Bo.** 324, 15 þæt hiora ænig oþerne fiode.

firmetan, *bitten.* **Or.** 186, 6 Romane . . . hie firmetton þæt hie þæt gewinn forleten.

fleon, *fliehen.* **Be.** 471, 16 he flyhþ þæt & onscunaþ; 476, 37; 545, 38. **Or.** 42, 24 sædon þæt hefones tungul hiora yfel flugon; 106, 32. **Cp.** 22, 11 wolde fleon ða byrðenne ðære hirdelican gemenne; 32, 17; 44, 18; 236, 15; 244, 15; *usw.* **Bo.** 50, 19 gif heo hine fleon onginþ; 66, 22 (flionne); 190, 21; 264, 20 (flionne); 356, 29. **So.** 166, 24 ælc þara . . . þe þe flygð; 167, 4; 186, 6. **Ps.** 3, *ü.* þa he fleah Absalon his sunu; 13, 4; 30, 14.

folgian, *s.* fylgean.

fon, *fangen.* **Be.** 473, 16 her beoþ oft fangene seolas. **Or.** 18, 12 hy foð þa wildan hranas.

forbærnan, *verbrennen.* **Be.** 516, 35 þæt we ða hraþe forleosan & on fyre forbærnon; 517, 14; 518, 19; 542, 20, 26; 625, 2. **Or.** 1, 6 hu þæt heofenisce fyr forbærnde þæt lond; 20, 26; 68, 23; 92, 20; 94, 15; 220, 16; 292, 2 *(P.)*; 296, 35 *(P.)*; *usw. usw.* **Cp.** 222, 22 ða lac, þe beforan his eagum se lieg ðære lufe forbærnð on ðæm altere godra weorca. **Bo.** 32, 22 hine forbærnan wolde; 74, 12; 88, 6; 202, 3; 332, 18. **Ps.** 45, 8 he . . . . heora scyldas forbærnð.

forbeodan, *verbieten. Die Person, der man verbietet, steht im Dativ, s. §§ 74. d., 78.* **Or.** 140, 1 þæt hie ðæt gefeoht forbuden; 264, 29. **Bo.** 264, 14 ac ða lufe mon mæg swiþe uneaþe oððe na forbeodan. **Le.** 64, 49 þæt he ne come no þæs bebodu to brecanne ne to forbeodanne.

forberan, *ertragen, erdulden, gestatten. Der, dem man etwas gestattet, steht im Dativ, s. § 78.* **Or.** 114, 32 þæm folce wæs ægþres waa, ge þæt hie þæt mæste yfel forberan sceoldon, ge eac þæt hie his sciran ne dorstan. **Cp.** 158, 25 ðæt he his hieremonna yflu to hnesclice forberan ne sceal; 198, 4 hie forberað æghwelce unryhte tælinge (== se abstinentes; *S w e e t: they abstain from* . . .); 218, 2 ðæt he wiðerweardnesse & scande forbere; 260, 5.

forblawan, *wegblasen.* **Or.** 226, 10 æfter þæm com an wind & forbleow hie ut on sæ.

forbrecan, *(zer)brechen.* Or. 122, 18 forbrǽcon Romane heora aþas. Ps. 9, 35 þu forbryest þone earm & þæt mægen þæs synfullan; 28, 5 Drihten forbrycð and forbryt þa myclan cedertreowu; 45, 8 forbrycð ura feonda bogan.

forbredan, *verwandeln.* Bo. 302, 5 sædon þæt heo sceolde mid hire drycræft þa men forbredan & weorpan hi an wilde deora lic.

forbryttan, *zerbrechen.* Ps. 28, 5 (s. forbrecan).

forbugan, *ausweichen, ablehnen, vermeiden.* Or. 256, 33 hie mon ne mehte mid nanum þingan forbugan. Cp. 34, 2 & orsorgnesse we us ondrædon, & hi forðy forbugen; 50, 6; 254, 5; 260, 9; 330, 16; 346, 21; 403, 29.

forceorfan, *abschneiden. Der, dem man etwas zerschneidet, steht im Dativ, s. § 78.* Or. 256, 27 he oft wyscte þæt ealle Romane hæfden ænne sweoran, þæt he hiene raþost forceorfan mehte. Cp. 140, 10 ðæt he hie (= ða loccas) forceorfe ær; 196, 21; 222, 15.

forceowan, *abkauen, abbeifsen.* Bo. 80, 18 þa forceaw he his agene tungan.

forcweðan, *tadeln, zurückweisen, ablehnen.* Or. 194, 15 þa consulas noldon hie selfe swa earge geþencan, swa hie þa wifmen ær forcwædon. Cp. 50, 3 ðylæs . . . ænig durre on eaðmodnesse hiewe hit ofermodlice forcweðan; 208, 6 hie forsioð oðre men & eac forcweðað; 342, 1 Dryhten ðurh Essaias . . . forcwæð swelce ælmessan. Bo. X, 18 hu Nonius wæs forcweden; 148, 14 se wisa Catulus hine gebealg & swa ungefræglice forcwæð Nonium ðone rican, forþam he hine gemette sittan on gerenedum scridwǽne.

forcyrran, *abwenden, ausweichen.* Bo. 374, 23 buton deaþ hi ne magon forcyrran.

fordeman, *verdammen.* P. Or. 190, 35 ealle þa þe fordemede wæron ær þæm.

fordilgian, *vertilgen.* Be. 482, 9 monige ðusendo monna & neata fordilgade & fornam; 504, 7; 556, 13; 633, 34; 643, 26.

fordon, *vernichten, töten.* Be. 517, 18 towearp & fordyde ða wigbed; 556, 13. Or. 32, 22 ac hi Creacas þær onfundon, & hi mid ealle fordydon; 36, 18; 44, 10; 46, 35; 114, 2; 118, 26 *(P.);* 130, 14; 142, 12; 212, 16; 258, 19; 262, 22. Cp. 362, 8 þe hiene ær woldon fordon. Bo. 116, 7 fordoð ealne þysne middaneard; 162, 23 *(P.);* 356, 27. So. 165, 34 heora nan ne mæg oðerne mid ealle fordon. Ps. 5, 5 þu fordest þa þe synle leasinga specað; 9, 28; 16, 8; 27, 4; 34, 4; *usw. usw.*

fordrifan, *forttreiben, vertreiben.* Or. 12, 34 on þæm wintregum tidum wyrþ se muþa *(des Niles)* fordrifen foran from þæm norþernum windum; 72, 30 hiene se stream fordraf; 290, 5 sume on elþiede fordrifan. Bo. 300, 10 wearþ ða fordrifan on an iglond; *ebenso* 23. Ps. 5, 11 fordrif hi.

fordwilman, *verwirren.* Bo. 20, 20 þa mistas . . . . . mid
ealle fordwilma ð þa soþan gesiehþe.
forebeon, *vorstehen (?).* Be. 521, 10 he Penda of ðære
tide ða (*T.*, *B. und Miller:* ðære) ylcan ðeode Mercna rice
twa & twentig wintra missenlice hlete forewæs (= eo tempore
gentis ejusdem, i. e. Merciorum, regno annis viginti & duobus
varia sorte praefuit); *die Millersche Lesart wird wohl die rich-*
tige sein, so dafs dann rice *als Dativ von* forewæs *abhinge, und*
ðære ylcan ðeode *Genitiv wäre; vgl. § 75. II. b.*
forecweðan, *vorhersagen, vorher nennen. Der, dem man*
etwas vorhersagt oder vorsagt, steht im Dativ, s. § 78. Be. 491,
9 seo æftere cneoris, ðe we forecwædon (= quam praediximus);
ebenso 577, 15; 542, 3 swa hit forecweden wæs (= ut praedic-
tum erat); 588, 15 heo . . . . ða adle forecwede ðe heo on forþferde.
foregan, *vorgehen, vorhergehen.* Be. 575, 4 ðara broþra
ða ðe hi of ðyssum leohte foreeode (= qui eas ex hac luce
praecesserant); 645, 24 oþer heora foreeode ða sunnan on morgenne, ðonne heo upgangende wæs (= solem praecedebat).
foregielpan, *sich sehr rühmen (?).* Or. 214, 4 þæt sindon
þa godan tida þe hie ealneg foregielpað. *Der Kasus ist hier*
nicht erkennbar; sollte aber vielleicht überhaupt fore *zu trennen und*
als nachgestellte Präposition zu þe *zu ziehen sein? Vgl. dazu § 78.*
foresettan, *vorziehen.* Be. 548, 15 oþer is unrihtwilnunge
fyr, þæt is .ðonne we ðisses middangeardes welan foresettaþ &
us leofran lætaþ ðonne ða lufan ðara heofonlicra eadignessa (=
cum mundi divitias amori caelestium praeponimus). *Über eine*
andere Bedeutung vgl. § 78.
foresprecan, *vorher nennen.* Be. 496, 29 under ðam ylcan
andgyte ðe we foresprecende wæron; 543, 22 from ðære byrig,
ðe we ær foresprecende wæron.
foretacnian, *vorher zeigen.* Be. 549, 17 wuldorlice gemete
ðætte seo sawl in deagolnisse ðrowiende wæs þætte se lichoma
eawesclice foretacnode (= praemonstrabat).
foreþingian, *einstehen für.* Le. 82, 21 buton se hlaford
þone wer foreþingian wille (= nisi dominus suus componere
velit weram ejus); 84, 24 gif neat mon gewundige, weorpe þæt
neat to honda oððe foreþingie (= reddatur ipsum animal vel
inde componatur). *Ist es eine Person, für die man eintritt, so*
steht der Dativ, s. § 67. n.
forewitan, *vorher wissen.* Bo. 336, 6 on þam hean sceop-
pende, þe eall forewat hu hit geweorþan sceal.
forfon, *verwirken, verlustig gehen.* Le. 70, 1 & næbbe his
agne (sc. bote) forfongen; *B.-T. übersetzt:* let him not have for-
feited his own; *vgl. Schmids Anmerkung zu dieser Stelle.*
forgan, *versäumen, vermeiden, sich enthalten von.* Or. 290,
1 munecas, þe woroldlica þing forgan sculon. Cp. 178, 5 ða

þe ða lytlan (sc. scylda) forgað; 318, 4 ðæt hit wære god ðæt mon foreode flæsc & win.

forgifan, *verzeihen, erlassen.* *Vgl. §§ 74. e., 78.* Or. 192, 1 hie hit eall forgeafon; 268, 21. Ps. 24, 9 beo þu forgifende mine synna; 16. Le. 74, 4 sie hit healf forgifen.

forgitan, *vergessen.* *Kommt auch mit dem Genitiv vor, s. § 14. e.* Or. 36, 1 he sona forgyt þæt god þæt he ær hæfde. Cp. 423, 16 he forget ðone freondscipe wið Israhele. Bo. 8, 13 gif hit ðonne forget his agen leoht; 92, 4 *(P.)*; 136, 15; 228, 15; 244, 16; 266, 11. So. 165, 17 þiles þu hit forgyte; 197, 35. Ps. 9, 16 ælc folc þæra ðe God forgyt; 17, 32; 43, 19, 25.

forgripan, *vorher ergreifen.* *P.* Be. 532, 27 ða wæs heo mid deaðe forgripen (= morte praerepta est).

forgyldan, *vergelten.* *Der, dem man vergilt, steht im Dativ, s. §§ 75. I. e., 78, 118. II.* Cp. 226, 1 oðerne he lærð, ðæt he ða scande forgielde. Bo. 392, 24 eall he hit gesihþ & eall he hit forgilt. Le. 60, 21 sie . . . se man forgolden; 62, 25, 29; 74, 6, 1; 78, 12; 80, 16; 88, 1.

forhabban. — 1. *inne behalten.* Be. 571, 17 þæt mynster oþ gyt todæge Englisce menn ðær on ælþeodignysse hi forhabbaþ (= quod monasterium usque hodie ab Anglis tenetur incolis).

2. *zurückhalten, · zügeln.* Cp. 280, 1 ðæs modes ryhtwisnes bið toflowen, þe nyle forhabban ða ungemetgodan spræce (= ab immoderata locutione non parcitur).

forhatan, *verzichten, abschwören.* Cp. 401, 35 butan synne he mæg gehiwian, gif he hit ær ne forhet. So. 183, 27 ne lyst me nawiht ðara metta, þe ic forhatan habbe.

forhealdan, *zurückhalten, verachten.* Bo. 158, 22 oððe hi beoþ begen forhealden (*Cardale und Fox:* lest they should both be lost); 378, 10 gif hi ðone fyrdom (*Druckfehler, statt* frydom?) forheolden, þæt he hi ðonne wolde witnian mid deaþe (*Cardale und Fox:* if they abused the freedom).

forhelan, *verbergen.* *Der dem man etwas verbirgt, steht im Dativ, s. §§ 75. I. f., 78.* Bo. 92, 4 *(P.)*; 162, 1 hu magan þa cyningas oþsacan oððe forhelan hiora unmihte.

forher(e)gian, *verwüsten.* Be. 480, 10 *(P.)*; 499, 20 Brytta ðeode fornom & forhergode; 538, 16; 574, 30; 580, 41. Or. 44, 10 he hie wolde mid gefeohte fordon & forherigan; 78, 19; 104, 24, 25; 216, 10; 276, 3. Bo. 76, 7 wile he . . . ealle þa rica . . . forslean & forheregian.

forhicgan, forhycgan, *verachten.* Be. 503, 28 he us for nowiht forhygeþ; 507, 19 gif ðonne ge lifes bæþ forhycgaþ; 623, 25 se wæs middangeard forhiegende. Cp. 200, 15 gif hie his willan & his bebodu forhycgeað.

forhienan, *erniedrigen, niederdrücken, verwüsten.* *P.* Or.

118, 22 wurdon Ahteniense swa wælhreowlice forslagen & forhiened; 26 *(P.)*; 200, 29; 252, 24.
forhogian, *verachten.* **Be.** 487, 35 ealle ðing ðysses middangeardes swa swa fremde forhogedon; 503, 12; 504, 10; 513,
14; 553, 28; 632, 14. **Bo.** 78, 5 ne forhogiaþ hine þonne.
forhradian, *zuvorkommen, vorwegnehmen.* **Cp.** 280, 21 ðylæs hie forhradien ðone betstan timan (= praeveniunt).
forhti(g)an, *fürchten.* **Be.** 485, 30 ða ongunnon hi forhtigan & ondræddon him ðonc siþfæt; 514, 1 hwyle toweard yfel
ðu ðe on neahnysse forhtast.
forhwerfan, *verwandeln.* **Bo.** 302, 14 swa weorð eall se
geferscipe forhwerfed to mistlicum deorcynnum. **Le.** 64, 3 eowra
sawla ma forhwerfdon, þonne hie gerihton.
forieldan, *aufschieben.* **Cp.** 148, 24 ðæt he ðæt ne forielde;
280, 19; 282, 25.
forlædan, *mißleiten, verführen.* **Or.** 52, 27 sona þæs folces þone mæstan dæl fleonde mid ealle forlædde.
forlæran, *verführen, verderben.* **Cp.** 232, 22 he tiolode
men forlæran, ðæt hie wurden eac forlorene swæ he wæs; *ähnlich* 238, 17.
forlætan. *Vgl. § 78.* — 1. *erlauben, dulden.* **Be.** 478, 37
ne wæs he forlæten (= non est permissus; *die Person würde im
Aktiv im Dativ stehen müssen!*). **Bo.** X, 35 þe þæs lichoman
lustas forlætan sceal; *ebenso* 172, 5.
    2. *verlassen, oft: im Stiche lassen.* **Be.** 475, 22 Breotona
rice forlet; 477, 4; 478, 30; 481, 22; 487, 10; 488, 12; 502,
36; 508, 15; 531, 9; 549, 33. **Or.** 44, 22 hi þa þæt lond forleton; 58, 16; 66, 20, 34; 68, 30; 76, 13; 78, 17; 144, 15;
usw. usw. usw. **Cp.** 126, 9 ða uterran ne forlæte he for ðære
innerran; 11; 136, 14; 176, 17; 202, 14; 272, 13; 304, 15;
399, 10; 405, 11. **Bo.** XII, 24 forlæte unnytte ymbhogan; 6,
1, 12, 27; 20, 9; 24, 12; 26, 25, 26; 116, 2. **So.** 166, 26 se
swelt ðe ðe eallunga forleð; 27; 170, 10; 175, 7. **Ps.** 4, 5 ge
. . . . þæt unriht . . . . forlætað; 5, 5; 9, 11; 15, 10; 21, 1;
26, 11; 36, 8; 39, 14; 43, 19.
    3. *auslassen.* **Or.** 42, 15 ic sceall eac ealle forlætan, þa
þe of Perseo & of Cathma gesæde syndon; 21. **Le.** 68, 9 ic þa
heron gegaderode, & þa oðre forlet.
    4. *verlieren.* **Or.** 152, 26 gemong þæm gewinnum Lisi-
machus forlet his XV suna; 272, 3 he forlet his lif. **Cp.** 4, 17
we habbað nu ægðer forlæten ge þone welan ge þone wisdom;
22, 23; 122, 23.
    forleosan. — 1. *verlieren. Kommt auch zweimal mit dem
Dativ der Sache vor, s. § 71. þ.* **Be.** 493, 4 ða forluron hi . . . .
ða undeadlicnysse; 514, 40; 529, 28; 592, 2. **Or.** 68, 28; 154,
18; 212, 22; 264, 2 he sægde þæt he forlure þone dæg þe he
noht on to gode ne gedyde. **Cp.** 24, 7; 152, 5 se lacnigenda

forlist ðonc kræft his læcedomes; 218, 8; 431, 30. **Bo**. IV, 23; 24, 6 þæt þu forloren hæfst þa woruldsælða þe þu ær hæfdest; 30, 18; 42, 8, 13; 112, 6; 220, 14; 230, 24; 244, 20; 264, 28; 286, 16; 390, 23. **So**. 181, 34 þu ondrest þæt þu scyle sum forleosan; 186, 18. **Ps**. 33, 16 þæt he forleose heora gemynd. 2. *zerstören.* **Be**. 516, 34 þæt we ða (sc. weofedu) hraþe forleosan; 544, 13; 603, 18. **Ps**. 25, 9 ne forleos mine sawle ongemang þam arleasum; 27, 3.

forlicgan, *eigentl. verliegen, daher: Ehebruch treiben. P*. **Le**. 76, 10 he twelfhyndes monnes wife forlegenum (= de muliere . . . fornicata). *Das Wort kommt sonst nur reflexiv vor.*

forneðan, *opfern, töten. K. Fehlt bei B.-T*. **Or**. 222, 1 Scipia . . . . hie to þon gebrocode, þæt him leofre wæs þæt hie hie seolfe forneðdon þonne hie þa iermþo leng þrowoden.

forniman, *wegnehmen, verwüsten, zerstören.* **Be**. 480, 36 slogan call & cwealdon þæt hi gemetton, & swa swa ripe yrþ fortreddon & fornamon, & hi calle forynndon; 481, 26; 482, 10 (*s.* fordilgian), 30; 483, 42; 499, 20 (*vgl.* forhergian); 504, 7: 538, 16; 544, 13; 574, 30; 581, 1. **Or**. 174, 26 þæt him leofre wære þæt hie an swelcan niede deað fornome. **Cp**. 399, 34 ne fornime incer noðer oðer (= nolite fraudare invicem).

forsacan, *verweigern, ausschlagen.* **Or**. 54, 9 he þæt wæs call forsacende; 70, 18. **Cp**. 42, 16 gif he ðonne ðæt wif wille forsacan; 186, 11; 344, 13.

forsætian, *belagern (?), auflauern (?). Fehlt bei B.-T*. **Or**. 146, 10 Umenis forsætade hie ðær ðær hie geþoht hæfdon þæt hie hiene besætedon.

forsceoppan, forscieppan, *verwandeln.* **Bo**. XIV, 9 hu his þegnas wurdan forsceapene to wildeorum; 302, 7 sume hi sædon þæt hio sceolde forsceoppan to leon.

forsceorfan, *abnagen.* **Or**. 226, 9 comon gærstapan on Affrice & ælc wuht forscurfon þæs þe on þæm lande wæs weaxendes.

forsceotan, *vorwegnehmen.* **Bo**. 324, 12 þa ungesæligan menn ne magon gebidon hwonne he (*d. i.* se deað) him to cume, ac forsceotaþ hine foran.

forsendan, *verbannen.* **Or**. 112, 13 hiene siþþan forsende; 114, 34 sume on wræcsið forsende; 120, 13 sume on elþiodige forsende.

forseon, *verachten.* **Be**. 551, 24 he forseah & on hete hæfde ða men ðe . . . . **Or**. 2, 21 hu Cambisis se cyning forseah þa Egyptiscan diofolgield; 80, 16; 184, 26; 186, 7; 210, 7; 256, 25. **Cp**. 32, 5 hu he scile call earfeðo forseon; 106, 14; 110, 13; 208, 6; *usw. usw*. **Bo**. 32, 12 forseo we þas styrmendan woruld; 38, 26; 44, 3; 56, 12; 102, 11; 104, 16; 106, 13; 136, 22; 148, 22; *usw. usw*. **So**. 167, 11 þæt heofonrice ðæt we þa forsawon; 176, 8; 182, 34; 188, 26; 196. 1. **Ps**. 5,

6 þa manslagan & þa swicolan þu torsyhst; 21, 6, 22; 26, 11; 32, 9; 43, 7.

forslawian, *versäumen. Fehlt in dieser transitiven Bedeutung bei B.-T.* Cp. 282, 1 ðonne wc forslawiað ðone gecopustan timan (*Sweet:* when we put off the fittest time).

forslean, *zerschlagen, vernichten. Vgl. beim Dativ § 78.* Or. 46, 35 hie swiþe forslog & fordyde; 56, 9 *(P.)*; 64, 32 *(P.)*; 70, 17; *usw. usw.* Bo. 76, 7 (*vgl.* forhergian); 82, 6: Le. 98, 50 gif monnes ceacan mon forslihð; 102, 67 *(P.)*; 104, 75 gif mon þa greatan sinwe forslea; *ähnlich* 76.

forspendan, *aufzehren.* Or. 21, 8 ealle hys speda hy forspendað.

forspildan, *zerstören.* Cp. 441, 31 *(vgl.* geplantian *§ 103).*

forspillan, *zerstören.* Be. 544, 13 he eall þæt he geræcan mihte mid wæpnum & mid fyre forspilde. Or. 128, 6 Darius ... wolde hiene selfne on ðæm gefeohte forspillan; 222, 12 hie hie selfe on þæm fyre forspildon.

forstandan. — 1. *verstehen.* Bo. 18, 7 uneaþe ic mæg forstandan þine acsunga; *ähnlich* 118, 24.

2. *helfen, nützen. Kommt sonst in dieser Bedeutung mit dem Dativ vor; vgl. § 67. p.* Bo. 14, 31 þæt þæt þa bec forstent þæt is þin gewit (= id quod libris pretium facit). *Cardale übersetzt:* that which books are profitable for (!!)).

forstelan, *rauben.* Bo. 176, 11 buton þu hit forstele oððe gereafige. Le. 60, 15 se þe frione forstæle; *ähnlich* 24; 80, 16.

forsugian, forswigian, *verschweigen. Die Sache, die man verschweigt, kann auch im Genitiv stehen, vgl. § 14. d. q.; die Person aber, der man etwas verschweigt, steht im Dativ, s. § 75. I. g.* Cp. 274, 7 se þe ðonne hwæt yfles ongitt on his nihstan & hit forswigað; *ähnlich* 294, 5. Bo. 92, 5 ælc anweald biþ sona forealdod & forswugod.

forswelgan, *verschlingen.* Cp. 439, 25 ðæt hi wiðbleowen ðære fleogan, & forswulgun ðone olfend. Ps. 48, 13 se dead hy forswylcð on ecnesse.

forþberan. — 1. *hervorbringen.* Be. 476, 34 ðone æþelan Albanum seo wæstmberende Bryton forþbereþ (= A. egregium fecunda Britannia profert).

2. *vorlegen.* Be. 604, 23 nænig ðara andweardra his heortan deagolnesse him helan dorste, ac ealle openlice be heora dæde (*Miller:* openlice heora dæda) ðurh andetnesse forþbæron (= ut nullus praesentium latebras ei sui cordis celare praesumeret, omnes palam quae gesserant, confitendo proferrent).

forþbrengan, forþbringan, *hervorbringen, fertigen, ausführen.* Be. 596, 35 þæt he ... forþbrohte (= proferret); 633, 30 þæt ærest ða fægeran bec ða hwitan englas forþbrohton (= protulerunt). Bo. 10, 6 þæt hi þy eð mægen heora unriht gewill forþbringan; 92, 7; 98, 19; 100, 2; 162, 2; 174, 2 *(wörtlich =*

gebären); 286, 8; 358, 11. *Vgl.* 128, 22 seo lease wyrd hi na
forþ ne bringþ.

forþdon, *herausstrecken.* **Be.** 615, 6 ða het he his tungan
forþdon of his muðe (= proferre).

forþencean, *verachten, verzweifeln machen, namentlich im P.*
= *verzweifelt. P. und R.* **Or.** 170, 5 wurdon hie ·swa swiþe
forþohte; *ebenso* 190, 17. **Bo.** VI, 7 þæt þu earþ fulneah forþoht; *ebenso* 36, 14, *und weiter:* ac ic nolde þæt þu þe forþoh-
test, ... forþam se se þe hine forþencþ, se biþ ormod. **Ps.**
48, *ü.* he lærde þæt þa ðearfan hy ne forðohton.

forþflowan, *ausströmen.* **Be.** 625, 24 wylle . . . ., seo . . .
oþ ðisne andweardan dæg genihtsum wæter forþfloweð & geoteð
monnum to ðeninge & to are (= fons . . . qui . . . usque hodie copiosa fluenti sui dona profundat).

forþgecygan, *herausfordern.* **Be.** 484, 20 he hi to gefeohte
forþgecygde.

forþgelædan, *fortführen.* **Be.** 514, 19 seþe hine fram swa
monegum yrmðum & teonum generede & to heannysse cynerices
forþgelædde. **Or.** 290, 10 on þæm færelte Firmus wearð gefangen & forþgelæded to sleanne.

forþhealdan, *beibehalten, durchführen.* **Be.** 600, 24 he þæt
ða langre tide forþheold & dyde (= exsequeretur).

forþian, *fördern, helfen, unterstützen.* **So.** 183, 4 þa men
. . ., þe ic forðian scel.

forþryccean, *unterdrücken. P.* **Bo.** 10, 2 þa rihtwisan sint
laþe & forþrycte.

fortredan, *zertreten.* **Be.** 480, 35 (*s.* forniman).

fortynan, *einschliefsen. Vgl. beim Dativ § 78.* **Cp.** 274, 22
ne bæd he no ðæt he hiene mid ealle fortynde mid gehale wage.

forweorpan, *verwerfen, fortwerfen.* **Ps.** 49, 18 þu . . . .
forwurpe min word symle underbæc fram þe.

forwyrcan. — 1. *zerstören.* **Or.** 78, 14 ondredon þæt mon
þa brycge forwyrcan wolde.

2. *verwirken, verlieren.* **Cp.** 232, 20 forðæm þe he hefonrice mid his agenre scylde forworhte (= perdidit).

foryrman, *quälen.* **Be.** 480, 36 (*vgl.* forniman).

fræt(te)wian, *schmücken.* **Be.** 547, 24 ða burh . . . frætte-
wodon & weorþodon; 559, 24; 601, 17 *(R.);* 606, 27.

frasian, *fragen.* **So.** 182, 29 ne gebelg þu þe wit me þeah
ic þe frasige & ðin fandige.

frefr(i)an, *trösten.* **Be.** 545, 13 he hæfde mildheortnysse
ða untruman & ða ðearfan mid to frefrigeanne; 600, 42. **Cp.**
182, 2 ðæt mon ðone frefre þe . . . . **Bo.** IV, 11 hine ongan
frefrian. *Über eine fragliche Stelle mit dem Dativ vgl. § 67. q.*

fremman, *ausführen. Kommt auch einmal mit dem Genitiv
vor, s. § 22. b.* **Be.** 479, 26 ða godcundan geryno elenan muþe
. . . halgedon & fremedon (= conficiunt); 490, 9 stale fremmaþ

(= perpetrant); 491, 36 synne fremmaþ (= fecerunt); 536, 25
he hwæþere nowiht on þon fremede (= proficere aliquid). **Or.**
30, 29 mid ungemetlicre wrænnesse manigfeald geligre fremmende
wæs. **Cp.** 72, 13 mid woon weorcum hit to ðweorlice ne fre-
með; 437, 9 hu manega synna hi fremmað. **Bo.** 272, 26 ne
mæg he mid þam oþrum nan wuht fremman. **So.** 181, 19 þæt
ic hyt ne firðrige & fremme.

freogan, *befreien.* **Or.** 162, 16 þæt mon þa þeowas freode;
ähnlich 190, 33, 35.

fretan, *fressen.* **Or.** 38, 11 gærstapan comon & fræton
ealle þa gærsciðas. **Cp.** 419, 30 ðonne he hit eft frit. **Ps.** 26,
3 swylce hi woldon fretan min flæsc ; 34, 23 we hine fræton.

fri(g)nan, *fragen. Das, wonach man fragt, steht im Genitiv,*
s. §§ 12. c., 36. d. **Be.** 502, 42 frunan hine; 508, 14; 513, 38;
531, 39; 541, 3 (fræng!); 548, 11; 596, 16; 572, 21 (frægin!);
579, 39; 585, 13 (frægin!); 591, 5. **Or.** 182, 16 frine hie mon;
222, 14. **Bo.** 6, 22 adrigde þa mines Modes eagan and hit
fran; *ebenso* 8, 2.

friþian, *beschützen.* **Or.** 160, 10 angunnan þa hergean &
hienan þa þe hie friþian sceoldon; *ebenso* 13.

fromateon, *wegziehen.* **Or.** 128, 7 ac hine his þegnas ofer
his willan fromatugon.

fulfremman, *ausführen.* **Cp.** 445, 4 ða ðe næbre nyllað
fulfremman ðæt god ðæt hi onginnað. **Bo.** 36, 6 þinre unriht-
gitsunga gewill to fulfremmanne; 264, 23, 26; 286, 10. **So.** 179,
9 þeah seo saule si fulfremed & ful clæne; 27; 181, 25 (ful-
fremmian).

fullgan, *erfüllen, vollenden. Kommt auch mit dem Genitiv*
vor, s. § 22. c., und mit dem Dativ, s. § 70. f. **Or.** 146, 24 hie
swa ungeorne his willan fulleodon. **Bo.** 16, 27 his rihte gesetnesse fuleode; 36, 3 moton for þe fullgan ures scippendes willan. **So.** 169, 21 fuleode hys willan.

fullian, *taufen.* **Be.** 488, 4 men læran & fullian; 493, 25;
529, 15 mon ðone cyning fullade.

fullwyrcan, *vollenden.* **Bo.** 254, 12 ær hi hit fullwyrcan
moston.

fylgan, *folgen, nachgehen, ausführen. Kommt auch mit dem*
Dativ vor, s. § 70. e. **Be.** 475, 32 hraþe ða gefremednesse ðære
arfestan bene wæs fylgende; 508, 6 ða oþre biscopas fylgan
wolde; 522, 29; 547, 8; 560, 17; 575, 37; 585, 33; 638, 34.

fyllan, *fällen.* **Be.** 481, 24 heora gewinnan hi ehtan &
slogan & on wæll fyldon; *ähnlich* 582, 29.

fyllan, *füllen. Das, womit man füllt, kann im Genitiv ste-*
hen, s. § 41. b. **Be.** 541, 42 þa yþa . . . æghwonene þæt scyp
fyldon. **Cp.** 383, 35 ne fyllað hie no mid ðæm hus, ac byr-
genna; 469, 9 fylle nu his fætels. **Bo.** 206, 9 ðu fyldest þas

corþan·mid mistlicum cynrenum netena. **Ps.** 10, 2 fyllaþ heora
coceras mid flanum.

fyrhtan, *erschrecken.* **Be.** 569, 13 ligette & ðunorrade corþan & lyfte bregdon & fyrhton; *ähnlich* 628, 45.

fyrþr(i)an, *fördern.* **Or.** 210, 7 se þe hit fyrþran sceolde.
Bo. 326, 13 þæt hi magen henan ða yflan & fyrþrian· þa godan.
So. 181, 19 (*vgl.* fremman). *Vgl.* gefyrþr(i)an *§ 103.*

gad(e)rian, *sammeln. Der, für den man sammelt, steht im* § 10
Dativ, s. § 78. **Or.** 124, 11 þa' hwile þe he hie gaderade. **Cp.**
342, 19 se þe medsceattas gadrað. **Bo.** 58, 13 se þe hit gaderaþ; 66, 18; 148, 5. **So.** 171, 11 gadera . . . . þæt ðæt þe
þince þæt þe mæst neod sy. **Ps.** 15, 4 ne gaderie ic nan folc;
38, *ä.*, 8.

gælan, *hindern.* **Cp.** 170, 24 ðylæs hiene ænigwuht gælde
ungearewes; 256, 6.

geacsian*), **geascian,** *entdecken, erfahren, lernen, kennen
lernen.* **Be.** 472, 23 þæt we on Norþanhymbra geacsedon; 481,
16; 513, 7 se cyning hine ðær geacsade, þæt he mid Rædwolde
wæs *(es scheint, das Alfred erst den lateinischen Akkusativ mit dem
Infinitiv wörtlich übersetzen wollte und dann aus der Verbindung
fiel);* 520, 15; 625, 20. **Or.** 30, 30 (ælcne þara) þe hio geacsian myhte þæt kynnekynnes wæs; 66, 34 (geascade); 80, 28
Leoniþa þæt þa geascade; 94, 12; 116, 22; *usw. usw.* **Bo.** 366,
9 siþþan ge hiora þeawas geacsod habben. **So.** 203, 24 magon
. . . geahsian be heom þæt þæt hy willað.

geæcan, *vermehren. P.* **So.** 201, 10 ic gelyfe þæt ure gewit weorðe myd þi swiðe miclum geæced.

geæmettigian, *frei machen. R. Das, wovon man sich frei
macht, steht im Genitiv, s. § 40. l.* **Cp.** 134, 5 ða men, þe hie
selfe to ðære ciriccan wlite geæmettigian sceoldon.

geærnan, *errennen, erwerben. Vgl.* geiernan. **Or.** 21, 4 &
se nimð þone læstan dæl se nyhst þæm tune þæt feoh geærneð.
Vgl. Lens, a. a. O., S. 12.

geætrian, *vergiften. P.* **Be.** 511, 15 hæfde he & wæg
mid hine twigecgede handseax geættred. **Or.** 134, 34 þær forwearþ micel Alexandres heres for geætredum gescotum.

geandettan, *beichten.* **Le.** 74, 4 gif hwelc mon . . . hine
(= anne gylt) þær on Godes naman geandette.

geanan, *vereinigen. P.* **Be.** 548, 21 oþ þæt ðe hi wæron
on ænne unmætne leg geanede & gesomnade.

geanmetan, *ermutigen.* **Or.** 140, 23 he him þa to fultume

---

*) Zu den Zeitwörtern mit der Vorsilbe ge- ist die ausführliche
Arbeit von Ph. Lens über „Den syntaktischen Gebrauch der Partikel
ge- in den Werken Alfred des Grofsen" (Heidelberg. 1886) zu vergleichen.

com & hiene swiðe geanmette; 152, 4 wæs Demetrias on þære hwile swiþe geanmet.

gearian, *ehren. Kommt auch mit dem Dativ vor, vgl. § 67. v.* **Cp.** 118, 5 ðæt we ure hieremen swæ gearigen. **Ps.** 36, 19 þæs þe hy beoð gearode & uppahefene.

gearwian, *bereiten. Der, dem man etwas bereitet, steht im Dativ, s. § 78.* **Be.** 580, 3 ða gearwodan hi his lichoman to bebyrigeanne on stænerne ðruh; 623, 16 he his fore gearwode. **Bo.** 358, 5 se hata sumor drygþ & gearwaþ sæd & bleda. **Ps.** 9, 8 he gearwað his domsetl.

gebædan, *bedrängen. P.* **Be.** 502, 27 wæs Agustinus mid ryhtre nydþearfnysse gebæded; 556, 7 wæs he mid nyde gebæded.

gebannan, *versammeln.* **Be.** 515, 4 ða gebeon Rædwold his fyrde & mycel werod gesomnade.

gebeacnian, *zeigen.* **Bo.** 258, 24 we woldon mid gebeacnian ða soþfæstnesse.

gebelgan, *reizen. P.* **Bo.** 290, 2 hi weorþaþ gebolgen.

gebeornan, *verbrennen. P.* **Or.** 160, 26 seo eorþe wæs .... to axan geburnen; 270, 2 þær wæs a swa micel dem (!!) geburnen swa on Alexandria wæs þære byrig on hiora bibliotheoco, þær forburnon IIII hund M boca.

geberan. — 1. *tragen.* **Be.** 567, 12 þæt (monncwyld) ... ða lifigendan stanas ðære cyricean of eorþlicum setlum to ðam heofonlicum timbre gebær.

2. *gebären, hervorbringen.* **Or.** 158, 19 þætte nanuht berendes, ne wif ne nieten, ne mehton nanuht libbendes geberan. **Bo.** 50, 9 þe þæron geborene wæran. **So.** 198, 29 ær þin yldra fæder geboren were; 204, 20 min modor me gebær. **Ps.** 50, 6 min modor me gebær mid synne. **Le.** 78, 14 gif mon sie dumb oððe deaf geboren.

gebetan. — 1. *bessern, wieder gut machen.* **Be.** 527, 11 he mid heardre ðrea hi onspræc & hi gebette (= corrigebat). **Or.** 98, 27 hie gebetton þa burg þe hie ær tobræcon. **Cp.** 34, 9 þæt he longe ær to yfle gedyde, he hit gebet; 136, 24; 152, 2; 164, 14; 250, 18; 467, 16. **Bo.** 110, 7 gebet & gelæreð ælcne þara ðe . . .; 144, 26, 28; 226, 18; 352, 1. **So.** 192, 32 uton gebeton hyt.

2. *büßen. Der, dem man Buße thut, steht im Dativ, s. §§ 75. l. h., 78.* **Be.** 506, 29 hu man þæt gebetan sceolde. **Or.** 21, 13 hi hit sceolan miclum gebetan; 64, 8. **Bo.** 264, 29 buton he hit eft gebete; 322, 6; 378, 13. **Le.** 72, 3 gebete þone tyht, swa him ryht wisie; 74, 1.

gebidan, *abwarten.* **Be.** 507, 36 þæt heo ðær wolden ðære wisan ende gebidan. *Kommt sonst zweimal mit dem Genitiv vor, s. § 20. e.*

gebiddan, *anbeten.* **Be.** 561, 43 ongunnon hi . . . deofolgyld weorþian & gebiddan.

gebigan, *beugen, ablenken, unterwerfen.* **Be.** 578, 28 heo
ðær lange gebigdum cneowum hire gebæd. **Or.** 222, 29 ær hie
mon gebiggiean mehte; 294, 23 hie sceoldon ærest of þæm mun-
tum hie gebigan mid hiora flana gescotum. **Cp.** 28, 17 ðonne
gebigð þæt folc hira hryeg to hefegum byrðenum monegum; 98,
23 for mildheortnesse gebigde his mod to untrumra monna di-
gelnessum. **Ps.** 16, 10 þæt hi me gebygen oð corðan; 17, 36
ic hie *(d. h. die Feinde)* gebigde þæt hie ne mihton gestandan
ongean me; 34, 13 gebigde min mod to fæstenne; 37, 6 ic eom
fulneah gebiged to ende. **Di.** 68 þæt we hwilon ure mod . . .
geleoðigen & gebigen *(O.:* geliðian & gebigean to ðam godcundan and þam gastlican rihte. *Über eine Stelle mit dem Genitiv*
vgl. § 22. d.

gebindan, *binden.* **Be.** 536, 16 hine ða nænig man ne
gehaldan ne gebindan mihte; 591, 11, 12. **Or.** 112, 12 he hiene
on ðære wenunge geband; 128, 12; 160, 14; 196, 28 *(P.)*; 236,
11; 244, 13. **Cp.** 36, 21 ðonne he swiður his mod gebint to
ðæm unnyttan weorcum; 70, 21. **Bo.** 22, 22 þæt Mod siemle
bið gebunden mid gedrefednesse; 82, 8 *(P.)*; 86, 11; 110, 8;
116, 20; 162, 19. **So.** 188, 27 ic ondrede þæt hy gebynden þin
mod to hæom. **Ps.** 19, 8 hy synd nu gebundne. **Le.** 70, 4 gif
hine mon gebinde; 88, 35; 90, 6.

gebirhtan, *erleuchten.* **Cp.** 368, 15 ðonne he ure heortan
onliht & gebirht. **Bo.** 218, 6 ealle steorran weorþaþ onlihte &
gebirhte of ðære sunnan; 226, 23.

gebismerian, *verlachen, verspotten.* **Or.** 74, 36 forþæmþe
hio mid forheriunge swa gebismrad wære; 82, 4 Leoniða mid
VI C monna VI C M swa gebismrade, sume ofslog, sume gefliemde; 192, 31 hie eac oftost gefliemde wurdon & gebismrade.
Ps. 36, 12 Drihten hine gebysmrað; *ähnlich* 43, 9.

gebletsian, *segnen, weihen.* **Be.** 616, 10 hi gebletsode;
ähnlich 33; 617, 16. **Or.** 66, 7 þuss gebletsade Romulus Romana rice on fruman. **Ps.** 5, 13 þu eart se Drihten, þe gebletsast & geblissast rihtwise; 27, 7 gebletsod sy Drihten; 10; 44, 3.

geblissian, *erfreuen, segnen.* **Bo.** 130, 11 seo fægernes þonne
& seo hwætnes þæs lichoman geblissaþ þone mon. **Ps.** 5, 13
(s. gebletsian); 18, 7 Godes rihtwisnessa . . . . geblissiað manna
heortan.

gebodian, *verkündigen. Der, dem man etwas verkündigt,*
steht im Dativ, s. §§ 69. o., 78. **Or.** 72, 19 se þæt laðspel æt
ham gebodade; *ferner* 80, 2; 166, 10.

gebrædan, *erweitern, ausbreiten.* **Be.** 641, 40 he his cyricean . . . . wundorlicum weorcum gebrædde & gemonigfeal-
dode. **Or.** 132, 4 hie his rice gebrædde oþ þone eastgarsecg;
ebenso 218, 25. **Bo.** 94, 30 ge wilniaþ eowerne hlisan ungemet-

lice to gebrædanne; *ähnlich* 128, 8; 114, 29 heore mearce gebrædan. **Ps.** 2, 8 þinne anwald ic gebræde ofer ðeoda gemæro;
17, 35 þu gebræddest mine stæpas under me.

gebrecan, *zerbrechen.* **Be.** 525, 2 gefeoll he semninga on
his earm ufan & ðone swyþe geþræste & gebræc; 631, 27. **Cp.**
389, 24 ðin swiðre hand, Dryhten, gebræc ðine feond; 393, 34.

gebredan, *ziehen, entblöſsen. Vgl. beim Dativ § 75. III. c.,
beim Instrumentalis § 124. 4.* **Le.** 74, 7 gif hwa . . . his wæpn
(*B.:* wæpne!) gebrede.

gebregan, *erschrecken.* **Be.** 513, 14 ða wæs his mod . . . .
mid ðæm beotungum gebreged. **Cp.** 443, 19 ða him ðæt leoht
com of hefonum, & hine gebregde.

gebridlian, *zügeln.* **Cp.** 214, 7 ðæt hie hiera mod gebrid-
ligen. **Bo.** 116, 3 þara bridla, þe he þa gesceafta nu mid ge-
bridlode hæfþ. **So.** 168, 31 hy sint gebridloð mid ðam bridle
godes bebodu.

gebringan, gebrengan, *bringen.* **Be.** 614, 10 gesundige
windas ðurh ðone smyltestan sæ usic æt lande gebrohte. **Or.**
122, 6 þæt hie gebrohten Romana consulas & heora witan æt
heora agnum londe; 128, 30; 134, 3; 140, 15; 264, 10, 22 (gebrengan); 282, 16; 292, 24. **Cp.** 34, 17 þe hine ær on ðæm
rice gebrohte. **Bo.** IV, 5 hine het on carcerne gebringan; VI,
21; 4, 6, 12; 14, 7; 20, 24; 342, 19 (gebrengþ). **So.** 169, 26
þe hy me on gebrohton; 173, 9; 175, 6 (gebrodton!); 203, 23
(P.). **Le.** 88, 34 þa men . . . gebrengen beforan kyninges gerefan.

gebrocian, *quälen.* **Or.** 220, 26 þa besæt Scipia hie . . .
& hie to þon gebrocode þæt . . . . . **Ps.** 28, *ü.* be eallum þam
þe æfter him gebrocode wæron.

gebrysan, *quetschen. P.* **Be.** 618, 24 he his preosta ænne
of horse fallende & gebrysedne . . . fram deaþe gecyrde. **Ps.**
36, 23 þeah se rihtwisa afealle, ne wyrð he gebrysed.

gebrytan, *zerstören.* **Ps.** 3, 6 þara synfulra mægen þu gebryttest; 6, 2 *(P.)*; 45, 8; 46, *ü.*

gebuan, *bewohnen.* **Or.** 17, 23 ðæt land wæs eall gebun
on oþre healfe þære eas; ne mette he ær nan gebun land; 60,
34 hæfdon Caldei þa lond gebun on freodome; 96, 4 hæfdon
eft þa burg gebune.

gebu(g)ian, *bewohnen. Vgl. Cosijn, a. a. O., II. S. 192 o.*
Or. 17, 28 þa Beormas hæfdon swiþe wel gebud hira land. **Cp.**
328, 25 swelce ge ane willen gebugean ealle ðas eorðan. **Bo.**
94, 20 forþamþe hy hit ne magon eall gebugian.

gebycg(e)an, *kaufen. Vgl. § 98 bebycg(e)an.* **Be.** 530, 14
mid feo gebohte æt him þæt biscopsetl; 592, 8. **Or.** 152, 34
nan mon ne mehte æt oþrum his feorh gebycggan; 252, 28. **Cp.**
326, 16 swelce he hie mæge mid his penengum gebycggean.
Bo. 112, 4 þu hit woldest habban mid miclan feo geboht; 128,

15; 350, 17. **Le.** 58, 11 gif hwa gebicgge cristenne þeow; 12 þeah hwa gebycggo his dohtor on þeowennne; *hier verbessert Thorpe zu* bebycgge, *was wohl richtig ist, denn* gebycgan *scheint in der Bedeutung „verkaufen" nicht vorzukommen.*

gebyldan, *ermutigen. P.* **Be.** 508, 23 ða wæs he. se Cristes ðeow Laurentius mid ðæs apostoles swingum & trymnessum swiþe gebylded (= animatus). **Or.** 156, 16 þeh þe Romane gefliemed wæren, hie wæron þeh gebielde mid þæm þæt . . . . .

gebyrgan, *umgürten (?). Fehlt bei B.-T.* **Ps.** 29, 11 þu me gebyrgdest mid gefean (= praecinxisti me laetitia; *Luther:* . . . *mich mit Freuden gegürtet).*

geceapian, *kaufen.* **Or.** 214, 22 hiera feorh . . geccape-don; 228, 21 *(vgl. hierzu beim Genitiv § 16. b)*; 248, 2.

gecelan, *kühlen, löschen.* **Cp.** 309, 7 ðætte he . . . . mid ðæm gecele mine tungan. **So.** 202, 31 he myd hys lytlan fingre hym gedripte weteris on þa tungan & hys þurst myd þi gecelde.

geceosan, *wählen. Der, für den man wählt, steht im Dativ, s. § 78.* **Be.** 471, 19 ðe God to cyninge geceas; 476, 17; 485, 34, 35; 489, 40; 511, 36. **Or.** 46, 30 hie gecuron Ercol þone ent; 58, 16; 96, 10; 122, 26; 150, 10; 264, 18; 286, 25; 292, 13. **Cp.** 50, 4 gif hiene gecistð sio uplice gifu; 64, 23; 393, 12. **Bo.** 28, 16 þe þu self gecure; 38, 5; 364, 20. **Ps.** 2, 2 þe he to hlaforde geceas; 32, 11; 46, 4.

gecigean, gecegan, gecygan, *rufen.* **Be.** 482, 40 hi Seaxna ðeode him on fultum gecygdon & gelaþedon; 511, 4 he ða ðeode . . . gecegde; 562, 10 hi . . . gecigean; 569, 9 mild-heortnysse gecygde.

geclænsian, geclæsnian, *reinigen. Das, wovon man reinigt, steht im Genitiv, s. § 40. m.* **Be.** 554, 27 hi geclænsian; 569, 31. **Cp.** 34, 4 þa earfeðu . . . hine geclænsiað; 196, 24 (ge-clæsnian); 427, 7. **Bo.** 312, 16 oþer dæl sceal beon geclænsod. **So.** 166, 4 buton þam þam þe geclænsode beoð on heora mode; 167, 16; 170, 35. **Ps.** 18, 11 geclænsa me; 45, 4 (geclæsnode).

gecleofian, *kleben. P.* **Ps.** 21, 13 min tunge ys gecleofod to minum gomum.

geclipian, *nennen.* **Cp.** 48, 22 ðær ðær he freme geclipian meahte.

gecnawan, *erkennen.* **Or.** 202, 2 locian hwæþer he þæt land gecneowe þæt hie toweard wæron. **Cp.** 6, 8 ðæt gedeode þe we ealle gecnawan mægen; 24, 21; 28, 1; *usw.* **Bo.** 6, 27 gecneow hit . . . his agne modor; 122, 18, 21; 134, 26; 140, 4; 184, 15; 348, 11. **So.** 176, 12 ne hys willan ðeron gecna-wan mage; *ebenso* 13. **Ps.** 36, 35 þa stowe, þe ic hine ær on geseah, gecnawan ne mihte.

gecnysan, *besiegen. P.* **Or.** 143, 6 wurdon Romane ge-cnysede.

gecoronian, *krönen.* **Ps.** 5, 13 þu us gecoronadest.

13*

gecræftgian, *kräftigen*. *P.* **Or.** 60, 23 þæt þa ricu of nanes monnes mihtum swa gecræftgade ne wurdon.

gecristnian, *zum Christen machen, taufen.* **Be.** 517, 27 syþþan he gecristnad wæs (= cum catechizaretur); 529, 13 hinc gecristnade (= catechizatus).

, **gecweðan**, *sagen, verabreden, nennen.* Vgl. *beim Dativ § 78.* **Be.** 570, 4 swa mycel wer hit gecwæþ; 614, 43 næfre nænig word gecweþan mihte. **Or.** 68, 16 he ða Brutus gecwæð anwig wið þone cyning ymb heora feondscipe; 230, 10 hie gecwædon folcgefeoht him betweonum. **Ps.** 2, *ü.* ðæs æfteran scalmes capitul is gecweden Psalmus Dauid. **Le.** 106, *Einleitung* þæt frið, þæt Ælfred & Gyðrum . . . gecweden habbað.

gecwucian, *wieder lebendig machen.* **Cp.** 465, 29 gecwuca me æfter ðinum wordum (= vivifica me).

gecyrran, gecerran, *wenden, bekehren.* **Be.** 487, 17 þæt ge ealle ða ðe ge magon ðurh eowre lare to eowres geleafan æfestnysse geþeode & gecyrre; *ähnlich* 508, 3; 527, 36 ða gecyrdon hi heora eagan & heora andwlitan ealle to him; 529, 13; 581, 37; 606, 45 þæt he eft his calond & his wic gecyrde & gewilnode (= repetiit insulam; *Millers Lesart* gecure *ist besser, da* gecyrde *keinen Sinn giebt*). **Or.** 38, 23 se cyninge . . . . hy gecyrran wolde eft to Egyptum; 46, 5 hi þa þa wif ealle togædere gecirdon. **So.** 170, 33 þæt þu me eallunga to þe gecyrran [*for* gecyrre]. **Ps.** 34, 5 syn hi gecyrde on earsling. **Le.** 64, 1 monega hæðena þeoda hie to Gode gecerdon.

gecyþan, *zeigen, verkünden.* Der, *dem man etwas verkündet, steht im Dativ, s. §§ 69. p., 78.* **Or.** 60, 22 ðæt wille ic gecyþan; 122, 32; 186, 9; 296, 4. **Bo.** 26, 9 hie gecyþdon heora fæstrædnesse; 110, 5.

gedæftan, *ordnen.* **Cp.** 96, 19 sio ungedæftnes hit ne can eft gedæftan.

gedælan, *teilen.* Der, *dem man etwas austeilt, steht im Dativ, s. § 78.* **Be.** 580, 31 ða fengon ealdormenn to ðam rice ðære ðeode & [sc. hit] betwih him gedældon & tyn winter heoldon. **Or.** 114, 18 þæt hit emne gedæled wære. **Bo.** 60, 8 þu ealle gedælde hæfst. **So.** 183, 5 þæt. þæt þær ofer byð ic hogie swa ændebyrdlice gedelan swa ic ændebyrdlicost mæg.

gedafenian, *geziemen. U.* **Be.** 569, 43 swa swa halige menn gedafenode; 597, 2 ða an ða ðe . . . his ða æfestan tungan gedafenode singan. *Kommt sonst einmal mit dem Genitiv vor, s. § 22. e., und in der Regel mit dem Dativ, s. §§ 75. I. i., 76. e.*

gedeman, *beschliefsen, verurteilen. Der, für den man etwas beschliefst, steht im Dativ, s. §§ 75. I. j., 78.* ,**Be.** 505, 36 ða ðing ðe ðær regollice gedemed wæron. **Or.** 258, 10 he gedæmde urne Dryhten to deaðe. **Le.** 66, 6 he æghwelene on riht gedemeð.

gederian, *beschädigen. P.* **Be.** 543, 11 swa þæt hi sume mid ðam fyre gederede wæron. *Kommt ein ander Mal mit dem Dativ vor, s. § 67. x.*

gederian, *vereinigen (?). P.* Bo. 244, 1 ða hwile þe sio sawl & se lichoma gederode beoþ (*Cardale und Fox:* are united).

gedician, *graben.* Be. 480, 19 binnan ðam dice, ðe ... Severus .... het ðwyrs ofer þæt ealond gedician.

gedieglan, *verbergen.* Cp. 206, 23 ðara scamfæstena giemelieste he wolde mid liðelicum wordum gedieglan (= velaret).

gedihtan, *machen.* Cp. 2, ii. hu Gregorius ðas boc gedihte.

gedon, *machen,* *thun. Vgl. beim Genitiv § 42. c., beim Dativ §§ 71. r., 78.* Or. 12, 36 seo ea ... gedeð mid þæm flode swiþe þicce eorþwæstmas on Ægypta lande; 34, 34; 62, 3; 106, 28; 220, 19; 234, 30; 288, 19. Cp. 38, 7 þæt he hwæt mærlices & wunderlices gedeð. Bo. 10, 14 þa sunnan þu gedest þæt heo ....; 96, 16. So. 175, 31 Drihten god me gedo eall swa swa þu me lærst. Le. 74, 6 slea mon þa hond of, þe he hit mid gedyde; 88, 1 gif hloð þis gedo.

Anmerkung 1: Sehr häufig erscheint gedon *mit doppeltem Akkusativ, d. h. mit einer prädikativen Bestimmung; so z. B.* Bo. X, 12, 25. So. 163, 21. Ps. 3, 5; 6, 3; 8, 6; 9, 13; 17, 32. Le. 60, 20.

Anmerkung 2: Cp. 6, 6 þæt we eac suma bec ... on ðæt gedeode wenden þe we ealle gecnawan mægen, & gedon (ge don) swa we swiðe eaðe magon ..., ðætte eal sio gioguð ... sien to leornunga oðfæste. *Diese Stelle gehört ja eigentlich nicht hierher, da kein Akkusativ von* gedon *abhängt, ich erwähne sie hier nur, um zu bemerken, dass ich zwar Kerns Erklärung über diese Stelle (P. B. B. XVI. 554.), der eben* gedon *statt* ge don *liest, als sehr glücklich anerkennen mufs, dafs ich selbst aber vorher folgende, ebenfalls kaum unhaltbare Erklärung gefunden hatte. Es heifst: Dafs wir Bücher übersetzen, und dafs ihr (d. h. die Bischöfe) dafür Sorge tragt, dafs die Jugend sie lernt. Was Kern dagegen sagt, dafs Sweet meint,* don komme mit ge *nur im Partizip des Passivs usw. vor, ist natürlich richtig. Der Wechsel von* we und ge *ist, wenn meine Auffassung die richtige sein sollte, durchaus nicht „harsh", wie Sweet S. 472 u. meint, und auch nicht „gradezu sinnlos", wie Kern meint, denn we steht dann hier für „man".*

gedrefan, *stören, quälen, beunruhigen.* Be. 569, 21 hi gedrefeþ. Or. 44, 30 *(P.);* 178, 5 *(P.).* Cp. 36, 13 swiðe oft gedrefð þa heortan sio monigfalde giemen ðæs ... lareowdomes; 168, 13; 354, 10. Bo. 20, 20 þa mistas þe þæt mod gedrefaþ; 22, 5; 40, 20; 42, 7; 174, 20; 288, 24; 310, 22; 330, 28; 342, 8; 372, 16. So. 181, 26 þreo þing me habbað swiðost gedre-

fed. **Ps.** 2, 5 he . . . . gedreſð heora geþeaht; 6, 2, 6; 9, 21;
13, 10; 17, 4; *usw. usw.*
   gedrincan, *trinken.* **Be.** 618, 13 sona swa he hit gedrun-
can hæfde.
   gedwæscan, *auslöschen. P.* **Ps.** 36, 19 þa Godes fynd
. . . beoð gedwæscte swa ðer smec.
   gedwelian, *verführen.* **Bo.** 182, 10 þæt dysig ðe ða earman men gedwelaþ & alæt of þam rihtan wege. *Über eine Verbindung mit einem Genitiv der Sache vgl. §§ 14. e., 40. n.*
   gedwellan, *verleiten, zerstören.* **Cp.** 92, 20 ðæt he hi ge-
dweleð; 364, 23 ðæt hie ðæt gedwellen ðæt oðre menn . . . .
ongieten habbað (= destruere; *Sweet:* to obscure). **Le.** 64, 3
[hi] eow to swiðe gedwealdon mid þæm manigfealdum gebodum
(= turbaverunt).
   geeacnian. — 1. *schwängern. P.* **Be.** 492, 28 hwæþer sceal
geeacnad wif fulwad beon; *ebenso* 493, 1.
   2. *empfangen. P.* **Be.** 495, 24 ic wæs on wonysse geeac-
nod. **Cp.** 383, 34 ða wif ðe ða geeacnodan bearn cennað.
   3. *vermehren, hervorbringen.* **Cp.** 218, 3 ðonne geeacnað
he sum holh on his mode (*Sweet:* produces).
   geeahtian, *schätzen.* **Le.** 62, 26 gebete, swa hit mon ge-
eahtige; *ähnlich* 88, 32.
   geearnian, *verdienen, erwerben. Über eine Stelle mit dem
Genitiv vgl. § 11. d., über eine mit dem Dativ der Person § 78.*
Be. 477, 20 ðam ylcan wite onfon, ðe he geearnode; 593, 12.
Cp. 112, 6 ðurh eaðmodnesse he geearnode ðæt rice; 148, 7;
238, 22; 246, 9. **Bo.** 264, 8 he hi hæfþ geearnod mid his hearpunga; 290, 26; 312, 16. **So.** 164, 8 oð þone fyrst, þe he
bocland & æce yrfe þurh his hlafordes miltse geearnige; 200,
25; 202, 27. **Ps.** 1, 7 hwylc[n]e weg þa rihtwisan geearnedon;
37, *ü.* **Le.** 96, 43 þe . . . hie geearnian mægen.
   geeaðmedan, *erniedrigen.* **Or.** 64, 9 ær þon hie God
mid þæm mæstan bismere geeaðmedde. **Cp.** 34, 4 þa earfeðu
ðurh sar & ðurh sorge hine geclænsiað & geeaðmedað. **Ps.** 17,
26 þa eagan þara ofermodena þu geeaðmetst; 37, 8 *(P.)*; 43, 20.
   geeaðmod(eg)ian, *erniedrigen.* **Be.** 595, 35 Drihten hire
forþfore . . . wæs geeaþmodad to onwreonne (= dignatus est).
Cp. 218, 2 ðonne mon his mod geeaðmodegað.
   geecan, *vermehren.* **Bo.** 186, 24 uton nu . . . . geecan
þone anweald; 326, 28.
   geedniwian, *erneuern. Vgl. § 78.* **Be.** 498, 17 Agustinus
Cristes cyrican geedniwode; *ebenso* 25; 523, 8; 603, 9. **Cp.** 254,
17 ðæt gode mod . . . ðæt gemynd ðære mettrymnesse geedni-
wað. **Bo.** 114, 9 *(P.)*; 234, 18 *(P.)*; 342, 19 ða he . . . eft
geedniwaþ.
   geedwyrpan, *wieder beleben. P.* **Be.** 590, 36 wearþ geed-
wyrped, & up asæt.

geegsian, *erschrecken.* **Or.** 68, 21 he hi mid his wordum geegsade; 196, 3; 222, 21. **Cp.** 118, 5 ðæt we ure hieremen swæ gearigen swæ we hie eft geegsian mægen.

geemnettan, *gleich machen.* **Bo.** 106, 15 swa geemnet þa rican & þa heanan.

geendebyrdan, *anordnen.* **Be.** 593, 28 heo þæt, sonu mid reogollice life gesette & geendebyrde.

geendi(g)an, *beendigen.* **Be.** 491, 19 his lif geendade; 521, 36; 529, 22; 532, 28. **Or.** 3, 22 heora lif on unsibbe geendedon; 46, 25; 66, 20; 74, 11; 94, 17; 184, 28; 202, 31; 246, 27; 280, 22; 292, 11; 294, 5; *usw. usw.* **Cp.** 52, 23 þæt he hiene on godum weorcum geendige. **So.** 200, 15 nu heft þa cwidas geendod. **Ps.** 7, 10 geenda nu þwt yfel; 37, *ü.*

gefæstnian, *befestigen.* **Vgl.** *beim Dativ § 78.* **Be.** 476, 10 *(vgl.* begyrdan *§ 98)*; 524, 20 *(vgl.* bestyrian); 541, 41; 585, 15; 605, 24. **Or.** 182, 23 hu seo sibb gefæstnad wiere. **So.** 166, 33 vre lunu .... us gefæstnað to þe; 175, 20 *(P.),* 30. **Le.** 106, *Einleitung* þæt frið .... gecweden habbað & mid aðum gefeostnod.

gefandian, *erfahren.* **Cp.** 260, 15 he gefandode gellan biternesse, ða hiene ðyrste. *Sollte* biternesse *Genitiv sein? Vgl.* fandian *beim Genitiv § 16. c.*

gefangian, *vereinigen (?). P. Fehlt bei B.-T.* **Bo.** 246, 14 ðes middangeard wæs .... gegaderad, & swiþe fæste tosomne gelimed & gefangod *(Cardale und Fox übersetzen:* cemented & joined together).

gefaran. — 1. *fahren.* **Be.** 485, 30 sumne dæl ðæs weges gefaren hæfdon. **Or.** 124, 27 micelne weg on þæm dæge gefor; 140, 2 þæt færelt swaþeh gefor.

2. *befahren.* **Bo.** 96, 22 þæt hit (þæt lond *oder etwas Ähnliches; Genaues läfst sich nicht ergänzen)* furðum cepemen ne gefaraþ.

3. *erreichen, erobern.* **Or.** 30, 20 þa nan man ne ær ne syððan mid gefeohte ne gefor; 32, 20 geforan Roðum þæt igland (= ceperunt; *Thorpe übersetzt gewöhnlich:* went to, proceeded to, invaded *usw.);* *ähnlich* 44, 25; 46, 32 (= adgredi); 114, 2 (= invadit; *Thorpe:* took); 122, 20 deadlicne sige geforan *(Thorpe:* gained); *ebenso* 156, 31; 122, 23 for þæm bismere þe hie ær æt him geforan *(Thorpe:* undergone). **Cp.** 393, 9 ne se swele plioh ðæron gefor (= illi extiterunt noxia).

gefealdan, *falten. R.* **Cp.** 242, 7 ðæt yfelwillende mod gefielt hit self twyfeald oninnan him selfum.

gefecc(e)an, *holen.* **Or.** 3, 18 him heton gefeccean to Escolapius þone scinlacan *(vgl.* gefeti(ge)an *S. 200);* 86, 2; 246, 1.

gefegan, *vereinigen.* **Cp.** 252, 23 swa ðætte ... an sib .... us swiðe fæste gebinde & gefege tosomne. **Bo.** 116, 9 se ilca God gefegþ mid freondrædenne folc togædere; 130, 2.

gefelan, *fühlen.* **Be.** 525, 15 hwæt he gefelde cealdes æt his sidan licgean. **Or.** 38, 14 hit man gefelan mihte. **Bo.** 32, 32 þu eac mid earefoþe sum eofel ne gefeldest.

gefeohtan, *fechten, erfechten*.* *Vgl. beim Dativ § 78.* **Or.** 72, 17* sige gefeohtan; 104, 7 þær gefeaht Mallius anwig; *ähnlich* 124, 17; 132, 19; 184, 31. **Cp.** 226, 24* weorðlicne sige gefeohtað.

gefeormian. *Vgl.* feormian *§ 102.* — 1. *beherbergen.* **Be.** 477, 9 for þam cuman ðe he gefeormade; *ebenso* 16. 2. *reinigen.* **Be.** 589, 11 hi ða ban woldon up adon & onþwean & gefeormian.

geferan, *reisen, bereisen*.* **Be.** 564, 17* ða dælas Gallia rices . . . geferde & gesohte; 600, 27 hi ða hæfdon heora siþ-fæt geferedne; *ähnlich* 637, 46.

gefeðrian, gefiþerian, *mit Federn versehen.* **Bo.** 268, 24 ic sceal ærest ðin Mod gefiþerian; *ebenso* 270, 5. **So.** 163, 10 gefeðrige hys wænas mid fegrum gerdum.

gefeti(ge)an, *holen.* **Be.** 536, 27 ða cyste hire to gefeti-gean; 544, 41; 570, 2. **Or.** 140, 8 gefetton Escolafius þone scinlacan *(vgl.* gefeccean *auf der vor. S.);* 174, 20 *(P.).*

gefindan, *finden.* *P.* **Be.** 535, 10 his ban gefunden . . . wæron. **Le.** 90, 36 *(P.).*

geflieman, geflyman, *in die Flucht schlagen.* **Be.** 581, 23 he oferswiþde & geflymde Wulfhere on gefeohte. **Or.** 5, 13 hu Claudius se consul gefliemde Gallie; 44, 15; 54, 6; 78, 29 *(P.);* 82, 5; *usw. usw. usw.* **Cp.** 455, 29 ðæt he swa strangne læce-dom selle ðæm seocan; swa he mæge ða mettrymnesse mid ge-flieman.

geflowan, *ausströmen.* **Or.** 32, 12 (God) eal þæt land mid sweflenum fyre forbærnde, & siððan ðær wæs standende wæter ofer þam lande, swa hit þære ea flod ær gefleow; *B.-T. scheint* hit *auf* lande *zu beziehen, wenn er übersetzt:* as the flowing of the river formerly flowed over it; *bei* Thorpe *ähnlich; auch* Lenz *(a. a. O., S. 51) faßst die Stelle so auf; ich möchte lieber übersetzen: „wie es (das Wasser) des Flusses Strömung früher ausströmte."*

gefolgian, *erreichen.* **Cp.** 383, 27 ðæt him weorðe to lore, ðæt hie to ryhtre tide gefolgian meahton (= implere; *Sweet:* attained).

gefon, *nehmen, fangen, greifen.* **Be.** 583, 1 hi sona gefen-gon ðreo hund fixa. **Or.** 48, 1 *(P.);* 54, 7 ealne his here ge-fliemdon & hiene selfne gefengon; 68, 22; 74, 34; 116, 4; *usw. usw.* **Cp.** 166, 4 hiene ðonne gefo & ofslea; 226, 14. **Bo.** 20, 15; 32, 21 þa þa hine Cirus Pærsa cyning gefangen hæfde; 110, 21 *(P.);* 136, 19; 210, 14; 324, 10. **So.** 187, 31 hy mare ge-foð þæs leohtes; 188, 28. **Ps.** 7, 5 secan mine fynd mine sawle & þa gefon; 9, 14 *(P.),* 15 *(P.);* 16, 11; 17, 5, 36; 21, 11; *usw.* **Le.** 70, 6 gif . . . . hine mon gefo; 74, 7, 1; 80, 18.

gefrætewian, *schmücken. P.* **Be.** 535, 32 his segen se was mid golde & mid gode wæbbe gefrætewod.

gefredan, *fühlen, merken.* **Cp.** 138, 22 man his feax mæg gefredan butan dæm felle *(unmittelbar vorher steht zweimal der Genitiv*; *s. § 16. d.)*; 186, 10; 224, 2; 276, 22; 303, 15; 431, 17. **So.** 185, 34 hine . . . . gefredan; *ähnlich* 186, 4, 28, 29.

gefremman, *ausführen, vollenden.* *Vgl. beim Dativ § 78.* **Be.** 475, 31 þæt he ðurh his bebod Cristene gefremed wære (= efficeretur); 486, 3 ða god gefremede; 491, 33; 499, 35; 501, 31; 521, 20; 557, 13; 599, 34. **Or.** 42, 9 hu manega bismerlica gewin Tontolus gefremede; 82, 9; 130, 27; 146, 33; 172, 2. **Cp.** 437, 10 hu micla hi hie gefremmen. **So.** 192, 21 þæt ic hyt gefremman mage. **Le.** 62, 28 he þæt nan facn ne gefremede.

gefreogan, gefreon, *befreien. Das, wovon man befreit, steht im Genitiv, s. § 40. o.* **Or.** 162, 14 hie sume heora þeawas gefreodon; *ähnlich* 190, 31. **Cp.** 116, 25 we hie gefreogeað. **Bo.** 110, 10 anbint & gefreoþ æle (= ælene!) þara þe . . . . . . **Ps.** 26, 4 þe me ær gefreode. **Le.** 60, 20 geofreoge hie for þon.

gefreolsian, *befreien.* **So.** 165, 23 þæt ðu me for ðinre mildheortnesse alyse & gefreolsige. *Vgl. beim Genitiv § 40. p.*

gefreoðian, gefriðian, *beschützen.* **Bo.** 348, 28 se godcunda anweald gefriþode his diorlingas under his fiþera sceade. **Ps.** 7, 1 gefriða me; *ebenso* 17, 41; 11, 8 gehælst us & gefreoðast fram heora yfle; 19, 1; 21, 19; 24, 15.

gefult(u)mian, *unterstützen. Kommt sonst in der Regel mit dem Dativ vor, s. § 67. y.* **Be.** 554, 19 ða gefulltmade se bisceop ðæs cyninges willan (= favens votis); 606, 31 þæt swyþost gewuniaþ (*Miller:* gewunað) halige lareowas gefultumian (= juvare); 630, 11 (= adjuvant). **Ps.** 27, 8 he me gefultumað.

gefulwian, gefullian, *taufen.* **Be.** 508, 31 se biscop hine gefulwade; 517, 21 hine gefullade; 582, 15 (gefullodan); 620, 18 (gefullad wæs). **Or.** 290, 11 þæt hiene mon ær gefulwade, ... he gefulwad wæs.

gefyllan, *fällen.* **Be.** 482, 31 mycele menigo heora fornom & gefylde. **Or.** 174, 15 þa hio gefylled wæs, he het hie behyldan.

gefyllan. — 1. *füllen, erfüllen. Das, womit man füllt, steht im Genitiv, s. § 41. c. Vgl. auch § 75. l. k.* **Be.** 477, 38 heora willan gefyllan; 483, 39; 497, 3; 500, 25; 503, 23; 512, 35; 514, 23. **Cp.** 50, 9 ægðer ðissa gefylde Moyses; 250, 7 ne gefyllað hie godra rim. **Bo.** 34, 12 ðeah nu God gefylle ðara welegra monna willan; 58, 27. **Ps.** 15, 2 gefylde ealne minne willan; 11 gefylst me mid gefean; 16, 13; 19, 6; 32, 5.

2. *beenden.* **Be.** 553, 4 ða ongunnene weorc wæs gefyllende; 562, 5 getreowlice his lif gefyllde.

3. *befriedigen.* **Bo.** 50, 21 hi ne magon ðone earman gefyllan; 60, 5; 84, 24.

gefyrhtan, *erschrecken.* *P.* **Be.** 478, 44 wæs swyþe gedrefed & gefyrhted.

gefyrðr(i)an, *fördern.* **Be.** 588, 34 heora siþfæt wæs fram
Drihtne sylfum gehradod & gefyrþrad. **Bo.** 38, 4 ic þe gefyr-
þrede mid minum larum. *Vgl.* fyrþr(i)an *§ 102.*

gegaderian, gegæderian, *versammeln, vereinigen.* *Vgl.* *§ 78.*
Be. 490, 36 þæt hi motan on gesinscype gegæderade beon. **Or.**
52, 31 he þeah gegaderade þone fultum þe he þa mæhte; 78,
29, 33; 88, 6; 112, 5; *usw. usw. usw.* **Bo.** XII, 9 þeah hwa
gegaderie ealle þas andweardan god; 8, 6; 48, 13; 116, 11; 124,
23; 146, 13; 170, 13; 182, 3. **So.** 199, 25 call þæt min mod
. . . . gegadrad. **Ps.** 32, 6 he gegaderode eall sæwætru tosomne; 34, 15. **Le.** 66, 7 *(P.)*; 68, 9 ic þa þas togædere gegaderode.

gegan(gan), *einnehmen, besiegen.* *Vgl. beim Dativ § 71. t.*
Be. 475, 4 Julius hit mid fyrde gesohte & geeode; 18; 506, 20;
542, 20; 557, 46; 581, 23, 27; 584, 10; 624, 3. **Or.** 46, 18
hie siþþan geeodon Europe & Asiam þone mæstan dæl; 48, 5;
110, 17; 112, 1, 18; 124, 15; 128, 10; 132, 5; 150, 17; 184,
32; 196, 33; 198, 1, 36; 218, 22; 278, 15; 280, 4. **Ps.** 43, 4
ne geeodon ure foregengan na ðas eorðan mid sweorda ecgum.

gegea(r)wian, *bereiten, versehen mit.* *Vgl. § 78.* ·**Be.** 497,
3 seþe for hine þæt geryne mæssesanges gegearwie; 534, 8; 609,
12 gegeawigeaþ (*Miller:* gegyrewaþ) ðone lichoman mid niwum
hrægelum; 622, 26. **Cp.** 92, 17 ðonne se lareow hiene gegear-
waθ to ðære spræce. **Ps.** 22, 6 þu [ge]gearwodest beforan me
swiðe bradne beod.

geg(i)erwan, gegyr(w)an, *(zu)bereiten, bekleiden.* *Vgl. § 78.*
Be. 532, 38 hi ða eft ðone lichoman aþwogon & mid oþre hrægle
gegyredon; *ebenso* 589, 39; 609, 21. **Or.** 36, 27 þæt man ne
mihte . . . nanne mete gegyrwan; *ähnlich* 42, 12; 52, 24. **Bo.**
70, 12 gif hwa nu biþ . . . mid hwelcum deorwyrþum æhtum
gegyrewod. **So.** 168, 35 mid ðam gode is gegyered se æwilm
ælces godes & þanan is gegyered & forlæten ælc good to us; 195,
10; 198, 12.

gegitsian, *erreichen.* (gitsian *in der Bedeutung* „*erstreben*"
hat den Genitiv, vgl. § 11. f.). **Cp.** 364, 22 wilniað ðæt hie gegitsien & gelicetten æt ðæm ungetydum folce wisdomes naman
(= extorqueant); *naman könnte man hier allerdings auch als Genitiv (des Zieles) auffassen.*

geglencan, *schmücken, ordnen, dichten.* **Be.** 596, 35 þæt
he . . . mid ða mæstan swetnesse & inbrydnesse geglencde (=
compositis) & in Englisc· gereorde forþbrohte.

gegrapian, *berühren.* **Bo.** 382, 23 sio gefrednes hine mæg
gegrapian.

gegremian, *anreizen.* **Or.** 158, 26 hie hi gegremedan, þæt hie þa wæron swiþe sleande þe hie fylstan sceoldon. **Cp.** 164, 2 hwæt is ðinga þe biterre sie on ðæs lareowes mode, oððe hit swiður gehierste & gegremige ðonne se anda ðe . . . . (= frigit et excruciat).

gegretan, *ansprechen, begrüfsen.* **Bo.** 6, 12 ða com ðær gan in to me heofencund Wisdom & þæt min murnende Mod mid his wordum gegrette.

gegripan, *ergreifen.* **Be.** 548, 47 gegripon hi . . . . ænne of ðam mannum; 628, 44. **Or.** 260, 31 þæt hie simle gegripen þæs liegendan feos swa hie mæst mehten. **Cp.** 10, 11 hie gegripað ðone cwide . . . hira gidsunge to fultome; *ebenso* 52, 4; 142, 5. **Bo.** 108, 8 þe se æfterra deaþ gegripþ & on ecnesse gehæft. **Ps.** 47, 5 þe hi gegripon.

gegyrdan, *umgürten.* **Ps.** 17, 31 se God me gegyrde mid mægnum.

gehabban, *(fest)halten.* **Be.** 474, 13 þæt hi mihton twa ðeode gehabban (= caperet; *fassen*); 484, 35 ðætte se ylca biscop for þam intingan untrumnysse feria (*B.:* ðær wæs; *nach Wheloc und Miller hat C.:* færinga = suddenly, by chance) gehæfd, & þa brynas ðara husa gebiddende adwæscte (= ut idem causa infirmitatis ibidem detentus, et incendia domorum orando restinxerit; *Miller überselzt:* was detained there from illness; *Pearce in seiner Besprechung der Millerschen Ausgabe (Mo. La. No. VII. 108) führt diese Stelle an als Beispiel dafür, dafs „in some places Dʳ. Miller seems to have leaned rather heavily on the Latin text". Die Stelle ist jedenfalls sehr verderbt.*); 564, 37 fram him fremsumlice wæs onfangen & micele tid mid him well gehæfd wæs (= habitus est). **Or.** 276, 2 he his rice mid micellre unweorðnesse . . . gehæfde. **Cp.** 106, 21 hiera scylda hie ðær gehabbað; 401, 32 gif hie ða halwendan forhæfdnesse gehabban ne mægen. **So.** 169, 25 ðe þu gehæfst; 183, 4.

gehadian, *einsetzen, weihen.* **Be.** 530, 30 þæt he ðone mihte him to bisceop gehadian; 566, 16, 620, 22.

gehæftan, *gefangen nehmen, zurückhalten.* **Be.** 497, 37 gif he gehæfted wæs; *ebenso* 38; 40. **Cp.** 272, 17 ðonne monn his mod gehæft (*Sweel:* restrains); 282, 13 *(R.),* 16; 469, 2 sume hine weniað on gewitlocan, wisdomes stream, welcrum gehæftað, ðæt he on unnyt ut ne toflowed. **Bo.** 108, 8 *(s.* gegripan); 136, 8; 226, 8 *(P.);* 290, 5 *(P.).* **Ps.** 28, 3 Godes word . . . . hy gehæft.

gehælan, *heilen, retten.* **Be.** 549, 8 he wolde his sawle gehælan; 583, 21; 611, 23; 614, 23; 615, 21. **Or.** 136, 1 hie wurdon mid þæm gehæled. **Cp.** 124, 10 ða wunde . . . se ele . . . gesmeð & gehæld; 303, 14. **So.** 169, 14 gehæl mine eahgan; 189, 32. **Ps.** 6, 2 gehæl me; 7, 2, 11; 11, 1, 8; 16, 7; 17, 39; *usw. usw.*

gehalgian, *heiligen, weihen. Das, zu dem, oder der, dem man weiht, steht im Dativ, s. § 78.* **Be.** 498, 33 ða (cyricean) on . . . Cristes noman gehalgode; 505, 10; 539, 4. **Or.** 2, 17 mid hwelcum mane hie gehalgedon Roma; 66, 4 *(P.).* **Cp.** 34, 17 þe hine ær on ðæm rice gebrohte & hine to gehalgode; 314, 17. **Ps.** 4, 4 *(P.);* 45, 4 se Hyhsta gehalgode his templ. **Le.** 58, 3 þæt þu gehalgige þone ræstedæg, ... forþon Drihten hine gehalgode; 72, 5.

gehatan. — 1. *nennen.* **Or.** 234, 24 hie him sendon ane tunecan ongean, þa þe hie to geheton; *Sweet druckt tó und nimmt also wohl an, dafs es Ne.* too *ist (= welche sie auch versprochen halten); oder sollte es die Toga bezeichnen sollen? wenigstens ist* toga *im lateinischen Texte nicht schräg gedruckt, d. h. es ist im Englischen übersetzt;* Thorpe *zieht* togeheton *zusammen und übersetzt:* which they had promised; toga *vermutet auch* Blackburn *in den Mo. La. No. VIII. 447, vgl. auch ebenda IX. 124.* **So.** 164, 16 þa bec sint gehatene Soliloquiorum; *ähnlich* 200, 3 *(P.).*

2. *rufen, kommen lassen.* **Be.** 536, 19 gehet ðone mæssepreost to hire þæt he sceolde mid hi gan (= evocans); 579, 27 gehet (him ða to) ðære foresprecenan Lundenceastre biscop (= accito ad se praefato urbis Londoniae episcopo). **Or.** 166, 28 þæt he hie ealle to gereordum to him gehete; 282, 18 him to gehet monigne læce.

3. *versprechen, geloben. Über eine Stelle mit Genitiv der Sache und Dativ der Person vgl. § 27. b. Der, dem man etwas verspricht, steht im Dativ, s. §§ 69. q., 78.* **Be.** 484, 6 ecne ðeowdom geheton; 486, 26; 512, 36; 515, 25. **Bo.** 110, 3 heo is fæstræd & gehæt simle þætte soþ biþ; 140, 17; 272, 8. **So.** 181, 16 ic ne der þæt gehaten.

gehaþerian, *zurückhalten, zügeln. P.* **Be.** 592, 9 he mid bendum ne mihte gehaþerod beon.

gehawian, *beschauen, beobachten.* **So.** 169, 18 það ic þe þær gehawian mæge; 178, 7.

geh(e)aldan, *halten, behalten, fest halten, verwahren. Vgl. beim Dativ § 78.* **Be.** 525, 13 þæt heo on oþre stowe þæt geheolde (= deponere); 535, 16 (= recondere); 536, 16 (= tenere); 640, 37. **Or.** 168, 25 þæt hie mehton heora fæsten gehealdan; 222, 17. **Cp.** 2, 7 hu hi . . . . hiora anwald innanbordes gehioldon; 64, 11 Dryhten gehilt his haligra fet (= servabit; *Sweet:* will direct). **Bo.** 42, 17 nu þu þæt leofre hæfst gehealden; 56, 14; 90, 25; 124, 24; 294, 27; 326, 10; 342, 20; 378, 8. **So.** 165, 2 is þin gemind swa mihtig, þæt hit mage eall gehealden þæt þu . . .; 5; 170, 23; 183, 4. **Ps.** 9, 14 hi me gehyd & gehealden hæfdon; 15, 1; 16, 7; 24, 18; 30, 22; 33, 20; 34, 3; 40, 2. **Le.** 74, 3 gehealden hi hine XXX nihta; 94, 42, § 1.

geheapian, *anhäufen*. *Fehlt bei B.-T.* Cp. 328, 20 ðæt se gidsere him on gcheapige ða byrðenne corðlicra whta mid unryhte.

geheaþorian, *zügeln, überwachen, prüfen*. Bo. 114, 5 swa hæfþ se whmihtiga God gehcaþorade ealle his gesceafta mid his anwealde; 136, 7 hu he hi hælð geheaþorade & gehæfte mid his unanbindendlicum racentum.

geheawan, *hauen*. Be. 588, 27 ðone stan secan, þæt mon mihte ða ðruh of geheawan & gewyrccan.

gehef(e)gian, *beschweren*. *Vgl. § 78.* Cp. 128, 19 ðæt ge ne gehefegien cowre hcortan mid oferæte & oferdrynce; 134, 22; 206, 15 hwa gehefgade eow (= quis vos fascinavit); 419, 30; *usw.* So. 199, 2 þeah hyt nu myd þære byrðene þæs lichaman gehefegod sio; *ebenso* 201, 22. Ps. 37, 4 *(P.)*.

gehelan, *verheimlichen*. Be. 640, 37 þæt ðu hi gehele.

gehenan, *erniedrigen, anklagen, verachten*. Cp. 52, 18 on ða tid þe se biscephad swæ gehened [gehered] *(H.:* gehiered) wæs, swæ hwelc swæ hiene underfeng, he underfeng martyrdom. *Sweet sagt in der Anmerkung auf S. 477:* „The corresponding word in the original seems to be ,praeerat', but the connection between the English and Latin is very vague. The reading *gehened* (= ,humiliated') of C. I. is certainly wrong. If the text is not corrupt, the only way is to consider *gehiered* as the participle of *hēran* (to hear) in the sense of ,being estimated', as in a common Greek and Latin idiom." *Hierzu bemerkt aber Kern in P. B. B. XVI. 554 ff.:* „Aber ,the corresponding word in the original' *ist jedenfalls nicht* ,praeerat'. *Man urteile:* ,Quamvis notandum, quod illo in tempore hoc dicitur, quo quisquis plebibus praeerat, primus ad martyrii tormenta ducebatur'. *Dem* ,qui plebibus praeerat' *entspricht* ,sua huele sua hine (*nämlich* ðone biscephad) underfeng'; *und* ,ðe se biscephad swa gehiered wæs' *ist vom Übersetzer erläuternd hinzugefügt. Verständlich ist zunächst* gehered *(C. II.)* ,gelobt', *hier das passende Wort: Vgl. Zeile 8* herede *und Zeile 19* to herigeanne. *Schreibfehler ist* gehened *(C. I.) und doch auch wohl* gehiered *(vgl. auch* on liegeð *statt* on legeð „imponit" *S. 292, 17). Nach B.-T. soll auch Blickl. Hom.* 165, 1 gehiered *statt* gehered *stehen. Sweets Deutungsversuch scheint mir also verfehlt". Ich schliefse mich an Kerns Ansicht an.* Le. 62, 35 ne gehene þu hine mid þy eacan *(Schmid: drücken)*.

geheran, *preisen, loben*. Cp. 52, 18 *(vgl.* gehenan).

gehergian, *plündern*. Or. 144, 15 on ðæm londum þe he ær self gehergad hæfde; 178, 13.

gehierstan, *rösten (bildlich)*. Cp. 164, 2 *(vgl.* gegremian).

gehiwian, *bilden*. Be. 552, 14 on hwylchugu fatu gehiwade wæron mennisces bryces. Bo. 338, 7 call þing gehiwaþ.

gehlæstan, *beladen*. Be. 623, 17 hi ða þæt scyp gehlæsted hæfdon mid ðam ðingum ðe swa mycles siþfætes nyd abædde.

gehleotan, *durchs Los erhalten.* **Or.** 202, 34 þa hluton þa consulas hwelc hiera ærest þæt gewinn underfenge; þa gehleat hit Quintius Flaminius.

gehlidian, *bedecken, eigentlich: mit einem Lid versehen. P.* **Be.** 588, 32 seo (ðruh) wæs gerisenlice gehlidad mid gelice stane.

gehnægan, *unterdrücken.* **Be.** 583, 30 ða mægþe mid hefigran ðeowdome gehnægde. **Ps.** 37, 8 ic eom gesæged & gehnæged; 45, 5 *(P.).*

gehnescian, *erweichen.* **Cp.** 154, 3 ðæt mon . . onluce ða heardan heortan & gehnescige.

gehradian, *beeilen. P.* **Be.** 588, 33 (*vgl.* gefyrðr(i)an).

gehreosan, *niederstürzen P.* **Or.** 74, 26 nu ic þuss gehroren eam. *Das Wort scheint allerdings sonst nur intransitiv vorzukommen.*

gehrifnian, *verschlingen (?). Fehlt bei B.-T.* **Or.** 142, 26 hie ðonne gecyðað on ðæm æte, hwelc heora mæst mæg gehrifnian.

gehrinan, *berühren. Kommt auch mit dem Genitiv vor, s. § 16. e. Vgl. auch* gerinan. **Be.** 494, 5 heo . . . gehran þæt fæs his hrægeles; 8; 20; 544, 28 *(T.* hat hier den Genitiv*);* 548, 48 he gehran his sculdra & his ceacan; 553, 34; 574, 35; 610, 33. **Cp.** 206, 7 swelce hit mon hwon gehrine; 423, 16; 429, 17.

ge(h)w(i)erfan, gehwyrfan, *wenden, ändern. Kommt auch einmal mit dem Dativ vor, s. § 75. I. m.* **Be.** 500, 27 to Criste he Angle gehwyrfde; 598, 7. **Cp.** 38, 22 hine gehwirfde to ungesceadwisum neatum; 122, 13; 248, 24. **Bo.** 114, 8 ac bið gewerfde (!) eft to þam ilcan ryne þe hie ær urnon. **Ps.** 9, 3 ðu gehwyrfdest mine fynd underbæc; 16 *(P.);* 16, 12; 22, 2; 29, 11.

gehycgan, *(be)denken, beabsichtigen.* **Be.** 511, 36 on ðam gewinne, ðe he gehogod hæfde wiþ ðam cyninge; 556, 12 (*vgl.* geteon, *beschliefsen).* **So.** 182, 35 þa ic erest hyt gehogede. **Di.** 69 þæt ic . . . hwilum gehicge þa heofonlican.

gehydan, *verbergen. Vgl. § 78.* **Or.** 116, 26 he his heres þriddan dæl gehydde; 288, 32. **Cp.** 58, 17 ðæt he . . . hie ne gehyde; 376, 5. **Bo.** 12, 8 *(P.);* 184, 2 *(P.);* 244, 11 *(P.);* 342, 20 tydreþ ælc tudor & hit eft gehyt & gehelt. **Ps.** 9, 14 (*vgl.* gehealdan); 16, 8 gehyd me under þinra fiðera sceade; 26, 6; 30, 22; 34, 8.

gehyhtan, *erhoffen.* **Be.** 580, 20 he ða heofonlican eadignysse gehyhte; 583, 5.

gehyran, geh(i)eran, *hören, auch: von etwas hören. Der, auf den man hört, steht im Genitiv, vgl. § 14. f., oder im Dativ, vgl. § 70. g.* **Be.** 471, 15 seþe hit gehyreþ he onhyreþ ðam; 16; 17; 472, 32; 477, 28, 41; 486, 28; 488, 11; 547, 35; *usw. usw.* **Or.** 68, 29 þa þæt þa Porsenna gehierde; 172, 8; 206, 1; 224, 11. **Cp.** 66, 16 ðonne hie gehierað auht be ðæm gode; 184, 20; 210, 7; 212, 20. **Bo.** 58, 28 þe hit geherþ; 72, 18;

74, 1 ne geherde non mon þaget nanne sciphere; 96, 25 (geheorð); 98, 8 (geheordon); 102, 24; 116, 23; 288, 1; 294, 26. So. 167, 17 ure bene gehyrest; 169, 6; 192, 20; 195, 22. Ps. 3, 3 he me gehyrde; 4, 1, 2, 4; 6, 7; 9, 37; *usw.* Le. 62, 34 ic gehiere hie; *ebenso* 36.

gehyrstan, *schmücken.* *P.* Bo. 288, 8 þa bioþ mid fetlum . . . & mid manigfealdum heregeatwum gehyrste.

gehyspan, *verlachen.* Ps. 2, 4 se God, þe on heofonum ys, hig gehyspð.

ge(i)ecan, *vermehren, vergrößern, hinzufügen.* *Das, dem man hinzufügt, steht im Dativ, s. § 78.* Or. 116, 11 seo ilce Bizantium wæs . . . . from Constantino . . . geieced; 216, 16; 234, 31. Cp. 128, 21 & eac he geiecte ðærto ege; 160, 19 he hit geiecte mid ðissum; 236, 15; 274, 1; 312, 11; 314, 18; 423, 12. So. 170, 6 þine lufe geiec on me; 179, 4 seo lufa . . . byð swiðe miclum geeced.

geierman, *betrüben.* *P.* Cp. 188, 16 ðæt hie calles ne sien genæt ne geiermed.

geiernan, *hineinlaufen in.* Le. 72, 5 gif hie (= þa cirican) fahmon geierne (oððe gearne); *vgl. Schmids Anmerkung zu dieser Stelle; ebenso* 94, 42, 2. *Vgl.* geœrnan.

gelacnian, *heilen.* Be. 617, 2 he . . . wif untrum . . . gelacnode. Or. 118, 11 *(P.)* Cp. 268, 23 ða þe man oft ne mæg gelacnian; 370, 7. So. 189, 23 he hine mæg gelacnian. Le. 102, 69 gif hine mon gelacnian mæge; 104, 75.

geladigan, *reinigen.* *R.* Le. 62, 28 geladige hine selfne.

gelædan, *führen.* Be. 475, 11 fyrde gelædde on Breotone; 513, 21; 575, 14. Or. 52, 32 wið þæm nefan fird gelædde; 72, 25; 76, 4; *usw. usw. usw.* Cp. 170, 14 þa ungeleaffullan mod . . . gelæde to ryhtum geleafan. Bo. 80, 16 *(P.)*; 268, 21 ðone weg þe ðe gelæt to þære . . . byrig. So. 167, 21 þu . . . us geledest to þære dura. Ps. 14, ü. *(P.)*; 17, 19 he me gelædde on rymet; 21, 8; 42, 3.

gelæran, *unterweisen.* *Vgl. §§ 78, 117.* Be. 471, 18 *(P.)*; 527, 17 monige ðara . . . getyde & gelærde. Or. 4, 17 swa hie Pene gelærdon; 124, 2; 148, 4; 164, 17; 182, 7; 184, 1 gelærdan . . . biscepas *(Nominativ!)* . . . niwe rædas; 244, 24; 288, 13 *(P.)*. Cp. 158, 11 gelærað ða swelcan. Bo. 24, 20 ic þe gio gelæred hæfde; 30, 8; 110, 7. So. 203, 3 þæt he . . . he (= hi) gelære. Ps. 17, 33 he gelærde mine handa to gefeohte.

gelæstan, *ausführen.* *Vgl. beim Dativ §§ 70. i., 78.* Be. 511, 39 he þæt gehat gelæstan wolde; 515, 25; 545, 17; 584, 11. Or. 44, 15 hie þæt gelæstan; 74, 1; 76, 25; 178, 11; 190, 20; 280, 22. Bo. 2, 16 he þa gehat swiðe yfele gelæste; 140, 18; 272, 9. Ps. ·28, ü. þæt hi gelæston heora gehat. Le. 88, 33 þæt he hwelcne ne gelæste þara þe he him gesealde.

gelaðian, *einladen.* Be. 482, 40 hi Seaxna ðeode . . .

him on fultum gecygdon & gelaþedon; 483, 12; 502, 6; 553, 29;
563, 34. **Or.** 108, 32 *(P.)*; 248, 19 se se þe us ealle to anum
mæggemote gelaþaþ. **Cp.** 405, 33 he . . . hi ham gelaðode.
geleahtrian, *anklagen, tadeln. P.* **Cp.** 354, 1 he wæs ge-
leahtrod from Gode. **Ps.** 34, 4 geleahtrode syn mine fynd.
geleanian, *belohnen.* **Cp.** 226, 23 hwonne he hit wyrs geleanian mæge. *Über eine andere Verbindung vgl. § 78.*
geleccan, *befeuchten.* **Cp.** 136, 9 sio mildhiortnes ðæs lareowes geðwænð & geleco ða breost ðæs gehiorendes. **Bo.** 200,
26 for þam sype heo biþ gelcht.
geleornian. — 1. *lernen.* **Be.** 472, 5 we geleornodon þæt
we her writaþ; 20; 525, 29; 547, 29; 566, 20. **Or.** 30, 8 þone
wigcræft þe hy æt him geleornodon; 34, 4; 266, 22. **Cp.** 4, 20
þa bec . . . geleornod hæfdon; 340, 15 (geliornod). **Bo.** II, 11
þeah þa he þas boc hæfde geleornode; 78, 4. **So.** 175, 5 ic
hyt geleornode; 16; 180, 2; 188, 6.
2. *kennen lernen.* **Cp.** 6, 1 þa þa hie Crecas geleornodon,
þa wendon hi hie on hiora ægen geðiode.
gelettan, *aufschieben.* **Bo.** 374, 24 hi hine *(d. h.* þone
deaþ) magon mid godum weorcum gelettan, þæt he þy lator cymþ.
Vgl. beim Genitiv § 40. q.
gelicettan, *?.* **Cp.** 238, 13 hu he hie *(d. h.* ða leasunga)
gelicettan mæge (= tueri; *Sweet:* to make plausible (?); 364,
22 wilniað ðæt hie gegitsien & gelicetten æt ðæm ungetydum
folce wisdomes naman (= extorqueant; *Sweet:* to gain by greed
& hypocrisy).
gel(i)efan, gelyfan, *glauben. Die Sache kann auch im Genitiv stehen, s. § 14. g., die Person, der man glaubt, steht im Dativ, s. § 72. b.* **Be.** 472, 38; 487, 13; 545, 22 he nowiht oþres
no ne gelyfde. **Bo.** 304, 18 ðeah ðis dysige men ne gelefan.
So. 173, 12 we gelyfað eall þæt ðæt witon *(unmittelbar davor
Genitive);* 179, 3; 199, 21.
geliffæstan, *beleben.* **Cp.** 258, 12 he hine geliffæst. **Ps.**
40, 2 Drihten hine gehylt & hine geliffæst.
gelihtan, *leicht machen, erleichtern. Vgl. beim Dativ § 78.*
Cp. 419, 30 ðonne gehefegað hine ðæt ilce ðæt hine ær gelihte.
geliman, *verbinden.* **Bo.** 130, 2 þæt gecynd gefehþ & ge-
limþ ða friend togædere; 246, 14 *(s.* gefangian).
geliðian, geleoðian, *lindern.* **Cp.** 158, 3 *(vgl. § 67. bb.).*
Di. 68 *(s.* gebigan).
geloccian, *locken.* **Cp.** 82, 18 ne hiene ne geloccige nan
olicung to hiere willan; 415, 18.
gelufian, *lieben.* **Be.** 571, 40 ða reogollican gesetnysse
haligra fædera gelufedon & cuþon; 637, 27. **Ps.** 44, 10 þe ge-
lufiað cyninega dohtor.
gelustfullian, *ergötzen. P.* **Ps.** 15, 9 min mod is gelust-
fullod; *ebenso* 34, 10.

gelytlian, *verkleinern*. Or. 38, 27 God þa miclan Pharones menge gelytlode; 58, 20; 188, 22 *(P.)*. Cp. 172, 23 hæcedomas þe sume adle gelytligeað & sume gestrongiað. Ps. 11, 1 *(P.)*.

gemænan, *beklagen*. Or. 136, 19 hi hit gemænað.

gemæran, *berühmt machen, verbreiten*. *P.* Be. 601, 25 ða ðeos gesyhþ ða wæs gemæred.

gemærsian, *feiern*. Or. 154, 25 he wæs on ðæm dagum gemærsad ofer calle oþere cyningas. Bo. 200, 20 þu hæfst ... ða gesceafta gemærsode betwux him (? *Cardale und Fox übersetzen:* hast bounded the creatures. (?)).

gemanian, *ermahnen*. Bo. 114, 1 se anwealda hæfþ ealle his gesceafta swa ... gemanode.

gemani(g)fealdian, gemonigfealdian, *vervielfachen*. Be. 569, 21 he .. ligeas gemonigfcaldaþ; 641, 40 (*s.* gebrædan). Ps. 15, 3 *(P.)*; 17, 14 he ... gemanigfealdode his ligeta; 48; 24, 15; 35, 7.

gemanðwærigan, *vermenschlichen*. *Fehlt bei B.-T.* Cp. 362, 21 ðætte hie ðonne gemanðwærige sio lufu.

gemart(y)rian, *martern*. Be. 478, 39 *(P.)*. Or. 262, 4 hic Petrus & Paulus gemartredon; 272, 8.

gemearcian, *bezeichnen*. Be. 534, 2 he ðær tacen asette & þa stow gemearcode. Or. 226, 18 mon hæfde þa burg mid stacum gemearcod.

gemeltan, *schmelzen, verdauen*. Cp. 258, 6 swæ sio wamb gemielt ðone mete, swæ gemielt ðæt mod mid ðære gesceadwisnesse his gedeahtes his sorga.

gemengan, *vermischen, reinigen*. *Vgl. beim Dativ § 71. v.* Be. 491, 4 *(P.)*. Or. 38, 8 *(P.)*. Bo. 22, 7 *(P.)*; 200, 20 þu hæfst ... ða gesceafta ... gemengde; 202, 1; 206, 8; 218, 16; 358, 1. Ps. 17, 12 he gemengde hagol & fyres gleda; 37, 11 *(P.)*.

gemetan, *(an)treffen, entdecken*. Be. 472, 29; 32 gif he hwæt ... gemete oþþe gehyre; 40; 473, 18 *(P.)*; 474, 11; 480, 35; 489, 39; 513, 22; 534, 4; 548, 37. Or. 124, 29 he gemette ane ea; 128, 2; 144, 35; 164, 30; 216, 18; 228, 2; 286, 14. Cp. 116, 5 he gemette ða scylda. Bo. 14, 26; 148, 15 he hine gemette sittan on gerenedum scridwæne; 152, 18; 196, 25; 262, 18; 274, 23. So. 166, 29 þe nan eallunga ne gemet; 170, 19; 185, 9. Ps. 16, 3; 37, *ü.* he sceolde þæt ylce gemetan. Le. 68, 9 þa þe ic gemette; 96, 7.

gemetgian, *mäßigen, zügeln*. *Vgl. beim Dativ § 78.* Or. 64, 13 hiora spræce gemetgian. Cp. 158, 3 *(vgl. § 67. bb.)*, 15; 184, 4 Dauid ðonne mid his sange gemetgode ða wodðrage Saules; 202, 1. Bo. 114, 18; 136, 6 he gestaþolaþ & gemetgað ealle gesceafta; 214, 7; 270, 22; 342, 16. So. 190, 6 þu woldest gemetigan mynne woþ & mynne unrotnesse; 195, 10.

gemetlæcean, *mäfsigen.* **Cp.** 100, 13 ðonne we hit eft gemetlæceað.

gemiclian, *vergröfsern, erheben.* **Or.** 52, 14 se Mæðe rice swiðe gemiclade; 112, 11; 164, 20. **Ps.** 4, 4 God gemyclade his ðone gehalgodan; 8; 17, 48; 19, 5.

gemidlian, *zügeln, zurückhalten.* **Cp.** 278, 18 se þe his tungan ne gemidlað, se towierpð anmodnesse; 280, 3; 344, 24 *(vgl.* atemian, § 97.).

gemildsian, *bemitleiden (?). P.* **Be.** 477, 2 ða wæs he semninga mid ðam godcundan gyfe gesawen & gemildsad (= divina gratia respectus; *Miller:* visited by the mercy of God's grace). *Vgl. beim Dativ § 67. cc.*

gemolsnian, *verderben. (P., verwesen).* **So.** 168, 28 þeah se lichaman er were gemolsnod.

gemunan, *sich erinnern an, bedenken. Kommt auch mit dem Genitiv vor, s. § 14. h.* **Be.** 472, 25 þa ðe þa ðing wiston & gemundon; 540, 35; 542, 1; 606, 37. **Cp.** 22, 12 eall þæt ic his geman; 226, 15. **Bo.** 18, 12 ic hit gemunde geo; 246, 4; 258, 26; 268, 10; 274, 14; 308, 20; 318, 3. **So.** 198, 22 ic hyt ne myhte gemunan; 201, 17; 203, 28. **Ps.** 21, 25 þonne gemunan þæt eall eorðgemæru; 24, 6 *(unmittelbar vorher (Zeile 5) Genitiv!)*; 41, 4.

gemundbyrdan, *beschützen, verteidigen.* **Bo.** 262, 15 ongan . . . hine biddan, þæt he hine gemundbyrde.

  gemynan, *sich erinnern an. Kommt auch einmal mit dem Genitiv vor, s. § 14. i.* **Bo.** 244, 24 þu nu gemyndest ða word, þe ic þe sæde. **So.** 194, 29 gyf þu nu þis gemynst; 204, 10.

gemyndgian, *erwähnen. Kommt auch mit dem Genitiv vor, s. § 13. c; heifst es „erinnern", so steht die Person im Akkusativ, die Sache im Genitiv, s. § 37. d.* **Or.** 100, 26 mare ic þyses gemyndgade þonne ic his mid ealle asæde (= ut commemorata sint magis quam explicata).

gemynegian, *erwähnen. Kommt auch mit dem Genitiv vor, s. § 13. d.* **Be.** 483, 32 of ðam ðeodum, ðe we ær gemynegodon; 504, 32; 552, 29; 586, 14; 614, 30.

gemyntan, *beschliefsen.* **Be.** 622, 38 he ne mæg ðone siþfæt gefyllan ðe he gemynted hafaþ.

gemyrran, *hindern.* **So.** 173, 8 þæt me nan þing gemyrran ne matte.

genætan, *verwirren, erniedrigen.* **Cp.** 188, 16 *(vgl.* geiermnan). **Ps.** 9, 30 þonne he hine gefangen hafað, þonne genæt he hine.

genearwian, *einengen. P.* **Bo.** 96, 6 mid sæ, mid fænne & mid ealle swa hit is genearwed.

genemnan, *nennen.* **Be.** 575, 24 sum lytel sweltende cniht be naman genemde ða mynsterfæmnan, ðe him æfterfyligende wæs.

generian, *retten, erlösen.* **Be.** 514, 19 seþe hine fram swa

monegum yrmðum & teonum generede; 515, 26, 29; 557, 14;
603, 20. Or. 84, 16 þæt he mehte his feorh generian; 176, 19
(P.). Cp. 399, 23 ðær ic mæg min feorh on generian. Ps. 31,
11 þu generest þone earman of þæs strengran anwealde; 39,
ii. (P.).

   genesan, *genesen von, entrinnen, überleben.* Or.˙ 188, 2 þa
men . . uneaðe þone ciele genæson.

   gen(i)edan, genydan, *zwingen, nötigen.* Be. 482, 12 *(P.).*
Or. 28, 29 oð he hæfde ealle Asiam on his geweald genyd; 44,
18; 66, 30; 70, 32; 82, 18; 98, 26; 126, 20; *usw. usw.* Cp.
220, 11 sio ungeðyld geniet ðone monnan ðæt he geopenað all
his ingeðonc; 415, 22 Sihhem, ðæs landes ealdorman, geniedde
ðæt mæden Dinan. Le. 68, § 1 *(P.)*; 86, 1 gif þeowmon þeowne
to nedhæmde genede.

   geniman, *nehmen. Vgl. beim Dativ § 78.* Be. 481, 18 ealne
norþdæl ðysses ealondes . . . genoman & gesetton; 484, 11 sige
genaman; 499, 12; 521, 40; 524, 18; 542, 1; 549, 3. Or. 2, 1
(P.); 5, 14 se consul genam friþ wið Ispanie; 24, 28; 66, 21;
148, 18; 172, 19; 180, 19; 228, 25; 296, 17; *usw. usw.* Cp.
36, 6 he genam his loðan ænne læppan. Bo. 30, 24; 32 hie
hine habbaþ on me genumen; 36, 24. Ps. 30, 16 hu hi mihton
geniman mine sawle; 35, *ii.*

   genið(e)rian, *erniedrigen.* Be. 523, 32 ðone he ða gelice
hlete geniþerade & ofsloh. Or. 38, 4 God ða mæstan ofermetto
geniðrode; 28; 84, 12; 114, 35. Cp. 391, 9 ðu hie geniðra-
des, ða hi hi selfe upahofon.

   geom(e)rian, *bejammern.* Be. 495, 25 he geomrade hine
fram scylde acennedne; 497, 33 he swyþe hogaþ & geomeraþ
hine swa gebundenne.

   geondferan, *bereisen.* Be. 601, 9 ic nu eall ðis mynster
þurh endebyrdnesse geondferde (= perlustrare); 604, 26 gewu-
nede he swyþost ða stowe geondferan (= peragrare).

   geondgeotan, gindgeotan, *begiefsen, bestreuen.* Be. 596,
10 heo mid wope & mid tearum wæs swyþe geondgoten. Cp.
136, 11 ðæt he mæge & cunne oðerra monna ingeðonc gindgeotan & gewætrian. Ps. 44, 3 geondgotene synt þine weleras
mid Godes gyfe.

   geondscinan, *bescheinen.* Bo. 218, 9 ðonne hio (sio sunne)
hine ealne geondscinþ, ðonne biþ he (se mona) eall beorht;
37², 9.

   geondsecan, *gründlich durchforschen. P.* Be. 639, 28 his
intinga wæs geondsohte beforan Agaþon ðam Papan.

   geopenian, *öffnen, zeigen. Der, dem man etwas eröffnet, steht
im Dativ, s. §§ 69. r., 78.* Cp. 38, 9 ðeah þe he hit on yflum
weorcum ne geopenige; 146, 18; 166, 13; 220, 11. Bo. 58, 29
his heortan diegelnesse hit geopenað; 86, 14; 108, 18. Ps. 34,
21 hy geopenodon ealle heora muð for leahtre.

14*

geotan, *(ver)giefsen. Vgl. beim Dativ § 78.* **Be.** 535, 33
þæt sylfe wæter . . . gutan in ænne ende ðære cyricean; 606, 14
tearas guton; *ebenso* 607, 23; 609, 5; 618, 1; 625, 25 (*s.* forþflowan). **Or.** 258, 16 þa geat mon þæt attor ut on þone sæ.
Cp. 124, 11 se se þe wunde lacnian wille, geote win on.

geplantian, *pflanzen.* **Cp.** 441, 32 ic hæbbe ðe nu todæg
gesetne ofer rice & ofer ðioda ðæt ðu hi toluce & toweorpe &
forspilde & tostence & getimbre & geplantige.

gepyndan, *eindämmen.* **Cp.** 276, 6 ðæt wæter, ðonne hit
bið gepynd; 282, 13 ne hie nyllað hie gehæftan & gepyndan
hiera mod.

geradian, *einrichten. P.* **Bo.** 246, 15 næren hi gegaderode
& geradode.

geræcan. *Vgl. beim Dativ § 78.* — 1. *erreichen.* **Be.** 544,
12 he eall þæt he geræcan mihte mid wæpnum & mid fyre forspilde. **Or.** 96, 33 sige geræcan; *ebenso* 134, 8, 9; 124, 11 he
ofslog calle his mægas þe he geræcan mehte.
2. *erobern.* **Or.** 74, 6 hie gerahte.
3. *tadeln.* **Or.** 54, 5 æfter þæm þe þa wif hie swa scondlice
geræht hæfdon *(so auch B.-T., während Cosijn die Form bei*
gereccean *bringt, vgl. a. a. O., II. S. 168).*

gerædan, *ordnen.* **Be.** 534, 13 hi ðwohg & hire feax ge-
rædde. **Ps.** 7, 10 gerece & geræd þa rihtwisan (= diriges justum);
ähnlich 24, 4.

geræfan, ?. *P.* **Bo.** 290, 4 oþþæt hi weorþaþ geræfte mid
þære unrotnesse & swa gehæfte. *Cardale und Fox:* distracted; *B.-T.:* torn, distracted, *aber bei* ræfan: to involve, wrap.

gereafian, *rauben.* **Or.** 146, 30 þæt he ær on him gerea-
fade. **Cp.** 26, 19 hie gereafiað swæ heane lareowdom swiður
ðonne hi hine geearnigen. **Bo.** 176, 11 buton þu hit forstele
oððe gereafige.

gereccean. *Vgl. beim Dativ §§ 69. s., 78.* — 1. *erzählen,*
ausdrücken, bezeichnen. **Or.** 10, 5 ic wille nu . . . þara þreora
landrica gemære gereccan. **Bo.** II, 6 swa swa he hit þa sweo-
tolost gereccan mihte; 30, 6; 46, 25; 108, 22; 306, 26; 368,
18. **Ps.** 9, 35 ne mihte he hit na gereccan. **Le.** 94, 41 & þæt
þonne . . . gerecce beforan his mægum (= recitetur).
2. *lenken, verbessern, unterwerfen.* **Be.** 553, 26 ða se bisceop þæt ða ne mihte bewerian & gereccan; 562, 9; 604, 10;
633, 35 (*jedesmal* = corrigere). **Bo.** 2, 8 eall Italia rice in anwald gerehton; 92, 3 þone anweald . . . to gereccenne; 9 ne
mæg hit mon næfre to cræfte geræcan. **Ps.** 7, 10 (*s.* gerædan);
24, 4; 27, 10; 36, 22; 44, 8.

gerenian. — 1. *setzen.* **Or.** 122, 1 hwæþer him leofre wære,
þe he hie ealle acwealde, þe hie libbende to bismre gerenian hete.
2. *schmücken. P.* **Bo.** 14, 28 ne me na ne lyst mid glase

geworhtra waga ne heahsetla mid golde & mid gimmum gere-
nedra; *ähnlich* 70, 15, 16; 148, 15.

gereordan, *erquicken. P.* **Be.** 507, 22 we willaþ mid ðy
hlafe gereorde beon; 527, 4 ðæs ðe hi hwon gereorde wæron.

gerestan, *ausruhen.* **Be.** 514, 32 gerest ðinne lichoman &
ðin mod butan sorgum. *Vgl. beim Genitiv § 40. r.*

geretan, *erquicken. P.* **Be.** 577, 19 ða wæs heo semninga
mid gastlicre gesyhþe gereted; 613, 22. **Bo.** 118, 5 þu me hæfst
nu geretne . . . mid þinre gesceadwisnesse.

gerihtan, geryhtan. — 1. *lenken.* **Cp.** 152, 11 ðonne ic
mann geryhtan ne mæg & hiene gelæran. **Ps.** 5, 8 geriht minne
weg beforan þinre ansyne; 16, 5; 24, 7; 39, 2. **Le.** 64, 3 eowra
sawla ma forhwerfdon þonne hie gerihton.

2. *verbessern.* **Be.** 566, 3 ða ðing . . . . he ða gerihte &
bette.

gerihtreccan, *lenken.* **So.** 177, 25 ðe to gerihtrecenne.

gerihtwisian, *rechtfertigen.* **So.** 167, 17 us gerihtwisast.
Ps. 4, 1 þu eart se ðe me gerihtwisast; 18, 8 *(P.).*

geriman, *zählen.* **Ps.** 21, 15 gerimde eall min ban.

gerinan, *berühren.* *Vgl.* gehrinan. **Be.** 537, 14 ne . . .
hine o gerinan dorste; 568, 37 *(P., s. § 91.).*

geryman, *ausbreiten.* **Cp.** 366, 4 woldon mid ðy geryman
hiora landgemæru (= ad dilatandum terminum suum). **Ps.** 4, 1
on minum earfoðum & nearonessum þu me gerymdes[t] (= in
tribulatione dilatasti me).

gesægan, *niederwerfen. P.* **Ps.** 37, 8 ic eom gesæged (=
incurvatus).

gescænan, *verkleinern, schütteln.* **Be.** 631, 27 ða he sylfa
oft gebræc & gescænde (= contriverat).

gesc(e)amian, gescomian, *schämen. U. Die Sache, deren
man sich schämt, steht im Genitiv, s. § 39. c.* **Or.** 210, 6 nu mæg
þa cristenan gescomian þe swelc deofolgild lufiað; *ähnlich* 296,
16. **Ps.** 30, 19 gedo þæt me ne gesceamige; 20 þeah sceal
gescamian þa unrihtwisan; 33, 5 eowerne andwlitan na ne gesceamað.

gesceawian, *betrachten.* *Vgl. beim Dativ § 78.* **Cp.** 158,
11 gesceawiað eow selfe; 370, 9. **Bo.** 120, 19 þæt þu þa bisne
sweotole gesceawige.

gescendan, gescyndan, *schänden, verderben.* **Cp.** 204, 1
ðæt he ða lytegan . . . gescende (= confundat); 340, 14. **Ps.**
2, 4 Drihten hyg gescent; 13, 1 (gescynded). **Le.** 104, 77 *(P.).*

gesceppan, *erschaffen.* *Vgl. § 78.* **Be.** 477, 32 se gescop
heofon & corþan; 528, 7; 551, 27; 552, 17. **Or.** 2, 13; 58, 15
God þone ærestan monn ryhtne & godne gesceop; *usw. usw.*
Cp. 32, 17 se þe hi gescop; 200, 3. **Bo.** 60, 28 Drihten, ðe
us gesceop; 62, 14; 66, 12; 128, 23; 170, 10, 12; 204, 21; 248,
13. **So.** 164, 9 se ðe æghþer gescop; 165, 33; 166, 2; 168, 6;

191, 34; 195, 9; 198, 35. **Ps.** 32, 13 he gesceop heora heor-tan. **Di.** 69 þurh þa mynegunge and lufe gescypped (*O.* ge-trymmed) on minum mode.

gescierpan, *schärfen.* **Cp.** 236, 23 sceal ðære nædran ly-tignes & hiere nið ðære culfran bilwitnesse gescierpan.

gescildan, gescyldan, *schirmen.* **Be.** 486, 5 þæt he hi mid his gife gescylde; 500, 25; 511, 23; 513, 5; 524, 24; 543, 15ᵇ *(P.).* **Or.** 34, 12 he . . . eall þæt folc gescylde wið þone miclan hungor; 86, 4; 100, 23 *(P.).* **Bo.** 394, 12 gescylde me. **So.** 169, 1 se us gescylt wið ællum yfellum. **Ps.** 5, 13 þu . . . us gescyldst mid þam scylde þinre welwilnesse.

gescinan, *bescheinen.* **Cp.** 336, 12 hit sio sunne ne mot gescinan. **Bo.** 218, 8 swa miclum he (se mona) liht swa sio sunne hine gescinþ; 372, 7, 8, 9.

gescomian, *s.* gesc(e)amian.

gescrencan, *verwittern machen, zerstören.* **Cp.** 72, 2 ðonne he ðurh ealle uncysta ðæt mod gescrencð (= supplantat).

gescyndan, *s.* gescendan.

gescyrpan, *ausrüsten.* **Be.** 517, 10 *(P.);* 638, 9 he . . hine ðider well gescyrpte; *ebenso* 10. **Bo.** 234, 10 *(P.).*

gescyrtan, *abkürzen.* **Or.** 42, 2 þa spell þe ic secge, ic hi sceal gescyrtan.

gesecan, *(be)suchen, aufsuchen, heimsuchen, angreifen.* **Be.** 475, 2 Breotene gesohte; 4; 6; 480, 16; 481, 22; 485, 33; 639, 41. **Or.** 1, 20 ealle þa cuman þe hiene gesohtan; 40, 22; 70, 16; 78, 11; 150, 22; 168, 30; 170, 8; 192, 23; 218, 16. **Bo.** 126, 5 þæt he þa sæ ne gesece. **So.** 169, 29 nu ic þe gesoht hæbbe. **Le.** 60, 13 gif he friðstowe gesece; 70, 2; 74, 4.

gesecgan, *sagen, erzählen. Der, dem man etwas sagt, steht im Dativ, s. §§ 69. t., 78.* **Or.** 60, 9 þæt ic wille eac gescad-wislecor gesecgean; 74, 7; 88, 28.

gese(g)nian, *bezeichnen, bekreuzen, segnen.* **Be.** 599, 6 hine gesenade mid Cristes rode tacne; 615, 7; 616, 25, 33 (geseg-node).

gesellan, *geben. Der, dem man etwas giebt, steht im Dativ, s. § 78.* **Or.** 92, 21 gesealdon M punda goldes wið heora feore; 108, 28. **Bo.** 28, 21 gif þu þe selfne to anwealde þam woruld-sælþum gesealdest. **Le.** 84, 23 geselle VI scill.

geseman, *beilegen, versöhnen.* **Or.** 64, 34 *(P.);* 70, 6 *(P.);* 114, 18 bædon þæt he hie ymb þæt rice gesemde; 24; 27. **Cp.** 348, 12 læt inc geseman ær ðu ðin lac brenge.

geseon, gesion, *sehen; im Passiv meist: scheinen.* **Be.** 474, 15 ealond . . . ., þæt we magon oft leohtum dagum geseon; 33; 476, 38; 477, 1 ða wæs he mid ðam godcundan gyfe ge-sawen & gemildsad (= divina gratia respectus; *Miller:* was visited by the mercy of God's grace); 478, 5, 15; 486, 7; 487, 35 ða ðing ane, ða ðe heora andlyfene nedðearflico gesawen wæron; *ähnlich* 488, 34 *(P.)*; 490, 19 ða ðe yrre gesawene beoþ hi ehtan & witnian (= quos irati insequi videntur; *B.:* ðe heora yrre gesewen biþ ehtaþ & witniað; *Miller:* þa ðe heo geare gesegene beoð eahtan & witnian); 25 *(P.)*; 32 *(P.)*; 491, 28 *(P.)*; 493, 35 *(P.)*; 497, 35; 518, 33 *(P.)*; 548, 9; 567, 35 *(P.)*; 593, 42 *(P.)*; 622, 27 *(P.)*. Or. 3, 23; 17, 33 he hit self ne geseah; 30, 9; 156, 7; 184, 20 *(P.)*; *usw. usw.* Cp. 4, 16 her mon mæg giet gesion hiora swæð; 152, 20; 224, 1; 423, 17; 431, 3. Bo. 42, 23 gif þu hine gesawe; 72, 18; 78, 18; 84, 11; 122, 6; 300, 26; 370, 26. So. 163, 7 on ælcum treowo ic geseah hwæthwugu þæs þe ....; 169, 15; 170, 22; 173, 3, 35; 177, 21. Ps. 9, 13 geseoh mine eaðmetto; 31; 13, 3; 21, 6; *usw.*

geseþan, *beweisen*. Be. 607, 36 ðæs gehates & ðæs witedomes soþ se wsterfyligenda becyme ðara wisena geseþde & getrymde. Bo. 228, 6 ðu hit hæfst geseþed mid gesceadwislicre race.

gesettan. *Vgl. beim Dativ § 78.* — 1. *setzen*. Be. 613, 5 ðone storm he gesette & gestilde. Cp. 441, 31 ic hæbbe ðe nu todæg gesetne ofer rice. Ps. 4, 9 þu ... me gesettest on blisse; 8, 6; 9, 19; 17, 31; *usw. usw.*

2. *einsetzen, einrichten*. Be. 489, 13 ðas drohtnunge & ðis lif ðu scealt gesettan (= instituere); 549, 37. Or. 4, 3 hu Punice gesetton eft þone ealdan Hannibalan þæt he mid scipum wiþ Romane wunne; 6, 34; 52, 3; 70, 36; 274, 17; 278, 21; *usw.* Cp. 130, 15 lærde hiene ðæt he gesette oðre for hiene to demenne. Bo. 4, 23 ða lioð ... ic sceal nu heofiende singan & mid swiþe ungeradum wordum gesettan; 112, 18; 170, 12. Le. 66, 7 fiohbote ..., þe hie þa gesettan; 8.

3. *besetzen*. Be. 481, 18 ealne norþdæl ðysses ealondes ... genoman & gesetton.

4. *beisetzen*. Be. 535, 30 hi ða ða ban ... on cyricean æfter gerisenre are gesetton.

5. *ersetzen*. Be. 584, 7 he ... ealle ða landbigengan wolde utamæran & his agenra leoda mannum gesettan (= omnes indigenas exterminare, ac suae provinciae homines pro his substituere contendit; *Miller:* replace them with men of his own people).

gesibbian, *beruhigen*. Be. 590, 22 he gesibbade ða cyningas betwih & ða folc (= pacatis alterutrum regibus ac populis); *oder ist das Zeitwort hier intransitiv, und hängen die Akkusative von betwih ab?*

gesindrian, *trennen*. *P.* Bo. 296, 4 þonne hi þonne gesindrede bioþ.

gesirwan, *beabsichtigen*. Cp. 435, 6 se se ðe ða synne gesireð; 13 *(P.)*.

gesittan, *einnehmen*. *Vgl. beim Dativ § 78.* Be. 602, 11 ðeah ðe wyrigewydole Godes rice gesittan ne magon (= possidere). **Cp.** 401, 30 ne ða reaferas Godes rice ne gesittað (= possidebunt). **Ps.** 24, 11 his sæd on ece yrfeweardnesse gesit corðan (= possidebit); 36, 11, 29.

geslean. — 1. *schlagen, verwunden.* **Be.** 474, 37 (*P.*, = percutere); 484, 22 hi mycel wæll on Angelcynne geslogan (= strages dabant); 575, 7 hi mid . . . mycelre fyrhto & wafunge gesloh (= eos stupore perculit). **Or.** 98, 6 þara folca ægðer on oðerum micel wæl geslogan.

2. *erfechten.* **Be.** 483, 14 Seaxan ða sige geslogan (= victoriam sumpsere Saxones).

gesmeðan, *weich machen.* **Cp.** 124, 10 ðæt win slit ða wunde, & se ele hie gesmeð & gehælð.

gesmyltan, *beruhigen.* **Be.** 614, 8 he . . . ðone aðundenan sæ gesmylte (= tumida aequora placavit).

gesmyrian, *salben.* **Ps.** 2, 2 wiþ þam þe he to hlaforde geceas and gesmyrede; 17, 48 *(P.)*; 22, 7; 44, 9.

. **gesomnian,** *versammeln.* **Be.** 482, 35 ða gesomnedon hi gemot; 490, 2; 503, 35; 505, 32; 512, 2; 515, 5; 542, 22; 553, 9; 565, 24; 603, 15; 642, 2. **Or.** 210, 3 eall þæt feoh, þæt hie þærto gesomnad hæfdon. **Bo.** 116, 10 sinhigscipas gesamnaþ mid clænlicre lufe; 214, 10.

gespanan, *anlocken, überreden.* **Be.** 518, 26 he eac swylce Eorpwald . . . to ðon gespeon, þæt he . . .; 587, 29. **Or.** 30, 30 ælene þara . . . hio to hyre gespon; 82, 9. **Cp.** 204, 18 ðæt he . . . ða medwisan to maran onginne . . . gespone.

gesprecan. — 1. *sprechen.* **Or.** 92, 8 æfter þæm þe hie þiss gesprecen hæfdon; 202, 13. **Cp.** 16, 5 ða þe willað to fela idles & unnyttes gesprecan. **Bo.** 92, 14 ða ðis þa gesprecen was.

2. *ansprechen.* **Be.** 496, 4 ða ða Drihten wolde his folc gesprecende beon in Sinai dune (= ad populum locuturus; *Miller:* address).

gestandan, *angreifen.* Vgl. § *118. II.* **Be.** 564, 45 ðær hine gestod sum untrumnysse; *ebenso* 578, 18; 595, 16 *(P.)*; 609, 25 *(P.)*; 616, 3 *(P.)*. **Bo.** 54, 26 ne mæg hus naht lange standan on ðam hean munte, gif hit full ungametlic wind gestent; 300, 9 ða gestod hine heah weder & storm sæ.

gestaþelian, *gründen, errichten, einsetzen, verstärken.* **Be.** 555, 4 he hit mid eawfæstum ðeawum gesette & gestaþelode; 570, 42; 583, 12; 609, 29 *(= beisetzen!)*; 622, 41. **Or.** 290, 4 eal þa munuclif þe his broðor ær gestaþelade. **Bo.** 136, 6 he gestaþolaþ & gemetgað ealle gesceafta; 204, 2; 394, 9. **Ps.** 23, 2 ofer ðam eam he hi (= þa eorþan) gestaðelode; 41, 4; 47, 7.

gestic(c)ian, *durchbohren.* **Be.** 589, 1 ic ðone swile gesticode. **Cp.** 217, 6 ðæt mod wierð gesticced mid ðære scylde gielpes.

gestigan, *ersteigen.* **Be.** 509, 5 þæt heofonlice rice gestah (= regnum caeleste conscendit); *ebenso* 522, 17; 568, 42 ða ccan

gefean & ða heofonlican eadignysse gestah & gesohte; 576, 44
ðæs heofonlican eples ingang gestah; 641, 15 ða heofonlican rico
gestah & gesohte.

gestihtian, *einrichten, bestimmen.* Be. 482, 41 cup is þæt
þæt mid Drihtnes mihte gestihtad wæs. Or. 272, 20 hit geweard
swa hit God gestihtade.

gestillan, *beruhigen, beendigen**. Be. 484, 28 hreohnysse
. . . gestilde; 536, 22; 541, 17; 542, 6; 613, 8; 614, 8. Or.
106, 5 *(P.);* 140, 8* hu hi hit gestillan mehte; 164, 19; 260, 5
(P.). Cp. 172, 21 mid liðre wistlunge mon hors gestilleð. Bo.
112, 24 ðara unstillena gesceafta styring ne mæg no weorþan
gestilled.

gestincan, *riechen.* Be. 474, 35 sona swa hi ðæs landes
lyft gestuncan swa swulton hi. Cp. 433, 20 ðæt is ðæt we oft
gestincað mid urum nosum ðæt we mid urum eagum gesion ne
magon.

gestiðian, *stärken.* Cp. 210, 18 ðæt we hiera modes me-
ruwenesse gestiðigen mid ðæm ðæt . . . .

gestrangian, *stärken.* Be. 485, 16 hi gestrangade; 526, 32.
Or. 292, 8 *(P.).* Cp. 172, 23 *(s.* gelytlian). Bo. 394, 10 gestranga me wiþ þæs deofles costnungum. Ps. 17, 18 *(P.);* 26,
16 gestranga þine heortan; 30, 28; 36, 16; 37, 2; 40, 12.

gestreonan, gestri(e)nan, gestrynan, *erlangen, bekommen,
erzeugen *. Vgl. beim Dativ § 78. Das einfache* strienan *hat den
Genitiv, vgl. § 21. c.* Be. 546, 40* he æþele bearn gestrynde;
639, 27 mid ðy niwan folce ðe he gestrynde *(Miller:* won over).
Cp. 42, 13* gif he ðonne bearn ðærbie gestriene. Bo. 128, 13
þæt hit hæbbe sum healic god gestryned; 172, 24* *(P.).* So.
164, 30 þæt þæt ðu gestreone; 33; 165, 1; 204, 20*. Le. 76,
2* gif hio bearn gestriene; 94, 41; 102, 65*.

geswapan, *zusammenfegen.* Or. 142, 27 he togædere ge-
sweop ealle Egyptum & Arabia.

geswencean, *beunruhigen.* Or. 214, 19 hie monege cy-
ningas geswencton. Bo. 6, 15 *(P.);* 128, 11 *(P.);* 342, 8 *(P.).*
Le. 62, 33 utan cumene & elþeodige geswenc þu no *(jedesfalls
Druckfehler statt* geswenc?, *wie auch Turk liest).*

gesweorcan, *verdunkeln.* P. Ps. 17, 9 *(s.* aþystrian).

gesweotolian, *offenbaren.* Or. 86, 24 þæt tacen weard
on Romanum swiþe gesweotolad. Cp. 90, 6 hie . . . ðæt towearde
(lif) gesweotuliað.

geswerian, *schwören. Der, dem man schwört, steht im Dativ, s. § 69. u.* Or. 56, 19 aðas gesworan; 70, 15; 186, 9. Le.
106, *Einleitung* þæt frið . . . cweð & gesworen habbað.

geswetan, *versüfsen.* Cp. 303, 13 se læce, ðonne he bietre
wyrta deð to hwelcum drence, he hie gesuet mid hunige.

gesweðerian, *schwächen.* P. Be. 616, 39 ða wæs sona se
swyle gesweþerad.

geswiðrian, *schwächen.* **P. Or.** 90, 2 þæt helle fyr wæs siþþan geswiðrad.

geswugian, *verschweigen.* **Cp.** 48, 21 he sumne hearm ge- swugade. *Vgl. beim Genitiv § 14. j.,* *aber auch* forsugian *§ 102 und* swigian *§ 112.*

geswutelian, *offenbaren.* **P. Ps.** 4, 7 is þeah geswutelod ofer us þin gifu.

gesyngian, *sündigen.* **Be.** 633, 10 nalæs þæt an þæt ic on weorce oððe on worde ac eac swylce ðæt ic on ðam mede- mæstan geþohte gesyngode, eall ða wæron ðæron awritene. **Cp.** 164, 24 forgifnesse ðæs, þe he ðurh ða geornfulnesse his andan gesyngade. **Bo.** 378, 11 gif hi hwæt gesyngodon.

getacnian, *bezeichnen.* *Der,* *dem man etwas bezeichnet oder zeigt, steht im Dativ, s. §§ 71. x., 78.* **Or.** 62, 25 *(P.);* 106, 30 þæt eac Octauianus sweotole getacnade. **Cp.** 42, 19 se ær ge- farena broður getacnað Crist; 132, 14, 16; 138, 18; 154, 15; *usw.*

getæc(e)an, *zeigen.* *Der, dem man etwas zeigt, steht im Dativ, s. §§ 71. y., 78.* **Be.** 564, 2 þæt he mihte oþerne getæc- can. **Bo.** XII, 13 wolde hi þa selfe getæcan.

getælan, *anklagen.* **Bo.** 42, 4 ne meaht þu no mid soþe getælan þine wyrd & þine gesælþa; 44, 24; 184, 7.

getawian, *hinbringen.* **Or.** 122, 2 hie þa se æþeling to ðæm bismre getawade þe þa on ðæm dagum mæst wæs.

geteagan, *vorbereiten.* **P. Be.** 605, 33 isern geloman . . . brohte, þæt land mid to teagenne; ða þæt land ða getead wæs.

getellan, *zählen, rechnen, betrachten.* *Vgl. § 78.* **Or.** 208, 6 þæt Mæcedonisce gewin, þæt mon eaðe mæg to þæm mæstum gewinnum getellan. **Bo.** 100, 18 gif þu nu getælest (!) ða hwile þisses andweardan lifes . . . . wið ðæs ungeendodan lifes hwila.

geteohhian, getiohhian, *bestimmen.* *Vgl. § 78.* **Bo.** 354, 13 þæt he mæge witon eall þæt God getiohhod hæfð; 368, 1; 378, 21. **So.** 183, 28 me lyst ðara þe ic getiohhod habbe to ætanne; 184, 6. **Ps.** 10, 3 þæt hi toweorpen þæt God geteoh- had hæfð to wyrcanne.

geteon, *ziehen, leiten.* **Be.** 494, 11 ðas wif . . . gelomlice wuna getiþ (= constringere); 495, 27; 528, 31. **Or.** 1, 24 Ue- soges . . . . wolde him to geteon ge þone suðdæl ge þone norþ- dæl; 56, 17; 90, 17; 106, 3; 110, 8; 146, 1; 216, 8. **Cp.** 148, 22 to ecium witum geteo his hieremen. **Bo.** 60, 13 hwæþer nu gimma wlite eowre eagan to him getio; 110, 20; 114, 1 *(P.);* 302, 31. **Ps.** 31, 11 þæra cinban þu scealt mid bridle . . . to þe geteon; 34, 3 geteoh þin sweord.

geteon, *beschliefsen.* **Be.** 556, 12 se þe þæt on his mode gehogod & geteod hæfde.

geteorian, *ermüden.* **P. Ps.** 38, 11 ic eom nu geteorod.

geteoðian, *verzehnten.* **Cp.** 100, 17 he eft wolde his ierfe ðær geteoðian.

geþafi(ge)an, *gestatten, dulden, billigen.* *Über andere Ver-bindungen dieses Zeitwortes vgl. §§ 33. a., 74. g., 78.* **Be.** 487, 10 ne magon we nugyt þæt geþafigean; 497, 16 forþon þa ærestan synne se weriga gast scyde ðurh ða nædran, & Euan swa swa lichoma wæs lustfulliende, & Adam hine ðonne swa swa gast geþafode (= quia et primam culpam serpens suggessit, Eva velut caro delectata est, Adam vero velut spiritus consensit; *Miller liest:* Adam heo . . .; *das wird wohl das Richtige sein, denn sonst müfste man übersetzen: „und Adam liefs ihn (den Teufel) gewähren“; aber* geþafian *kommt in solcher Verbindung wohl nicht vor*); 501, 33; 502, 24; 515, 37, 39; 564, 14; 642, 27. **Or.** 62, 29 hit þeh God for heora cristendome ne geþafode; *ebenso* 194, 23. **Cp.** 122, 7 he geðafode ða scylde unwitnode; 142, 11; 204, 11. **Bo.** 266, 15 gif . . . he hit geþafian wile; 328, 10; 346, 25; 372, 22. **Ps.** 34, 21 ne geþafa þu hit leng; 38, 11. **Le.** 62, 40 ne his domas ne geþafa þu.

geþenc(e)an, *(be)denken, sich erinnern an. Kommt auch mit dem Genitiv vor, s. § 14. k.* **Be.** 490, 7 ðis mæg geþencean ðin broþorlicnys; 496, 35. **Or.** 36, 1 he . . . . geðencð þæt yfel þæt he þonne hæfð; 142, 8; 158, 24; 224, 27; 258, 19. **Cp.** 2, 17 ic furðum anne anlepne ne mæg geðencean; 34, 7 *(R.)*; 106, 13; 244, 1; 346, 3; 362, 12; *usw.* **Bo.** 170, 19 gif ge willað þone fruman sceaft geþencan; 198, 22; 280, 7; 296, 5; 328, 4. **So.** 165, 3 eall . . . . þæt þu geðengst; 175, 9; 180, 18; 181, 25; 182, 26. **Ps.** 9, 21 on þam geþohtum, þe hi geþoht habbað.

geþeodan, *hinzufügen. Vgl. beim Dativ §§ 71. z., 78.* **Be.** 475, 7 Orcadas ða ealand geþeodde to Romwara cynedome; 14; 487, 17; 590, 12 *(P.)*.

geþeofian, *stehlen.* **Le.** 74, 6 gif hwa on cirican hwæt geþeofige.

geþinnian, *verdünnen, zerstreuen.* **Bo.** 20, 22 ic hie sceal ærest geþinnian (= attenuare).

geþiostrian, *verdunkeln.* **Cp.** 242, 23 ða mod ða þe nan scadu ne geðiestrað ðære twyfealdnesse. **Bo.** VI, 10 hu heo oferliht ealle oþre steoran & geþiostraþ mid hire leohte.

geþolian, *erdulden, ertragen.* **Or.** 144, 18 þa teonan ðe hie ær mid him geþoledon. **Cp.** 216, 4 buton he self geðyldelice oðerra monna teonan geðolige; 324, 15. **Bo.** X, 26 hu se sceal fela nearanessa geþolian þe . . . .; 28, 10; 32, 30; 46, 3; 172, 6. **So.** 169, 22 micel broc geðolede; 185, 16; 196, 2. **Ps.** 16, 4 ic geþolode hearde wegas & manigfeald earfoðu; 26, 16.

geþræstan, *quetschen, verwunden, quälen.* **Be.** 525, 2 gefeoll he on his earm ufan & ðone swyþe geþræste & gebræc. **Ps.** 16, 4 *(P.)*; 17, 19 *(P.)*; 34, 6 Godes engel hi geþræste.

geþreagan, *. tadeln, antreiben.* **Be.** 478, 40 se mon se ðe wæs ærþon mid ðam uplican mihte geþread. **Cp.** 124, 22 ðæt is ðæt geðreage his hieremenn.

geþrea(h)tian, *durch Drohen zwingen*. **Le.** 84, 25 gif mon ceorles mennen to nedhæmde geþreahteð; 86, 26 gif mon ungewintrædne wifmon to niedhæmde geþreatige.

geþryscan, *niederdrücken*. **Cp.** 82, 18 ne hiene ne geðrysce nan wiðermodnes to ormodnesse; 164, 19 *(P.)*; 238, 15, 17; 401, 6.

geþwænan, *befeuchten, erweichen*. **Be.** 611, 20 ðone swile mid sealfum & mid beþenum geþwænan woldon. **Cp.** 60, 21 swæ he mæge ða adrugodan heortan geðwænan; 136, 9 (*s.* geleccan). **Bo.** 200, 27 gif þæt wæter hi ne geþwænde.

geþwærian, *einig machen*. *Vgl. aber § 74. h.* **Be.** 528, 31 Dere & Beornice on ane sibbe . . . . geteah & geþwærede; 571, 42 ða ðing ða ðe geðwæredon annysse ðære cyriclican sibbe. **Bo.** 356, 28 God . . . gemetgaþ ealla gesceafta & geþwæraþ. *Einmal unpersönlich (?):* **Be.** 571, 2 (*s.* geweorþan).

geþyldgian, *mit Geduld ertragen*. **Cp.** 224, 14 meaht ðu ðy wyrs geðyldgian oðres monnes yfel.

getimbrian, *erbauen*. **Be.** 498, 18 mynster getimbrade; 27; 34; 508, 42; 517, 26. **Or.** 1, 7 *(P.);* 2, 15 getimbredan Romeburg; 5, 25; 28, 25 *(P.)*; 46, 18; 226, 16, 21; *usw. usw. usw.* **Cp.** 441, 32 (*s.* geplantian). **So.** 164, 4 siððan he ænig cotlyf . . . getimbred hæfð. **Ps.** 27, 7 þu hi towyrpst and hi eft getimbrast.

getrumian, getrymian, getrymman, *kräftigen, stärken, ermutigen, bekräftigen*. *Vgl. beim Genitiv § 40. u.* **Be.** 547, 11 he manige mid bysene his mægenes . . . . to Cristes geleafan getrymede; 568, 39; 607, 36 (*vgl.* geseþan); 641, 1 se bisceop hine ða hraþe getrumade. **Or.** 38, 30 hy ða getrymedon hyra dryas Geames & Mambres; 58, 1; 194, 14. **Cp.** 40, 4 þa untrymnesse hira heortan ic wolde getrymman; 228, 3. **Bo.** 268, 19 bisna, þa ðe magon getrymigan. **So.** 167, 24 ðu us getrymedest. **Ps.** 19, 4 eall ðin geðeaht he getrymie; 32, 5 *(P.)*. **Di.** 69 (*vgl.* gescyppan).

getucian, *schmücken*. *P.* **Ps.** 44, 11 cwen, mid golde getucode.

getweogan, *zweifeln*. *U.* **Or.** 56, 31 þa getweode hie, hwæðer hie wið him mæhten.

getyan, getydan, *unterweisen*. **Be.** 527, 17 he . . . ða . . to sacerdhade . . . . getyde & gelærde. **Or.** 152, 29 on anum hierede wæron afedde & getyde; 244, 24 he hiene gelærde & getyde. **Bo.** 30, 8 ic . . . þa þe getydde & gelærde. **Ps.** 17, 34 þin lar me getyde.

geunarian, *entehren*. **Or.** 34, 33 hi hys cyn . . . geunaredon.

geunclænsian, *beflecken*. **Or.** 64, 23 Romulus hiora anginn geunclænsade mid his broðor slege. **Cp.** 316, 14 ne ge-

unclænsað ðwt no ðonc mon, ðæt on his muð gæð, ac ðæt ðæt
of his muðe gæð, ðæt hiene geunclænsað.

geun(ge)wlitegian, *der Schönheit berauben.* **Cp.** 70, 18 se
teter .... ofergæð ðone lichoman & ðæt lim geunwlitegað. **So.**
195, 12 he ... hi ealle ongiereð & geungewlitegað.

geunretan, *traurig machen.* *P.* **Or.** 140, 6 hie wurdon eft
geunret mid monewealme.

geunrotsian, *beunruhigen.* **Bo.** 42, 8 gif ðe nu þæt swa
swiþe gedrefed & geunrotsad hæfþ; 88, 13 *(P.);* 374, 31 *(P.).*
Ps. 9, 21 *(P.).*

geunstillian, *beunruhigen.* **Be.** 572, 35 nænigum bisceope
alyfed si ... hi (= ða mynster) geunstillian.

geuntrumian, *schwächen.* *P.* **Be.** 494, 22 ða ðe mid unrihte heora gecyndes beoþ geuntrumade. **Ps.** 9, 3 hi wæron
geuntrumode; 25, 1 *(P.);* 26, 3 *(P.).*

gewæcan, *schwächen.* *P.* **Be.** 579, 25 ðonne he to deaþe
cumen wære & mid miclum sarum gewæced; 582, 31 ða ðe mid
ðy hungre gewæcte wæron.

gewætan, *befeuchten.* **Cp.** 309, 6 ðætte he gewæte · his
ytemestan finger on wættre.

gewætrian, *bewässern.* **Cp.** 136, 11 (*s.* geondgeotan).

gewanian, *vermindern.* **Cp.** 12, 6 se lareow ne sceal þa
innerran giemenne gewanian for þære uterran abisgunge; *ebenso*
126, 8, 12; 314, 9. **Bo.** 50, 2 *(P.);* 254, 17 wyrþ se gewanod
þe hi ær hæfdon. **So.** 179, 4 seo lufa ne byð næfre gewanod.

geweldan, *lenken, zügeln.* **Cp.** 118, 17 ðæt he hit ðonne
ne mæge to his willan geweldan.

gewelgian, *bereichern.* **Be.** 499, 1 he hi mid missenlicum
geofum gewelgode; 548, 38 *(P.).* **Or.** 246, 36 mid hiere gestreone he gewelgade Romeburg. **Bo.** 60, 11 hie nanne mon
geweligian ne magon.

geweman, *verlocken, anfeuern.* **Cp.** 182, 20 ðæt he hiene
to ryhte geweme.

gewemman, *verderben.* **Be.** 513, 15 *(P.);* 587, 16 *(P.).*
Cp. 78, 13; 397, 13 hie gewemmað ðone aliefedan gesinscipe.
Ps. 13, 1 *(P.).*

gewendan. — 1. *abwenden.* **Be.** 542, 13 se ylca bisceop
þæt to gewelhgene fyr ðære cynclican burhge gebiddende onweg
gewende.

2. *übersetzen.* **Bo.** II, 13 þa he þas boc hæfde gelcomode
& of Lædene to Engliscum spelle gewende.

geweorpan, *werfen.* **Ps.** 10, 7 Drihten ... hi gewyrþ
mid grine.

geweorþan. *L.* — 1. *geschehen, zuslofsen.* *Vgl. §§ 75. 1.
q., 76. n.* **Cp.** 196, 14 ða gewearð hiene, ðæt he gecierde inn
to ðæm scræfe.

2. *übereinkommen, einig werden.* *Während die Person im*

Akkusativ steht, steht die Sache im Genitiv, vgl. § 42. d. **Be.** 571,
2 þa ne mihte hi betwih him geþwærian & geweorþan. **Or.** 178,
7 hie gewearð þæt hie wolden to Romanum friþes wilnian; 208,
28 þeh þe Romane hæfde geworden hwene ær þæt he on Asiam
faran sceolde; 210, 15; 234, 13 hie ealle gewearð him betweonum, þæt hie woldon Romanum geswican; *ebenso* 280, 20.
     geweorþian, gewurþian, gewyrþian, *würdigen, ehren,*
schmücken. Vgl. beim Genitiv § 42. e. **Be.** 473, 26 wæs ðis ealond eac geo gewurþad mid ðam æþelestum ceastrum; 478, 24
(P.); 624, 7 mid monigum fremsumnesse ða geweorþode. **Bo.**
168, 19 þa ðe beoþ mid cræftum gewyrþode. **Ps.** 5, 13 þu us
gecoronadest & geweorðadest; 8, 6; 16, 7; 23, 7. **Di.** 68 *(P.).*
     gewerdan, gewierdan, *verletzen.* **Cp.** 68, 4 oððæt sio
scearpnes bið gewierd ðæs æples *(= Augapfel);* 364, 12 ðylæs
hie mid ðy tole ðæt hale lic gewierden. **Le.** 60, 18 gif hwa
on cease eacniend wif gewerde; 62, 26 gif hwa gewerde oðres
monnes wingeard.
     gewerfan, *s.* gehwierfan.
     gewergan, gewerigian, *ermüden.* **Be.** 574, 7 ða ðe on
lengtenadle . . . . . gewerigade wæron. **Or.** 230, 23 swiþe Mau-
ritaniæ wæron mid þæm gewergade. **Cp.** 238, 13 he . . . ge-
wergað his heortan swiðe hearde mid ðy geswince.
     gewidmærsian, *verbreiten. P.* **Be.** 537, 26 wæs eac swylce
gewidmærsod . . . ., þæt he . . . his lif geendode.
     gewierdan, *s.* gewerdan.
     gewilnian, *wünschen.* **Be.** 606, 45 he eft his ealond &
his wic gecyrde & gewilnode. **Cp.** 22, 15 se þe hi unwærlice
& unryhtlice gewilnige *(unmittelbar vorher hat* wilnian *den Geni-*
tiv, vgl. dazu § 11. l.); 48, 19.
     gewinnan, *erkämpfen, erobern.* **Or.** 30, 18 þæs anwaldes,
ðe se cyninge ær gewunnen hæfde; 56, 27; 112, 31; 130, 8, 14.
Bo. IV, 3 hu Gotan gewunnon Romana rice; 80, 15; 128, 14;
300, 7.
     gewissian, *unterweisen.* **Bo.** 394, 6 þæt þu me gewis-
sige bet.
     gewitan, *verstehen.* **Be.** 587, 1 he þæt sceolde geornlice
gewitan & geleornian.
     gewitnian, *bestrafen. P.* **Be.** 553, 24 on ðam his unscyl-
digan deaþe wæs his soþ synne gewitnod. **Bo.** 350, 28 þa yfelan for hiora yflum weorcum wæron gewitnode. **Ps.** 44, 16 þa
þe gewitnode beoð for hiora scyldum.
     gewlitegian, *schmücken.* **Bo.** 342, 18 ða he þwaraþ & ge-
wlitegaþ. **So.** 198, 12 he gewlitegað & gegerað ealle gesceafta.
     gewrecan, *rächen, strafen. Vgl. beim Dativ* § 78. **Or.** 50,
12 ær hie hiora teonan gewræcen; 56, 20; 72, 31; 112, 36;
150, 35; 216, 16; 292, 24; *usw. usw. usw.* **Ps.** 9, 23 God hit
mæg gewrecan.

gewuldrian, *preisen.* **Ps.** 8, 6 þu hine gewuldrast; 23, 7, 9.
gewundian, *verwunden.* **Be.** 511, 25 he . . . ðone cyning
gewundade; 38. **Or.** 126, 3 *(P.).* **Cp.** 92, 19 ðonne is wen
ðæt he gewundige ða heortan ðara gehierendra; 166, 11; 310,
23; 431, 16 *(P.).* **Bo.** 74, 4 *(P.).* **Le.** 60, 23 gif oxa oðres
monnes oxan gewundige; 84, 24.
gewurþian, *s.* geweorþian.
gewyldan, *unterwerfen.* **Or.** 224, 31 hu he him to þeowdome gewylde calle Ispanie. **Ps.** 9, 30 þonne he hine hæfð ge-
wyldne.
gewyrcan, *machen.* *Vgl.* § *78.* **Be.** 481, 7 þæt hi gemænelice fæsten geworhten; 9; 524, 16; 587, 17; 635, 13. **Or.**
21, 14 hi magon cyle gewyrcan; 54, 23; 74, 8; 106, 12; *usw.*
usw. **Cp.** 218, 8 þe he ær geworht hæfde. **Bo.** II, 12 þa geworhte he hi efter to leoþe; 62, 11; 198, 13, 22. **So.** 164, 1
þeah mon swilc ontimber gewirce; 165, 24, 27; 169, 3. **Ps.** 7,
4 swa swa hi hit geworhton; 5; 21, 13. **Le.** 58, 3 on syx dagum Crist geworhte heofenas and eorðan; 84, 2; 88, 32.
gewyrdlian, *verletzen.* **Be.** 543, 11 monig mon swiðe ge-
wyrdledon.
gewyrman, *wärmen.* *P.* **Be.** 516, 16 sy fyr onæled & ðin
heall gewyrmed.
gewyrþan, *abschätzen.* **Le.** 106, 3 swa hit man gewyrðe.
gewyrþian, *s.* geweorþian.
geycan, *vermehren.* **Be.** 514, 6 ða geycte he ðagyt his
gespræc.
geyflian, *verletzen.* **Le.** 70, 1 gif hine mon on þam fierste
geyflige mid slege oððe mid bende.
geyppan, *eröffnen.* *Vgl. beim Dativ* § *78.* **Or.** 108, 31 ærþon hit þurh ænne þeowne mon geypped wearð. **Cp.** 220, 10 se
dysega ungeðyldega all his ingeðone he geypt. **Le.** 74, 4 þara
þe ær geypped nære.
gieldan, gildan, geldan, gyldan, *zurückgeben, zahlen.* *Vgl.*
§§ *70. k.,* *78, 118.* *II.* **Be.** 490, 23 hu ða ðing mon gyldan sceolde, ða ðe mid stale . . . afyrred wære. **Or.** 18, 19 se byrdesta sceall gyldan fiftyne mearðes fell; 44, 14; 190, 34; 248,
21. **Le.** 60, 22 gelde swelc neat; 62, 28; 86, 27; 90, 36.
gleowian, *scherzen, singen.* **Be.** 598, 34 sumu ðing sprecende & gleowiende wæs.
gnidan, *reiben.* **Or.** 212, 27 þæt mon heardlice gnide þone
hnescestan mealmstan.
gondsmeagan, *durch und durch prüfen.* **Be.** 569, 31 þæt
we . . . geondsmeage ða digolnysse ure heortan.
grapian, *befühlen.* **Cp.** 186, 5 *(vgl.* hydan, § *104).*
gremian, *reizen.* **Or.** 156, 14 he . . . eac þa oþre elpendas sticade & gremede. **Ps.** 5, 11 hy ðe gremiað.
gretan, *grüfsen, sich nähern* *. **Be.** 471, 8 *(s.* halettan

§ 104); 481, 14 hi ða grettan; 513, 36; 514, 31; 536, 41*; 544, 19*; 597, 12; 618, 15. **Cp.** 174, 9 ealle he gret mid anre honda; 292, 19* ðeah hie nan mon mid laðe ne grett, hie willað grillan oðre men to ðam ðæt hie niede sculon. **Or.** 32, 12* þæs dæles se dæl se þæt flod ne grette ys gytt todæg wæstmberende; 216, 25*.

    grillan, *herausfordern.* **Cp.** 292, 19 (*s.* gretan).

    gripan, *greifen.* **Ps.** 7, 2 þæt næfre mine fynd ne gripen mine sawle swa swa leo.

    gyman, *sich kümmern um.* **Be.** 471, 12 ðu eart swyþe gymende & smeagende ealdra manna cwidas & dæda. **Cp.** 82, 3 ðæt he . . . ða spane þe his ðeawa giemað. *Kommt sonst mit dem Genitiv vor, s. § 17. e.*

    gyrdan, *gürten.* **Ps.** 44, 4 gyrd nu þin sweord ofer þin þeoh.

    gyrwan, *vorbereiten.* **So.** 167, 31 ðu . . . us æac gyrwast to þam æcan lyfe.

§ 104   **habban**, *haben.* *Vgl. beim Genitiv § 16. f., beim Dativ § 78.* **Be.** 473, 11 hit hafaþ fram Suþdæle ða mægþe ongean ðe mon hateþ Gallia Belgica; 30; 476, 7; 478, 17; 516, 4; *usw. usw.* **Or.** 16, 10 hie Maroara habbað bewestan him Þyringas; *usw. usw.* **Cp.** 2, 5 þa kyningas þe ðone anwald hæfdon; 112, 21; 130, 4; *usw. usw.* **Bo.** IV, 28 wolde her on worulde habban lean; VI, 22, 23, 24; 270, 2; *usw. usw.* **So.** 163, 9 þe . . . manigne wæn hæbbe; 164, 30; 165, 8; 166, 31; 177, 21; 178, 12. **Ps.** 3, 1 þæt hit næbbe nane hæle æt his Gode; 9, 34; 14, 3. **Le.** 58, 11 gif he wif self hæbbe; 60, 24; 62, 28; *usw.*

    hadian, *einsetzen.* **Be.** 510, 5 he bisceopas hadian moste; *ebenso* 561, 15; 566, 14.

    hælan, *heilen.* **Be.** 615, 27 he sceolde . . . hælan & lacnian ða hreofe his heafdes. **Cp.** 124, 12 cle, ðæt se hie liðe & hæle; 260, 1.

    halettan, *grüßsen.* **Be.** 471, 8 ic Beda . . . sende gretan ðone leofestan cyning & halettan Ceoluulf; *Bosworth* (Dict.) *und Smith (in einer Anmerkung) fassen* halettan *als Nebenform von* hæleþ *auf; im „Compendious Dictionary" giebt Bosworth* haletta = one who is greeted, a hero, an eminent man, *also nicht als Nebenform von* hæleþ (?); *ich möchte mit Wheloc das Zeitwort* halettan *annehmen, da die Stellung durchaus nicht dagegen spricht; B.-T. erwähnt die Stelle weder bei* hæleþ, *noch bei* halettan, *giebt auch kein besonderes Hauptwort* haletta; *bei Miller fehlt „&* halettan" *wie in der Hs. B.;* — 514, 31 hine halette & grette; *genau so* 597, 12.

    halgian, *heiligen, weihen. Der, dem man etwas weiht, steht einmal im Dativ, s. § 78.* **Be.** 479, 26 ða godcundan geryno , . . halgedon; 489, 6; 492, 3; 498, 13; 516, 34; 553, 5.

halsian, healsian, *inständig bitten.* Be. 472, 31 ðone lcor-
nere ic nu eadmodlice bidde & halsige; 475, 30; 490, 4; 505,
24; 568, 27; 606, 14; 607, 24: 616, 18. **Or.** 178, 14 he hie
healsade þæt hie .... **Cp.** 136, 18 ic cow halsige ðæt ge
feden Godes heorde; 180, 2; 212, 14; 290, 16. **Bo.** II, 14 healsaþ ælcne þara ðe; 120, 13; 212, 14; 272, 10; 312, 6. **So.** 169,
19 ic þe halsie . . ., þæt þu . . .; 170, 19; 190, 11. **Ps.** 30, 4
ic þe healsige, þæt þu beo min ladþeow; 36, 7; 37, *ü.*; 42, *ü.*

hatan. *Vgl.* §§ 69. *x.*, 117. — 1. *heifsen, bitten; befehlen.*
Be. 477, 8 ða het he hraþe his ðegnas hine secan; 42; 486, 28;
554, 39. **Or.** 162, 28 heton þa biscepas þæt hie sædon ðæm
folce þæt heora godas him wæron irre; 178, 10; 206, 17, 27.
Cp. 180, 21 ða monn sceal micle ma hatan ðonne biddan; 278,
19. **Bo.** 80, 16 he hine het secgan, hwæt .... **So.** 190, 3
ac het beon þone wop & þa unrotnesse —, *wo aber wohl* let *zu*
lesen ist. **Ps.** 49, 5 hæt hine þæt he hine fealde swa swa boc.
2. *nennen. Meist mit doppeltem Akkusativ.* Be. 479, 4 neah
ðære ceastre ðe Romane heton Verolamium; 483, 23. **Or.** 8, 3
þone man garsecg hateð; 34, 27; 266, 13; 284, 7. **Bo.** XIV,
3 hu mon sceolde ælcne mon hatan be þam deore þe he gelicost wære; 2, 18; 10, 20; 292, 16. **So.** 191, 31 þæt þu soð-
festnes hætst; 200, 2. **Ps.** 13. 5 þa mon aspis hæt; 43, *ü.*

hati(ge)an, *hassen.* **Cp.** 136, 5 hie tælað & hatigeað hiera
hieremonna unðeawas; 352, 5. **Bo.** 162, 8 se Neron wolde hatan his agenne mægistre & his fosterfæder acwellan, þæs nama
wæs Seneca *(das übersetzen* Car da l e *und* Fox *falsch:* would
hate his own master and kill his fosterfather, *während es heifsen*
mufs: „Nero wollte seinen eigenen Lehrer und Pflegevater töten
lassen, d. h. zu töten befehlen"); 322, 12 ne scyle nan wis man
nænne mannan hatian; 13; 15; 324, 19; 384, 15. **So.** 172, 12
þa þe ic hatige, ða ic hatige. **Ps.** 5, 5 þu hatast calle þa þe
unriht wyrcað; 10, 6; 17, 18, 38; 22, 6; 24, 17; *usw. usw.*

h(e)aldan, *halten, besitzen, verteidigen. Vgl.* § 78. Be. 475,
34; 479, 29 Gallia rice & Ispania heold & rehte; 485, 23; 487,
11; 496, 11; 500, 10; 515, 26 þæt ðu his beboda healde; 530,
35; 566, 40; 572, 29; *usw. usw.* **Or.** 46, 17 heora lond to healdanne; 22; 68, 3; 152, 28; 178, 13; 186, 3; 292, 27. **Cp.** 4,
14 ða þe ðas stowa ær hioldon; 220, 14. **Bo.** 12, 1 þa gesetnessa þinra beboda healdaþ; 114, 11; 200, 25. **So.** 164, 30 þe
wel cunne healdan þæt þæt ðu gestreone; 175, 30; 177, 16 helad
(wofür sicher heald *zu lesen ist)* þonne hys bebodu; 179, 14;
183, 3; 192, 11. **Ps.** 17, 21 ic heold Godes wegas & his bebodu; 18, 10; 36, 33; 39, 8. **Le.** 60, 23 gif se hlaford . . .
hine healdan nolde; 64, 3; 68, 9. *Cap.* 1; 72, 5, § 1; 82, 19, § 3.

healsian, *s.* halsian.

hean, *erhöhen.* Be. 505, 19 ða staþolas ðære cyrican . . .
he ongan hean & miclian.

hearmcwiddigan, *verleumden.* **Bo.** 102, 24 ongan hine ða hyspan & hearmcwiddigan.

heaðerian,˜heaðorian, *zurückhalten.* **Be.** 604, 29 mid ðearfednesse ge mid heora ungelærednesse ðara lareowa fore heaþoradon. **Bo.** 336, 10 se godcunda foreþonc heaþeraþ calle gesceafta, þæt hi ne moton toslutan of heora endebyrdnesse.

heawan, *hauen.* **Be.** 580, 5 ða heowon hi ðone stan swa swyþe swa hi mihton. **Or.** 186, 19 het he hiene mid fyre onhætan & siþþan mid mattucun heawan. **Cp.** 166, 6 bilwitlice we heawað ðone wudu. **Le.** 78, 12 gif mon oðres wudu bærneð oððe heaweð.

hebban, *heben.* **Be.** 543, 4 ðæt he his eagan mid his hondum to heofonum hofe. **Bo.** 392, 17 hebbað eower mod to him mid eorum hondum. **Ps.** 24, 1 to þe ic hæbbe, Drihten, min mod and mine sawle.

hefigian, *bedrücken.* **Be.** 495, 12 *(P.)*; 579, 23 *(P.)*. **Cp.** 72, 15 ·sio byrðen ðære sceonde hiene diegollice hefegað; 419, 29. **Ps.** 37, 12 wyrceað woh, þa þe me hefigiað.

helan, *verheimlichen.* *Vgl. beim Dativ §§ 75. I. s., 78.* **Or.** 164, 2 ealle þa þe þonne gylt mid him wiston & mid him hælan; 196, 16; 288, 14. **Cp.** 178, 9 ða þe hiera god helað þe hie doð; 380, 9. **Bo.** 148, 7 þonne eowaþ he hi nalles ne hilð. **Ps.** 31, 3 ic sugode & hæl mine scylda.

helian, *verbergen.* **Ps.** 31, 5 min unriht ic na.ne helede wið þe.

henan, hienan, hynan, *beschimpfen, bedrängen.* **Be.** 476, 21 hi hyndon & hergedon Godes cyrican; 480, 24. **Or.** 120, 12 Philippus wæs XXV wintra Creca folc hienende; 130, 20, 30; 160, 10; 168, 29; 214, 13; 258, 6. **Bo.** 320, 5 ic wolde henan þone þe hine yfelode; 326, 13.

herewian, *verachten.* **Bo.** 60, 26 to swiþe we herewiaþ us selfe.

hergian, *verheeren, plündern.* **Be.** 476, 21 *(vgl.* henan); 480, 24; 483, 38; 542, 17; 556, 10. **Or.** 44, 19 wæron fiftene gear þæt lond herigende; 92, 15; 114, 30; 160, 9.

heri(ge)an, *preisen.* **Be.** 471, 16 hit is god godne to herianne & yfelne to leanne; 545, 6; 547, 36; 597, 20; 615, 23; 631, 17; 637, 25. **Or.** 120, 4 forhwy ge þa tida swelcra broca swa wel hergeað; 254, 14 þa herede he þa ofermetto. **Cp.** 38, 8 hine heriað; 144, 22; 230, 7; 346, 8; 427, 9; 451, 1. **Bo.** XIV, 20 Omerus . . . herede þa sunnan; 64, 25; 106, 10; 166, 22; 168, 18; 308, 11; 372, 5. **So.** 183, 12 ne herast (heraft!) þu hi na to swiðe. **Ps.** 7, 17 ic . . . herie his ðone hean naman; 8, 2 *(P.)*; 9, 2, 11, 22 *(P.)*; 21, 20; 29, 1; *usw. usw.*

hienan, *s.* henan.

hieran, *s.* hyran.

hingrian, *s.* hyngrian.

hladan, *schöpfen.* **Cp.** 467, 32 ðonan hine (= þone wæ-terscipe) hlodan halge & gecorene.

hlænian, *erweichen.* **Cp.** 86, 17 ðæt he his lichoman swence & hlænige (= ut caro maceretur).

hloþian, *plündern.* **Be.** 482, 19 ða ðe monige gear ær hi onhergedon & hloþedon. *Intransitiv:* 481, 2.

hogian, *bedenken, beabsichtigen.* **Be.** 497, 33 he swyþe ho-gaþ & geomeraþ hine swa gebundenne (= ligatum se vehemen-ter ingemiscat). **So.** 182, 33 gefirn ic hit hohgode þæt ic hine sceolde forseon.

hon, *aufhängen.* **Bo.** XIV, 2 hu mon hehþ þone heafod-beah æt þæs ærneweges ende (*Cardale und Fox übersetzen:* how man should have the crown); 292, 3 mon hehþ ænne hea-fodbeah gyldenne æt sumes ærneweges ende (*Cardale und Fox:* that man should have a golden crown).

hreowan, *bereuen. Kommt auch in einer anderen Verbindung mit dem Dativ vor, s. § 75. I. l.* **Cp.** 413, 29 hie ne magon eal-neg ealla on ane tid emnsare hreowan.

hreowsian, *bereuen. Kommt auch mit dem Genitiv vor, s. § 15. g.* **Cp.** 417, 32 ða ðe ða gedohtan synna hreowsiað; 419, 31. **Ps.** 50, *il.* hu hy sceoldon hreowsian hyra hæftnyd on Ba-bilonia.

hreran, *bewegen.* **Bo.** 324, 3 swa swa yþa for winde þa sæ hreraþ.

hrinan, *berühren. Kommt auch einmal mit dem Genitiv vor, s. § 16. g.* **Be.** 520, 7 nænig . . . hi hrinan dorste.

hwettan, *wetzen.* **Cp.** 186, 5 (*vgl.* hydan).

hwyrfan, *wenden, ändern.* **Be.** 483, 4 hi . . . . heora wæ-pen hwyrfdon wiþ Bryttas; 581, 1 cyricean & mynster . . . . hwyrfde & fornom (*Miller:* to overthrow). **Cp.** 256, 18 he hwierfde his stemne nalles his mod (= vocem non mentem mu-tavit). **Ps.** 18, 7 heo hwyrfð manna mod & heora sawla to Gode; 23, 4.

hydan, *verbergen.* **Be.** 479, 22 hi . . . hi hyddon. **Cp.** 186, 5 se læce grapað & stracað & hyt his seax & hwett, ær-ðonþe he stingan wille; *ebenso* 9; 184, 25. **Bo.** 368, 25 nan mon ær þæt gold þær ne hydde; *ebenso* 28.

hyldan, *neigen.* **Be.** 533, 32 his heafod on eorþan hylde.

hynan, *s. henan.*

hyngr(i)an, *hungern. U.* **Be.** 494, 28 ðonne us hyngreþ; 29 þæt us hingrian mihte. **Cp.** 282, 12 ðæt ungeornfulle mod & ðæt toslopene hyngreð (*oder persönlich?*); 328, 2 me hyngrede. **Bo.** 144, 24 hwæþer þa welgan nu næfre ne hingrige. **Ps.** 33, 10 hi hingrode; 49, 13.

hyran, h(i)eran, *hören. Vgl. beim Dativ § 70. l.* **Be.** 505, 11 hyrde . . . ða bysene ðæs ærestan hyrdes (= sequebatur). **Or.** 186, 28 þa þæt Sempronius hierde; 204, 27; 240, 13, 31;

15*

294, 4. **Bo.** 306, 23 þæt hine mon wilnige heran & ongitan.
Ps. 6, 7 Drihten hyrde mine wependan stefne.

hyspan, *verspotten.* **Or.** 256, 25 hie Cristes bebod hyspton
& hit forsawon. **Bo.** 102, 23 (*s.* hearmcwiddigan). **Ps.** 41, 12
þonne hy . . . me hyspað; 43, 18.

hyþan, *verwüsten.* **Be.** 542, 17 hit feor & wide mid ar-
lease wæle hyþde & hergode.

105   **ican, iecan,** *vermehren.* **Cp.** 228, 16 iecen hie simle mid
hiera agnum; 232, 21; 330, 16. **So.** 170, 5 iæc on me þone
toopon þæs æcan lyfes; 189, 28 ne ic mine unrotnesse.

ieldan, ieldcian, *aufschieben.* **Cp.** 150, 22 he ielde & ðafode ða scylda; 220, 10 se wisa hit ieldcað.

ierman, yrman, *quälen.* **Be.** 480, 24 hi fela geara yrmdon
& hyndon. **Cp.** 120, 12 ic mæg slean & ierman mine heafudgemæccean.

inbeslean, *hineinhauen in.* *Fehlt bei B.-T.* **Le.** 104, 74
gif hie mon inbeslea and mon ban ofado (= si quis intra pla-
gietur).

ingangan, *hineingehen in.* **Be.** 634, 19 se þe ne wyle cyricean duru wilsumlice geeadmoded ingangan (= ingredi).

insettan, *einsetzen.* **Be.** 593, 38 ða sylfan . . . heo mid
ðeodscipum reogollices lifes insette & trymede.

insomnian, *einernten.* *Fehlt bei B.-T.* **Be.** 571, 3 ðonne
mon wæstmas insomnode.

intimbrian, *unterweisen.* **Be.** 584, 34 he ða hi intimbrade
& gelærde; 603, 45; 621, 35 *(P.);* 622, 2 *(P.).*

irnan, *rennen.* **Bo.** 114, 8 bið gewerfde to þam ilcan ryne,
þe hie ær urnon.

iuwian, *zeigen.* **So.** 167, 8 þæt ðæt we iuwedon þæt ure
agen were.

106   **lacnian, læcnian,** *heilen.* **Be.** 591, 2 his wunda lacnian
wolde; 10; 603, 15; 615, 27 *(s.* hælan *§ 104).* **Cp.** 24, 20 þæt
hi onginnen þa wunda lacnian; 60, 2; 142, 15; 152, 3; 266, 9;
364, 10. **Bo.** 352, 14 se goda læce . . . . lacnaþ hiora mod.

ladian, *entschuldigen, verteidigen.* *Vgl. beim Genitiv § 40. v.*
Be. 530, 26 ða ladode he hine. **Or.** 216, 31 hit under þæt
ladedon forþon þe he . . . . **Cp.** 240, 7 ðæt mod þe hit *(refl.)*
symle wile ladian. **Ps.** 8, 3 ealle þa þe unrihtwisnesse ladiað
& scyldað.

lædan, *führen.* *Vgl. beim Dativ § 78.* **Be.** 477, 11 hi hine
gebundenne to him læddon; 17; 483, 31; 486, 26; 497, 36. **Or.**
1, 16 Moyses lædde Israhela folc from Egyptum ofer þone Readan Sæ; 36, 23; 188, 14; 208, 16; 218, 33. **Cp.** 146, 11 hie
mægen lædan þa heortan; 314, 14; 423, 19. **Bo.** 56, 11 se
wisa mon eall his lif læt on gefean; 120, 2; 256, 10; 262, 25;

320, 22. **So.** 190, 12 þæt ðu me lædе. **Ps.** 5, 8 læd me on þine rihtwisnesse; 7, 8; 19, *ü.*; 25, *ü.*; 42, 3. **Le.** 88, 34 þa men þe hie up mid him leden.

læfan, *übrig lassen. Vgl. beim Dativ § 78.* **So.** 202, 20 þara freonda þe hi bestan heom lefdon (*der Dativ* heom *gehört zu* bestan; *statt* lefdon *besser* hefdon?) on þisse weorulde. **Ps.** 16, 14 þæt þæt hi hæfon, healdan heora bearnum; 36, 36 se gesibsuma læfð (*Tanger:* lærð) symle yrfeweard æfter him. **Le.** 62, 39 eal þæt flæsc þæt wildeor læfen, ne eten ge þæt.

læran, *lehren. Der Akkusativ ist meist der der Person, oft aber auch der der Sache; mit beiden gleichzeitig kommt* læran *auch vor, s. § 117. Vgl. aber auch beim Dativ § 78.* **Be.** 471, 19 ðe gedafenaþ ðine ðeode to læranne; 480, 31; 481, 5; 486, 15 (*Sache*); 489, 4; usw. usw. usw. **Or.** 82, 29 se hiene wæs georne lærende; 242, 31; 294, 15. **Cp.** 116, 24 ðonne we ure hieremen lærað & ðreageað; 130, 4, 14; 188, 15; 250, 24; usw. **Bo.** VI, 30 hu se Wisdom hine lærde; VIII, 20; XII, 18; 6, 26; 264, 19. **So.** 163, 8 ic lære ælcne ðara þe ....; 15; 165, 19; 167, 7, 11; 169, 35; 171, 6; 180, 4; 184, 34. **Ps.** 2, 6 ic lære his willan & his æ; 10, *ü.* his geferan hine lærdon; 1; 24, 4; 25, *ü.*; 32, *ü.*; 33, *ü.*; 36, *ü.* (*Sache*); 46, *ü.*; 47, *ü.* **Le.** 64, 49, 1 Cristes æ to læranne; 66, 7.

læstan, *befolgen, ausführen.* **Be.** 642, 21 ða wel heold & læste oþ his lifes ende. **Or.** 242, 6 þeh þe he hie self læstan ne þohte.

lætan. — 1. *lassen, zurücklassen.* **Be.** 472, 26 ne let ic þæt unwriten. **Or.** 17, 9 let him ealne weg þæt weste land on ðæt steorbord; 46, 21; 106, 19; 170, 1; 172, 22; 190, 1; 240, 4; 280, 24. **Cp.** 248, 10 ne læt ðu to elðiodegum ðinne weorðscipe. **Bo.** 110, 29 lætaþ þine feawan getreowan mid þe; 370, 19. **So.** 181, 12 letan hyt to þinum dome. **Le.** 58, 12 læte hie freo on elþeodig folc.

2. *zulassen, erlauben. Mit Akkusativ und Infinitiv.* **Bo.** 6, 19 lætaþ hine eft hweorfan to minum larum. **So.** 170, 34 ne læd me nanwiht oferwinnan on þis wege; 186, 31. **Ps.** 15, 10 ne þinne gehalgodan ne lætst forrotian ne forweorðan; *ähnlich* 29, 1; *usw.* **Le.** 32, 30 ne læt þu þa libban.

læðan, *beschuldigen.* **Ps.** 40, 7 hy me leahtrodon & læðdon.

læwan, *verraten.* **Ps.** 3, *ü.* be Judan Scarioth, þe hine læwde.

laðian, *(ein)laden.* **Be.** 483, 34 ðe hi ær hider laþedon & cygdon; 508, 33; 526, 31; 568, 18. **Cp.** 322, 20 ne laða ðærto no ðine friend; 378, 22; 405, 22.

leahtrian, *beschuldigen, tadeln.* **Or.** 62, 33 þe þa tida ures cristendomes leahtriað; *ebenso* 92, 28; 136, 31. **Ps.** 40, 7 (*s.* læðan).

lean, *tadeln, verachten. Vgl. beim Dativ §§ 66. f., 78.* **Be.**

471, 17 yfelne to leanne. **Cp.** 110, 6 swæ hie hit lean sceoldon; 401, 26; 427, 12. **So.** 197, 2 ne lèa ic þe na.

leanian, *belohnen. Vgl. beim Dativ §§ 67. ii., 78.* **Cp.** 391, 10 ðonne unnyttan men ða godcundan gife nyllað leanian mid ryhtum weorcum.

leccan, *befeuchten.* **Bo.** 358, 7 hæglas & snawas & se oftræda ren leccaþ ða eorþan on wintra.

lecg(e)an, *legen.* **Cp.** 142, 13 þe willað under ælcne elnbogan lecgean pyle & bolster under ælcne hneccan; 160, 12; 218, 6; 326, 1; 342, 20. **Bo.** 82, 7 þa het he hi bindan & on balcan legan; 380, 21. **Ps.** 8, 7 ealle gesceafta þu legst under his fet.

lemian, *lähmen, gefügig machen (?).* **Cp.** 303, 11 wildu hors .. , . we hie ðacciað & straciað mid bradre handa & lemiað.

leornian, *lernen.* **Be.** 526, 37 sealmas leornian. **Or.** 286, 4 þæt mon nane fæste boc ne leornode. **Bo.** 78, 3 leorniaþ wisdom; 350, 14. **So.** 174, 16 wost þu þæt þu leorneodes þone crcft; 200, 4, 21.

lesan, *sammeln.* **Bo.** 148, 5. lisþ & gadraþ unþeawas.

lesan, *einlösen.* **Le.** 74, 6 gif he þa hand lesan wille (= redimere); 88, 32.

lettan, *hindern, aufschieben.* **Bo.** 272, 10 þæt þu me no leng ne lette; 374, 26 oþ oreldo hi hine hwilum lettaþ. · **So.** 185, 5 gyf hi ðe myrrað & lettað þæs lichoman mettrimnysse.

licettan, *vorgeben, heucheln, verhehlen. Vgl. § 78.* **Be.** 602, 19 ða licettan hi fleam beforan him (= simulantibus fugam hostibus). **Cp.** 100, 8 he licette hiene selfne ðæt he wære ungeleaffull; 120, 22 licet wið hie ma geferrædenne ðonne ealdordome *(ist* ma *Adverb und* geferrædenne *Akkusativ, so mufs* dome *zu* dom *geändert werden; sollen die Hauptwörter aber von* ma *abhängige Genitive sein, so müfste* domes *statt* dome *stehen; S w e e t: über-setzt:* affecting familiarity rather than authority; *das Lateinische giebt keinen Anhaltpunkt; C o s i j n nimmt Dativ an, das einzige, was für beide Formen möglich ist);* 150, 13; 220, 23. **Bo.** 110, 9 mid þære hiwunga ðe hio licet þæt hio sie god; 140, 17. **Ps.** 40, 9 þeah he liccete untrymnesse.

liefan, *erlauben, zulassen. Vgl. beim Dativ §§ 74. j., 78.* **Le.** 96, 6 þæt we ne liefað.

liffæstan, *beleben.* **Be.** 500, 20 ðonne hine God liffæsteþ.

lifigean, leofian, *leben. Vgl. beim Dativ § 75. I. v.* **Be.** 510, 31 heo moste ðone geleafan & bigong hire æfæstnysse ... ðy Cristenan ðeawe lifigean & ðone wel healdan (= servaret); 599, 28 lifde his lif; 621, 29 heora noma leofaþ wide ferhþ in ecnesse.

liðan, *lindern.* **Cp.** 124, 12 *(vgl.* hælan).

loccian, *locken.* Cp. 182, 19 mon sceal done welegan ofermodan to him loccian.

lofian, *loben.* Be. 547, 36 hu hi God lofodon & heredon. Cp. 346, 4 lofiad God mid tympanan & on choro. Ps. 12, 6 ic . . . lofie þinne naman.

longian, *verlangen. U.* Or. 84, 27 þæt us nu wfter swelcum longian mæge.

lufi(ge)an, *lieben.* Be. 478, 35 de hine lufian wyllaþ; 488, 16; 490, 18; 509, 15; 535, 15; 541, 12; 545, 17; 546, 4; 579, 16; 587, 31; 593, 31; 616, 19. Or. 52, 1 he swidor lufade wifa gebæro þonne wæpnedmonna; 58, 22; 106, 24; 210, 6. Cp. 4, 6; 134, 23 þe hie to swide lufad; 142, 4; 168, 18; 232, 1; 298, 6. Bo. 44, 1 hio nanwuht elles ne lufad butan þe; 58, 19; 60, 26; 62, 19; 74, 6; 128, 28; 300, 28; 324, 19. So. 165, 25 þu þe þe lufad wall þæt þe lufian mæg; 166, 27, 30; 169, 11, 33; 172, 3; 178, 13; 194, 5; *usw. usw.* Ps. 4, 3 hwi lufige ge idelnessa; 5, 12; 10, 6, 8; 17, 1; 21, 7; 24, 8; 34, 14. Le. 58, 1 ne lufa þu odre fremde godas ofer me; 66, 7. Di. 69 eallum þam þe godes willan wyrcead & lufiad.

lustfullian, *sich ergötzen an. Kommt sonst mit dem Genitiv vor, s. § 15. h., oder mit dem Dativ, s. §§ 73. e., 75. III. e.* Be. 488, 8 *(vgl. § 75. III. e.).*

lyfan, *glauben.* So. 173, 13 we nyton fæla þæs þe we lyfad.

lystan, *gelüsten.* · *Meist U. Vgl. beim Genitiv § 35, beim Dativ § 76. q.* Be. 618, 16 hine lyste mid him etan. Or. 50, 17 swa hwelcne mon swa lyste· þæt witan; 102, 25. Cp. 278, 5 æt ærestum lyst done mon unnyt sprecan; 7; 284, 9; 391, 25; 459, 3. Bo. II, 16 ælcne þara de þas boc rædan lyste; 32, 16; 34, 19; 88, 8; 142, 9; 192, 1; 196, 18; 222, 1, 26; 286, 15; 304, 16; 314, 25. So. 163, 6 me ne lyste ealne þane wude ham brengan; 164, 3; 171, 17; 182, 11.

lytlian, *verkleinern.* Cp. 290, 2 lytlien da grambæran hiera gedrefednesse. Bo. 160, 1 þonne lytlaþ þæt| his anweald.

macian, *machen.* Bo. IV, 25 sæde him bispell hu he hit § 107 macian sceolde gif he heora þegen beon sceolde; 252, 13 þæt is þæt behste god, þæt hit eall swa mihtiglice macaþ.

mænan, *meinen.* Cp. 136, 20 he gecydde hwæder he mænde, þe dæs modes foster þe dæs lichoman; 372, 25; 451, 36. Bo. 18, 1 hwæt þu mæne nu þu þone geleafan hæfst; 176, 9; 306, 30 (menþ); 334, 13. So. 197, 18 hwæt mænde cwist (= Crist?), þa cwæd on hys godspelle.

mænan, *beklagen. Über eine fragliche Stelle mit dem Genitig vgl. § 15. i.* Or. 5, 23 hu |Scipia . . . mænde his earfeþa to Romano weotum; *ebenso* 224, 24; *ähnlich* 232, 7; 240, 9; 242, 19. Bo. IV, 14 hu Boetius . . . his earfoþu to Gode mænde;

42, 16. **Ps.** 7, *ü.* mænð his earfoðu to Drihtne; *ebenso* 11, *ü.*; *ähnlich* 37, *ü.*

mærsian, *feiern.* **Be.** 479, 25 symbeldagas mærsedan; 496, 23; 497, 1; 507, 12; 644, 31. **Cp.** 366, 14 ðæt mon his hligsan & his noman mærsige.

mætan, *träumen.* *U.* **Bo.** X, 8 swelce hi mæte; 140, 1 swelce eow mæte.

mani(ge)an, monian, *ermahnen.* **Be.** 481, 5 hi manedon & lærdon; 492, 22; 502, 3, 8; 505, 6; 512, 35; 514, 37; 568, 10; 579, 15; 595, 20. **Cp.** 158, 9 Paulus us manode; 168, 16; 172, 8; 174, 12; 188, 17; 250, 22; 280, 8; 288, 20; 371, 11 *(hier hat C den Dativ!)*; 465, 35. **So.** 166, 10 us mannað þæt we to þe becumen; 167, 2; 190, 25.

mannian, *bevölkern.* *P.* **Bo.** 90, 17 þæt he hæbbe his land full mannod.

mawan, *mähen.* **Be.** 474, 32 ðær nænig mann for wintres cyle on sumera heg ne maweþ. **Or.** 92, 15 gelice & mon mæd mawe.

mearcian, *bezeichnen.* **Bo.** 336, 19 ælc cræftega þencþ & mearcaþ his weorc on his mode.

mengan, *vermischen.* **Cp.** 124, 13 ðæm lareowe is to mengenne ða liðnesse wið ða reðnesse. **Bo.** 72, 23 nanne wætan hi ne cuþon wið hunige mengan.

metan, *treffen.* **Be.** 472, 19 we ða .... metton; 516, 30. **Or.** 17, 23 ne mette he ær nan gebun land; 76, 17; 78, 25; 112, 17; 114, 3; 116, 32; 118, 33; 134, 31; 144, 28; 154, 20. **Cp.** 166, 21 ðeah hiene ðær meten ða nihstan ðæs ofslægenan; 393, 5. **Bo.** 190, 12 ðonne metaþ hi nauþer ne god selfne ne þone dæl godes ðe hi ....; 296, 25.

metan, *messen, vergleichen.* **So.** 196, 29 me þincð uneðe þæt ðu hi togædere metst. **Ps.** 15, 6 þu gedydest þæt we mætan ure land mid rapum.

metsian, *füttern. (?)* **Ps.** 43, 13 *(vgl.* geþafian, *§ 78).*

miclian, *vergrößern, verherrlichen* (= magnificare). **Be.** 505, 19 (*s.* hean). **Ps.** 19, 7 we þonne on þæm naman Drihtnes ures Godes us micliað; 33, 3; 47, *ü.*

mi(e)rran, myrran. — 1. *hindern.* **Or.** 262, 21 God nolde þæt hie þone cristendom mierde leng. **Cp.** 96, 17 sio ofersmeaung mirð ða unwisan; 401, 17; 453, 4 se screncð ðone blindan ðe ðone ungesceadwisan mirð. **Bo.** XII, 4 hu ðes anwearda wela merþ ða men þe ...; 180, 22. **So.** 185, 5 gyf hi ðe myrrað.

2. *verschwenden.* **Cp.** 324, 3 ðylæs mon unnytlice mierre ðæt ðæt he hebbe.

murnan, *sich kümmern um, eigentlich: bejammern.* **Bo.** 288, 10 se ðe hiora welt ne murnþ nauþer ne friend ne fiend þe ma ðe wedende hund.

myndgian, *erinnern*. *Vgl. beim Genitiv §§ 14. m., 37. f.* Bo. 52, 9 ic ðe mindgige [ꝥæt þu ongite.

mynegian, *erinnern*. *Vgl. beim Genitiv §§ 14. n., 37. g.* So. 180, 9 wel þu me mynegast.

myntan, *vorschlagen*. Bo. 248, 3 wit sculon secan þæt þæt wit ær mynton.

myrran, *s.* mierran.

mysc(e)an, *betrüben*. Ps. 41, 11 me mysceað mine fynd.

nætan, *unterwerfen*. Cp. 352, 10 mid ðy ðæt he næte his § 1 unðeawas.

nemnan, *nennen*. *Vgl. § 78.* Be. 507, 15 nemdon heo hine swa; 528, 28; 594, 39. Or. 10, 1 þe mon Athlans nemneð. Cp. 2, ü. þe man Pastoralem nemnað. Bo. 130, 28 þe we ær nemdon; *ebenso* 30; 192, 21; 240, 20; 284, 25. So. 172, 29 nu ðu hi togeadere nest [nemnest]; *ebenso* 31. Ps. 48, 10 hi nemnað hiora land and hiora tunas be heora naman.

neosian, *besuchen*. *Kommt auch einmal mit dem Genitiv vor, s. § 16. h.* Be. 554, 7; 568, 17 se þe gewunade ure broþor neosian; 593, 31; 605, 35; 607, 12; 632, 28; 637, 30. Ps. 8, 5 se mannes sunu, þe þu oftrædlice neosast.

n(i)edan, **nydan**, *nötigen*. Be. 488, 14 he mænigne hwæþere nydde to Cristenum ðeawe; 494, 10; 543, 18; 564, 6, 39; 566, 35. Cp. 58, 11 ðeah hiene mon niede; 270, 16. Bo. 78, 20 nidde hie æfter' gafole; 370, 6; 382, 13. Le. 62, 35 ne niede þu hine swa niedling.

niman, *nehmen*. *Vgl. beim Dativ § 78.* Be. 472, 28 sume ic ærest nom of ðam gewritum; 473, 17 *(P.)*; 480, 24; 481, 6; 484, 15; 500, 32; 524, 31. Or. 7, 12 hu Brettanie namon Maximianum him to Casere ofer his willan; 21, 3; 32, 15; 76, 10; *usw. usw. usw.* Cp. 130, 6 nime ge ða þe on ðæm hiorede unweorðuste sien. Bo. 28, 13 þæt heo . . . oþre þeawas nimen; 58, 21; 110, 28; 142, 26; 232, 16. So. 166, 22 ealle þa þe god sint we namon. Le. 62, 28 ꝥæt hit here ·name; 88, 34.

nitan, *s.* witan, § 115.

nyrwan, *zwingen*. Be. 628, 43 me nyrwdon & me tobeotodan.

nyttian, *benutzen*. So. 187, 4 þæt he ne mage . . . hine nyttian. *Kurz nachher steht der Genitiv, s. § 19. f.*

ofaceorfan, *abschneiden*. *Vgl. beim Dativ § 78.* Or. 68, 12 § 1 he . . . het . . . mid æxsum heora heafda ofaceorfan. Cp. 140, 5 swæ he mæge hie ieðlice butan sare ofaceorfan.

ofadon, *wegnehmen*. Bo. 332, 9 þonne ðer an tweo ofadon biþ. Le. 102, 70 gif mon . . . ban ofado; *ebenso* 104, 74.

ofadrifan,· *wegtreiben*. Le. 80, 16 gif mon . . . cealf ofadrife.

ofasciran, *abscheeren.* **Le.** 90, 5 gif he þone beard ofa-scire.

ofaseoðan, *auskochen.* **Be.** 576, 29 eall þæt seofn ðære singalan costnunge ofasude.

ofaslean, *abhauen.* *Vgl. beim Dativ § 78.* **Be.** 478, 36 his heafod ofasloh. **Le.** 60, 20 gif he .... þone toð ofaslea.

ofateon, *wegziehen.* *Vgl. beim Dativ § 78.* **Be.** 533, 34 þæt gebætel ofateah. **Bo.** 122, 21 gif ðu . . . hi ofatihst of ðone grund.

ofbeatan, *niederhauen.* **Or.** 88, 26 Claudium þone ænne (sc. consul) mid saglum ofbeotan.

oferbrædan, *überdecken.* **Be.** 575, 7 leoht ... hie calle oferbrædde. **Cp.** 336, 13 swæ he hit oferbræt.

oferbrecan, *verletzen.* **Or.** 108, 8 he oferbræc heora ge-cwedrædenne; *ebenso* 242, 8.

oferclimman, *ersteigen.* **Or.** 134, 13 Alexander hrædlice þone weall self oferclom.

ofercuman, *besiegen, unterwerfen.* **Be.** 499, 17 Æþelfriþ . . . Scotta ðeode mid gefeohte ofercom. **Or.** 5, 27 se consul ofercom Betuitusan; 70, 23; 96, 16; 126, 1; 174, 6; 178, 2; 228, 3; 250, 8; 278, 23. **Cp.** 218, 17 se ... þe his agen mod ofercymð; *ähnlich* 18; 228, 8. **Bo.** 118, 5 þu me hæfst . . . ofercumenne; 202, 10 (orcuman); 210, 14; 238, 2; 280, 21. **So.** 166, 33 þurh þe we ofercumað ure feond; 167, 27; 182, 18. **Ps.** 15, 2 ic moste ofercuman þa þeoda, þe me ungeðwære wæron; 46, 1.

oferdrencan, *trunken machen.* **Or.** 222, 6 hie hie selfe mid ealoð oferdrencton. **Cp.** 260, 15 se þe us oferdrencð mid ðæs eccan lifes liðe; 380, 5. **Bo.** 132, 10 *(P.).* **Ps.** 35, 8 *(P.)*; 44, *ü. (P.).*

oferdrifan, *durch Treiben bedecken.* **Or.** 40, 1 þeah hit wind oððe sæs flod mid sonde oferdrifen.

oferfaran, *durchreisen, fahren über.* **Be.** 587, 7 ðæs ðe he sæ oferfaren hæfde. **Or.** 72, 29 þa ea oferfaran wolde; 186, 20 þa muntas oferfor; *ebenso* 198, 25.

oferferan, *durchreisen.* **Be.** 629, 31 oferferdon ðas wunu-nesse ðara gasta. **Or.** 18, 34; 38, 30 hi drigan fotan þæne sæ oferferdon.

oferfindan, ?. *P.* **Or.** 296, 9 siþþan þæt folc oferfunden wære; *Thorpe:* oferwunden = overcome; *richtiger wäre wohl:* oferwunnen.

oferflitan, *besiegen.* **Or.** 284, 1 hiene (= Arrius) to ofer-flitanne & to amansumianne.

oferflowan, *überfluten.* **Or.** 32, 6 Jordanis seo ea ælce gearc þæt land middeweard oferfleow mid fotes þicce flode. **Ps.** 41, 8 þine yþa me oferfleowon.

oferfon, *ergreifen*. **Or.** 164, 32 he . . . hiene oferfon het & ahon.

ofergangan, *überschreiten*. **Be.** 478, 32 fram ðære burnan, ðe he wr drigum fotum ofereode. **Or.** 160, 31 gebidon þæt se ege ofergongen wæs. **Bo.** 200, 9 heora nan oþres mearce ne ofereode.

ofergrowan, *überwachsen*. **Cp.** 336, 8 he ofergreow ðæt lond butan wrestme.

oferhebban, *übergehen*. **Or.** 42, 1 ic his sceal her fela oferhebban & þa spell . . . gescyrtan. **Cp.** 54, 17 wile hit ðonne oferhebban.

oferhergian, *plündern*. **Or.** 3, 1 hu Gallie oferhergodon Romana lond; 4, 9; 48, 20; 100, 30; 276, 4; *usw. usw.*

oferh(i)eran, *hören*. *In der Bedeutung „nicht gehorchen" hat das Wort den Dativ, s. § 70. o.* **Or.** 54, 28 þonne he þara manna tintrego oferhierde.

oferhlæstan, *überladen*. **Or.** 176, 18 mid þære herehyþe Romane oferhlæstan heora scipa; *ebenso* 27; 246, 11.

oferhleapan, *überspringen*. **Be.** 509, 14 halum gongum his modes he glædlice all eorþlic ðing wæs oferhleapende; 619, 17 þæt hors . . . sum slog on ðam wege mid swiþran ræse oferhleop & oferstælde.

oferhlifian, *überragen*. **Cp.** 110, 1 ðonne he swæ swiðe oðre oferhlifað, ðæt hie ealle liegeað under his willan.

oferhogian, *verachten*. **Bo.** 26, 19 oferhoga hi þonne & adrif hi fram þe. **Le.** 66, 7 þam, þe hine oferhogodon.

oferirnan, *überraschen*. **Be.** 622, 32 me leoht slæp oferarn.

oferlihtan, *überstrahlen*. **Bo.** VI, 9 hu heo (= seo sunne) oferliht ealle oþre steoran.

oferniman, *wegnehmen*. *P.* **Be.** 474, 39 sona wæs þæt atter ofernumen.

oferreccean, *überführen*. **Cp.** 204, 3 *(P.)*; 17 ðæt he ða lotwrenceas oferwunne & oferreahte; 307, 6 *(P.)*. **Bo.** 214, 23 nu þu hæfst me swiþe rihte oferreahte.

oferridan, *durchreiten*. **Be.** 540, 18 þæt he . . . on ðam (sc. horse) mihte fordas oferridan, ðonne he to hwylcere ea come.

ofersceadian, *überschatten*. **Cp.** 336, 11 se fiicbeam ofersceadoð ðæt land.

oferseon, *überblicken*. **Bo.** 12, 14 þu þe ealle gesceafta ofersihst; *ähnlich* 270, 7.

ofersittan, *in Besitz nehmen*. **Bo.** 94, 21 þone mæstan dæl his hæfþ sæ ofersdeten; *ebenso* 23.

oferstælan, *überführen*. **So.** 197, 32 ic eom geðafa þæt ic eom swiðe rihte ofersteled; 34 þonne ðu me myd þillicum oferstælest; 35 þonne ic oðerne man oferstælde.

oferstæppan, *überschreiten*. **Bo.** 114, 27 þæt heo ne mot þone þeoreswold oferstæppan.

oferstellan, *überschreiten*. **Be.** 619, 17 (*s.* oferhleapan).
oferstigan. — 1. *übersteigen*. **Be.** 532, 3 heo ða ðystre
ðysses andweardan middangeardes oferstah. **Or.** 172, 21 on anre
diegelre stowe þone munt oferstag. **Cp.** 433, 8 sume ða yða he
becerð mid ðy scipe, sume hit oferstigð.
2. *übertreffen*. **Be.** 514, 9 ealle cyningas in mihte & on
rice feor oferstigest; 637, 4. **Cp.** 32, 13 se se þe ealne ðone
wisdom ðæra uferrena gasta oferstigð; 100, 13.
        oferswiðan, oferswyðan, *besiegen*. **Be.** 478, 1 he hine
. . . oferswiþan ne mihte; 487, 1; 500, 23; 524, 27; 575, 21;
581, 23; 648, 34. **Or.** 30, 22 þæt hio hy oferswiðde; 112, 23;
160, 5; 182, 7 *(P.)*; 292, 8. **Cp.** 118, 16 ðylæs ðæt geðoht
hiene oferswiðe; 224, 13; 226, 13; 439, 4; 467, 17. **Bo.** 282,
1 *(P.)*; 350, 23 hi nan ne mihte mid nanum wite oferswiþan;
26. **So.** 167, 14 ðu þe oferswiðdest ðonne deað. **Ps.** 15, 8
(P.); 46, 9 he oferswiðde þa strangan kynincgas ofer eorðan;
47, *ü.* **Le.** 96, 43 Crist þone deofol oferswiðde.
        ofersylefrian, *versilbern.* **Or.** 138, 31 eall heora wæpn
ofersylefredan; *ähnlich* 146, 23 *(P.)*.
        oferteon, *überziehen*. *P.* **Bo.** 330, 6 ðonne se fulla mona
wyrþ ofertogen mid þiostrum.
        oferþeccean, *bedecken*. *P.* **Ps.** 28, 7 he onwreah þa eor-
ðan, þe ær wæs oferþeaht mid feondum.
        oferþeon, *übertreffen*. **Cp.** 110, 15 ðæt he hæbbe hie ofer-
ðungne on his lifes gecarnunga; 212, 11; 411, 36. **Bo.** 42, 30
seo hæfð ealle oþru wif oferþungen mid clænnesse; 204, 17.
        oferwadan, *durchwaten*. **Or.** 72, 33 þæt hie (= þa ea)
mehte wifmon be hiere cneowe oferwadan.
        oferweorpan, *niederwerfen*. **Be.** 533, 40 (þæt hors) on-
gan walwian & on gehweþære sidan gelomlice hit *(refl.)* oferweorpan. **Le.** 78, 1 gif he hie (= cirlisce fæmnan) oferweorpe.
        oferwinnan, *besiegen*. **Be.** 480, 28 þæt hi mihton heora
fynd oferwinnan. **Or.** 3, 14 hu he Darius þone cyning oferwon;
17; 5, 3; 30, 11; 78, 3; *usw. usw. usw. Vgl. auch* oferfindan.
Cp. 204, 17 (*s.* oferreccean). **So.** 170, 34 læd me nanwiht oferwinnan on þis wege.
        oferwreon, *bedecken*. *P.* **Bo.** 330, 21 þæt dysig þæt hit
ær mid oferwrigen wæs.
        oferwyrcan, *bedecken*. **Or.** 168, 15 he hit oferworhte mid
weaxe.
        offaran, *einholen*. **Or.** 118, 1 offor hiene; 154, 6 Taren-
tine . . . . þa oþre hindan offoran.
        offellan, offyllan, *fällen, töten*. **Be.** 582, 33 woldon heo
sylfe oððe offyllan oððe adrencan. **Le.** 78, 13 gif mon oðerne
æt gemænan weorce offelle ungewealdes.
        ofgefon, *heraus fangen*. **Le.** 72, 5 gif he þær *(d. h. aus
der Kirche)* mare ofgefo.

ofgifan, *aufgeben, verlassen.* **Or.** 32, 20 hi hiora land of-geafan..

ofhnitan, *zu Tode stofsen.* **Le.** 60, 21 gif oxa ofhnite wer oððe wif.

ofirnan, *überholen.* **Bo.** 356, 18 oþ he (= se æfensteorra) ofirnþ þa sunnan hindan.

ofmunan, *sich erinnern an.* **Cp.** 224, 19 ðonne he hit eft ofman. **Bo.** 390, 19 ne ofman he mæfre nanwuht. **So.** 198, 4 ic hyt næfre eft ne ofmunde.

ofsceotan, *erschiefsen, verwunden.* **Or.** 30, 13 *(P.);* 144, 27 *(P.);* 216, 22 oþ mon his hors under him ofsceat. **Cp.** 226, 8 he on ðæm forman gefeohte hiene ne meahte ofsceotan mid ðæm bismere.

ofscotian, *schiefsen.* *P.* **Or.** 206, 14 wæs Romana fela mid flanum ofscotod & mid stanum oftorfod.

ofsittan. — 1. *bedrängen.* **Cp.** 64, 8 se se þe bið ofseten mid ðæm ðiestrum ðisses andweardan lifes. **Bo.** VI, 3 þæt hit wære ofseten mid ðæs laþes sare. **So.** 198, 21 *(P.).* **Ps.** 21, 10 þa fættan fearas me ofsæton; *ähnlich* 14.

2. *besitzen.* **Cp.** 76, 11 ðætte sio oferflownes ðara geðohta ne meahte ofsittan þæs sacerdes heortan. **Bo.** 280, 21 ic wat þeah þæt swongornes hi ofsit; *ähnlich* 27.

ofslean, *erschlagen.* *Vgl. beim Dativ § 78.* **Be.** 499, 33 *(P.).* **Or.** 1, 18 *(P.);* 2, 20 *(P.);* 4, 5 ofslog þa ungemetlican nædran; 32; 30, 12; *usw. usw. usw.* **Cp.** 122, 6 he ofslog æg-ðer ge ða suna ge hiene selfne; 166, 2; 198, 2; 234, 2; 266, 4; 360, 1. **Bo.** 2, 17 he Johannes þone papan het ofslean; 58, 32; 88, 12; 162, 19; 174, 7; 252, 30; 332, 13. **Ps.** 3, 6 þu ofsloge ealle þa ðe me wiðerwearde wæron; 7, 4. **Le.** 58, 13 se þe monnan ofslea; *gleich darauf ebenso;* 60, 13, 21, 24, 25 *(P.);* 70, 5; 76, 3; 82, 21; *usw. usw.*

ofsmorian, *erwürgen, ersticken.* **Or.** 288, 2 þa wearþ Ju-ninianus mid þæm bræþe ofsmorod; 294, 9 hiene ofsmorode Ambogestes his ealdormon.

ofstician, *erstechen.* **Or.** 244, 18 hiene mid heora metse-acsum ofsticedon inne on heora gemotærne; 246, 30 *(R.);* 234, 26 *(R.).*

ofstingan, *erstechen.* **Or.** 118, 34 hiene ofstang; 156, 11; 258, 10 *(R.);* 262, 4 *(R.);* 286, 22, 26; 294, 29 *(R.).* **Cp.** 294, 16 ðæt ic ðe ne ðyrfe ofstingan; 296, 10. **Le.** 60, 21 gif he (= se oxa) þonne þeow oððe þeowmennen ofstinge.

ofswelgan, *verschlingen.* **Bo.** 106, 15 þone he anan of-swelgþ.

ofswingan, *zu Tode geifseln.* **Or.** 154, 8 sume ofslogon, sume ofswungon.

ofþryccean, *bedrücken.* **Cp.** 66, 13 se þe sio byrðen of-ðrycceð; 455, 25. **Bo.** 36, 11 ic com mid þæs laþes sare swa

swiþe ofþrycced. **Ps.** 38, *ü.* mid hu manegum unrotnessum he
wæs ofðrycced.
    ofþryscan, *unterdrücken.* **Cp.** 84, 12 ðæt he ... ofðrysce
ða lustas his unðeawa; 144, 1; 409, 1.
    oftredan, *niedertreten.* **Or.** 260, 18 þær wæron XXXM
ofslagen & æt þæm geate oftredd (*C.:* oftreden). **Ps.** 7, 5 oftreden on eorðan min lif; 35, 11.
    oftyrfan, oftorfian, *steinigen.* **Or.** 172, 28 hiene oftyrf-
don his agene geferan; 206, 15 (*s.* ofscotian).
    ofweorpan, *tot werfen. P.* **Or.** 158, 32 he ... þær wearð
mid ane stane ofworpen.
    ofworpian, *tot werfen. P.* **Le.** 60, 21 sie he mid stanum
ofworpod.
    onælan, *anzünden. Meist bildlich.* **Be.** 516, 16 sy fyr onæ-
led. **Cp.** 258, 12 ðonne he hiene onælð mid ðæm tapore ðæs
godcundan liegges; *ähnlich* 290, 23; 435, 9. **Bo.** 62, 19 hwi
eart þu ðonne onæled mid swa idele gefean; *ähnlich* 120, 3. **Ps.**
2, 13 þonne his yrre byð onæled; *ähnlich* 9, 21; 17, 9, 27.
    onbærnan, *anzünden, entflammen, aneifern.* **Be.** 502, 30
ðæs gastlican leohtes gyfe onbærnde; 520, 19; 542, 25; 548, 25;
549, 9; 596, 37 *(P.);* 621, 6. **Or.** 144, 32 þa burgware self
hit (= þæt fæsten) onbærndon an feower healfa; 158, 6; 200,
15; 260, 30; 270, 1 *(P.).* **Cp.** 164, 4 mid ðisse pannan hiers-
tinge wæs Paulus onbærned; 292, 14 *(P.);* 294, 25 *(P.).*
    onbeodan, *ankündigen. Vgl. beim Dativ §§ 69. y., 78.* **Or.**
208, 34 hit Scipia oftrædlice ham onbead.
    onbestingan, *hineinstechen in. P.* **Le.** 102, 67 gif hio (=
sio lendenbræde) bið onbestungen.
    onblawan, *aufblasen. P. Vgl. § 75. II. e.* **Be.** 507, 13
wæron heo mid elreordre dysignesse onblawne.
    onbryrdan, *aneifern.* **Be.** 559, 3 *(P.);* 580, 36 *(P.).* **Cp.**
168, 8 buton hiene sio myndgung ðara haligra gewrita onbryrde.
Bo. 20, 17 þæt ic þe healicor mæge onbryrdan. **So.** 179, 25
þæt he us onbrirde.
    oncnawan, *erkennen.* **Be.** 478, 1 ða se dema þæt ða on-
cneow; 491, 5; 515, 20; 548, 37; 643, 21. **Or.** 38, 25 þæt
man mæg þanon oncnawan. **Bo.** 6, 23 hwæþer hit oncneowe
his fostermodor; 22, 16; 24, 20.
    oncunnan, *anklagen. Die Sache, deren man anklagt, steht
im Genitiv, s. § 37. h.* **Be.** 640, 9 he wæs oncunnen fram ðam
ylcan cyninge. **Cp.** 354, 15 ðonne oncuðon hie me butan scylde.
    oncyrran, *wenden.* **Be.** 514, 33 ðæs cyninges heorte is
oncyrred. **Bo.** 28, 24 wenst þu þæt ðu þæt hwerfende hweol,
þonne hit on ryne wyrþ, mæge oncyrran.
    ondettan, *s.* andettan, *§ 97.*
    ondon, andon, *öffnen.* **Or.** 106, 14 þonne andydan hie
þa duru; 250, 1 þa ondyde he eft Janes duru; 254, 17 þa wearð

eſt Janes ðuru andon. Ps. 38, 11 þa geswugode ic, & ne ondyde na minne muð.
  ondrædan, *fürchten.* Vgl. §§ 75. *1. aa., 78.* Be. 477, 23
he ne wæs ondredende ða beotunge; 485, 28; 509, 23. Cp. 144,
9 ne ondrædað ðone dom þe ðæræfter fylgeð. Bo. 108, 13 ic
hit no ſelfe nauht ne ondrædе; 160, 23, 24; 272, 6; 368, 7.
So. 181, 30 ic ondrede deað; 183, 23; 185, 6. Ps. 2, 11 ondrædað hine; 11, 4; 21, 21; 24, 12. *Sonſt meiſt refle.viv.*
  oneardian, *bewohnen.* Be. 483, 22 seo ðeod ðe Wiht þæt
ealond oneardaþ; 522, 23; 554, 22.
  onfeohtan, *bekämpfen.* *Kommt auch einmal mit Dativ vor,*
s. § 70. p. Le. 96, 6 gif hine mon on woh onfeohtað.
  onfindan, anfindan, *entdecken, erfahren.* Be. 581, 3 ða
he ða þæt onfunde. Or. 32, 22; 52, 2 þæt þa onfunde Arbatus; 6; 30; 116, 34 *(P.);* 200, 18; 282, 10, 12; *usw.* Cp. 38,
4 he onfunde ðeah Godes irre. Bo. IV, 4 Deodric þa þæt anfunde.
  onfon, *empfangen.* *Kommt auch mit dem Genitiv vor, s.*
§ 16. j., und mit dem Dativ, s. § 75. III. f. Be. 472, 5 Cristes
geleaſan onfeng; 474, 6, 25; 475, 12, 28; 476, 2, 7; 478, 34;
484, 19; 535, 34; 586, 31 & he bæd & onfeng fram him on
trymnesse ðæs mynstres freodomas *(Miller hat das richtigere* freodomes*)* ðe he geworhte privilegium of ðære Apostolican ealdorlicnesse getrymede (= petiitque, & accepit ab eo in munimen-
tum libertatis Monasterii quod fecerat, epistolam privilegii ex
auctoritate Apostolica firmatam). Or. 36, 11 he hi þær onfenge;
98, 25 *(P.);* 280, 15. Cp. 114, 8 he onfeng ðone ealdordom;
144, 18; 328, 4. So. 169, 26 onfoh me nu þinne angene þeawa.
Ps. 2, 12 onfoð lare; 5, 1 onfoh min word; 6, 7; 16, 2; 21,
25; 23, 5; 49, 10; 50, 6 *(P.).* Le. 62, 30 þa fæmnan þe gewuniað onfon gealdorcræftigan; 66, 7; 68, 9; 82, 19, § 3; 92, 2,
  ongebrecan, *zerstören, vernichten.* Be. 583, 26 ofsloh Æ-
þelwealh ðone cyning & ða mægþe mid grimme wæle & herige
ongebræc (= provinciam attrivit).
  ongelædan, *herbeiführen.* Be. 564, 22 þæt he nawyht
wiðerweardes . . . on Angelcynnes cyricean ongelædde.
  ongelihtan, *erleuchten.* So. 163, 23 þæt he . . . mines modes eagan to þam ongelihte þæt ic . . .
  ongeneoman, *wegnehmen.* Vgl. ongeniman *in § 78.* Be.
572, 36 alyfed si . . . owiht of heora æhtum ðurh nydnæme
ongeneoman (= abstrahere).
  ongeþeodan, *hinzufügen.* *(?)* Be. 639, 39 þæt hi on heora
sinoþe gewrit ongeþeoddon *(Miller zieht* sinoþe *und gewrit zu-*
sammen).
  ongierwan, *entkleiden.* So. 195, 11 he . . . hi ealle ongiereð & gemgewlitegað. Vgl. ongyrwan *in §§ 40. w., 78.*
  onginnan, anginnan, *beginnen, versuchen.* Be. 472, 12 ic

dorste ðis weorc onginnan; 475, 20; 503, 37.· **Or.** 94, 18 ic
oþere anginnan sceal; 100, 16; 106, 1; 124, 16; 132, 12; 150,
31; 168, 7; 188, 7; 208, 34. **Cp.** 60, 23 ðæt he mæge abiddan
æt Gode þæt he onginne (= obtinere quae poposcerit); 178, 6;
240, 22; 445, 5. **Bo.** 16, 7 eall þæt mon untidlice onginþ; 136,
17. **So.** 179, 32 þæt he hwæthwugu ne onginne; 188, 11, 23.
ongitan, angitan, *erfahren, erkennen. Kommt auch zweimal
mit dem Genitiv vor, s. § 14. p.* **Be.** 471, 27 eall ðæt he ongeat; 472, 26, 30; 480, 33; 491, 5; 494, 26; 496, 28; 504, 1;
515, 20; 562, 6. **Or.** 60, 10 þæt hit mon geornor ongietan
mæge; 146, 19; 194, 9. **Cp.** 4, 12 hie heora nanwuht ongietan
ne meahton; 22, 21; 110, 14; 114, 6; *usw.* **Bo.** II, 16 gif he
hit rihtlicor ongite; VI, 3; 2, 19; 4, 11; 8, 1; 18, 26; 74, 22;
140, 3; *usw. usw.* **So.** 164, 19 þe hit ær ... ongytan ne meahte;
166, 19; 169, 4, 17; 171, 10; 172, 20; 174, 4; *usw.* **Ps.** 5, 1
ongyt mine stemne & min gehrop; 3; 8, 4; 13, 3; 15, 8.
onhadian, *absetzen.* **Le.** 82, 21 hine (= preost) biscep
onhadige.
onhætan, *erhitzen, entzünden.* **Or.** 54, 28 þa þæt þa onhæt wæs; 186, 19 het he hiene mid fyre onhætan. **Cp.** 411, 7
ðonne hira mod ne beoð onhæt mid nanre manunge ðære hreowsunga.
onhagian, *möglich sein, passen. U. Vgl. § 76. v.* **Or.** 190,
33 ond sume, þa þe heora hlafordas freogean noldon, .oþþe hie
ne anhagade þæt hie mehten, þonne .... **Cp.** 340, 13 hwæt
hiene onhagige to sellanne; 417, 17. **So.** 177, 25; 188, 23 gyf
me onhagað; 200, 22. **Ps.** 40, 1 gif hine to onhagað; gif hine
ne onhagað.
onhergian, *verheeren.* **Be.** 482, 19 ða ðe monige gear ær
hi onhergedon & hloþedon; 483, 13.
onhlidan, *öffnen.* **Ps.** 23, 7 onhlidað þa ecan geata; *ebenso* 9.
onhon, *aufhängen.* **Be.** 520, 6 he ðær het ... stapulas
asettan & ðær ærene ceacas onhon.
onhreran, *erregen.* **Cp.** 224, 5 ðone ungeðyldegan ðonne
swiðe lytel scur ðære costunga mæg onhreran.
onhwyrfan, *verändern. P.* **Bo.** 24, 8 þu geomrast nu forþam þe heo onhwyrfed is.
onhyldan, *niederbeugen, lehnen.* **Be.** 536, 30 he .... his
heafod onhylde swa swa he slapan wolde; 543, 37 se halga bisceop hine onhylde to anre ðære studa; 577, 7 *(R.);* 589, 36;
599, 6. **Ps.** 16, 6 onhyld nu þine earan to me; *ebenso* 17, 42;
30, 2; 44, 12.
onhyrian, *nachahmen. Vgl. beim Dativ § 70. q.* **Be.** 477,
2 he sona bysene his geleafan & arfæstnesse onhyrian ongan;
487, 29, 32; 545, 43; 560, 14; 569, 43; 582, 24; 593, 15; 617,
27; 622, 12; 643, 4.
onli(e)htan, onlyhtan, *erleuchten, wieder sehend machen* *.

Be. 484, 30* ðæt se ylca ða dohter ðæs ealdormannes blinde onlihte; 502, 31 * *(P.).* **Cp.** 242, 18 he (= God) onliht ðæt mennisce mod mid his agenre andweardnesse; 258, 11. **Bo.** 20, 15
lifes leoht þe onliehte; 206, 19; 218, 6 *(P.);* 226, 17; 316, 7.
So. 180, 12 heo fcala þinga onlyht mid hyre sciman; 187, 29.
Ps. 12, 4 onliht mine eagan; 17, 27; 18, 7; 30, 19; 33, 5;
35, 9 *(P.).*

   onlucan, *öffnen.* **Cp.** 154, 2 onluce ða heardan heortan.

   onlysan, *befreien, erlösen. Vgl. § 118. I.* **Be.** 532, 9 þæt
leoht ða halgan saule fram ðam bendum ðæs lichoman onlysde;
565, 3; 577, 10 *(P.);* 639, 42 *(P.).* **Cp.** 443, 10 to onliesanne
ða gehæftan on helle. **Bo.** 104, 16 siþþan heo (= seo sawl)
of þam carcerne þæs lichoman onliesed biþ.

   onscunian, anscunian, *verachten, meiden, fürchten**. **Be.**
471, 16 he flyhþ þæt & onscunaþ; 502, 35; 545, 3; 582, 37;
599, 35*; 630, 32*. **Or.** 152, 12 þa anscunedon hiene his
agene leode. **Cp.** 56, 2 he licet swelce he ðone onscunige, &
hine him ondræde; 298, 9; 370, 23; 437, 20. **Bo.** 14, 24 ne
onscunige ic no þæs neoþeran & þæs unclænan stowe; 24, 21;
26, 19; 34, 28; 44, 4; 82, 21; *usw.* **So.** 188, 7 [h]is eagan
nanwiht þæt fyr ne onscyniað. **Ps.** 21, 6 he me forsyhð & onscunað. **Le.** 64, 44 onscune þu a leasunga.

   onsecgan. — 1.´ *sagen, gleichsam anklagen.* **Be.** 548, 35
hi wrohta & yfel onsægdon.

   2. *ableugnen.* **Le.** 78, 14 gif mon sie dumb oððe deaf
geboren, þæt he ne mæge his synna onsecggan ne andettan. —
In der Bedeutung „opfern" hat onsecgan *den Dativ, s. § 66. i.*

   onsendan, *entsenden. Vgl. beim Dativ § 78.* **Be.** 480, 25
onsendon hi ærendwrecan to Rome; 488, 35; 501, 36; 563, 29.
Or. 96, 17 he . . . his ærenddracan to þæm oþrum onsende;
294, 24. **So.** 203, 1 onsend hyne to minum V broðrum. **Ps.**
10, 7 Drihten onsent manegra cynna witu; 33, 7.

   onsettan, *hineinlegen.* **Be.** 580, 5 hi ða ongunnon ðone
lichoman ðær onsettan; *auch die Lesung* ðæron settan *wäre möglich.*

   onsprecan, *anreden.* **Be.** 527, 11 he mid heardre ðrea
hi onspræc & hi gebette.

   onstellan, *einrichten. Vgl. beim Dativ § 78.* **Or.** 100, 11
Creca gewinn, þe of Lacedemonia ðære byrg ærest onsteled wæs;
262, 12 swa hit Nero onstealde.

   onsteppan, *einschlagen.* **Ps.** 31, 9 ic þe getæce þone weg,
þe þu onsteppan scealt; *man kann auch* on *abtrennen.*

   onstyran,· *lenken.* **Be.** 572, 4 ricsiendum on ecnysse &
onstyrendum his cyricean ðam ilcan Drihtne hælendum Criste.

   onstyrian, anstyrian, *bewegen, erregen. Vgl. beim Dativ
§ 78.* **Be.** 495, 41 seo halige lar . . . mid ege þæt mod on-
styreþ; 499, 28 *(P.);* 569, 29; 577, 4 (lim); *ebenso* 619, 26. **Or.**

52, 11 *(P.)*; 166, 12 *(P.)*. Bo. 18, 18 seo gedrefednes mæg
þæt mode (!) onstyrian; 40, 10. Ps. 12, 5 gif ic onstyred beo.
onswogan, *betreten.* Be. 572, 32 þæt nænig bisceop oþres
bisceopscire onswoge (= invadat).
ontendan, *anzünden.* Le. 62, 27 gif fyr sie ontended.
onþwean, *waschen.* Be. 507, 16 *(P.)*; 589, 11 hi ða ban
woldon upp adon & onþwean.
ontigan, *befreien.* P. Bo. 104, 15 siþþan heo ontiged biþ
& of þam carcerne . . . onliesed biþ.
ontydran, *nähren.* Or. 182, 26 þæt he hit (= þæt fyr)
swa micle swiðor ontydre (= aluit; *Thorpe:* ontynde, *das zu*
ontendan *gehören würde, s. o.*).
ontynan, antynan, *(er)öffnen, entdecken**. *Vgl. beim Dativ*
§ 78. Be. 532, 19 swa swa mon heddern ontynde þa baldsami;
35; 536, 18; 562, 16; 568, 5; 569, 21; 577, 20; 608, 36; 611,
33; 619, 39; 640, 28. Cp. 156, 19 buton ðu ða duru antyne;
ähnlich 22 *(P.)*; 348, 19. Ps. 7, 15 he adylfð þone pytt, & he
hine ontynð; 33, 15 *(P.)*; 37, 13; 49, 20 *. Le. 60, 22 gif
hwa adelfe wæterpyt oððe betynedne ontyne.
onwendan, *wenden, ändern* †, *vertauschen* *. *Vgl. beim Dativ*
§ 78. Be. 514, 36 ða onwende heo hine fram ðære yfelan ingehygde his modes; 589, 7 *; 634, 32 †; 644, 5 †. Or. 48, 10
ealle þa worold on hiora agen gewill onwendende wæron; 194,
30; 264, 19 †; 286, 3 †. Bo. 28, 17 † ne meaht hiora sidu &
heora gecynd onwendan; 25 †; 302, 23 †, 24 †. Ps. 17, 38 minra
feonda bæc þu onwendest to me; 40, 3 †; 45, 4. Le. 64, 46
hie ablændað ful oft wisra monna geþoht & hiora word on-
wendað.
onwinnan, *bekämpfen.* *Vgl. beim Dativ § 70. r.* Be. 480,
23 ða ongunnan twa ðeoda Pyhtas norþan & Scottas westan hi
onwinnan.
onwrecan, *rächen.* P. Be. 491, 28 ðylæs on him gesewen
si ðas ðing onwrecen beon.
onwreon, *aufdecken, (er)öffnen.* *Vgl. beim Dativ § 78.* Be.
491, 7 ða sceondlicnysse onwreon mægsibba; 12; 14; 15; 508,
23; 589, 14, 16; 595, 36. Bo. 108, 18 heo onwrihð hire æwelm,
þonne heo geopenað hiore ðeawas. Ps. 28, 7 he onwreah þa
corðan.
oþbre(g)dan, *wegnehmen.* Or. 148, 21 þa burgleode oþ-
brudon þa snore mid hiere suna; 260, 32 þonne hit mon ut oþ-
brude.
oþwitan, *tadeln.* *Vgl. §§ 66. j., 78.* Cp. 88, 15 ðæt ilce
oðwat Dryhten.

§ 110   **pinian,** *peinigen.* Or. 68, 22 ða pinedon hie hiene; 266,
15. Cp. 198, 25 ðæt he his heortan & his mod mid hreowsunga swiðe pinige.

plantian, *pflanzen.* Bo. 148, 3 plantige ðær cræftas on.
Ps. 43, 3 plantode & tydrede ure foregengan.

plegian, *spielen.* Bo. 278, 18 ða cild . . . manigfealdne plegan plegiaþ.

portian, *stampfen,* Cp. 264, 25 ðeah mon portige ðone dysegan on pilan.

pyngan, *kitzeln.* Cp. 296, 7 ðæt he . . . swiðe wærlice hine pynge mid sumum wordum.

rædan. — 1. *lesen.* Be. 471, 10; 536, 23 sang he se mæsse- § 111 preost & rædde orationem; 545, 11; 567, 4, 34; 611, 7; 621, 5. Bo. II, 16 ðe þas boc rædan lyste.
2. *lenken. In dieser Bedeutung hat* rædan *die Person im Dativ bei sich, s. § 68. d.* So. 168, 11 ðu recst þæt gear & redst.

ræran, *erheben, errichten.* Be. 525, 37 cyricean . . . timbrede & rærde; *ebenso* 625, 36; 599, 4 Godes lof ræran. Cp. 441, 9 nan mon ne bitt oðerne ðæt he hine rære, gif he self nat ðæt he afeallen bið; 463, 5.

reafian, *berauben, plündern.* Be. 548, 19 þæt we earme menn reafiaþ & strudaþ. Cp. 176, 6 hie reafiað; 318, 16; 328, 10. Bo. 58, 13 se þe hit gaderaþ & on oþrum reafaþ.

reccean. — 1. *ausstrecken, geben.* Cp. 246, 21 ic ræhte mine hond to eow. *Vgl. § 78* (1).
2. *erzählen.* Cp. 40, 2 ðeah ic nu ðis recce. Bo. 284, 6 gif þæt soþ is þæt we ær gefyrn rehtan.
3. *erklären. Die Person, der man erklärt, steht im Dativ, vgl. §§ 69. cc., 78* (2). Or. 34, 6 þæt he mihte swa wel swefn reccan. Cp. 178, 11 hu nyt reahton we nu ond rimdon ða cægea. Bo. 368, 19 hu rehte he hit. So. 195, 2 swiðe endebyrdlice þu hyt recst.
4. *lenken, leiten. Kommt auch einmal mit dem Dativ vor, s. § 68. e.* Be. 476, 7 ðes casere framlice rehte ða cynewisan; 479, 29; 500, 10; 509, 10; 603, 35; 635, 34; 639, 12. Cp. 112, 21 ðone onwald mæg wel reccean se þe . . . . . Bo. 90, 10 reccan þone anweald; *ebenso* 12. So. 168, 11 (*s.* rædan, 2).
5. *verbessern.* Be. 491, 30 seo halige cyrice sum ðing ðurh wælm receþ (= corrigit).

reccan, *sich kümmern um. Kommt sonst mit dem Genitiv vor, s. § 17. f.* Le. 106, *Einleitung* þe Godes miltse recce oððe ure (= qui Dei misericordiam diligunt et nostram).

reordian, *lesen.* Be. 587, 13 ðe hine gehyrdon oþþe reordedon.

retan, *trösten.* Bo. IV, 16 hu se Wisdom hine eft rete & rihte; 130, 30.

rihtan, *lenken. Kommt auch einmal mit dem Dativ vor, s. § 68. f.* Be. 485, 23 þæt heold & rihte; 525, 29; 530, 36;

16*

550, 32; 558, 34; 567, 7. **Bo.** VI, 16 (*s.* retan; = *verbessern,
zurechtsetzen*).
    riman, *(auf)zählen.* **Be.** 487, 4 wæron haligra manna na-
man rimende. **Or.** 156, 22 þæt mon ænig wæl on þa healfe
rimde þe þonne wieldre wæs. **Cp.** 178, 11 (*s.* reccean, 3); 342,
16 swelce hie ða medsceattas rimen þe hie Gode sellen.
    ripan, *ernten.* **Or.** 188, 27 þa hie heora corn ripon.
    ryman, *erweitern.* **Cp.** 2, 7 hiora oeðel rymdon; 328, 21;
330, 1.

§ 112   **sarettan,** *beklagen.* **Cp.** 266, 2 ðæt ilce sarette se witga.
    sawan. — 1. *säen, aussäen.* **Be.** 529, 8 ða sæd sawan ðæs
halgan geleafan; 605, 40. **Cp.** 278, 9 swæ he sæwð ðone sticel
ðæs andan; 356, 14. **Bo.** 148, 5 se corþlica anweald næfre ne
sæwþ þa cræftas.
    2. *besäen.* **Bo.** VIII, 20 se Wisdom lærde þone þe he wolde
wæstmbæreland sawan; *ebenso* 122, 4.
    sceafan, *schaben.* **Be.** 474, 37 man scof ðara boca leaf
ðe of Hibernia coman.
    sceamian, *schämen.* *U.* **Bo.** 168, 31 manigne man sceamaþ
þæt he . . .; 252, 17. **So.** 174, 28 forði me ne sceamað nan-
wit; 189, 31; 190, 14; 196, 7. *Die Sache, deren man sich schämt,
steht im Genitiv, s. §§ 15. k., 39. c. d. Vgl. auch § 29. a.*
    sceawian, *schauen. Kommt in der Bedeutung „zeigen"
mit Akkusativ der Sache und Dativ der Person vor, s. § 78.* **Be.**
480, 17 ða we todæg sceawian magon; 481, 10; 522, 10; 542,
36; 547, 34; 591, 32; 595, 6; 614, 2; 630, 34. **Or.** 50, 25
þæt mæg mon eac on bocum sceawigean; 54, 29. **Cp.** 114, 7
gif we sceawiað ða bisene ðæs forman hierdes; 130, 21; 166, 5.
    scencan, *schenken, zu trinken geben. Der, dem man zu trin-
ken giebt, steht im Dativ, s. §§ 75. I. cc., 78.* **Be.** 607, 17 hi
. . . him betwih beadowig scenctan ðæs heofenlican lifes (= dum
sese alterutrum caelestis vitae poculis debriarent).
    sceogian, *beschuhen.* **Cp.** 44, 10 sceogeað (*H.:* sceawiað)
eowre fett, þæt ge sin gearwe to ganne on sibbe weg æfter minra
boca bebodum (= calciati pedes in praeparatione evangelii
pacis).
    sceorfan, *benagen.* **Or.** 38, 12 gærstapan . . . . þa wyrt-
truman sceorfende wæron.
    sceotan, *schiefsen.* **Be.** 569, 22 Drihten . . . ligetas sceo-
taþ. **Or.** 118, 3 hiene an cwene sceat þurh þæt þeoh; 174, 7.
Ps. 7, 13 þæt he scyle sceotan þæt deaðes fæt; . . . þæt he
mæge mid sceotan . . þa þe . .; 10, 2.
    sceppan, *schaffen.* **Bo.** 86, 19 þæt ge moton sceppan
þone naman; 328, 12 rihtlice sceop eall þæt he sceop.
    sceþþan, *schaden. Kommt auch mit dem Dativ vor, s. § 67.
nn.* **Be.** 497, 19 mid ðy se weriga gast ða synne sceþþeð on

mode (= peccatum suggerit; *diesem entspricht* sceþþeð *natürlich
nicht, eben so wenig das unerklärliche* scyfþ *der Hs. B.; es wird
also wohl das* scy(c)þ *der Hss. C. und T., das auch Miller hat,
einzusetzen sein*); 544, 33 se leg ... ða stuþo sceþþan ne meahte;
602, 25 Scottas hine noht sceþþende ne afuhton. Le. 62, 34
þa wuduwan & þa stiopcild ne sceððað ge.

scieran, *scheeren*. Cp. 138, 13 ða sacerdas ne sceoldon
no hiera heafdu scieran mid scearseaxum.

scofettan, *stofsen, treiben*. Cp. 168, 13 sio uterre abisgung
ðissa worldðinga ðæs monnes mod gedrefð & hiene scofeð hidres
ðidres oð ðæt he afilð of his agnum willan (*H.:* scofett; *B.-T.
sagt:* cf. *scieð* of *sceolan* 70, 7).

screncan, *hindern*. Cp. 58, 19 þæt hie mid hiera unryhtum bisnum ða ne screncen ða þe gað on ryhtne weg (= ne
per exemplum pravi operis ad ingressum regni caelorum tenden-
tibus obstaculum fiat); 453, 1 ne srenc ðu ðone blindan; *ebenso*
3 (= nec coram caeco pones offendiculum).

scufan, *stofsen*. Be. 544, 45 monige men ða . . . on wæter scofan.

scyan, *anregen*. Be. 497, 15 þa ærestan synne se weriga
gast scyde ðurh ða nædran; 19 (*s.* sceþþan).

scyldan, scildan, *beschirmen, verteidigen, abwehren* *. Be.
509, 33 * he oft stormas & hreonisse ðara werigra gasta fram
his sylfes sceþenisse & his geferena mid his gelomelicum bedum
& trymnyssum scylde & wiþsceaf (= repellere consueverat); 543,
15 þæt hi God scylde (= divinitus juvari); 548, 5, 32; 606, 29.
Bo. 348, 29 hi scilde swa geornlice swa swa man deþ ðone æpl
on his eagan. Ps. 8, 3 *(s.* ladian *§ 106)*.

scynan, *bescheinen*. Vgl. scinan *§ 75. I. dd.* So. 180, 20
he (*d. h.* God) is seo hea sunne, he byt simle scynunde of hys
agnum leohte ægðer ge ða sunnan . . . . ge ealle gesceafta.

scyndan, *drängen, ermahnen, anregen*. Cp. 20, 22 hu man
monige scyndan scile to þæm þætte . . . .; *ebenso* 24; 453, 6;
455, 1. Ps. 14, 7 ne wyrð he næfre astyred ne scynd on ecnesse.

secan, *(heim)suchen, aufsuchen*. Vgl. beim Dativ *§ 78.* Be.
474, 16 gif ge þæt secan wyllaþ; 477, 8; 481, 15; 483, 36; 490,
26; 495, 16. Or. 18, 10 ða he þone cyninceg sohte; 76, 11;
78, 23; 92, 12; 98, 11; *usw.* Cp. 2, 11 hu mon utanbordes
wisdom & lare hider on lond sohte; 122, 11; 160, 22; *usw. usw.*
Bo. XII, 23 þæt hit sohte on innan him þæt hit ær ymbutan hit
sohte; 14, 30; 16, 12; 32, 17; 54, 9; 130, 13. So. 164, 32
sec hyne oð þu hyne finde; 166, 28, 30; 169, 11; 170, 13, 14;
182, 32; *usw. usw.* Ps. 4, 3 hwi lufige ge idelnessa, & secað
leasuncga; 5, *ü.*; 7, 5, 11; 9, 11; 13, 3; 21, 24; 23, 6; 24, 8.
Le. 66, 6 gif he þone dom ofer hine sohte; 90, 37.

secgan, *sagen, nennen*. Vgl. beim Dativ *§§ 69. ee., 78.* Be.

471, 14 hit god sagaþ; 15; 478, 12; 482, 2; 483, 14; 494, 41; 501, 36; 520, 30; 538, 14; 587, 3. **Or.** 12, 30 þone Readan Sæ, þe ic ær beforan sæde; 34, 9; 42, 2; 72, 22. **Cp.** 236, 15 ðæt hie eac ðæt soð nytwyrðlice secgen; 381, 12 ðine hælo & ðine ryhtwisnesse ic sæcge. **Bo.** VI, 8 secgan bispell; 13; 56, 20; 142, 14; 166, 9; 172, 2. **So.** 172, 25 þanc ic wolde secgan; 176, 18; 190, 19 uton ændian þas boc nu ær hrihte & secgen on ða ræ bec scyrtran wæg gyf wet magen *(Cockayne schlägt für „on ða ræ" „oðræ" vor; ich möchte „on oðræ" lesen)*. **Ps.** 39, 10 þine soðfæstnesse & þine hæle ic sæde *(vgl. oben* Cp. 381, 12); 47, 11. **Le.** 58, 8 ne sæge þu lease gewitnesse; 62, 40.

sellan, *geben, auch: verkaufen. Vgl. beim Dativ § 78.* **Or.** 112, 30 he hie eac oþrum folcum oftrædlice on þeowot sealde. **Bo.** 10, 27 þu þe . . . eft on lencten oþru leaf sellest; 22, 4; 58, 12; 140, 17; 292, 24. **Ps.** 1, 4 þæt (sc. treo) sylð his wæstmas to rihte tide; 14, 6; 17, 13. **Le.** 60, 18 selle sawle wið sawle; 19; 24; 62, 29; 66, 3, 7; 94, 41.

sendan, *senden. Vgl. beim Dativ § 78.* **Be.** 472, 3 hine to me sende; 475, 30; 479, 15; 483, 14; 485, 14; *usw. usw.* **Or.** 4, 28 hu Romane sendon Lucius þone consul on Gallie; 5, 33; 44, 20; 68, 17; 92, 6; *usw. usw.* **Cp.** 48, 8 hwone he sendan meahte; 9; 142, 5; 160, 5. **Bo.** 4, 6 sende þa digellice ærendgewritu to þam casere; 252, 28; 358, 18. **So.** 202, 28 þæt he sende Ladzarus ðone þearfan to hym. **Ps.** 17, 14 he sende his strælas; 27, 3; 42, 3; 45, 5. **Le.** 58, 13 swelce hine God swa sende on his honda; 64, 1, 2; 66, 3, 4.

senian, *bekreuzen.* **Be.** 599, 13 hine sylfne seniende; 618, 8 hine bletsode & senode.

seofian, *beseufzen.* **Bo.** IV, 7 hu Boetius on ðam carcerne his sar seofiende wæs; 14, 31; 34, 12; 42, 12; 268, 1, 20; 302, 10; 314, 2; 376, 15. **Ps.** 3, *ü.* his sylfes carfoðu . . . he seofað to Drihtne; *ähnlich* 7, *ü.;* 13, *ü.;* 14, *ü.;* 21, 2; 30, *ü.;* 34, *ü.*

seon, *sehen.* **Ps.** 5, 3 ic stande on ærmergen beforan ðe æt gebede & seo þe.

seoðan, *sieden, peinigen.* **Be.** 513, 34 mid ðy he ða lange mid swigendum næarosum his modes & mid ðy blindan fyre soden wæs; *ähnlich* 577, 15 *(P.);* 607, 41 *(P.).* **Ps.** 16, 3 þu . . . me sude mid þam fyre monegra earfoða.

settan, *(ein)setzen. Vgl. beim Dativ § 78.* **Be.** 498, 13 he sceolde oðre biscopas halgian & on hwylcum stowum settan; 511, 23; 524, 18; 647, 34. **Or.** 48, 9 hie dydon . . . cyninga ricu settan; 64, 2; 72, 3; 260, 2. **Cp.** 130, 7 settað þa to domerum; 164, 9; 326, 1. **Bo.** II, 4 hwilum he sette word be worde; VI, 26; 34, 23; 54, 17; 182, 15. **So.** 163, 12 manig ænlic hus settan. **Ps.** 11, 6 hi sette on mine hælo; 12, 2. **Le.** 66, 5 we nane byrðene on eow settan noldon.

sibbian, *versöhnen.* Cp. 360, 22 se se þa unryhtwisan to-somne sibbaŏ.

siftan, *durchsieben.* Bo. 236, 21 swa swa mon melo sift.

singan, *singen.* Vgl. beim Dativ §§ 75. I. ee., 78. Be. 487, 4 wæron . . . gebedo singende; 24; 489, 22; 496, 23; 565, 35; 597, 13. Bo. 4, 22 ŏa lioŏ þe ic wræcca geo lustbærlice song; 12, 19; 34, 1; 72, 2. So. 171, 11 hwæt ic nu sang. Ps. 2, ü. þe þysne scalm sinegŏ; 3, ü.; 6, ü.; usw. usw.

sittan, *inne haben.* Be. 606, 44 he þæt biscopsetl sæt & heold; *ebenso* 631, 15; 646, 9.

slean, *(er)schlagen.* Be. 476, 21 yfeledon & slogan Cri-stene men; 478, 15, 19, 41; 480, 35; 481, 24; 515, 9; 521, 11. Or. 38, 9 he ægþer sloh ge ŏa menn ge ŏa nytenu; 46, 6; 68, 7; 168, 4; usw. usw. usw. Cp. 120, 12 ic mæg slean & ierman mine heafudgemæccean; 166, 22; 250, 20. Bo. 254, 22 gif wit giet uncre word tosomne sleaþ (= conlidamus). Le. 60, 14 se þe slea his fæder oŏŏe his modor; 16; 17; 62, 34; 74, 6.

slitan, *spalten, zerreifsen, reizen.* Cp. 124, 9 (*s.* gesmeŏan, § 103); 226, 11 ongind hiene diegellice læran, & slitan his inge-ŏoht (= cogitationem lacessens). Bo. 264, 2 se nultor sceolde forlætan, þæt he ne slat þa lifre Tyties.

smea(gea)n, *bedenken, untersuchen* †, *beabsichtigen* *. Be. 471, 12 ŏu eart swiþe gymende & smeagende ealdra manna ewidas & dæda; 474, 3; 555, 29; 585, 28; 647, 25. Cp. 168, 4 geornfullice smeaŏ ŏa bebodu haligra gewrita; 172, 4. Bo. 118, 21 þu woldest mid inneweardan mode hi ongiton & smea-gean; 386, 4. So. 164, 20 gastende (??) & smeagende mislicu & selcuŏ þing; 192, 11 ic wille þis nu smeigan & haldan; 200, 4 smæa þæt þu nu leornodes. Ps. 2, 1* hwi smeagaŏ hi unnytt; 4, 5 *; 7, 10 †; 18, 12; 25, 2; 34, 26; 36, 30.

smirewan, *salben.* Cp. 68, 10 smirewaŏ eowre eagan mid sealfe ŏæt ge mægen gesion; ŏonne we smirewaŏ ure heortan eage . . . .; 100, 16 þa he smirede ŏone stan þe æt his heaf-dum læg.

sniŏan, *schneiden.* Cp. 184, 25 se læce hyt his isern wiŏ ŏone mon þe he sniŏan wile; *ähnlich* 26; 366, 3. Bo. 320, 24 þæt mon þær mæge sniþan & bærnan his unþeawas.

spanan, *verlocken, überreden.* Be. 637, 26 hine speonnan & lærdan þæt he ŏa fore ŏurhtuge. Or. 146, 7 hiene spon þæt he on Umenis unmyndlenga mid here become; 152, 13. Cp. 36, 19 hine spænŏ his mod to swiŏe monegum unnyttum weorce; 120, 2; 214, 10; 222, 8. Bo. 26, 20 hi spanaþ þe to þinre un-þearefe.

sparian, *schonen.* *Kommt auch einmal mit dem Dativ vor,* *s.* § 67. pp. Cp. 352, 16 hie ne sparodon ŏa synnfullan. Ps. 18, 11 from ælŏeodegum feondum spara me þinne ŏeow, Drihten.

spilcan, *verbinden.* **Cp.** 122, 10 ðæt sceap, ðæt ðær scanc-
forad wæs, ne spilcte ge ðæt.

sprecan, *(aus)sprechen.* *Vgl. beim Genitiv §§ 27. d., 37.*
Anm. **Be.** 500, 26 wæs he gerynelico word sprecende; 514, 24;
540, 29; 572, 20. **Or.** 17, 34 þa Finnas, him þuhte, & þa Beormas spræcon neah an geþeode; 212, 26; 224, 32. **Cp.** 62, 7
þæt we to uncuðum monnum swelc sprecen; 94, 10; 176, 14;
206, 7; 354, 11. **Bo.** II, 20 sceal .... sprecan ðæt he sprecþ;
66, 24. **So.** 176, 31 be þam ancrum þe wyt ær sprecon *(= be-
sprachen).* **Ps.** 5, 5 þa þe symle leasinga specað; 10; 11; 11,
2; 14, 3; 33, 13, 36, 30; 48, 3. **Le.** 58, *Einleitung* Drihten
wæs sprecende þas word to Moyse; *ähnlich* 64, 49.

stælan, *zurechnen.* **Ps.** 31, 6 ic wolde andettan and stælan ongean me sylfne mine scylda.

staþelian, *gründen, einrichten.* **Be.** 505, 13 þa he æt Rome
ærest Cristes cyricean staþelode. **Bo.** 358, 20 se an gestæððega
cyning ne staþelode ealla gesceafta *(Cardale:* support).

stelan, *stehlen.* **Le.** 62, 25 gif mid him cwicum sie funden, þæt he ær stæl; 28 gif he hit self stæle.

stellan, *stellen, geben.* *Vgl. beim Dativ § 78.* **Or.** 64, 24
hwelce bisena he ðær stellende wæs.

stencan, *zerstreuen.* **Ps.** 43, 3 þu stenctest þa elðeod-
gan folc.

steoran, stioran, styran, *steuern, leiten, lenken.* *Vgl.* stieran *in §§ 18. j., 68. g.* **Be.** 531, 7 feng to his rice & þæt æþellice heold & styrde; 581, 19; 639, 13. **Bo.** 90, 10 ic mihte
steoran & reccan þone anweald; *ähnlich* 13; 204, 7 ðu eac þa
þriefealdan sawla .... styrest; 342, 15.

stician, *(er)stechen.* **Be.** 482, 1 *(P.).* **Or.** 156, 13 þa oþre
elpendas sticade & gremede; 168, 4.

stihtian, *verwalten.* **Cp.** 114, 2 swiðe ryhte stihtað ðone
anweald se þe ...

stingan, *stechen.* **Bo.** 174, 22 þonne heo (= seo beo)
hwæt yrringa stingþ.

stracian, *streicheln.* **Cp.** 186, 5 *(s.* hydan, *§ 104);* 303,
10 *(s.* lemian, *§ 106).*

stredan, *sprengen.* **Be.** 524, 32 þæt wæter on adlige men
oþþe on neat stredaþ.

stregdan, *verbreiten.* **Be.** 479, 35 þæt deadbærende attor
.... he stregde; 509, 28.

strudan, *plündern.* **Be.** 548, 19 *(s.* reafian, *§ 111).*

styrian, *erregen, bewegen.* **Ps.** 35, 11 þara synfullena handa
me na ne styrien.

sucan, *saugen.* **Ps.** 8, 2 of ðæra cilda muðe, þe meolc
sucað, þu byst hered.

sugan, *saugen, durchdringen.* **Cp.** 124, 12 ðæt sio reðnes
ðæs wines ða forrotedan wunde suge & clænsige.

supan, *schmecken, kosten.* **Cp.** 447, 1 nis nauðer, ne hat, ne ceald, ðeah ic hine supe.

swelgan, *verschlingen, trinken.* **Bo.** 54, 24 swa swa sigende sond þonne ren swylgþ, swa swylgþ seo gitsung þa dreosendan welan þisses middangeardes; 200, 25.

swencean, *quälen, ermüden.* **Be.** 490, 18 ða sylfan ðe hi mid ðam witum ðreageaþ & swenceaþ; 536, 37; 601, 40; 631, 36. **Or.** 102, 19 hie mid þy yfele þa menn swenctan; 208, 13. **Cp.** 346, 7 se ðonne se his lichoman swencð; 360, 14. **Bo.** 322, 18 ne sceal nan mon siocne monnan gesargodne swencan; 348, 24. **Ps.** 3, 1 þara þe me swencað; 6, 1; 7, 3; 12, 5; 26, 3; 34, 1; *usw. usw.*

sweotolian, *beweisen.* **Bo.** 388, 15 wlc gesceaft . . . þæt sweotolaþ þæt God ece is.

swerian, *schwören.* *Vgl. beim Dativ §§ 69 ff., 78.* **Or.** 190, 26 hie aþas sworan. **Ps.** 23, 4 nænne að ne swerað. **Le.** 108, 4 þa man þa aðas swor.

swigian, *verschweigen. Kommt auch mit dem Genitiv vor, s. § 14. q.* **Cp.** 88, 7 ðætte he ne swigige ðæs þe nytwierðe sie to sprecanne, ne ðæt he ne sprece ðæt he swigian sciele.

swingan, *geißeln.* **Be.** 477, 42 het ða . . . men swingan ðone godes andettere; 490, 17; 508, 13. **Or.** 168, 4 ærest hiene mon swong. **Cp.** 252, 1 ic ðreage & swinge ða þe ic lufige; 266, 7.

syrwan, *versuchen.* **Be.** 646, 37 hi ne sætincge ne gestrodu wiþ Angelðcode syrwaþ (= nil insidiarum moliuntur aut fraudium).

tacnian, *zeigen, bezeichnen. Vgl. beim Dativ §§ 71. mm., 78.* § 113 **Or.** 84, 31 þæt tacnade Leoniða; 88, 30; 162, 2; 226, 20. **Cp.** 132, 13 hwæt tacnað ðonne ðæt gold. **So.** 174, 24 ic wot hwæt seo line tacnað **Ps.** 28, 5 þa treowa tacniað ofermodra manna anweald; 44, 10.

tæc(e)an, *zeigen, lehren. Vgl. beim Dativ §§ 71. nn., 78.* **Bo.** 228, 15 þæt þæt ic ær tæhte.

tælan, *tadeln, lästern.* **Or.** 64, 19 þe hie nu swiþost tælað; 228, 19. **Cp.** 22, 10 swiðe fremsumlice ðu me tældest; 40, 2; 44, 3; 130, 13; 224, 11; *usw.* **Bo.** 12, 9 þa unrihtwisan tælað þa rihtwisan; 308, 11; 354, 7. **Ps.** 34, 8 hi me tældon; 38, *ü.;* 43, 18; 49, 21. **Le.** 62, 37 ne tæl þu þine Dryhten.

talian, *schätzen. Vgl. beim Dativ § 78.* **Be.** 513, 40 ne tala ðu me þæt ic ne cunne (= ne me aestimes . . . nescire).

tawian, *schlecht behandeln.* **Or.** 102, 21 þæt hie hie mosten tawian mid þære mæstan bismrunge; 154, 7, 12.

teagan, *bereiten, bebauen.* **Be.** 605, 33 þæt land mid to teagenne.

teldian, *ausbreiten, legen.* **Ps.** 34, 8 hi butan gewyrhtum teldedon gryne & þa getyddon, to þam þæt hi woldan me angefon.

tellan, *nennen, achten, vergleichen *. Vgl. beim Dativ § 78.* Be. 495, 11 ne sceal he hine wyrþne tellan broþra. Cp. 34, 14 tealde hine selfne his swiðe unwierðne. Bo. VI, 6 * tele nu þa gesælþa wiþ þam sorgum; *ähnlich* 100, 20 *; 134, 5, 6. Ps. 34, *ü.* tealde his ungelimp.

temian, *zähmen, unterwerfen.* Be. 631, 36 ðone caldan lichoman .... swencte & temede.

teog(e)an, *bereiten, schaffen.* Be. 597, 23 ða middangeard moncynnes weard ece Drihtne æfter teode.

teon, tion, *zeihen, bezichtigen. Das, dessen man zeiht, steht im Genitiv, s. § 37. j.* Or. 168, 16 þa tugon hie hiene þære burge witan þæt he ....; *ähnlich* 206, 28. Le. 78, 4 gif hie mon teo; 88, 1 tio man hie ealle. *Über die Formen von* teon *vgl.* Sievers, *Gr*,² *S.* 175 *o. Vgl. auch* Lenz, *a. a. O., S. 57. u.*

teon, *ziehen.* Be. 477, 17 het hine ða teon & lædan to ðam deofolgyldum; 481, 21; 546, 14, 21; 596, 10; 628, 35. Or. 106, 16 tugon hie heora hrægl bufan cneow; 180, 13; 236, 27. Cp. 60, 7 ðone mon sciele ealle mægene to biscephade teon; 168, 9; 170, 1; 240, 11; 445, 11. Bo. 110, 17 hio tihþ .... þa þe ....; 138, 4; 302, 29. Ps. 36, 13 þa synfullan teoð heora sweord. Le. 72, 5 þæt hine seofan nihtum nan mon ut ne teo.

þaccian, *streicheln.* Cp. 303, 10 *(s.* lemian, *§ 106).* So. 185, 31 hine lyst bet þaccian & cyssan ðonne oðerne on bær lic þonne þer þær claðas beotweona beoð.

þafian, *dulden, gehorchen*.* Be. 598, 3 * he þæt well ðafode. Or. 230, 17 ealne ðone dæg wæron þæt þafiende oþ niht. Cp. 150, 23 he ielde & ðafode ða scylda. Bo. 320, 7, 10.

þeawian, *dienen (?).* So. 183, 14 *(vgl. § 70. u.).*

þencean, *(be)denken. Vgl. beim Genitiv §§ 14. r., 28. a.* Be. 497, 8 þæt he wæccende ðohte. Bo. 344, 28 he ne mæg witan, hwæt he ðencþ. Ps. 5, 11 þæt yfel þæt hy þencað & sprecað; *ähnlich* 11, 2.

þe(g)nian, *(be)dienen. Vgl. beim Dativ §§ 70. s., 78.* Be. 554, 17 ða geryno ðenode ðæs halgan geleafan; 555, 7 biscophad ðegnade; *ähnlich* 566, 28, 40; 594, 31; 620, 22; 636, 12. Cp. 26, 11 hi ne magon medumlice ðenian ða ðenunga; 322, 5 gif hwa ðenige, ðenige he swelce he hit of Godes mægene ðenige.

þerscan, *dreschen, schlagen.* Cp. 160, 6 ðerscað ðone weall mid rammum.

þi(c)gan, þygian, *nehmen, essen.* Be. 496, 14 hi moston onfon & ðicgean ða foresetenysse hlapas; 553, 28 þæt hi on his hus ne eodon ne of his swæsendum mete ðygedon; 30 he ... on his hus eode & his swæsendo ðeah; *ferner* 559, 35 (ðeah);

588, 12 (ðiegan); 600, 16 (ðeah); 617, 11 (ðygde), 14 (ðiegean), 17 (ðygede); 618, 18 (ðeah). Or. 110, 1 þæt hie þæt ilce þigedan þæt hie ær oþrum sealdon; 272, 22, 23 (þigedon). Bo. 236, 19 of ðam mete þe we þiegaþ. Le. 66, 5 þæt ge ... blod ne þiegen. *Über die Formen vgl. Sievers, Gr.² § 391. 3.*

þiostrian, *verdüstern.* Bo. 316, 5 se dæg blent & ðiostraþ hiora eagan.

þolian, *erdulden. In der Bedeutung „verlieren" hat* þolian *den Genitiv, s. § 18. k.* Or. 66, 18 micelne hungor þoliende wæron. Cp. 252, 10 ðæt hie ðonne her on worlde ðolien earfeðu. Bo. 320, 4 þe þæt wite þolode. So. 169, 23 genoh lange ic þolede þa witu þe ic nu hwile þolode. Ps. 9, 34 hwyle broc & hwyle sar we þoliað & þrowiað; 37, 2.

þræstan, *martern.* Be. 485, 12 Bryttas .... hie sylfe ðræston on ingefeohtum; 536, 15 his limu ðræstan; 29 ðe se feond sceoca man on þræsted wæs; 548, 48 ða hi on ðam fyre bærndon & ðræston.

þrea(gea)n, *tadeln, bestrafen.* Be. 490, 15 we sculon men ðreagean; 17; 18; 508, 13; 545, 12; 558, 15; 566, 4; 601, 39. Cp. 30, 13 hi nan mon ne dear ðreagean; 90, 8; 116, 12, 19; *usw.* Bo. 12, 5 *(vgl. beim Dativ § 66. k.).* Ps. 6, 1 ne þrea þu me on þinum yrre; 9, 5; 37, 1; 38, 12; 49, 9.

þreatian, *ermahnen, bedrohen, erschrecken.* Cp. 180, 2 ne ðreata ðu na ðone caldan (= seniorem ne increpaveris). Bo. 288, 10 þreatiaþ eall moneynn mid hiora þrymme; 308, 12; 360, 12. So. 167, 23 ðu þe þreatast men for heora sinnum. Ps. 9, 5 þa ðeoda þe us ðreatigað; 29; 49, *ü.*

þrencan, *trunken machen.?* Cp. 380, 4 swæ hwa swæ oðerne ðrencð, he wirð self oferdruncen; ðrencð *ist doch wohl nur Druck- (oder Schreib-)fehler statt* drencð, *was H. hat. Vgl.* drencan *§ 100.*

þrowian, *erdulden, leiden an.* Be. 482, 1 we ðus tweofealdne deaþ ðrowiaþ; 487, 38; 490, 4; 493, 43; 494, 4, 9; 495, 1; 503, 32; *usw. usw.* Or. 54, 26 þonne hie þæt susl þæron þrowiende wæron; 222, 1. Cp. 32, 2 læsse wite he ðrowað on helle; 60, 17; 120, 10; 455, 2. Bo. 42, 6 for þam leasum ungesælþum þe ðu þrowast; 172, 15; 268, 29; 350, 1. Ps. 9, 34 (*s.* þolian); 30, 22.

þryccean, *zertreten, bedrücken.* Be. 507, 4 he gelomlice mid wedenheortnesse modes & ðæs unclænan gastes inwrogennisse ðrycced wæs; 536, 37. Cp. 455, 21 swa ðeah swa ðrycce ða belde on ðæm oferbliðum ðæt .... *(= zurückdrängen).* Bo. 12, 7 halige under heora fotum þrycaþ.

þrysmian, *bedrängen.* Or. 142, 22 Alexander XII gear þisne middangeard under him þrysmde & egsade.

þurhcreopan, *durchkriechen.* Bo. 236, 22 þæt melo ðurhcrypþ ælc þyrel.

þurhdelfan, *durchbohren.* **Ps.** 21, 15 hy þurhdulfon mine handa & mine fet.

þurhfaran, *durchfahren, durchdringen.* **Be.** 562, 13 feor & wide ealle ða land & leode wæs ðurhfarende. **Cp.** 80, 8 sio stefn ðæs lareowes micle ðy ieðelicor ðurhfærð ða heortan ðæs gehierendes, gif he . . . .; *ähnlich* 136, 7; 154, 11. **Bo.** 58, 30 þæs oðres heortan belocene hit þurhfærþ.

þurhferan, *durchfahren.* **Be.** 552, 39 hi ða eall ða land ðurhferdon; 560, 32; 565, 17.

þurhfleon, *fliegen durch.* **Be.** 516, 18 cume ðonne an spearwa & hrædlice þæt hus ðurhfleo.

þurhgeotan, *ganz begiefsen.* *P.* **Be.** 620, 18 mid fulluhte bæþe rihtlice ðurhgoten & gefullad wæs.

þurhsceotan, *durchschiefsen.* **Or.** 134, 23 ðær wearð Alexander þurhscoten mid anre flan; 27 þe hiene ær þurhsceat. **Ps.** 36, 13 þæt hi mægon . . . . þurhsceotan þa unscæðfullan heortan.

þurhseon, *sehen durch, durchschauen.* **Bo.** 180, 13 þæt he mæge hine ðurhseon; *ebenso* 15; 372, 13 he geseoþ & þurhseoþ ealle his gesceafta ændemest.

þurhstingan, *durchbohren.* **Be.** 511, 24 he ðurhstong ðone cyninges ðeng.

þurhswogan, *durchdringen (?), überwältigen (?).* *Vgl. Sievers, Gr.² § 396. c.* **Be.** 629, 21 seo wundriende swetnes ðæs miclan swæcces sona ealle ða fullnessa ðæs ðystran ofnes ðe me ær ðurhsweogh onweg aflymede (= qui me pervaserat).

þurhteon, *ausführen.* *Vgl. beim Dativ § 78.* **Be.** 579, 17 ða he þæt ða for his untrumnesse uneaþe ðurhteah; 587, 40; 617, 17; 622, 23; 637, 27; 642, 30. **Or.** 30, 22 ða hio hit ðurhteon ne mihte; 64, 17; 82, 11; 170, 13; 172, 3; 184, 28; 196, 14; 204, 1; *usw.* **Cp.** 90, 12 se . . . se hie ðurhteah; 158, 20; 208, 20; *usw.* **Bo.** 172, 16 heo ær micelne lust þurhteah; 224, 12; 304, 16, 24; 378, 22. **Ps.** 4, 5 ne scule ge hit no þy hraþor þurhteon.

þurhþyrelian, *durchbohren.* **Cp.** 152, 17 ðurhðyrela ðone wah; *ebenso* 18; 154, 2. **Le.** 58, 11 þurhþyrlige his eare mid æle.

þwarian, *mäfsigen.* **Bo.** 342, 18 ða he þwaraþ & gewlitegaþ.

þwean, *waschen.* **Be.** 534, 13 heo . . . hi ðwohg *(refl.);* 535, 33; 559, 3; 589, 38. **Cp.** 104, 4 þa men . . . . meahton hiera honda ðwean on þæm mere.

þwenan, *erweichen.* **Be.** 611, 41 ðone ungeþwæran swylc . . . . ðygde & ðwende (= comprimere ac mollire).

þwitan, *abschneiden.* **Be.** 544, 44 of þære ilcan styþe sponas ðweoton & sceafþan (*B:* þæt geþwit) nomon. *Vgl. Grein, Sprachschatz II. S. 612.*

þydan, *durchbohren.* **Cp.** 294, 17 ða ðydde Abner hiene mid hindewearde sceafte on ðæt smælðearme.

þygan, *drücken*. Be. 611, 41 (*s.* þwenan).
þyrstan, *dürsten. U. Vgl. beim Genitiv § 11. i.* Be. 618,
11 ewæþ þæt hine ðyrste. Cp. 260, 16 ða hiene ðyrste; 328, 3.
Bo. 144, 24 hwæþer þa welgan nu næfre ne hingrige ne ne
þyrste.   ┣
      tihtan, *überreden.* Bo. 308, 12 ic wolde . . . mid ðære
bisne men ðreatian & tihtan to godum ðeawum. So. 179, 25
þæt he us onbrirde & on þæt tihte þæt we . . .; 190, 23.
      timbrian, *bauen, errichten, (bildlich:) erbauen*. *Vgl. beim
Genitiv § 42. Anm., beim Dativ § 78.* Be. 479, 23 cyricean timbredon; 481, 12; 488, 6; 517, 29; 518, 10 * Cristes fole mid
godeundre lare timbrede; 521, 36; 547, 19. Or. 48, 10 niwu
ceastra timbredon; 74, 9; 266, 17; 284, 9. Cp. 214, 18 towyrpð
þa godan weore þe he longe ær foreðonelice timbrede; 383, 33.
Bo. VI, 31 gif he fæst hus timbrian wolde; *ebenso* 54, 16. So.
163, 12 fegerne tun timbrian; 204, 15. Ps. 18, 5 Drihten timbrede his templ.
      tintr(eg)ian, *martern.* Be. 477, 42 het . . . tintregian ðone
godes andettere. Or. 48, 13 þætte þa earman wifmen hie swa
tintredon; 118, 25; 168, 3 *(P.).*
      tiogoðian, *verzehnten.* Cp. 439, 28 ge tiogoðiað eowre
mintan & eowerne dile & eowerne kymen.
      tioh(c)hian, *bedenken.* Cp. 385, 34 gif he hit ðonne ne
tiohchode eall to anum (= si enim utraque unum esse non de-
cerneret). Bo. 334, 14 tiohhode hit þeah þiderweardes.
      tiran, *quälen.* Bo. 118, 27 he (= se læeecræft) þe tirþ
on ða þrotan.
      toætecan. *Vgl. beim Dativ §§ 71. pp., 78.* — 1. *vergröfsern.*
Be. 507, 6 toætecte ðisse gedrefnisse storm Sæberhtes deaþ (=
auxit); *ähnlich* 553, 40.
      2. *hinzufügen.* Be. 586, 9 noht toætyccende oþþe onweg
ateonde (= addentes); *ähnlich* 609, 33.
      tobeatan, *zerschlagen.* Or. 212, 10 Scipia het ælene hie-
westan tobeatan.
      tobeotian, *androhen. Der, den man bedroht, steht im Dativ,
s. § 66. 1.* Be. 611, 19 unwlitig swile ðæs eagan forwyrd to-
beotode (= oculo interitum minaretur).
      toblawan, *verwehen, zerstreuen.* Ps. 1, 5 hi beoð duste
gelicran, þonne hit wind toblæwð.
      tobrædan, *ausbreiten.* Or. 188, 12 þæt eall þæt fole wære
gind þæt lond tobræd. Bo. 28, 19 gif ðu þines scipes segl ongean
gean ðone wind tobrædst; 96, 7, 15; 106, 3, 7; 168, 4; *usw.*
Ps. 11, 9 þeah þu us tobrædst ongean hy; 24, 15 *(P.);* 47, 2.
      tobrecan, *zerbrechen.* Be. 528, 21 þæt man ðone disc
tobræce to styccum. Or. 98, 27 þæt hie gebetton þa burg þe
hi ær tobræcon; 126, 17; 210, 33; 244, 17; 294, 3, 18. Cp. 266,
3 ðu hie tobræce. Bo. 8, 2 *(P.);* 252, 27 woldon ða tobrecan

ðone heofon under him. **Ps.** 2, 3 utan tobrecan heora bendas; 36, 23 *(P.)*; 47, 6. **Le.** 102, 70 gif sio hyd sie tobrocen.

tobredan, *zerreifsen. Vgl. beim Instrumentalis § 124. 4.* **Or.** 160, 21 hiene (= þone lichoman) þær siþþan styccemælum tobrudon.

tobringan, *dazu bringen.* **Or.** 246, 34 sio (sc. nædre) mæg ateon ælces cynnes ator ut of men, gif hio mon tidlice tobringð.

tocleofan, *spalten.* **Bo.** 236, 7 gif þu þonne ænne stan toclifst. **Le.** 98, 50 monnes cinban, gif hit bið toclofen.

tocnawan, *unterscheiden.* **Cp.** 64, 22 ðurh ða gesceadwisnesse we tocnawað good & yfel; *ähnlich* 435, 23. **Bo.** 110, 27 þæt þu hic miht swiðe swutele tocnawan; 112, 2; 280, 17; 346, 14. **So.** 191, 22 hweðer þu mæge tocnawan þone rihtwisan & þone unryhtwisan.

todælan, *(ver)teilen. Vgl. beim Dativ § 78.* **Be.** 530, 6 he ða todælde on twa biscopscire Westseaxna mægþe; 548, 44; 583, 2. **Or.** 1, 2 hu ure ieldran ealne þisne middangeard on þreo todælldon; 8, 3; 20, 27; 24, 26; 76, 25; 280, 25; *usw. usw.* **Cp.** 22, 18 ic hi todæle on feower; 36, 16. **Bo.** 22, 12 hine todælð; 96, 17 *(P.)*; 190, 6; 200, 4; 254, 14; 356, 22. **Ps.** 17, 40 ic hi todælde swa smæle; 49, 5.

todon, *teilen, öffnen.* 'Ps. 21, 11 hi todydon heora muð ongean me, swa swa leo þonne he geonað.

todræfan, *zerstreuen. P.* **Be.** 546, 36 heora heriges ðær wæs mycel ofslægen fram hæþenum & eall todræfed.

todrifan, *zerstreuen. P.* **Bo.** 200, 28 ðonne drugode hio & wurde todrifen mid þam winde swa swa dust oððe axe.

togefultumian, *helfen.* **Be.** 624, 5 he eac swylce hio wæs togefultumiende.

togenedan, *dazu zwingen.* **Le.** 70, 4 gif hine mon togenedan scyle.

togeotan, *ausbreiten. P.* **Be.** 505, 26 seo (sc. Cristes cyrice) geond ealne middangeard togoten is.

tohleotan, *verlosen.* **Ps.** 21, 16 hy ... gedælden him min hrægl, and þæt tohlutan.

tohlidan, *öffnen. P.* **Or.** 188, 26 swelce se hefon wære tohliden.

tohreosan, *zerstören. P.* **Be.** 482, 8 monige oþre ceastre tohrorene wæron. *Doch wohl nur intransitiv (?).*

tohreran, *erschüttern (?). P.* **Ps.** 17, 7 se grundweall þara munta wæs tohrered (= fundamenta montium conturbata sunt).

tolicgan, *trennen.* **Or.** 20, 6 hio (= sio Wisle) tolið Witland & Weonodland. **Bo.** 96, 19 þa sint tolegena & todælda mid sæ.

tolucan, *zerreifsen.* **Be.** 619, 31 mine innoþas on ðam fylle tolocene wæron. **Cp.** 441, 31 *(s. geplantian § 103).*

tolysan, *lösen*. *P*. *Vgl*. *§ 118. 1.* Be. 591, 13 ðonne to-slupan ða bendas & tolysede wæron.

tonemnan, *durch Namen trennen*. Or. 8, 4 hie þa þrie dælas on þreo tonemdon: Asiam & Europem & Affricam; 14, 22 þeh hit mon tonemne on twa & on þritig þeoda. Bo. 188, 19 þeah hi tonemde seon mid wordum; *ähnlich* 190, 3.

toopian, *erhoffen*. So. 178, 13 þæt ðæt þu ær toopedest; 179, 3.

tornwyrdan, *schelten*. Or. 54, 2 hiera wif . . . hie swiþe tornwyrdon.

tosceadan, *trennen, unterscheiden, erkennen*. Be. 476, 3 ðone mid dice tosceadde; 486, 17, 19; 602, 36. Cp. 64, 20 mid ðære nose we tosceadað ða stenceas; 114, 6; 148, 17; 290, 20; 362, 7. Bo. 112, 5 þæt þu hi cuþest wel toscadan; 214, 11 *(P.)*; 370, 9, 27. So. 167, 4 we magon toseðan & tosceadan good & yfel.

toseðan, *trennen*. So. 167, 3 (*s.* tosceadan).

toslean, *zerschmettern*. Or. 160, 18 þunor toslog heora hiehstan godes hus Jofeses; *ähnlich* 268, 29.

toslitan, *zerreifsen*. Be. 481, 26 ða earman ceasterwaran toslitene & fornumene wæron; 613, 24 *(P.)*. Cp. 36, 11 hu oft sio bisgung ðæs rices & ðæs recendomes toslit ðæt mod ðæs recceres (= *dissipat*); 154, 5. Le. 84, 23 gif hond mon toslite oððe abite.

toslupan, *auflösen*. *P*. Bo. 358, 21 ðonne wurdon hi ealle toslopene *(intransitiv!)* & tostencte.

tosomnian, *versammeln*. Be. 554, 11 Godes ðeowas tosomnian.

tostencan, *zerstreuen*. Be. 484, 14 hi hæfdon utamærde & tostencte ða bigengan ðysses ealondes; 629, 7 *(P.)*. Cp. 218, 5 ðæt wind ne meahte ða lac tostencean; 441, 32 *(s.* geplantian *§ 103).* Bo. 254, 12 se godcunda anweald hi tostencte ær hi hit fullwyrcan moston; 304, 21 *(P.);* 358, 21 (*s.* toslupan). Ps. 16, 13 tostencte hi geond corþan; 17, 14, 38; 21, 11 eall min mægen is tostenged (*Schreibfehler für* tostenced?) & to nauhte worden; 32, 9.

toteon, *zerreifsen*. Or. 142, 23 his æfterfolgeras feower-tiene gear hit (= þisne middangeard!) siþþan totugon & totæron.

toteran, *zerreifsen*. Or. 142, 24 (*s.* toteon). Bo. 8, 4 his gingran hæfdon hine swa totorenne. Ps. 29, 11 þu totære min hwite hrægl.

totwæman, *trennen*. Or. 118, 20 oþ hie eft totwæmde wæron; 138, 7 hu hi hie totwæman mehten.

toweorpan, *niederwerfen, zerstören*. Be. 508, 29 he towearp al þa bigong ðara deofolgelda; 516, 40; 517, 2; 531, 9; 569, 24; 603, 18; 625, 35. Or. 48, 8 ealda ceastra & ealde byrig towurpon; 78, 5; 114, 2; 124, 5, 23; 126, 18; 186, 5; *usw. usw.*

Cp. 168, 7 ðone singallice ðisse eorðlican drohtunge gewuna wile toweorpan; 214, 18; 220, 20; 244, 20; 310, 6; 441, 31 *(s.* geplantian *§ 103)*. **Bo.** 40, 9 þonne toweorpþ he swiþe hraþe þære rosan wlite; 252, 29; 254, 13; 350, 7 *(P.)*. **Ps.** 8, 3 þu towyrpest þine fynd; 9, 6; 10, 3; 11, 3; 15, 2; 27, 7; 43, 3.

toycan, *hinzufügen.* **Be.** 472, 30 sumu . . . ic toycte.

trymian, trymman, *bereiten, ermahnen, trösten, bestätigen*.* **Be.** 480, 31 hi trymedon & lærdon; *ähnlich* 485, 39; 526, 32; 586, 21; *usw. usw.* **Cp.** 88, 19 ne ge ðone weall ne trymedon ymb hiera hus; 309, 12* ðæt trymeð sio halige æ. **So.** 167, 25 ðu us getrymedest & gyt trymest on urum geleafum.

tucian, *quälen, bestrafen.* **Bo.** 322, 11 lustlice hi woldon lætan ða rican hie tucian æfter hiora agnum willan.

tweogan, *zweifeln. U. Das, woran man zweifelt, steht im Genitiv, s. §§ 14. 1., 38.* **Cp.** 102, 4 ymb ðæt þe hiene ðonne tweode. **Bo.** 84, 13 ne tweoþ nænne mon þæt he hwæt ne sie; 246, 8, 10; 254, 26; 294, 11, 21. **So.** 192, 25 gif þe be ængum þissa þinga awiht tweoge; 195, 35.

tweonigean, *zweifeln. U. Das, woran man zweifelt, steht im Genitiv, s. § 28. d.; vielleicht ist an der dort angeführten Stelle auch Akkusativ, nicht Dativ anzunehmen; oder umgekehrt hier?* **So.** 192, 12 gyf me æt enugum þingum tweonað.

tyn, *belehren.* **Be.** 489, 4 he hine geornlice tyde & lærde; 545, 45 *(P.);* 565, 26; 593, 32. **Bo.** 6, 26 se Wisdom þe hit lange ær tyde & lærde.

tydr(i)an, *hervorbringen*, nähren.* **Bo.** 232, 22* þæt hit (= þæt land) him gelice wyrta & gelicne wudu tydrige. 342, 20 tydreþ ælc tudor. **Ps.** 43, 3 *(s.* plantian *§ 110)*.

tyhtan, *erziehen.* **Or.** 228, 8 hiene fedan het & tyhtan (*C.:* læran). *Vgl. Greins Sprachschatz II. S. 558.*

tynan, *schliefsen.* **Be.** 569, 10 ðonne tynde he his bec; 636, 43 ðone ytemestan dæg tynde & forþferde.

§ 114   **underetan,** *untergraben. P.* **Bo.** 56, 3 þæt mennisce mod bið undereten & aweged of his stede.

underfon, *unternehmen, annehmen, empfangen.* **Be.** 510, 32 þæt he sylfe eac swylce ða ylcan æfæstnysse underfenge; 579, 19. **Or.** 66, 13 he þa Romulus æfter þiosan underfeng Cirinensa gewinn; 72, 8; 122, 4; 174, 1; 178, 15; 202, 34; 228, 8; 236, 26. **Cp.** 22, 15 þæt he hi æfre underfenge; 58, 23; 232, 9; 301, 25 (onderfoð); *usw.* **Bo.** II, 11 þe he underfangen hæfde; 26, 23; 30, 7; 36, 23; 72, 9; 80, 27; 84, 4; 148, 27; 358, 8. **So.** 169, 20 þæt þu me underfo; 28 (underfungon!); 184, 15, 22. **Ps.** 14, 4 nan edwit ne underfehð; 17, 34; 39, 12; 40, 12; 48, 15.

undergietan, *verstehen, merken.* **Or.** 112, 26 þa Crece þæt þa undergeaton.

underhnigan, *auf sich nehmen.* **Be.** 538, 26 ic sceal hrape deaþ underhnigan (= subeundae mortis); *ähnlich* 584, 37 (underhnigon); 566, 8 ic ðone had undernagh. **Cp.** 405, 3 ðonne hi ða scandlican lustas ðisses middangeardes mid hira modes willan underhnigað.

underlutan, *tragen.* **Bo.** 106, 5 hwi ge wilnigen þæt ge underlutan mid eowrum swiran þæt deaþlicne geoc.

understandan, *verstehen.* **Cp.** 2, 14 swiðe feawe wæron . . . ., þe hiora ðenunga cuðen understandan on Englisc. **Bo.** 118, 23 hu þu hit understandan woldest; 218, 26; 344, 6. **So.** 174, 9 þæt ic swa fulice ne understode þæt þæt ic bæd; 176, 27; 177, 23. **Ps.** 21, 2 ne understand þu hit me to unrihtwisnesse.

underþiodan, *unterordnen.* *Vgl. beim Dativ § 78.* **Cp.** 118, 18 he him ær to unðeawum his agenne willan underðiedde. **Bo.** 68, 25 ge underþiodaþ eowre hehstan medemnesse under þa eallra nyþemestan gesceafta.

undon, *öffnen.* **Ps.** 23, 7 undoð nu eowre gentu.

ungerian, *entkleiden.* **So.** 198, 13 he gewlitegað & gegerað ealle gesceafta & æft ungewliteað & ungerað.

un(ge)wlitegian, *unschön machen, entstellen.* **Bo.** 342, 18 ða he þwaraþ & gewlitegaþ, hwilum eft unwlitegaþ & on oþrum hiwe gebrengeþ. **So.** 198, 12 (*s.* ungerian).

untynan, *öffnen.* *Vgl. beim Dativ § 78.* **So.** 169, 15 gehæl mine eahgan & untyn þæt ic mage gescon þine wundru.

unweorþian, *entehren.* **Bo.** 28, 15 hu ne unweorþast þu þonne þe selfne.

upadon, *aufnehmen, ausgraben.* **Be.** 529, 24 het his lichoman upadon & lædon to Wintonceastre; *ähnlich* 532, 33; 544, 1; 578, 10; 588, 25; 589, 11; 608, 28.

upahebban, *aufheben, erheben.* **Be.** 515, 21 hine se Godes man upahof; 524, 21 he his stæfne uppahof; 540, 41; 566, 36; 613, 32. **Or.** 5, 30 ongunnon unsibbe him betweonum upahebban; 70, 5 micel gewinn upahofon; *ebenso* 13; 78, 21; 112, 32; 148, 4 *(R.)*; 222, 19; 260, 2; 278, 23; 294, 7. **Bo.** VI, 24 heo hine hwæthwegnunges upahafen hæfde; *ebenso* 46, 12; 2, 3 gewin upahofon; 106, 9; 288, 12 *(P.)*. **Ps.** 9, 13 þu eart se ylca God, þe me uppahofe fram deaðes gatum; 26, 7; 27, 10; 33, 3; *usw. usw.*

uparæran, *erheben.* **Or.** 232, 17 þa ongunnon Romane þa mæstan sace him betweonum uparæran. **Bo.** 6, 21 hit swa niowul hwæthwega uparærde. **Ps.** 3, 4 Drihten me awehte and me uparærde; 36, 23.

upateon, *heraufziehen.* **Or.** 202, 23 Scipia het D hira scipa upateon & forbærnan; 226, 18 wulfas atugan þa stacan up.

upforlætan, *heraufführen.* **Or.** 74, 1 he . . . . hie (= þa ea) uppforlet an feower hund ea & on LX.

uphebban, *aufheben, erheben.* **Be.** 588, 42 ða mon hire lichoman of byrigenne uphof. **Or.** 32, 18 þa leode betuh him gewin upahofon; *ebenso* 52, 19. **Ps.** 27, 2 ic . . . . mine handa upphebbe to þinum þam halgan temple.

upteon, *heraufziehen.* **Be.** 541, 40 ða ongunnon þa nydlingas & þa scypmen þa ancras uppteon & on ðone sæ sendan.

upweorpan, *auswerfen.* **Or.** 226, 11 æfter þæm þe hie adruncne wæron, hie wearp se sæ up.

utadrifan, *austreiben, verbannen.* **Or.** 258, 3 hie Gaius het utadrifan; 260, 20. **Cp.** 220, 12 ealne ðone gast utadrifð. **Bo.** 76, 16 þa heretohan, þe hi ær utadrifon, hi woldon eft utadrifan.

utageotan, *ausgiefsen.* *P.* **Ps.** 21, 11 þæt wæter þæt byð utagoten.

utalædan, *entführen.* **Le.** 74, 8 gif hwa nunnan of mynstre utalæde.

utamæran, *vertreiben, verbannen.* **Be.** 484, 14 *(s.* tostencan *§ 113)*; 499, 23 ma heora landa ute amærde *(= entvölkern?)*; *ähnlich* 584, 7.

utasceotan, *aus schiefsen.* *P.* **Or.** 112, 15 ðær wearþ oþer, eage mid anre flan utascoten.

utascufan, *verstofsen.* **Be.** 552, 6 ða hi Mellitum ðone bisceop utascufon.

utaspiwan, *ausspeien.* **Cp.** 447, 2 ic hine wille eft utaspiwan of minum muðe.

utaweorpan, *herauswerfen.* *P.* **Ps.** 21, 5 ic eom utaworpen fram him of heora gesomnunga.

utforlætan, *herauslassen, herauswerfen.* **Or.** 88, 9 hie utforleton. **Cp.** 278, 12 se se þe ðæt wæter utforlete; *ebenso* 13 ; 17.

utgelædan, *herausführen.* **Le.** 58, *Einleitung* ic þe utgelædde of Aegypta londe.

utlædan, *herausführen, entführen.* **Le.** 76, 1 gif heo leng libbe þonne se þe hie utlædde.

utweorpan, *herauswerfen, fortwerfen.* *P.* **Be.** 552, 14 cuþlice utworpenne wæron.

§ 115   **wacsan,** *waschen.* **Be.** 496, 5 hi heora hrægel weocsun & clænsodon; 610, 11.

wægan, *täuschen.* **Be.** 612, 3 ne hine nowiht his geleafa wægde. *Vgl. Greins Sprachschatz II. S. 643.*

wætan, *befeuchten.* **Ps.** 6, 5 ic . . . hwilum min bedd wæte mid tearum.

wanian, *beweinen.* **Or.** 166, 20 mid oferheortnesse him wæs waniende ægþer ge his agene heardsælða ge ealles þæs folces.

wanian, *wegnehmen, vermindern.* *Vgl. beim Dativ § 71. vv.* **Or.** 296, 32 þæt mon nænne mon ne sloge, & eac þæt man nanuht ne wanade ne ne yfelade þæs þe on þæm ciricum wære. **Bo.** 144, 29 hi sculon ælce dæg eacan þæt mon ælce dæg wanaþ.

warian, *bewahren*. Cp. 136, 23 mid ðæm wordum fullice he us warude (*H.:* warode) & lærde (*Sweet:* warned).

wealdan, *verwalten, lenken*. *Kommt sonst mit dem Genitiv vor*, s. § 17. j., *oder mit dem Dativ*, s. § 68. h. Or. 60, 7 (? *vgl.* § 17. j.). Bo. 358, 15 þanon he welt þam gewealdleþerum ealle gesceaftu (*vgl.* § 91).

weccan, wecgean, *erregen, bewegen, erwecken*. Be. 482, 16 se . . . hungur . . . . . hi to ðon swyþe wæhcte (= adficiens; *Miller:* affected); 569, 22 Drihten . . . . windas weceþ (= excitat; *Miller:* arouses); 582, 29 se grimmesta hungor þæt folc wæs wæcende (= invadens; *Miller:* prostrated). Cp. 461, 14 se kok . . . hefð up his fiðru & wecð hine selfne, ðæt he wacie on ðære geornfulnesse. So. 166, 9 fæder þæs suna þe us awehte & gyt wehð of þam slepe ure synna (wehð *ist wohl sicher für* wrehð *zu lesen*). Ps. 21, 6 hi wecgað heora heafdu; *ebenso* 43, 16.

wefan, *weben*. Be. 601, 16 hi smalo hrægel wefaþ & wyrceaþ.

wegan, *tragen*. Be. 511, 15 hæfde he & wæg mid hine twigecgede handseax; 517, 7 þæt he moste wæpen wegan.

wemman, *beflecken, verderben*. Be. 611, 18 unwlitig swile & atelic his eaganbregh wyrde & wemde.

wenan, *erwarten, meinen*. Bo. XII, 11 ðæt þæt he ær wende; 82, 14 hwæt wenst þu. *Über andere Verbindungen von* wenan *vgl. beim Genitiv* §§ 14. v., 28. e.

wendan. — 1. *wenden, lenken, verwandeln*. Or. 64, 2 se ilca se þe giet settende is & wendende ælce onwaldas & ælc rice to his willan. Cp. 182, 12 forðæm sceal se lareow swiðe hrædlice wendan his tungan ongean ðæt þe . . . . Bo. 6, 3 ða wendon hi me heora bæc to; 12, 29; 20, 4, 13; 194, 13; 250, 16; 264, 25. So. 172, 13 hi þæt god þære gesceawisnesse wendað on yfel. Ps. 43, 25 forhwi wendst þu þinne andwlitan fram us.

2. *übersetzen*. Cp. 4, 21 hi hiora þa nanne dæl noldon on hiora ægen geðiode wendan; *ebenso* 6, 4, 6, 8. Bo. II, 4 hie of becLedene on Englisc wende.

weorpan, *werfen*. Be. 478, 16 he wearp þæt sweord onweg; 548, 48; 624, 42. Bo. 32, 23 þa hine man on þæt fyr wearp; 80, 18 wearp hine ðær mid on ðæt neb foran; 202, 5. Le. 82, 21 weorpe mon to handa eall þæt he . . .; 84, 24.

weorþian, wurþian, wyrþian, *würdigen, beobachten, achten, feiern, verehren, ehren, schmücken* *, *bereichern* †. Be. 479, 24 heora stowe bræddon & weorþodon; 503, 20; 505, 23; 545, 22; 547, 24*; 561, 43; 635, 39; 642, 40 (wurþedon); 644, 32. Or. 162, 26 þa diofla, þe hie an simbel weorþedon hi amirdon. Cp. 114, 18 ða ða he hiene swæ swiðlice weorðian wolde; 122, 8; 196, 9; 254, 7; 449, 34. Bo. 156, 23 † he þeah weorþode his deorlingas mid miclum welum; 26 †; 268, 9; 300, 16; 378, 9. So. 196, 31 hi ic wille wyrðian. Ps. 11, 4 þæt hi scylen hi

17*

sylfe weorðian; 14, 5; 44, 13. **Le.** 66, 5 þæt ge deofolgyld ne weorðien.

wepan, *beweinen, weinen*. Vgl. beim Instrumentalis § 124. 6.* **Cp.** 60, 16 ðæt þætte oðre men unaliefedes ·doð he sceal wepan; 176, 22; 314, 25* eall ðæt ðætt ge fæston & weopon (!); 395, 21; 413, 4; 421, 5. **Bo.** 4, 20 ormod hine selfne ongan wepan.

werdan, *verderben.* **Bo.** 80, 2 þa smalan wyrmas þa ðone mon ge innan ge uton werdaþ.

wer(g)ian. — 1. *tragen.* **Or.** 164, 34 swelc sceorp werede; 35; 190, 15; 280, 21; 284, 23.

2. *verteidigen, beschützen, eindämmen*.* **Or.** 88, 26 siþþan heora agen lond wergende wæron; *ähnlich* 194, 12. **Cp.** 469, 2* sume hine weriað on gewitlocan, wisdomes stream. **Le.** 62, 36 gif mon næbbe buton anfeald hrægl hine mid to wreonne oððe to werianne.

westan, *verwüsten.* **Or.** 44, 20 wæron þæt lond herigende & westende.

widhergian, *weit und breit rühmen.* **Cp.** 439, 36 ðæt ... hi mon widherge.

w(i)ergean, *s.* wyrgean.

wiernan, *warnen, hindern. Vgl. beim Genitiv §§ 18. l., 31. g., beim Dativ § 78.* **Bo.** 382, 15 ne us ne wyrnþ þæt we yfel don; 392, 19.

willan, *wollen. Über eine fragliche Stelle mit Genitiv vgl. § 11. k.* **Be.** 531, 39 hwæt hi ðær woldon; 632, 29. **Bo.** VI, 27 hwa hafde eall þæt he wolde. **So.** 193, 28 forhwi þu ða þreo þincg woldest; 35.

wilnian, *wünschen. Über andere Verbindungen vgl. beim Genitiv §§ 11. l., 25. d., beim Dativ § 78.* **Be.** 478, 28 ðe he ær to Gode wilnade; 510, 23; 568, 34; 579, 20; 594, 17; 619, 2. **Cp.** 56, 11 ðætte hit ær wilnode; 298, 8. **Bo.** 126, 18 wilniað hiora woruld æfter þæm; 128, 2; 130, 23; 274, 25; 286, 19; 370, 10. **So.** 165, 16 þæt ðæt þu wilnast; 178, 15; 183, 7. **Ps.** 24, *ü.* þe he ær wilnode.

windan, *rollen.* **So.** 163, 11 þat he mage windan manigne smicerne wæn.

winnan, *erleiden. Vgl. beim Dativ § 70. v.* **Be.** 611, 22 ðyllic ungescræpo woon (= tali incommodo laboraret; *Miller:* suffered from).

witan, *wissen, kennen. Vgl. §§ 14. w., 78.* **Be.** 472, 25 þa ðe þa ðing wiston; 474, 14; 503, 3; 547, 17; 566, 5; 569, 45; 606, 37. **Or.** 14, 28 swa we hit fyrmest witon; 52, 10; 102, 25; 136, 10; 164, 2. **Cp.** 4, 11 þa swiðe lytle feorme ðara boca wiston; 120, 16 (nat); 150, 10; 214, 11; 272, 7; 330, 22; 431, 17 (nyste). **Bo.** 16, 26 þæt ælc wuht from Gode wiste his riht timan; 18, 9 (nyte), 16, 17 (nyte); 24, 13; 32, 18; 52, 24; 230, 27. **So.** 164, 27 ic ... þæt nat; 165, 13; 169, 32; 171,

11, 16; 173, 12, 26. **Ps.** 9, 10 calle þa ðe witan þinne naman; 13, 1; 35, 10; 36, 17; 43, 22. **Le.** 60, 21 se hlaford hit nyste 82, 2; 108, 4.

witegian, *vorhersagen.* *Vgl. beim Dativ § 78.* **Ps.** 28, *ü.* he witegode eac þæt ylce be Ezechie.

wiþcompian, *bekämpfen.* **Be.** 602, 9 ða sylfan landleode swa swyðe swa hi mihton hi weredon & hi wiþcompedon.

wiþcweþan, *widersprechen.* *Vgl. beim Genitiv § 27. f., beim Dativ § 70. x.* **Bo.** 40. 15 ne mæg ic na wiþcweþan ne andsacigan þæt, þe þu me ær sædest.

wiþscufan, *zurücktreiben, verstofsen.* *Kommt auch einmal mit dem Dativ vor, s. § 70. dd.* **Be.** 481, 44 wiþscufeþ us seo sæ to ðam ællreordum; 509, 33; 549, 4; 573, 17; 642, 39.

wiþwinnan, *bekämpfen.* *Kommt sonst mit dem Dativ vor, s. § 70. ii.* **Cp.** 112, 21 ðone onwald mæg wel reccean se þe ægðer ge hiene habban con ge wiðwinnan (= tenere et impugnare).

witnian, *bestrafen, quälen.* **Be.** 490, 20 hi ehtan & witnian; 599, 24; 624, 41. **Or.** 160, 14 þær wæron siþþan witnade. **Cp.** 122, 5 he nolde witnian his agne suna. **Bo.** 264, 4 þe hine wr mid þy witnode; 318, 17, 18, 24; 320, 3; 346, 19; 362, 15; 376, 7; 378, 5. **Ps.** 36, 28 he witnað þa scyldigan; 37, 1.

wlitigian, *schön machen, verschönern.* **So.** 165, 35 simle þæt unwlitige wlitigað þæt wlitige.

wræþian, *stützen.* **Be.** 610, 28 his ða untruman limo mid his cricce wreðiende on cyricean eode. **Bo.** 114, 7 heora ælc wind wiþ oþer & þeah wreþeð oþer.

wrecan. — 1. *bestrafen, rächen.* *Vgl. beim Dativ §§ 66. n., 78.* **Or.** 44, 32 to þon ðæt hie heora weras wrecan þohton; 46, 4; 58, 17 hit God siþþan longsumlice wrecende wæs; 78, 30 (wræcce); 168, 6; 184, 7; 256, 25; 262, 2; 288, 15; 296, 29. **Cp.** 38, 20 he hit swiðe hrædlice wræc; 118, 1; 148, 21, 22; 220, 22. **Bo.** 266, 16 forhwy he hit ðonne sona ne wrecce; 322, 16; 378, 4. **Ps.** 9, 12 he is swyþe gemyndig heora blod to wrecanne; 13, 1; 29, 4; 43, 22.

2. *vollführen, ausführen.* **Be.** 511, 20 mid ðy he ða geswippre muþe licettende ærend wrehte & lease fleswede; 528, 17.

wregan, *anklagen.* **Bo.** 320, 27 hit is betre þæt mon wrege þone scyldigan.

wreon, *bedecken.* **Le.** 62, 36 (s. werian 2.).

wringan, *pressen.* **Bo.** 16, 12 ne miht þu win wringan on midne winter.

writan, *schreiben.* **Be.** 471, 11; 472, 6 þæt we her writaþ; 27; 489, 3; 505, 37; 545, 1; 549, 23; 627, 8; 647, 34. **Or.** 164, 3 Romane him self þyllic writon. **Bo.** 94, 15 se wrat

calles þises middangeardes gemet on anre bec. **Le.** 66, 8 on monega senoðbec hy writon.
wriðan, *verbinden.* **Be.** 620, 14 þæt he ða tolysdan geþeodnesse minre heafudwunde gesctte & wriþe.
wuldrian, *ehren, rühmen.* *Vgl. beim Genitiv § 13. h.* **Be.** 498, 22 wolde . . . ðone cyning . . . wuldrian; 585, 29, 34; 586, 8.
wundian, *verwunden.* **Be.** 523, 20 hi . . . wundade. **Cp.** 186, 10 he hiene wundað.
wundrian, *bewundern. Dies Wort hat in der Regel den Genitiv bei sich, s. § 14. x.* **Be.** 487, 40 wæron hi eac wundriende ða bilehwitnysse ðæs unscæþþendan lifes & swetnesse heora þære heofonlican lare.
wurþian, *s.* weorþian.
wyrc(e)an, *thun, machen, ausführen, bauen. Vgl. beim Dativ § 78.* **Be.** 480, 31 hi fæsten worhtan; 498, 25, 30; 517, 30; 543, 7; 545, 4; 567, 30; 601, 10 (*s.* wefan). **Or.** 12, 23 þær wyrcð micelne sæ; 21, 15; 34, 15; 172, 2; *usw. usw.* **Cp.** 26, 22 ðeah he on ðæm hade fela wundra wyrcen; 110, 24; 160, 5; 168, 20. **Bo.** 62, 14 hwæþer þu nu swelces auht wyrcan mæge; 84, 12; 90, 15; 286, 15; *usw.* **So.** 163, 4 þe ic wircan cuðe; 164, 15; 165, 28, 29; 177, 22; 179, 26. **Ps.** 6, 7 þa þe unriht wyrcað; 9, 22; 13, 5, 8; 14, 2; 17, 13. **Le.** 60, 16 wyrce his weorc þa hwile. **Di.** 69 (*s.* lufian).
wyrdan, *verletzen, verderben.* **Be.** 473, 20 ðone ne mæg ne sunne blæcan, nene ren wyrdan; 611, 18 (*s.* wemman).
wyrg(e)an, w(i)ergean, *verfluchen.* **Be.** 602, 12 ða ðe be gewyrhtum wyrgede wæron. **Cp.** 256, 17 ða he Israhela folc wiergean wolde. **Ps.** 36, 21 þa þe hine wyrgeað forweorðað. **Le.** 60, 15 se þe werge his fæder oððe his modor, swelte se deaðe; 62, 37 þone hlaford þæs folces ne werge þu.

§ 116   **ycean,** *vermehren.* **Be.** 505, 16 ða ongan he framlice ða staþolas ðære cyrican . . ycean.
yf(e)lian, *übel behandeln, verletzen, beleidigen.* **Be.** 476, 21 yfeledon & slogan Cristene men; 583, 31. **Or.** 94, 8 þara nanne yflian noldan; 296, 32 (*s.* wanian). **Cp.** 36, 4 þæt he ðone kyning ne yflode. **Bo.** 310, 17 hit is riht þæt mon yfelige þa yfelan; 320, 6, 16, 18.
yldan, *aufschieben.* **Be.** 491, 31 sume ðurh sceawunge yldeþ; 512, 34.
ymbærnan, *umfähren.* **Be.** 474, 10 ymbærndon eall Breotone gemæro.
ymbfaran, *umfähren.* **Or.** 80, 26 he het þa þæt fæste lond utan ymbfaran; 294, 19 *(P.)*.
ymbfon, *umgeben. P.* **Or.** 24, 17 hit is on ælce healfe ymbfangen mid garsecge. **Bo.** 18, 10 ðe ðu mid ymbfangen eart.

ymbgan, *herumgehen um.* **Be.** 531, 32 ða ongan heo ymbgan þä hus þaes mynstres.

ymbhabban, *umgeben.* **Be.** 546, 31 he wæs mid ðy unmætan weorode ymbhæfd. **Or.** 24, 1 Ispania land is þryscyte & eall mid fleote utan ymbhæfd. **Bo.** 124, 23 þe þa oþra gesælþa ealle oninnan him gegaderað & hi utan ymbhæfþ.

ymbhringan, *umgeben.* **Be.** 546, 30 he wæs ymbhringed mid his feondum. **Ps.** 16, 9 mine fynd me ymbhringdon utan on ælce healfe; 17, 4, 5; 21, 10, 14; 31, 12; 39, 13.

ymbhweorfan, *runddrehen* *, herumgehen um.* **Bo.** 10, 12* þu þe on hrædum færelde þone heofon ymbhweorfest; 32, 7*; 328, 17. **Ps.** 26, 7 ic ymbhweorfe þin þæt halige tempel.

ymbhypan, *umgeben.* *P.* **Be.** 511, 25 ða wæs he sona æghwanon mid wæpnum ymbhyped.

ymbsellan, *umgeben.* *Vgl. beim Dativ § 78.* **Be.** 542, 24 mid eallum ðyssum ða burh on myeelre heannesse ymbsealde; 567, 45; 582, 22 *(P.)*; 605, 24; 628, 41.

ymbsittan, *umgeben, belagern.* **Be.** 633, 2 ðis hus utan ymbsætan. **Or.** 66, 18 þa hie ða hæfdon Cirinen þa burg ymbseten; 68, 19; 116, 23; 170, 2. **Cp.** 160, 19 ymbsittað ða burg swiðe gebyrdelice; 162, 10. **Ps.** 12, *ü.* þa hi hine ymbseten hæfdon on þære byrig; 43, 15.

ymbspannan, *·umspannen.* **Be.** 616, 8 hine mon na mid twam handum ymbspannan mihte.

ymbsprecan, *besprechen.* **Bo.** 166, 7 þa unþeawas þe we ær ymbspræcon; *man könnte allerdings auch* ymb *vom Zeitworte trennen und als nachgestellte Präposition ansehen.*

ymbstandan, *umgeben.* **Ps.** 16, 10 hy habbað me . . . . ymbstanden.

ymbswincan, *sich bemühen um.* **Bo.** 332, 6 þa race sohton ealle uþwitan & swiþe swiþlice ymbswuncon.

ymbsyrwan, *nachstellen.* **Le.** 58, 13 he hine ne ymbsyrede.

ymbþringan, *rundum bedrängen.* **Ps.** 3, 5 þeah hi me utan ymbþringen.

yppan, *eröffnen, verraten.* **Be.** 600, 30 ða unrotnesse his heortan mid his andwlitan tacnunge ypte & cydde.

yrman, *s.* ierman *§ 105.*

ywan, *zeigen.* **Be.** 496, 2 ða ywde he ðær synne wisan; 644, 20.

2. *Abgesehen von den Fällen, wo zu einem transitiven Zeit-* § 117 *worte mit dem Akkusativ noch ein prädikativer Akkusativ tritt, — worüber im zweiten Hauptteil gehandelt wird (I. Abschnitt. IV. Abteilung. I. Kapitel), — erscheint bei einigen Zeitwörtern ein doppelter Akkusativ. Der eine ist dann ein persönlicher, der an-*

dere ein sächlicher; dieser ist zuweilen stammverwandt mit dem Zeitwort.

acsian, *fragen.* **Bo.** 378,ˉ 28 be þære acsunga, ðe ic ðe acsode,ˉ ic ðe wolde giet ascien sume spræce, ðe me ymb tweoþ. *Vgl. über andere Verbindungen dieses Zeitwortes beim Genitiv §§ 12. a., 36. a., beim Akkusativ § 97.*

beniman, *berauben. (?)* **Be.** 511, 15 *(vgl. § 40. g.).*

don, *zufügen (?).* **Ps.** 9, *ü.* Judeas hine woldan don mare yfel ðonne hig mihton; *dies könnte eine verkehrte Lesung sein. Über die sonstigen Verbindungen von* don *vgl. beim Dativ §§ 71. m., 78., beim Akkusativ § 100.*

gelæran, *lehren. Vgl. beim Dativ § 78, beim Akkusativ § 103 (S. 207).* **Be.** 584, 33 he moste hi gelæran ða geryno ðæs Cristenan geleafan. **Cp.** 162, 6 ða burg ðæs modes, þe he gelærð ðone cræft, hu hit . . . .; 385, 3 sibðan he his cnihtas gelæred hæfde ðone cræft ðæs lareowdomes. **Bo.** 38, 2 ic ðe geongne gelærde swelce snytro, swylce . . . .

hatan, *befehlen.* P. *Vgl. beim Dativ § 69. x., beim Akkusativ § 104.* **Be.** 615, 10 he cwæþ þæt he haten wæs (= dixit . . . . quod jussus erat); *oder hängt þæt von dem zu ergänzenden* to cweþanne *ab?*

læran, *lehren. Vgl. beim Dativ § 78, beim Akkusativ § 106.* **Be.** 513, 24 ne mæg ic þæt don þæt ðu me lærest; 529, 40 hine godcunde lare lærde; 586, 40; 598, 5; 632, 14. **Cp.** 128, 3 he ne can oðre læran ða godcundan wisan; 172, 16 swæ swæ hit lange ær us ðære eadgan gemynde wer Gregorius lærde (*Sweet:* taught it us long before; *us wird hier aber wohl von* ær *abhängiger Dativ sein; dafür spricht auch das Lateinische:* longe ante nos); 427, 16; 459, 21. **Bo.** 366, 2 gaþ ealle on þone weg, þe eow læraþ ða foremæran bisna. **So.** 167, 18 þu þe us lerst ealle rihtwysnesse; 186, 33. **Ps.** 24, 3 lær me þine paðas; 32, *ü.*; 33, 11.

3. *Zeitwörter mit einem Akkusativ neben einem andern Kasus.*

a. *Über die Zeitwörter, die neben einem Akkusativ der Person einen Genitiv der Sache haben, vgl. §§ 35—42.*

b. *Über die Zeitwörter, die neben einem Akkusativ einen Dativ haben, vgl. § 78.*

§ 118   c. *Einige Zeitwörter verbindet Alfred mit einem Akkusativ der Person und einem Instrumentalis der Sache.*
I. *Bei Zeitwörtern der Trennung hat dieser Instrumentalis ablativischen Wert.*

alysan, *befreien. Vgl. beim Akkusativ § 97.* **Be.** 583, 22

ealle ða ... he ... eac swylce mennisce ðeowdome alysde &
hi gefreode (= quos omnes ... etiam libertate donando humanae jugo servitutis absolvit).

anscogean, *entschuhen. Obgleich es ja nicht der Fufs ist,
von dem getrennt wird, sondern der Schuh, kann man dies Zeitwort
doch wohl am passendsten hier einreihen.* Cp. 42, 17 his mægas
hiene anscogen oðre fet, þæt mon mæge siððan hatan his tun
ðæs anscodan tun (= unumque ei pedem propinquus discalciet,
ejusque habitaculum domus discalciati vocetur; *Sweet übersetzt:*
let his relations take the shoe off one of his feet, that his house
may afterwards be called the house of the one-shoed); 44, 8
se bið eac mid ryht(e) oðre fet onscod, & hiene mon scile on
bismer hatan se anscoda (*Sweet:* he is also rightly shod on one
foot only, & he shall be called in ignominy the one-shoed).
*Beide Übersetzungen Sweets sind falsch, es heifst jedesmal ent-
schuhen; ðæs* anscodan *und se* anscoda *könnten allerdings heifsen*
„the one-shoed", *aber das entspricht dem Lateinischen nicht,
das auch hier* discalciare *hat. Auch B.-T. verweist bei* „anscod
(= unshod, discalceatus)" *auf* „unsceod". Cp. 44, 14 *heifst es
übrigens noch einmal:* ðonne bið us swiðe fracuðlice oðer fot
unscod (*Sweet:* unshod). *Auf S.* 509 *giebt Sweet bei den* „Cor-
rections" *auch für die ersten beiden Stellen* unshod *statt* one-
shoed. *Vgl. §* 78 unscogean.

beceorfan, *abschneiden.* Be. 478, 3 ða het he hine heafde
beceorfan; 491, 19 Johannes se Baptista wæs heafde beceorfen.

beslean, *abschlagen.* P. Be. 478, 33 ðær wæs ða heafde
beslagen se ... martyr; 39 ða wæs eac swylce heafde beslegen
... se mon.

onlysan, *befreien. P. Vgl. §* 109. Be. 548, 29 he eft on-
lysed ðy lichaman byrneþ (= solutus corpore).

tolysan, *befreien. P. Vgl. §* 113. Be. 620, 36 þæt he sona
þæs ðe hine mon gefullade, his lichoman tolysed wære (= carne
solutus).

II. *Der Instrumentalis bezeichnet das Mittel oder Werk-
zeug:*

begyrdan, *gürten. Vgl. §* 98. Be. 552, 30 be ðam wealle,
ðe gearo Romane Breotone ealond begyrdon (= praecinxere).

forgieldan, *vergelten. Über andere Verbindungen dieses Zeitwortes vgl. beim Dativ §§* 75. I. e., 78, *beim Akkusativ §* 102. Le.
76, 9 forgielde þone wifman fullan gielde & þæt bearn healfan
gelde. *Vgl. Nader, a. a. O. (1880), S. 13. §* 32. b.

gestandan, *angreifen. P. Vgl. §* 103. Be. 550, 4 he wæs
untrumnesse gestanden; *ebenso* 555, 10; 571, 29; 620, 40 wæs
sona adle gestonden. *Vgl.* 595, 16 wæs heo gestanden mid ...
untrumnysse; *ebenso* 632, 17.

gyldan, *vergelten. Vgl. über andere Verbindungen dieses Zeit-*

wortes beim Dativ §§ 70. k., *75. I. r.*, *78*, *beim Akkusativ § 103*
(S. 223). **Le.** 106, 3 gylde hit þrygyldc *(oder Adverb?).*
ymbsettan, *umgeben. P.* **Be.** 516, 39 mid heora hegum,
þe hi ymbsette wæron.

Anmerkung: Hierher gehört vielleicht **gemengan**, *mischen,
das einmal in passiver Verbindung vorkommt.* **Be.** 554, 33 & no
ðonnc butan medmycelne dæl hlafes & an henne æg mid lytlc
meolc wætere gemengedre he onfeng (= ne tunc quidem nisi
panis permodicum, & unum ovum gallinaceum cum parvo lacte
aqua mixto percipiebat); *B. liest:* meoloce & wætere; *Miller
hat:* gemengede, *und übersetzt:* & a hen's egg with a little milk
mixed with water. *Auffallend ist die Form* lytle; *hat sich Alfred
durch das* parvo *zu einer männlichen (Instrumental-) Form verleiten
lassen und dabei übersehen, sie dem* meolc *entsprechend zu einer
weiblichen zu ändern?* Wætere *kann übrigens auch wirklicher Dativ sein: „dem Wasser vermengt.“*

C. Der Akkusativ als adverbiale Bestimmung.

§ 119   *1. Der Akkusativ als adverbiale Bestimmung bezeichnet Zeit-
verhältnisse.*
    a. *Er antwortet auf die Frage „wie lange?“* **Be.** 474,
31 ðær seldon snau leng ligeþ ðonne ðry dagas; 476, 7 he rice
onfeng & þæt hæfde scofontyne gear; 17 se hæfde twentig wintra rice; 477, 5 se . . . man fela daga mid him wæs; *ähnlich*
480, 14, 24; 481, 35; 483, 7; 485, 11 Bryttas sume tid gestildon fram utgefeohtc; 24; 493, 16; 505, 11 ænige hwile butan
hyrde tealtrian; 509, 35; 513, 28 monigra geara tida ofer ealle
Breotone ic flyma wæs; 523, 28 eall gear onwealh Norþanhymbra mægþe ahte; 527, 21 sum fæc; 549, 15 ealle his lifes tid.
Or. 2, 26 Romane besæton Ueiorum þa burg X winter; 4, 31
Hannibal gefeaht . . . III dagas; 17, 11 þrie dagas; *ähnlich* 19,
26, 27, 30; 28, 28; 32, 25, 26; 56, 18; 62, 19 lytle hwile; 68,
3, 30; 70, 9 hie heora gefeohta þa hwile *(= während der Zeit,
so lange)* hie gerestan *(vgl.* 124, 10 þa hwile þe he hie gaderade; *in dieser konjunktionalen Verbindung sehr häufig; vgl. darüber bei den Konjunktionen);* 78, 32; 80, 25; 82, 22; 94, 5, 11,
24; 106, 5 sume hwile; *ebenso* 158, 24; 106, 10 Romane eallne
þone gear an monncwealme lægan; 110, 27 ealle hwile; 120, 12,
15; 140, 27; 142, 22, 23; 146, 18 hienc ðær hwile besæt. **Cp.**
98, 16 ðæt ge eow gehæbben sume hwile; *ebenso* 226, 10; 316,
1 hundsiofontig wintra; 332, 15 lytle hwile; *ähnlich* 405, 5; 457,
23. **Bo.** 24, 1 ða geswigode se Wisdom ane lytle hwile; *ähnlich* 124, 3; 324, 22; 330, 25; 38, 16 ænige hwile; 48, 17 gnor-
niaþ ealle heora woruld (= all their life); *ähnlich* 190, 24; 94,
29 ge winnaþ eowre woruld (= all your life); 102, 4 fela geara;
25 sume hwile; 314, 5 hi swa langne fyrst habbaþ leaf yfel to

donne. · So. 169, 24 þa witu ðe ic nu hwile þolode; 182, 22
þæt he æni hwile mage locigan ongean þas sunnan. Ps. 18, 8
(God) þurhwunað a worlda world; 22, 9 þæt ic mæge wunian
on þinum huse swiþe lange tiid, oð lange ylde; 36, 10 gebid
ane lytle hwile. Le. 58, 3 wyrceað cow syx dagas; 11 VI gear
þeowige he; 60, 16 wyrce his weorc þa hwile, þe he self ne
mæge; 17 þeah he libbe twa niht oððe þreo; 68, 2 beo feowertig nihta on carcerne; ebenso 70, 6.

b. *Er antwortet auf die Frage „wann"?* Be. 482, 19 ða
ðe monige gear ær hi onhergedon; 596, 16 hi þæt ða georne dydon ða lafe ðære nihte tide. Or. 17, 10 let him ealne weg *(=
immer)* þæt weste land on ðæt steorbord; ebenso 25; 19, 17; 19,
14 ealle ða hwile he sceal seglian be lande; ebenso 20, 25; 34,
12 he þa æfteran syfan gear eall þæt folc gescylde wið þone
miclan hungor; 56, 27 lytle hwile; ebenso 228, 25; 96, 20 Lacedemonie þa hwile *(= mittlerweile)* gefliemdon þone oðerne ealdormon; ebenso 98, 34; 200, 20 hie Scipia wæs ealle þa niht
sleande; 286, 29 þa wæs he sume niht on anum niccaltan huse.
Cp. 38, 1 þe he þa hwile *(= mittlerweile)* amirð; ebenso 348, 8;
168, 19 ealne dæg ðæt bið min smeaung. Bo. 8, 25 þe ðu ealne
weg gelete ðam monnum; ebenso 60, 2; 72, 20, 25; 154, 28;
usw. usw.; 140, 28 næs ic næfre git nane hwile swa emnes modes; 144, 28 sume hwile; 156, 9 oþre hwile hit biþ to tælenne,
oþre hwile hit biþ to heriganne *(= bald ... bald ....); ebenso*
272, 21; 316, 30 sie ... ðionde ... eallne ðonne giogoþhad.
So. 163, 14 þær .. on eardian ægðer ge wintras ge sumeras;
17 ða while þe ic on þisse weorulde beo; 164, 33 ealne weig;
ebenso 193, 17; 197, 33; 199, 15.. Ps. 6, 5 ic swince on minre
granunge & ælce niht ic sice & wepe; 9, 28 ealne weg; 22, 8
folgie me nu þin mildheortnes ealle dagas mines lifes; 31, 3 þa
ongan ic clypian ealne dæg; ebenso 34, 26.

2. *Adverbial dient ein Akkusativ zur räumlichen oder zur*   § 120
Maßbestimmung. Vgl. hierzu die Anmerkung bei § 8 (S. 9. u.).
Be. 580, 17 fram dæle ðara fota feower fingra gemett seo ðruh
wæs ðam lichoman lengre. Or. 19, 20 seo sæ lið mænig hund
mila up in on þæt land; 70, 25 sccoldon calle hiera senatus
cuman ongean heora consulas æfter þæm gefeohte siex mila from
ðære byrig; 280, 12 hiene het iernan ... fela mila beforan his
rædwæne. Le. 90, 36, § 2 gif se ord sie þreo fingre (?) ufor
þonne hindeweard sceaft; *þreo fingre steht nur in H., aber das
weibliche oder neutrale þreo stimmt nicht zum männlichen fingre,
und dies ist kein Akkusativ der Mehrzahl; sollte þreofingre die
Geltung eines Eigenschaftswortes oder Adverbs haben?*

Anmerkung: Über ham, *den zum Adverb erstarrten Akkusativ (der Form nach; nach Sievers, Gr.² § 237. Anm. 2. in Wirk-
lichkeit: endungsloser Lokativ-Dativ), handle ich beim Adverb.*

§ 121   3. *Der adverbiale Akkusativ bezeichnet die Art und Weise:*
Be. 507, 16 gif ge willaþ onþwegene beon ða halwendan wel-
lan (?) fulwihtes bæþes (= si vultis ablui fonte illo salutari;
Miller setzt gemäfs C. und B. ðy, *und sagt:* „þa *T.* = þam
or mid þa?); 514, 38 þæt þæt nænig ðing ne gedafenade swa
æþelum cyninge (= nulla ratione); nænig ðing *ist gradezu Adverb geworden, vgl. beim Instrumentalis § 129, zu* 495, 20. **Or.**
48, 23 þe nu lustlice sibbsumes friðes & sumne dæl landes æt
eow biddende sindon *(? vgl. zu dieser Stelle beim Genitiv § 12. b.).*
Bo. 338, 9 sume hire nane wuht underþiede ne sint; *auch* nane
wuht *erstarrt zum Adverb.*

Anmerkung: *An der Stelle* **Cp.** 98, 2 ðætte ðurh þa mildheortnesse his arfæstnesse ðæt he teo on hiene selfne oðerra
monna scylda, & eac ð a h e a n e s s e ðære sceawunga his inge-
ðonces he hiene selfne oferstigge mid ðære gewilnunge ðara un-
gesewenlicra ðinga (= ut et per pietatis viscera in se infirmita-
tem caeterorum transferat, et per speculationis altitudinem semetipsum quoque invisibilia appetendo transcendat) *ist nicht etwa,
wie ich zuerst glaubte, adverbialer oder absoluter Akkusativ anzunehmen, sondern — wie das Lateinische zeigt — þurh vor ða heanesse zu wiederholen. — In meiner Doktorschrift (Bonn, 1888) habe
ich in § 18. c. aufser dieser Stelle auch noch vier andere aus der*
Cp. *aufgeführt, die ich ebenso auffafste; jetzt aber bin ich anderer
Ansicht: Die erste.(72, 12) findet sich jetzt in § 290, die zweite
ist eben besprochen worden, die dritte* (104, 23) *steht in § 40. c.,
die vierte* (106, 21) *werde ich bei den Anakoluthen behandeln, und
die fünfte* (190, 20) *steht in § 306.*

Über den Akkusativ mit dem Infinitiv *werde ich später
beim Zeitworte handeln.*

Fünftes Kapitel.

DER VOKATIV.

§ 122   *Der Vokativ steht:*
1. *Allein oder in Verbindung mit dem Ausrufe* eala, la:
Be. 500, 19 onfoh ðu, eorþe, lichoman; 516, 14 ðyslic me is
gesewen, cyning, ðis andwarde lif; 527, 31 me ðinceþ, broþer,
ewæþ he, þæt þu . . . .; *usw.* **Or.** 156, 27 þonc hafa þa, Jofes,
þæt ic . . .; 194, 24 gesecgað me nu, Romane, hwonne . . . .;
242, 6 gefera, gefera, gemyne, þæt ðu . . . . . **Cp.** 32, 10 broður, ne beo eower to fela lareowa; 42, 4 Petrus, lufast ðu me;
48, 7 eala Dryhten, ic eom cniht; 168, 18; 188, 22; 212, 10, 14;
352, 5; 380, 10; 385, 33; 465, 16. **Bo.** 12, 4 hwy þu, la Drihten, æfre woldest, þæt . . . .; 26, 1 eala Mod, hwæt bewearp þe;
so sehr häufig, z. B. 32, 15; 34, 21; *usw.;* 40, 13 eala Wisdom,

þu þe eart modur; *ähnlich* 90, 4; 92, 16; 106, 4 eala ofermodan, hwi ge . . .; 118, 1; 140, 22 geþenc ðu nu be ðe selfum, la Boetius, hwæðer ðu . . .; 166, 13; 196, 1; 198, 1; 204, 31 hwæt þu, Drihten, forgeafe . . . (þu *gehört hier nicht zum Vokativ sondern zum Zeitwort*); 206, 6, 12; 266, 5; 272, 7. So, 165, 20 Drihten, þu ðe eart seypend; *ebenso* 23; 166, 5, 11; *eigentümlich ist:* 14 ic þe bidde, þe, drihten, þu þe wart riht lif *(statt des* þe *vor dem Vokativ ist wohl* þu *zu lesen)*; 169, 6; 193, 8; 202, 35. Ps. 2, 10 ongytað nu, kyningas; 3, 1 eala, Drihten, hwi . . . .; 23, 9; *usw. usw.*

2. *Mit einem appositionellen Zusatz:* Be. 537, 30 Drihten God, mildsa ðu saulum ussa leoda; 559, 17 eala, broþer Ecgbyrht, eala, hwæt dydest ðu; 631, 29 þæt is wundor, broþor Dryhthelm. Or. 102, 23 forþon þu, fæder Agustinus, hie hæfst on þinum bocum sweotole gesæd. Cp. 309, 5 fæder Habraham, miltsa me; 443, 14 hwæt magon we his nu don, broður Petrus. Bo. 394, 1 Drihten ælmihtiga God, wyrhta & wealdend ealra gesceafta, ic bidde ðe . . . . So. 169, 34 swa ic wæne do, god feder.

3. *Mit einem attributiven Eigenschaftsworte:* Be. 572, 15 ic bidde eow, ða leofostan gebroþro, for ege & lufan ures alysendes *(dies wäre wohl besser als Apposition zu fassen, wenn nicht das Lateinische den Vokativ hätte:* rogo, inquam, dilectissimi fratres, propter . .; *auch Hüllweck (a. a. O., S. 36. u.) nimmt Vokativ an)*; 649, 1 & nu ic ðe bidde, goda hælend. Bo. 366, 1 wel la wisan menn well, gaþ calle on þone weg.

4. *Mit einem zueignenden Fürworte. Vgl. Engl. Stud. XVIII. S. 222. u. (zu S. 192.).* — Be. 537, 7 wult ðu, min cild, þæt ic þe gelære; 548, 23 min Domne, hwæt ðis fyr me swiþe nealæceþ; 568, 26 min fæder, mot ic ðe ahtes acsian; 607, 33 aris, min broþor. Cp. 36, 16 sunu min, ne todæl ðu on to fela ðin mod; *ebenso* 192, 3; 252, 2; 272, 8; 286, 11; 192, 17 do, min sunu, swæ ic ðe kere. Bo. 12, 14 eala min Drihten, þu þe . . .; 240, 13 eala min cild ea, hwæt þu eart swiþe gesælig. Ps. 26, 16 hopa nu, min mod, to Drihtne; 44, 12 gehyr nu, min dohtor.

5. *Mit einem persönlichen Fürwort, das nicht zum Zeitwort gehört:* Be. 543, 5 ðu Drihten, gescoh hu micel yfel Penda wyrceþ. Or. 142, 6 forþon ge Romane, cwæð Orosius, þonne ge . . . ., hwy nyllað ge. Cp. 26, 23 gewitað from me, ge unryhtwyrhtan; 180, 11 ðu carma, ðu þe art . . . .; 190, 25 · ðu slawa, ga ðe to æmethylle; 200, 24 ge hlafordas, doð ge; 224, 7 ðu licettere, aweorp . . . .; 330, 6 gehiere, ge feohgidseras, hwæt be cow geeweden is; 461, 1 onwæcnað, ge ryhtwisan. Bo. 150, 1 ac gesege me nu, ic acsige þe, þu Boetius; 366, 4 eala ge eargan & idelgeornan, hwy ge swa unnytte sion. Ps. 2, 10 leorniað, ge domeras; *ähnlich* 23, 7; 31, 13; 44, 4.

6. *Mit einem persönlichen Fürwort und einem attributiven Genitiv:* **Cp.** 152, 17 ðu monnes sunu, ðurhðyrela ðone wah. **Bo.** 10, 10 eala þu scippend heofones & corþan, þu ðe ..... **Ps.** 28, 1 ge Godes bearn, bringað cow sylfe Gode.

7. *Mit mehreren der unter 2—6 erwähnten Zusätze:*

a. *Mit 3 und 4:* **Ps.** 29, 3 heriað nu Drihten, ealle his halige; 30, 27 lufiað nu forþan Drihten, ealle his halgan.

b. *Mit 4 und 2:* **Be.** 540, 25 hwæt woldest ðu, min domne bisceop, þæt cynelice hors ðam ðearfan syllan.

c. *Mit 4 und 3:* **Be.** 598, 43 mine broþru leofon, ic eom swyþe bliþe mode to. eow.

d. *Mit 5 und 2:* **Be.** 607, 18 gemune, ðu broþer Herebryht, þætte . . . .

e. *Mit 5 und 3:* **Be.** 494, 12 geþenc, broþor ðu leofesta, þæt . . . . . **Cp.** 22, 9 ðu leofesta broþur, . . . ðu me tældest; 206, 14 eala ge ungewitfullan Galatæ, hwa gehefgade eow? **Bo.** 138, 23 eala hwæt ge eorþlican men, þeah ge . . . ., hwæt ge þeah magon . . . . **So.** 169, 19 ic þe halsie, ðu arfæsta wel willende & wel wyrcende drihten, þæt þu me underfo. **Ps.** 9, 2 ic . . . herige þinne naman, ðu hea God; *ähnlich* 12, 6.

f. *Mit 5, 3 und 2:* **Cp.** 467, 18 loca nu, ðu goda wer Johannes, hu . . . .

g. *Mit (5,) 3 und 6:* **Bo.** 12, 2 eala ðu ælmihtiga scippend and rihtend eallra gesceafta, help nu þinum earmum moncynne.

Anmerkung: Eine eigentümliche Verbindung steht **So.** 170, 22 ðu se aldsta feder & þu wisesta, ic þe befæste minne lycuman.

Sechstes Kapitel.

DER INSTRUMENTALIS.

Litteratur:

A. Moller, Ueber den Instrumentalis im Heliand und das homerische Suffix *φι (φιν)*. Programm des städtischen Gymnasiums zu Danzig. 1874.

Vgl. im übrigen beim dritten Kapitel S. 55.

Hier erwähne ich aufser denjenigen Fällen, wo wirklich der Form nach noch ein Instrumentalis vorliegt, nur diejenigen, an denen instrumentale Verwendung des Dativs ganz sicher ist; man vgl. im übrigen das dritte Kapitel, über den Dativ.

§ 123   A. Der Instrumentalis bei Eigenschaftswörtern.

Nur eine einzige Belegstelle habe ich gefunden: **Be.** 566, 7 ic me sylfne næfre ðy hade wyrþe demde (= quippe qui neque me umquam hoc (= officio) esse dignum arbitrabar); wyrþe *müfste aber* wyrþne *heifsen'; B.* liest: ic me sylfne næfre ðæs hades wyrþne ne dyde; *Miller:* ic þy hade mec seolfne næfre wyrðne demde. *Über die sonstigen Verbindungen dieses Wortes vgl. beim Genitiv § 5. e.,' beim Dativ § 64.*

B. Der Instrumentalis bei Zeitwörtern.·   § 124

1. **hagalian,** *hageln.* **Or.** 104, 20 on sumre tide hit hagalade stanum ofer ealle Romane.

2. **spiwan,** *speien.* **Be.** 619, 30 ic swigiende ealle ða niht awunode & blode spau. *Vgl. Engl. Stud. XVII. 292.*

3. **swætan,** *schwitzen.* **Or.** 188, 25 on Sardinium mon geseah twegen sceldas blode swætan.

4. **tobredan,** *abschütteln.* *Vgl. § 113 und beim Dativ § 75. III. c.* **Be.** 596, 5 mid ðy heo ða ðy slæpe tobræd (= somno excussa). *Vgl. Judith 247 (Sweet, Anglosa.von Reader⁶, S. 165), Kress (a. a. O., S. 6/7), der die Bedeutung entwickelt, und bei dem es S. 6 u. statt Dan. 246, Judith 246 heifsen mufs), Hofer (a. a. O., S. 38).*

5. **weallan,** *wallen, ausströmen, sprudeln.* **Or.** 184, 21 þæt on Piceno þæm wuda an wielle weol blode (= in Piceno flumen sanguine effluxit).

6. **wepan,** *weinen.* *Vgl. § 115.* **Be.** 541, 3 he ongan wepan hluttrum tearum; *der Form nach Dativ, dem Sinne nach aber sicher Instrumentalis; das Lateinische dieser Stelle entspricht nicht genau.*

7. *Bei* **wesan** *und* **weorðan** *steht zuweilen statt eines Genitives (vgl. § 24.) ein Instrumentalis zur Bezeichnung der Eigenschaft:* **Be.** 598, 42 þæt . . . hi him eall swyþe bliþe mode wæron; 44 ic eom swyþe bliþe mode to eow; 615, 28 se geonga wæs geworden hale lichoman & fægere onsyne; 616, 29 ða gemette ic hi glæde andwlitan *(wo „seiend" zu ergänzen ist)* & hal & gesunde.

Anmerkung: Den Zweck bezeichnet der Instrumentalis bei beon: **Or.** 282, 18 heora nan him ne mehte bion nane gode *(C., Thorpe, Junius 15 und Barrington:* on nanum gode). **So.** 203, 25 & ne magon heom þeah na nane gode ne beoð *(statt* beon).

Über die Zeitwörter, die einen Akkusativ aufser dem Instrumentalis bei sich haben, vgl. § 118.

C. Der Instrumentalis als adverbiale Bestimmung.·

1. *Der adverbiale Instrumentalis dient zur Angabe der Zeit.* § 125
   a. *Antwortend auf die Frage „wann?"' oder „wie lange?".·*
Be. 475, 14 ðy syxtan monþe ðe he hider com, he eft to Rome hwearf; 15 ðy feorþan geare his rices; 479, 3 ðy teoþan dæge

Kalendarum Juliarum; 481, 2 ða ðe ær ælce geare ofer þone sæ hloþedon; 36 ðæs Caseres rices ðy eahteþan geare; *ähnlich sehr häufig;* 500, 15 ðy feorþan dæge idus Martiarum; 501, 4 sume dæge; 504, 40 æghwylce sæternes dæge; 513, 3 he ... monigra geara tide flyma wæs; 523, 26 ðy nyhstan sumera; 557, 38 ðy nyhstan lengtenne; 601, 37 ænige tide *(Akkusativ? vgl. Sievers, Gr.² § 269. Anm. 1.);* 615, 15 & ofer þæt ealle ðy dæge ne blon & ðære æfterfyligendan nihte; *hier macht sich so recht das Schwinden des Instrumentalis bemerkbar, von dem weiblichen Hauptwort kann er nicht mehr gesetzt werden, weil die Form fehlt; usw. usw.* **Or.** 1, 12 ælce geare; *ebenso* 32, 5; 90, 3; *usw.;* 19, 13 ælce dæge hæfde ambyrne wind; 20, 26 þy ylcan dæge; *ähnlich* 60, 31; 86, 20; *usw.;* 34, 22 geara gehwilce; 88, 2 þy æfterran geare; *ebenso* 140, 12; *usw.;* 88, 11 ælce dæg; *ebenso* 13 (dæg *statt* dæge *zu erklären wie* to dæg, *vgl. Sievers, Gr.² § 237, Anm. 2);* 184, 26 þy geare; 198, 4 þy forman dæge. **Cp.** 168, 4 ælce dæge; *ebenso* 309, 5; 336, 24; 431, 2; 260, 7 ælce dæg *(s. o.);* *ebenso* 309, 8. **Bo.** 22, 6 .. þa sæ, ðe ær wæs smylte wedere glæshlutru; 30, 23 þy ilcan geare; 142, 25 ælce dæg; *ebenso* 144, 29; 202, 15; 324, 6; 234, 21 ælce geare; *ebenso* 358, 4. **So.** 177, 34 þeaht ic hyre elcæ dæge on locige; 198, 31 ælce dæge; 203, 23 ælc (!) dæge; 195, 10 oððre hwile .... oðre hwile *(Dativ? Akkusativ?);* *ebenso* 199, 29. **Ps.** 7, 12 ælce dæge; *ebenso* 12, 2; 22, 7; 24, 4; 36, 25; 37, 6. **Le.** 58, 11 VI gear þeowige he, þy siofoðan beo he frioh.

b. *Antwortend auf die Frage „wie vielmal?".* **Be.** 559, 34 þæt he symble on ðam feowertiglican fæstene ær eastran æne siþe on dæge gereorde; 572, 43 æne siða onfongen; 573, 8 æne siþe; *ebenso* 588, 12; 600, 21; *über die Form* æne *vgl. Sievers, Gr.² § 237. Anm. 2.* **Or.** 104, 28 on ðæm tohopan þæt hie sume siðe God þonan ado *(= „einmal", in abgeschwächter Bedeutung);* *ebenso* 130, 25 þa hie sume siþe druncne æt heora symble sætan.

c. *Antwortend auf die Frage „zum wie vielten Male"?* **Be.** 481, 40 se ... ða wæs ðriddan siþe Consul; 513, 10 æfterran siþe; *ähnlich* 577, 26 u. häufig. **Or.** 56, 10 wæron eft oðre siþe þa wifmen winnende; 82, 7 þriddan siþe; *ebenso* 126, 9; 128, 1; 210, 16; 212, 2; 150, 26 eft oþere siþe; 180, 11 oþre siþe; *ebenso* 208, 27.

Anmerkung: **Or.** 106, 10 þæt Janas dura siþþan belocen wurde buton anum geare — þæt wæs ..... — ær eft *(C.:* ærest on) Octauianus dæge þæs caseres; *die Stelle ist jedenfalls verderbt; die erste Lesung — mit Annahme einer Ellipse — könnte heifsen: „ehe sie zu Oktavians Zeit wieder [geschlossen wurde]", dæge wäre dann Instrumentalis oder Dativ; die andere Lesung (Junius 15, Thorpe und Barrington lesen auch* ærest) *pafst wohl nicht so gut; bei Thorpe heifst es: „this passage is evidently incomplete"; Barrington übersetzt: it was in the time of O.*

C., und·sagt in einer Anmerkung: „this period is some way im-
perfect"; *Bosworth übersetzt:* „it was first in the time of O. C."

2. *Der adverbiale Instrumentalis drückt das Mafs (der Un-* § 126
terscheidung) aus: Bc. 473, 10 Brcoton is ... Germanie & Gallie &
Hispanie ðam mæstum dæluin Europe mycele fæce ongegen (=
multo intervallo adversa); 580, 50 ða wæs se lichoma sponne
lengra ðære ðryh. Or. 236, 7 mon dyde ælces consules setl
ane pyle hierre þonne hit ær wæs. So. 190, 12 þæt ðu me
læde on sumne scyrtran wæg sume dæle næar þam lohte ðæs
andgyttes; 193, 2 me þincð þæt se geleafa ne si on uncrum onwealde þe me þe þæt þe wit þær secað buton hine god unc forgyfe *(ist hier* me þe *zusammenzuziehen und mit* þe = þy *durch*
„in the measure" *zu übersetzen? oder ist es gleich* „þe ma þe"?).
Über ohte ðy ma, nohte ðy læs *usw. vgl.* §§ 259, 260. Le. 102,
1 æghwelcere wunde beforan feaxe .... sio bot bið twysceatte
mare; = *um* 2 *Geldstücke; Schmid: doppelt (so hoch).*

3. *Der Instrumentalis dient zur Angabe des Mittels:* Bc. § 127
475, 3 Caius se Casere oþre naman Julius; *ebenso* 27; 480, 15;
484, 18; 510, 21 seo oþre naman wæs Tate haten; 550, 23 ða
wæs Brihtgels oþre naman hate Bonifatius .... to bysceope gesette; 495, 6 þæt he sceolde wætere aþwægen & bebaþod beon;
ebenso 496, 17, 27; 504, 16 ða syndon Temese streame toscea-
dene fram Centlande; 509, 19 seo ceaster .... wearþ fyre onbærned; *ähnlich* 544, 16; 522, 24 ðone tun ... gyt todæg mon
his naman cneodeþ; 525, 28 ðæs lare & ðenunge Angeldeode
.... ðæs drihtenlican geleafan gife geleornode; 540, 1 hine
mon þær laþlice deaþe acwealde; *ebenso* 541, 10; 558, 16 ðy
wite .. Tuda ... wæs of middangearde genumen; 19 ðis ylce
wite Hibernia ... gelice wæle sloh; 563, 26 his geferan ...
ðy ofercumendan wole fordilgode wæron; 574, 38 þæt hi of middangearde genumene wæron ðy ilcan gehrore ðe hi oðre gesawon;
575, 32 ða clypode he ðriwa [&] ane of ðæm gehalgedum fæmnum ... Criste hire agenne [*Miller:* agne] noman cigde; 584, 6
& he gelice ðy troiescan wæle ealle ða landbigengan wolde
utamæran (= tragica caede; gelice *lese ich dann als Adverb,* =
also; Miller liest: þy troiscan wæle, *und übersetzt:* after the
example of the Trojan disaster. *Vgl. auch* 523, 30 he ... hi
on gelicnysse ðæs traiscan wæles wundade = tragica caede
dilaceraret; *hier übersetzt Miller aber:* as it were with tragic
carnage); 599, 20 þæt sum mynster ... fyres lige wæs fornu-
men; 624, 14 wæron hi begen ane naman hatene; 626, 23 se
Papa hine nemde freonaman Clemens; 26 seo ealde worde ...
is nemned Wiltaburh. Or. 26, 5 Tribulitania sio þiod þe man
oðre naman hæt Arzuges; *ähnlich* 20; 34; 102, 2, 3, 30; 104,
6; *usw. usw.;* 186, 4 oð he hie ealle hungre acwealde. Cp.

172, 16 se wæs oðre noman gecweden Nanzanzenus. **Bo.** 10,
21 þone ilcan we hataþ oþre naman æfensteorra; *ähnlich* 98, 2;
106, 24; 116, 17; 376, 16; 200, 2 ðeah þu ða ealle gesceafta
ane naman genemde.

§ 128   4. *Der adverbiale Instrumentalis dient zur Angabe des Grun-*
des oder der Ursache: **Be.** 493, 4 ða forluron hi rihte Godes
dome ða undeadlicnysse; *ähnlich* 483, 43; 494, 13; 495, 34; 503,
33; 527, 38 heora ealra dome gedemed wæs; 597, 31; 493, 9
hwylce rihte mæg ðonne bewered beon; 631, 30 ænige rihte.
Or. 92, 25 sume hungre acwælan; 170, 30 oð he forneah hungre
swealt; 244, 5 þæt he swelce deaðe swealt; *ähnlich* 214, 18.
Cp. 38, 24 swæ ðy ðearlan dome he forleas his mennisce; 112,
1 wundorlice dome gewearð ðæt he . . . .; 326, 6 lætað cwelan
hungre Cristes ðearfan. **Le.** 58, 13 swelte se deaðe; *ebenso* 60,
13, 14, 15; 62, 31.

§ 129   5. *Der Instrumentalis in adverbialer Stellung bezeichnet die*
Art und Weise: **Be.** 484, 8 on hean clifum sorgiende mode
symle wunedon; 491, 9 seo æftere cneoris . . . . . ealle gemete
is to forberanne (= omni modo); *ähnlich* 493, 27 (nænige gemete); 496, 39; 497, 30 (sume gemete); 544, 16 swyþe wundur-
lice gemete; *ähnlich* 549, 16; 589, 18; 491, 19 halige martyrdome his lif geendade; 495, 1 þæt heo clæne mode of gecynde
ðrowaþ; 20 se sylfa willa nænige ðinga butan synne beon mæg
(vgl. beim Akkusativ § 121); ähnlich 502, 14 (ænige ðinga); 507,
20, 23; *usw. usw.;* 498, 31 ða cyricean ðe he . . . geleornade
ealde Romanisce weorce geworhte beon; 510, 31 ðy Cristenan
ðeawe lifigean; 512, 13 oft lange ana sæt swigende muðe; 514,
28 sorhgiende mode geornlice ðohte hwæt se wære; *ähnlich* 553,
20 smylte mode & bliþe; 569, 14 fæste mode; 571, 42; 572, 24;
576, 1; 598, 34; 517, 26 ða he ðær hræde geweorce of treowe
cyricean getimbrede; *ähnlich* 524, 16; 518, 32 swa þæt he ðy
ðeawe ðe iu ða ealdan Samaritane dydon, þæt he wæs gesewen
Criste ðeowian; 560, 33 ðara Apostola ðeawe on his fotum gan-
gende; *ähnlich* 564, 21, 25; 566, 19; 608, 29; 521, 10 Penda
. . . ða ylcan ðeode Mercna rice twa & twentig wintra missenlice hlete fore wæs (= varia sorte praefuit); 523, 32 ðone he
ða gelice hlete geniþerade (= simili sorte damnavit); 526, 22
þæt he oþre wisan *(Kasus?)* ne lyfede butan swa swa he lærde;
533, 39 þy gewunelican þeawe horsa . . . ongan walwian; 579,
22 he ma wilnode ðearfan gaste wunian for heofona rices lufan
(= sed pauper spiritu magis propter regnum caelorum manere
desiderans); 592, 41 ðam wintrum todæledum efenlice dæle; 597,
37 ðy betstan leoþe geglenged; 598, 23 fægere ende his lif betynde; 599, 10 smylte deaþe middangeard wæs forlætende; 601,
11 hefige slæpe swundon; 624, 40 Heawold hi hræde deaþe mid

sweorde ofslogan; 627, 19 lifian . . . ðj life ðe ie ær lifde. **Cp.**
60, 7 ðone mon sciele ealle mægene to biscephade teon; *ebenso*
88, 24; 364, 23; 86, 7 ðætte se spearca ðara godra weorca ....
birne healice ligge; 88, 14 hyrena ðeawe ge fleoð; 116, 21
ne ðreað us nan mon, ne furðum ane worde ne tælð; 182, 1
gefioð ealle mode ðisses ondweardan lifes genyhte; 222, 7 ðæt
we hie sculon eac milde mode lufian; 370, 15 swæ hwa swæ
spræce, spræce he Godes worde; swelce ða word na his ne sien,
ac Godes. **Bo.** X, 27 hu mon mæg þy ilean weorce cweþan
þæt . . . (*Cardale:* by the same rule); 202, 2 wundorlice cræfte
þu hit hæfst gesceapen; 206, 3 he scinaþ swiþe beorhte, & ðeah
swiþe mistlice birhtu. **Ps.** 13, 7 hie wilniað ealle mægne opera
manna unsælþa. **Le.** 88, 32 þæt hie mon na undeorran weorðe
moste lesan.

6. *Der Instrumentalis drückt in adverbialer Stellung eine*   § 130
Begleitung aus: **Be.** 515, 5 ða for he him togenes ungelice
weorode.

7. *Endlich steht der adverbiale Instrumentalis auch zur räum-*   § 131
lichen Bestimmung: **Be.** 568, 2 gehyrde he . . . . uppastigan
ðone ylcan blisse song & ðy ylcan wege, ðe he ær up com oþ
heofonas . . . eft hweorfan; 629, 41 me eft lædde ðy sylfan
wegge ðe we ær to coman.

D. Der absolute Instrumentalis.   § 132

Einigemal erscheint der Instrumentalis als Übersetzung eines
lateinischen absoluten Ablativs; ich verweise hier auf meine Ausfüh-
rungen beim Dativ (§ 95) und auf Callaway (a. a. O., S. 6/7).
Die Belege sind: **Be.** 479, 14 fulfremede compe; 511, 21 ge-
togene ðy wæpne; 533, 7 togeteledum ðy geare (!); 557, 15 ofaheawenum ðy getreowleasan heafde (!); 567, 7 ðy upplican dome
stihtigende; 570, 7 getimbrede cyriecan (vgl. § 95.); 13 gebælde
gewitte; 585, 4 geendode ðy compe; 606, 22 forþagane ðy wintre ; 647, 14 efenblissiende Breotone. **Cp.** 38, 22 & swæ awende mode he hine gedidde to feldgongendum deorum (= agri
bestiis mutata mente conjunxit).

Zweite Abteilung.

GEBRAUCH VON EINZAHL UND MEHRZAHL.

Über die Übereinstimmung oder Nichtübereinstimmung des Zeit-   § 133
s mit dem Hauptworte werde ich an anderer Stelle handeln.
Statt der Einzahl wird häufig die Mehrzahl gebraucht.

18*

1. *Zunächst ist hier* **heofon** *zu betrachten, das nicht immer in der Mehrzahl erscheint. Soviel ich beobachtet habe, steht im* Be. *fast stets die Mehrzahl, z. B.* 478, 13 to heofonum; 486, 6 on heofona rices wuldre; *ferner* 27; 500, 14; 501, 19; 509, 36; 515, 30; 552, 17 se gescop heofonas & eorþan; *usw.; die Einzahl fand ich:* 477, 32 se gescop heofon & eorþan; *ebenso* 528, 7; *ferner* 567, 42. *Im* **Or.** *habe ich mehrmals* heofon *in der Mehrzahl gefunden:* 3, 27 of heofonum; *ferner* 86, 22; 162, 7; *und mehrmals in der Einzahl:* 104, 18 heofones tungul; *ferner* 166, 19; 188, 26; *usw.; abwechselnd* 234, 8 wið þæs heofones; 9 on heofonum; 10 from þæm heofone; 11 wið þæs hefones. *In der* **Cp.** *steht wohl nur die Mehrzahl:* 32, 13 on hefonum; *ferner* 100, 20; 385, 14; 451, 9. *Im* **Bo.** *steht meist die Einzahl:* VIII, 7 oþ þone heofen; *ferner* 10, 10, 12, 17; 30, 21; 40, 3; 178, 22; 270, 4, 19, 23; 356, 4; *usw.; seltener die Mehrzahl:* 8, 23 to heofonum; *abwechselnd* 252, 21 he sceolde bion ðæs heofenes sunu & scolde ricsian on heofenum. *Die Mehrzahl steht auch* **So.** 201, 2 on heofenum; *ebenso* **Ps.** 8, 4 heofonas; *ferner* 18, 1; 23, *ü.;* 32, 5; *und* **Le.** 58, 3 Crist geworhte heofenas and eorðan.

Ein Unterschied der Bedeutung, so dafs etwa heofonas *das* Himmelreich, heofon *aber das Himmelsgewölbe bezeichnete, wie* **Philipsen** *will (a. a. O., S. 25; vgl.* **Erdmann,** *a. a. O.; II. S. 6 o.), läfst sich nicht durchführen.*

2. *In der* **Cp.** *erscheinen noch zwei andere Hauptwörter in der Mehrzahl, wo man die Einzahl erwarten sollte:*

I. **breost:** 60, 13 & his breost sien symle onhielde (*entsprechend dem lateinischen:* pietatis viscera; **Sweet:** his heart; *vgl.* **Höser,** *a. a. O., § 2. a.)*; 78, 3 on his breostum; *ebenso* 4; 136, 9 geleoð ða breost ðæs gehierendes; 311, 1 on ðinum breostum ðu scealt snican; 405, 1 ðær wæron gehnescode hiera breost; *ebenso* 2; 419, 29 on his breostum; 469, 4 on weres breostum. *Vgl. dazu* **Or.** 134, 23 ðær wearð A. þurhscoten underneoðan oþer breost.

II. **heafod:** 100, 17 ðone stan þe æt his heafdum læg; *vgl. dazu* **Sweets** *Anmerkung auf S. 480, der vermutet, dafs* heafod *ursprünglich* **eine** *Schläfe bedeutete; vgl. auch* **Erdmann,** *a. a. O., II. § 31. S. 22, und* **Sohrauer,** *a. a. O., § 28. S. 33.*

3. *Von den Abstrakten, die in der Mehrzahl vorkommen, erwähne ich:* **Or.** 66, 19 þæt him leofre wære þæt hie on ðæm iermþum heora lif geendodon. **Cp.** 322, 10 ðylæs ða rummodnessa sio unrotnes gewemme (*Sweet verweist in einer Anmerkung auf S. 489 betreffs der Mehrzahl zunächst auf* **Grimm,** *Gr. IV. 288, und sagt dann:* „the *a* may however be a singular inflection"; **Cosijn** *bringt die Form aber auch als* „Nom. od. Akk. Pl.")*. **Bo.** 26, 1 hwæt bewearp þe on þas care & on þas

gnornunga; 226, 14 æfter ðam ermðum þisses andweardan lifes;
304, 25 to sellenne witu & ermþa þam yfelum monnum.
    4. *Von Stoffnamen (vgl. Rose, a. a. O., S. 6; Grimm,
Gr. IV. S. 285. Abs. 3) kommen folgende in der Mehrzahl vor:*
Be. 493, 33 ær þonne þæt acennede bearn fram meolcum awened si *(man vgl. dazu Sievers, Gr.² § 284, Anm. 5.).* Bo. 358,
7 hæglas & snawas .... leccaþ ða eorþan *(= Regengüsse und
Schneefälle; vgl. Rose, a. a. O., § 4. S. 6., Dietz, Gr.⁶ 764 f.).*
    5. we *für* ic *steht* Bo. 228, 16 ða ewæþ he: hu ne sædon
we þe ær þæt .....
    6. *Ein paarmal erscheinen auch Eigennamen in der Mehr-
zahl:* Or. 174, 19 wið twegen Hasterbalas; 192, 17 þa twegen
Scipian, þe þa wæron consulas & eac gebroðor; 210, 27 hie ...
gesetton him to cyningum twegen Hasterbalas *(vgl. Schrader,
a. a. O., § 25. S. 14.).*

Zweiter Abschnitt.
DER ARTIKEL.

Litteratur:
    A. Lichtenheld, Das schwache Adjectiv im Ags. Haupts
Ztschr. 16. (N. F. 4.) (Besonders S. 336—352.)
    A. Hüllweck, ·Ueber den Gebrauch des Artikels in den
Werken Alfreds des Grossen. Berliner Doktorschrift. Dessau (1887).
— Besprochen von Wülfing in den Engl. Stud. XVII. S. 108 f.
    H. Philipsen, Über Wesen und Gebrauch des bestimmten
Artikels in der Prosa König Alfreds auf Grund des Orosius (Hs.
L.) und der Cura Pastoralis. Greifswalder Doktorschrift. 1887. —
Besprochen von Wülfing in den Engl. Stud. XVII. S. 107 f.
    G. Wack, Artikel und Demonstrativpronomen in Andreas
und Elene. Anglia XV. (N. F. III.) S. 209—220.

Erste Abteilung.
DER BESTIMMTE ARTIKEL.

*Als bestimmten Artikel verwendet das Altenglische das
hinweisende Fürwort, se, seo, þæt (vgl. § 254 ff.), so dafs
es in vielen Fällen nicht recht ersichtlich ist, ob dieses Fürwort
noch als solches oder schon in seiner abgeschwächten Bedeutung als
Artikel aufzufassen ist. Indem ich auf die oben genannten ausführlichen beiden Arbeiten von Hüllweck und Philipsen über
diesen Gegenstand verweise, kann ich mich auf eine kürzere Darstellung der syntaktischen Verwendung des Artikels bei Alfred be-
schränken. Ich betrachte die Anwendung des Artikels bei den einzelnen Wortklassen gesondert. Über die Stellung des Artikels ist
noch zu vergleichen § 33 in Kubes Arbeit über „Die Wortstellung
in der Sachsenchronik" (Jena, 1886.).*

A. Eigennamen.

Eigennamen stehen gewöhnlich ohne den Artikel, nur in besonderen Fällen tritt er dazu und erinnert dann meist noch sehr stark an seine ursprüngliche Bedeutung als hinweisendes Fürwort.

I. Personennamen.

§ 134   1. *In der Regel stehen die Personennamen ohne den Artikel:* **Be.** 518, 24 hæfde Edwine se cyning swa mycele wilsumnysse; 573, 37, 38; *usw. usw.* **Or.** 1, 3 hu Ninus . . . ongon ‚ . . . ricsian; 4; 2, 1, 2; 8, 2; *usw.; vgl. auch den Titel:* her onginneð seo boc þe man Orosius nemneð. **Cp.** 6, 20 ic hie geleornode æt Plegmunde minum ærcebiscepe; 21; 8, 8; 34, 14; 36, 16; 38, 2; 42, 3; *usw.* **Bo.** IV, 4 hu Boetius hi wolde berædan, & Ðeodric þa þæt anfunde; X, 17; *usw.* **So.** 172, 23 Alippius þin cniht; 174, 4 swa Plato & Platinus hine ongæaton. **Le.** 66, 3 we sendon Paulus and Barnaban; 4 we sendon Judam and Silam; 68, 9 on Ines dæge; *usw. Folgt aber auf den Personennamen noch ein erklärender Relativsatz, so steht der Artikel, z. B.* **Be.** 506, 34 ðæs Oesces fæder wæs se Hengest, se þe wæs ærest ladteow & heretoga Angelcynnes on Breotone. **Cp.** 294, 22 ðæs Abneres noma þe ðone oðerne fleah is on ure geðeode fæder leohtfæt.

§ 135   2. *Mit dem Artikel können Personennamen stehen, wenn sie schon vorher genannt sind. Nach Grimm, Gr. IV. 431, hat der Artikel bei Eigennamen „immer demonstrative Kraft.“* **Be.** 504, 15 oþer wæs Mellitus haten, oðer Justus. Ðone Mellitum he sende . . . .; 506, 34 wæs his freonama Oesc . . . . Ðæs Oesces fæder wæs . . . .; *ähnlich* 523, 11, 16, 20; 530, 7; 549, 24 (*zuletzt vorher erwähnt* 548, 43); 551, 16; 558, 39; 559, 22; 560, 28, 29; 561, 38; 562, 2; 563, 25; 569, 39; 570, 27; 573, 29; 616, 1; 622, 39. **Or.** 60, 18 Procos . . . ongan ricsian . . . . Se Procos wæs Numetores fæder . . & wæs Siluian eam. Seo Siluie wæs Romuses modor; 82, 15 Themestocles hatte Atheniensa ladteow . . . Se Themestocles gemyndgade Jonas . .; *ähnlich* 32, 28; 36, 6, 12; 126, 27; 130, 28. **Cp.** 290, 15 oðer hiera wæs haten Timotheus, oðer Titus. He cwæð to ðon Timotheo . . . . . To ðæm Tite he cwæð. **Bo.** 2, 10 Ðeodric feng to þam ilcan rice. se Ðeodric wæs Amulinga; 116, 17 her endaþ nu seo æftre froferboc Boetiuses & onginþ seo þridde. Se Boetius wæs . . . .; *ähnlich* 148, 18, 20, 21; 162, 20; 254, 3, 4; 300, 3, 12, 17, 19, 20; 372, 3.

§ 136   3. *Der Artikel erscheint ferner bei Personennamen, wenn diese von einem Eigenschaftsworte begleitet sind:* **Be.** 476, 34 ðone æþelan Albanum; 489, 3 ðæs eadigan Paules epistola; *usw.*

Or. 3, 7 þæs maran Alexandres eam; *ebenso* 8; 168, 9 se mæra Alexander; *ebenso* 110, 5; 122, 27; 172, 25 þone ealdan Hannibalan. **Cp** 242, 13 of ðæs wisan Salomonnes muðe; *ebenso* 246, 17; 278, 12; 252, 6 se eadega Job; *ebenso* 360, 15. **Bo.** 8, 27 se wisa Plato; 80, 24 be þam wiolhreowan Bisiridem; *ähnlich* 106, 25; 148, 13; 332, 15. **Di.** 69 se eadega Gregorius.

II. Völkernamen.

1. *Die Völkernamen stehen meist ohne den Artikel:* **Be.** § 137 474, 12 andswearedon Scottas him; 475, 32 ða onfengon Bryttas fulluhte; *usw.* **Or.** 1, 10 Joseph . . . ahredde Egypta folc; 16 Moyses lædde Israhela folc; 22 Cretense & Athaniense; 2, 8 Pelopensium & Atheniensium þa folc; 10; 16, 9; 27 Norðdene; 18, 24 Norðmanna land; 128, 3 Perse; *usw. usw.* **Cp.** 6, 1 þa þa hie Crecas geleornodon; 3 & eft Lædenware swa same; 32, 14 Judeas comon; 58, 20 swæ dydon Fariseos; 150, 20; 427, 28 swa swa Sodome dydon; 29; 439, 24; *usw. usw.* **Bo.** IV, 3 hu Gotan gewunnon Romana rice; *ähnlich* 2, 1. **Le.** 58, *Einleitung* ic þe utgelædde of Aegypta londe; *ähnlich* 62, 33; 68, 9 on Offan (dæge), Myrcena cyninges; 10 Westseaxna cyning; 106, *Einleitung* þe on East-Englum beoð.

2. *Sehr häufig sind die Völkernamen aber auch vom Arti-* § 138 *kel begleitet, z. B. wenn sie vorher schon einmal genannt sind, namentlich aber immer, wenn noch ein Eigenschaftswort dabei steht, oder wenn ein beschränkender Relativsatz folgt.* **Or.** 1, 27 ymbe þa Gotan þe him fore andredan ge Pirrus . . . . .; 17, 27 þa Beormas *(obgleich sie vorher nicht genannt sind, auch keine andere der genannten Bedingungen erfüllt wird)*; 29 þara Terfinna land *(ebenso!)*; 31; 34; 18, 16; 19, 3 Cwena land. þa Cwenas . . . .; 34, 32; 42, 27; 28 ealle þa æðelestan bearn þara Atheniensa *(es ist zu bemerken, dafs, wenn der Genitiv hinter dem Beziehungsworte steht, bei den Völkernamen der Artikel stehen mufs, nicht aber, wenn er vorhergeht (s. § 137), vgl. aber auch hier unten* Cp. 413, 25); 52, 18, 19, 26; 56, 30; 70, 14; 90, 11; 92, 4; 96, 12, 14; 180, 24 on þæm geare wurdon þa Gallie Romanum wiðerwearde. þe mon nu hæt Longbeardas *(in diesem und in ähnlichen Fällen ist vielleicht eher an ungeschwächtes Fürwort zu denken)*; 238, 19 he for on Bretanie þæt iglond, & wið þa Brettas gefeaht *(hier ist nur das Land des Volkes vorher genannt)*; *es sei noch bemerkt, dafs nicht stets deutlich zu erkennen ist, ob þa Artikel oder etwa nur Konjunktion ist.* **Cp.** 204, 7 he ongeat ða Ebreas *(die nicht vorher genannt sind)* sume wisran sume medwisran; 206, 8 ða scamleasan Judeas; 362, 5, 6; 413, 25 he ðæra Judea misdæda ealle apinsode; 423, 13 ða wiestowa ðara ryhtwisena Israhela; 443, 14. **Bo.** 82, 4 ða he feaht wið Affricanas; he hæfde . . . sige ofer þa Affricanas.

III. Flufs-, Meer- und Bergnamen.

§ 139   1. *Flufs-, Meer- und Bergnamen stehen zuweilen ohne Ar-tikel :* Be. 486, 20 þæt ealond tosceadeþ Wantsumo stream; 625, 22 on cyrican Colonie ðære ceastre bi Rine; 473, 8 Breoton is Garsecges ealond; *ähnlich* 475, 13. Or. 8, 2 swa swa Occanus utan ymbligeþ, þone man garsecg hateð; 12 andlang Wendelsæs; 23 ut on Wendelsæ; 10, 14 þone garsecg mon hæt Sericus (*hier ist* garsecg *Gattungsname, es kommt aber auch ohne Artikel als Eigenname vor (s. o.* 8, 2*);* ebenso wendelsæ); 17 garsecg; 12, 14; 14, 23 on easthealfe Danais; 36; 72, 28; 5, 24 hu Epna fyr upp afleow; 206, 12 to þæm beorgum þe mon Olimphus hæt. Cp. 2, 16 begeondan Humbre; *ebenso* 14; 18 besuðan Temese; 433, 19 se torr on Libano; *ebenso* 24. Le. 106, 1 up on Te-mese & þonne up on Ligan & andlang Ligan . . . . þonne up on Usan oð Wætlingastræt.

§ 140   2. *Der Artikel kann stehen, wenn der Name schon vorher genannt ist, oder wenn ein Eigenschaftswort dazu tritt, aber auch sonst zuweilen. Wenn der Name noch von einem Gattungsnamen, der entweder vorhergeht oder nachfolgt, begleitet ist, so steht der Artikel bei diesem.* Be. 511, 18 be Deorwentan ðære ea. Or. 20, 5 oð Wislemuðan. Seo Wisle is swyðe mycel ea; *ebenso* 7; 8, 10 in Danai þære ie; 16 seo ea Danai; 30 oþ þone Suþgar-secg (*wohl wegen der näheren Bestimmung* suþ); 10, 16 Indus seo ea be westan & seo Reade Sæ be suþan; 19 of þære ie Indus; *ebenso* 20; 21 on þone Readan Sæ; 14, 10 of þæm beorgum wilþ seo ea suþweard Eufrates; 14 Bore seo ea; 17, 3 wiþ þa Westsæ; 44, 18 be westan þære ie Eufrate; 208, 1 Donua seo ea; 12, 33 ut on þone Wendelsæ; *ebenso* 14, 21, 23; 26, 7 be norðan þone Wendelsæ, þe man hæt Adriaticum; *usw. usw.*; 10, 26 æt ðæm beorgum Caucasus; *ähnlich* 33; 12, 21; 14, 16; 16, 22; 128, 31 ymbe Tauros þa muntas; *usw. Vgl. aber* 186, 17 þone weg geworhte ofer munt Jof, *wo wohl, wie auch Hüllweck (a. a. O., S. 10) annimmt,* munt Jof *zu einem Begriff gleichsam zusammenzuziehen ist.* Cp. 64, 24 on Libano ðæm munte.

IV. Länder-, Städte- und andere Ortsnamen.

Auch bei diesen schwankt der Gebrauch des Artikels, doch ist sein Fehlen wohl häufiger.

§ 141   1. *Der Artikel fehlt :* Be. 475, 14 he eft to Rome hwearf; 484, 24 on Breotone *(man kann dies aber auch als Völkernamen fassen);* 625, 22 on cyrican Colonie ðære ceastre; *usw.* Or. 1, 3 Asiria cyning *(in diesem und in vielen der folgenden Fälle kann man auch annehmen, dafs der Genitiv der des Völker-namens sein soll, was sich ja aus der Endung nicht erkennen läfst);* 14 hu on Achaie wearþ micel flod; 16 Moyses lædde Israhela

folc from Egyptum; 2, 4 in Asiria; 15 getimbredan Romeburg;
18 gehalgedon Roma; 3, 3 comon to Rome; 8, 20 neah þære
byrig þe mon hateð Theodosia; 16, 35 Cwenland *(vgl.* Or. 19,
3 *in § 138); usw. usw.* Cp. 160, 25 onbutan Hierusalem; *ähnlich*
162, 13; 266, 9 we lacnedon Babylon; *ebenso* 10; 385, 22; 463,
23; *usw.* So. 164, 15 Agustinus Cartaina bisceop. Le. 61, 1
hi sendon wrendwrecan to Antiochia, and to Syria, and to Cilicia; 106, 1 to Bedanforda . . . oð Wætlingastræt.

2. *Mit dem Artikel stehen solche Namen, wenn sie schon vor-* § 142
her erwähnt sind, wenn sie von einem Eigenschaftsworte begleitet
sind, wenn ein Relativsatz folgt, aber auch sonst zuweilen; steht
noch ein Gattungsname vor oder hinter dem Eigennamen, so hat
jener stets den Artikel: Be. 476, 34 seo wæstmberende Bryton;
539, 25 (21 on Hrofesceastre . . . . .) on ðære ylcan Hrofe-
ceastre. Or. 2, 1 on Læcedomonia þære byrig; 3, 10 hu Cau-
denes Furculus sio stow wearþ swiþe widmære for Romana bismere; 8, 31 (Affrica . . . .) & þære Affrica norþwestgemere; 12,
8 seo læsse Asia . . . þære læssan Asiam . . . Seo Asia . . .;
16 seo Aegyptus þe us near is; 14, 1 seo fyrre Aegyptus; 17
þæt lond mon hætt þa ealdan Sciþþian & Ircaniam; 10, 10 þæt
igland Deprobane; 35 þæt land Arabia; 14, 12 oþ Cilium þæt
lond; 24, 10 se weald Pireni; 60, 18 in Italia þæm londe; 172,
6 on Liparis þæt iglond; *usw.* Cp. 38, 16 sio micle Babilon;
160, 10 ða burg Hierusalem; 13 ða ceastre Hierusalem; 397, 33
ða he fleah ða biernendan ceastre Sodoman; 35 he fleah ða bir-
nendan Sodoman; 399, 14 (to Segor . . . . Segor . .) sio Segor
gehælde Loth fleondne; swa deð sio Segor ðæs medemestan lifes.
Bo. 14, 15 þa beoþ þære heofencundan Jerusalem burgware.

B. Gattungsnamen.

1. *In der Regel stehen die Namen für nur einmal vorkom-* § 143
mende Wesen oder Sachen, wie Gott, Christus, Paradies u. a.
ohne Artikel: Be. 471, 19 ðe God to cyninge geceas; 472, 4
Cristes geleafan onfeng; *ebenso* 21; 476, 5 fram drihtnes menniscnysse; 493, 3 on neorxnawonge. Or. 58, 14 þætte God þone
ærestan monn . . . gesceop. Cp. 26, 6 Crist selfa; 28, 3 se þe
God ne ongit, ne ongit God hine; *ebenso* 326, 23; 42, 2 Crist;
ebenso 9; 5 þa cwæð Dryhten; *ebenso* 64, 11; 164, 24 ðæt ilce
Dryhten God us bisnade; 26 on neorxnawonge; *ebenso* 98, 7;
usw. usw. Bo. XII, 20 hu God wealt ealra gesceafta. So. 190,
33 þæt Crist cwæde. Ps. 1, 7 God wat . . .; 2, 11 þeowiað Drihtne;
usw. usw. Le. 58, *Einleitung* Drihten wæs sprecende þas word
to Moyse; 3 Crist geworhte heofenas and eorðan, sæs and ealle
gesceafta; . . . Drihten hine gehalgode; 13 hine God swa sende
on his honda; 64, 1 Cristes æ; *auffallend steht auch* hælend *ohne*

Artikel 64, 49 þæt is hælend Crist. — dioful *kommt mit und ohne Artikel vor:* Cp. 358, 24 ðæm deofle; 417, 21 ðurh dioful. *Der Name Gottes steht nur selten mit dem Artikel:* Bo. 214, 3 þæt se God sie eallra ðinga betst; 334, 21. So. 168, 32 mid ðam bridle godes bebodu; se god sealde fridom manna sealum; 191, 32 god he wæs a . . . .; se god hæfð . . . . Ps. 17, 31 se God me gegyrde mid mægnum (= Deus qui praecinxit me virtute). *Die anderen Bezeichnungen für Gott und Christus aber, die auch von anderen Wesen gebraucht werden können, kommen naturgemäfs mit dem Artikel vor:* Be. 617, 29 ðam hælende ðenade. Cp. 32, 15 þa se hælend þæt ongeat; 38, 10 se Dema se ðæt ingeðonc eal wat, he eac . . . . .; 42, 8 þæt he ne lufige ðone Hlaford; 411, 10 ðæs Deman stemn; *usw.* Bo. 16, 20 butan þam wyrhtan.

Der Artikel steht auch bei diesen Namen besonders dann, wenn sie von einem Eigenschaftsworte begleitet sind, oder wenn ein Relativsatz folgt, aber auch in diesen Fällen fehlt er doch auch wieder zuweilen, ohne dafs sich eine bestimmte Regel erkennen läfst: Be. 472, 36 ða arfæstnesse Godes ælmihtiges; 486, 5 he ælmihtigne God bæd; 499, 8 se ælmihtiga God wolde gecyþan; 585, 36 Fæder & Sunu & haligne Gast; 586, 13 haligne gast; 598, 14 big ðæs halgan Gastes cyme. Or. 254, 13 to þæm ælmihtigum Gode. Cp. 2, 18 Gode ælmiehtegum si ðonc; 114, 15 ðæs halgan gastes; *ebenso* 290, 6, 9; 225, 24 se lytega dioful; 304, 10 hie wolðe (!) underðiodan ælmihtigum Gode; 463, 15 beforan ðæm Gode ðe eaðmodnesse lareow is; 467, 11 se ælmiehtiga God. Bo. 128, 23 se God, þe hi gecyndelice gesceop; 258, 14 se ælmihtiga God; 334. 17 æt þam anfealdan Gode; 356, 25 þiowiaþ þæm ælmihtigan Gode . . . . . God . . . . ac gesibsuma God gemetgaþ ealla gesceafta . . . . . Ps. 2, 4 se God þe on heofonum ys. Le. 64, 49 se Aelmihtiga God.

Die Namen für Erde und Welt (middangeard, woruld, eorðe), *ferner* heofon *stehen fast immer ohne den Artikel,* middangeard *und* woruld *aber sehr häufig mit dem hinweisenden Fürworte* þis; *z. B.* Be. 477, 33 se gescop heofon & eorþan; Or. 58, 18 gind ealne þisne middangeard; Cp. 60, 7 ðisses middangeardes orsorgnesse; 204, 11 on ðisse worlde; *usw. usw. Vgl. besonders bei Philipsen, a. a. O., S. 23 ff. Nur selten steht der Artikel, z. B.* Or. 62, 35 hu monigfeald wolbærnes ðære worulde ær þæm wæs; 48, 10 ealle þa worold on hiora agen gewill onwendende wæron; 234, 10 wæs from þæm heofone bradiende niþer oþ þa eorþan; *usw.* Bo. 10, 12 scippend heofones & eorþan þu þe on hrædum færelde þone heofon ymbhweorfest; 104, 26 hu widgille ðæs heofones hwealfa biþ. — eorðe *erhält den Artikel, wenn es „Erdboden" bedeutet:* Or. 12, 28 besincð eft in on þa eorþan; 88, 11 seo eorþe wæs cwaciende & berstende; 14; 102, 26, 29; 160, 24, 30; *usw.* Cp. 86, 19 of ðære eorðan

cymeð ðæt fleax; 132, 2.   Bo. 358. 7 hæglas & snawas & se
oftræda ren leccaþ ða eorþan on wintra, forþam underfehþ sio
eorþe þæt sæd.   *Bei Präpositionen aber kann auch in dieser*
Bedeutung der Artikel fehlen : Or. 88, 12 on eorþan besuncen
(unmittelbar vorher und nachher Artikel); 100, 18, 22; 108, 19;
152, 10; *usw.*   Cp. 154, 15 ða nietenu ðonne heoð hwæthwu-
gununges from eorðan ahafen & swæðeah onlutað to ðære eorðan; *im hier folgenden Abschnitte wird so ohne Unterschied zwi-*
schen eorðe *mit und ohne Artikel abgewechselt.*

helle *erscheint meist ohne Artikel,* sunne *und* mona *ander-*
seits meist mit ihm: Be. 645, 25 oþer heora forecode ða sunnan
on morgenne.   Or. 86, 2 þe hiora æfengifl on helle gefeccean
sculon; 88, 31 hit up of helle geate asprong; *usw.;* 188, 23
swelce seo sunne & se mona fuhte; 256, 18 þa se mona ful
wæs & þære sunnan firrest; 248, 9, 12; *usw.*   Cp. 32, 2 læsse
wite he ðrowað on helle; *ähnlich* 391, 14; *usw.;* 336, 12 hit sio
sunne ne mot gescinan; 387, 16 ðæs dæges bierhto & ðære sunnan.   Bo. 114, 23 sio sunne bringþ leohte dagas & se mona
liht on niht; 234, 12.   So. 168, 8 seo sunne bringð leohtne dæg
& se mona leoht on nyht.   *Aber :* Be. 473, 20 ðone ne mæg ne
sunne blæcan nene ren wyrdan; 575, 9 mare ðonne sunnan leoht;
576, 32 se wæs beorhtra ðonne sunne *(vgl. Hüllweck, a. a. O.,*
S. 22); 628, 7 nis ðis seo hell swa ðu talost & wenest.   Or.
234, 9 brædre þonne sunne; *die Angabe Philipsens (a. a. O.,*
*S. 26): „*sunne *ohne Artikel* 248, 8" *stimmt nicht, es muſs heiſsen:*
234, 9.   Bo. 74, 8 swa þæt fyr on þære helle; 262, 8 þære helle
hund; 290, 24 beorhtor þonne sunne.

Die Namen der Jahreszeiten stehen meist ohne den Ar-
tikel: Or. 17, 5 on wintra & on sumera.   Cp. 128, 17 on sumera; *ebenso* 284, 6; *aber mit dem Artikel:* 284, 15 on ðæm sumera.   Bo. 10, 24 on hærfesttid . . . . . on lencten; 114, 20
lencten & hærfest; on lencten . . ., on hærfest . . . .; sumer
& winter; on sumera hit biþ wearm & on wintra ceald; 234, 12
on sumere; 358, 8 on wintra.   So. 168, 12 ðu reest þæt gear
& redst þurh þæt gewrixle þara feower tyda, þæt ys lencten &
sumer & herfest & winter.   Le. 96, 43 on hærfeste. — *Wenn*
ein Eigenschaftswort dazu tritt, schwankt der Gebrauch: Be. 549,
30 swa he in swoloþan middes sumeres wære.   Bo. 16, 12 on
midne winter; 358, 5 se hata sumor drygþ & gearwaþ sæd &
bleda, & westmbæra hærfest bryngþ ripa bleda. — *Aber auch*
sonst kann der Artikel stehen: Bo. 10, 22 þu þe þam winterdagum
selest scorte tide ond þæs sumeres dagum lengran; 62, 16 þæt
se hærfest sie swa welig on wæstmum; 234, 11 wið ðone winter.

Bei den Namen von Festen fehlt der Artikel meist, steht
aber zuweilen doch: Be. 511, 40 æt Pentecosten; 545, 18 ða
Eastran . . . ne heold; *ebenso* 25; 644, 21 Cristes symbelnesse
rihte Eastran . . . healdaþ; 37 on Eastran; *usw. Vgl.* 645, 36

ofer ða Eastortide. **Bo.** 62, 13 on eastran. **Le.** 74, 5 se þe
stalað on Sunnanniht, oððe on Gehhol, oððe on Eastron, oððe
on þone Halgan þunres dæg and on Gangdagas; 96, 43 XII
dagas on Gehhol . . . & VII dagas to Eastron.

Bei den Namen der Himmelsgegenden schwankt der Ge-
brauch ebenfalls, z. B.: **Be.** 473, 9 betwyh Norþdæle & Westdæle; 11 þæt is Norþ ehta hund mila lang; 476, 20 in Estdæle
middangeardes **Or.** 8, 8 from þæm eastdæle . . . ., þonne on
ðæm norþdæle. **Bo.** 356, 11 on þam westdæle; *usw. usw. Für*
weitere Belege vgl. Philipsen, a. a. O., S. 26 ff.

§ 144   II. *Gattungsnamen von mehrmals vorkommenden Wesen und*
Sachen.

Diese Namen sind, wenn sie die ganze Gattung bezeichnen,
sei es in der Einzahl, sei es in der Mehrzahl, meist vom Artikel
begleitet: **Be.** 472, 31 and ðone leornere ic nu eaðmodlice bidde
& halsige, gif he hwæt ymbe ðis on oþre wisan gemete oþþe
gehyre, þæt he me þæt ne otwite. **Or.** 17, 11 þa wæs he swa
feor norþ swa þa hwælhuntan firrest faraþ; 142, 24 þæm gelicost
þonne seo leo bringð his (!) hungregum hwelpum hwæt to etanne.
Cp. 22, 16 þætte ðeos spræc stigge on þæt ingeðonc ðæs leorneres; 30, 22 se mon (= *der Mensch);* 74, 3 ðæs biscepes
weorc sculon bion ofer oðerra monna weorc; 4; 8; .18 se lareow; 19 se reccere; 76, 10; 78, 20; 88, 3; 90, 22 swæ sculon
þa sacerdas nu faran; 92, 3; 108, 13; 120, 23 swiðe ryhte se
bið geteald to ðæm licetterum; 419, 26; 421, 2 swa ðet swin,
ðeah hit aðwægen sie, . . .; 461, 1; *usw.* **Bo.** 79, 23 hu micle
mare is þonne þæs monnes lichoma to metenne wið þæt Mod,
þonne seo mus wiþ þone mon; *ebenso* 28; 160, 3 hwæt þa cyningas þeah hie manegra ðeoda wealdan, ne wealdaþ hi þeah
eallra þara þe . . . . — *Besonders erscheint der Artikel auch bei*
diesen Namen, wenn ein Eigenschaftswort dabei steht oder ein er-
klärender Relativsatz folgt: **Cp.** 2, 4 þa kyningas, þe ðone anwald hæfdon; 120, 11 se yfela ðeow cwið on his mode. — *An-*
derseits kann der Artikel auch fehlen: **Be.** 534, 17 men sædon
þæt he wære . . . . **Or.** 106, 29 Crist, þe sibb is heofonwara
& eorðwara; 136, 17 on hu micelre dysignesse men nu sindon;
usw. **Cp.** 32, 11 se wealhstod self Godes & monna; 44, 20;
52, 11 biscepe gedafenað þæt he sie tælleas; 90, 8; *usw. usw.*
Bo. X, 2 hu menn wilniaþ . . . .; *usw.* **Le.** 60, 21 swa þæt
witan to rihte finden; 68, 2 þrowige þær swa biscep him scrife. —
Auch steht der Artikel gerne, wenn dieselben Begriffe schon vorher
genannt sind: **Cp.** 178, 15 on oðre wisan sint to manianne weras, on oðre wif; ða weras mon sceal hefiglicor & stiðlicor læran, & ða wif liohtlicor; . . . ða weras . . . . ða wif . . . . .

C. Sammelnamen.   § 145

*Die Sammelnamen stehen ohne Artikel, wenn sie eine Allge-
meinheit bezeichnen, die nicht näher bestimmt ist:* Be. 493, 5
God manna cynn callinga adwæscan ne wolde; 507, 15 ðone
hwitan hlaf ðone ðu . . . nugena folce in cirican sylest; *usw.*
Or. 50, 14 hwæt þær moncynnes forwearð; 70, 36 Romulus gesette ærest monna senatum; 78, 29 ða he eft hæfde sird gega-
derod; 178, 21 se þe ær wæs folce þeow; 246, 19 hæfdon ge-
gaderod sciphere; 248, 20 þæt call moncynn ane sibbe hæfde.
Cp. 128, 18 se Aliesend monna cynnes; 160, 6 send ðærto ge-
sylceo; 260, 21 for mancynne; 443, 36 we ceorfað healh treowu
on holte (= in the wood). Bo. 12, 11 call moncyn; 320, 13
ic wat þeah þæt þys folce swa ne þincþ (*Hüllweck faſst* folce
richtig als Dativ auf; Cardale und Fox übersetzen: that this
people will not think so). Le. 62, 28 þæt hit here name. —
*Anderseits steht aber doch auch wieder häufig der Artikel, nament-
lich wenn eine ganz bestimmte Gesammtheit bezeichnet wird, oder
wenn ein Eigenschaftswort bei dem Namen steht, usw.; z. B.:* Or.
196, 7 þeh þa senatus him hæfden þa dæd fæste forboden. Cp.
200, 4 ðæt folc mænde to him & Arone.

D. Ordnungszahlen.   § 146

*Diese haben, wenn sie wie ein Hauptwort oder als Prädikat
gebraucht sind, oft den Artikel, oft aber auch nicht, ohne daſs eine
bestimmte Regel zu erkennen ist:* Be. 475, 10 se wæs feorþa fram
Agusto; 16 þæt ger wæs . . . þæt sixte eac feowertigum; 27 se
wæs feowerteoþa fram Agusto; *ebenso* 476, 6; 480, 9; 481, 35;
483, 8; 506, 12 se æftra wæs Ceawlin haten . . . . , se ðridda
wæs . . . . Aeþelbyrht . . . .; feorþa wæs Rædwald . . ., fifta
Eadwine . . . syxta wæs Oswald . . . seofoþa wæs Oswi; 558, 3
se æftera wæs Gearumon, þridda wæs Ceadda, feorþa Winfred;
639, 8 wæron cumende oþre Xi biscopas, he wæs twelfta. Or.
36, 25 (æfter þæm manegum wundrum . . .) þæt wæs þæt forme
þæt . . . ., þa wæs þæt æfterre þæt . . . . (þridde yfel wæs . . . . .)
þa wæs þæt feorðe . . . (38, 5) þæt fifte wæs hyra nytena cwealm,
þæt syxte wæs þæt . . . . þæt syfeðe wæs þæt . . . . *usw.*; 60,
2 (þas feower heafodricu . . . .) þæt Babylonicum wæs þæt forme
. . . . þæt æfterre wæs þæt Creciscе . . . *usw.*; 160, 18 (þa yfelan wundor), þæt wæs ærest þæt þunor toslog heora hiehstan
godes hus; 188, 21 (monega wundor,) ærest wæs þæt . . .; oþer
wæs ðæt . . . .; *usw. usw.* Cp. 120, 5 swæ hwelc swæ wille
betweoxn eow fyrmest beon; 22, 19 (an is ðara dæla, hu he . . . .)
oðer hu he þæron libbe; ðridda is hu he þæron lære, feorða hu
. . .; 40, 14 oðer is þæt . . . ., ðridde, *und so durch, ohne Artikel.* Bo. 150, 29 (þara is an wærscipe,) oþer metgung, þridde

is ellen, feorþe rihtwisnes; *ebenso* 200, 5. **So.** 178, 4 fcorðe byt
þæt þæt he . . .; 179, 20 (ðreo þinc . . . ., an is þæt hal sien,)
oððer þæt heo hawien . . . þridde þæt hi magen geseon; *ebenso*
180, 12; 181, 29; 185, 8; 193, 27.

§ 147   E. Einzelheiten.

        1. *Auffällig fehlt der Artikel:* **Be.** 474, 6 wæron ðysses ea-
londes bigengan Bryttas ane, fram ðam hit naman onfeng; 473,
20 ðone ne mæg ne sunne blæcan nene ren wyrdan; *ferner in
den Redensarten* to rice fon, *z. B.* 475, 20; rice onfon, *z. B.* 476,
7; sige habban, *z. B.* 481, 1; *u. ä.* **Or.** (1, 4 feng to þæm rice;)
6, 3 feng to Romano onwalde; *ebenso* 6, 9, 12, 13, 14, 15, 16,
17, 19, 20, 21, 22, 24, 25, (to Romano rice), 26 (to rice), 27,
28, 29, 30, 31, 32, 33, 35; 7, 1, 2, 3, 4, 5, 6, 8, 9, 10, 11, 13,
15; *usw.* **Cp.** 24, 14 ðætte unlærede ne dyrren underfon lareowdom; 46, 23 monige wilniað folgoðes & ealdordomes; 222, 4
lufu bið geðyldig. **Ps.** 1, 5 þonne hit wind toblæwð.
        2. *Bei Stoffnamen fehlt meist der Artikel:* **Cp.** 82, 23
ðæt hrægl wæs . . . . . geworht of purpuran & of twiblium derodine
& of twispunnenum twine linenum & gerenod mid golde; 84, 2
sceolde scinan gold on his hrægle; *dann aber weiter, da auf das
eben Erwähnte hingewiesen wird:* 84, 4 toeacan ðæm golde ealra
glengea fyrmest . . . wæs beboden ðæt sceolde bion se gim iacinctus; 9 eac ðæm golde & ðæm line wæs ongemong purpura;
aber auch sonst: 266, 23 ðæt ar, ðonne hit mon slihð, hit bið
hludre . . .; 268, 2 ðæt tin ðonne, ðonne hit mon mid sumum
cræfte gemengð & to tine gewyrcð, ðonne bið hit swiðe leaslice
on siolofres hiewe; 86, 3 on ðæs sacerdes hrægle wæs toeacan
golde & iacincte & purpuran, dyrodine twegra bleo.
        3. *Bei Abstrakten, die wie redende Personen eingeführt wer-
den, steht gewöhnlich der Artikel:* **Cp.** 66, 20 be ðæm ilcan scyldum sio Soðfæstnes ðurh hie selfe çwæð; *ebenso* 88, 12; 124, 6;
132, 19; 248, 3 & eac cwið se Wisdom eft; *usw.* **Bo.** IV, 10
hu se Wisdom com to Boetie; 22 hu se Wisdom sæde þam Mode;
VI, 1 hu þæt Mod andswerede þære Gesceadwisnesse; *usw. usw.*;
wenn ein Eigenschaftswort dazutritt, so schwankt der Gebrauch:
6, 10 ða com ðær gan in to me heofencund Wisdom; 8, 24 ða
andsworode him þæt unrote Mod.
        4. *Im* Bo. *und im* Ps. *steht zuweilen* þe *statt* se; *z. B.* **Bo.**
262, 14 ða ongan ðe hearpere hine biddan; 348, 6 þæt he sie
þe betsta. **Ps.** 4, *ü.* þe feorða sealm; 5, *ü.* ðe fifta sealm; 7,
12 þe Drihten þe is rihtwis dema. *Vgl. Skeat, Etym. Dict.²
bei* „that".
        5. *In der* Cp. *wird nach Sweet einmal das hinweisende Für-
wort* þes *als bestimmter Artikel verwandt:* **Cp.** 91, 20 cleopa &
ne blin, hefe up ðine stefne sua ðes bime (= clama, ne cesses,

quasi tuba exalta vocem tuam; Cotton Ms.: swa ðer bieme); *Sweet sagt in einer Anmerkung auf S. 479:* „Here we have a clear instance of the use of ðes for se, which is not unfrequent in O. E. The Latin has in this case simply *tuba.* Compare Finnesburg 7, „nu scineð ðes mona wadol under wolcnum". — 409, 33. „ðios sæ", where the Latin has „mare" alone, is probably also an example of the idiom, although in this, as in many other cases, the context would allow the translation *this."* — *Cosijn dagegen in* „De taalvoormen van Aelfred's Pastoraal" *(S.-A., S. 34) sagt Folgendes:* „Bij sua ðes bime 91, 20 teekent Sweet aan, dat hier 't demonstratief staat in plaats van 't artikel. Maar hij vergeet dat bime fem. is en we dus ðeos zouden moeten verwachten. Ergo blijft ðes even raadselachtig als ðer in C. I. en II. Ik vermoed, dat ðes een schrijffout is en dat ðer de bekende partikel is, hier mit relative beteekenis gebruikt bij sua, even als her in ða her, qui 91, 21. 't Door Sweet aangehaalde ðes mona, deze maan = de maan, komt volmaakt overeen met þeos lyft, Mt. 16, 3, deze lucht = de lucht; verg. ook on þises dæges hatan, Mt. 20, 12, waar þises dæges eenvoudig des daags beteekent". — *Ich nehme, was die zweite Cp.-Stelle (409, 33) angeht, mit Sweet an, dafs hier* „this" *zu übersetzen ist; mit Cosijn würde ich über die erste Stelle übereinstimmen, wenn ich nicht noch zwei Stellen im* Ps. *gefunden hätte, wo ebenfalls* ðes *für den Artikel steht:* Ps. 10, ü. his geferan hine lærdon þæt he hine þær hydde, swa þes spearuwa; 21, 5 ic eom utaworpen fram him of heora gesomnunga, swa þes wyrm. *Auffallend ist, dafs an allen drei Stellen* swa *vorhergeht. Übrigens könnte man auch an den beiden Ps.-Stellen Schreib- oder Lesefehler statt* ðer *annehmen, zumal es* Ps. 36, 19 *heifst:* þa Godes fynd .... beoð gedwæscte, swa ðer smec.

6. *Im* Or. *findet sich eine Stelle, wo das persönliche Fürwort als Artikel gebraucht zu sein scheint:* Or. 22, 28 besuðan Narbonense is se Wendelsæ . . ., & be eastan him Profentsæ; & be westan him Profentsæ ofer ða westenu seo us nearre Ispania; & bewestan him & norðan Equitania; & Wascan be norðan.

6. *Über den Artikel beim substantivierten Eigenschaftsworte vgl. §§ 151, 153, 155, 157, 159, 161.*

Zweite Abteilung.
DER UNBESTIMMTE ARTIKEL.

Als unbestimmten Artikel verwendet Alfred das Zahlwort ân *oder das unbestimmte Fürwort* sum; *sehr häufig aber steht das Hauptwort* allein, *wo man den unbestimmten Artikel erwarten sollte.*

A. ân als unbestimmter Artikel.   § 148.

Be. 516, 17 cume ðonne an spearwa & hrædlice þæt hus ðurhfleo (= unus passerum); 520, 1 ðeah ðe an wif wolde,

.... heo mihte gegan (= mulier una); 536, 18 eode mid anre hire
ðignenne to ðære wæpnedmanna stowe; 537, 2 ðæt æt his byrigenne an lytel cniht fram lengtenadle wæs gelacnod (= puerulus);
567, 15 he wæs on ðam foresprecenan wicum mid anum breðer
wuniende (*hier hat das Lateinische allerdings:* cum uno tantum
fratre, *so dafs vielleicht auf* anum *der Ton liegt, und es noch Zahlwort ist (vgl. § 163); auch Miller übersetzt:* with a single brother);
602, 19 hine betilldon in an nearo fæsten micel ungeferedra mora
(= in angustias inaccessorum montium); 617, 32 ðæt se ylca
biscop anes gesiþmannes cniht gebiddende fram deaþe gecigde
(= puerum comitis). Or. 2, 7 se argeotere geworhte anes fearres onlicnesse; 23 hu Romanum wearð an wundor oþiewed;
3, 6 hu an nunne wearþ cuca bebyrged; 32 ond hu Hanna an
mon wæs onwaldes giernende; 5, 15 hu an cild wearþ geboren
on Rome; 6, 1 hu Julius besæt Tarquatus .... on anum fæstenne; 12, 32 heo (= Nilus seo ea) toliþ on twa ymb an igland
þe mon hæt Meroen; 17, 30 ða læg þær an micel ea; 19, 10 þonne
is an port on suðeweardum þæm lande; 21, 12; 40, 9; 68, 20;
76, 4, 13, 32; 78, 33; 80, 2 hit on anum brede awrat; 14; 84,
10 him þa to com an fiscere; 15; 88, 7; 90, 19, 20; 96, 24, 28;
102, 7, 28; 104, 15, 22; 112, 15; 118, 3; 134, 10, 19, 23, 35;
140, 14 þa wolde an senatus *(jedenfalls = ein Senator, wie Hüllweck (a. a. O., S. 49) richtig vermutet)* hiene aweorpan; 142, 14;
144, 25, 27, 31; 156, 10; 160, 20; 172, 20; 178, 28; 184, 6, 21;
188, 9; 202, 1; 216, 6; 220, 14; 222, 14; 226, 10 æfter þæm com
an wind; 230, 22 þa com an ren; 232, 3; 240, 26; 246, 22; 262,
9, 29; 266, 21; 268, 29 æfter an þunor toslog hiora Capitoliam;
272, 27 æfter þæm Decius, an rice mon, beswac þone casere;
276 15; 278, 16; 284, 10; 286, 22, 30; 292, 1. Cp. 2, 15
swiðe feawe wæron ... þe ... cuðen .... an ærendgewrit
of Lædene on Englisc areccan; 28, 8 gif se blinda ðone blindan lædeð, hi feallað begen on anne pyt; 36, 6 he genam his
loðan ænne læppan; 100, 19; 152, 19; 282, 22 ðonne an unclæne gast bið adrifen of ðæm men, ðonne bið ðæt hus clæne;
399, 22; 455, 1. Bo. 24, 1 ða geswigode se Wisdom ane lytle
hwile; 102, 16 gelomp þæt an swiþe wis mon & swiþe rice ongan fandigan anes uþwitan; 178, 17 hwæt nu Wisdom is an anlepe cræft þære sawle *(hier kann allerdings* an *noch als Zahlwort
gelten)*; 248, 22 he reht & ræt eallum gesceaftum swa swa god
steora anum scipe; 24 ðær ic ær geseah ane lytle cynan; 260,
8, 11; 270, 20; 296, 2; 298, 25. So. 163, 5 ne com ic naþer
mid anre byrðene ham; 174, 17 þu leornodest onn anum þoðere;
20 be anre linan. Ps. 2, 9 þu ... hi miht swa eaðe abrecan,
swa se croccwyrhta mæg ænne croccan; 13, 9 þa þe wilniað fretan min folc swa ænne hlæf (*Tanger:* hlaf); 32, 6 swylce hi
wæron on anum cylle.

B. *sum* als unbestimmter Artikel.   § 149

Be. 476, 36 ða gelamp þæt he sumne Godes mann preosthades . . . on gestliþnysse onfeng (= clericum quendam; *hiernach könnte* sum *hier noch seine ursprüngliche Bedeutung haben*);
487, 42 wæs be eastan þære ceastre wel neh sum cyrice on are
Sci' Martine (= ecclesia); 491, 2 cwæþ he: sum corþlic æ . . .
forlætaþ þæt . . . . (= quædam terrena lex); 499, 6 wæs besenced on sumne sæs sceat, se wæs haten Amfleot (= in sinu ma-
ris); 502, 21 læde mon hider to us sumne untrumne mon (=
adducatur aliquis æger); *ebenso* 24 (= quidam); 511, 12 com
sum man on Norþanhymbre mægðe (= quidam sicarius); 513, 17
ða wæs sum cyninges ðeng his freond (= fidissimus quidam ami-
cus); 522, 9; 529, 37 (quidam); 533, 30 sum mon (= quidam);
534, 26 ða com he to sumum huse on æfentid (= ad vicum
quendam); 535, 37 (quaedam); 554, 38; 619, 17 hit (þæt hors)
sum slog on ðam wege oferhleop (= quoddam). **Or.** 3, 13 hu
he het sumne biscep secgan on his gewill hwa his fæder wære;
54, 16 on ðæm dagum wilnade sum æðeling to ricsianne in Ar-
gentine; 66, 3 þæt hie for þara cilda lufan þæs gewinnes sumne
ende gedyden; 82, 21 hie biddende wæs þæt hie mid sume sca-
rawrence from Xerse þæm cyninge sume hwile awende, þæt hie
& Læcedemonie mosten wið Persum þæs gewinnes sumne ende
gewyrcan; 98, 4 Pissandor hatte sum Læcedemonia latteow; 166;
24; 194, 5; 260, 30 toeacan þæm monigfealdum bismrum þe he
donde wæs, he (Nero) het æt sumum cierre onbærnan Romeburg;
286, 29 þa wæs he sume niht on anum nicealtan huse (= in cu-
biculum quoddam); 290, 6. **Cp.** 22, 17 ic wilnige þætte ðeos spræc
stigge on þæt ingeðonc ðæs leorneres, swæ swæ on sume hlæ-
dere (= quasi quibusdam passibus); 30, 18 him wære betre ðæt
him wære sumu esuleweorn to ðæm swiran getigged; 48, 21 oðer
ondred þæt he ongeate on his swiggean þæt he sumne hearm ge-
swugade; 66, 5; 130, 12 be ðæm eac Moyses sæde . . . . æt
sume cirre Giethro his sweor; 146, 10 (= quidam); 160, 3 nim
sume tiglan & lege beforan ðe & writ on hiere ða burg Hierusalem (= sume tibi laterem); 174, 6 hwelce sien þa ingeðoncas
monna buton swelce sumre hearpan strengeas aðenede (= quaedam in cithara tensiones stratae chordarum); 218, 3; 270, 11
(= quidam); 284, 9; 350, 23 (= quidam); 399, 29 swelce hie
sien on sumere lytelre byrig belocene (= quasi in parva civitate).
Bo. 80, 10 ðæt is swiþe sweotol to ongitanne be sumum Romanis-
cum æðelinge, se wæs haten Liberius (= liberum (!) quemdam vi-
rum); 150, 16 gif þu nu gesawe sumne swiþe wisne man, þe . . .
(= si quem sapientia præditum videres); 260, 7 we sculon get of
ealdum leasum spellum ðe sum bispell reccan; 372, 16 ða cwæþ
ic: sum tweo me hæfþ swiþe gedrefed (= en, inquam, difficiliore
rursus ambiguitate confundor). **So.** 188, 13 swilce he on sume

hlædre stige & wylle weorðan uppe on sumu sæ clifle; 204, 5
swa swa sum rice man. **Ps.** 9, 19 gesete, Drihten, ofer hy sumne
anwald. *Wie bei* an *so ist auch bei* sum *nicht immer ganz klar
festzustellen, ob schon die abgeschwächte Bedeutung des unbestimmten
Artikels, oder noch die des Fürwortes vorliegt; besonders kann man
vielleicht in den Fällen, wo im lateinischen Grundtexte ein* quidam
oder etwas Ähnliches steht, annehmen, dafs auch Alfred noch sum
in seiner ursprünglichen Bedeutung verwendet hat. Vgl. § 321.

§ 150 C. Der unbestimmte Artikel wird nicht ausgedrückt.

*In vielen Fällen steht das Hauptwort, wo wir im Deutschen
den unbestimmten Artikel erwarten würden, ganz allein; selbstver-
ständlich ist dies natürlich immer in der Mehrzahl.* **Be.** 471, 13
ealdra manna cwidas & dæda; *ähnlich* 27; 473, 8 Breoton is garsecges ealond *(= eine Insel im Meere)*; 24 her biþ eac gemeted
gagates, se stan biþ blæc gym *(= ein schwarzer Edelstein)*; 474, 14
we magon eow sellan halwende geþeahte; 475, 11 Claudius ...
fyrde gelædde on Breotone & ... mycelne dæl ðæs landes on anweald onfeng; 24 Lucius ... sende gewritu to Eleutherio; 476,
2 onfeng micelne dæl Breotone, & ðone mid dice tosceadde; 477,
2; 478, 4, 27; 479, 6; 480, 25 onsendon hi ærendwrecan to Rome;
28 onsendon hi him mycelne here to fultum; 31 lærdon þæt hi
fæsten worhtan him to gebeorge wið heora feondum, & swa mid
mycele sige ham foran; 481, 41; 482, 5, 6; 483, 14; 492, 15
gif ðe fore gelimpe; 499, 27 Beniamin is risende wulf; 517, 5
þæt he him wæpen sealde & gested hors; 522, 9 wæs sum mycel
gylden Cristes mæl & gylden calic gehalgod *(also einmal* sum,
einmal kein *Artikel)*; 547, 21; 549, 36; 570, 19; 633, 5 þa teah
he forþ boc ongrislicre ansine. **Or.** 1, 14 hu on Achaie wearþ
micel flod; 4, 2 se consul for mid fierde to Camerinan; 12, 24
þær wyrcð micelne sæ; 20, 5 seo Wisle is swyðe mycel ea; 15
on ælcere byrig bið cyninge; 20 þær is mid Estum ðeaw, þonne
þær bið man dead, þæt he lið .... monað, ge hwilum twegen
(hier vermifst man anne *sehr)*; 32, 27; 72, 33; 92, 6; 98, 21;
118, 6 wæs þæt micel wundor *(= es war das ein grofses Wunder)*
þæt swa micel here for þæs cynges fielle fleah; 128, 12; 132, 13
þær wæs eorþbeofung; 140, 10; 146, 8; 162, 31 Caperronie wæs
hatenu heora goda nunne; 168, 28; 176, 15; 178, 15; 190, 15;
202, 26 bær hæt on his heafde; 216, 7; 220, 25 besæt Scipia
hie healf gear; 264, 14, 23; 268, 27; 278, 21; 284, 8. **Cp.** 24,
2 ðonne he god weorc wyrce; 26, 15 ealdormen hi wæron; 28,
5; 30, 10; 40, 1 þæt he nysse self ðæt he man wæs; 42, 3 ne
scyle nan mon blæcern ælan under mittan; 13 gif he broður læfe
.... gif he ðonne bearn ðærbie gestriene; 48, 7 ic eom cniht;
58, 24; 60, 4 hæfð ... opene wunde unlacnode; 90, 11 ðæt
word ðære ðreaunge is cæg; 154, 4 ða geseah ic duru; 160, 5;

218, 17; 228, 6 ðylæs se lytega feond æfter fyrste swiðor fæge-
nige; 463, 23 se ilca witga sæde bispell bi Hierusalem; usw. **Bo.**
IV, 19 hu he him rehte bispell bi þære·sunnan; *ebenso* **VI,** 8;
25 gif he fæst hus timbrian wolde; 22, 11; 54, 16; 25 ne mæg
hus naht lange standan on ðam hean munte; 110, 21 swa swa
mid angle·fisc gefangen biþ; 160, 11 ðe him ealneweg ne hangnð
nacod sweord ofer þam heafde; 180, 14, 15; 242, 23; 248, 25
swa þæt ic ungeaþe mihte geseon swiþe lytellne sciman leohtes.
So. 174, 17 þu leornodest onn anum þoðere oðþe on æpple oððe
on æge. **Ps.** 2, 9 and ic gedo þæt þu heora wylst mid isernre
gyrde. **Le.** 58, 11 gif wha gebiegge cristenne þeow . . . . . gif
he wif self hæbbe; 60, 16 gif hwa slea his þone nehstan mid
stane oððe mid fyste & he þeah utgangan mæge bi stafe,
begite him læce; 18 gif hwa on cease eacniend wif gewerde;
21 gif oxa ofhnite wer oððe wif; 23; 25; 64, 2; 80, 16 forgilde
mid scill. (= pro solido uno); 84, 23; 98, 45 gif in feaxe bið
wund inces lang; 106, 3 gyf man cynges þegn beteo manslihtes.

Dritter Abschnitt.
DAS EIGENSCHAFTSWORT.

Litteratur:

A. Lichtenheld, Das schwache Adjectiv im Ags. Haupts
Zeitschr. 16. (N. F. 4.)

Erste Abteilung.
VERWENDUNG DES EIGENSCHAFTSWORTES
ALS HAUPTWORT.

*Das Eigenschaftswort kann in allen seinen Steigerungsstufen
als Hauptwort verwendet werden, und zwar sowohl zur Bezeichnung von Appellativen wie von abstrakten und neutralen Begriffen;
die Anwendung des Artikels schwankt.*

Erstes Kapitel.
BEZEICHNUNG VON APPELLATIVEN.

A. Erste Stufe (Positiv).

1. *Mit dem Artikel; das Eigenschaftswort hat schwache* § 151
Beugungsformen. **Be.** 482, 31 þætte ða cwican no genihtsume-
don þæt hi ða deadan bebyrigdan; 483, 3 heo sona ærest heora

19*

ða wiþerweardan feor adrifan; 484, 27 ærest ðæs sæs & æfter
ðam ðara Pelagianiscan hreohnysse mid godcunde mægene gestilde; 485, 6 ærest ðam healtan geongan his stæpe he geedniwode; 502, 18; 507, 33; 510, 38 ðara hæþenra; 511, 9 þæt
God ða mod ðara ungeleafsumra ablende; 518, 19; 521, 20;
533, 17; 539, 6 sealde ðam untruman drincan; 545, 12, 13; 556,
16 nu se hæþena ne con ure gyfe onfon; 557, 15 ðara hæþenra;
594, 39 on hire mynstre ðam andweardum lifes bysne gestode;
604, 21 nænig ðara andweardra; 611, 35 se ylca iunga; 622, 8;
usw. usw. **Or.** 20, 17 þa unspedigan & þa þeowan drincað medo;
21, 10 ða fremdan; 100, 7 þæt hie mosten þa deadan bebyrgean; 130, 19 þa fremdan. **Cp.** 24, 12 from ðære dura . . . .
sint adrifene & getælde ða unwaran; 28, 8 gif se blinda ðone
blindan lædeð; 40, 5; 50, 19; 64, 12; 74, 15, 16; 76, 20 ðara
haligra; 90, 9; 96, 17; 102, 15; 106, 6 wiþ ðara yflena unðca-
was; 12 ða scylda ðara ðweortimena; 112, 23; 174, 14 ða bli-
ðan, ða unrotan, ða worldwisan, ða dysegan, usw. usw.; 178, 19
ða iungan, ða ealdan; 180, 3; 182, 4; 186, 12; 415, 15 Emmo-
res sunu ðæs ebreiscan; usw. usw. usw. **Bo.** X, 12 hu se weorþscipe mæg gedon tu þing þone dysegan þam oþrum dysegum
weorþne; XIV, 10 cumaþ to þam godum swa hi to þam yfelum
sceoldan; 4, 13 se arwyrða; 10, 2 þa rihtwisan; 12, 8 þa unrihtwisan tælað þa rihtwisan; 14, 14 þu eart an þara rihtwisenra &
þara rihtwillendra; 25; 16, 2; 50, 21, 23; 84, 5; 86, 30; 106,
14, 18; 126, 23 to ðara ricena freondscipe; 144, 21 þæt heo
mæge adrifan þa eormþo fram þæm welegum; 146, 20; 152, 5;
174, 14; 282, 22 ne biþ se cwuca ðonne nyttra þe se deada;
298, 2; 392, 10 se eca & se ælmihtiga; usw. usw. **So.** 164, 8
swa gedo se wile gagidfola (*Wülker, Beitr. VI., 110.*) *verbessert:*
se wilega gidfola; *die Jubilee-Edition liest:* se weliga and gifola)
se ðe egðer wilt; 167, 26 þæt us ne magon þa ungelyfædan
amirran; 189, 22 se seoca; 191, 22 hweðer þu mæge tocnawan
þone rihtwisan & þone unrihtwisan; 28 þæah se soðfesta gewite;
197, 19 þa unrihtwisan farað on æce witu & þa rihtwisan on
æce life; 200, 23 þæt wuldor þara godena; 27 ða yfelan geseoð
god . . .; 35 ða gelican habbað heom gelic; 202, 15 ealle þa
godan hyne geseoð . . . . & þa yfelan . . .; 26 se yfela welega.
Ps. 1, 5 þa unrihtwisan ne beoð na swylce; 6 þa synfullan ne
beoð on geþeahte þæra rihtwisena; 7 þa rihtwisan; 3, 6 þara
synfulra mægen þu gebryttest; 6, 4 þa deadan, þe on helle beoð;
9, 15 byð gefangen se synfulla; usw. **Le.** 64, 43 ne dem þu
oðerne dom þam welegan, oðerne þam eormen (*Turk:* carman);
47 þam elþeodigan.

§ 152   2. *Ohne den Artikel; das Eigenschaftswort hat starke Beugungsformen.* **Be.** 471, 16 hit is god godne to herianne & yfelne
to leanne; 476, 25 unsceaþþiendra fordemednesse; 488, 8 ongan

lustfullian þæt clæneste lif haligra; 38 on ðam lacum geleafsumra;
492, 24 to ðon þæt unlærede syn gekerede & untrume ...
syn gestrangode & unrihte ... syn gerihte; 500, 23 earmra hungur he oferswyþde; 502, 30 on monigra geleafsumra heortan; 506,
26 mid snotera geþeahte (= cum consilio sapientium); 508, 20;
526, 9 Scottas kerdon geonge & ealde; 528, 10; 533, 25; 535,
7, 24; 540, 22 he wæs swiðe mildheort & ðearfena bigenga &
swa swa fæder earmra; 546, 36 fram hæþenum; 547, 28, 38, 39;
548, 34; 551, 21; 557, 9; 569, 27; 573, 13; 574, 6 monige untrume; 585, 13 syndrigne frægin & acsode; 601, 9 syndrigra hus
& bedd geseah; 602, 11 ðeah ðe wyrigcwydole Godes rice gesittan ne magon; 609, 31; 630, 16 seo stow, on ðære beoþ on-
fangene soþfæstra saula. **Or.** 70, 27 hie sceoldon bringan feowerfetes twa hwite (*vgl. zu dieser Stelle § 46. b.; vgl. auch* 34
ælces cynnes feowerfetes feos an); 100, 25 Crist is eaðmodegra
help & ofermodigra fiell; 102, 29; 152, 31 þonne us fremde &
ellþeodge an becumaþ; 164, 18; 184, 9; 224, 22, 23. **Cp.** 64,
11 Dryhten gehilt his haligra fet; 96, 13 se þe demende is ewi-
cum & deadum; 174, 13 on oðre wisan mon sceal manigean
.... ealde, on oðre geonge; & on oðre wisan earme, on oðre
eadige; *dann aber weiter der Artikel (s. o. in § 151);* 248, 24;
322, 22 laða ðærto wædlan & wanhale & healte & blinde; 459,
28; 467, 32; *usw.* **Bo.** 4, 5 on ryhtgeleaffulra & on rihtwisra
anwald; 8, 2 mid dysigra hondum; 12, 6 sittaþ manfulle on
heahsetlum, & halige under heora fotum þrycaþ (= at perversi
resident celso, mores solio sanctaque calcant); 14, 22 he wæs
on þare ryhtwisera gemanan; 48, 13 eallne þone welan ... hi
læfað fremdum to brucanne; 146, 21 andrysne oþrum dysgum;
206, 22; 252, 6; 306, 24; 328, 15. **So.** 166, 28 ne þe nan(ne)
secð butan wys. **Ps.** 1, 1 eadig byð se wer þe ne gæð on geþeaht unrihtwisra, ne on þam wege ne stent synfulra. **Le.** 60,
15 se þe frione forstæle; 62, 33 elþeodige ne geswenc þu no;
106, 2 eal we kætað efen dyrne, Engliscne and Deniscne. — *Die
schwache Form findet sich ein paarmal in der Anrede:* **Bo.** 106,
4 eala ofermodan, hwi ge wilnigen þæt ....; 366, 4 eala ge
eargan & idelgeornan. **Ps.** 44, 4 gyrd nu þin sweord ofer þin
þeoh, þu Mihtiga.

B. Zweite Stufe (Komparativ).

1. *Mit dem Artikel; schwache Beugungsformen.* **Be.** 480,   § 153
6 se æerra wæs on Brytton ofslegen; *ebenso* 558, 30; 583, 28;
594, 13 se æftera; 556, 13 he wolde ealle his ðeode fram ðam
gingrum oþ ða yldran fordon; 576, 23 ða iungran. **Or.** 40, 16
se yldra wæs haten Danaus. **Cp.** 226, 5 ðonne se dioful hæfð
ðone æerran gewunnenne. **Bo.** 48, 16 ða eldran; 142, 26 ða
strengran nimaþ þa welan of þam unstrengrum. **Ps.** 34, 11 þu

generest þone earman of þæs strengran anwealde. **Le.** 64, 43
ne dem þu oðerne dom .... þam liofran, and oðerne þam
laðran.

§ 154   2. *Ohne Artikel; schwache Beugungsformen.* **Be.** 477, 32
Albanus ic eom geciged fram minum yldrum; *ähnlich* 486, 33;
495, 15; 514, 8 ealle ðine yldran; 526, 21 bysne his gingrum
forlet; 528, 6 ænig his yldrana; 615, 20 his yldran; 621, 10 his
giungrum. **Or.** 24, 24 ure yldran; 64, 14 hiora ieldrena unclænnessa; *ähnlich* 90, 12; 19 oþ Cirus ofslagen wearð, se þær ging-
ra *(= der Jüngere)* wæs; 128, 16; 168, 10; 190, 28 hie gesetton tictator þæt he sceolde bion hierra ofer þa consulas; *ebenso*
242, 29 *(an diesen beiden Stellen ist allerdings nicht notwendig
substantivischer Gebrauch anzunehmen);* 212, 22, 24. **Cp.** 4, 13
ure ieldran; 180, 14 cwæð to his gingran; 190, 1; 266, 8; 356,
4; 290, 14 he hæfde twegen gingran; 451, 28. **Bo.** 8, 4 his
gingran; 136, 17 gemonð þæs wildan gewunan hire eldrana; 170,
1 his eldran. **Le.** 92, 38 § 2 gif þises hwæt beforan cyninges
. ealdormonnes gingran gelimpe; 106, *Einleitung* for hy sylfe &
for heora gingran.

C. Dritte Stufe (Superlativ).

§ 155   1. *Mit dem Artikel; schwache Beugungsformen.* **Be.** 485,
22 se wæs on lare & on dæde se hyhsta; 548, 17 þæt we ða
mod abylgean ura ðara nyhstena; 551, 15 se nyhsta wæs Scyttysces cynnes; 555, 19 twegen wæron biscopas & twegen Mæsse
Preostas, ealle ða selestan *(die Stellung dieses Zusatzes im Satze
ist nicht ganz klar zu erkennen);* 569, 20 se hyhsta *(= Gott)*
syleþ his stefne; 594, 15 be ðam midlæstan is nu to secgenne;
603, 7 se mon wæs se gelæredesta on gewritum; 642, 11, 12,
13. **Or.** 18, 6 þa beoð eahta and feowertiges elna lange, & þa
mæstan fiftiges elna lange; 19 se byrdesta sceall gyldan fiftyne
mearðes fell; 114, 33 he ealle þa ricestan forslean het; 166, 1
ealle þa æltæwestan ofslogon; 244, 1 þeh þe he me sie se la-
þesta. **Cp.** 26, 3 se weorðscipe ðisse worlde is gecyrred to
weorðscipe ðæm æwfæstestan; 110, 25 ic wille beon gelic ðæm
hiehstan; 166, 3 hwelc ðara nihstena ðæs ofslægenan; 226, 19
ðone geðyldegestan scamað ðæs siges; 352, 12 nime sibbe wið
ða wyrrestan. **Bo.** 2, 19 se wæs in boccræftum & on woruldþeawum se rihtwisesta; 84, 9 hie hwilum becumað to þæm for-
cuþestum; 94, 2 se ealra forcuþesta wilnað þæs ylcan; 148, 11
he cymð to ðam wyrrestan; 17 þa weorþestan; 170, 2 þara betstena sumes; 322, 13 se ealra dysegosta; 340, 15 (ða felga ...
hangiaþ on ðam spacan, þeah hi eallunga wealowigen on þære
eorþan,) swa doþ þa mæstan men on þam midmestum, & þa
midmestan on þam betstan, & ða betstan on Gode; 348, 6 þæt

he sie þe (!) betsta. **So.** 198, 11 ne furðum þa calra unweorð-
licostan. **Ps.** 17, 13 se hylsta sealde his stemne; 44, 14 weor-
ðiað þe ealle þa welegastan on ælcum folce; 45, 4 se Hyhsta
gehalgode his templ. **Le.** 60, 13 gif hwa . . . ofslea his þone
nehstan; *ebenso* 16; 62, 41 on þæs unwisestan lare.

2. *Ohne Artikel. Wenn ein Fürwort dazutritt, in schwa-* § 156
cher Beugungsform; sonst ungebeugt: in diesem Falle kann man
— und vielleicht besser — auch Adverb annehmen. **Be.** 633, 4 se
wæs setles yldest. **Or.** 142, 18 þa þe under Alexandre fyrmest
wæron; 242, 20 he wæs eallra monna mildheortast. **Cp.** 8, 11
he moncynnes mæst gestrynde rodra wearde, Romwara betest,
monna modwelegost, mærðum gefrægost; 44, 12 gieman urra nihstena; 19 hiera nihstum; *usw. usw.* **So.** 173, 30 mon sceole lufian
hys nehstan swa swa hyne sylfne. **Ps.** 11, 2 idle spræca hi
sprecað to heora nyhstum; *ebenso* 14, 4; 27, 4. **Le.** 58, 9 ne
wilna þu þines nehstan ierfes mid unryhte.

Zweites Kapitel.

BEZEICHNUNG VON ABSTRAKTEN UND NEUTRALEN
BEGRIFFEN.

A. Erste Stufe (Positiv).

1. *Mit dem Artikel; schwache Beugungsformen. Solche* § 157
Eigenschaftswörter, die ganz zu Hauptwörtern geworden sind, wie
god, yfel, soð *u. ä. führe ich hier nicht an.* **Be.** 487, 37 hi
hæfdon gearo mod ða wiþerweardan ge eac swylce deaþ sylfne
to ðrowienne (= ad patiendum adversa quaeque); 509, 13 he
glædlice all corþlic ðing wæs oferhleapende, & symle mid his
mode wæs flegende ða heofonlecan to lufienne (= ad caelestia
semper amanda); 576, 36 swa he mid gildenum rapum on ða
upplican ahafen wære (= in superna); 606, 30 þæt bebo-
dene folc . . . to ðam heofonlican cygde & laþede (= ad
cælestia); 40 wæs to ðam heofonlican aþened (= ad caelestia). **Or.** 18, 15 þæt lytle þæt he erede he erede mid
horsan. **Cp.** 98, 6 ðæt he ne wilnige ðæs hean (= appe-
tere alta); 22 he wæs upahafen to ðæm ungesewenlicum (= usque
ad invisibilia); 144, 10 licað him ðæt hie ðæt unaliefede doð alie-
fedlice (= illicita); 441, 7 hi nyllað underfon ðæt uncuðe ðæt
hi gehirað (= quae inexperta audiunt); 16 micle ðy bet hi un-
derfoð ðæt uncuðe, gif hi on ðæm cuðan gewislice ongietað, hwæt
ðæron tælwyrðes bið (= inexperta . . ., de expertis); 447, 4
swa swa ðæt cealde ærest onginð wlacian, ær hit fulwearm weorðe,
swa eac ðæt wearme wlacað, ær hit eallunga aceáldige *(das La-*

teinische entspricht hier nicht). **Bo.** 46, 15 for þam lytlan þe þu forlure; 100, 30 hit nis no to metanne þæt geendodlice wiþ þæt
ungeendodlice (= infiniti vero atque finiti nulla umquam poterit
esse conlatio); 114, 17 ac a sceal þæt wiðerwearde þæt oðer
wiþerwearde gemetgian; 356, 29 hwilum fliht se wæta þæt dryge
(= ut pugnantia vicibus cedant humida siccis). **So.** 165, 34
simle þæt unwlitige wlitigað þæt wlitige; 169, 33 ic lufige þæt
heofenlice & þa þæt gastlice ofer þis æordlice. **Ps.** 4, 5 þæt unriht þæt ge smeagað. **Di.** 69 þæt ic . . . hwilum gehicge þa
heofonlican (*O.:* heofonlican þing).

§ 158   *2. Ohne Artikel; starke und schwache Beugungsformen
neben einander.* **Be.** 475, 20 Neron se naht freomlices ongan on
ðære cynewisan; 495, 14 ðeah ðe be ðyssum willan misenlice
cynn monna missenlice ongite & healde (= quamvis de hac re
diversae hominum nationes diversa sentiant); 510, 28 he naht
wiþerweardes don wolde; 525, 39 se ðe Englisc fullice ne cuþe
. . . seþe Scyttysc fullice geleornad hæfde; 559, 35; 571, 17;
573, 15 þæt nænigum alyfed si butan ælicne gesynscype habban
ne nænig mæghæmed ne unclæne fremde (= nullus incestum faciat; *Miller:* fremme; unclæne *halte ich für die schwache Beugungsform des Eigenschaftswortes, das wie ein Hauptwort verwendet
ist, und* fremde *fürs Imperfekt von* fremman; *so auch die Jubilee-
Edition:* nor any be guilty of incest or uncleanness, *und Miller:*
that no one commit incest or impurity); 579, 26 ðylæs he owiht
unwyrþes oðþe ungerisenes dyde; 591, 36; 624, 6; 627, 3. **Or.**
14, 27 nu wille we ymbe Europe londgemære areccean swa micel
swa we hit fyrmest witon; 46, 22 þær wearð Marsepia sio cwen
ofslagen, & micel þæs heres þe mid hiere beæftan wæs; 74, 28
nanuht fæstes ne stronges; 124, 16 he mid swa lytle weorode
swa micel anginnan dorste; 162, 21 hie him gefylstan þæt hie
eft to hiora agnum becoman; 164, 11 heora bismeres wearð
lytel asæd; *usw.* **Cp.** 2, 14 þe hiora ðenunga cuðen understandan on Englisc; *ebenso* 15; 38, 7 þæt he hwæt mærlices & wunderlices gedeð; 66, 15 fundað to ðisum eorðlicum; 82, 4 ne wilnige he nanes eorðlices; 17 hiene ne gedrefe nan wuht wiðerweardes; 142, 25; 146, 1; 156, 3; 176, 5 ða þe mildheortlice hiera
agen sellað; 208, 9; 274, 20; 324, 5; 336, 19; 366, 5. **Bo. II,**
3 Ælfred hie of becLedene on Englisc wende; 8, 6 hi gegade-
riað monifeald dysig; 28, 30 swilce þu . . . seo ðines agnes benumen; 48, 32; 64, 12 on swiþe lytlon hiera hæfþ seo gecynd
genog, on swa miclum heo hæfþ genog swa we ær spræcon; 66,
29, 30; 68, 14; 76, 23; 84, 20 nanwuht wiþerweardes; 96, 2;
122, 9 gif he hwene ær biteres onbirigþ; 154, 2, 3; 178, 2; 314,
25; 328, 7 ða andswarode he ymbe long; 380, 27. **So.** 167, 9
þæt ðæt we iuwedon þæt ure agen were; 10 ðæt ys ure agen;
168, 21 cumað oððer grenu; 170, 24 hweðer ic bydde nyttes

þe unnittes; 181, 2 hweðer þe þu woldest unafanddes geleafan
ðe afandud witan; 200, 6 rihtes wilnode; 35 ða gelican habbað
heom gelic. **Ps.** 2, 1 hwi smeagað hi unnytt; 4, 7 hwa tæcð
us teala; 5, 5 þa þe unriht wyrcað; *ebenso* 6, 7; *usw.* **Le.** 86, 27, § 1
gieldan þa gegildan h e a l f n e, for h e a l f n e he fleo; *ebenso* 28.

B. Zweite Stufe (Komparativ).

1. *Mit dem Artikel; schwache Beugungsformen.* **Cp.** 130, § 159
19 ða underðieddan sculon don ðæt unweorðlicre. **Bo.** 42, 16
hu miht þu þonne mænan þæt wyrse & þæt laþre, nu þu þæt
leofre hæfst gehealden. **So.** 172, 32 ac ic secge það man wot
oft mare be þam healicran ðonne be þam heanlicran.

2. *Ohne Artikel; schwache Beugungsformen.* **Be.** 516, 23 § 160
gif þeos niwe lar owiht cuþlicre & gerisenlicre bringe (= certius
aliquid; *hier könnte man auch umgekehrt annehmen, dafs owiht*
als Hauptwort gilt und die Komparative als wirkliche Eigenschafts-
wörter dazu gehören). **Or.** 24, 28 sio hæte hæfð genumen þæs
suðdæles mare; 58, 16 he þæt god forlet . . . . . & wyrse geceas;
100, 25 mare ic þyses gemyndgade; 102, 25 þe hiene his lyst
ma to witanne; 130, 28 þæt Philippus mare hæfde gedon þonne
he; 260, 28 he hæfde· giet þe ma unþeawa þonne his eam hæfde;
usw. usw. **Cp.** 80, 16 he mæg ieð his hieremen geteon to betran (= ad meliora); 459, 14 ðylæs hira mon ma geote on ðæt
undiope mod. **Bo.** X, 9 þæt he maran ne þorfte; 34, 18; 64,
15, 19; 66, 22 gæderast mare þonne þu þurfe; 68, 8; 100, 1;
118, 12; 192, 7 buton he hine mid læssan begitan mæge; 196,
22 ægþer ge on læssan ge on maran. **So.** 164, 34 þu ne meaht
(*Hs.:* mehat) . . . maran strynan; 165, 14; 183, 34 ic beþearf
(*Hs.:* beþeafr) þeah micle maren to ðara manna þearfa. **Ps.** 45,
5 gehwyrfed wæs ure land and ure folc to beteran, and hi and
heora land to wyrsan. **Le.** 72, 5 mare, gif he þære mare *(Ap-*
pellativ) gefo.

C. Dritte Stufe (Superlativ).

1. *Mit dem Artikel; schwache Beugungsformen.* **Cp.** 130, § 161
18 sculon dencean ymbe ðæt healecoste; 134, 24 besenced of
ðæm yfemestum to ðæm nieðemestan (= ad ima de caelestibus
immergant); 467, 1 ðeah ðu ðæt hehste ðurhfare. **Bo.** 32, 7
þa niþemestan ic gebrenge æt þam hehstan & ða hehstan æt
þam niþemestan (= infima summis, summa infimis mutare gau-
demus); 42, 15 eall þæt deorwyrþoste. **Ps.** 15, 6 min hlyt gefeoll ofer þæt betste.

2. *Ohne Artikel:* **Or.** *Nur in der Redensart* „æt nihstan", § 162

z. *B.* 30, 12; 56, 17; 140, 7. **Cp.** 194, 14 æt nihstan; 330, 24 æt siðestan hit bið bedæled ælcre bledsunge; 332, 1 ðæt we æt ytmestan onfon sumne dæl bledsunga. **Bo.** 384, 27 ac mest monna nu onhyreþ nu neatum. **Le.** 68, 1 æt ærestan we læraÞ.

Zweite Abteilung.

DIE ÜBRIGEN SYNTAKTISCHEN VERWENDUNGEN DES EIGENSCHAFTSWORTES.

A. Das Eigenschaftswort mit einem abhängigen Hauptworte:

  1. *Mit einem Genitiv, vgl. §§ 3—10 (S. 2—11).*
  2. *Mit einem Dativ, vgl. §§ 55—64 (S. 55—74).*
  3. *Mit einem Instrumentalis, vgl. § 123 (S. 270 f.).*
  4. *Der Komparativ mit einem Genitiv, vgl. § 10ª (S. 11).*
  5. *Der Komparativ mit einem Dativ, vgl. § 65 (S. 74 f.).*
B. Das Eigenschaftswort als Attribut bei einem Hauptwort, *vgl. im 2. Hauptteile.*
C. Das Eigenschaftswort als prädikative Bestimmung bei Zeitwörtern, *vgl. im 2. Hauptteile.*

Vierter Abschnitt.

DAS ZAHLWORT.

Litteratur:

R. Fricke, Das Altenglische Zahlwort, eine grammatische Untersuchung. Erlangen 1886. — Besprochen von Wülfing in den Engl. Stud. XVII. 110.

K. Bock, Die Syntax der Pronomina und Numeralia in König Alfreds Orosius. Göttinger Doktorschrift, 1887. — Besprochen von Wülfing in den Engl. Stud. XVII. 110 ff.

Erste Abteilung.

DIE GRUNDZAHLEN.

Erstes Kapitel.

DIE EINFACHEN GRUNDZAHLEN.

A. ân.

Über die Verwendung von ân *als unbestimmter Artikel vgl. § 148.*

§ 163   1. *Die Grundzahl* ân *als Eigenschaftswort verwendet.*

a) An *steht vor dem Hauptwort, fast immer in starker Form; wenn der bestimmte Artikel noch dazu tritt, bedeutet es in der Regel „einzig."* Be. 472, 24 nalœs mid anes mannes geþeahte, ac mid gesægene unrim geleaffulra witena; 474, 2 fif ðeoda gereordum ænne wisdom ðære hean soþfæstnysse .... smeaþ; 489, 32 an geleafa is, & syndon missenlice gewunon cyricena; 494, 20 þæt anum untrumum hade wæs forgyfen, forhwon ne sceal þæt eallum wifum beon forgyfen; 502, 29 he ðurh anes mannes licumlice onlyhtnesse on monigra geleafsumra heortan ðæs gastlican leohtes gyfe onbærnde; 508, 35 heo ymb an ger ham hwurfon; 524, 38 þæt we an mægen & an wundor of monegum asecgan; 539, 42 gecyrde he mid ane his ðegne (= cum uno tantum milite); 559, 34 æne siþe on dæge gereorde; *ebenso* 588, 12; 600, 21; 572, 43 æne siða (*! andere Lesart: siðe); 585, 37 þæt is ana God (= unum Deum; *ein einziger Gott*) on ðrym astondnessum. Or. 1, 18 wurdon on anre niht L monna ofslagen; 4, 7 Regulus gefeaht wiþ III Pena cyningas on anum gefeohte; 5, 11; 17, 34 þa Finnas, him þuhte, & þa Beormas spræcon neah an geþeode (= *dieselbe Sprache);* 18, 20 sceall gyldan fif hranes & an beren fell; 20, 30 alecgað hit ðonne forhwæga on anre mile þone mæstan dæl fram þæm tune, þonne oðerne, ðonne þæne þriddan, oþ þe hyt eall aled bið on þære (!) anre mile; 68, 23 hie his hand forbærndon, anne finger & anne *(= einen Finger nach dem andern);* 72, 5; 80, 19; 86, 32 hie ofslogan þone (!) ænne consul; *vgl.* 88, 25 X consulas ... hiera an wæs Claudius haten .... oþ ealle þa consulas *(d. h. die anderen neun)* togædere gecirdon & Claudium þone ænne mid saglum ofbeotan; *Hüllweck (a. a. O., S. 37) übersetzt: „als den einzigen"; es heifst aber: „und Claudius, jenen einen, erschlugen";* — 106, 11 þæt hus hæfdon Romane to ðæm (!) anum tacne geworht (= *zu dem einzigen Zwecke);* 142, 7 þonne ge ymb þæt an gefeoht alneg ceoriað þe eow Gotan gedydon; 156, 9 þa flugon hie ealle buton anum men; 170, 11 þa ane untreowþa; 214, 8 þa ane burg; *ebenso* 10; 222, 29; 286, 1 Julianus feng to þæm onwalde & hiene hæfde an gear & eahta monað. Cp. 6, 24 to ælcum biscepstole (ic) wille ane (sc. boc) onsendan; 48, 11 loca nu hu ungelic spræc eode of ðissa twegea monna muðe, ac hio wæs of swiðe gelicum willan, forðon hio afeoll (aweol) of anum welle; 54, 3 ne deð he ðonne ðæt an yfel; 60, 10 Godes anne willan lufað; 174, 9 ealle he gret mid anre honda ðy þe he wile ðæt hie anne son singen, ðeah he hie ungelice styrige; swæ sceal æghwelc lareow to anre lufan & to anum geleafan mid anre lare & mid mislicum manungum his hieremonna mod styrigean; 346, 7 on ðæm chore bioð monege men gegadrode anes hwæt to singanne anum wordum & anre stemne (= in choro voces sociatae concordant); 358, 19, 20; *usw.* Bo. X, 2 hu menn wilniaþ ðurh ungelice gearnunga cuman to anre eadignesse; XII, 6

hu se wisdom is an anlipe cræft þære sawle; 92, 17 an yfel is
swiþe swiþe to anscunianne; 104, 5 for þam anum andwyrde;
112, 12 an sceppend is buton ælcum tweon; 142, 19; 190, 1
ðonne beoþ hit eall an ðing, & þæt an þing biþ God; 200, 3;
220, 7, 8; 226, 10; 238, 26 eall þing habbaþ þeah ænne willan
. . . . þurh þone ænne willan hi willniaþ þæs anes godes; 270,
23; 358, 19 se an gestæððega cyning; 23 habbaþ gemænelice
ða ane lufe. **So.** 186, 8 for hyre anre lufe woldest þu þonne
swa don; 189, 3 me nanwiht ne lyste þisse weorlde ara buton
an ðing. **Ps.** 45, 9 gesioð, þæt ic eom ana God *(= der einzige
Gott).* **Le.** 60, 24 gif hwa forstele oðres oxan . . . ., selle twegen wið and feower sceap wið anum (sc. sceape); 66, 6 of þissum anum dome mon mæg geþencean, þæt he æghwelcne on
riht gedemeð; 8 on monega senoð-bec hy writon hwær anne
dom hwær oðerne; 88, 1 forgielden . . . . ealle an wite; 96, 7
gif he gemeteð oðerne æt his æwum wife betynedum durum
oððe under anre reon; 43 an dæg æt Sce. Petres tide; . . .
anne dæg; 98, 45 geselle anne scill. to bote; *ebenso* 100, 60;
106, 3 mid XI his gelicena and mid anum cyninges þegene.

§ 164   b) ân *in der Bedeutung „allein", „nur", steht hinter dem
Hauptwort, und zwar fast ausnahmslos in starker Form:* **Be.** 474,
6 on fruman ærest wæron ðysses ealondes bigengan Bryttas ane
(= Brittones solum; ane *kann daher hier auch Adverb sein*); 493,
36 for intingan unforhæfdnysse anre (= ex sola causa inconti-
nentiae); 495, 33 for intingan anum; 506, 15 eall ða Brytene
butan Cantwarum anum; 530, 4 seþe Seaxna gereorde an cuþe;
531, 30 be hire forþfore anre; 534, 35 nemþe seo studu an;
544, 17; 548, 9; 549, 20; 565, 35 ða ðe oþþæt on Cent anre
menn cuþon; 567, 37 se Biscop ana . . . . geornful wæs; 577,
30; 627, 15; 640, 24. **Or.** 44, 17 ealle Aegypte awestan buton þæm fenlondum anum; 66, 15 lytel landrice hæfde buton
þære byrig anre; 84, 29 of Persa anra anwealde; 172, 24 ealle
buton ðæm consule anum; *ebenso* 250, 11. **Cp.** 4, 6 ðone naman anne we hæfdon ðætte we Cristene wæron; 44, 18 bioð
onælede mid ðære girninge ðara smeaunga Godes wisdomes anes;
46, 8 fleoð for eaðmodnesse anre (= ex sola humilitate); *ähnlich*
60, 12; 78, 7; 140, 11; *usw.* **Bo.** 12, 1 butan men anum;
ebenso 16, 27; 28, 6 ne sindon þa woruldsælða ana ymb to þen-
cenne; 130, 31 se lust ðonne ana olecþ þam lichoman anum
swiþost. **So.** 186, 22 buton wisdome anum hine ic lufige. **Le.**
62, 32 and se þe godgeldum onsæcge ofer God anne, swelte se
deaðe.

§ 165   c) *Als Ergänzung bei einem Fürwort erscheint* ân *teils
in starker, teils in schwacher Form, in der Bedeutung „allein":*
Be. 492, 2 in Ongel cyricean on ðære ðu ana nu gyt eart bis-

ceop gemeted; 530, 34 he ana . . . ðone biscophad mid mycele
gerece heold; 627, 16 butan his wife anum . . . seo an inne
awunode. Or. 84, 10 him þa to com an fiscere & uneaþe hiene
ænne ofer brohte; *ebenso* 134, 17 : 24 hu he ana wið ealle þa
burgware hiene awerede; 114, 1 he wende on þa ane þe him
þa getriewe wæron; 214, 5 þæt þa tida him anum gescalde wæron, & næren eallum folcum; 284, 5 nan monn nyste hwæt se
gylt wæs, buton him anum. Cp. 32, 2 gif he ana dæder cymð;
44, 6 ðara god ðe hit him anum wile to gode habban & nyle
oðerra mid helpan; 190, 11 ðæt he no ana ne forwierð; 264,
8 se þe for ðæm anum god deð ðæt he . . . .; 322, 9 forðæm
ge ðæt an worhton ðæt ge niede scoldon. Bo. 30, 26 butan me
anum. Ic ana com benumen minra þeawa; *ähnlich* 38, 11; 44,
1; 70, 1 þæt hi ðy anan (= *dadurch allein*) seon beforan eallum
oþrum gesceaftum; 258, 15 he ana unawendendlic wuniaþ. So.
167, 32 þu þe eart ana ece & soð goð; 169, 11 þe anne ic
lufige; 13 þu ana ricsast; 187, 18 buton þæt an þæt he lufað;
190, 29 þæs an (!) me lyst.

d) *Als prädikative Bestimmung wird* án *schwach oder* § 166
stark gebeugt: Be. 512, 13 he . . . oft lange ana sæt swigende
muðe; 513, 29 he Eadwine ana ðær ute gewunode; 37 forhwon
he on ðære tide, ðe oþre men slepon & reston, ana swa unrot
on stane wæccende sæte *(hier ist aber vielleicht* ana *zu* he *zu
ziehen);* 514, 27 he ða se iunga æþeling ana ðær ða gyt sæt;
515, 16 ðurh sume tid . . . ana sæt; 18 ðær he ana sæt; 559,
1 ana gesæt on digolre stowe; 619, 34 he ana on gebedum stod.
Or. 128, 13 funde hiene ænne be wege licgan. Bo. 216, 12
þæt sio hehste gesælþ & sio heahe godcundnes an sie. So. 190,
35 ic wolde witan hweðer þe þince þæt hyt æall an si, soð &
soðfesnesse.

2. án *als Hauptwort.*

a) *Ohne Artikel:* Be. 473, 26 mid ðam æþelestum ceast- § 167
rum anes wana ðrittigum; 548, 47 ða gegripon hi ða unclænan
gastas ænne of ðam mannum; 551, 31 ða wæs Denia on (!) of
ðam feower foresprecenan sacerdum biscop geworden (= factus
est Diuma, unus ex praefatis quatuor sacerdotibus episcopus);
609, 33 in ðyssum urum stære we sculon an tocætycean. Or. 72,
18 hie ealle þær ofslogon buton anum; 108, 10 ac þær an ut
asceat of Latina weorode & anwiges bæd; 114, 10 hiene wende
on his þrie gebroðor, & ænne ofslog; 188, 1 þa elpendas ealle
buton anum; 228, 17 diegellice geceapade to þæm senatum, to
anum & to anum (= *einen nach dem andern).* Bo. 58, 24 ealle
oþre men butan anum; 176, 18 gif þu ðe wilt don manegra beteran & weorþran, ðonne scealt þu ðe lætan anes wyrsan; 186,

26 gereccan þa þreo to anum; 292, 9 anum he ðeah gebyraþ.
So. 186, 27 swa micle swiðor swa ure willa & ure lufu swiðor
on anum were.

§ 168   b) *Mit Artikel oder Fürwort:* **Be.** 474, 4 þæt an is
þæt Leden *(= die eine [Sprache], nämlich die Lateinische, ist)* . . .
eallum ðam oþrum gemæne; *sehr häufig ist die Redensart* „na læs
þæt an — ac eac swylce" = *sowohl — als auch, z. B.* 482, 24
(vgl. bei den Konjunktionen); — 568, 24 ða hwearf se ana eft
into him seþe ðone heofonlican sang gehyrde; 605, 13 ðis an
nu . . . . is genoh to gemyngianne. **Or.** 30, 27 *(die erwähnte
Redensart); ebenso* 40, 4; 128, 32; 112, 12 him ðæt an genam
þæt he self hæfde. **Cp.** 80, 21 *(die Redensart);* 94, 16; 162, 2;
192, 21.

§ 169   c) ân *bei Aufzählungen als Vertreter der Ordnungszahl
(vgl. § 213):* **Be.** 489, 7 feower dælas. An ærest bisceope
. . . oþer . . . *usw.;* 548, 13 an is ærest liges fyr . . . . oþer
. . *usw.* **Or.** 58, 28 an wæs Babylonicum, þær Ninus ricsade;
þæt oðer . . . .; *.ähnlich* 110, 17; 192, 29; 224, 7; 244, 26.
Cp. 48, 13 twa bebodu; an is þæt we lufien God, oðer þæt we
lufien ure nihstan. **Bo.** 150, 29 feower oþre cræftas, þara is an
wærscipe, oþer metgung, þridde . . . .; *ähnlich* 200, 5; 204, 12;
304, 23; 388, 24. **So.** 178, 12 þreora þinga . . .; an is þæt
. . . .; *ebenso* 179, 20; 180, 11; 181, 26; 185, 7; 193, 26.

§ 170   d) ân *mit partitivem Genitiv:* **Be.** 543, 38 hine onhylde
to anre ðære studa; 545, 30 on anum ðara restedaga; 579, 37
ðara wæs' an gesittende beforan his reste; 600, 26; 613, 15;
617, 20, 36; 618, 24; 622, 28; .623, 24; 633, 6. **Or.** 24, 3 an
ðæra garena lið suðwest; 70, 34 ælces cynnes feowerfetes feos
an; 72, 29 an his ðegna; 88, 19; 142, 27; 222, 24; 242, 4;
264, 27; 266, 8; 282, 19. **Cp.** 22, 19 an is ðara dæla hu he
. . . .; 118, 23 bio swelce an ðinra hieremonna; 166, 18 ðæt
he . . . . fleo to ðara ðreora burga anre. **Bo.** 14, 13 þu eart
an þara rihtwisenra; 150, 28 þara is an wærscipe; 168, 30 ðæt
an ic wat þeah godes; 194, 24 an ðissa fifa; 200, 4 an þæra
is eorþe; 204, 11; 300, 19. **So.** 185, 7 an þara hys hefig sar.
Ps. 13, 4 nis heora furðum an, þe eallunga wel do; 33, 20 þæt
heora ne wyrð furðon an tobrocen.
        Über „anes hwæt" *vgl. § 328, über* „anra (ge)hwelc" *§§ 333
u. 336.*

B. twegen, begen,.butu.

        1. **twegen.**

§ 171   a) twegen *als Eigenschaftswort:* **Be.** 474, 13 hi mih-

ton twa ðeode gehabban; 480, 10 twam gearum; 23; 483, 28;
486, 21; 490, 28 hwæþer motan twegen æwe gebroþro twa ge-
sweostru on gesinscipe onfon; 491, 3 twegra broþor; 504, 14;
507, 34; 523, 15; 539, 23; 549, 39; 550, 33; 553, 1; 623, 27
tu gear; 36 þæt his geferan twegen healicne martyrdom wæron
ðrowiende; *usw.* Or. 1, 7 þa twa byrig, Sodome & Gomorre;
2, 31 on twegra consula dæge; 5, 11; 8, 5 twegen dælas; 10,
22 betux þæm twæm can; 27 twa micla ea; 14, 4; 18, 7, 21,
34; 28, 21 Balearis þa tu igland; 62, 12 ymb ðas tu heafodricu;
64, 3; 210, 32 þæt wæs twegea mila heah; 182, 9 tua (!) hiera
ærendracan *(drei weitere Beispiele (aus der Sachsenchronik) für
diese Verwendung von* twa *statt* twegen *gibt* F r i c k e, *a. a. O.,
S. 13. u.); usw. usw.* Cp. 48, 2 þa twegen witgan; 10 of ðissa
twegea monna muðe; 12 twa bebodu; 86, 3 dyrodine twegra
bleo; 9 on twæm bleom swæ swæ twegea bleo godweb; 128,
24; 168, 22; 290, 14; 435, 8 ða twa scylda; 451, 10; 457, 9.
Bo. X, 12 tu þing; XII, 28; XIV, 6 twa ðeoda; 22, 23 þissa
twega yfela auþer; 44, 9; 146, 18 twa ðing; 186, 18; 216, 3;
272, 22; 276, 7; 300, 1; 336, 3; 374, 13. So. 164, 15 Agustinus . . . worhte twa bec; 178, 27 betweona twam þincgum;
180, 34 twa ðing; 185, 20; 191, 1, 34; 193, 9; *usw. usw.* Ps.
39, *ü.* þas twegen sealmas; 45, *ü.* twa scira . . . . þara twega
kyninga . . . þa twegen kyningas. Le. 60, 17 twa niht; 21
twam dagum ær: 72, 3 mid twam pundum; 98, 45; 100, 58.

b) t w e g e n *mit einem Fürwort oder mit dem Artikel:* Be. § 172
482, 1 betwih him twam; 491, 13 wer & wif, hi tu beoþ in
anum lichoman; 548, 32 ænne of ðam ðrim englum . . . . &
ða twegen (= *die beiden anderen)* him on twa healfa flugon. Or.
114, 10 þrie gebroðor, . . ænne ofslog & þa twegen oðflugon;
128, 32 heora twegea gewinn; 152, 23 hie twegen; 294, 6 God
geendade þæt micle gewin mid hiora twegea fielle; 16 wið him
twæm. Cp. 118, 2 betweoh ðæm twæm; 188, 9 ðissa twegea
hwæðer; 224, 24 betweox him twam; 301, 23 betwux ðissum
twam. Bo. 68, 16 þæt hine þara twega lyste; 84, 27 hwelce
twa synd þonne wiþerweardran; 192, 21; 220, 8; 272, 24; 276,
13. So. 182, 15 nu þu þa twa hæfst.

c) t w e g e n *als Hauptwort (ohne Artikel):* Be. 504, 36 in § 173
ðam . . . ealra ðæra æfterfylgendra ærcebiscopa lichoman syndon
bebyrged butan twegra; 518, 1 ða ærran twegen under crisman
forþgeferdon; 533, 28 (monig wundor . . . .) ac us nu genihtsumaþ þæt we twa oþþe ðreo gehyron; 555, 18 IIII gebroþro . . .
twegen wæron biscopas, & twegen mæssepreostas. Or. 12, 32
heo toliþ on twa ymb an igland; 46, 16 heora here on tu todældon; *ebenso* 76, 25; 88, 19 gesettan him X consulas, þær hie
ær twegen hæfdon; 23 ac swa on twa todælde him betweonum

wunnan; *ähnlich* 116, 16; 268, 4; 280, 25. **Cp.** 48, 11 ðeah hio on tu tofleowe; 453, 17 swa swa scearp sweord ða wunde tosceat on tu; 457, 25 he wolde oðer twega, oððe . . . oððe . . . . **Bo.** 46, 22 *(diese selbe Redensart)*; *ebenso* 48, 10; 52, 20; 306, 26 *(man vgl. darüber bei den Konjunktionen)*; 236, 15 hi hwilum willaþ on twa; *ebenso* 294, 17; 312, 14 ic wille dælan ða yfelan ðam yfelum nu on twa *(vgl. § 78, S. 115)*. **So.** 204, 13 oðer twegera oððe . . . oððe . . . . **Ps.** 44, 7 oþer twega oþþe . . . oþþe . . . . **Le.** 60, 24 gif hwa forstele oðres oxan . . . ., selle twegen wið.

§ 174   d) twegen *mit einem partitiven Genitiv:* **Be.** 527, 4 mid ane oþþe mid twam his preosta; 579, 30 twegen his ðegna; 633, 16 twegen ðara atolra gasta. **Or.** 46, 15 heora twa wæron heora cwena; 70, 27 & hie sceoldon bringan feowerfetes twa hwite *(der Genitiv hängt hier nicht etwa von* twa *allein ab, wie Lehmann will (a. a. O., S. 22), sondern von* twa hwite *zusammen; vgl. § 46. b.);* 190, 9 þara consula twegen ofslog; 278, 15 gecode hiora burga twa. **Bo.** 204, 13 twa ðara gecyndu habbaþ netenu.

2. **begen.**

§ 175   a) begen *als Eigenschaftswort steht vor oder hinter dem Hauptworte:* **Be.** 524, 19 mid his handum bam hit heold; 529, 19 geafon ðam biscope begen ða cyningas eardungstowe; 563, 20 ða cyningas begen. **Or.** 114, 20 & þa cyningas begen ofslog . . . & feng him to þæm ricum bæm; 126, 2 of þæm folcum bæm, . . . þær wæron þa cyningas begen gewundod; 186, 30 begen þa consulas; *ähnlich* 204, 4; 228, 12. **Cp.** 44, 13 hæbbe we begen fett gescode; 82, 9 on bæm sculdrum. **Bo.** 316, 20 hi ealle lociaþ mid bam eagum on þas eorþlican ðing. **So.** 170, 31 for bam lyfum. **Le.** 100, 55 gif þa earm-scanean *(in meiner Ausgabe, früher im Besitz von Bartsch, ist das letzte* e *zu* c *verändert; auch Turk liest* scancan) beoð begen forade.

§ 176   b) begen *bei einem Fürwort oder mit dem Artikel steht häufig getrennt von diesen:* **Be.** 509, 10 heo begen . . . ciricean heoldon; 517, 37 on ðæm wæron Osfrið & Eadfrið Eadwines suna cyninges, ða begen (= qui ambo; *daher wohl: welche beide, oder: diese beiden?)* him wæron acende, ða he wræcca wæs, of Cwenburhge; 522, 6 hi begen; *ebenso* 558, 37; 560, 4; 565, 22 hi wæron begen . . . . well gelæred; 569, 36 geþweriaþ . . . ðære gesegene ðæs foresprecenan broþer . . . & eac þæt word . . . Ecbyrhtes . . ., se iu ær mid ðone ylcan Ceaddan on Hibernia Scotta ealande begen on geoguþe on munuclife . . . Gode lifdon *(eine höchst eigentümliche Verbindung; Alfred hat das* begen *wohl nur der Deutlichkeit wegen eingeführt, und dann das Zeitwort* *darnach gerichtet, das Lateinische giebt keinen Anlaſs dazu, es lautet:* convenit . . . relationi praefati fratris . . . etiam sermo . . . Ecgbercti . . . qui dudum cum eodem Ceadda adulescente, & ipse adulescens in Hibernia Monachicam . . . . . vitam agebat); 573, 1; 581, 21; 582, 17 wæs heo Eanfriþes dohtor Enheres broþor, ða begen wæron Cristene (= qui ambo); 616, 31 ða bær unc mon liþ forþ & wit bu druncan *(das Neutrum, weil eine männliche und eine weibliche Person gemeint sind; vgl. auch Fricke, a. a. O., S. 16 o.);* 624, 14; 635, 35. **Or.** 146, 12 hie begen ofslog; 176, 16 mid twam cyningum, þa wæron begen Hannan hatene (= duo Annones; *die beide Anno hiefsen);* 264, 21 forþon þe he him wæs ær bæm lað; 274, 6 hie wurdon begen ætsemne ofslagen; 20 hie begen; *ebenso* 21. **Cp.** 28, 8 hie feallað begen on anne pyt. **Bo.** 158, 22 hi beoþ begen forhealden; 162, 24 hi wilnodon begen þæt . . . . **So.** 177, 7 hlaford is incer beigra wealdend; 181, 9 on unc bam; 197, 30 þara byra (?) ys ma on halgan bocum þonne efre ariman mage; 202, 32 ða git becgen on lichaman weron; 204, 6 heora begra unwyllum. **Ps.** 36, 32 Drihten demð hym bæm. **Le.** 82, 19, § 3 gif sweordhwita oðres monnes wæpn to feormunge onfo, oððe smið monnes andweorc, hie hit gesund begen agifan (begen *geht auf* hie, *nicht auf* hit, *wie Schmid übersetzt);* 90, 36, § 2 gif hie sien bu gelic, ord and hindeweard sceaft *(statt* begen, *vgl. in §. 171 zu* Or. 182, 9).

c) b e g e n *als Hauptwort (ohne Artikel) erscheint nur selten:* § 177 **Or.** 172, 32 þær wurdon begen geflemed; 196, 1 wæron twegen consulas ofslagen on Ispania, þa wæron gebroðor, & wæron begen Scipian hatene *(hier kann man* begen *aber auch zu* þa *ziehen).* **Cp.** 457, 14 buton he begra ætgæddre getilian mæge.

3. **butu** *ist nur wenige Male zu belegen, und zwar nur in* § 178 *dieser neutralen Form:* **Be.** 531, 23 hi buta wæron Abbudissan on Briige ðam mynstre. **Or.** 10, 21 þa flowað buta suþ on þone Readan Sæ; 78, 20 & þa hie butu oferhergeade; 114, 28 siþþan he buta þa clusan on his gewealde hæfde; 148, 12 hie butu ofslog; 198, 34 þa folc butu . . . swulton. **Cp.** 124, 3 buton hie butu ætsomne sien. **Bo.** 84, 18 ðeah he butu on anum men sien; 216, 4 wæron þeah butu gode. **Le.** 98, 44 gif þa ban beoð butu þyrel.

C. ðrie.

1. ðrie *als Eigenschaftswort:* **Be.** 474, 31 swa þæt ðær § 179 seldon snaw leng ligeþ ðonne ðry dagas; 483, 10 on ðrim myclum scypum; 20; 486, 20 se is ðreora furlunga brad; 492, 6; 503, 19 on ðyssum ðrim ðingum; 507, 8 forlet he ðæs . . rices yrfeweardas his suna ðry; 518, 42 seo mægþ ðreo gear fulle on dwolan wæs lifigende; 529, 32; 548, 30 ænne of ðam ðrim englum;

557, 30 ðreo (!) winter; 565, 16 ðry monaþ; 575, 27 ðry wintre; 580, 25 ðreo (!) monaþ; 617, 6 swa þæt heo ðrim wucum fulle ne mihte ute cuman; 647, 39 ðreo bec. **Or.** 4, 10 on þriora consula dæge; 8, 3 þa þrie dælas; 10, 3, 4; 17, 13 on þæm oþrum þrim dagum; 18, 33; 19, 26; 34, 30 butan þysan þrim ricum; 68, 30 þreo (!) winter *(für diese Verbindung von* þreo *als Maskulinum bringt* Fricke *a. a. O., S. 18, vier Beispiele aus der Sachsenchronik und eins aus den Blickling Homilies)*; 84, 28; 94, 1; 110, 23; 114, 9 on his þrie gebroðor; 128, 21 on ðæm þrim gearum; 152, 19 ymb þreo niht; 160, 19; 190, 12 þrio mydd gyldenra hinga; 198, 4; 210, 30; 238, 11 ymbe þreo (!) monað; 240, 18, 21; 242, 2; 250, 10; *usw.* **Cp.** 166, 2 to anra ðara ðreora burga; 417, 20 on ðrio wisan. **Bo.** 90, 21 þam þrim geferscipum; 24 þa þre geferscipas; 180, 28 mid þreora daga fefre; 186, 29; 192, 21 ðas þreo þing; 204, 11 ðrio gecynd; 262, 9 þrio heafdu; 304, 23 ðrio ungesælþa; 388, 24. **So.** 178, 11 behofað þreora þinga; 35 ic ðurfe þara þreora þinga ealra; 179, 13 þa þreo (!) anceras; 19 ðreo þinc; *ebenso* 180, 11; 181, 26; 193, 28; 185, 7 for ðrim ðingum. **Le.** 60, 17 twa niht oððe þreo; 21 twam dagum ær oððe þrim; 70, 2 age he þreora nihta fierst; 72, 3 mid þrim pundum; 90, 36, § 2 gif se ord sie þreo (!) fingre ufor þonne hindeweard sceaft.

§ 180   2. þrie *als Hauptwort, oder bei einem Fürwort:* **Be.** 533, 29 us nu genihtsumaþ þæt we twa oþþe ðreo gehyron; 541, 20 is us nu genoh þæt we of monigum (sc. wundra tacnum) ðreo areccan; 583, 1 ða on ðreo todældon; *ebenso* 627, 21. **Or.** 1, 1 hu ure ieldran ealne þisne middangeard on þreo todældon; *ebenso* 8, 3; 150, 29 wið þæm þrim wunnon *(es folgen drei Namen).* **Bo.** 44, 30 þa þreo *(d. h. die drei vorher genannten Dinge)* þe ne lætaþ geortrewan; *ähnlich* 68, 17 se þe þonne þas ðreo hæfþ; *ähnlich* 186, 26, 30; 188, 5, 9; 390, 7; 192, 19 be þam þrim, þe we . . . *(drei Namen folgen); eine Zusammensetzung mit* þre, *die* Fricke *(a. a. O., S. 19 o.) nicht erwähnt, steht* 300, 8 næfde ma scipa þonne an, þæt wæs ðeah þrereþre *(= ein Dreiruderer); vgl. auch* Or. 96, 27 an C þara miclena þriereðrena; *ebenso* 246, 6. **So.** 178, 17 buton þisum þriom *(vorher genannt); ebenso* 179, 22 to þam þrim.

D. Die Zahlen von 4 bis 19.

Die Zahlen von 4 bis 19 erscheinen in der Regel als Eigenschaftswort, seltener als Hauptwort allein, oder mit einem wirklichen partitiven Genitiv, oder mit einem Fürwort; nur in einigen zweifelhaften Fällen mit einem partitiven Genitiv, dessen Bedeutung abgeschliffen ist, wie in den § 197 ff. erwähnten Fällen.

§ 181   1. **feower.** — a. *Als Eigenschaftswort:* **Be.** 489, 7 þæt eal-

les þæs andlyfenes feower ðælas beon sceole; 492, 7 on gewitscype
ðreora oþþe feower bisceopa; 528, 7; 543. 32: 551, 31; 616, 12
on feower niht monan (=in Luna quarta); 635, 34; 640, 44;
647, 37, 40. Or. 2, 13 ymbe þa feower onwealdas; 6, 8; 17,
16; 58, 31; 138, 3 feower þa strengstan ðeoda: 144, 32; 192,
7; 252, 3. Cp. 168, 20 feower hringas .... on ða feower hyr-
nan; 170, 3 (fiower), 5. Bo. 104, 25 behealde he on feower
healfe his; 150, 28 se hæfþ on him feower oþre cræftas; 200,
4; 220, 6; 342, 16. So. 168, 12 þæt gewrixle þara feower tyda.
Le. 60, 24 selle ... feower sceap wið anum; 88, 33 on feower
ciricum.

b. *Allein:* Or. 202, 16 feowera sum *(vgl. § 196. Anm. 2).*
Cp. 22, 19 ic hi todæle on feower. Bo. 188, 10 þa feower *(vorher genannt);* 12 calle þas feower.

2. fif. — a. *Als Eigenschaftswort:* Be. 474, 1 æfter rime   § 182
fif Moyses boca; 2 fif ðeoda gereordum; 509, 35 fif winter; 550,
22 æfter fif gearum; 583, 15; 585, 41; 594, 6; 640, 8. Or.
17, 20 on fif dagum; 18, 20; 19, 22 on fif dagan (!); 20, 35;
160, 25; 178, 8; 238, 17. Bo. XII, 15 bi þam fif gesælþum; 188,
18, 23, 27; 192, 16; 194, 2; 218, 27. So. 181, 33 ðara fif þinga.
In den Le. *erscheint* fif *nur als Ziffer:* 72, 3 mid V pundum; 78,
11; 84, 25; 92, 40 *(B. hat allerdings an den letzten drei Stellen* „fif").

b. *Mit Fürwort oder mit Genitiv oder allein:* Be. 582,
22 fif broþra *(nach Sievers und Cosijn kann diese Form nur
Genitiv sein, nach B.-T. aber auch Nominativ; M.:* gebroþor)
oþþe syxe (= fratres quinque sive sex). Or. 20, 29 todælað hi
his feoh ... on fif oððe syx; 154, 7 hie calle ... buton V.
Bo. 188, 25 ða fif calle nan mennisc man fullice habban ne mæg;
ebenso 192, 24, 28, 30; 194, 24 an þissa fifa (!) *(vgl. Fricke,
a. a. O., S. 20.).*

3. syx. — a. *Als Eigenschaftswort:* Be. 485, 24 syx   § 183
monað; *ebenso* 500, 10; 517, 33: 550, 28 eall gear & ðæs oþres
syx monaþ (= per annum et sex mensos, = $1\frac{1}{2}$ *Jahr*); 646,
10; 648, 2. Or. 18, 35; on syx dagum; 20, 35: 70, 25; 94, 2.
Le. 58, 3 syx dagas ... on syx dagum; 92, 39 mid syx scill.

b. *Dreimal mit Genitiv und zweimal allein:* Be. 521, 7
of ðam wintrum he syx wintra Cristes rice campode (wintra *mufs
wie in den in § 197 ff. zu erwähnenden Fällen Genitiv sein, wenn
die Behauptung von Sievers (Gr.* [2] *§ 273. Anm. 3.) richtig ist,
dafs* winter *im Nominativ und Akkusativ der Mehrzahl die neutralen Formen* wintru *und* winter *habe; sonst könnte* wintra *hier
regelrechter männlicher Akkusativ sein; vgl. auch Cosijn, a. a. O.,
II. S. 42);* 582, 22 fif broþra oþþe syxe *(Nominativ? vgl. § 182. b.;
diese flektierte Form* syxe *ist bei Fricke (a. a. O., S. 21) nicht*

20*

erwähnt). **Or.** 18, 7 syxa sum *(vgl. § 196. Anm. 2.);* 11 þa deor hi hataỏ hranas; þara wæron syx stælhranas; 20, 29 *(s. § 182. b.).*

§ 184   4. seofon. — a. *Als Eigenschaftswort:* **Be.** 483, 7 Martianus . . . rice onfeng & seofon gear hæfde; 502, 38; 532, 31; 568, 35; 573, 24; 588, 18; 606, 24; 647, 21. **Or.** 1, 11 æt þæm seofan geara miclan hungre; 5, 35 seofon legian; 18, 4 syfan elna lang; 19, 33; 32, 25; 34, 9, 10; 234, 6; 238, 16; 240, 11. **Ps.** 11, 7 þæt seolfor, þe byþ seofon siỏon amered. **Le.** 72, 5 þæt hine seofan nihtum nan mon ut ne teo.

b. *Zweimal allein, einmal mit Genitiv:* **Be.** 567, 4 mid feawum broþrum, þæt is seofonum (!) oþþe eahtum (!); 568, 9 ure seofon broþra *(Nominativ?).* **Bo.** 332, 13 gif mon anra hwilc (sc. ỏara heafda) ofsloh, þonne weoxon þær siofon of þam anum heafde.

§ 185   5. eahta. — a. *Als Eigenschaftswort:* **Be.** 481, 10 eahta fota bradne. **Or.** 160, 7 hi hæfdon eahta legian; 186, 4; 246, 7; 280, 6; 286, 2. *In den* **Le.** *nur die Ziffer:* 98, 49; 106, 2.

b. *Einmal mit Genitiv, einmal allein:* **Be.** 603 13 eahta wintra ricsade; 567, 4 *(s. § 184. b.).*

§ 186   6. nigon. — a. *Als Eigenschaftswort:* **Be.** 533, 6 nigon gear; 550, 32; 576, 26; 603, 30 on nygan milum. **Or.** 28, 21 nygan mila brad; *ebenso* 72, 34. **Bo.** 332, 12 an nædre ỏe hæfde nigan heafdu. *In den* **Le.** *nur die Ziffer:* 100, 60; 102, 64.

b. *Dreimal allein:* **Or.** 124, 21 þær wæs ungemetlic wæl geslagen Persa; & Alexandres næs na ma þonne hundtwelftig on þæm rædehere, & nigan on þæm feỏan; 156, 25 þær næs his folces na ma ofslagen þonne nigon; 176, 14 Romana wæs an C & an M ofslagen & heora scipa IX adruncen; heora scipa *ist hier wirklicher partitiver Genitiv: „und von ihren Schiffen versanken neun“, nicht etwa: „ihre neun Schiffe versanken“.*

§ 187   7. tyn. — a. *Als Eigenschaftswort:* **Be.** 476, 24 ỏurh tyn winter; 485, 24; 500, 10; 539, 41; 554, 38; 557, 1; 572, 26; 580, 31. **Or.** 246, 11 þæt hie næren X fota hea bufan wætere (X *könnte hier auch Akkusativ und* fota *davon abhängiger Genitiv sein);* 280, 19 on X wintra firste. **Cp.** 124, 18 mid tien bebodum. **Bo.** 300, 5 sume ten gear. *In den* **Le.** *nur die Ziffer:* 78, 1 *(B.:* tyn); 88, 35 *(B.:* tyn); 90, 3.

b. *Ein paarmal mit Genitiv oder allein:* **Be.** 638, 36 him . . . sealde tyn hiwisca landes. **Or.** 18, 20 tyn ambra feỏra *(wenn* ambra *männlich ist, so könnte es auch Akkusativ sein);* 182, 11 hie sendon X hiera ieldstena wietena *(wirklicher partiliver Genitiv).*

8. **endleofon.** — a. *Als Eigenschaftswort:* Be. 608, 21   § 188
æfter endleofon gearum; 27 ymbe endleofan gear. Or. 158, 11
enlefan guðfonan; 288, 5 hieno hæfde endlefan gear.
b. *Zweimal mit Genitiv:* Be. 635, 20 þæt rice hæfde endleofan wintra. Le. 106, 3 mid XI his gelicena; *dies kann hier
wirklicher partitiver Genitiv sein.*

9. **twelf.** — a. *Als Eigenschaftswort:* Be. 475, 19 twelf   § 189
mila brad *(in diesem und in ähnlichen Fällen kann man natürlich
auch das Zahlwort als Akkusativ auffassen, von dem dann der Genitiv
abhängt, wie bei den Zahlen über 20; vgl. die Anmerkung zu § 8
auf S. 9)*; 481, 10; 523, 31 his witena twelfa sum *(vgl. § 196.
Anm. 2.)*; 556, 19, 40; 577, 11; 614, 17; 623, 42 halige weoras
& geornfulle twelfe. Or. 38, 29 on twelf wegas. Cp. 76, 16
ða naman ðara twelf heahfædra; 104, 2 onuppan twelf ærenum
oxum. Bo. 234, 1 on twelf monþum. So. 174, 22 þara twelf
tungla stede. Le. 100, 63 þær sculon twelf scill. to bote.
b. *Zweimal mit Genitiv:* Be. 587, 24 twelf wintra; *ebenso*
603, 13.

10. **þreotyne.** — a. *Als Eigenschaftswort:* Be. 485, 23   § 190
ðreottyne gear; *ebenso* 500, 9; 596, 26. *Im* Or. *nur die Ziffer:*
202, 32 XIII winter; 268, 26 XIII ger.
b. *Einmal allein:* Or. 172, 10 his XXX scipa genom, &
XIII on sæ besencte.

11. **feowertyne.** — a. *Als Eigenschaftswort:* Be. 545,   § 191
26 on feowertyne nihte monan; 27 fram feowertyne nihtum monan
(= quarta decima Luna; *ob Alfred das Lateinische nicht verstanden hat? Die Übersetzung ist jedenfalls höchst eigentümlich.)*; 626,
24 æfter feowertyne dagum; 646, 10 feowertyne dagas. Or. 142,
23 feowertiene gear.
b. *Einmal mit Genitiv:* Be. 637, 7 he . . . hæfde XIIII
wintra.

12. **fiftyne.** *Kommt nur als Eigenschaftswort vor:* Or.   § 192
18, 20 fiftyne meardes fell; 20, 8 fiftene mila brad; 44, 19 fiftene
gear. *In den* Le. *nur die Ziffer:* 92, 40 (*B.:* fiftyne); 98, 44,
§ 1 (*B.:* fiftyne); 49 (*B.:* syxtyne!).

13. **syxtyne.** *Kommt nur als Eigenschaftswort vor:* § 193
Be. 588, 24 sixtene gear. Or. 28, 20 syxtene mila lang.

14. **seofontyne.** — a. *Als Eigenschaftswort:* Be. 476, 7   § 194
seofontyne gear; 519, 13; 543, 34; 550, 20; 558, 1; 573, 28.
Im Or. *nur die Ziffer:* 270, 6 hiene hæfde XVII ger; *ebenso in
den* Le.: 100, 59.

b. *Einmal mit Genitiv:* **Be.** 521, 5 seofontyne wintra.

§ 195   15. **eahtatyne.** *Kommt nur als Eigenschaftswort vor:*
Be. 590, 15 wæs he geong æþeling eahtatyne wintra (= juvenis
circiter decem & octo annorum).

§ 196   16. **nigontyne.** *Kommt nur als Eigenschaftswort vor:*
Be. 539, 23 nygantyne winter. *Im* **Or.** *nur die Ziffer:* 264, 24
hæfde þone anwald XIX ger. *Vgl.* **Be.** 643, 26 ða nigontynlican
hringas rihtra Eastrana.

*Anmerkung 1: Eine andere Bezeichnung für 19 (vgl. Fricke,
a. a. O., S. 27) findet sich:* **Be.** 563, 15 þæt he hæfde & heold
anes wona XX wintra; *ebenso* 614, 21. *Die Stelle* **Be.** V, 19
ymb twentig wintra buton an, *die Fricke (a. a. O., S. 27) und
Koch (Gr. II. § 277) erwähnen, ist mir entgangen; ich habe sie
aber auch bei wiederholtem Durchsuchen des langen Kapitels nicht
finden können. — Ferner* **So.** 182, 35 ic hæbbe nu XXXIII wintra
& ic hæfde anc les þene XX, þa ic erest hyt gehogede þæt ic
. . . . *Vgl. auch § 208. Anmerkung.*

Anmerkung 2: sum *mit dem Genitiv der Mehrzahl eines
Zahlwortes (vgl. § 323. b.) habe ich viermal gefunden:* **Be.** 486,
23 se Godes ðeow Agustinus & his geferan, wæs he feowertigra
sum (= servus Domini A., & socii ejus viri ut ferunt ferme quadraginta); 523, 31 com Eanfrið butan geþeahte his witena twelfa
sum to him (= Eanfridum inconsulte ad se cum duodecim lectis
militibus . . . . venientem). **Or.** 18, 7 *(bei Ohthere:)* þara he sæde
þæt he syxa sum ofsloge syxtig on twam dagum; 202, 16 &
Hannibal oþfleah feowera sum to Aþrametum (= Annibal cum
quatuor equitibus Adrumetum confugit). *Miller übersetzt die
erste Stelle:* „amounting in all to forty persons", *die zweite:* „with
twelve nobles", *und sagt zu dieser bei den* „Errata" *(S. XII):* „for
eleven* read *twelve"; soll das etwa umgekehrt heifsen:* „for *twelve*
read *eleven"? In der* „Introduction" *(S. LIII.) heifst es aber:*
„In 154, 5 we have ,his weotena twelfa sum' = ,cum duodecim
lectis militibus". If we follow the Latin, it is a departure from
the general usage, as in Beowulf, 207 *fiftena sum* = ,with four-
teen others'. The *his* makes some difference. The phrase ,feara
sum' may be cited in favour of either interpretation." *Man ver-
gleiche nun hierzu die erste und die letzte der vier Stellen; an der
ersten ist immerhin möglich, dafs* „viri ferme quadraginta" *sich
auf* „A. & socii ejus" *zusammen bezieht, nicht auf* „socii ejus"
*allein; dann hätte Miller Recht. An der vierten Stelle aber ist
deutlich lateinisches* „cum quatuor equitibus" *durch* „feowera sum"
übersetzt, also Ne. = „with four (horsemen)", *nicht etwa:* „o ne
of four (horsemen)", *und hier ist auch kein* „his", *das den
Unterschied erklären könnte. Bei der dritten Stelle können wir
natürlich nicht wissen, ob es heifsen soll* „einer von sechsen" *oder*

„*mit sechs andern*"; *Sweet im „Glossary" des „Anglosaxon Reader" übersetzt im ersten Sinne:* „one of six (with five others)"; *Thorpe ebenfalls:* „he and five others", *aber auch an der vierten Stelle ohne Berücksichtigung des Lateinischen:* „with three others". *Man vgl. meine ausführliche Erörterung über „Ae.* sum *mit dem Genitiv einer Grundzahl" im 17. Bande· der Engl. Stud. S.* 285—291, *aus der hervorgeht, dafs schon im Altenglischen die ursprüngliche Bedeutung dieser Verbindung ins Schwanken geraten war.*

E. Die Zehnerzahlen 20—90 (120).

Die Zehnerzahlen haben gewöhnlich das Hauptwort im Genitiv bei sich und werden dann selbst als neutrale Hauptwörter behandelt; bei feowertig *steht sogar ein paarmal der Artikel* þæt *(s. § 199). Sehr selten werden sie wie Eigenschaftswörter verwendet.*

1. **twentig.** Be. 476, 17 se hæfde twentig wintra rice. Or. § 197 18, 14 næfde he þeah ma ðonne twentig hryðera & twentig sceapa & twentig swyna; 56, 15; 154, 30; 210, 30 se weall wæs XX fota ðicce; 278, 20. Le. 90, 1 mid twentig scill. gebete; *ebenso* 5; 100, 61. — *Einmal als Eigenschaftswort:* Or. 56, 13 ær þæm þe Romeburg getimbred wære XXgum wintrum.

2. **ðrittig.** Be. 475, 18 þæt is ðrittiges mila lang; 539, 16 § 198 he hæfde XXX wintra; 555, 22 ða eode (!) heora XXX of ðam mynstre; 556, 22 ða hæþenan ðrittigum siþa mare weorud hæfdon; 29; 570, 35; 579, 12; 595, 38; 647, 43 eft on Cyninga bec ðrittig questionem (= item in Regum librum XXX questionum!). Or. 18, 30 eastewerd hit mæg bion syxtig mila brad, oþþe hwene bradre; & middeweard þritig oððe bradre; 56, 6 XXX wintra; *ebenso* 76, 33; 152, 23; 172, 10; 176, 12; 178, 32 buton XXX sciphlæsta; 210, 29; 246, 6. Cp. 385, 15 ær he wæs ðritiges geara eald. Bo. 328, 28 ymb þrittig wintra. Le. 60, 21 geselle þam hlaforde XXX scill.; 74, 3 gehealden hi hine XXX nihta; *usw.* — *Zweimal als Eigenschaftswort:* Or. 172, 9 mid XXX scipun; 240, 23 mid XXXgum cyningum.

3. **feowertig.** Be. 486, 23 wæs he feowertigra sum *(vgl. § 199 § 196. Anm. 2.);* 559, 36 þære ylcan forhæfdnysse gemett he eac swylce heold þæt feowertig daga ær Cristes gebyrd tide, & þæt feowertig daga æfter Pentecosten; 582, 30 *(s. § 200);* 609, 4 on ðysse stowe he symle on ða tid ðæs feowertiglican fæstenes ær Eastrum, & eft þæt feowærtig *(B. hat auch hier:* þæt feowertiglicæ fæsten) ær Cristes gebyrddæge, on mycelre forhæfednesse . . . . wæs; *die erste ist wohl die bessere Lesart, sie bietet eine ·wörtliche Übersetzung der Urschrift, mit einem kleinen Mifsver-*

ständnis: „in hoc etenim semper Quadragesimae tempus agere, in hoc quadraginta ante dominicum natale dies"; *statt* dies *hat Alfred* diem *gelesen; ich ergänze, der vorherigen Stelle entsprechend,* daga; 617, 6 XL daga; *ähnlich* 625, 7. *Vgl.* 531, 10 þæt feowertiglice fæsten; *ebenso* 554, 31, 38; 559, 34; 614, 36; *u. ö.* **Or.** 198, 1 him eodon on hand feowertig burga; 210, 30 *(vgl. zu dieser und ähnlichen Stellen § 8. Anm.);* 238, 4. **Le.** 68, 2 beo feowertig nihta on carcerne; *ebenso* 70, 6; 76, 10; 102, 69.

§ 200   4. **fiftig. Be.** 504; 5 heora fiftig ðurh fleam on weg losedon; 527, 8 butan fiftig nihta ofer Eastran; 566, 41; 582, 30 XL manna oþþe fiftig. **Or.** 18, 6 þa mæstan (beoð) fiftiges elna lange; 26, 35; 28, 28; 40, 13; 74, 15. **Cp.** 8, 1 on ælcre bið an æstel, se bið on fiftegum moncessa. — *Einmal erscheint* fiftig *nach Sweet als Eigenschaftswort:* **Or.** 42, 4 Asyrie hæfdon LX wintra & an hund & an þusend under fiftiga cyninga rice . . . & se anweald siððan on Mæðe gehwearf; *die Hs. hat hier* fiftigan, *das wohl für* fiftigon = fiftigum *steht; die Änderung Sweets scheint mir durchaus unzulässig, denn* under *kann sich nicht auf* rice *beziehen, und mit dem Genitiv kommt es wohl nicht vor; das Lateinische hat:* cum regnum Assyriorum per MCLX annos . . . per quinquaginta reges actum sit; *Thorpe übersetzt ganz frei; es heißt m. E.:* „*Die Assyrer hatten 1160 Jahre unter 50 Königen die Herrschaft*".

§ 201   5. **syxtig. Be.** 475, 4 syxtygum wintra ær Cristes cymé; 556, 45 wæs þæs landes ealles hundtwelftig hida & sixtig in Dera mægþe, sixtig on Beornicum. **Or.** 18, 7 þara he sæde þæt he syxa sum ofsloge syxtig; 22 ægþer sy syxtig elna lang; *ähnlich* 30; 42, 3 *(s. § 200);* 172, 4 æfter siextegum daga. **Le.** 78, 4 be sixtegum hida; *sonst nur die Ziffer.*

§ 202   6. **hundseofontig. Or.** 74, 16 his ymbgong is hundseofontig mila; 100, 29; 216, 19 þær wæs Ueriatuses folces ofslagen LXX. **Cp.** 316, 1 hundsiofontig wintra.

§ 203   7. **(hund)eahtatig. Be.** 644, 24 æfter hundeahtatigum wintra. **Or.** 170, 28 on ælcre anre talentan wæs LXXX punda; 34 hundeahtatig scipa gegaderade; 198, 15 eahtatig burga; 202, 15 LXXX elpenda (= octoginta elephanti; *Thorpe (S. 424/5) zieht die Zahlen an dieser Stelle falsch zusammen);* 242, 2 eahtatig coortena; 246, 7 eahtatig scipa. *In den* **Le.** *nur die Ziffer:* 102, 65, 66, 68, 72 (*B.:* hundeahtatig).

§ 204   8. **hundnigontig. Be.** 559, 26 he wæs hundnigontiges wintra eald. **Le.** 92, 40 hundnigontig scill.

9. *Auch die Zahlen 100 und 120 finden sich noch wie Zehner* § 205
ausgedrückt:
a. **hundteontig.** **Be.** 583, 2 gefengon ðreo hund fixa . . . .
& ða on ðreo todældon, hundteontig hi sealdon ðearfum, hundteontig . . . hundteontig . . . . . **Le.** 76, 10 hundteontig scill.; *ebenso*
80, 2; 80, 15 mid hundteontegum scill.
b. **hundtwelftig.** **Be.** 556, 44 wæs þæs landes ealles
hundtwelftig hida. **Or.** 124, 21 Alexandres næs na ma þonne
hundtwelftig (sc. geslagen) on þæm rædehere, & nigan on þæm
feðan; 174, 17 heo wæs hundtwelftiges fota lang. **Le.** 70, 1
hundtwelftig scill.; 74, 8; 76, 10; 86, 31; 92, 38, § 1.

F. Die Hunderter.   § 206

*Die Hunderter erscheinen, wenn sie nicht allein stehen, fast
immer mit dem Genitiv des zugehörigen Hauptwortes, nur zweimal
als Eigenschaftswort. Im Nominativ und im Akkusativ sind sie
gewöhnlich ungebeugt; der Genitiv kommt nicht vor; im Dativ wird
meist nur der Hunderter selbst gebeugt (aber auch nicht immer),
bei 200 und 300 auch der davor stehende Einer. Der Hunderter
steht stets in der Einzahl; eine Mehrzahlform findet sich nur einmal im Or. (s. § 210. Ausn. a.).*
1. **hund(red).** **Or.** 19, 21 seo sæ lið mænig hund mila
up in on þæt land; 48, 11 C wintra; 70, 36 Romulus gesette
ærest monna senatum: ðæt wæs an hund monna, þeh heora æfter
fyrste wære þreo hund; 96, 27 hie him gescaldon an C þara miclena þriereðrena. **Bo.** 300, 4 ða hæfde he sume hundred scipa.
Le. 104, 77 C (*B.:* hund) scill.
2. **tu(a) hund.** **Be.** 473, 11 tu hund mila brad; 586, 1
twa & hundteontig (*T.:* tu hund; *Miller:* tu hundteontig) bisceopa (= ducentorum). **Or.** 24, 13 twa hund mila brad; *ähnlich* 74, 15; 144, 20; 170, 27; 178, 27 mid twam hunde scipa;
214, 15; 246, 6. **Le.** 106, 2 [b] twa hynd scyll.
3. **ðreo hund.** **Be.** 583, 1 gefengon ðreo hund fixa; 584,
14 ðreo hund hida. **Or.** 4, 8 mid III hunde scipa; 72, 1 (*vgl.
unter 1 zu* 70, 36); 130, 10 mid þrim unde (!) wifmonna; 172,
9; 20; 23 þær wearð þæt (= *die vorher erwähnten*) III hund
monna ofslagen; 176, 10 mid þrim hunde scipa; 180, 5 mid III
hunde scipa; 216, 18 mid þrim hunde monna; 20 Romana CCC;
228, 30 þreo hund gisla; 260, 24.
4. **400.** **Or.** 110, 14 (*als Eigenschaftswort!*) IIII hund wintrum æfter þæm þe Romeburg getimbred wæs; 158, 29 þær wæs
XXXVI M ofslagen & IIII hund gefangen.
5. **500.** **Or.** 176, 4 þær wearð . . . Regulus gefangen mid
V hunde monna; 202, 23 Scipia het D hira scipa upateon &
forbærnan.
6. **syx hund.** **Be.** 486, 19 þæt is syx hund hida micel;

590, 3 syx hund hida. **Or.** 18, 10 he hæfde . . . tamra deora unbebohtra syx hund; 38, 24; 82, 4; 122, 3; 128, 13 mid siex hund *(ungebeugt!)* monna; 216, 29; 218, 10; — *als Eigenschaftswort:* 208, 22 æfter þæm þe R. getimbred wæs DC wintrum. — *Vgl.* **Le.** 76, 10 syx hyndum men hundteontig scill. gebete.

7. .seofon ·hund. **Or.** 156, 19 þær wæron seofon hund guðfonena genumen; 212, 12; 252, 13, 16, 19.

8. **eahta hund. Be.** 473, 11 þæt is ehta hund míla lang. **Or.** 24, 12 hit is eahta hund mila lang *(man vgl. übrigens diese beiden Stellen der Beschreibung Britanniens,* Be. 473, 8·*ff. und* Or. 24, 12 *ff.);* 32, 24 ær ðam ðe R. getimbred wære eahta hund wintra (= ante annos conditae urbis MVIII!!).

9. *Auch die Zahl 1200 wird noch auf diese Weise gebildet:* **twelf hund. Be.** 504, 5 secgaþ men þæt ðæs weorodes wære twelf hund; 584, 14 twelf hund hida. *Vgl.* **Le.** 76, 10 twelfhyndes monnes.

10. *Die Zahl* **1400** *wird einmal auf folgende Weise ausgedrückt:* **Or.** 252, 6 tuwa seofon hund wintra.

§ 207   G.   D i e   T a u s e n d e r.

Die Tausender stehen wie die Hunderter entweder· mit dem Genitiv oder allein, aber nie als Eigenschaftswörter; gebeugt werden sie selten.

1. **ðusend. Be.** 482, 9 se stenc ... monige ðusendo monna & neata fordilgade; 639, 22 monig ðusendo heora mid soþfæstnesse worde wæs ontimbrende. **Or.** 46, 34 an þusend manna; 50, 10 M scipa; 92, 21 M punda goldes; 104, 11 þa heora fela ðusenda gefongen wæs (!); 110, 33 heora monig ðusend ofslog; 118, 8 þeh his mon fela þusenda ofsloge; 186, 21 his heres wæs an M feðena; 216, 19 Romana an M; 224, 19 þider for mid monegum þusendum (!!); 252, 28 mid fela M talentana; 266, 3 hiora fela M forwurdon; 268, 17 he ofslog fela þusend monna *(dazu bemerkt* B o c k *(a. a. O., S. 41. u.), es liege hier ein unflektierter Genitiv vor; es kann aber auch* fela *wie ein Eigenschaftswort verwendet (s. § 372), und* þusend *unflektierter Akkusativ sein; vgl. auch die Stelle vorher* (252, 28), *anderseits* 104, 11; 118, 8. *Weshalb* B o c k *die Stelle* 128, 22 *hier zur Vergleichung heranzieht, weifs ich nicht; sie lautet:* þæt wæron fieftiene hund þusend monna); 272, 20 ymb an M wintra; 290, 17 heora fela M ofslog. **Bo.** 146, 14 þeah he erige his land mid ðusend sula. **Ps.** 3, 5 ic me nu na ondræde þusendu folces, þeah hi me utan ymbþringen.

2. **twa þusend. Or.** 76, 30 twa 'þusend monna; — *die Ziffer:* 168, 32; 180, 11, 28; 188, 17 Hannibales folces wæs twa M ofslagen.

3. 3000. *Nur die Ziffer kommt vor:* Or. 80, 6 para scipa
wæron III M; 180, 13, 26, 27; 184, 14, 19.

4. feower þusend. Or. 80, 13 IIII þusend monna; 140,
5, 24; 206, 23 his folces . . . feower M; 220, 24 heo hie selfe
ær þæm mid feower M aweredon.

5. fif ðusend. Be. 557, 36 suþ Myrcna rice, ða syndon
— ðæs ðe menn cweþað — fif ðussendo folces (= regnum Au-
stralium Merciorum, qui sunt, ut dicunt, familiarum quinque millium). Or. 158, 29 V M gehorsedra; 176, 12 hiora folces wæs
V M ofslagen; 198, 29.

6. 6000. Or. 184, 19 hiora . . . VI M gefengon; 192, 2
para monna wæs siex M; 204, 18; 220, 5, 7; 222, 28; 248, 26.

7. seofon ðusend. Be. 557, 38 wiþ norþ Myrcum, para
landa (*Miller:* para londes) is seofon ðusendo (= ab Aquilo-
nalibus Mercis, quorum terra est familiarum septem millium);
582, 4 is þæs landes seofen þusendo hida (= habens terram
familiarum septem millium; hida *fehlt bei Miller*). Or. 138, 14
seofon M Romana; 17 seofon M gehorsedra; 174, 21 wæs Car-
tainiensa VII M ofslagen; 184, 29.

8. eahta ðusend. Or. 158, 11 wæs Romana eahta þusend
ofslagen; 192, 24; 198, 3; 204, 18.

9. 9000. Or. 176, 17 heora wæron IX M ofslagen; 178, 33;
184, 16.

10. ten ðusend. Or. 126, 3 þær wæs Persa X M ofslægen;
294, 19 þæt wæron X M. Bo. 100, 22 tele nu þa lenge þære
hwile þe þu ðin eage on beprenan mæge, wiþ ten þusend wintra; 25 tele nu þonne þæt (*jene erwähnten*) ten þusend geara;
ebenso 27.

11. endlefan ðusend. Or. 78, 24 hie acuron endlefan þusend monna.

12. 12000. Or. 140, 4 þær weard Somnita twelf M ofslagen;
180, 23; 246, 13.

13. 13000. Or. 238, 12 þær wæs Judea ofslagen XIII M.

14. 14000. Or. 156, 17 wæs Romana IIIIX M ofslagen (=
quatuordecim millia).

15. 15000. Or. 174, 21 wæs Cartainiensia . . . VX M gefangen (= quinque (!) millia).

16. 17000. Or. 184, 29 þær wæs Gallia . . . XVII M gefangen.

17. 18000. Or. 142, 5 he . . weard ofslægen & þæt folc
mid him, þæt wæs eahtatyne M; 234, 33 þær ofslogon eahtatiene
M; 34 heora ofslog eahtatiene M.

18. *Ferner erscheinen die Ziffern folgender Tausender im*
Or., *meist mit dem Genitiv oder allein:*

20000. 116, 30, 31; 120, 23; 140, 24; 158, 12; 168,
31; *usw.*

30000. 4, 21; 144, 20; 176, 4, 34; 184, 30; 212, 7; *usw.*

40000. 138, 14 (þær wearð Gallia feowertig M ofslagen); 204, 35; 206, 20; 220, 24; 232, 1.

50000. 200, 5.

60000. 5, 15; 134, 6; 220, 3; 228, 23; 230, 11.

19. *Zum Teil oder ganz ausgeschrieben* (þusend, *wenn ausgeschrieben, mit einer Ausnahme immer im Genitiv*) *finden sich ferner noch im* Or. *die Zahlen:*

80000. 78, 17 þær forlet hundeahtatig þusenda beæftan him; 126, 4 eahtatig M feþena & eahtatig M gefangenra; 158, 28 eahtatig M feþena; 232, 2 þær wæs Romane ofslagen eahtatig þusenda; 13 þær wæs Gallia . . . . eahtatig M gefangen.

100 000. 124, 34 an hund þusenda gehorsedra.

200 000. 78, 28 þa wearð tu hund þusenda Persea ofslægen; 132, 30 þa com him þær ongean twa hund þusenda monna gehorsades folces; 232, 12 þær wæs Gallia ofslagen twa hund M; 296, 25 þæt wæs IICM.

300 000. 124, 34 he hæfde IIIC þusenda feðena.

400 000. 80, 5 IIIICM; 270, 4 þær forburnon IIII hund M boca.

600 000. 36, 26 þæt wæs syx hund þusenda manna; 82, 4 VICM; 124, 18 hæfde siex hund M folces.

700 000. 78, 10 his heres wæs seofon hund þusenda.

800 000. 80, 4 hæfde his agenes folces VIIIC þusenda; 134, 6 eahta CM feþena; 184, 11 þeh þe heora agnes fultumes wære eahta hund M.

1 100 000. 262, 23 he fordyde þara Judena XI hund M.

1 500 000. 128, 22 þæt wæron fieftiene hund þusend (! *vgl.* Bock, *a. a. O., S. 41. u.*) monna.

1 900 000. 84, 29 þæt wæs nigon X hund þusenda (= decies novies centena millia); 128, 24 nigantiene hund M monna.

Zweites Kapitel.

DIE ZUSAMMENGESETZTEN GRUNDZAHLEN.

§ 208   A. Einer und Zehner.

Die Einer stehen stets vor den Zehnern und sind durch „&" mit ihnen verbunden. Diese zusammengesetzten Zahlen haben in der Regel einen Genitiv bei sich, doch begleiten sie in einigen Fällen, z. B. nach einer Präposition, das Hauptwort als Eigenschaftswort; einmal steht die Präposition vor beiden Bestandteilen. Die Stellen, an denen nur die Ziffer steht, erwähne ich hier nur in besonderen Fällen. Über die Stellung vgl. man Kubes *Arbeit über* „Die Wortstellung in der Sachsenchronik" *(Jena 1886), § 31. S. 52.*

21. **Be.** 485, 20 þæt hæfde an & twentig wintra; *ebenso* 506, 6; 539, 23.

22. Be. 521, 10 twa & twentig wintra; *ebenso* 621, 25.
Or. 28, 13 se is twa & twentig mila brad; *ebenso* 14: — *als*
Eigenschaftswort: 256, 1 he . . nanne þara senatusa ne let
cucne, ne þara twa & twentigra monna þe . . . .

24. Be. 499, 36 feower & twentig wintra; — *als Eigen-*
schaftswort: 504, 26 on feower & XX milum.

25. *Als Eigenschaftswort:* Or. 114, 5 on þæm XXV
wintrum.

26. Be. 481, 35 six & twentig wintra; 565, 16.

27. *Als Eigenschaftswort:* Be. 550, 9 æfter seofon &
twentigum dagum.

28. Be. 539, 17 VII & twentig wintra. Or. 10, 32 XXVIII
ðeoda.

32. Or. 14, 22 þeh hit mon tonemne on twa & on (!) þritig þeoda.

33. Be. 493, 15 ðreo & ðrittig daga; 592, 41 *(s. § 75. l.*
k.). Or. 28, 14 Sardina is þreo & þritti mila lang. So. 182, 34
ic hæbbe nu XXXIII wintra.

36. Be. 518, 7 syx & ðrittig daga; 626, 35.

37. Be. 621, 8 seofon & ðrittig wintra.

41. Be. 641, 29 ymb an & feowertig wintra.

42. Or. 30, 16 twa & feowertig wintra.

44. Be. 484, 23 ymb feower & feowertig wintra.

47. Be. 521, 23 hæfde he ða seofon & feowertig wintra.

48. Or. 18, 6 þa beoð eahta & feowertiges elna lange.

53. Or. 26, 36 þara sindon þreo & fiftig.

56. Be. 506, 8 six & fiftig wintra.

57. *Als Eigenschaftswort:* Be. 482, 7 mid seofon & fiftegum torran.

58. Be. 571, 30 ða he hæfde yldo eahta. & fiftig wintra.

64. Or. 50, 27 ær þæm þe R. getimbred wære LXIIIIgum
wintra.

66. Be. 493, 16 syx & syxtig daga; 564, 13; 592, 40.

72. Or. 164, 10 LXXIItigum wintra ær Romeburg. Bo.
96, 17 heora spræc is todæled on twa & hundseofontig; 254,
14 se godcunda anweald . . . hiora spræce todælde on twa &
hundseofontig geþeoda.

73. Or. 152, 17 þreo & seofontig wintra.

77. Or. 152, 17 seofon & seofontig wintra.

84. Be. 643, 27 feower & hundeahtatig geara.

87. Be. 583, 8 seofon & hundeahtig (l *Miller:* hundeahtatig) hida landes.

88. Be. 621, 22 eahta & hundeahtatig wintra. Or. 240,
32 eahta & eahtatig coortana.

Hierher gehört auch:

125. Be. 639, 33 fif & hundtwelftig bisceopa; — *als Ei-*

genschaftswort: 42 mid oþrum fif & hundtwelftigum his efen-biscopum.

Anmerkung: Die Zahlen mit 9 sind zweimal wie die anderen, zweimal durch anes wona *ausgedrückt (vgl. § 196. Anm. 1.):*
Be. 473, 26 wæs ðis ealond eac geo gewurþad mid ðam æþe-lestum ceastrum anes wana ðrittigum (= erat et civitatibus quondam viginti & octo nobilissimis insignita); 557, 6 hire daga rim . . ., þæt is anes wona sixtig wintra (= completo undesexaginta annorum numero); 647, 32 oþ nigon & fiftig wintra minre yldo (= ad annum aetatis meae quinquagesimum nonum). **Cp.** 411, 13 mara gefea wyrð on hefonum for anum hreowsiendum ðonne ofer nigon & hundnigontig ryhtwisra ðæra ðe him nan ðearf ne bið hreowsunga.

§ 209   B. Hunderter und Einer.

Die Hunderter stehen in der Regel vor den Einern. Auch diese zusammengesetzten Zahlen werden entweder wie Hauptwörter behandelt und haben dann einen Genitiv bei sich, der stets hinter dem Hunderter steht, oder sie erscheinen als Eigenschaftswörter. In diesem Falle steht das Hauptwort auch in der Regel hinter dem Hunderter, aber einmal erst hinter dem Einer*, einmal hinter dem Hunderter und hinter dem Einer auch †. Einmal steht· zwar hinter dem Hunderter ein Genitiv, aber der folgende Einer wird als Eigenschaftswort behandelt und hat dasselbe Wort im Dativ bei sich**.

204. **Or.** 68, 4 II hunde wintrum & IIII.
301. **Or.** 90, 5 III hunde wintra & an (!!! *statt* anum).
306. **Or.** 72, 15 III hund cempena & siex; 86, 21* hiora III hund & siex men of ægðerre healfe to anwig geeodon.
402. **Or.** 104, 12 IIII hunde wintra & II.
407. **Be.** 480, 8 ymb feower hund wintra & seofone.
408. **Or.** 108, 3 IIII hunde wintrum & VIII.
507. **Or.** 180, 15 V hunde wintrum & VII.
602. **Or.** 210, 13 DC wintrum & II.
605. **Or.** 40, 11 syx hund wintran & fif.
606. **Or.** 214, 25 DC wintrum & VI.
705. **Be.** 635, 17 † æfter seofon hund wintrum & fif wintrum æfter ðære Drihtenlican menniscnesse.
805. **Or.** 36, 22 ** eahta hund wintra & fif wintrum (!!).
809. **Or.** 260, 26 VIII hunde wintra & IX.
903. **Or.** 268, 1 DCCC wintra & III.

Anmerkung: Zweimal stehen die Einer vor den Hundertern: 104. **Or.** 176, 13 hiora scipa (wæs) XXX gefangen & IIII & an hund adruncen (= centum et quatuor naves). — 605. **Be.** 500, 7 fif winter & syx hund wintra æfter ðære Drihtenlican menniscnysse.

C. Die übrigen zusammengesetzten Grundzahlen.

1. Von 100 — 1000.

In der Regel ist die Reihenfolge der Zahlen diese: Hunder-
ter, Einer, Zehner. Die Zahlen werden alle durch & verbunden
und zuweilen als Eigenschaftswörter, meist aber als Hauptwörter
behandelt, im letzten Falle haben sie einen Genitiv bei sich, der ge-
wöhnlich hinter dem Hunderter steht, aber auch hinter der letzten
Zahl oder vor dem Hunderter, oder sowohl hinter dem Hunderter
als auch hinter dem Zehner zugleich stehen kann. Eine gemischte
Verbindung kommt dreimal vor, wo einmal der Hunderter als Ei-
genschaftswort, der Zehner aber als Hauptwort behandelt*, zweimal
das Umgekehrte der Fall ist †.

a) Von 100—500   § 210

122. **Or.** 26, 31 hit is . . . an hund mila brad & twa &
twentig.

150. **Be.** 585, 45 hundteontig & fiftig bisceopa.

157. **Or.** 28, 7 hit is an hund & syfan & fiftig mila lang.

170. **Or.** 26, 34 hit is an hund mila long & hundsyfantig.

175. **Or.** 26, 30 .hit is an hund mila lang & fif & hundsyfantig.

177. **Or.** 28, 8 se þridda sceata is an hund & syfan &
hundsyfantig (sc. mila) westlang.

180. **Or.** 116, 4 an C & eahtatig ceapscipa gefengon; 124,
13 scipa an hund & eahtatig.

189. **Be.** 476, 4 ymb hundteontig wintra & nigan & hundeahtatig wintra.

214. **Or.** 78, 1 twa hunde wintra & IIIIX.

250. **Be.** 583, 19 twa hundteontig & fiftig ðara monna
esna & mennena gefullode.

280. **Or.** 86, 19 II hunde wintra & hundeahtatigum.

285. **Be.** 647, 10 ymb tu hund wintra & fif & hundeahtatig.

286. **Be.** 476, 15 ymb tu hund wintra & syx & hundeahtatig.

318. **Be.** 585, 43 ðreo hundteontig bisceopa & eahtatyne.

Or. 284, 1 III hund biscepa & eahtatiene.

330. **Or.** 4, 5 mid þrim hunde scipa & mid XXX.

335. **Or.** 90, 22 III hunde wintra & LV.

357. **Or.** 94, 19 III hunde wintra & LVII.

360. **Or.** 176, 25 mid III hund scipa & LXgum.

376. **Or.** 100, 17 III hunde wintra & LXXVI.

380. **Or.** 108, 32 para wæs III hund & hundeahtatig.

383. **Or.** 102, 1 III hund wintra & LXXXIII.

388. **Or.** 104, 1 III hund wintra & LXXXVIII.

422. **Or.** 110, 4 IIII hund wintra & XXII.
423. **Be.** 481, 33 ymb feower hund wintra & ðreo & twentig ðære Drihtenlican menniscnysse.
426. **Or.** 120, 19 IIII hunde wintra & VI & XXgum;
122, 30 IIII hunde wintrum & XXVI.
430. **Or.** 50, 5 * feower hunde wintrum & XXXgum wintra; 172, 30 mid feower hunde scipa & þritigum.
440. **Or.** 64, 20 ymb feower hunde wintra & ymb feowertig þæs þe Troia . . awested wæs.
449. **Be.** 483, 6 ymb feower hund wintra & nigon & feowertig.
450. **Or.** 136, 32 IIII hunde wintra & L.
460. **Or.** 74, 1 hie upp forlet an feower hund ea & on LX.
463. **Or.** 140, 31 IIII hunde wintrum & LXIII.
464. **Or.** 154, 1 feower hunde wintrum & feower & siextegum.
480. **Or.** 44, 3 IIII hunde wintrum & hundeahtatigum.
Ausnahmen:
a) *Andere Stellung:* **Be.** 475, 26 hundteontig & fiftig & six
gear; 485, 26 ymb fiftig wintra & hundteontig Angelcynnes hider-
cymes.   **Or.** 172, 5 þær wæron XXX & C gearora; 176, 28 hiora
gedurfon L & C; 178, 1 mid XXX elpenda & Cgum (!!! *zu
lesen:* hundteontigum); 214, 13 XX wintra & C; 182, 19 æfter L
wintra & feower hundum *(!! Mehrzahl !!).*   **Le.** 80, 15 mid L
(*B.:* fiftigum) scill. and hundteontegum gebete.
b) *Andere Ausdruckweise:* 470. **Be.** 480, 14 feower hund
wintra & ðæs fiftan hundseofontig. — 450. **Or.** 222, 30 hiera
mon aheng fifte healf hund.

b) Von 5co — 1000.

592. **Be.** 485, 18 ymb fif hund wintra & tu & hundnigontig.
616. **Be.** 506, 5 † ymb syx hund wintra & syxtyne winter.
630. **Be.** 586, 2 six hund B.' & ðrittig.
640. **Be.** 531, 5 ymb syx hund wintra & feowertig wintra.
653. **Be.** 550, 27 ymb syx hund wintra ·& ðreo & fiftig.
660. **Or.** 42, 25 siex hunde wintrum & LXgum.
664. **Be.** 558, 9 emb syx hund wintra & feower & syxtig.
668. **Be.** 564, 26 ymbe syx hund wintra & eahta & syxtig
wintra.
670. **Be.** 571, 27 ymb syx hund wintra & hundseofontig
wintra.
673. **Be.** 573, 21 ðy geare ymb syx hund wintra & ðreo
& hundseofontig.
676. **Be.** 580, 39 y. s. h. w. & syx & hundseofontig.
680. **Be.** 592, 35 y. s. h. w. & hundeahtatig.
684. **Be.** 602, 3 y. s. h. w. & feower & hundeahtatig.
685. **Be.** 603, 10 y. s. h. w. & fif & h.

715. **Or.** 58, 11 ymb seofon hund wintra & V tiene.
716. **Be.** 643, 39 y. s. h. w. & syxtene.
725. **Be.** 645, 6 ymb s. h. w. & fif & twentig.
729. **Be.** 644, 28 æfter seofon hund wintra & nigon & twentigum; 645, 21 ymbe s. h. w. & n. & twentig.
731. **Be.** 646, 7 y. s. h. w. & an & ðrittig; *ebenso* 647, 12.
752. **Or.** 254, 5 VII C wintra & LII.
810. **Or.** 36, 3 † eahta hund wintra & tyn gearan.

Eine andere Stellung haben wir vielleicht für 880: **Or.** 156, 18 eahtatig & [VIII] hund; *der Zusammenhang dieser Zahl mit der vorhergehenden ist aber nicht klar, da Alfred das Lateinische ganz falsch übersetzt hat:* wæs Romana IIII X M ofslagen fepena & eahtatig & [VIII] hund gefangen, & þara gehorsedra wæron ofslagen III hund & an M, & þær wæron seofon hund guðfonena genumen (= quorum tunc cecidisse referuntur peditum quatuordecim millia octingenti & octoginta; capti mille trecenti et decem; equites autem caesi ducenti quadraginta duo, capti octingenti et duo, signa amissa viginti duo).

2. Die zusammengesetzten Grundzahlen über 1000.   § 212

Die Stellung dieser zusammengesetzten Zahlen ist regellos und mannigfaltig; sie haben meist als Hauptwörter einen Genitiv bei sich; besonders beachtenswert ist die Ausdrucksweise für 4500 und 150000.

1070. **Or.** 32, 16 þusend wintra & hundsyfantig.
1100. **Or.** 176, 13 Romana wæs an C & an M ofslagen.
1160. **Or.** 32, 1 þusend wintra & an hund & syxtig; 42, 3 LX wintra & an hund & an þusend.
1164. **Be.** 480, 12 ymb ðusend wintra & hundteontig & feower & sixtig (= anno millesimo sexagesimo quarto). **Or.** 62, 16 M wintra & C & LX & folnwh feower; *ebenso* 21.
1200. **Or.** 80, 6 þara miclena dulmena an M & II hund. *Vgl. auch § 206. 9.*
1300. **Or.** 28, 25 þrim hund wintra & þusend wintra; 156, 19 þara gehorsedra .... III hund & an M; 252, 8 III C wintra & 1 M.
1500. **Or.** 240, 33 V hund monna & an M.
4482. **Or.** 58, 9 feower þusend wintra & feower hund & twa & hundeahtatig.
4500. **Or.** 124, 12 þæs gehorsedan (sc. heres) fifte healf M (= quatuor mille ducenti!).
20500. **Or.** 202, 15 Hannibales folc wearð gefliemed & XX M ofslagen & D.
24000. **Or.** 166, 34 gelende he mid XXIIII M to anre oþerre byrig.
25000. **Or.** 188, 16 þone consul ofslog & þæs oþres folces XXV M & VI (sc. þusend) gefengon.

26000. **Or.** 212, 6 þara wæs XXVI M.
32000. **Or.** 124, 12 on his feðehere wæron XXXII M.
36000. **Or.** 158, 29 þær wæs XXXVI M ofslagen.
44000. **Or.** 190, 8 þæt wæs feower & feowertig M.
53000. **Or.** 198, 28 LIII M his heres.
60100. **Or.** 230, 27 þær wearð Mauritania ofslagen LX M & an hund (manna).
144,000. **Cp.** 409, 9 ða singað ðonc saug ðe nan mon elles singan ne mæg, buton ðæt hundteontig & feowertig & feower ðusendo (= nisi illa centum quadraginta quatuor millia. *Offenb. Joh. 14.*).
150,000. **Or.** 138, 16 þonne sæde Libius ðæt Somnita & Gallia wære oðer healf hund M ofslægen þara feðena *(wörtlich: anderthalbhunderttausend)*, & seofon M gehorsedra.

Im **Or.** *findet sich am Anfange eines jeden Abschnittes eine Jahrzahl; einige davon sind schon in den vorhergehenden §§ erwähnt, es würde aber zu weit führen, auch die noch ausstehenden alle einzeln ausführlich aufzuführen, ich beschränke mich daher hier darauf, diese ganze Gruppe nach ihren verschiedenen Ausdruckweisen einzuteilen und die einzelnen Belege nach ihrem Orte anzuführen.*

1. *Das Zahlwort als Hauptwort im Dativ (teils unerkennbar, teils erkennbar), das zugehörige Hauptwort im Genitiv:* 28, 25 ær (æfter) ðæm ðe Romeburh getimbred wære (wæs) þrim hund wintra & þusend wintra; 296, 27 M wintra & C & IIII & siextegum.

2. *Das Zahlwort als Hauptwort ungebeugt (Akkusativ? oder unerkennbarer Dativ?), dabei ein Hauptwort im Genitiv:* 32, 1 ær (æfter) ðæm ðe R. getimbred wære þusend wintra & an hund & syxtig; *so noch* 16; 24; 56, 6; 102, 1; 104, 1; 110, 4; 228, 4; 232, 29; 254, 5; 262, 17; 264, 16; *und ferner, aber die Jahrangaben nur in Ziffern:* 266, 5, 19; 268, 1, 25; 270, 5, 15, 20, 24; 272, 5, 12, 16; 274, 1, 8, 16; 276, 12, 19; 278, 1, 6, 13, 19; 284, 12; 286, 23; 288, 3, 28; 292, 4, 20; 294, 32.

3. *Der Hunderter als Hauptwort in der Form* hunde, *die anderen Bestandteile der Zahl ungebeugt, dabei ein Genitiv:* 78, 1 ær (æfter) ðæm ðe R. getimbred wære (wæs) twa hunde wintra & IIIIX; *so noch* 90, 5 III hunde wintra & an; 22; 94, 19; 100, 17; 104, 12; 136, 32; 230, 31; 236, 1; 238, 15; 244, 20; 248, 3, 30; 254, 20; 256, 21; 258, 20; 260, 26; 262, 7, 30; 264, 5.

4. *Die ganze Zahl als Hauptwort in erkennbarem Dativ, dabei ein Genitiv:* 86, 19 ær ð. ð. R. g. w. II hunde wintra & hundeahtatigum; *ferner* 120, 19; 50, 27 LXIIIIgum wintra; *vgl.* 164, 10 LXXIItigum wintra ær R.

5. *Der Hunderter als Eigenschaftswort in unerkennbarem Dativ (Vgl. Koch Gr.² II. § 295. — Sweet im Angl. Reader*[5] *S. LIII sagt: „hund* is declined like a noun in apposition to

the following noun — half adjectival.“): 40, 11 wr (æfter) ðæm
ðe R. getimbred wæs (wære) syx hund wintran (= wintrum) &
fif; *so noch* 110, 14 IIII hund wintrum; 202, 30; 208, 22; 210, 13;
214, 25; 220, 18; 224, 1; 226, 14; 228, 1.

6. *Der Hunderter als Eigenschaftswort in erkennbarem Dativ:*
68, 4 ær (æfter) ðæm ðe R. getimbred wæs (wære) II hunde
wintrum & IIII; *so noch:* 108, 3; 122, 30; 140, 31; 160, 16;
162, 4, 22; 170 19; 180, 15; 186, 1; 194, 1; 232, 14.

7. *Die ganze Zahl als Eigenschaftswort in erkennbarem Dativ:*
42, 25 ær ð. ðe R. g. w. siex hunde wintrum & LXgum; *so
noch:* 44, 3; 56, 13; 154, 1; 188, 29.

8. *Gemischte Ausdruckweise:* 36, 3 m. ð. ðe R. g. w. eahta
hund wintra & tyn gearan; 22 ... eahta hund wintra & fif
wintrum; 50, 5 feower hunde wintrum & XXXgum wintra.

*Fast ununterbrochen dieselbe Verbindung, nämlich die dritte,
erscheint also von 236, 1—264, 5; und ferner ganz ununterbrochen die zweite von 264, 16—294, 32.*

Zweite Abteilung.

DIE ORDNUNGSZAHLEN.

Erstes Kapitel.

DIE EINFACHEN ORDNUNGSZAHLEN.

A. Die erste Ordnungszahl.   § 213

*Die erste Ordnungszahl hat mehrere Vertreter, die meist
schwache Formen haben, seltener ungebeugt sind; es sind die folgenden:*

1. *Die Superlativform* forma. *Sie erscheint nur als Eigenschaftswort.* Be. 523, 6 ðæt ða forman æfterfyligende (=
primi successores) Eadwines . . ðone geleafan . . . . besmiton;
645, 3 on ðone forman Easterdæg. Or. 58, 11 her endað sio
forme boc; 68, 5 Brutus wæs se forma consul; 6; 108, 5; 110,
31; 154, 32; 156, 4, 23; 166, 10; 180, 26; 198, 4; 210, 18;
vgl. auch 36, 25 (æfter þæm manegum wundrum . . .) þæt wæs
þæt forme þæt hyra wæter wurdon to blode; 60, 2 (þas feower
heafodricu . . . .) þæt Babylonicum wæs þæt forme; *wo beidemal
das Hauptwort zu ergänzen ist.* Cp. 114, 7 gif we sceawiað ða
bisene ðæs forman hierdes ðæt wæs sanctus Petrus; 136, 16;
172, 7; 226, 8; 338, 7 ðæt ðæt sint ða forman læððo þe hie
Gode gedon mægen (= hanc primam injuriam; *Sweet:* the
chief injury); 435, 18. Bo. VIII, 7 hu gesælig seo forme eld
wæs; *ebenso* 72, 12; 74, 12; 244, 25. So. 192, 26 her endað
þa blostman þære forman bocum (!); 198, 35; 199, 10. Ps. 44,

ii. on þam forman ferse. **Le.** 66, 7 æt þam forman gylte; *ähn-lich* 84, 23.

2. *Der Superlativ der als Positiv aufgefassten, eben behan-delten Superlativform* forma, **fyrmest**, *und der von* fore *unmittel-bar gebildete,* **fyr(e)st** *(vgl. Fricke, a. a. O., S. 39):*

a) *Als Eigenschaftswort:* **Or.** 18, 13 he wæs mid þæm fyrstum mannum on þæm lande; 176, 2 þonne he self mid þæm fyrmestan dæle wið þæs æftemestan fluge.

b) *Als Prädikatsnomen (starker Nominativ):* **Cp.** 10, 22 hu se lareow sceal bion on his weorcum fyrest (*H.:* fyrmesð; = operatione praecipuus); *ebenso* 80, 1; 84, 3 ðætte on his mode scine ·ealra ðinga fyrmest *(= als erstes von allen Dingen; oder adverbial?)* ondgit wisdomes; 120, 5 swæ hwelc swæ wille be-tweoxn eow fyrmest beon. *Vgl. Schrader, Studien zur Aelfric-schen Syntax, S. 39.*

3. *Das Eigenschaftswort* frum, *das „ursprünglich" bedeutet, erscheint ein paarmal in der schwachen Form* **fruma** *als erste Ord-nungszahl:* **Bo.** 382, 26 sio gesihð æt fruman cerre . . . ongitaþ ealle ðone andwlitan þæs lichoman; 170, 19 gif ge willað þone fruman sceaft geþencan; *vielleicht auch* 170, 15 he . . . ealle menn gesceop emnæþele on ðære fruman gecynde (*Fox und Cardale übersetzen:* in their original nature).

4. *Der Komparativ* se **ærra** *erscheint einmal als Eigenschafts-wort, einmal ebenso, aber mit zu ergänzendem Hauptwort, und ein-mal als wirkliches Hauptwort:* **Be.** 475, 2 ðæt se ærra Romwara Casere Cagius Julius Breotene gesohte (= ut Brittaniam primus Romanorum Gaius Julius adierit; *d. h. also: als erster von den Römern; das Altenglische aber heifst: der erste römische Kaiser; C. und B. haben* æresta); 480, 6 Gratianus & Constantius wæron on ·Breotene acende, and se ærra wæs on Brytton ofslegen, & se oþer wæs on Gallia rice (= prior . . . . secundus). **Ps.** 39, *ii.* gebyreð ælcum cristnum men þas twegen sealmas to singanne, þone ærran on his earfoðum and þone æftran, syþþan he gene-red byð.

5. *Der Superlativ* **ærest:**·

a) *Als Eigenschaftswort:* **Be.** 493, 22 be ðon þære æres-tan meder ealles mancynnys wæs cweden: *in dolore paries;* 494, 14; 29; 497, 14; 498, 27; 499, 4, 36, 39; 504, 43; 510, 18; 511, 17; 532, 13; 553, 8; 572, 8, 29, 31; 580, 28 se feorþa Westseaxna biscop Leontherius wæs haten; se æresta wæs Biri-nus, se æftra *usw.;* 603, 31; 621, 36; 647, 40. **Or.** 2, 12 þæt ure Dryhten þone ærestan mon . . . gesceope; 21, 1; 58, 14; 60, 5 Babylonisce þæt æreste (sc. rice) & Romane þæt siðmeste hie wæron swa feder & sunu; 11; 26; 122, 32; 124, 17; 182, 29; 250, 27; 252, 5 (þa feower anwealdas þara feower heafed-rica) þæt æreste wæs on Asirium; 8; 14; 258, 22; 268, 3. **Cp.** ·309, 17 to ðæm lytegan feonde, ðe ðæs ærestan· monnes mod

ontynde.on ðæs æples gewilnunge; 417, 19 from urum ærestan
mæge Adame.
b) *Als Hauptwort, als Prädikatsnomen, usw.*: Be. 565,
21 wæs he ærest *(ungebeugt!)* Arcebiscopa þæt him call Angelcynn hyrnysse geðafode; 594, 10 *(5 Namen . . .)* big ðam ærestan we bufan cwædon. Or. 1, 3 hu Ninus ongon monna ærest
*(= als erster, oder zuerst? wo diese ungebeugten Formen stehen,
ist wohl meist Adverb anzunehmen)* riesian on þiosan middangearde;
ebenso 28, 26; 160, 18 (þa yfelan wundor;) þæt wæs ærest *(=
dieses war das erste)* þæt þunor toslog . . . .; *ähnlich* 188, 21.
Cp. 84, 1 ærest calra glengea & fyrmest sceolde seinan gold on
his hrægle; 278, 5 æt ærestum *(adverbial)* lyst ðone mon unnyt
sprecan.
6. *Die Grundzahl* an, *bei Aufzählungen; vgl. § 169.*
7. *Einmal erscheint* sum *als Vertreter, oder wenigstens an
Stelle der ersten Ordnungszahl:* Or. 248, 15 (monig tacen) sum
wæs ærest þæt he . . . ., oþer is . . . ., þridde wæs . . . . .
Vgl. § 323. a.

B. Die zweite Ordnungszahl.   § 214

*Auch die zweite Ordnungszahl wird nicht von der entspre-
chenden Grundzahl gebildet, sondern auf verschiedene Weise ausgedrückt, nämlich durch* oðer *und durch* se æfterra.
1. oðer. *Bei* oðer *läfst sich nicht stets mit Gewifsheit feststellen, ob es „der zweite" oder „der andere" bedeutet; das Letzte
ist vielleicht meist dann der Fall, wenn nur von Zweien überhaupt die Rede ist. Über die übrigen Verwendungen von* oðer
vgl. §§ 358—359ª. Be. 480, 6 G. & C. wæron . . . acende, & se
wrra wæs on Brytton ofslegen, & se oþer (= secundus) wæs on
G. rice; 489, 8 feower dælas . . . ., an ærest bisceope . . ., oþer
dæl Godes ðeowum, ðridda . . . ., seo feorþe . . . . (= una,
alia, tertia, quarta); 499, 39 her endaþ seo æreste boc, & on-
ginneþ seo oþer; 548, 14 an is ærest liges fyr, oþer is unrihtwilnunge fyr . . . ., þæt ðridde . . . ., þæt feorþe . . . . (=
unum, alterum, t., q.); 553, 8 seo æreste stow is on P. . . . .,
seo oþer is on T. (= prior, secundus; *es ist nur von Zweien die
Rede).* Or. 20, 31 þone mæstan dæl, þonne oðerne, ðonne þæne
ðriddan; 58, 28 an wæs . . . ., þæt oðer wæs Creca (sc. rice)
. . . ., þridda . . ., se feorða; 216, 13 æt oþrum cirre . . . .,
æt þriddan cirre . . . .; 224, 7 an . . . ., oþer . . . ., þridda
. . . ., feorþa . . . *usw.* Cp. 40, 14 þæt is þæt hie . . ., oðer
is . . ., ðridde . . . ., *usw. (Vgl. hiersu PBB. XVI. 554, wo
Kern sagt: „ðæt is ðæt übersetze man mil: ,das erste ist, dafs
. . . .'", und dann ähnliche Beispiele aus dem Mhd. und dem
Mndl. beibringt).* Bo. 150, 29 þara is an wærscipe, oþer metgung, þridde is ellen, feorþe rihtwisnes; 200, 5 au þæra is corþe,

oþer wæter, þridde lyft, feowrþe fyr; *ähnlich* 204, 12; 304, 24; 390, 2. So. 179, 20 an is . . . ., oððer þæt heo hawien . . . ., þridde . . .; *ähnlich* 180, 11; 181, 29; 185, 8; 193, 27.

2. se æfterra. *Auch bei diesem ist nicht immer klar, ob es nicht etwa noch seine ursprüngliche Bedeutung „der Spätere, der Nächstfolgende" hat; es wird (als Komparativ) stets schwach gebeugt.*

a) *Als Eigenschaftswort:* **Be.** 491, 9 seo æftere cneoris . . . is to forberanne (= secunda); 500, 13 ðy æfteran gearc ðæs ylcan Vocatis (= secundo anno); 511, 12 ðy æfteran geare (= anno sequente); 513, 10 æfterran siþe (= secundo); 522 30 her endaþ seo æftre boc; 539, 20; 565, 14; 571, 28; 612, 3 wæs ða seo æftre tid dæges (= hora circiter secunda diei). **Or.** 4, 35 Romano æfterre gewinn & Punica; 108, 15 on ðæm æfterran geare þæs (= anno autem post hunc subsequente); *ähnlich* 122, 18 (= posteriore anno); 140, 12 (= altero abhinc anno); 160, 26 (= sequenti abhinc anno); 172, 17 (= anno ab hoc proximo); 180, 3 (= anno etiam consequenti); *und so noch öfter;* 186, 27 hiora ðæt æfterre gefeoht; 198, 5 þy forman dæge . . . ., þy æfterran dæge . . . ., þy þriddan dæge (= primo die, sequenti, tertio); *usw.* **Bo.** 108, 7 þam þe se æfterra deaþ gegripþ (= jam vos secunda mors manet); 116, 16 seo æftre froferboc Boetiuses. **So.** 192, 28 her onginð seo gadorung þære blostmena þære æftran bec; *ebenso* 200, 12. **Ps.** 2, *ü.* ðæs æfteran sealmes capitul. **Le.** 84, 23 (æt forman misdæde . . . .) æt æfteran cerre; 102, 64 gif hit sie sio æfterre ta.

b) *Als Hauptwort oder als alleinstehendes Eigenschaftswort, als Prädikatsnomen u. ä.* **Be.** 506, 12 hæfde ærest ðysses gemetes rice Ælle, se æftra wæs Ceawlin haten . . . ., se ðridda . . . ., ebenso 557, 19; 558, 3; 572, 32; 580, 29; 581, 25; 594, 11 (vier Namen . . . .) big ðam ærestan . . . ., be ðam æfteran is hrædlice to witanne þæt he . . . **Or.** 36, 25 þa wæs þæt forme (wundor) . . . ., þa wæs þæt æfterre; *ähnlich* 58, 12; 60, 2. **Ps.** 39, *ü.* (þas twegen sealmas . . . . þone ærran . . . .) and þone æftran. *Vgl. § 213. 4.*

C. Die übrigen einfachen Ordnungszahlen.

Die wirklichen einfachen Ordnungszahlen, von 3 ab, erscheinen stets in schwacher Form; das Setzen des Artikels ist vollständig unregelmäfsig; vgl. § 146. Vgl. auch Philipsen (a. a. O., S. 34), und Hüllweck (a. a. O., S. 38), der zu den Beispielen, wo bei einer Aufzählung stets der Artikel fehlt, sagt: „In diesen Fällen wird angenommen, dafs der durch das Ordinalzahlwort hervorgehobene Gegenstand sowohl an erster als an zweiter als an dritter Stelle stehen könnte. Es wird dem Gegenstand kein bestimmter Platz angewiesen"; — das läfst sich hören, ist aber eben nur eine Regel

*für einen geringen Bruchteil der sämmtlichen Belege; auch die
andere Regel (S. 40. b.), dafs „der Artikel vor Ordinalzahlwörtern
stehe, vermittelst welcher aus einer Reihe ein Bestimmtes herausge-
griffen wird" ist nicht stichhaltig, denn der Ausnahmen dazu sind
zu viele.*

1. **þridda. Be.** 474, 24 ðridde cynn Scotta Breotone onfeng;
481, 40 ðriddan siþe; 499, 8 an . ., oþer dæl . . . ., ðridda;
491, 7 on ðære ðriddan cneorisse; 503, 23 ðæt ge wrest . . . and
þæt ge . . . . . and þæt ðridde þæt ge . . . .; 506, 10; 13 wrest
. . . se æftra . . . se ðridda . .; 509, 9; 513, 11; 515, 25 þæt
ðu þæt ðridde gelæste þæt þu gehete; 527, 1 ðridde *(= drittens;
ohne Entsprechung im Lateinischen)*; 548, 16; 557, 21; 558, 3;
571, 38; 572, 34; 580, 29; 581, 25; 621, 38. **Or.** 5, 6 þæt
þridde gewinn; 20, 31; 24, 5, 24; 28, 8; 36, 5; *usw. usw.*; 174,
32 gesette twa folc ðiegellice on twa healfa his, & þridde *(und
ein drittes, oder: und das dritte)* betæftan him. **Cp.** 22, 20 (an
is ðara ðiela . . .) ðridda is hu he þæron kere; 40, 15; 98, 8
ða ðigolnesse ðæs ðriddan hefones. **Bo.** 98, 3 Marcus . . . se wæs
oþre naman haten Tullius, & þriddan Cicero; 116, 17; 150, 29:
200, 5; 204, 12; 264, 29 seo ðridde boc; 294, 4 þe ic ðe ær
tealde on ðriddan bec; 304, 24; 306, 28 oþer twega oððe . . .
oððe . . . ., oððe þridde *(= drittens; vgl. oben Be.* 527, 1.) wend
(= er wende sich); 376, 17; 390, 5. **So.** 178, 15 do nu þa lufe
ðriddan toccan þam *usw. (= füge nun die Liebe als Drittes hinzu.)*;
179, 21; 180, 12; 181, 30; 185, 8; 193, 27. **Ps.** 3, *ü.* ðysne
þriddan sealm. **Le.** 82, 1 þæs weres þriddan dæl; 84, 23; 86,
27; 102, 71.

2. **feo(we)rða. Be.** 475, 10 Claudius se Casere se wæs
feorþa fram Agusto; 15 ðy feorþan geare his rices; 489, 9 (an . . .,
oþer dæl . . ., ðridda . . .,) seo feorþe; 491, 8; 500, 16; 505,
31; *usw. usw.* **Or.** 38, 1 þa wæs þæt feorðe, þæt . . .; 58, 30;
60, 4; 138, 2 on heora feorþan consulatu; 152, 36; 182, 12;
212, 14; 224, 7; 244, 27; 260, 8; 290, 32. **Cp.** 22, 21 feorða
(sc. is ðara dæla), hu he . . .; *ähnlich* 40, 16. **Bo.** 94, 18 feorþan
dæles ðisse eorþan; 22; 150, 29; 200, 5 an þæra is eorþe, oþer
wæter, þridde lyft, feowrþe fyr; 264, 30; 366, 16. **So.** 178, 4
feorðe byt þæt þæt he . . .; 194, 18 feorðæ ðing; 35. **Ps.** 4, *ü.*
þe (!) feorða sealm. **Le.** 102, 64 gif hit bið sio feorðe ta.

3. **fifta. Be.** 480, 15 feower hund wintra & ðæs fiftan
hundseofontig; 506, 14; 520, 31 se wæs fram Sce. Augustine
fifta Aereceb.' Cantwaraburhge; 533, 14 ðy fiftan dæge Augustus
monþes; 572, 41; 586, 4; 600, 17; 625, 3; 640, 26; 646, 9.
Or. 1, 12 ealra hiora wæstma þone fiftan dæl; 5, 30 on þæm
fiftan geare; 34, 23; 38, 5; 124, 12; 222, 30; 224, 8; 232, 15;
248, 4; 260, 14. **Cp.** 40, 17 fifte is þæt hie . . .; 314, 25 on
ðæm fiftan . . . . monðe. **Bo.** 96, 4 on þam fiftan dæle healfum

londes; 188, 12; 366, 16 her endaþ þio (!) feorþe boc Boeties, and onginnð seo fifte. **Ps.** 5, *ü.* ðe (!) fifta sealm.

4. **syxta. Be.** 475, 14 ðy syxtan monþe; 506, 18 syxta wæs Oswald; 527, 9; 539, 22; 550, 29; 563, 12 Deusdedit se sexta Arcebiscop; 564, 28 on sexta Kl.' Junias (= sexto Calendas Junias); 565, 15 ðy syxtan dæge Kalendarum Juniarum; *ähnlich* 570, 5; 573, 2; 585, 22. **Or.** 5, 32 on þæm siextan geare; *ebenso* 232, 30; 38, 6; 224, 8; 250, 32; 278, 2. **Cp.** 40, 18 sixte is þæt hie bioð fremsume. **Ps.** 6, *ü.* þysne syxtan sealm.

5. **seofoða. Be.** 506, 19 seofoþa wæs Oswi; 550, 31 ðy seofoþan dæge Kalendarum Aprelium (*vgl.* 505, 4 ðy dæge septima (!) Kl.' Junias); 564, 27; 568, 38; 573, 6; 585, 24; 619, 27. **Or.** 38, 8 þæt syfeðe wæs þæt þær com hagol; 74, 16 his ymbgong is hundseofontig mila & seofeða dæl anre mile; 224, 8; 236, 5; 250, 32; 252, 1; 260, 16; 262, 9. **Cp.** 40, 19 siofoðe is þæt hie . . .; 314, 25 on ðæm siofoðan monðe. **Ps.** 7, *ü.* þysne seofoðan sealm. **Le.** 58, 3 wyrceað eow syx dagas, & on þam siofoðan restað eow; . . . hine gereste on þone seofoðan dæg; 11 VI gear þeowige he, þy siofoðan beo he frioh.

6. **eahtoða. Be.** 481, 36 ðy eahteþan geare; *ebenso* 505, 34; 509, 38 ðy eahteoðan dæge Kalendarum Magiarum; 573, 10; 585, 21; 644, 30 ðy eahtegeþan dæge Kalendarum Maiarum. **Or.** 38, 10 þæt eahtoðe wæs þæt gærstapan comon; 160, 7, hie hæfdon eahta legian, þa hæfdon hie þa eahteðan Regiense to fultume gesette; 8; 224, 9; 286, 28. **Ps.** 8, *ü.* þysne eahteoðan sealm.

7. **nigoða. Be.** 540, 2 ðy nigoþan geare; 573, 12 se nygeþa capitul; 581, 12; 586, 7; 590, 12; 645, 9. **Or.** 38, 13 þæt nygoðe wæs þæt þær com hagol; 260, 19 on þæm nigeþan geare; *ebenso* 262, 29. **Ps.** 9, *ü.* on ðam nigoðan sealme.

8. **teoða. Be.** 476, 22 þa teoþan stowe; 479, 3 ðy teoþan dæge; 485, 21; 558, 12 ymb ða teoþan tid dæges (= hora circiter decima diei); 573, 14; 585, 20 ðy teogeþan geare his rices; 608, 18 ðone teþan dæl; 646, 15 ðy teogeþan dæge Junius monþes. **Or.** 38, 15 þæt teoðe wæs þæt . . . .; 176, 5 on þæm teoðan geare hiora gewinnes; *ebenso* 194, 6. **Bo.** 96, 8 þæt ge eowerne naman tobrædan ofer ðone teoþan dæl. **Ps.** 10, *ü.* ðysne teoþan sealm. **Le.** 62, 38 þine teoðan sceattas . . . . agife þu Gode.

9. **endlefta, ellefta. Be.** 499, 35 ðy ællyftan geare his rices; 517, 23 ðy ændlyftan geare. **Or.** 288, 25 on þæm enleftan geare. **Ps.** 11, *ü.* þisne endleftan sealm.

10. **twelfta. Be.** 510, 40 ðy twelftan dæge Kalendarum Agustarum; 511, 41 mid XI fæmnum . . ., heo wæs twelfte; *ähnlich* 639, 9; 541, 11; 588, 8; 620, 40. **Or.** 254, 10 on þæm twelftan geare; *ebenso* 256, 9. **Ps.** 12, *ü.* þysne twelftan sealm.

11. **þreotteo(ge)ða. Be.** 540, 1 ðy ðreoteogeþan dæge

Kalendarum Septembrium; 557, 11 ðy ðreotteogeþan geare; 602, 22 ðy ðreotteggeþan dæge; 607, 38 ðy ðreotcogeþan dæge. Or. 200, 33 on þæm þreoteoðon geare. Ps. 13, *ü.* þisne þreotteoðan sealm.

12. feowerteo(ge)ða. Be. 475, 27 se wæs feowerteoþa fram Agusto; 485, 25 ðy feowerteogeþan geare; 572, 30 æfter ðam feowerteoðan monan. Ps. 14, *ü.* þysne feowerteoðam sealm.

13. fifteo(ge)þa. Be. 571, 36 ðy fyfteogeþan dæge; 585, 20 under ðam fifteþan dæge; 592, 39 ðy fifteoþan dæge; 602, 21 ðy fiftegþan geare. Ps. 15, *ü.* þone fifteoðan sealm.

14. syxteoþa. Ps. 16, *ü.* þysne syxteoþan sealm.

15. seofonteo(ge)þa. Be. 476, 6 se wæs seofonteogeþa fram Agusto; 543, 41 þy seofonteogeþan geare; 557, 12 ðy seofonteoþan dæge; 585, 23 ðy seofonteogeþan geare. Or. 276, 18 on þæm seofonteoþan dæge. Ps. 17, *ü.* þysne seofonteoþan sealm.

16. eahtateoða. Or. 256, 15 on þæm eahtateoþan geare (= anno decimo septimo!). Ps. 18, *ü.* ðysne eahtateoðan sealm.

17. nigonteoþa. Be. 647, 28 ðy nigonteoþan geare mines lifes. Ps. 19, *ü.* þysne nigonteoðan sealm.

18. twentigoða. Ps. 20, *ü.* ðysne twentigoðan sealm.

19. ðrittigoða. Be. 647, 29 ðy ðrittigoþan geare. Ps. 30, *ü.* þysne þrittigoðan sealm.

20. feowertigoþa. Be. 602, 21 ðy feowertygeþan geare. Ps. 40, *ü.* þysne feowertigoðan sealm.

21. fiftegoða. Cp. 425, 25 on ðæm fiftegoðan psalme. Ps. 50. *ü.* þysne fiftigoðan sealm.

Zweites Kapitel.

DIE ZUSAMMENGESETZTEN ORDNUNGSZAHLEN.

1. Bei den zusammengesetzten Ordnungszahlen steht in der § 216 *Regel der Einer, der die Form der Grundzahl hat und (mit drei Ausnahmen* im Or.) ungebeugt bleibt, vor & und dem Zehner der Ordnungszahl.*

22. Ps. 22, *ü.* þysne twa and twenteogeþan sealm.

23. Ps. 23, *ü.* on þissum þreo and twentigoðan sealme.

24. Ps. 24, *ü.* þysne feower and twentigoðan sealm; *so auch die Überschriften von* Ps. 25, (26 *fehlt! auch* 21) 27, 28, 29.

29. *findet sich ferner:* Cp. 465, 14 on ðæm nigon & twentiogoðan psalme.

31. Cp. 419, 6 on ðæm an & ðritigoðan psalme. Ps. 31, *ü.* þisne an and þrittigoðan sealm.

32. Ps. 32, *ü.* þisne twa and þrittigoþan sealm.

33. Ps. 33, *ü.* þysne þreo and þrittigoðan sealm; *entsprechend noch* Ps. 34—39.

41. **Ps.** 41, *ü.* þysne an and feowertigoþan sealm.
42. **Or.** 250, 23 * þæt wæs on þæm twæm (!) & feowerteoþan wintra *(vgl. zu dieser Form Cosijn, a. a. O., II. S. 42)* Agus-
tuses rices; 252, 31 * on þæm twæm (!) & on (!) feowerteoþan
wintra; 254, 4 * on þæm twæm (!) & on (!) feowerteogþan geare.
Ps. 42, *ü.* þysne tu and feowertigoþan sealm.
43. **Ps.** 43, *ü.* þysne þreo and feowertigoðan sealm; *entsprechend auch* **Ps.** 44—49.
54. **Cp.** 429, 23 on ðæm feower & fiftiogoðan psalme.
74. **Cp.** 425, 20 on ðæm feower & hundsiofantigoðan psalme.
77. **Cp.** 465, 4 on ðæm siofan & hundsiofantiogoðan psalme.
79. **Cp.** 413, 10 on ðæm nigon & hundsiofantigoðan sealme.
94. **Cp.** 415, 5 on ðæm feower & hundnigontigoðan psalme.
118. **Cp.** 465, 23 on ðæm eahta & hundælleftiogoðan psalme.
*Frickes Behauptung (a. a. O., S. 46): „Ordinalzahlen über 100
hat das Ae. nicht" — ist demnach zu berichtigen.*

§ 217   2. *Zwei andere Ausdruckweisen finden sich im* Bc.; *einmal sind
Einer und Zehner Ordnungszahlen, und der Zehner steht vor:* **Be.**
572, 7 ðy twentigþan dæge & ðy feorþan Septembris monþes;
*an sieben anderen Stellen steht der Einer als Ordnungszahl vor,
und der Zehner folgt als Grundzahl im Dativ mit der Präposition*
eac: **Be.** 481, 39 his rices ðy ðriddan geare eac twentigum; 476,
17 se wæs fram Agusto ðridde eac ðrittigum; 480, 9 se wæs
feorþa eac feowertigum fram Agusto; 481, 35 se wæs fifta eac
feowertigum fr. Ag.; 475, 16 (ðy feorþan geare his rices,) þæt ger
wæs fram Cristes hidercyme þæt sixte eac feowertigum; *ebenso* 483,
8 se wæs syxta eac feowertigum fr. Ag.; 485, 20 se wæs feorþa
eac fiftigum fram Agusto.

Dritte Abteilung.

DIE ÜBRIGEN ZAHLARTEN.

§ 218   1. *Bruchzahlen. Sie werden durch* dæl *mit davorstehender
Ordnungszahl gebildet; wenn es sich um* 1/2 *handelt, durch* healf
*mit der um eins zu grofsen Ordnungszahl, wobei die Grundzahl
stehen*, aber auch fehlen†* kann. **Be.** 584, 10 þæt he his ðone feorþan dæl & ðære herehyðe for Gode gesealde (1/4); 603, 16 †
se ylca Eadric oþer half gear þæt rice hæfde (1 1/2) (= anno uno
ac dimidio regnavit); 614, 32 † on oþre healfre mile fæce (1 1/2)
(= unius ferme milliarii & dimidii spatio); 567, 6 * twa gear &
ðridde half ða cyricean ... heold (2 1/2) (= duobus annis ac dimidio); 645, 10 * ðam rice, ðe he hæfde XXXIIII wintra & þæt
fifte healf (34 1/2) (= per triginta quatuor semis annos); *vgl. auch*
480, 14 *(s. § 210. Ausn. b.).* **Or.** 74, 16 his ymbgong is hund-

seofontig mila & seofeða dæl anre mile (70¹/₇); 76, 27 hio mid
þæm healfan dæle beforan þæm cyninge farende wæs . . . . &
se healfa dæl wæs Ciruse æfterfylgende (¹/₂); 124, 12 † þæs gehorsedan (sc. heres) fifte healf M (4¹/₂×1000); 138, 16† oðer healf
hund M (= 1¹/₂ × 100000 = 150000); 160, 8 se eahteþa dæl
þara legian (¹/₈); 222, 30† hiera mon aheng fifte healf·hund (=
4¹/₂ × 100 = 450); 228, 11 siþþan se þridda dæl on his gewealde
wæs (¹/₃). Le. 82, 1 gielde se þæs wæpnes onlah þæs weres
þriddan dæl and þæs wites þriddan dæl (¹/₃); *ebenso* 86, 27;
102, 71.

2. *Vervielfälligungszahlen.*　　　　　§ 219

a) *Selbständige, adverbiale Vervielfälligungszahlen; es erscheinen* æne, tuwa, ðriga (ðriwa).

α) **æne.** Bo. 72, 20 ealneweg hi reton æne on dæg, and
þæt wæs to æfennes.

β) **tuwa.** Be. 564, 16 tuwa ða dælas Gallia rices . . .
geferde & gesohte; 573, 6 þætte tuwa on geare Sinoþ gesomnode
beon. Or. 218, 26 Demetrias . . . hiene t[u]wa mid firde gesohte;
252, 6 sio gestod tuwa seofon hund wintra; 278, 15 gefeaht tuwwa
wið Parthe; 280, 9 gefeaht II (*C.:* tweowa) wið Marseus. Cp.
312, 6 ic fæste tuwa on wucan; 385, 11 ðeah ðe mon tuwa
frigne. Bo. 244, 15 . hu ne mynegodest þu me eac nu tuwa
þære ilcan spræce (= *secundo*).

γ) **ðriga, ðriwa.** Be. 481, 42 Ettio ðriga cyninga her is
Brytta geong & geomerung (= Actio ter consuli gemitus Brittanorum); 575, 31 ða clypode he ðriwa (= *tertio*). Or. 6, 2 hu
Julius gefeaht wið Ptholomeus III a (*Thorpe liest:* þriwa); 242,
25 *(die entsprechende Stelle im Texte:)* þriwa; 262, 14 gefeaht
þriwa wið Othon.

*Im Übrigen werden diese und die anderen adverbialen Ver-
vielfälligungszahlen durch eine Grundzahl und einen Dativ-Instru-
mentalis* siðe *oder* siðon *ausgedrückt (s. §§ 93 u. 125. b):* Be.
573, 8 æne siþe in geare Synoþ gesomnode; *ebenso* 600, 21. Or.
104, 28 þæt hie sume siðe God þonan ado; *ebenso* 130, 25
(beidemal unbetontes „einmal"); 244, 8 him mon dyde feower siþan
þone triumphan; 262, 23 he fordyde þara Judena XI hund M
(*C.:* endlufon siþon hund M). Ps. 11, 7 þæt seolfor, þe byþ
seofon siðon amered. *Bei einem Zehner steht natürlich dieser im
Dativ und* siða *als Genitiv daneben:* Be. 556, 22 ða hæþenan
ðrittigum siþa mare weorud hæfdon.

*Die Frage „zum wieviellen Male" beantwortet eine Ordnungs-
zahl mit dem Instrumentalis* siðe, *s. § 125. c.*

b) *Adjektivische Vervielfälligungszahlen werden durch
Anhängung von* feald(lic) *an die Grundzahl gebildet:* Be. 482, 1
we ðus tweofealdne deaþ ðrowiaþ; 636, 36 þæt he on ðyssum
life hundteontigfealdlice mede onfenge. Or. 248, 2 þæt mon

ælcne ceap mehte be twiefealdan bet. geceapian þonne mon ær
mehte **Cp.** 94, 6 se æppel bið betogen mid anfealdre rinde;
238, 4 hu hefig ðæt twyfealde geswinc bið; *ebenso* 9; 242, 7 ðæt
mod gefielt hitself twyfeald oninnan him selfum & sio twyfealdnes
hiene selfne twyfealdne gefielt; 17 mid ðæm bilwitum & mid ðæm
anfealdum; 24 syndrig yfel twyfealdra monna; 244, 12 unclænu &
twyfeald mod; 13 ælc wag bið gebigged twyfeald on ðæm
heale. **Bo.** 28, 5 to tacnunge sorges & anfealdes sares; 130, 13
men secaþ anfealde eadignesse; 186, 5 god is anfeald & unto-
dælidlic; 204, 6 ðu eac þa þriefealdan sawla on geþwærum limum
styrest; 10 þæt sio sawul wære þriofeald; 332, 24 sio anfealde
foresceawung Godes; 338, 5 sio godcunde foreteohhung is anfeald & unawendendlic; 344, 18 anfeald yfel. **Le.** 62, 25 be
twyfealdum forgielde he hit; *ebenso* 28; 36 gif mon næbbe buton anfeald hrægl *(Schmid: ein einziges Kleid (?))*; 92, 39,
§ 2 þriefealdlice . . . twyfealdlice.
    Hierher gehören:
    α) **untwiefeald**, *aufrichtig:* **Cp.** 238, 10 nis nan scild
trumra wið ðæt twyfealde geswinc, ðonne mon sie untwyfeald (=
nihil autem est ad defendendum puritate tutius); 358, 17 of un-
twyfaldre lufan (= ex unitate charitatis). **Bo.** 64, 30 gif hi
þonne gode beoþ & hlafordholde & untwifcalde; 282, 20; 286,
11 se untweofcalda willa.
    β) **moni(g)feald(lic)**, *mannigfaltig:* **Be.** 476, 9 monig-
fealde wundra gelimpaþ. **Or.** 30, 29 manigfeald geligre fremmende wæs; 32, 4; 46, 25; 58, 19; *usw. usw.* **Cp.** 36, 13 sio
monigfalde giemen; 82, 25; 250, 11; 380, 8; 457, 3; *usw.* **Bo.**
11, 7 for þæm· mistlicum & manigfealdum weoruldbisgum; 2, 20;
8, 6; 140, 6; 228, 19; 288,·8; 308, 7; 336, 23 þeah hit us manigfealdlic ðince. **So.** 177, 18 me þincað þa swiðe hefige & swiðe
manifealde. **Ps.** 16, 4 manigfeald earfoðu. **Le.** 64, 3 mid þæm
manigfealdúm gebodum.
    γ) **Le.** 74, 5 þara gehwelc . . sie twy-bote *(= zweifache
Bufse);* 106, 3 gylde hit þrygylde *(= dreifach; vgl. S. 266 o.).*

§ 220   3. **anlipe, anlipig,** *einzeln, allein.* **Be.** 483, 45 hruron
& feollan cynelico getimbro & anlipie (= ruebant aedificia pub-
lica simul & privata); 546, 32 he nanwiht on hand nyman wolde
butan his agene gyrde anlipige (= nonnisi virgam tantum habere in manu voluit); 609, 1 se ða anlypi awunode on syndrige
stowe (= solitarius manebat). **Bo.** XII, 6 se wisdom is an anlipe cræft þære sawle. **Ps.** 13, 2 nis nan þe eallunga wel do,
no forðon anlepe (= non est qui faciat bonum, non est usque
ad unum).

§ 221   4. *Allersangaben werden sehr verschieden ausgedrückt:*
Be. 539, 16 he hæfde XXX wintra, ða he to rice feng; *so noch*

592, 40; 571, 30 forþferde, ða he hæfde yldo eahta & fiftig
wintra; 575, 27 ne wæs yldre ðonne ðry wintre; 590, 15 wæs
he geong æþeling eahtatyne wintra; 635, 20 wæs VIII wintra
eniht; 647, 21 mid ðy ic wæs seofon wintre. Or. 186, 10 þa
he nigonwintre eniht wæs; 190, 29 he næs buton seofontiene-
wintre. Cp. 385, 20 ða he wæs twelfwintre; *ebenso* 25.

Fünfter Abschnitt.

DAS FÜRWORT.

Litteratur:

K. Bock, Die Syntax der Pronomina und Numeralia in
König Alfreds Orosius. Göttinger Doktorschrift, 1887. — Besprochen von Wülfing in den Engl. Stud. XVII. 110 ff.

Erste Abteilung.

DIE PERSÖNLICHEN FÜRWÖRTER.

1. *Wenn ein persönliches Zeitwort von keinem Hauptworte als*   § 222
Subjekt begleitet ist, so steht meist ein persönliches Fürwort als Sub-
jekt: Be. 471, 9 ic ðe sende þæt spell; 12 ðu eart swyþe gymende;
15 seþe hit gehyreþ he onhyreþ ðam; oððe hit yfel sagaþ; 472,
16 we geacsodan; 474, 14 we magon eow sellan halwende geþeahte hwæt ge don magon; 481, 22 hi wæron sona deade,
swa hi eorþan gesohtan; hig ða forlættan ðone wall; 485, 29 ða
hyrsumedon hig ðæs biscopes bebodum; 540, 26 ac ne hæfde
wit monig oððe uncymran hors; 559, 18 hwæt dydest ðu? Ic
gehyhte & wende þæt wit nu hraþe scoldan . . . gongan; 592, 40
mid ðy heo hæfde syx & syxtig wintra; 607, 19 æfter ðon ðe
wit nu betweoh unc to gongenne beoþ; 616, 30 willtu wit unc
abiddan drincan (*eine sklavische Übersetzung von* vis petamus bi-
bere); 627, 33 ff. wit; 633, 12 to hwon sitte git her, hwæt git
cuþelice witon, þæt ðis is ure man; *usw. usw.* Or. 8, 3 hie þa
þrie dælas on þreo tonemdon; 18 heo wyrcð þæt fen; 10, 4 ic
wille nu gereccan; 14, 5 nu hæbbe we awriten þære Asian suþ-
dæl; 58, 13 ic wene; 120, 7 gif ge swelce þegnas sint; 142, 8
hwy nyllað ge geþencan; *usw. usw.* Cp. 2, 16 ic wene; 4, 2
swa ic gelife ðæt ðu wille; 13 swelce hie cwæden; 22, 9 ðu me
tældest; 32, 17 ne fleah he rice; 44, 10 þæt ge sin gearwe; 48,
11 hio wæs of swiðe gelicum willan; 200, 6 hwæt sint wit; 264,
5 hit bið gebunden; 304, 10 we willað nu faran; *usw. usw.* Bo.
II, 4 he sette word be worde; VI, 5 þu earþ fulneah forþoht;
6, 18 ge sind þa mæstan sceaþan; 18, 2 wit sculon . . . . beon;
28, 26 ic wolde nu get þæt wit mare spræcan; 36, 7 wit gean-

bidigaþ þinre ondswore; 56, 21 wit; *so noch* 196, 3; 248, 2, 3;
254, 21; 258, 6 be ðam Gode ðe wit unc gefyrn togebædon;
376, 22 þæt gc secgaþ; *usw.* **So.** 163, 2 þe ic mid wircan cuðe;
164, 29 þa cwæð heo to mc: gyf ðu cnigne godne heorde hæbbe;
165, 1 þa cwæd heo; 173, 19 h[w]æðer woldest þu ðonne þinne
cniht, þe wet er æmbc sprecon, cunan; 28 hu mæge ic (*Hs.:*
hys) hyne cunnan & nat hweðer ic ane silfene can; 176, 31 wyt;
202, 32 ða git becgen on lichaman weron; *usw. usw.* **Ps.** 41,
5 forhwi eart þu þonne unrot, min sawl, and min mod hwi ge-
drefc gyt me; *usw. usw.* **Le.** 58, *Einleitung* ic eom Drihten ....
ic þe utgelædde; 11 gif he wif self hæbbe, gange hio ut mid
him; 64, 3 we eow cyðað; *usw.* **Di.** 68 ic sohte and wilnadc;
69 we magon gehyran.

§ 223   *2. Unter Umständen fällt das persönliche Fürwort als Subjekt aus.*

     *a) Abgesehen von den Fällen, wo mehrere Zeitwörter durch
& verbunden sind, und dann bei dem zweiten und den späteren das
Subjekt nicht wiederholt wird, wofür ich keine Beispiele anführe,
fehlt das Fürwort auch im zweiten Gliede einer u n verbundenen
Satzreihe, oder wenn das zweite Glied durch & und noch andere
Konjunktionen oder Partikeln eingeleitet wird, oder wenn ein
Zwischensatz die Wiederholung des Subjektes eigentlich zu erfordern scheint*, zuweilen sogar dann, wenn die einzelnen Glieder
verschiedene Subjekte haben, oder wenn das Subjekt des späteren
Gliedes aus dem Sinne des ersten Gliedes zu ergänzen ist†.* **Be.**
473, 9 Breoton is garsecges Ealond, ðæt wæs iugeara Albion
haten; is geseted betwyh Norþdæle & Westdæle; 477, 41 ða se
dema ðas word gehyrde, ða wæs he ... onstyred; het ða &
bebead ....., tcalde & wende þæt he ....; 483, 37 ða
wæron Seaxan secende intingan & towyrde heora gedales wiþ
Brittas, cyþdon him openlice & sædon, nemnc hi ..... **Or.**
12, 26 he is east irnende from eastdæle þurh Aethiopica westenne, & þær mon hæt þa ea Jon oþ þone eastdæl; & þær þonne
wyrþ to miclum sæ, & þær þonne besincð eft in on þa eorþan,
& þonne eft norþ þonan upaspryngð neh þæm clife; 44, 25 * on
þære ilcan tide wurdon twegen æþelingas afliemde of Scippian,
Plenius & Scolopetius wæron hatene, & geforan þæt lond, & gebudon *usw.*; 54, 31 se æðeling þæt þa sceawode, & cwæð þæt
.....; het hiene þa niman & ðæron bescufan; *ähnlich* 56, 24,
29; 80, 25 * Xersis .... þærto for mid eallum þæm mægene
þe he ðærto gelædan mchte & þær feohtende wæron III dagas;
88, 3 & se dæl se þær to lafe wæs, wearð on an fæsten bedrifen, & þær wurdon mid hungre acwealde; 106, 17; 110, 32 †
his forme gefeoht wæs wið Atheniense, & hie oferwonn *(aus* his
ist he *zu ergänzen); 114, 9 † ealle Capadotiam him gehiersumedon, & hiene siþþan wende on his þrie gebroðor *(aus* him *ist*

he *zu ergänzen)*; 116, 3 † he scipa gegaderode, & wicingas wurdon *(d. h. er und die Besatzung der Schiffe, die vorher genannten
Leute)*, & .... gefengon; 144, 29 þa metton hie Leonantius,
þe sceolde Antipatrume to fultume cuman, & þær ofslagen weard
(= und er wurde dort erschlagen); 150, 10 Antigones him ondred Ercoles ....; het þa ægþer ofslean ge hiene ge his modor; 160, 14 †; 180, 3 †, 25; 192, 9 †; 198, 33 †; 216, 11 † Romanum weard micel ege from him, & Uecilius þone consul ongean hiene sendon; 228, 12 oþerne he ofslog, oþerne adræfde;
254, 9 † he .. forbead þæt hiene mon god hete, swa nan cyning nolde þe ær him wæs, ac woldon *(nämlich die Könige, die
vor ihm waren)* þæt mon to him gebæde & him ofrede; 262, 23
sume he ofslog, sume on oþer land gesealde, sume he mid hungre
acwealde; 280, 21 †, 24 †; *usw. usw.* Cp. 2, 1 † Ælfred kyning
hated gretan ....; & de kydan hate .. (ic *aus* Ælfred *zu ergänzen)*; 6, 22 siddan ic hie geleornod hæfde, ... ic hie on
Englisc awende; & to ælcum biscepstole on minum rice wille
ane onsendan; 102, 2 dærinne he sceawode on his mode da
digolnesse dære godcundnesse, ond donon utbrohte dæm folce
(hier sind Subjekt und Objekt zu ergänzen), cydde hwæt hie ....;
usw. Bo. 4, 6 da ongon he smeagan ..., hu he ..; sende þa
digellice ærendgewritu to þam Casere; 10, 8 † ic nu wille
geornlice to Gode cleopian. Ongan þa giddien & þus singende
cwæþ *(aus ic ist hier* he *zu ergänzen)*; *ähnlich* 260, 3; 128, 12
ælces mennisces modes ingeþanc biþ geswenced ...., wenþ
þonne þæt hit ....; *usw.* So. 163, 1 .... gaderode me þonne
kieglas *(der Anfang fehlt)*; 164, 27 ic nat hwæt hweder þe ic
sylf þe oder þing, ne þæt nat, hwæder hit wæs; *ebenso* 170, 26;
172, 25 † da cwæd þanc ic *(Ms.:* if, *nach Hulme:* is) wolde secgan
(hier ist ic hinter cwæd *wohl nur aus Versehen ausgefallen)*; 29
luca nu þæt þu ofer gemed ne wilnige, nu du hi togeadere mest
[nemnest]; woldest cunnan god swa swa Alippius; *usw.*

Anmerkung: Eine ganz verderbte Stelle ist So. 178, 3,
wo nach der Hs. im Relativsatz das Fürwort fehlt: oder byd þam
man geseo. þæt dæt æfterhawode. feorde byt þæt þæt he þer
geseon wolde; *Cockayne giebt dazu folgende Anmerkung auf
S. 205:* „S. Augustinus says ,þat to have eyes is not þe same
ding as to look at: nor is to look at þe same ding as to see‘;
þis requires: ,Oþer bid þat man geseo þæt þæt he æfterhawode,
oþer bid þæt þæt he þær geseon wolde‘; which is still not exactly
what þe bishop had said.“

   b. *Das Fürwort kann auch fehlen in eingeschobenen* § 224
Sätzen, die zur Namenangabe dienen: Or. 10, 21 betux þære ic
Indus & þære þe be westan hiere is, Tigris hatte, þa flowad
buta suþ; 168, 20; *usw. usw. (Bock (a. a. O., S. 8 f.) führt
alle Belegstellen aus dem* Or. *auf.)* Bo. 2, 4 miþ heora cynin-

gum, Rædgota and Eallerica wæron hatne, Romane burig abræc-
con. *Vgl. Mätzner (Gr. III. S. 529), der an Auslassung des
relativen Fürwortes denkt, während Koch (Gr. II. § 362) sagt:
„Es sind parataktisch beigefügte Sätze, die nicht ihre Erklärung
finden in eigentlichen Relativsätzen." Vgl. auch Lohmann (Anglia III. 120), der Demonstrativellipse annimmt, Flebbe (Herrigs
Archiv 60. 85 ff.), und Schrader (a. a. O., S. 39), der Kochs
Ansicht beipflichtet. Vgl. endlich beim relativen Fürwort § 304.*

§ 225   c. *Auch in einem untergeordneten Satze kann das persönliche Fürwort zuweilen fehlen. Über eine häufig auftretende Satzverbindung, bei der vielleicht auch an Auslassung des persönlichen Fürwortes im untergeordneten Satze zu denken ist, vgl.
§ 302, besonders c.* Be. 471, 20 and þæt ðy læs tweoge hwæþer ðis
soþ sy, ic cyþe . . . . (ðu *oder* ðe *ist zwischen* þæt *und* ðy *zu
ergänzen, und wohl doch nur aus Versehen ausgefallen; B. hat:*
& þæt ðe ðy . . .); 487, 9 fægere word ðis synd & gehat ðe
gebrohton & us sæcgaþ *(so liest Smith; ge ist aber wohl von*
brohton *zu trennen, und das thut Miller).* Or. 86, 7 sume men
secgað þæt þa (sc. tida) beteran wæren þonne nu sien *(= als
die Zeiten jetzt sind, oder: als sie jetzt sind)*; 40, 26 hi swylc
geblot & swylc morð donde wæron swylc her ær beforan sæde
(sc. ic!). So. 173, 12 we gelyfað eall þæt ðæt witon, & we nyton
fæla þæs þe we lyfað (we *ist auch zwischen* ðæt *und* witon *zu
ergänzen)*; 176, 9 ic wundrige hwi (sc. þu) swa spece; 180, 23
me þincð swiðe dysi man þe wilnat þæt hine eallunga ongytan
swilcne swilc he is, þa hwile þe we on þysse worlde beoð (we
ist zu ergänzen). Le. 90, 36, § 1 (gif mon hafað spere ofer
eaxle, and hine mon on asnaseð, gielde þone wer butan wite;)
gif beforan eagum asnase (sc. mon hiene), gielde þone wer.

§ 226   d. *Das Fürwort als Subjekt kann auch in einem überge-
ordneten Satze fehlen, wenn er dem untergeordneten folgt; besonders ist es in Wunschsätzen der Fall.* Cp. 24, 9 monige sindon me swiðe onlice on ungelærednesse, ðeah þe hi næfre leor-
ningcnihtas næren, wilniað ðeah lareowas to beonne *(Sweet:*
who, although . . . . ., yet wish . . . . .). Le. 58, 12 ac gif
he hire ne recce, se þe hie bohte, læte hie freo; 74, 6 gif hwa
on cirican hwæt geþeofige, forgylde þæt angylde and þæt wite
swa to þam angylde belimpan wille; 98, 46 gif him mon aslea
oðer eare of, geselle XXX scill. to bote; *usw. usw. sehr häufig
in den* Le.

§ 227   e. *Das Fürwort als Subjekt fehlt sehr oft bei unpersönlichen Zeitwörtern und Redewendungen, besonders dann, wenn adverbiale Redensarten den Satz einleiten, oder wenn sie einen Akkusativ regieren. Über die unpersönlichen Zeitwörter, die mit dem*

Fürwort vorkommen, vgl. § 237. Vgl. auch § 76. **Be.** 471, 19 ðe
gedafenaþ ðine ðeode to læranne; 473, 31 is on ðon sweotol,
ðæt ..; 474, 9 ða gelamp æfter ðon, þætte ....; *ähnlich* 476,
36; 478, 41 be ðam ðonne cuþ is; þæt ....; 493, 27 fullian
we ðonne þæt cennende wif ......, nænige gemete is bewered *(Miller hat, was jedesfalls richtiger ist,* fulwiaṅ *ohne* we,
so dafs dieser Infinitiv selbst das Subjekt zu is bewered *ist); 494,
9 forhwon ðonne seþe (!) blodryne ðrowaþ ... ne alefeþ hire
on cyricean gangan (= cur ei non liceat); 495, 29 forþon gedafenaþ, þæt ....; 501, 19; 509, 18 gelomp sumre tide, þæt
....; 555, 8; 577, 34 ond eac swa wæs swa swa heo bæd
...., þæt heo ....; 606, 3.　**Or.** 17, 34 þa Finnas, him
þuhte, & þa Beormas spræcon neah an geþeode; 34, 34 swa eac
is gyt on ealre þysse worulde; 36, 17 eac on þæm dagum wæs
þæt Liber Pater oferwan ....; 23 ær ðam ðe Romeburh getimbred wære ...., geweard, þæt ...; *ebenso* 50, 6; 56, 6
(wæs); *ähnlich* 98, 30; 160, 23; *usw.*; 42, 12 eac me sceal aðreotan ymbe Philopes; 50, 17 þeah swa hwelcne mon swa lyste
þæt witan, ræde on his bocum; 52, 36 þa þeahhwæðre gebyrede
him, þæt ...; 56, 31 þa getweode hie, hwæðer ...; 82, 34;
156, 23; 164, 24; 166, 33 þa him æt þære byrig ne gespeow;
168, 20; 21 þa ne anhagode Agathocle, þæt he ....; 170, 10;
182, 27; 214, 16; *usw. usw.*　**Cp.** 2, 8 hu him ða speow ..
mid wige; 42, 24 swæ is cynn, þæt ...; 104, 20 oft eac gebyreð, ðæt ...; 108, 26; 112, 1 & ða wundorlice dome geweard,
ðæt he ...; 146, 5 & ðeah wel gedafenað, ðætte ...; 164, 16;
204, 1; 457, 9; *usw. usw.*　**Bo.** 184, 16 ðonne siþþan is þearf,
þæt ic ....; 192, 9 ðonne getideþ oft ..., þæt ...; 348, 11
oft gebyreþ þeah, þætte ....　**So.** 175, 17 for ðam þingum
is ðearf þæt þu rihte hawie; 182, 8 gyf ðonne æfre gebyreð þæt
þu ....　**Ps.** 1, 5 ne him eac swa ne limpð.　**Le.** 64, 2 þa hie
þa ongeaton þæt him ne speow; 66, 3 us eallum gelicode þa,
þæt we sendon Paulus; 5 þæm Halgan Gaste wæs gepuht and
us, þæt we ....; 68, *Cap. 1* æt ærestan we lærað, þæt mæst
þearf is, þæt æghwelc mon his að and his wed wærlice healde;
108, 5 gif þonne gebyrige, þæt .....

3. *Beim Imperativ schwankt Alfred im Gebrauche des persönlichen Fürwortes, ohne einer bestimmten Regel zu folgen:*

a. *Der Imperativ steht allein, ohne einen Vokativ.*

α) *Mit Fürwort:* **Be.** 477, 20 ðonne wite ðu þæt ðu § 228
scealt ðam ylcan wite onfon; 29 ðonne wite ðu me Cristene
beon (= cognosce); 35 ne ylt ðu; 491, 12 ne onwreoh ðu
secondlicnysse ðines fæder; 492, 16 hafa·ðu mid ðone ilcan
bisceop spræce & geþeahte; 493, 25 fullian we ðonne þæt cennende wif *(wenn nicht wo zu streichen, und fullian Infinitiv ist;*

vgl. § 227); 503, 9 geseoþ ge þæt he . . . ., & gif he ariseþ togeanes eow . ., ðonne witaþ ge þæt he . . . . ., & ge eadmodlice his word & his lare gehyraþ; 514, 23 ðonne gemune ðu
ðisse tide . . . & ne yld ðu þæt ðu . . . . .; 541, 33 ac gemyne
ðu þæt ðu; 547, 17 waciaþ ge; 559, 19; 576, 2; 599, 41; 606,
38 seþe cwæþ: Lufa Drihten God ðu ðinne (*Miller:* lufa ðu
þinne Dryhten Godl), se ilca cwæþ: Lufa ðu ðinne ðone nyhstan;
630, 12, 29; 632, 31; 640, 44 westu gearo. **Cp.** 82, 12 gað
ge gewæpnode *(keine Anrede, sondern Apposition!)* . . . mid ðæm
wæpnum ryhtwisnesse; 168, 17 ðonne ic cume, ðonne beo ðu
abisgod ymbe rædinge; 180, 9 ne ondræd ðu ðe; 248, 10; 413,
22; *usw.* **Bo.** 30, 17 wite þu for soð; 62, 15 ne do þu swa;
70, 18 wite þu forsoþ þæt . . . .; 108, 12 ne wen þu no, þæt
ic . . . . **Ps.** 5, 12 & þu wuna on him. **Le.** 58, 1 ne lufa þu
oðre fremde godas ofer me; 2 ne minne noman ne cig þu on
idelnesse; 5 ne sleah þu; 6 ne lige þu dearnenga; 7 ne stala
þu; 8 ne sæge þu lease gewitnesse; 9 ne wilna þu þines nehstan
ierfes; 10 ne wyrc (þu) þe gyldne godas; 60, 13 aluc þu hine;
62, 33 utancumene & elþeodige ne geswenc (*Schmid:* geswene)
þu no; 35; 37; 38; 40; 64, 47; 66, 5.

§ 229   *β) Ohne Fürwort:* **Be.** 477, 26 saga me, hwylces hiredes
& hwylces cynnes ðu si; 30 gesaga me ðinne naman;· 489, 30
sellaþ ælmessan; 514, 32 aris & gang in, gerest ðinne lichoman
& ðin mod butan sorgum; 515, 24 gemune nu þæt ðu . . . . .;
537, 8; 568, 26; 597, 16 sing me frumsceaft; 600, 9; 609, 12;
615, 9, 11; 618, 9; 619, 3 doþ swa gif ge willan; 622, 37; 623,
10; 633, 14. **Or.** 290, 13 doð nu swa ge willen. **Cp.** 4, 4 geðenc hwelc witu us þa becomon; 42, 5 fed ðonne min sceap;
20 farað & cyðað minum broðrum, þæt . . . .; 44, 10; 48,
9; 52, 14; 64, 18 astrecceað eowre agæledan honda & eowru
cneowu, & stæppað ryhte, ne healtigeað leng, ac bioð hale; 90,
18; 98, 17; 114, 12; 152, 20; 160, 3; 168, 20 *(sechs Imperative)*; 172, 8; 180, 18; 222, 16 lufiað eowre fiend, & doð ðæm
wel þe eow ær hatedon, & gebiddað for þa þe eower ehtað &
eow lað doð; 290, 16, 17, 18; 294, 15; 300, 16; *usw. usw.* **Bo.**
VI, 6 tele nu þa gesælþa wiþ þam sorgum; 6, 19 lætaþ hine
efte hweorfan to minum larum; 16, 17 cunna swa þu wille; 18,
4, 10; 20, 8; 22, 1, 16; 26, 19; 42, 12; 52, 11; 78, 2 leorniaþ
forþam Wisdom . . . ne forhogiaþ hine þonne; 10; 140, 6; 168,
11; 178, 21; 232, 16 nim þonne swa wuda swa wyrt . . . & sette
on uncynde stowe him; 268, 29; 288, 1 geher nu an spell be
þam ofermodum . . . cyningum; 310, 1; 354, 27; 394, 7, 9, 10,
11, 12, 14; *usw. usw. usw.* **So.** 164, 31 sceawa hyne me . . . . .;
32 sec hyne oð þu hyne finde; 165, 5, 14, 16, 18; 167, 32; 169,
5 gehiere gehyre me, drihten; 14 gehæl mine eahgan & untyn
þæt ic mage geseon þine wundru, & adrif fram me dysig &

oferm&to & sile me wisdom . . . ., & get&c me . . .; 189, 27;
usw. usw. Ps. 2, 8 bide me; 11 þeowiað Drihtne, and ondr&-
dað hine, blissiað on Gode, & ðeah mid ege. Le. 58, 3 gemyne þ&t þu gehalgige þone r&sted&g; wyrceað cow syx dagas,
& on þam siofoðan restað cow; 4 ara þinum f&der & þinre medder; 64, 42 gecyðc hit him.

b. *Der Imperativ steht bei einem Vokaliv.*

α) *Mit Fürwort:* Be. 500, 19 onfoh ðu corþe lichoman; § 230
516, 1 geseoh ðu cyning hwylc ðeos lar sy; 537, 30 Drihten
God mildsa ðu saulum ussa leoda; 607, 18 gemune ðu broþer
Herebyrht. Or. 156, 27 þone hafa þa, Jofes, þ&t ic þa moste
oferwinnan (þa *scheint mir ein Druckfehler zu sein; keine andere
Lesart ist angegeben; Thorpe druckt einfach* ðu). Cp. 36, 16
sunu min, ne todæl ðu on to fela ðin mod; 252, 2 sunu min,
ne agimeleasa ðu Godes swingan, ne ðu ne beo werig. Bo.
140, 21 geþenc ðu nu be ðe selfum, *in* Boetius. Ps. 3, 5 ac
ðu, Drihten, aris & gedo me halne; 24, 6 þa scylda mines iu-
goðhades ne gemun þu, Drihten, . . . ac . . beo þu min gemyndig, Drihten.

β) *Ohne Fürwort:* Be. 494, 11 and geþenc, broþor ðu § 231
leofesta; 543, 6 Drihten, geseoh, hu mycel yfel Penda wyrceþ
(*T.:* ðu Drihten geseoh); 597, 12 Cedmon, sing me hwæthwegu.
Or. 242, 7 gefera, gefera, gemyne þæt ðu . . . ne oferbrec.
Cp. 26, 23 gewitað from me, ge unryhtwyrhtan; 168, 18 loca,
Dryhten, hu swiðe ic lufige ðinc æ; *vgl.* 80, 12 ðu þe wilt godspellian Sion, astig ofer heanne munt, *wo der Satz* ðu — Sion *einen
Vokaliv vertritt.* Bo. 6, 17 gewitaþ nu, awirgede woruldsorga, of
mines þegenes Mode . . . .; l&taþ hine eft hweorfan to minum
larum; 12, 3 eala ðu ælmihtiga scippend and rihtend eallra gesceafta, help nu þinum earmum moncynne; 15; 38, 24; 366, 1.
Ps. 2, 10 ongytað nu, kyningas, & leorniað, ge domeras, þe
ofer corðan demað.

c. *Stehen mehrere Imperative nebeneinander, so wird ent-* § 232
*weder das Fürwort bei jedem oder bei keinem gesetzt; für beide
Arten finden sich Belege in den vorhergehenden §§. Zuweilen jedoch
wird in einer solchen Reihe bei einem Imperativ das Fürwort gesetzt, bei einem anderen nicht:* Be. 503, 4 nimaþ ge min geoc
ofer cow & leorniaþ æt me; 513, 40 ne tala ðu me . . . . .,
ac gesege me; 568, 8 gang hraþe to cyricean & hat ure seofon
broþra hider to me cuman, & ðu eac swylce mid wæs; 18 forþon
ge ðonne nu eft hweorfaþ to cyricean & biddaþ ure broþro
þæt hi . . . .; 576, 5 bærnaþ nu cower blacern & leoht . . .,
witaþ ge hwæþere þæt þæt nis min; 607, 33 aris, min broþor,
& ne wylle ðu wepan (*Miller:* & ne wep þu), ac gefeoh &

22*

blissa; 632, 31 ne wille ðu la swa sprecan, geseoh þæt ðu
teala wite. **Cp.** 92, 22 habbað ge scalt on eow, & sibbe habbað betweoh cow; 108, 6 weahsað ge & monigfaldiað &
gefyllað eorðan; 180, 2 ne ðreata ðu na ðone ealdan, ac
healsa hiene swæ ðinne fæder; 192, 16 ðo, min sunu, swæ ic
ðe lære; alies ðe selfne . . ., ac iern nu & onette, awece
hiene; ne geðafa ðu ðinum eagum, ðæt . . . .; 200, 24 ge
hlafordas, doð ge eowrum monnum ðæt ilce . . & gemetgiað
ðone ðrean; geðenceað ðæt . . .; 286, 11 sunu min, ne do ðu
nanwuht butan geðeahte . . . ., ac læt simle gan ðin eagan;
445, 20 bio ðu wacor, & gebet ða weorc. **Bo.** 292, 31 ac
gemun ðu simle ðæs . . . . edleanes . . ., & do þæs lean
. . . . . **Ps.** 4, 6 offriað ge mid rihtwisnesse, and bringað
þa Gode to lacum, and hopiað to Drihtne; 36, 3 ac þu hopa
to Drihtne, & do good, & buwa corðan, & fed þe on hyre
welum, (4) & blissa on Drihtne . . . ., (5) onwreoh Gode
þine wegas, & hopa to him; (7) beo þu Gode underþyd, &
halsa hine; & ne onhyre þam þe . . .; (8) forlæt yrre &
hatheortnesse; ne bysna þe be nanum þæra þe yfel don. **Le.**
62, 34 þa stiopcild ne sceððað ge, ne hie nawer deriað; 41
ne wend þu þe no on . . . & on þæs unwisestan lare ne him
ne geþafa.

§ 233   *Anmerkung: Die gekürzten Formen des Zeitwortes (z. B.*
beo statt beoð) vor dem Fürwort ge werden von den verschiedenen
Forschern verschieden aufgefasst; Mätzner hält sie für Formen
des Imperativs (s. Engl. Gramm. II^a. S. 138), dagegen solche wie
„ne swerigen ge" für Konjunktivformen; Sievers spricht (Gr.²,
§ 360) von „allen 3 Personen des Ind. Praes. Plur. und von der
2. Plur. Imper." und bemerkt dazu unter 2: „Folgt aber auf das
Verbum unmittelbar eines der Pronomina we *oder* ge, *so tritt statt*
-að häufig eine kürzere Endung -e *ein,* binde we, binde ge *neben*
we, ge bindað *(und* bindað we, ge*)"; dafs sich diese Bemerkung*
auch auf die 2. Plur. Imper. bezieht, geht aus dem zweiten Absatze
der Anmerkung hervor, die lautet: „Ursprünglich beschränkte sich
diese Apokope auf auslautendes -n, *d. h. sie betraf nur die adhortati-*
ven Formen des Präsens (-an *und optativisches* -en, *letzteres nament-*
lich beim verneinten Imperativ gebräuchlich) und das Präteritum;
im North. und Ps. fehlt daher auch -e *für* -að *noch gänzlich; ws.*
ist die Kürzung dagegen auch in den Indikativ und eigentlichen
Imperativ eingedrungen". — Dagegen hält Koch (Gr.² II.,
S. 47 oben) die gekürzten Formen · für solche des Konjunktivs, in-
dem er sagt: „Vor dem Pronomen schwächt sich die Endung; diese
Form ist wohl nicht der Imperativ, sondern der Konjunktiv". Dieser
Ansicht schliefst sich Fleischhauer an (a. a. O., §§ 3. u. 93);
an der zweiten Stelle sagt er: „Der Umstand, dafs in mehreren
Fällen die eine Hs. -en *hat, wo die andere* -e *hat, scheint dafür zu*

sprechen, dafs man sowohl die Formen auf -en als auch die auf
-e als Konjunktive anzusehen hat"; das läfst sich hören, aber ich
glaube, dafs diese Verschiedenheiten nur auf der Willkür der Schrei-
ber beruhen. Ich halte daher trotzdem mit *Mätzner* und *Sievers*
die gekürzten Formen für solche des *Imperativs,* zunächst weil
die gekürzte Form häufig steht, wo an *imperativischen* Sinn eher zu
denken ist als an *optativischen;* dann aber auch deshalb, weil in
der Cp. *(in den anderen Werken mit einer Ausnahme im* Ps. *sind*
mir keine aufgefallen) zuweilen in mehrgliederigen imperativischen
Sätzen in einem Gliede der Aufforderung solch eine gekürzte Form
vor dem Fürwort steht, während in dem oder den andern die un-
gekürzte mit oder ohne Fürwort auftritt; *Fleischhauer* sagt
dazu *(a. a. O., § 3): „Zuweilen geht der auffordernde Konjunktiv*
in den Imperativ über und umgekehrt". Die Formen auf -en sind
natürlich solche des *Konjunktivs,* z. B. 92, 26 ne wilnigen ge
mare to wietenne ðonne eow ðearf sie, *wo* C *sowohl als* H. -en
lesen, und an den Stellen 105, 7; 173, 10; 189, 23 *und* 317, 18,
wo nur H *die Endung* -en *hat, während der Schreiber von* C *im-*
perativische Formen auf -e *setzte;* solche stehen ferner: 98, 15 ne
untreowsige ge no eow betweoxn . . . & eft sona cirrað to
cowrum ryhthæmde; 120, 2 wiete ge; 130, 6 gif ge ymb weorld-
cunde domas beon scylen, ðonne nime ge ða . . . . & settað
þa to domerum; 158, 14 ðonne eow misliciað . . ., ðonne geðence ge, hwæt ge sien; 188, 22 bearn, beo ge underðiodde
cowrum ieldrum magum . . . .; ne gremige ge cowru bearn,
geleornigen eac ða bearn *(also Konjunktiv!* = obedite, nolite
provocare, illi discant); 236, 20 bio ge swæ ware swæ nædran
(= estote); 306, 8 ne læte ge cow welere lare wind aweeggan;
322, 8 gehieren, hwæt awriten is . . .: Ðonne ge eall hæbben
gedon . . . ., ðonne cweðe ge ðæt . . . .; ond eft . . . . ge-
hieraðð ðone cwide . . . .; ond eft . . . gehieren hie ðone cwide
(= audiant . . . dicite . . . audiant . . . audiant; *also*
⎰ *Lateinisch: Konjunktiv — Imperativ — Konjunktiv — Konjunktiv.*⎱ ;
⎱ *Englisch: Konjunktiv — Imperativ — Imperativ — Konjunktiv.*⎰
324, 8 ne bio ge oðrum monnum swæ giofole, ... ac . . . sellað
ðæt ðearfum & mid ðy gebetað hiora wædle (= sit . . . suppleat
. . . sit); 330, 5 ac gehiere ge feohgidscras hwæt be eow geeweden is *(aus dieser Stelle scheint mir besonders hervorzugehen,*
dafs imperativische Formen vorliegen, da hier ge doch wohl mit
dem Vokativ zu verbinden ist; das Lateinische, das allerdings Kon-
junktiv hat, entspricht hier nicht genau); 344, 15 he cwæð: seceað sibbe . . . . .; ond eft he . . cwæð: geornlice gebinde
ge iow tosomne (= sequimini . . ., servare . . ., *also imperativer*
Infinitiv); 346, 23 gif ge hæbben . ., ne gilpe ge no, ne ne
fregniað ðæs & ne flitað; 352, 21 ne wene ge no ðæt ic;
425, 21 ne do ge unryhtwislice . . .; ne hebbe ge to up cowre
hornas; 453, 1 Moyses cwæð: ne cweðe ge nan lað ðæm dea-

fan; & eft he cwæð: ne screnc ðu ðone blindan *(auch diese Stelle spricht wohl für meine Ansicht, da beide Sätze gleichmäfsig gebildet sind; das Lateinische hat beidemal den Konjunktiv.* **Ps.** 4, 4 wite ge þæt God gemyclade his ðone gehalgodan (= scitote).

§ 234   4. *In späteren Gliedern einer Satzreihe kann auch zuweilen das persönliche Fürwort als Objekt fehlen, selbst dann, wenn es in dem früheren Gliede nicht als Objekt, sondern in anderer Verbindung vorkommt.* **Be.** 474, 20 mid ðy Peohtas wif næfdon, bædon him fram Scottum; 38 & þa sceafþan dyde on wæter & sealde drincan ðam mannum; 475, 18 se geeode þæt Ealond on Wiht & Romana onwealde underþeodde; 477, 18 forþon ðe ðu þone mangengan .... me helan woldest swyþor ðonne minum ðegnum secgean; 480, 30 ða compedon hi wiþ heora feondum & him mycel wæl ongeslogan & of heora gemærum adrifon & aflymdon, ond hi trymedon & lærdon; 483, 38 sædon, nemne hi him maran andlyfne sealdon, þæt hi woldan, him sylfe niman & hergian ðær hi hit findan mihton; 525, 12 næfde ða æt handa hwær he þæt gebrohte lac healdan sceolde, sende þa on his bosm; 528, 20 ða het he sona se cyning niman ðone mete & ða swæsendo ðe him to aseted wæs & beran ðam ðearfum; 534, 8 hwæt hi gegearwodon sona wægen & on (sc. hine) asetton ða fæmnan & læddan to ðære stowe & hi ðær asetton; 536, 7 & heo ða bæd þæt hyre man sumne dæl ðære halwendan moldan sealde, & hire mon swa dyde, & heo ða on claþe bewand & on cyste dyde, & hire ham ferde *(oder soll sich hier etwa* ða, *wenn es nicht Adverb ist, als Fürwort auf* moldan *beziehen?)*; 614, 39 hi sohtan sumne earmne ðearfan ....., þæt hi mihton on ðam dagum mid him habban & him ælmessan don. **Or.** 21, 7 þonne byrð man hine ut & forbærneð mid his wæpnum & hrægle; 30, 11 he hine oferwann & ofsloh; 42, 29 ealle þa æðelestan bearn þara Atheniensa hi genoman & sealdon þæm Minotauro to etanne; 64, 30 þa hie him þæs getygðedon, þa hæfdon *(hier fehlt das Subjekt* hi) hi him to wifum, & heora fæderum eft agiefan noldon; 76, 32 seo cwen het þa ðæm cyninge þæt heafod ofaceorfan & beweorpan on anne cylle; 98, 12; 122, 7; 132, 28 & wið hie ealle gefeaht & oferwon; 182, 24; 190, 35; 194, 12; 210, 18; 254, 14; 272, 18; 294, 34 feng Archadius to anwalde, to þæm eastdæle, & hine hæfde XII ger; & Onorius to þæm westdæle, & nugiet hæfð; *vgl. auch* 242, 9 on sumre tide þu wære min gefera; & forþæm þe þu nu ne eart *(= da du es jetzt nicht bist),* me is eal leofast þæt þe laþost is. **Cp.** 4, 15 hie begeaton welan & us læfdon; 102, 2 ðærinne he sceawode on his mode ða digolnesse ðære godcundnesse ond ðonon utbrohte ðæm folce; 160, 3 nim sume tiglan & lege beforan ðe & writ on hiere ða burg Hierusalem; *ähnlich* 7; 290, 16; 18 lær ðæt folc, & ðreata, & tæl; 338, 13; 352, 16 hie ne sparodon ða synnfullan, ac slogon; *usw.*

Bo. 232, 18 nim þonno swa wuda swa wyrt swa hweþer swa
ðu wille, of þære stowe þe his card & mþelo biþ on to weaxanne,
& sette on uncynde stowe him. Le. 94, 41 se mon se þe bocland hæbbe, and him his mægas leafden, þonne setton we þæt
he . . . .; 104, 77 gif mon oðrum þa geweald forslea uppe on
þam sweoran, and forwundie to þam swiðe.

5. *Das persönliche Fürwort steht oft neben dem Subjekt* § 235
*das ihm dann gleichsam zur prädikativen Ergänzung dient, und
zwar:*

a) *Unmittelbar neben dem Subjekt:* Be. 471, 7 ic Beda
Cristes ðeow and mæssepreost sende gretan . . .; 476, 34 wæs
he Albanus Hæþen ðagyt; 477, 13 he se dema stod; 26 þa cwæð
he se ealdorman & se dema him to; *ebenso* 30, 34; 487, 28 ðæt
he Agustinus . . . bisceopsetl onfeng; 498, 16 he se Papa; 499,
3; 501, 37; 503, 17, 37; 504, 12; 505, 35; 508, 21, 27; 511,
33 heo seo cwen; 519, 27 be ðysse mægþe geleafan cwæþ he
Beda; 527, 9 he ðes biscop; 30; 548, 47 ða gegripon hi ða unclænan gastas ænne of ðam mannum; 555, 17 wæron hi III gebroþro . . ealle Godes sacerdas; 561, 3 ðonone sona hi hider
onsendon gewritu ðæs Papan ðær cyddon hine forþferende (*Miller setzt & vor* cyddon *ein; das Lateinische hat aber:* quem re-
missa mox scripta Papae Apostolici, ibidem obiisse narraverint);
572, 8 ic Theodorus, ðeah ic unwyrþe si, wæs ic . . . sended;
620, 4; 624, 22 forþon hi ða ylcan ealdSeaxan næfdon agenne
cyning; 633, 31 hi ða englas; *usw. usw. usw.* Or. 8, 14 Europe
hio onginð . . .; 12, 7 & heo Armenia is be eastan Capodotia;
16, 10 & hie Maroara habbað bewestan him Þyringas; 24, 12
Brittannia þæt igland hit is norðeastlang; 30, 10 he Ninus; 34,
4; 44, 5; 52, 32; 60, 5 Babylonisce þæt æreste & Romane þæt
siðmeste hie wæron swa fæder & sunu; 94, 34 hiora agene leode
hi hie þa upahofon; 114, 35; 138, 3 feower þa strengstan ðeoda
hi him betweonum gespræcon; 140, 1; 146, 6; 150, 20, 28 &
Seleucus & Demetrias, Antigones sunu, hi togædere geþoftedan;
166, 18; 230, 3; 252, 15 Cartaina sio burg hio gefeoll; 284, 14.
Cp. 30, 4 swæ ða lareowas hi drincað swiðe hlutor wæter, ðonne
hi . . . .; 254, 12 ac se gæstlica Fæder he us lærð; *usw. usw.*
Bo. 110, 16 ac sio lease gesælþ hio tihþ . . . . . Di. 68 ic
Alfred . . . habbe . . ongyten.

Anmerkung: Be. 564, 41 þæt se Biscop wære on Fran-
cena rice ðone ðe hi Oswio bædon fram ðam Romaniscan biscope
(d. h. „sie und O.", vgl. dazu Millers Einleitung S. LIII.).

b) *Vom Hauptworte getrennt durch einzelne Worte
oder kleine Wortgruppen, meist Partikeln oder adverbiale Be-
stimmungen, seltener durch das Zeitwort:* Be. 473, 12 hit is welig
ðis Ealond; 21 hit hafaþ eac ðis land scalt scalpas; 477, 18 forþon ðe ðu þone mangengan & ðone wiþfeohtend & þone for-

hycgend ura goda ðu me helan woldest swyþor ðonne minum
ðegnum secgean; 479, 2 wæs he ðrowigende se eadiga Albanus;
483, 31 hi heapmælum coman maran weorod; 486, 28 ða he
ða se cyning ðas word gehyrde; 488, 19 he ða se cyning; 494,
40 he sona se Apostol; 495, 43 he ða sona se Apostol; 496,
41 mid ðy heo ðonne gelimpeþ seo bysmrung for oferfyllo; 497,
30 hit ðonne þæt mod . . .; 498, 19 sende he eac swylce on
ða ylcan tid se eadiga Papa Gregorius; 505, 15 he ða Laurentius; *ferner ebenso mit einfachem* þa 32; 508, 5, 26; 511, 4, 29;
512, 26; 514, 27; 515, 14; 516, 35, 37; 520, 15; 525, 34; 526,
19; 527, 36; 529, 36, 40; 533, 42; 541, 1; 542, 37; 549, 31;
552, 36, 42; 556, 10; 557, 29, 38; 561, 15; 583, 11; 593, 7;
602, 37; 604, 35; 605, 28; 609, 18; 611, 36; 622, 29; 624, 30;
628, 31; 633, 21; 638, 8; 519, 8 he sona se arfæsta bigenga;
ebenso 528, 19; 554, 26; 550, 24 he ða swylce Honorius; 563,
20 swylce hi eac ða cyningas; *ebenso* 586, 44; 616, 9 bæd heo
forþon seo Abbudisse; 519, 33 cwæþ þæt he wære se mon lang
on bodige; 524, 6 þæt he com Oswald; *ähnlich* 549, 11; 576,
35; 598, 20; 529, 20 he ðær se biscop Gode lifde; 538, 11
swylce he eac sæde se biscop; 539, 32 he wæs VII winter Dera
cyning Oswine; 562, 10 & he ða mid micelre geornfulnysse se
biscop þæt wæs donde; 571, 16 þæt mynster oþgyt to dæge
Englisce menn ðær on ælþeodignysse hi forhabbaþ (*Miller liest:*
þ. m. oð gen tod. E. m. þ. in el. habbað); 597, 21 *in Cædmons
Hymnus:* swa he wuldres gehwæs ece Drihten ord onstealde, he
ærest gescop eorþan bearnum heofon to rofe halig scyppend;
628, 6 ða andswarede he minum geþohte se latteow. Or. 2,
17 hu Romulus & Brutus mid hwelcum mane hie gehalgedon
Roma; 12, 12 seo Asia on ælce healfe heo is befangen; 54, 1
hi þa hiera wif him ongean iernende wæron; *ebenso* 66, 13, 32;
76, 19, 22; 78, 16; 94, 25; 96, 19; 114, 19; 128, 14; 130, 29;
148, 10; 162, 32; 184, 6; 200, 17; 210, 2, 32; 246, 22; 288,
31; 292, 23; 90, 13 þæt eall Persa anweald & Læcedemonia,
þæt hie ieð mehton Ahtene þa burg awestan; 110, 5 Alexander,
Epirotarum cyning, þæs maran Alexandres eam, he . . . winnan
angan; 148, 1 æfter þæm Euredica, Ariþeusses cwen, Mæcedonia
cyninges, heo wæs þæm folce monig yfel donde; 168, 16 þa tugon hie hiene þære burge witan, þæt he . . .; 188, 25 & Falisci
þæt folc hie gesawon swelce se hefon wære tohliden; 274, 25
he þonne se cyning hæfde; 284, 15 hie wurdon ealle þa gebroþor on þæm Arianiscan gedwolan (*Thorpe:* all the brothers were
of the Arian heresy). Cp. 278, 22 se oferspræca wer ne wierð
he næfre geryht. Bo. 114, 10 swa hi hit fagiaþ, þæt ða wiþerweardan gesceafta ægþer ge hie betwux him winnaþ ge eac fæste
sibbe betwux him healdaþ. Ps. 5, 7 ic þonne hopiende to þinre
þære myclan mildheortnesse, ic gange to þinum huse.

   c) *Vom Hauptworte getrennt durch einen Zwischen-*

salz: Be. 476, 5 þæt Severus Casere, se wæs Æffrica cynnes,
of ðære byrig ðe Lepti hatte, se wæs seofonteogeþa fram Agusto,
þæt he rice onfeng; 32 be ðam Fortunatus Presbyter on frumnena
lofe, ða he gemynegode ðara eadigra Martyra ða þe of
eallum middangearde to Drihtne coman, cwæþ he; 477, 36 ða
onsægdnysse, ða ðe fram cow deoflum wæron agoldene, ne magon
hi ðam underþeoddum gefulltumian; 479, 28 ðyssum tidum
Constantius, se be Diocletiane lyfgendum Gallia rice & Ispania
heold & rehte, — wæs se mon monþwære & for weorulde god —,
ferde he forþ on Breotone; 485, 6 ðæt . . . . Germanus mid
Severo to Breotene eft cumende, ærest ðam healtan geongan
his stæpe h e geedniwode; 494, 4 þæt þæt wif ðe wæs ðrowiende
blodes flownysse, heo eadmodlice wæs cumende . . .; 495, 3
se wer, seþe . . . biþ slæpende, nymþe he . . . bebaþod si, ne
sceal h e in cyrican gangan; *ähnlich* 6; 496, 16 ðonne s e wer
seþe . . . . . bebaþod biþ, he mot . . . onfon; 508, 17 wære ðu
ofergeotende minre bysne hwæt i c fore Cristes eneohtum ða he
me in tacnunge his lufan bebead, bende & swingan & carcern
& monige geswencednesse & æt neahstan ðone sylfan deaþ &
rodedeaþ from ungeleafsumum & Cristes feondum ic ðrowade
& aræfnde, þæt ic mid Criste gesigefæsted wære; *ähnlich* 545, 4
ac ic swa swa soþsagol stærwritere þa þing ðe be him oþþe ðurh
hine gewordene wæron ic awrat, & ða ðing ðe her on wyiþe
wæron ic herede; 521, 22 Cadewalla ðonne ðeah ðe he ða
andetnysse hæfde ðæs Cristenan naman, he hwæþere wæs . . .;
543, 33 ða men þe him ða ðenedon, hi aslogan an geteld *(so
lese ich die Stelle; Smith setzt fälschlich einen Punkt vor* hi *und
zieht das davor Stehende zum vorhergehenden Satze);* 545, 37 h e
Sigebyrht ða ða he on Gallia wracode fleonde Rædwaldes
feondscypas, h e ðær ða fulluhte onfeng; 559, 10 & þæt he butan
sealmsange reogollicre tide, gif him lichoman untrumnysse ne
wiþstode, þæt h e . . . asunge; 567, 3 on ðam he digollice mid
feawum broþrum þæt is seofonum oþþe eahtum h e gewunode;
571, 11 þæt hi eac swylce for hine seþe him ða stowe gesealde,
a ða standendan munecas ðær to Drihtne eleopedan; 572,
8 ic Theodorus ðeah ic unwyrþe si, wæs ic . . . sended;
573, 25 ðonne wæs Byse Eastengla biscop ðe we sædon þæt
on ðam foresprecenan synoþe wære, wæs h e Bonifacius æfterfyligend ðæs biscopes; 574, 11 ðes halga wer ærþon ðe he
biscop geworden wære, twa æþele mynstere h e getimbrede; 577,
24 eft heo swa swa heo leohtlice gebylged wære, æfter ðon
heo cwæþ; 582, 30 þæt oft XL manna oþþe fiftig somod
ða ðe mid ðy hungre gewæcte wæron, þæt hi hi earmlice be
hondum noman; 613, 6 ðæt Aþelwold See. Cuþberhtes æfterfyligend on ancersetle ond life geseted, ðam winnendum broþrum
on sæ gebiddende ðone storm he gesette & gestilde; 625, 42
ðære tide ða broþra ða ðe on Frysum wæron mid him . . . . . . ,

gecuron h i . . .; 634, 38 se æresta martyr . . . ., ða he wæs
deaþ ðrowiende . . ., h e geseah . . .; 635, 37 þæt E a l d e l m
mid þy he þa gyt wæs Mæssepreost . . . ., awrat h e æþele
boc; 641, 13 & h e swa IIII gear þæt is oþ ðone dæg his forþfore h e his lif lædde on smyltre sibbe; 32 þæt A l b i n u s ðæs
Abbudes discipul, se to his mynstres gerece æfter him feng, þæt
h e wæs . . . . .; 642, 2 swylce h e eac husulfatu . . . & monig
oþer ðysses gemetes ða ðe to Godes huses frætwednesse belim-
paþ, h e geornfullice gegearwode; 26 ðyssum tidum N a i t a n
Peohta cyning, ðe ðone norþ dæl Breotone eardiaþ, wæs h e
monad; 644, 16 B r i t t a s wiþþon ðe næfre woldon ða cyþþo . . .
ðe hi hæfdon, . . . openian . . ., ono ða gelyfendum eft Angelfolcum . . . ., hi nu gyt heora ealdan gewunon healdaþ.
Or. 24, 16 I g b e r n i a, þæt we Scotland hatað, hit is . . ymbfangen . . .; 26, 5 T r i b u l i t a n i a sio þiod, þe man oðre naman
hæt Arzuges, hie hæfð . . .; 32, 2 þ æ t w æ s t m b æ r e l a n d,
on þæm Sodome & Gomorre ða byrig on wæron, hit wearð forbærned; 36, 10 & se cyningc T h e u h a l̟e ealle þa þe to him
mid scypum oðflugon to þæm beorgum, he hi þær onfengc; 66,
27 oð þætte T a r c u i n i u s, ðe we ær ymbe sædon, þe hira eallra
fracoþast wæs . . . . ealra þara Romana wif ða þe he mehte,
h e to geligre geniedde; 80, 22 X e r s i s, swiþe him þa ofþyncendum þæt his folc swa forslagen wæs, he self þa þærto for;
84, 12 þæt s e, se þe him ær geþuhte þæt him nan sæ wiþhabban
ne mehte þæt h e hiene . . . afyllan ne mehte, þæt h e eft . . . .;
110, 14 & hu P h i l i p p u s his f æ d e r IIII hund wintrum æfter
þæm þe Romeburg getimbred wæs, h e feng to Mæcedonia rice;
156, 4; 164, 17; 172, 12; 190, 35; 192, 17; 224, 2. **Cp.** 4,
14 u r e i e l d r a n, ða þe ðas stowa ær hioldon, h i e lufedon wisdom; 38, 11 se D e m a, se ðæt ingeðonc eal wat, he eac ðæm
ingeðonce demð; 70, 21 swæ eac s i o g i t s u n g ðæt mod, ðæt
hio gebindeð mid ðære lustfulnesse, hio hit gewundað; 292, 3;
304, 8; 385, 14; 395, 2 forðæm ð æ t m o d ðara cristenra ge-
samhiwena, ðætte bið ægðer ge trum ge untrum & ne mæg fullice forsion ðas hwilendlican ðing, h e *(in Folge des langen Zwi-*
schensatzes.hat Alfred das Geschlecht des Subjekts vergessen!) mæg
ðeah hine formengan to ðæm ecum mid his willan; 417, 23; 431,
4. **Bo.** 16, 7 forþan e a l l þæt mon untidlice onginþ, næfþ h i t no
æltæwne ende; 26, 13 ða triowa ðe ðe nu sindon opene, hi sindon git mid manegum oþrum behelede; 50, 6 ge furþum, s e o s t o w
þe þu nu on hæft eart & þu cwist þæt þin wræcstow sy, h e o
is þam monnum eþel þe . . .; 82, 3; 234, 2; 238, 21; 284, 21;
382, 26. **So.** 169, 4 ælc þara m a n n a þe hine silfne ongyt,
h e ongyt . . .; *ähnlich* 187, 20, 35; 189, 32 se l æ c e þe ic
wilnige þæt me gehele, h e wot. **Ps.** 5, *ü.* æ l c m a n n þe þisne
sealm singð, h e hine singð . . .; *ebenso* 25, *ü.*; 21, 6 ælc þara
þe me gesyhð, h e me forsyhð *(man kann aber auch „ælc þara*

þe" *als ein einziges relatives Fürwort auffassen; vgl. § 303); ebenso 22, ü.; u. ö.*

d) *Bei vollständiger Herausstellung des Hauptwortes (Subjektes) vor den Satz; zuweilen stimmen Geschlecht oder Zahl nicht überein.* Be. 471, 14 forþon ðis gewrit oððe hit god sagað be godum mannum, & seþe hit gehyreþ he onhyreþ ðam, oððe hit yfel sagaþ *usw.*; 537, 19 mid hine . . . ., se þe ær, þa hwile he ðis hwilendlice rice hæfde, ma he gewunode þæt he . . . .; 570, 10 þæt is to tacne, þæt niwan sum gebrocseoc man, mid ðy ðe he ðurh monige stowe dwoliende arn & ferde, ða becom he ðyder on æfenne; 571, 2 forþon ða Sceottas on sumera & on hærfesttide, ðonne mon wæstmas insomnode, ðonne forleton hi þæt mynster. Or. 14, 24 ac þa lond on easthealfe Danais þe þær nihst sindon, Albani hi sint genemde; *eigentümlich ist:* 32, 20 & swaþeah þæt þær to lafe wearð þara Thelescisa hi hiora lond ofgeafan *(das hi bezeichnet diejenigen, die vorher durch das* þæt þær to lafe wearð *ausgedrückt sind)*; 72, 22 Cirus, Persa cyning, þe we ær beforan sægdon, þa hwile ðe Sabini & Romane wunnon on þæm westdæle, þa hwile wonn he ægþer ge on Sciþþie ge on Indie; *ferner* 102, 3; 104, 22; 182, 30; 186, 13; 188, 31; *usw.* Cp. 2, 9 & eac ða godcundan hadas hu georne hie wæron . . .; 28, 18 ne eft ða gelæredan þa swæ nyllað libban swæ hie on bocum leornodon, þæt hie ne sceoldon underfon ða are ðæs lareowdomes; 78, 16 ac se ege ðonne he geeaðmet ðæt mod he hit geclænsað; 120, 8 swæ swæ monnes sunu, cwæð Crist be him selfum, ne com he no . . . .; 128, 18 forðæm swiðe ryhtlice se Aliesend monna cynnes, ða he us stierde urra womba oferfylle, he cwæð; 132, 11 & ðæt æðeleste hiew hwy wearð hit onhworfen; 415, 10 forðæm oft ðæt lytige dioful ðæt mod ðæt he (!) mid ðære synne ascrenceð, ðonne he gesihð ðæt hit unrot bið for ðæm hryre his synna, ðonne forspend he hit mid ðære wolberendan oliccunge. Bo. 74, 25 hwæt se eower wela þonne & se eower anweald þe ge nu weorþscipe hatað, gif he becymþ . . . .; 132, 2 þa nu þeah heora mod & heora gecynd sie adimmad, & hi sien on þæt ofdæle asigen to yfele & þider healde, þeah hi wilniað . . . .; 216, 9 we cweþaþ þæt sio fulle gesælþ & god, þæt hi sien an god; 218, 8 swa eac se monа, swa miclum he liht swa sio sunne hine gescinþ; 226, 16 . . . . . & eall þes andwearda wela, ne onlihtaþ hi nauht þæs modes eagan; 356, 15 ac se steorra ðe we hataþ æfensteorra, ðonne he biþ west gesewen, þonne tacnnaþ he æfen. Le. 94, 42 eac we beodað, se mon se þe his gefan hamsittendne wite, þæt he ne feohte ærþam þe he him ryhtes bidde; 98, 50 monnes einban, gif hit bið toclofen, geselle mon XII scill. to bote.

6. *Auch das Objekt oder ein Hauptwort im abhängigen Kasus* § 236 *wird zuweilen durch das persönliche Fürwort verstärkt — wo es*

*dann unmittelbar daneben steht —, oder wiederholt und aufgenommen,
wenn es durch andere Worte, oft ganze Sätze, davon getrennt ist:*
Be. 499, 3 ða cyricean hwæþere na læs he Agustinus, ac Laurentius B.' his æfterfyligend hi gehalgode; 516, 39 hwa ða wigbed &
ða heargas þara deofolgylda mid heora hegum þe hi ymbsette
wæron, heo ærest aidlian & toweorpan scolde; 523, 24 and sona
butan yldinge æghweþerne Cadwalla Brytta cyning mid arleasre
hand, ac hwæþere mid rihte wræce hi acwealde; 543, 16 ðysne
halgan B.' ða ða hine se deaþ nydde; 549, 20 & toende-
byrdnesse his gesihþa ðam mannum anum hit cyþan wolde;
554, 26 ða tilode he sona se Drihtnes wer þa onfangenan
stowe þæs mynstres ærest mid gebedum & fæstenum fram unsy-
fernyssum hi geclænsian; 594, 40 nalæs þæt an þæt heo . . . gestode, ac eac swylce monigum feor wunigendum to ðam ðe
se gesæliga hlisa . . . . . becom, þæt him seo godre rece & hælo
intingan ðegnade; 638, 34 forþon ðe he hine Wilfriþ riht ge-
fremedne & wisne onfunde & gemette. **Or.** 26, 17 Mauritania
hyre is be eastan Numedia; *ähnlich* 28, 18; 30, 10 and he
Ninus Soroastrem Bactriana cyning, se cuðe manna ærest dry-
cræftas, he hine oferwann; 36, 10 se cyninge Theuhale ealle
þa þe to him mid scypum oðflugon . ., he hi þær onfenge; 42,
2; 156, 1 þa he hie ascade his godas; 210, 5; 234, 13 on
þære tide Pincente þæt folc & Uestine & Marse & Pe-
ligni & Marrucine & Somnite & Lucani hie ealle gewearð
him betweonum *(vgl. § 103, S. 222 o.)*; 244, 15. **Cp.** 70, 21 swæ
eac sio gitsung ðæt mod ðæt hio gebindeð mid ðære lustfulnesse hio hit gewundað; 309, 11 ond eft ðæm gifrum suiðe
hrædlice him willað fylgan leohtlicu weorc & unnyt; 425, 26 ða
gedrefedan heortan & ða geeaðmeddan ne forsihð hi
næfre Dryhten; *usw.* **So.** 172, 17 ælcne þara ðe ic ma lufige
þonne oðerne, ic hine lufige . . .

*Das Wort, das vom Fürworte aufgenommen wird, steht dann oft
vollständig frei vor dem Satze, und zwar in den meisten Fällen
sogar im Nominativ statt in dem erforderlichen Kasus:* **Be.** 521, 5
hwæt he Eadwine æfter þon ðe he seofontyne wintra Angelðeode . . forewæs — of ðæm wintrum he syx wintra Cristes rice
campode — ða won wiþ hine Cadwalla; 572, 34 se ðridda is
ðætte ða mynster ða ðe Gode gehalgode syndon, nænigum B.'
alyfed si in ænigum ðinge hi geunstillian, ne owiht of heora
æhtum ðurh nydnæme ongeneoman; 594, 37 ond seo foresprecene Cristes ðeowe Hilde Abbudisse, ealle ða ðe hi cuþan for
arfæstnesse tacne & Godes gife gewunedon hi moder cygean &
nemnian; 646, 37 Bryttas ðonne ðeah ðe hi . . . . Ongelðeode
& ðone steall ealre riht gelyfedre Godes cyricean . . . . afuhton,
hwæþere him is . . . . . wiþstonden þæt hi . . . . . . **Or.** 12,
16 seo Ægyptus þe us near is, be norþan hire is þæt land
Palastine; 24, 7 seo us fyrre Ispania, hyre is be westan

garsecg; *ähnlich* 26, 21; 28, 21 Balearis þa tu igland, him is
be norðan Affrica *(wo natürlich* suðan *zu lesen ist, wie auch
Sweet angibt)*; 72, 13 & eac þa geata þe hie ut of Romebyrig
. . . ferdon, him mon ascop þa noman þe hie giet habbað; 94,
14 ðær wæs gesiene Godes irre, þa hiora ærenan beamas &
hiora anlicnessa, þa hie ne mehton from Galliscum fyre
forbærnede weorþan, ac hi hefenisc fyr æt ðæm ilcan cyrre forbærnde; 98, 2 þætte þa þe ær ute oþra ðeoda anwalda girndon,
him þa god þuhte . . .; 100, 28 on þæm dagum geweard þætte
Wulchi & Falisci, þe ær wæron . . . wið Romane winnende,
þæt hi *(d. h. die Römer)* hie þa oferwunnon & heora land ofer-
hergedon; 188, 26 & Athium þæt folc him geþuhte; 204, 6
& ealle þa Romaniscan men þe Hannibal on Crece geseald
hæfde, him bebead se consul; 244, 14 & ealle þa gesetnessa
þe þær to stronge wæron & to hearde, he hie ealle gedyde
leohtran & liþran. **Bo.** 60, 3 ac þa eowre welan þeah hi . .
eowre sin, ne þincþ eow no þy raþor heora genoh; 212, 20 þæt
se God ðe fæder is & fruma eallra gesceafta, þæt him ahwonan
utane come his seo healie godnes. **So.** 186, 20 ælc þara ðinga
þe ic swiðost lufige, þa hwile þe ic hyt swiðost lufige, ne an ic
hys nanum men butan me selfum.

7. Hit *findet sich bei folgenden unpersönlichen Zeitwörtern:*
    dagian, *tagen.* **Be.** 524, 26 sona on morgenne swa hit da-
gian ongan; *ebenso* 532, 2.
    gebyrian, *geschehen.* **Cp.** 431, 27 swa hit gebyreð ðæt ðæt
mod slæpð; *usw.* **Bo.** 82, 7 þa gebyrede hit swiþe hraþe þæt
he wearþ gebunden; 106, 8; 108, 14; 136, 15; 254, 11. **So.**
188, 32 gyf hyt æfre geberað þæt þu hi swa clæne forlætan mæht.
Ps. 4, 5 þeah hit gebyrige þæt ge onwoh yrsien.
    gedafenian, *geziemen, passen.* **Or.** 38, 3 swa hyt eac well
gedafenode þæt God ða mæstan ofermetto geniðrode. **Cp.** 172,
17 ne gedafenað hit no, ðæt we . . . .
    gelimpan, *geschehen.* **Be.** 477, 12 ða gelamp hit . . ., þæt
he . . .; 501, 6; 528, 25; 529, 14; *usw.* **Or.** 62, 11 hu emnlice
hit gelomp ymb ðas tu heofodricu. **Cp.** 196, 11 hit gelomp . .
ðæt he . . . . **Bo.** 4, 13 ða hit ða gelomp; 260, 8.
    gerisan, *passen.* **Ps.** 32, 1 rihte hit gerist þæt hine ealle
rihtwillende emnlice herian.
    getydan, *geschehen.* **Bo.** 80, 29 þa getydde hit þæt Ercules
. . com to him.
    geweorþan, *geschehen.* **Or.** 108, 24 þa geweard hit . . .
þætte . . .
    hagalian, *hageln.* **Or.** 104, 20 on sumre tide hit hagalade
stanum; 234, 6 hit hagolade seofon niht.
    rinan, *regnen.* **Be.** 516, 17 swa gelic swa ðu . . . sitte,

... & hit rine & sniwe & styrme ute. **Or.** 268, 16 þæt hit
swa swiðe rinde þæt hie hæfdon wæter genog.
sniwan, *schneien*. **Be.** 516, 17 (*vgl*. rinan).
styrman, *stürmen*. **Be.** 516, 17 (*vgl*. rinan).
tocuman, *geschehen*. **Cp.** 354, 10 þæt hie him ne ondræden . . . ., ðonne hit tocymð ðæt hie hit sprecan sculon (= *wenn
es dazu kommt*).

Ferner steht hit *bei folgenden unpersönlichen Wendungen:* hit
is cuð, *es ist bekannt* (z. *B*. **Cp.** 168, 12), hit is cynn, *es ist
geeignet* (**Cp.** 194, 20; 407, 15;), hit is god, *es ist gut* (**Be.**
471, 16;), hit is scondlic, *es ist schändlich* (**Or.** 48, 4; 108, 24
þeh hit me scondlic sie; *Thorpe:* though I feel shame), hit bið
swutol, *es ist klar* (**Cp.** 152, 4), hit is þearf, *es ist nötig* (**Or.**
274, 20; **Cp.** 74, 22; 78, 20; 138, 10; 461, 10), hit is þeaw,
es ist Sitte, Gebrauch (**Or.** 156, 21), hit is ceald weder, *es ist
kaltes Wetter* (**Or.** 286, 31); — is nyd, *es ist nötig* (*ohne* hit:
Be. 491, 7).

Eigentümlich ist die Stelle: **Or.** 128, 24 forwurdon lytle ær,
swa hit her beforan sægð, nigantiene hund M monna; *L. hat:*
beforan an; *ich glaube, es entspricht unserm deutschen: „wie es
oben heifst".*

Über das Fehlen von hit *bei unpersönlichen Zeitwörtern vgl.
§ 227, auch § 76.*

§ 238　　　**8.** Hit *steht zuweilen, wo das Wort, welches es aufnimmt,
anderes Geschlecht hat:* **Be.** 490, 21 forþon seo lufu is aa
on ðam mode to healdanne & hit þæt gemet ðære ðrea dihtaþ
& findeþ (= haec ergo caritas in mente tenenda est, et ipsa modum correctionis dictat). **Or.** 142, 22 Alexander XII gear þisne
middangeard under him þrysmde & egsade & his æfterfolgeras
feowertiene gear hit siþþan totugon & totæron; 264, 6 feng Do-
mitianus to Romana onwalde . . . . & hit hæfde XV gear;
ebenso 284, 13.

§ 238ᵃ　　　**9.** *Die Genitive der persönlichen Fürwörter erscheinen an
folgenden Stellen in ihrem wirklichen Sinne gebraucht, nicht als
zueignendes Fürwort (vgl. § 245 ff.):*
a. **min: Be.** 619, 43 neosode he min eft & cunnade. **Cp.**
8, 13 siððan min on Englisc Ælfred kyning awende worda gehwelc
(*Sweet:* afterwards king Alfred translated every word of me into
English); 22, 10 ic min mað; 150, 21 næron ge no min gemunende; 328, 5 ge min noldon fandian; 362, 3 min mon eht. **Bo.**
28, 29 hwi murcnast þu wið min; 380, 24 swiþe wel ðu min hæfst
geholpen. **Ps.** 7, 1 þe min ehtað; *ebenso* 9, 14; 12, 1 wilt þu
min forgitan; 16, 11 hy sætiað min; 21, 16 hy min hawodon;
24, 6 beo þu min gemyndig; 25, 2 fanda min; 29, 1 þu ne lete
mine fynd min fægnian; 34, 16 fandodon eft min; *ebenso* 40, 6;

39, 20 Dryhten min gymð; 41, 11 hwy forgitst þu min; 49, 11
min synt ealra wnda wildeor.

b. **þin**: Cp. 409, 33 *(refl., s. § 241).* Bo. 16, 16 hwonan
ic þin tilian scyle; 64, 12 ne magon ne þin gehelpan; 66, 4 hætte
nan þara goda þin nis *(in solchen Fällen ist der Übergang ins
zueignende Fürwort erkennbar).* So. 169, 21 ic wes geo þin;
171, 31 hie wondrie þin; 177, 7 *(vgl. h.);* 182, 29 ic ðin sandige.
Ps. 5, 12 fægnian þin ealle; 6, 4 þin ne gemunan; 38, 9 hwæs
anbidie ic butan þin; 41, 7 ic eom gemyndig þin.

c. **his**: Be. 489, 15 nænig . . . owiht his beon on sundran cwæþ; 591, 2 ðe his gymenne dyde; 595, 3 þa sohte heo
hine mid ealre geornfulnesse, & nænige swaðe his owhwær ætywde
(= nullumque ejus uspiam vestigium apparuerit; *Miller:* owern
æteowdon). Or. 48, 25 his nane note ne hæfdon; 106, 33 þæt
seo dæd his nære; 114, 32 hie his sciran ne dorstan; 126, 14;
134, 14; 142, 13; 170, 24; 186, 24; 200, 15 hie his ænne ende
onbrerndon; 206, 29 *(vgl. § 37. Anm);* 218, 21, 34; 240, 22;
256, 5; 280, 11. Cp. 8, 16 hie his sume ðorfton; 32, 10 se
apostol his stirde; 19 þæt we his to swiðe ne gidsodon; 34, 14
he fleah ðæt rice & tealde hine selfne his swiðe unwierðne; 36,
5 he his wel geweald ahte; 38, 7 his wundriað; 44, 6 he his healp;
54, 10 he his striend; 138, 2 þe his beoð; 19 his man ðeah
ne gefret; *ähnlich* 21; 166, 4; 196, 14; 206, 2; 240, 14; 270,
3; 376, 19; 389, 2; 391, 24. Bo. X, 24 hi wendon his beteran
þonne he wære; 102, 21 wolde . . . his sandigan; *ähnlich* 118,
28; 116, 22 ic his wæs swiþe wasfende; 142, 2 þeah ic his miþe;
154, 28 þeah þu his wene; 194, 28 his me nan man gedweligan
ne mæg; 320, 22; 352, 21; 362, 29; 380, 6. So. 169, 30 hu ys
(= his?) ic scile tocuman; 173, 11 ic hys gelife; 30; 176, 29;
178, 34; 180, 4; 181, 3, 31; 183, 2; 187, 20 þe hys geornful
byt; 189, 11. Ps. 4, 8 þeah hi his ðe ne ðancien; 5, 5 his ne
hreowsiað; 9, 29 settað his digollice; 16, ü. þe his ehton; 36, 23
ne wyrð he gebrysed, ne his nan ban tobrocen. Le. 82, 20
þolige his se þe hit ær ahte; 84, 22 gif mon . . . . his eft geswican wille.

d. **hiere**: Be. 545, 20 he hyre ne gymde. Or. 228, 21
gif hiere ænig mon ceapode. Cp. 70, 16 gif hiere ne bið sona
gestiered; 76, 1 gif hio hiere onhrinð; 356, 11 ðeah hiere mon
ne recce; 405, 12 recce he hiere æfre ma. Bo. 110, 9 þe hire
brycþ. Le. 58, 12 gif he hire ne recce.

e. **ure**: Cp. 46, 4 ðæt he ure gehulpe; 232, 12 ðæt bið
ure ðæt ðæt we lufiað; 407, 15 *(refl., s. § 241).* Bo. 36, 4 ðe
he ure þe onkænde. Ps. 11, 9 heora sy mycle ma þonne ure.

f. **eower**: Cp. 222, 18 þa þe eower ehtað.

g. **heora**: Or. 88, 5 þær heora þa ne gehulpe þa þær æt
ham wæron; *ähnlich* 98, 15; 268, 14; 140, 29 heora ungemet
ofslog; 146, 33 he heora . . . onfeng; 186, 7 he heora self on-

seon nolde; 272, 26. **Cp.** 4, 21 hi hiora þa nanne dæl noldon
. . . wendan; 6, 5 sumne dæl hiora; 22, 14 þæt hira nan ðara
ne wilnige; 96, 1; 136, 16; 152, 15; 304, 2, 6; 413, 22; 427,
4; 433, 30. **Bo.** 24, 22 þeah þu heora bruce; 54, 24 hio hiora
simle bið ðurstegu; 60, 13 heora to wundrianne; 118, 14; 166,
20 *(refl.)*; 228, 28; 274, 14; 354, 27. **Ps.** 2, 9 þu heora wylst;
6, 8 *(refl., s. § 241)*; 11, 9 *(vgl. e.)*; 34, 13 heora nolde onfon
se Dema; 39, 14; 48, 1, 14.

h. **incer: So.** 177, 7 hlaford is incer beigra wealdend ge
ðin ge þæs hlafordes þe . . .

§ 239   10. *Eine Verstärkung und Hervorhebung des persönlichen
Fürwortes, besonders um den Gegensatz zu anderen zu bezeichnen,
geschieht durch Hinzufügung von* self; *die Formen sind verschieden.*
a. self *stimmt in Geschlecht, Zahl und Kasus mit dem
persönlichen Fürworte selbst überein; es wird
α) meist stark abgewandelt:* **Be.** 471, 10 ic ðe sende þæt
spell . . . . . ðe sylfum to rædanne & on emtan to smeageanne
*(es läfst sich hier nicht genau feststellen, ob ðe sylfum hier nur
Wiederholung des ðe sein soll, oder ob es sich reflexiv auf die In-
finitive bezieht; das Letzte scheint namentlich der Stellung halber
wahrscheinlicher)*; 472, 26 & syþþan þæt ic sylf ongeat, ne let
ic þæt unwriten; 484, 36 ðætte se ylca biscop . . . . þa brynas
ðara husa adwæscte, & he sylf ðurh gesihþe fram his adle wæs
gehæled; 486, 5 he æhnihtigne God bæd, þæt he hi mid his
gife gescylde, & þæt he him sylfum forgeafe; 487, 37 æfter ðon
þe hi lærdon hi sylfe ðurh eall lifdon; 517, 18 fordyde ða wigbed ðe he sylf ær gehealgode. **Or.** 3, 14 hu he Darius þone
cyning oferwon, & hu he self wearð mid atre acweald; 17, 33
he nyste hwæt þæs soþes wæs, forþæm he hit self ne geseah;
48, 21 for hiora hwætscipe iowra selfra *(vgl. Grimm, Gr. IV.
360)* anwaldes eoweres unþonces habban mehton; 54, 7 ealne his
here gefliemdon, & hiene selfne gefengon; 58, 17 hit God . . . .
wrecende wæs, ærest on him selfum & siþþan on his bearnum;
62, 29 hit þeh God for heora cristendome ne gepafode, naþer
ne for heora caseras ne for heora selfra *(der dreimalige Kasuswechsel bei* for *ist sehr auffallend; es wird wohl* caseres *zu lesen
und* cristendome *am Schlusse zu ergänzen sein?)*; 74, 25 swelce
heo self sprecende sie; 78, 18 he self þonan gewat; 82, 26 hie
selfe eac fleonde wæron; 152, 26 sume he self ofslog, sume an
gefeohtum beforan him selfum mon ofslog; 220, 11 þonne hie
from gesælgum tidum gilpað, þonne wæron þa him selfum þa
ungesælgestan; 280, 5 & he self Dioclitianus for on Ægypte;
296, 25 swa swa ge selfe sædon; *usw. Hierher gehören auch
die Fälle, wo* self *im zweiten Gliede einer verbundenen Satzreihe
allein ein Fürwort oder Hauptwort wieder aufnimmt:* 106, 32 ac
he ægðer fleah ge þa dæd ge þa sægene, & eac self sæde þæt

sco dæd his mœre; 116, 24 þeh þe Scippie hæfdon maran mon-
menic & self hwætran wæron (C: hy selfc!); 134, 12 þa wundrade Alexander hwy hit swa æmenne wære, & hrædlice þone
weall self oferclom; 208, 34 ac hit Scipia oftrædlice ham onbead þæt hie hit ne angunnen, & eac self sæde þæt . . . .
Cp. 4, 5 þa þe we hit nohwæðer ne selfe ne lufedon ne eac
oðrum monnum ne lifdon; 30, 14 ac hi woldon selfc fleon; 36,
1 se ilca se monegum yflum wið hine selfne forworhtum ær gearode, he . . . .; 38, 17 þe ic self atimbrede; 40, 1 þæt he nysse
self ðæt he man wæs; 58, 21 naðer ne hie selfe on ryhtne weg
gan noldon, ne oðrum gedafian; 130, 12 Moyses, se þe wæs
Gode swæ weorð ðæt he oft wið hiene selfne spræc; 370, 7 nat
ðæt he self bið gewundod. Bo. XII, 11 hu se Wisdom hæfde
getæht þam Mode þa anlicnessa þara soþena sælþa, wolde hi þa
selfe getæcan; 14, 8 ne gebrohte ðe eac nan oþer man on þam
gedwolan butan þe sylfum; 110, 5 hio hit gecyþ self. So. 164,
21 ða reahte he hys mod . . . . ealles swyðust ymbe hyne sylfne
hwæt he sylf wære; 167, 15 ðu þe oferswiððest ðonne dead, þæ
þu sylf arise & eac dest þæt ealle men arisað. Ps. 9, 30 þonne
aginð he sylf sigan; 13, 7 hie wilniað . . . oþera manna unsælþa,
& him cymð sylfum þæt ylce. Le. 58, 11 gif he wif self hæbbe;
60, 16 gif hwa slea his þone nehstan . . ., begite him læce &
wyrce his weorc þa hwile þe he self ne mæge; 24 sie he self
beboht; 62, 28 gif he hit self stæle; . . þæt hit self acwæle (=
daſs es von selbst stirbt).

β) Selten, und nur im Nominativ, kommen schwache Formen vor, und zwar nur im Be.: 489, 36 ðu sylfa canst ðeaw &
gewunan ðære Romaniscan cyricean; 493, 14 ðu þæt sylfa leornodest; 501, 28 he sylfa ða gyt ne wæs B.' geworden; 510, 32
he sylfa; 517, 2 ic sylfa.

γ) Nur dreimal kommt eine ungebeugte Mehrzahlform vor:
Be. 472, 17 fram ðam broþrum ðæs mynstres ðe hi sylf astemnedon. Or. 96, 6 ægðer ge hie self wendon ge ealle ða neah-
þeoda þæt hie . . . .; 186, 7 he heora self onseon nolde (vgl.
§ 22. 1.). Vgl. auch Or. 116, 24 (s. u.).

b. Wie schon aus einigen Beispielen unter a. zu ersehen ist,
braucht die Verstärkung self nicht unmittelbar neben dem persönlichen Fürworte zu stehen, sondern kann von ihm getrennt sein.
So sind nun namentlich auch Fälle häufig, in denen ein Dativ des
persönlichen Fürwortes zwischen dem persönlichen Fürwort und dem
es verstärkenden self steht; das persönliche Fürwort steht in diesen
Fällen immer im Nominativ, self aber ist entweder Nominativ oder
unflektiert. Der Dativ steht in der Regel unmittelbar vor self,
von dem Nominativ des persönlichen Fürwortes können aber beide
durch mehrere Wörter getrennt sein. Über diese Verbindung sind
die Ansichten geteilt; die verschiedenen Grammatiker haben sich
verschieden darüber geäufsert; man vgl. besonders Grimm, Gr. IV.

S. 360 f., Mätzner, Gr. III. S. 10 u. 21., Koch, Gr. II.[2] § 324, Voges, Anglia VI. S. 328, Anm. 1., Einenkel, Pauls Grundrifs I. S. 925, B. Schrader, Ælfric-Syntax, S. 61/2, Bock, a. a. O., S. 16 f., Penning, Reflexive Pronouns, S. 22 f. Ich selbst nehme Folgendes an: Ursprünglich ist der Dativ sicher immer ein reflexiver oder ein ethischer Dativ gewesen, und self gehörte als Verstärkung allein zum vorhergehenden Nominativ des persönlichen Fürwortes; besonders aber der Umstand, dafs sich dieser Dativ häufig auch findet, wenn der Satz ein Zeitwort enthält, bei dem ein reflexiver — selbst wenn er ganz pleonastisch aufgefafst wird — oder ein ethischer Dativ gar zu auffallend wäre, bestärkt mich in der schon früher (Engl. Stud. XVII. S. 111) geäufserten Ansicht, dafs das Gefühl dafür, dafs dieser Dativ ursprünglich reflexiv war, zu Alfreds Zeiten schon so merklich im Absterben begriffen war, dafs man den Dativ zu self zog und dieses Ganze als Verstärkung des Nominativs des persönlichen Fürwortes betrachtete, wie es im Me. und noch im Ne. durchaus der Fall ist.

Ich sondere daher die Beispiele in solche, bei denen him noch leicht als wirkliches zum Zeitworte gehöriges reflexives Fürwort zu fassen ist; und in solche, bei denen m. E. das Reflexive schon verloren gegangen ist.

α. Beispiele, bei denen vielleicht noch das him wirklich reflexiv zum Zeitworte zu ziehen ist, und zwar gewöhnlich als Dativus commodi oder ethicus:

αα. **Be.** 483, 38 sædon, nemne hi him maran andlyfne sealdon, þæt hi woldan him sylfe niman & hergian ðær hi hit findan mihton; 546, 9 on þæt mynster eode ðe he ær him sylf getimbrode *(andere Lesart:* in mynster eode, ðæt he him seolf ær getimbrade; *hier legt das Lateinische „quod sibi fecerat" es nahe, an reflexives Fürwort zu denken).* **Or.** 42, 11 hu he his agenne sunu his godum to blote acwealde, & hine him sylf sið-ðan to mete gegyrede (= *er selbst bereitete ihn zur Speise, und zwar für sich selbst; vgl. Bock, a. a. O., S. 17);* 66, 6 Numctor . . ., þone he eac ofslog, ða he cyning wæs, & him self siþþan to ðæm rice feng *(vgl.* 262, 10 hiene ofslog Othon . . & him to þon anwalde feng); 112, 19 hie woldon of ælcerre byrig him self anwald habban.

ββ. Ganz deutlich wird es **Or.** 100, 27: gif his hwa sie lustfull mare to witanne, sece him þonne self þæt, *wo* him *also noch von* self *getrennt, aufserdem* he *nur zu ergänzen ist.*

γγ. Diese Verbindung kommt auch vor, wenn der Nominativ nicht ein persönliches Fürwort, sondern ein anderes ist: **Or.** 20, 1 & þonne Burgenda land wæs us on bæcbord, & þa habbað him sylf cyning.

δδ. Auch auf einen Eigennamen kann sich diese Verbindung beziehen: **Or.** 294, 13 Ambogestes . . . gesette Eugenius to þæm

rices noinan, þæt he casere wære, & feng him self to þæm onwalde; 296, 6 Rufinus wolde habban him self þone anwold.

β. *Den reflexiven Sinn ganz verloren hat diese Verbindung
in folgenden Fällen:*

αα. Mit persönlichem Fürwort: **Or.** 260, 33 he het . . . onbærnan Romeburg . . . . & gestod him self on þæm hiehstan
torre; 290, 14 he cwæð . . . & him self leat forþ þæt . . . **Bo.**
14, 3 ic nyste hu feor, ær þu þe self hit me gerehtest; 60, 8
ðonne þu calle gedælde hæfst, þonne bist ðu ðe self wædla;
108, 16 heo nis nanes lofes wyrþe, forþam heo hire self gecyþ
þæt heo nanwuht ne biþ; 116, 8 hi . . . . forðoð calne þysne
middaneard, & weorþaþ him selfe to nauhte; 266, 16 hwæt, þu
miht ðe self ongitan, þæt þæt is to wundrianne. **So.** 188, 1
gyf he hale eagan hæfð, he mæg hymself hawian on ða sunnan;
201, 15 & ic hæbbe & (!) ic me sælf gesegen on hæalgum bocum gewritum ma þonne ic areccam mage.

ββ. Mit einem anderen Fürwort: **Cp.** 90, 11 ða scylde,
þe se him self ær nyste se hie ðurhteah: 324, 7 ðeah ne selle
mon to fela ðæm þe lytles ðyrfe, ðylæs hwa him self weorðe to
wædlan *(Sweet: lest we ourselves become poor; grade dieses
Beispiel scheint mir ganz deutlich zu zeigen, dafs him self zusam-
mengehört);* 425, 10 hu mæg se ðonne bion orsorg, se ðe him
self wat ðæt he gesyngað. **Bo.** 126, 23 þa wilniað oðer twega,
oððe him selfe riesian, oððe . . .

γγ. Mit einem Hauptwort: **Or.** 164, 3 nu Romane him
self þyllic writon *(Bock (a. a. O., S. 17) übersetzt: „da die Römer selbst solches über sich geschrieben haben“; das ist nicht richtig, vielmehr ist entweder* him *pleonastisch zu* writon *zu ziehen, oder*
himself *entspricht hier schon genau dem* ne. *Sprachgebrauche, wie
denn auch Thorpe übersetzt: that the Romans themselves wrote
. . .);* 194, 21 þa angeat Hannibal, & him self sæde, ðeh ðe
he wilniende wære & wenende Romana anwealdes, þæt hit God
ne geþafode; 230, 24 Marius & Silla geforan him self, & Cinna
wæs ofslagen *(Thorpe: died voluntarily);* 292, 28 se caldormon
hie betæhte lyþrum monnum to healdonne, & þuhte *(Thorpe
hat þohte, was hier besser pafst)* him self on scipun to farenne.

11. **Einzelheiten.**

a) *Das persönliche Fürwort nimmt ein vorausgehen-
des relatives Fürwort auf:* **Cp.** 304, 7 be ðæm se ilca Moyses ðe God self lærde, & hiene lædde ðurh ðæt westen, ...

b) *Das persönliche Fürwort nimmt ein vorausgehen-
des unbestimmtes „man“ auf; ich nehme wie B. Schrader
(a. a. O., § 63.) an, dafs* man man *hier schon als unbestimmtes
Fürwort, nicht mehr als Hauptwort aufzufassen hat; doch war
der Gedanke an die Entstehung des Fürwortes aus einem Hauptworte zur Zeit noch so rege, dafs man* man, *gleich als ob es noch*

ein Hauptwort wäre, durch he, *nicht durch* man *selbst wiederholte:*
Or. 40, 28 hwær is on ænigan cristendome betuh him sylfum
þæt mon him þurfe swilc ondrædan, þæt h i n e mon ænigum godum blote *(= daſs man fürchten muſs, daſs man e i n e n irgend-
welchen Göttern opfere)*; *B o c k (a. a. O., S. 14) zieht hieher noch*
50, 22 geþence þonne þara tida & nu þissa, hwæþre him bet licien,
und bezieht him *auf ein zu ergänzendes* mon *oder* he; *ich ziehe
das Letzte vor, das besser in den Zusammenhang paſst.*

c) *Das persönliche Fürwort wird v o n e i n e r A p p o s i t i o n
b e g l e i t e t:* **Be.** 538, 35 nemne God mc c a r m u m & u n w y r-
þum gemildsian wylle. **Or.** 48, 17 hu ungemetlice g e R o m-
w a r e bemurciað & besprecað þæt eow nu wyrs sie; 120, 1 ic
nat, forhwi e o w R o m a n u m sindon þa ærran gewin swa wel
gelicad; 182, 22 hu þyncð e o w (*C.:* nu) R o m a n u m hu seo
sibb gefæstnad wære; 212, 21 swa þæt e o w R o m a n u m nu eft
cuþ wearþ.

d) *Von w e n i g g e b r ä u c h l i c h e n F o r m e n erscheinen:*
α. usic: **Be.** 614, 10 usic æt lande gebrohte.
β. unc: **Be.** 607, 21 ne geseo wit unc ofer þæt; 617, 16
he unc geliðode. **Bo.** 36, 6 andwyrde unc nu; 208, 11 þæt unc
beswice ænegu leas anlicnes; 224, 30 bion unc þæs orsorge;
258, 6 be ðam Gode ðe wit unc gefyrn to gebædon. **So.** 181,
9 oððe on me oððe on þe oððe on unc bam; 188, 17 gyf unc
swa þince; 193, 3 buton hine god unc forgyfe.
γ. inc: **Bo.** 36, 11 þæt ic inc geandwyrdan ne mæg.

Z w e i t e A b t e i l u n g.

DIE REFLEXIVEN FÜRWÖRTER.

Litteratur:
G. E. P e n n i n g, A History of the Reflective Pronouns in
the English Language.   Leipziger Doktorschrift, Bremen 1875.

§ 241   1. *Als r e f l e x i v e s F ü r w o r t wird zunächst das p e r s ö n-
l i c h e gebraucht:* **Be.** 479, 22 ða Cristenan men . . ., ða ðe
hi ær on ða frecnan tid ðære ehtnysse on wudum . . . h i hyddon & digledon *(ich ziehe das erste* hi *zum relativen Fürwort*
ða ðe; *man könnte es auch als reflexives Fürwort betrachten, dann
wäre die Reflexion zweimal ausgedrückt);* 491, 24 þæt hi ahabban
h i fram swylcum unrihtum; 530, 26 ða ladode he hine & cwæþ;
567, 4 he him gebæd; 579, 24 ða ongan ðæs cynelican modes
mann him ondrædan; 588, 6 þæt heo . . . . . seldon on hatum
baþum h e o baþian wolde; 613, 26 ne we us naht elles ne wendan nemþe deaþes sylfes; *usw. usw.* **Or.** 1, 24 hu Uesoges . . .
wolde him to geteon þone suðdæl; 3, 9 he him geceas Bizan-

tium; 18 hu hi him heton gefeeccan to Escolapius þone scinlacan; 4, 27 hu Romane him gesetton tictator; 7, 11 hu Brettanie
namon Maximianum him to casere; 10, 18 buton þæm iglande
Taprabane, þæt hæfð on him X byrg; 17, 10 let him ealneweg
þæt weste land on ðæt steorbord; 26, 13 hi habbað be eastan
him þæt land Syrtes; 30, 30 ælene þara þe . . ., hio to hyre gespon for hyre geligernesse; 34, 34 hi . . . hy ealle to nydlingum him gedydon; 36, 20; 66, 10; 68, 1, 14; 70, 1; 92, 9 þa
gesawan hie Romana ærendracan on hie feohtende mid þæm
burgwarum; hie for þæm hie gebulgon; 94, 34 hi hie þa up
ahofon; 100, 27 sece him þonne self þæt *(vgl. § 239. b. a. ββ.)*;
108, 18 þa forlæg heo hie sona; *ebenso* 162, 32; 112, 32; 114,
9; 136, 29 *(vgl. § 242. Anm. 1.)*; 152, 24; 154, 15 hie namon
heora fultum mid him; 174, 32 & he gesette twa folc diegellice
on twa healfa his, & þridde beæftan him; 196, 10 þa ne mehton þa senatus nænne consul under him findan; 222, 13; 224,
4; 240, 18 & þær let þreo legian beæftan him; 242, 15; 246,
30 hio hie to deaþe gérede; 254, 12; 278, 21; *usw. usw.* Cp.
4, 2 ðæt ðu ðe þissa woruldðinga to þæm geæmettige swa ðu
oftost mæge; 24, 13 ða unwaran, þe him agniað ðone cræft;
26, 1 hi him onteoð þæt hi sin heortan læceas; 32, 15 ða se
hælend þæt ongeat, þa becirde he hi & gehydde hine; 34, 1,
16; 38, 8 þonne ahefð he hine on his mode; 42, 20 he hiene
ætiewde æfter ðære æriste; 58, 14, 19; 62, 17 healden hie hie,
. . . ðæt hie ne . . . *(= sie sollen sich so verhalten usw.)*; 144,
7; 332, 19; 354, 12; 407, 15 ðæt we ure scomigen; 409, 33
ðæt ðu ðin scamige; *usw.* Bo. VI, 2 þæt Mod . . . . sæde þæt
hit hit æghwonan ongeate scyldig; VIII, 6 sæde þæt hi hi woldon ahebban . . oþ þone heofon; XII, 18 hu se Wisdom herde
þæt Mod þæt hit sohte oninnan him þæt hit ær ymbutan hit
sohte; 60, 13; 124, 14 hit eall oðru god utan befehþ, & eall
oninnan him hæfþ; 202, 14 forþam se rodor hine hæfþ ælce
dæg utane *(Cardale und Fox übersetzen:* „for the sky extends
itself every day outwardly“; *Cardale giebt ferner folgende Anmerkung (S. 420):* „Lye (Dict. V. Utan.) renders this passage,
‚firmamentum ipsam quotidie circumdat‘, considering ‚hine‘ as re-
ferable to ‚corþe‘. But, as the latter word is of f. g. the verb
‚hæfþ‘ seems to be used with ‚hine‘ in a reflective sense. — Per-
haps instead of ‚ælce dæg‘, we ought to read ‚ælce wæge‘. “);
usw. usw. So. 166, 3 þu þe nelt þe eallunga geeowian openlice;
183, 11 & þe on nanum þincgum ne abysige ne ðe ne unæm-
tige to ðinum wyllan; 203, 3 þæt hy hi wið þæt warien; *usw.* Ps.
4, 9 þæt ic mote . . . me gerestan; 6, 8 sceamian heora forði
and syn gedrefede ealle mine fynd; 17, 23 ic me behealde wið
min unriht; 39, 16 scamien hiora, & ondræden him endemes;
45, 9 geæmetgiað eow nu; *usw.* Le. 58, 3 restað eow; 62,
41 ne wend þu þe no on þæs folces unræd; 64, 3 þa gesomno-

don we us ymb þæt; 78, 4 gif hie mon teo, geladie hi (= rei-
nige sie sich); 80, 1 gif beweddodu fæmne hie forlicgge; usw.
usw. Viele Beispiele finden sich auch in den Belegen der §§ 83 u. 84.

§ 242   2. Ein zweiter Vertreter des fehlenden reflexiven Fürwortes
ist das durch self verstärkte persönliche Fürwort (vgl.
§ 239. b.): Be. 474, 27 mid gefeohte him sylfum betwih hi
setl & eardungstowe geahnodon; 477, 15 he mid his sylfes
willum geþristade þæt he hine sylfne on geweald sealde; 485,
11 ðætte Bryttas sume tid gestildon fram utgefeohte, & hie sylfe
ðræston on ingefeohtum; 496, 10 ða wif .. in him sylfum sceolan
lichoman clænnysse healdan; 535, 3 monige men . . . ða stowe
sohton & ðær hælo gyfe him sylfum & heora freondum niman
ongunnon; 582, 32 ealle . . . woldon heo sylfe oððe offyllan oððe
adrencan; usw. Or. 40, 33 Perseus .... þære þeode operne
naman ascop be him syluum, swa hi mon syððan het Persi;
52, 7 he ða hiene selfne forbærnde; 66, 33 heo ða Lucretie
hi selfe for þæm acwealde; 76, 18 oð hi heora selfra lytel
geweald hæfdon; 82, 1 hu we .... mægen .... us selfum
betst word & longsumast æt urum ende gewyrcan; 11 þæt hie
ðæt gefeoht ærest mid him selfum þurhteon wolden; 98, 3 þær
hie mehten hie selfe æt ham wið ðeowdom bewerian; 22; 25
he ðær his selfes longe gemyndgunge gedyde; 128, 6; (138,
20;) 152, 7 he him selfum facade Mæcedonia anweald; 164; 5;
166, 21, 23; 190, 22; 212, 8; 222, 11; 246, 30;·260, 3; 284, 5.
Cp. 4, 22 ic þa sona eft me selfum andwyrde; 34, 7 on ðære
gesuntfulnesse mon forgit his selfes; on ðæm geswincum he sceal
hine selfne geðencean; 15; 36, 20 he .... forgit his selfes;
44, 12 we habbað .... swæ micle gieman urra nihstena swæ
swæ ure selfra; 94, 10 sio Soðfæstnes ðurh hie selfe clipode;
98, 1; 100, 1; 112, 9 ða ðu ðe selfum ðuhtest unwenlic; 130,
1; 144, 6; 192, 17 alies ðe selfne; 220, 5 ðæt we sceoldon
urra selfra waldan mid ðære geðylde; 7 we forlætað ðone anwald ure selfra (auffallend ist, dafs hier so dicht bei einander
einmal urra, das andere Mal ure steht; vgl. Sweets Anm. zu 63, 1
auf S. 478); 300, 5; usw. usw. Bo. 4, 3 ða ongan he smeagan
& leornigan on him selfum; 20 and ormod hine selfne ongan
wepan; 124, 5 ælc deaþlic man swencþ hine selfne mid . . .
ymbhogum. So. 164, 21 ða reahte he hys mod . . . . &
ealles swyðust ymbe hyne sylfne; 169, 4 ælc þara manna þe
hine silfne ongyt; 173, 28 hweðer ic me silfcne can; 29 þæt
man sceole lufian hys nehstan swa swa hyne sylfne; 182, 30
me ðincð þæt þu ne ongyte þe silfne. Ps. 11, 4 þa þe teohhiað
þæt hi scylen hi sylfe weorðian mid idelre spræce. Le. 62,
28 geladige hine selfne; 72, 4, § 1 gif he hine selfne triowan
wille; 106 þæt frið, þæt Ælfred cynincg and Gyðrum cyning . . .
gecweden habbað and mid aðum gefeostnod for hy sylfe and

for heora gingran. **Di.** 69 Gregorius ærest wæs sprecende be
him selfum.

*Anmerkung 1: Das reflexive Fürwort findet sich einmal
doppelt ausgedrückt, durch ein einfaches persönliches Fürwort und
durch ein mit* self *verbundenes:* **Or.** 130, 29 ac we witon georne
þæt hie nu ma for iergðe naþer ne durran, ne swa feor frið gesecan, ne furþon hie selfe æt ham et heora cotum hie *(om. in C)*
werian, þonne hie monn æt ham secð.

Anmerkung 2: Vertretung des reflexiven Fürwortes durch
self *allein (vgl. Penning, a. a. O., S. 19 f.) ist mir nicht aufgefallen.*

Dritte Abteilung.

DIE REZIPROKEN FÜRWÖRTER.

1. *Als reziprokes Fürwort wird das einfache persönliche* § 243
gebraucht: **Be.** 490, 34 oð hwylce cneorisse sculon Cristene men
mid heora magum him betwih on gesinscipe geþeoddle beon;
491, 8 is nyd þæt Cristene menn on ðære ðriddan cneorisse . . . .
him betwih wifian sceole; 502, 8 he ða ongon . . . . hi manigean & læran þæt hi rihte sibbe & lufan betwih him hæfdon;
503, 26 spræcon him betweonan; 528, 31 ða ðe oþþæt betwih
him ungeþwære & ungesibbe wæron; 561, 6 Oswio . . & Ecbyrht
. . hæfdon betwih him spræce; 580, 30 ða fengon ealdormenn
to ðam rice . . & betwih him gedældon; 585, 4; 607, 16; 36 ða
hi betwih him togangen wæron, þet hi ofer þæt lichomlicum
eagum hi ne gesawon. **Or.** 1, 8 hu Thelesci & Ciarsæthi . . .
him betweonum wunnon; *ebenso:* 22; 2, 8, 10, 19, 25; 5, 29;
32, 17; 50, 10; 56, 8; 70, 15 him betweonum aþas gesworan;
128, 1 of þære stowe for Alexander þriddan siþe ongean Darius,
& hie æt Tharse þære byrig hie gemetton (*Thorpe:* they met
each other); 144, 34; 35 longe ymb þæt siredon hwær hie hie
gemetan wolden; 230, 10; 232, 26 & him þa siþþan se feondscipe wæs betweonum weaxende; 280, 20 þa geweard hi him
betweonum; *usw. usw.* **Cp.** 92, 22 habbað ge sealt on eow, &
sibbe habbað betweoh eow; 98, 15 ne untreowsige ge no eow
betweoxn; 196, 7 betweohx him; 348, 12 læt in e geseman ær
ðu ðin lac brenge; 21 hu ða fuglas, þe him gelice bioð *(= die
einander gleich sind)* & anes cynnes bioð, hu gesibsumlice hie
farað; 360, 13; 362, 1; 393, 24 ðonne hie betwuh him ðenceað
hu hiera ægðer oðres willan don scyle; *usw.* **Bo.** 84, 28 hwelce
twa synd þonne wiþerweardran betwuh him þonne god & yfel;
114, 10 ða wiþerweardan gesceafta ægþer ge hie betwux him
winnaþ ge eac fæste sibbe betwux him healdaþ; 152, 18 ægþer
hiora biþ ðy forcuþra, gif hi hi gemetaþ (= when they meet with

each other); 174, 5; 330, 11; 356, 22 sio sunnc & se mona habbaþ todæled butwuht him þone dæg and þa niht. **Ps.** 16, 2 beforan þe sy se dom betwuh me and him, gescon þinc eagan þonc rihtan dom betwuh us; 33, 3 micliað Drihten mid me, and uppahebben we his naman betwuh us.

§ 244 2. *Auch das mit* self verbundene *persönliche Fürwort vertritt zuweilen das reziproke:* **Or.** 64, 16 hiora unmiltsunge þe hie to gode hæfdon, ge eac him selfum betweonum; 70, 4 Romane betux him selfum .. micel gewinn upahofon; 90, 9; 142, 12 Alexandres æfterfylgendas . . . hu hie hie selfe mid misscllican gefeohtum fordydon *(= einander);* 178, 5. **Cp.** 76, 5 geðencen hie ðonne betweoh him selfum, hu . . .; 210, 2 ða fortruwodnesse & ða anwilnesse an Corintheum Paulus ongeat swiðe wiðerweardne wið hiene & betweoh him selfum swiðe aðundenc & upahafene.

Über ælc — oðer, ægðer — *oðer und* oðer — oðer *als Vertreter eines reziproken Fürwortes vgl.* §§ *325, 349, 359.*

Vierte Abteilung.

DIE ZUEIGNENDEN FÜRWÖRTER.

Litteratur:

O. Breitkreuz, Ein Beitrag zur Geschichte der Possessivpronomen in der englischen Sprache. Erlanger Doktorschrift. Göttingen 1882.

Als zueignende Fürwörter erscheinen die Genitive *der persönlichen Fürwörter:* min, þin, user (ure), uncer, eower, *die stark, und* his, hire, heora, *die gar nicht gebeugt werden. Vgl.* Delbrück *in* Brugmann-Delbrücks *Grundriſs III. 1. S. 475 ſ.*

§ 245 1. *Die zueignenden Fürwörter der ersten und zweiten Person:* **Be.** 471, 12 ic getreowige on ðine geornfulnysse; 13 ðara mærena wera ure ðeode; 18 for ðinre ðearfe & for ðinre ðeode ic ðis awrat; 472, 34 for minum untrumnessum; 477, 19 þone forhycgend ura goda; 21 fram þam bigange ure æfestnysse; 483, 6 fram ures Drihtnes menniscnysse; 489, 10 ðin broþorlicnys; 514, 23 ðonne gemune ðu ðisse tide & uncres gespræces; 537, 31 mildsa ðu saulum ussa leoda; 540, 38 hu mycel of uncrum feo ðu Godes bearnum sylle; *usw.* **Or.** 1, 1 hu ure ieldran . . . . todældon; 2, 12 þæt ure Dryhten . . . gesceope; 8, 1; 24, 24; 48, 20 þa Gotan . . . iowre burg abræcon; *usw.* **Cp.** 4, 13 ure ieldran *(ich glaube nicht, daſs hier an einen komparativen Genitiv zu denken iſt, wie* Nader *vermutet (a. a. O., 1882, S. 5 u.), der*

Gebrauch des zueignenden Fürwortes ist schon zu sehr eingebürgert); 6, 20 æt Plegmunde minum ærcebiscepe; 36, 16 sunu min, ne todæl ðu on to fela ðin mod & ðin weore endemes; 38, 12 we magon monnum bemiðan ure (*H.:* urne) geðonc & urne willan; 42, 20 cyðað minum broðrum; 44, 10 sceogeað eowre fett; 12 we .. habbað ... gieman urra nihstena; 46, 4 to urre andweardnesse; 52, 17; 64, 18 astrecceað eowre agæledan honda & eowru eneowu; 24 ðin nosu; 84, 25 ðæt mod ðinra haligra; 90, 2 eowre witgan eow witgodon; 116, 17 on urum ingehygde; 192, 18 ðu eart on borg gegan ðinum friend; 272, 15; 354, 23 ðeah ðeos ... sib for ure cease gedrefed weorðe on ðara yfelena monna mode, ðæt hie ðeah on ussum (sc. mode) callunga gehealden sie; 25 eowres gewealdes; *usw. usw.* **Bo.** VI, 6 þæt is nu git þinre unrihtwisnesse; 12, 3 help nu þinum earmum moncynne; *usw. usw.* **So.** 164, 28 þæt hyt min sceadwisnes were; 165, 1 butan minum geminde; 2 þin gemind; 4 ne min ne nanes mannes (sc. gemind) nis to þam creftig *(hier ist der genitivische Ursprung noch deutlich zu erkennen);* 10 to þinum crefte; 22 for ðinre mildheortnesse; 166, 23; 167, 21 to urum wege; 168, 6 be þinre hese; 192, 34 þæt god si on uncrum fultume; 193, 1 þæt se geleafa ne si on uncrum onwealde; *usw. usw.* **Ps.** 3, 1 hwi synt swa manige minra feonda; 42, 3 send þin leoht and þine soðfæstnesse; 43, 1 we gehyrdon mid urum earum, and ure fæderas hit us sædon; 3 þin hand; 4 ure foregengan; 15 to bysmre urum neahgeburum; 45, 1 Dryhten ys ure gebeorg; 3 ure fynd coman .. to us; 46, 1 hebbað upp eowre handa; *usw. usw.* **Le.** 58, *Einleitung* ic eom Drihten þin God; 2 ne minne noman ne eig þu on idelnesse; 4 ara þinum fæder and þinre medder; 62, 34 ic eow .. slea mid minum sweorde, and ic gedo þæt eowru wif beoð wydewan and eowru bearne beoð steopcild; 64, 3 þæt ure geferan sume mid urum wordum to eow comon ... and eowra sawla ma forhwerfdon þonne hie gerihton; 106, *Einleitung* þe Godes miltse recce oððe ure (sc. miltse) *(auch hier erkennt man wieder den genitivischen Ursprung dieser Fürwörter);* 1 ærest ymb ure landgemæra; *usw. usw.* **Di.** 68 ic sohte and wilnade to minum getreowum freondum; 69 on minum mode.

2. *Die zueignenden Fürwörter der dritten Person:* **Be.** 472, § 246 27 on oþre bec his dæda his lifes; 474, 32 ne scypene his neatum ne timbreþ; 476, 30 heora blod aguton; 477, 2 he sona bysene his geleafan & arfæstnesse onhyrian ongan; 25; 481, 27 fram heora feondum; 527, 37 & ða heora ealra dome gedemed wæs (eall *steht im Genitiv, weil auch* heora ursprünglich ein solcher *ist);* ebenso 626, 19 mid heora ealra geþafunge; *usw. usw.* **Or.** 1, 4 his ewen; 12 hu hie siþþan ealra hiora wæstma þone fiftan dæl . . . heora cyninge . . . gesellað æfter his gesetnesse; 10, 32 heora norðgemæro sindon æt þæm beorgum; 17, 1 Ohthere

sæde his hlaforde; 36, 20 æfter hys dæge; 64, 24 mid his hiwunge & his geferena *(vgl.* So. 165, 4 *in § 245)*; 72, 29 an his
ðegna; 33 þæt hie mehte wifmon be hiere cneowe oferwadan
(hiere *bezieht sich auf das natürliche Geschlecht von* wifmon);
142, 24 seo leo bringð his hungregum hwelpum hwæt to etanne
(ebenfalls Wechsel des Geschlechtes; vgl. Bock, a. a. O., S. 21 o.);
232, 7 þa mænde þæs consules folc to him heora þurst (heora,
weil folc *Sammelname ist*); *ähnlich* 252, 12 wæs þæt norþmeste
(sc. heafodrice) micliende; .. þæt gestod ... from heora ærestan
cyninge Canone oþ Perseus heora æftemæstan; *usw. usw. Wenn*
call *dazutritt, ist der genitivische Ursprung stets deutlich zu erkennen, so* 140, 18 mid heora ealra fultume; *aber auch in folgenden Fällen:* 130, 24 Clitus, se wæs ægþer ge his þegn ge ær
Philippuses his fæder; 31 hienende wæs ægþer ge his folc ge
oðerra cyninga; 166, 20 ægþer ge his agene heardsælða ge
calles þæs folces. **Cp.** 2, 1 his wordum; 5 Gode & his ærendwrecum hirsumedon; 6 hiora sibbe ge hiora sido ge hiora anwald;
14 hiora ðenunga; 4, 16 mon mæg giet gesion hiora swæð; 24,
6 on his mode; 28, 7 Crist self cwæð on his godspelle; ....
sin hira eagan aðistrode ... & hira hrycg simle gebigged; 42,
21 ðone rim his gecorenra; *usw.* **Bo.** II, 17 ælc mon sceal be
his andgites mæðe and be his æmettan sprecan; IV, 25 gif he
heora þegen beon sceolde; VI, 10 mid hire leohte; 2, 3 miþ heora
cyningum; *usw. usw.* **So.** 163, 11 gefeðrige hys wænas; 21 for
heora ealra earnunge; *usw.* **Ps.** 1, 1 ne on heora wolbærendum
setle ne sitt; 2 his willa byð on Godes æ, and ymb his æ he byð
smeagende; 4 his wæstmas; *usw. usw.* **Le.** 58, *Einleitung* ic þe
utgelædde of Ægypta londe and of hiora þeowdome; 11 sie hio
and hire bearn þæs hlafordes; .... þurhþyrlige his eare mid
æle; 60, 14 his fæder oððe his modor; 66, 3 men þa wilniað
heora sawla sellan for Dryhtenes naman; 106, 1 ærest ymbe
heora landgemæra; *usw.* **Di.** 69 Gregorius spræc to his diacone.

*Anmerkung: Der genitivische Ursprung dieser Fürwörter
wird auch namentlich dann deutlich, wenn sich ein Relativsatz darauf
bezieht, z. B.* **Be.** 515, 26 þæt ðu onfo his geleafan & his beboda
healde, seþe ðe .... generede; *mehr Belege finden sich in § 278.*

3. *Die Stellung des zueignenden Fürwortes.*
A. *Es steht allein bei einem Hauptworte, und hat dann seinen*
Platz:
a) *Gewöhnlich vor dem Hauptworte. Belege in den §§ 245/6.*
b) *Aber auch zuweilen hinter dem Hauptworte, wobei dann
wieder der genitivische Ursprung deutlich zu Tage tritt:* **Be.** 606,
38 lufa Drihten God ðu ðinne (*Miller:* lufa ðu þinne D. G.).
Cp. 36, 16 sunu min, ne todæl ðu on to fela ðin mod; *ebenso*
192, 3; 252, 2; 272, 8; 286, 11.
c) *Durch ein Adverb getrennt sind Fürwort und Hauptwort:*

Be. 60i, 39 ðylæs .... his semninga yrre us ðreage (*Miller:* his yrre semninga). *Vgl. §§ 249. b. Anm., 250. c. Anm.*

B. *Das zueignende Fürwort steht auch häufig in Verbin-* § 248 *dung mit dem Artikel bei einem Hauptworte; der Artikel hat dann seinen Platz:*

a) *Vor dem Fürworte:* Be. 502, 24 ða his gesacan: 513, 29 ða eode se his freond onweg fram him; 549, 28 betwyh ða his geseagone (*B.:* gesawene) (= inter dicendum); 559, 14 gemette he ðone his gepoftan shependne; 17 ða onbræd se his gepofta; 576, 3 ic geseo ðis hus mid swa mycele leohte gefylled, ðætte þæt eower blaccern & leoht me is eallinga ðystre gesewen; 629, 8 se min latþeow; *ebenso* 40; 644, 43 he geseah ða his gehyrend ðone Eastorðæg onfon (= suos auditores). Or. 56, 31 se heora cyning ongan ða singan. Cp. 146, 10 swelce sio hiera lufu sie sum weg; 15 þa his lufe ne sece he no; 188, 17 ðæt se hiera folgoð hiene ne oðhebbe; 300, 10 se ure feond; 12 se ure Aliesend; 360, 19 ða his folgeras; *usw.* Bo. 32, 4 ða mine þeowas; 40, 17 þa mine sælþa; 46, 6 þa mine sælþa and se min weorðscipe; 50, 5 gif he ænigne dæl hæfde þara þinra gesælþa; 58, 4 se þin wela *(Hüllweck (a. a. O., S. 44 u.) meint, se sei an dieser Stelle „reines Demonstrativpronomen", auch Cardale und Fox pflegen „this thy wealth" u. ä. zu übersetzen; möglich ist es immerhin; ich verweise aber auf die weiter unten folgenden Stellen mit þis (s. in § 250 Cp., So., Ps.), wo dieses ganz in dem Sinne des heutigen hinweisenden Fürwortes gebraucht ist.);* 60, 2 þa eowre welan; 74, 24 se eower wela; 96, 3 se eower gilp; 98, 11 se eower hlisa; 118, 11 ymbe þone læcedom þara ðinra lara; 160, 2 ða eowre gesælþa; 200, 18 wundorlic is þæt þin gepeaht; 226, 1 þæt his god & sio his gesælþ him nahwonan utane ne com; 288, 15 swiþe anlic þara his þegna sumum. So. 184, 2 ic wolde witan hwæðer si (= seo) þin ealde gytsung & seo gemæhð eallunga of ðinum mode astyfcod were; 196, 14 hu þincð þe nu gyf se þam (= þin) hlaford ðe hwile spel segð.

b) *Seltener hinter dem Fürworte, und zwar mit Ausnahme der Stelle im Bo. nur dann, wenn das Hauptwort ein substantiviertes Eigenschaftswort ist:* Be. 483, 3 heo sona ærest heora ða wiþerweardan feor adrifan; 548, 17 þæt we ða mod abylgean ura ðara nyhstena on idlum ðingum. Cp. 389, 20 gehæle me ðin sio swiðre. Bo. 170, 13 he geseeop men on corþan, gegaderode ða saula & ðone lichoman mid his þam anwealde. Ps. 4, 4 God gemyclade his ðone gehalgodan; 19, 6 we ongitað þæt Drihten wile gehælan his þone gesmyredan and ðone gehalgodan. Le. 60, 13 gif hwa ..... ofslea his þone nehstan: *ebenso* 16.

C. *Wenn ein Eigenschaftswort oder Partisip, der Arti-* § 249

*kel und ein zueignendes Fürwort zu einem Hauptworte treten,
so ist die Stellung wie folgt:*
    a) *Artikel — Eigenschaftswort oder Partizip — Für-
wort — Hauptwort:* Be. 510, 19 se foresprecena heora cyning
Edwine; 514, 30 ða com eft to him se foresprecena his freond;
539, 46 mid ðy foresprecenan his ðegne; 601, 31 se arwurþa
min efenmæssepreost Eadgyls *(vgl. Hüllweck, a. a. O., S. 45 o.);*
609, 6 se arwurþa his foregenga Cuþbyrht. — *Hierher gehört auch:*
511, 38 & ða ylcan his dohter Criste to gehalgianne ðam B.' to
wedde gesealde (= eandem filiam suam, *von der vorher die Rede
war*).
    b) *Fürwort — Artikel — Eigenschaftswort oder Par-
tizip — Hauptwort:* Be. 473, 6 be . . . heora ðam ærran bigengum; 477, 3 his ðam halwendan trymnyssum wæs gelæred;
487, 41 swetnesse heora þære heofonlican lare; 488, 8; 498, 27
be his ðam ærestan Abbude Petro; 514, 16; 515, 19 sette his
ða swiþan (*Miller:* swiðran) hand him on þæt heafod; 518, 31
his ða nerran tide wæron wyrsan ðam ærran; 519, 4; 522, 17
mid wæstme his ðæs wundorlican gewinnes; 547, 15; 550, 20
æfter seofontyne gearum his ðæs onfengen (*Miller:* onfangnan)
bysceophades; 569, 4; 576, 44 hyre seo halige sawul; 577, 32
cwæþ heo mid mine ða leofestan moder Æþelburge; 583, 33;
585, 19 ricsiendum ussum ðam æfæstan hlafordum; 589, 21 swa
swa ðy seolfan dæge hire ðam clænum limum hi ymbsealde wæron;
595, 14; 604, 37 þa genom hine ætnyhstan his se arwurþa Abbud
Eata; 606, 15; 610, 28; 619, 40 ðu eart min se leofa B.'; 622,
34 min iu magister & festerfæder, min se leofesta Bosel; 631,
24; 641, 17 wæs gelæded on his þæt ærre mynster. Or. 84, 31
on his þæm nihstan gefeohte & Persa (his *steht gleich mit* Persa!);
146, 28 ymb heora þæt mæste bismer; 150, 14 for his ðæm nihstan feondum; 158, 22 hiora þæt þridde gefeoht; *ähnlich* 80, 26;
182, 29; 186, 26; 168, 12 Amilchor, heora þone gleawestan mon;
182, 13 Hannan, heora þone unweorðestan þegn; 194, 3 Sira-
cuses heora þa welegestan burg; 226, 1 *der schon § 72. g. erwähnte Satz, der bei* Thorpe 446, 1 *steht:* eala Romane, hwa
mæg eow nu truwian, þa ge swylc lean dydon eowrum þam getrywestan witan; 258, 4 Filonem hiora þone gelæredestan mon-; 270,
26 & Mammea his sio gode modor sende æfter Origenise. Cp.
198, 9 ymbe his þa læstan unðeawas; 389, 21 ne cwæð he no ðin
sio winestre hond, ac ðin sio swiðre *(vgl. § 248. b.).* Bo. 212,
21 his seo heahe godnes; 370, 25 on his þære hean cæstre.
Ps. 2, 6 ofer his ðone halgan munt Syon; 3, 3 of his þam halgan munte; 5, 7 to þinre þære myclan mildheortnesse; 7, 17; 17,
6; 19, 6 of his þam halgan heofone; 26, 7; 27, 2; *usw. usw.*
    Anmerkung: Getrennt von den übrigen Wörtern steht his:
So. 175, 23 forðam hys byd (= bið) se oðer ende fast on þære
eorðan. *Vgl. §§ 247. c., 250. c. Anm.*

c) *Artikel — Fürwort — Eigenschaftswort oder Partizip — Hauptwort:* Be. 553, 23 on ðam his unscyldigan deaþe wæs his soþ synne gewitnod. Bo. 6, 11 þæt min murnende Mod; 158, 22 hu ne is þæt þeah seo cowre hehste gesælþ. So. 184, 2 hwæðer si (= seo) þin ealde gytsung & seo gemæhð . . . astyfcod were. *In* 194, 9 þæt me ðing seo ðin hehste good *wird seo wohl Konjunktiv sein.*

d) *Fürwort — Hauptwort — Artikel — Eigenschaftswort oder Partizip:* Be. 513, 17 ða wæs sum cyninges ðeng his freond se treowesta ðe ðas ðing gehyrde; 514, 39 þæt he sceolde his freond þone betstan on nyde gesettum on gold behycgean; 607, 6 ðæt se ylca B.' Cuþbryht his forþfore ða toweardan Herebyrhto ðam ancran foresæde *(hier kann aber ða auch Partikel, und* toweardan *prädikativ sein).*

e) *Artikel — Eigenschaftswort oder Partizip — Hauptwort — Fürwort:* Be. 506, 42 ða ðe under his fæder rice oþþe mid ðy cynelican fultume his oððe ege clænnesse riht & Cristes geleafan onfengon (= qui sub imperio sui parentis vel favore vel timore regio fidei & castimoniae jura susceperant; *Miller stellt:* fultume oððe his ege); 554, 40 þæt he ða arfæstan ongunnennysse his gefylde & geendode; 559, 5 ærþon ðe he be ðam forþgewitenum gymeleasnyssum his, ða ðe he . . . gefremede, . . . geclænsade; 578, 6 & heo monig gear, þæt is oð ða ytemestan yldo hire, ðam ylcan mynstre framlice forewæs; 631, 36 ðone ealdan lichoman his betwih dæghwamlicum fæstene swencte.

D. *Wenn ein Eigenschaftswort oder Partizip oder anderes* § 250 *Fürwort und ein zueignendes Fürwort bei einem Hauptworte ohne Artikel stehen, so ist die Stellung wie folgt:*

a) *Eigenschaftswort oder Partizip oder Fürwort — zueignendes Fürwort — Hauptwort:* Be. 478, 26 bæd Scs' Albanus fram Gode him wæter seald beon to sumre his ðenunge; 517, 39 wæron eac gefullade . . oþre his bearn of Æþelburhge ðære cwene aeende, Æðelhun & Æðeldriþ his dohter, & oþer his suna Wuscfrea hatte; 591, 39 þurh syndrige ðine andsware ic ongeat (= & alii liberi ejus . . . & alter filius); 628, 31 mycel gehlyd & ceahhetung swa swa ungelæredes folces & hysmrigendes gehræftum heora feondum *(vgl. hierzu § 66. c.).* Cp. 54, 23 ac on utewardum his mode he lihð him selfum; 451, 32 lociað nu ðæt ðios cowru leaf ne weorðe oðrum monnum to biswice. So. 197, 7 hweðer ðe þuhte þæt þas þine wurldhlafordes hefden wisran ðegnas. Ps. 25, 1 ic eom unscyldig wið þas mine fynd. Le. 96, 43 æghwæt þæs þe him ænig mon . . . geselle, oððe hie on ænegum hiora hwilsticcum gecarnian mægen.

b) *Hauptwort — Fürwort — Eigenschaftswort:* Ps.

17, 4 geotende stream unrihtwisnessa minra wiðerweardra me
gedrefdon (= torrentes iniquitatis conturbaverunt me).
c) *Eigenschaftswort — Hauptwort — Fürwort:*
Bo. 104, 25 behealde he on feower healfe his.
*Anmerkung: Trennung der Wörter durch ein Adverb, so
dafs die Stellung Fürwort — Adverb — Eigenschaftswort
— Hauptwort entsteht, findet sich einmal:* **Bo.** 300, 18 & his
swa ilce eal cyn hi hæfdon for God. *Vgl. §§ 247. c., 249. b. Anm.*

§ 251   4. *Eine Besonderheit findet sich an drei, vielleicht vier Stellen im Orosius, nämlich die, dafs ein Genitiv doppelt ausgedrückt wird, zunächst durch das absolut vorausgestellte Hauptwort
(dreimal ein Eigenname), das eigentlich im Genitiv stehen sollte,
und dann durch das entsprechende zueignende Fürwort (vgl. den
me. Gebrauch, und darüber Breitkreuz, a. a. O., S. 37 ff., Kellner, Historical Outlines of English Syntax, § 308):* **Or.** 8, 10
ðær Asia & Europe hiera landgemircu togædre licgað; 28 Affrica
& Asia hiera landgemircu onginnað of Alexandria; 12, 19 Nilus
seo ea hire æwielme is neh þæm clife þære Readan Sæs. *Ich
glaube, dafs Bocks Annahme (a. a. O., S. 20, § 4.): „Dieser Gebrauch mag wohl darin seinen Grund haben, dafs König Alfred
den Genitiv der lateinischen Eigennamen durch Flexion nicht zu
bilden wufste"* — *nicht stichhaltig ist, denn an der letzten Stelle
hätte Alfred dann doch viel einfacher schreiben können „Nilus þære
ea æwielme is . . ."* — *Die Stelle* **Or.** 58, 19 ge eac þas eorþan, þe ealle ewice wyhta bi libbað, ealle hiere wæstmbæro
(he) gelytlade, *die Bock anführt, ist wohl nicht hierher zu ziehen,
sondern als Anakoluth aufzufassen; aber ein anderer vielleicht
hierher gehöriger Beleg fehlt bei Bock:* 100, 1 Læcedemonie . . .
wæron swiþor winnende on Thebane þonne hie fultumes hæfde
(*C.:* hæfdon), & hloðum on hie staledon, oð hie abræcan Arcadum
heora burg — *d. h. die Burg der Arkadier, wenn Alfred das
lateinische „nam speculati absentiam Arcadum, castellum eorum
perfringunt" richtig verstanden hat; es scheint aber fast, als ob A.
meine: „sie zerstörten ihre (nämlich der Thebaner) Burg Arcadum";
Thorpe übersetzt ganz rätselhaft: „*until they took their town
from the Arcadians"

§ 252   5. *Absolut oder als Hauptwort (zweimal mit Artikel*) oder
prädikativ steht ein zueignendes Fürwort selten (vgl. Kellner, Hist.
Outl. of Engl. Syntax, § 312):* **Or.** 40, 30 hwær syndon ure godas, þe swylcra mana gyrnen swilce hiora wæron; 56, 16 Me-
siane noldon ðæt Læcedemonia mægdenmenn mid heora ofreden & heora godum onsægdon; 106, 33 & eac self sæde þæt
seo dæd his nære; 120, 8 þonne sceoldon ge swa lustlice eowre
agnu brocu aræfnan, þeh hie læssan sien, swa ge heora sint
to gehieranne; 182, 14 nu we sindon cumen to þæm godan ti-

dun þe us Romane oþwitað, & to ðære genihtsumnisse, þe hie
us ealneg foregielpað þæt ure ne sien ðæm gelican. **Cp.** 318,
14 on oðre wisan sint to manianne ða þe ðonne hiera god mildheortlice sellað, on oðre wisan ða þe ðonne git flitað æfter
oðerra monna, & hie reafiað; to manianne sint ða þe h i o r a
mildheortlice sellað ðætte hie . . . .; *ebenso* 326, 12. **Bo.** 214,
10* ðonne scealt þu nede geleofon þæt sum anweald sie mara
ðonne his, þæt ðonne h i s swa gesomnige swa he þ o n e u r n e
deþ. **Le.** 68, 9* ic ne dorste geþristlæcan þ a r a m i n r a (sc. doma
aus 8) awuht feala on gewrit settan. — *Verstärkt durch* a g e n: **So.**
200, 27 þa godan gescod wac heora witu forðam þæt heom ðince
h e o r a a g n u m þe mare.

6. *Verstärkung des zueignenden Fürwortes wird durch Bei-* § 253
fügung von a g e n *oder* s e l f *bewirkt.*

a) a g e n: **Be.** 492, 22 ne miht ðu deman Gallia biscopum
butan heora agenre ealdorlicnysse (= extra auctoritatem propriam);
495, 3 se wer seþe mid his agene wife biþ slæpende (= cum
propria conjuge); 554, 40 se wæs eac swylce his agen broþer
(= qui etiam frater germanus erat' ipsius). **Or.** 1, 19 from hiora
agnum sunum; 17, 24 siþþan he from his agnum ham for; 31;
18, 5; 30, 32 & þa æt nehstan hyre agene sunu hio genam
hyre to geligere; 34, 19; 40, 14; 42, 10; 62, 27 hire agen eal-
dormonn; 66, 10; 80, 34, 35; 96, 1; 100, 19 on urum agnum
tidum; 108, 7; 120, 8 (s. § 252); 150, 5; 224, 5; 270, 22. **Cp.**
4, 12 hie næron on hiora ægen gedeode awritene; *ebenso* 21; 22,
21 his agene undeawas; 24, 1 se ege his agenra undeawa; 26,
16 of hira agnum dome; 30, 6; 32, 20; 34, 23 on Urias slege
his agnes holdes ðegnes; 136, 21 mid eorum agnum willum; 306,
10 hira ægnes weges; 11 mid hiera ægnum gedeahte; 397,
19; *usw.* **Bo.** 6, 25 ða gecneow hit swiþe sweotele his agne
modor; 8, 13 his agen leoht; 14, 8 þurh þine agene gemeleste;
246, 5 min agen dysig; *über* 56, 25 *rgl.* § 23. **So.** 164, 16
worhte twa bec be his eagnum ingeþance; 166, 27 onfoh me
nu þinne angene þeawa; 171, 35 mine agene saule; 180, 20 of
hys agnum leohte; 181, 31 hwæt þu swiðost lufæst æfter ðinum
geagenum (!) gewitte; 202, 21 ða answarede he is (= his?) an
agnum ingeþancum *(Stellung!)* & cwæð. **Ps.** 15, 2 æfter minum
agnum willan; 38, 12 ælcne man þu þreast for his agenre scylde.
Le. 60, 17 se þe slea his agenne þeowne esne oððe his mennen;
hit wæs his agen fioh.

b) s e l f, *das dem Ursprunge des zueignenden Fürwortes ent-*
sprechend im Genitiv steht: **Be.** 477, 15 he mid his sylfes willum
geþristade; *ebenso* 22: 495, 34 ðes mon is his sylfes dome to forlætenne; 566, 36 (hine . . .) ætnyhstan mid his sylfes handum
uppon hors ahof; 604, 39 ge mid ealdorlicnesse his lare ge mid
his sylfes dæde; 635, 2 geseah he eac swylce his sylfes ungesælige

stowe & carcern; 487, 5 somod for heora sylfra ecre hwlo & ðara
ðe hi to coman to drihtne ðingedon *(hier steht* heora sylfra *gleich
mit* ðara, *und man könnte es auch noch als verstärktes reflexives
Fürwort auffassen; vgl. hierzu über* Or. 62, 29 *§ 239 a. u.)*; 502,
15 hi heora ·seolfra ðeawas & gesetnysse betran dydon; 568, 20
& swylce eac heora sylfra forþfore. **Cp.** 48, 3 oðer hinc his selfes willum gebead to ðære lare; 54, 6 his mod bið afedd mid
ðære smeaunga ðære wilnunge oðerra monna hiernesse & his selfes upahæfenesse; 108, 20 hiera selfra gilp; 110, 13 his selfes
gesceadwisnes; 190, 18 ðæt hie self hiera selfra gewyrhtum sien
clæne; *usw.* **So.** 200, 24 þæt heom þince heora silfra wite þe
mare. **Ps.** 2, *ü.* be his sylfes feondum; *ebenso* 9, *ü.*; 3, *ü.* his
sylfes earfoðu; 5, *ü.* be his sylfes frofre; *usw.*

Fünfte Abteilung.

DIE HINWEISENDEN FÜRWÖRTER.

Litteratur:

G. Wack, Artikel und Demonstrativpronomen in Andreas
und Elenc. Anglia XV. (N. F. III.) S. 209—220.

Die hinweisenden Fürwörter, die Alfred verwendet, sind:
se (§§ 254—260), ðes (§§ 261/2), ile (§§ 263/4), ðyslic (§§ 265/6),
swelc (§§ 267—271), geon (§ 272), self (§§ 273/4).

I. se, seo, þæt.

Das hinweisende Fürwort se, seo, þæt *wird auch adjektivisch
als bestimmter Artikel (s. §§ 134—147) sowie substantivisch als relatives Fürwort verwendet (s. §§ 275/6, 283—286ᶜ.); es ist daher oft
nicht bestimmt festzustellen, ob die eine oder die andere Verwendung
vorliegt. Als hinweisendes Fürwort weist* se, seo, þæt *auf Nahe-
liegendes, schon Erwähntes oder noch zu Erwähnendes hin.*

§ 254   A. *Es wird zunächst als Hauptwort verwandt; es bezieht
sich dann*

1. *Auf Personen oder andere lebende Wesen:* **Be.** 474, 25
æfter Bryttum & Peohtum ðridde cynn Scotta Breotone onfeng
. . .; ða wæron cumene of Hibernia; 475, 18 se geeode þæt
Ealond on Wiht & Romana onwealde underþeodde *(kann auch
relativ gefafst werden, s. § 275)*; 481, 35 se wæs fifta eac feowertigum fram Agusto; 39 Aetius wæs haten mære man, se wæs iu
ær heah ealdorman; *über* 483, 29 *vgl. § 275;* 485, 24 Gregorius
. . . feng to biscophade . . . . Se wæs mid godcundre onbryrdnesse monad; 486, 36 mid ðy Biscop ðone ðe hi hire . . . scaldan,
þæs nama wæs Leodheard; 488, 13 monige . . . Ðara geleafan

& gehwyrfednesse is sæd þætte se cyning swa wære efenblissiende;
494, 24 gif ðonne for mycelre arwurþnysse hwyle mon ne gedyrstigaþ onfon, se is to heriganne; 510, 2 ðæm *(dies bezieht sich auf
den in der Überschrift des vorhergehenden Kapitels erwähnten Mellitus)* sona æfterfyligde ... Justus; *usw. usw.* Or. 18, 11. þa deor
hi hatað hranas; þara wæron syx stælhranas; 20, 1 Burgenda land
wæs us on bæcbord, & þa habbað him sylf cyning *(vgl. § 239. b. u.
γγ.)*; 52, 15 Diocle feng Astiai to rice, se næfde nanne sunu; 72,
1; 78, 26 heora ladteow wæs haten Iltesseus; se wæs mid his
dædum snelra þonne he mægenes hæfde; 82, 28; 96, 24; 196,
12; 274, 19; 296, 14. Cp. 4, 11 ic geseah . . micel menigu
Godes ðeowa, & þa swiðe lytle feorme ðara boca wiston; 26, 6
licet swiðe monig ðæt he æwfæst lareow sie, þe he wilnað micle
worldare habban; be ðæm *(bezieht sich auf* monig) Crist selfa clipode, & þus cwæð: hi seceað . . . .; 44, 1 sio gimen . . sie
ðæm beboden þe . . . .; gif hiere ðonne se wiðsace; 8 ælces
ðara god ðe . . .; se bið eac . . . onscod . . . .; be ðæm cwæð
Crist . . . .: sceogeað eowre fett *(die Mehrzahl, weil die vorhergehenden se und ðæm verallgemeinernd stehen; Sweet übersetzt an
dieser und an ähnlichen Stellen, z. B. 26, 6 (s. o.):* of which . . .,
oder on which subject Christ spoke; *ich glaube aber, dafs sich
das Fürwort hier auf die Personen selbst bezieht)*; 194, 18; *usw. usw.*
Bo. 2, 17 ða wæs sum consul, þæt we heretoha hataþ, Boetius
wæs haten, se wæs in boccræftum & on woruldþeawum se rihtwisesta; se ða ongeat þa manigfealdan yfel; 112, 13 an sceppend
is . . ., & se is eac wealdend. Le. 86, 27 gif he medrenmægas
hæbbe, gielden þa þæs weres þriddan dæl.

2. *Auf Sachen oder auf den Inhalt eines ganzen Satzes:* Be.
471, 15 ðis gewrit oððe hit god sagað . . ., & seþe hit gehyreþ
he onhyreþ ðam, oððe hit yfel sagaþ . . . ., & seþe hit gehyreþ
he flyhþ þæt; 472, 7 (we geleornodon þæt we her writaþ . . .)
under hwilcum cyninge þæt ðonne geworden wæs; 32 gif he
hwæt . . . on oþre wisan gehyre, þæt he me þæt ne otwite; 473.
10, 18, 31; 474, 16, 36; 475, 18; 481, 21 worhtan him hocas, &
mid ðam tugan hi . . .; 34 Theodosius rice onfeng, & þæt hæfde
. . .; 482, 13, 30; 484, 27, 30 æfter ðam; 488, 9; 502, 38
(oþer sconaþ:) ða se ða geseted wæs; 579, 14; *usw. usw.* Or.
14, 34 binnan þæm *(nämlich den vorher erwähnten Flüssen und
Meeren)* sindon monega þeoda; 19, 19 (swyðe mycel sæ . . .;)
seo is bradre *usw.*; 32, 25 mid Egyptum wearþ syfan gear se
ungemetlica corðwela, & hi æfter ðæm wæron on ðan mæstan
hungre; 38, 30; 60, 14 Sameramis feng to þæm rice & getimbrede þa burg Babylonie, toþon þæt heo wære heafod ealra Asiria;
& hit fela wintra siþþan on þæm stod *(= unter solchen Verhält-
nissen;* = regnum diu inconcussa potentia stetit; *bezieht sich hit auf
rice oder ist es allgemein?)*; 70, 3; 74, 7 swa ungeliefedlic is
ænigum menn þæt to gesecgenne, hu ænig mon mehte swelce burg

gewyrcan swelce s i o *(das vorher erwähnte Babel)* wæs, oðþe eft abrecan; 90, 19 on þæm dagum wæs an burg in Affrica s i o wæs neh
þæm sæ, oð an sæflod com & hie aweste & þa men adrencte; 94,
27; 96, 22; 106, 2; 232, 18; 252, 6; 278, 15; *usw. usw.* **Cp.** 4,
14 hie lufedon wisdom & ðurh ð o n c hi begeaton welan; 28, 10 ne
cwæð he þæ t *(den vorhergehenden Ausspruch)*, forðyþe he ænegum
men ð æ s *(den Inhalt desselben)* wyscte; 36, 18 hine spænð his
mod to swiðe monegum unnyttum weorce. He sorgað ymb ð a &
bið ðara swiðe gemyndig; 48, 1 ð æ t *(den Inhalt des vorhergehenden Satzes)* we magon swiðe sweotule ongietan; 12; 62, 5, 15; 96,
6; 128, 7; 136, 19; 156, 15 siððon mon wyrcð duru to; gif s i o
ðonne ontyned bið; 198, 1; 202, 6; 252, 5; 256, 12 ðæt dumbe &
ðæt gehæfte neat ðreade . . . ., & mid ðy gestierde ðæm witgan;
310, 22; 344, 16; 393, 24; *usw.* **Bo.** IV, 3 hu Boetius hi wolde
berædan, & Ðeodric þa þæt anfunde. **Ps.** 4, 6 offriað ge mid
rihtwisnesse, and bringað þa Gode to lacum (= sacrificate sa-
crificium justitiae); 5, 5 þu hatast ealle þa þe unriht wyrcað,
and þæt ne forlætað; *usw.* **Le.** 58, 12 do hiere gyfta, and
locige þæt hio hæbbe hrægl . . ., gif he hire þ a r a nan ne do,
þonne sie hio frioh; 60, 21 and sie se hlaford ofslegen oððe
se man forgolden, swa þæt witan to rihte finden.

§ 255   B. *Um auf ein vorhergehendes oder folgendes relatives Fürwort hinzuweisen, steht das hinweisende* se, seo, þæt:
    1. *In Bezug auf Personen:* **Be.** 471, 17 þæt se geþeo
seþe hit gehyre; 477, 39 swa hwylc man swa ðissum onlicnyssum & deofolgyldum ansægdnysse bereþ, se for þam mede onfehþ ecum tintegrum helle wites; 484, 3 & ne wæs ænig seþe
bebyrignysse sealde ð a m ðe swa hreowlice acwealde wæron;
487, 33 lifes word ð a m þe hi mihton bodedon; 491, 15 seþe
gedyrstigaþ onwreon . . . . ., hwæt s e soþlice onwrihþ . . . .;
usw. **Or.** 21, 3 se nimð þone læstan dæl se nyhst þæm tune
þæt feoh geærneð; 84, 12 þæt se, seþe him ær geþuhte þæt
. . . . . þæt he eft wæs biddende; 26 swa swa þa secgað þe
þæs cristendomes wiðerflitan sint; 86, 1; 88, 5; 178, 20 þæt s e
wære leoda cyning se þe ær wæs folce þeow; 190, 3 he fleah
wið þara þe þær beæftan wæron; 248, 11; 250, 23 þa weard
s e geboren se þe þa sibbe brohte eallre worolde; 292, 3. **Cp.**
24, 15 nan cræft nis to læronne ðæm þe hine ær geornlice ne
leornode; 26, 4 þæt þa sindon nu weorðoste þe æwfæstosðe
sindon; 16 ð a þe swæ ricsiað, hi ricsiað; 28, 1 s e þe Godes
bebodu ne gecnæwð, ne bið he oncnawen from Gode; *ob in den
beiden letzten und ähnlichen Fällen* seþe *nicht zusammen als relatives Fürwort aufzufassen ist, läfst sich nicht mit Gewifsheit feststellen; dafür spricht, dafs es* 28, 3 *heifst:* s e þe God ne ongit,
ne ongit God hine; — *ferner ähnlich* 40, 20; *sicher aber hinweisend:* 42, 7, 12; 44, 1, 24; 46, 5; 56, 6; 58, 9, 12; 62, 15;

385, 28; *usw. usw.* **Bo.** II, 14 ælene þara ðe þas boc rædan lyste; VIII, 20 hu se Wisdom lærde þone þe he wolde wærstmbæreland sawan; X, 26 hu se sceal ... geþolian, þe ....; 6, 6; 16, 10 þonne dysegaþ se þe þonne wile hwile sæd opfæstan; swa deþ eac se ðe ... wile blosman secan; 140, 9; *usw.* **Ps.** 5, 5 þu hatast ealle þa þe unriht wyrcað ... and þu fordest þa þe symle leasinga specað; *usw.* **Le.** 66, 7 God ... þam nane (mildheortnesse) ne gedemde, þe hine oferhogodon; *usw.*

2. *In Bezug auf Sachen:* **Be.** 472, 26 & syþþan þæt ic sylf ongeat, ne let ic þæt unwriten; 494, 34 ac ða ðe utgongaþ of muþe, ðy (*Miller:* ða) syndon ðe ðone monnan besmiteþ; 549, 16 & wuldorlice gemete ðætte seo sawl in deagolnisse ðrowiende wæs, þætte (*Miller:* þæt) se lichoma eawesclice foretacnode; *usw.* **Or.** 10, 20 betux þære ic Indus & þære þe be westan hiere is; 21, 9 and swiðost ealle hys speda hy forspendað mid þan langan legere þæs deadan mannes inne, & þæs þe hy be þæm wegum alecgað, þe ða fremdan to ærnað and nimað (= *durch das lange Liegenlassen des toten Mannes im Hause und dessen, was sie auf den Wegen niederlegen, (und) das die Fremden wegnehmen; Lehmann (a. a. O., S. 35) meint, der Genitiv des Fürwortes sei hier formelhaft als Vertreter des Instrumentalis gebraucht);* 150, 24 þe þæt atellan mehte, þæt on ðæm gefeohte gefeoll; *usw.* **Cp.** 44, 5 nyle .. helpan ðæs folces mid ðæm þe he his healp; 46, 17 þæt he oðrum mæg nyt bion on ðæm þe him mon ðonne bebeodeð; 54, 13 ðæt ðæt he utan iowað, innan he hit awendeð; 198, 23 ðæt he on ðæs hwæt befoo ðe wið his willan sie; 298, 8; *usw.* **Bo.** II, 19 don þæt þæt he deþ; X, 25 ðonne fægniaþ hi þæs þe hi sceamian sceolde *(vgl. § 39. d.);* XII, 10 ne he eft him næfþ ðæt þæt he ær wende; 386, 16 gescon .. þæt þæt hit nu ymb tweoþ; *usw.* **So.** 163, 7 on ælcum treowo ic geseah hwæthwugu þæs þe ic æt ham beþorfte. **Di.** 69 to bysne eallum þam þe Godes willan wyrcað.

Anmerkung 1: Einmal scheint bei einem hinweisenden Fürworte ein partitiver Genitiv zu stehen: **Be.** 520, 34 þæt swa oft swa Cantwaraburhge biscop oþþe Eoforwicceastre of ðyssum life geferde, þæt se ðe lifigende wære ðæs hades (*Miller übersetzt:* the survivor of this rank), hæfde mihte oþerne biscop his stowe to halgianne, ðer se oðer forþferde (= ut cum Doruvernensis vel Eburacensis Antistes de hac vita transierit, is qui superest consors ejusdem gradus, habeat potestatem alterum ordinandi, in loco ejus qui transierat, Sacerdotem).

Anmerkung 2: Über die Auslassung des hinweisenden Fürwortes vor einem Relativsatz vgl. § 276.

C. *Wenn das hinweisende Fürwort wie ein Eigenschaftswort verwendet wird, so ist es schwer festzustellen, ob das Für-* § 256

wort noch als solches, oder schon in seiner abgeschwächten Bedeu-
tung als bestimmter Artikel aufzufassen ist (vgl. §§ 134—147), doch
ist das ganz oder wenigstens fast ungeschwächte hinweisende Für-
wort wohl immer da noch anzunehmen, wo es auf einen folgenden
Relativsatz hinweist, z. B. **Be.** 471, 9 ic ðe sende þæt spell
þæt ic niwan awrat be Angelðeode; 472, 18 ða ðing ðe on
Eastenglum gewordene wæron, sume we . . . metton, sume we
. . . geleornedon; 478, 39 s e mon se ðe wæs ærþon . . . geþread; *usw.* **Or.** 1, *ü.* her onginneð seo boc þe man Orosius
nemneð; 80, 19 gesette þa menn on ænne truman þe mon hiora
mægas ær slog; 88, 3 & s e dæl se þær to lafe wæs, wearð on
an fæsten bedrifen; *usw.* **Cp.** 4, 3 ðæt ðu ðone wisdom þe
ðe God sealde . . . befæste; 6, 8 þæt we þa on ðæt geðeode
wenden þe we ealle gecnawan mægen; 18 þa ongan ic . . þa
boc wendan on Englisc þe is genemmed on Læden Pastoralis;
22, 18 oðþæt hio . . gestonde on ðæm solore ðæs modes ðe
hi leornige; 40, 21 ; 60, 2 s e læce bið micles to bald & to
scomleas þe gæð æfter oðerra monna husum lacnende, & hæfð
on his agnum nebbe opene wunde unlacnode; 78, 6; *usw.* **Bo.**
92, 12 ic wilnode . . . æfter minum life þam monnum to læfanne, þe æfter me wæren, min gemynd on godum weorcum;
usw. **So.** 163, 2 to ælcum þara tola, þe ic mid wircan cuðe;
166, 9 ðu þe ært fæder þæs suna þe us awehte; *usw.* **Le.** 106,
Einleitung þis is þæt frið, þæt Alfred cynincg and Gyðrum cyning . . . gecweden habbað.

Aber auch an anderen Stellen kann man zuweilen das Für-
wort in seiner ungeschwächten Bedeutung erkennen, z. B. **Be.** 472,
25 mid gesægene unrim geleaffulra witena þa ðe þa ðing wiston
& gemundon (= qui haec scire vel meminisse poterant); 475, 15
ðy feorþan geare his rices; þæt ger wæs fram Cristes hidercyme
þæt sixte eac feowertigum; 28 ðara cyninga tidum *(nämlich der*
vorhergenannten M. Antonius & Aurelius); ähnlich 479, 33; 481,
36; 480, 13 of ðære tide *(vorher Jahrzahl!)* Romane·blunnun
ricsian on Breotene; 486, 16 ða wæs on ða tid Æþelbyrht cyning; *ähnlich* 502, 39; *usw. usw.* **Or.** 4, 25 hu monige wundor
gewurdon on þære tide; 18, 3 (for þæm horschwælum . . . .)
s e hwæl bið micle læssa þonne oðre hwalas; 34, 4; 40, 3; 42,
22 on þæm dagum wæron swa ungemetlica yfel; 132, 17; 222;
24; 282, 33, 34; *usw.* **Cp.** 40, 18 fifte is þæt hie habbað þa
(= diese, solche, derartige) arudnesse & þa bældo þæt hie magon anwald habban *(Sweet übersetzt:* „spirit & boldness enough";
Hüllweck (a. a. O., S. 1) reiht diese Stelle unter dem progressi-
ven Artikel ein); 52, 21 on þa tiid wæs to herianne; 234, 8; *usw.*

§ 257   **D.** *Das hinweisende Fürwort wird oft zur Wiederholung*
verwandt, und zwar sowohl um ein Fürwort (meistens sich selbst)
als um ein Hauptwort nach einem Zwischensatze wieder aufzuneh-

*men, ähnlich wie auch das persönliche Fürwort gebraucht wird
(vgl. §§ 235. c. d., 236.).*

　1. *Wiederholung eines Fürwortes:* **Be.** 622, 12 he
wolde . . . sumum ðara ðeoda Godes word & godspel heran
& bodian ð am ðe hit ðagyt ne gehyrdon; 630, 40 ðas ðing
. . . . naluͤs eallum monnum . . . seegan wolde, ac ð am anum
ða ðe oþþe . . . afyrhte wæron, oþþe . . lustfulledon, ð am he
wolde . . . ða ðing cyþan. **Cp.** 62, 9 hu dear se gripan on ða
scire ðæt he wrendige oðrum monnum to Gode se seþe hiene
selfne . . . .; 108, 22 ð æm hie wilniað ðæt hie andrysne sien,
ðæm þe on woh libbað. **Bo.** 36, 16 forþam se se þe hine forþencþ, se biþ ormod; ac se seþe hine sceamaþ, se biþ on hreowsunga; 198, 18 ac eall þæt we godes habbaþ on þisse worulde.
þæt us is uton cumen, þæt is *(= d. h.)* from þe; 240, 16 &
þæt ilce þæt þu ær sædest þæt þu ongiton ne mihtest, ð æs þu
wære nu gepafa.

　2. *Wiederholung eines Hauptwortes:*
　a) *Das Fürwort richtet sich genau nach dem Hauptworte:*
Be. 475, 28 þæt Marcus oþre naman Antonius, se wæs feowerteoþa fram Agusto ð am casere, se onfeng Romwara rice;
ähnlich 476, 16; 479, 34 se Arrianisca gedwola . . . þæt d e a d-
b æ r e n d e attor his getreowleasnysse naluͤs þæt on eallum middangeardes cyricum þæt he stregde, ac hit eac swylce on ðis
ealond becom; 532, 4 *(vgl. § 303¹);* 535, 31 h i s segen se wæs
. . . gefrætewod & . . . geseted; 554, 36 þæt ð a o n f a n g e n a n
n i w a n stowe mynster oþþe cyrican to timbrianne, þæt ð a sceoldon ærest . . . . Drihtne gehalgian; 556, 27 Æþelwald ðonne
Oswaldes suna ð æs cyninges seþe him on fultume beon sceolde,
se wæs on dæle ðara wiþerweardra; 568, 17 se l e o f a c u m a
& se l u f i g e n d l i c a seþe gewunade ure broþor neosian, se com
swylce todæg to me; 592, 27 *(vgl. § 303);* 601, 12 ond ð a h u s
ða ðe . . . geworhte wæron, ð a syndon nu . . gehwyrfed; 610,
4 *(vgl. § 303);* 611, 4 swylce eac ð a g e g y r e l a n & ð a h r æ g e l
ð am ðe . . . lichoman . . . gyredon, ð a eac swylce from hæ lo
gife ne aidledon; 633, 22 & ð a h r e o w e ðe he . . . forylde
doan, ð a he . . . . on eenesse deþ. **Or.** 26, 35 ðara i g l a n d a
þe man hæt Ciclades, þ a r a sindon þreo & fiftig; 74, 22 s e o
i l c e b u r g B., seo ðe mæst wæs & ærest ealra burga, seo is
nu læst & westast; 130, 2 & A l e x a n d e r, Epira cyning, þæs
miclan Alexanderes eam, se wilnade . . .; 142, 28 & L a u m e n d a
his oþer þegn, se befeng ealle Asirie; 172, 6 & oþer c o n s u l
— wæs haten Cornelius Asina — se gefor on Liparis þæt iglond; 174, 8 þa het he mid þæm p a l i s t a s, mid þæm hie weallas bræcon, þonne hie on fæstenne fuhton, þæt hiere mon m i d
þæm þwyres on wurpe; 194, 30 þæt se ilca C r i s t seþe hie
eft to cristendome onwende, þæt se him þone ren onsende. **Cp.**
6, 7 þæt we eac s u m a b e c, ða þe nidbeðyrfesta sien eallum

monnum to witanne, þæt we þa on ðæt geðeode wenden þe we
ealle gecnawan mægen; 58, 16 ðæt he ða Godes gifa þe he
onfeng . . . ., ðæt he ða ne becnytte . .; 274, 16 eft hit is awriten on Salomonnes bocum, ðæm þe Ecclesiastis hatton; 276,
20 ðætte se mon . . . sie gelicost openre byrg, ðære þe mid
nane wealle ne bið ymbworht; *usw.* **Bo.** 86, 28 forþam ðe ðær
nanwuht gecyndelices godes on nis ðæs ðe of him cume;
220, 25 eart ðu nu get geþafa þætte anweald & weorþscipe
& foremærnes & genyht & blis & seo eadignes & þæt
hehste god, þæt ða sien ealle an; 262, 27 & þæt unstille
hweol, ðe Ixion wæs to gebunden, Laiuta cyning for his scylde,
þæt oþstod for his hearpunga; 338, 22 & sio nafa nehst ðære
eaxe, sio færþ micle fæstlicor. **Ps.** 23, 10 hwæt is se gewuldroda kyning? Hit is se wuldorfæsta, se þe God fore wyrcð
swylc wundru. **Le.** 58, 13 se mon seþe his gewealdes monnan
ofslea, swelte se deaðe; 62, 30 þa fæmnan, þe gewuniað onfon gealdorcræftigan . . . ., ne læt þu þa libban; 64, 45 soðfæstne man and unscildigne ne acwele þu þone næfre.

    b) *Das Fürwort steht im Neutrum (vgl. § 258):* **Be.** 630,
12 wite þu þæt se ligfæmenda seaþ & se fula ðone ðu gesawe, þæt wæs helle tintreges muþ; 14 seo blostmbærende
stow ðonne, on ðære ðe ðu . . . gesawe . . ., þæt is seo stow,
on ðære . . . . . **Cp.** 28, 12 soðlice ða eagan þæt bioð ða
larcowas, & se hrycg þæt sint ða hiremenn. **Bo.** 256, 24 ðu
sædest þæt Godes godness & his gesæligness & he self
þæt þæt wære eallan.

    c) *Das Hauptwort steht im Nominativ vor dem Satze, und
erst das Fürwort steht in dem benötigten Kasus:* **Or.** 22, 22 þa land
þe man hæt Gallia Bellica, be eastan þæm is sio ea . .; 78, 31
þæt gewinn þæt his fæder astealde, he diegellice for þæm V
gear scipa worhte ond fultum gegaderode; *besonders merkwürdig
ist* 248, 25 & se þe þæt nolde, he bebead þæt mon þa ealle
sloge (= *er befahl, dafs man alle diejenigen erschlüge, die das
nicht wollten*).

§ 258   E. *Besondere Bemerkungen über die sächliche Form dieses Fürwortes,* **þæt.**
    1. þæt *weist oft ohne Rücksicht auf Geschlecht und Zahl auf
ein Prädikatsnomen hin; das Hülfszeitwort* beon *richtet sich dann
nicht nach* þæt, *sondern stets nach dem Prädikatsnomen. Vgl. auch 3.*
Be. 483, 22 *(vgl. 3.)*; 514, 25 wolde þæt he on ðon ongeate þæt
þæt mon ne wæs seþe him ætywde, ac þæt þæt hit (*Miller:* ac
þætte þæt) gast wæs; 522, 20 he forlet . . . . Jacobum ðone
diacon, & wæs þæt cyriclic wer & halig on eallum þingum; 568,
33 ic ðe soþlice secge þæt þæt wæron engla gastas ðe ðær coman; 623, 1 wæs þæt se ylca Columba ðe Scottas syþþan Colum-
cylle nemdon; 625, 13 wæs þæt mære wer & . . . æþelre ge-

byrde; *hierher gehört* 619, 38 hwæþer ic wiste hwa þæt wære se
ðe to me sprecende wæs.   Or. 1, 24 þone suðdæl, þæt is Asia,
ge þone norþdæl, þwt sint Sciþþie; 17, 25 ac him wæs calneweg
weste land on þæt steorbord, butan fiscerum & fugelerum & hun-
tum, & þæt wæron eall Finnas; 34, 20 þæt hi hiora agnum godum
getealde wæron, þæt sint diofolgild; 72, 28 (Gandes seo ea
. . . .;) þæt is ealra ferscra wætera mæst: 86, 17 on twam onwealdum . . .; þæt sint Asirie & Romane; 112, 33 he hiene geeaðmedde to þæm folce þe he him þær heardost ondred, þæt wæron
Thesalii; 172, 12 æfter þæm Punici, þæt sindon Cartalnense,
hie gesetton . . .; 214, 3 þæt sindon þa godan tida; 9 þonne
magon hie ryhtor cweþan þæt þæt wæren þa ungesælgestan
(sc. tida).   Cp. 42, 24 sio ginen ðære halegan cirican, ðæt is
Cristenes folces gesomnung, sie . . .; 48, 5 (þa twegen witgan;
oðer . . ., oðer . . . him wiðsoc;) ðæt wæs Hieremias.   Bo.
6, 26 gecneow . . . his agne modor; þæt wæs se wisdom; 8, 14 on
þa fremdan þistro, þæt sind woruldsorga; 30, 17 gif þæt þine agne
welan wæron þe þu mændest þæt þu forlure, ne mihtest þu hi
forleosan; 44, 27 þin ancor is git on eorþan fæst; ðæt sint ða
ealdormen, ðe we ær ymbe spræcon; 60, 9 sint þæt werilice welan
þisses middangeardes, ðonne hi nan mon fullice habban ne mæg;
64, 3 þam monnum þe beoþ neatenum gelice, þæt beoþ unrihtwise & ungemetfæste; 120, 21 þætte him wiþerweard biþ, þæt
sint þa leasan gesælþa; 160, 10 eala hwæt þæt bið gesælig mon,
ðe him . . . . .   So. 179, 13 þurh geleafan & tohopan & þurh
lufe, ðæt sint þa þreo anceras, þe þæt scyp ðæs modes healdað.
Ps. 21, 10 me ymbhringdon swiðe mænige calfru, þæt synt lytle
ond niwe fynd, and þa fættan fearas me ofsæton, þæt synd strengran fynd. — *Vgl. auch § 257. 2. b.*
   2. þæt *weist auch oft auf einen folgenden Nebensatz hin (vgl.*
auch 4). Dieser ist ein:
   a. *Subjektsatz:* Be. 477, 6 ða becom þæt to earan ðæs . .
ealdormannes, þæt Albanus hæfde ðone Cristes andettere digollice
mid him; 482, 38 þwt ða gelicode him eallum . . . . . ., þæt
hi Seaxna ðeode . . gecygdon; 40 ðæt cuþ is, þæt þæt mid
Drihtnes mihte gestihtad wæs; 490, 24; 493, 16 ð æt is hwæþere
to witanne, þæt þæt is . . ongyten; 501, 14; 518, 3; *usw. usw.*;
545, 2 ac me seo ðeah no ne licade on him, þæt he . . . ne heold,
hier ist, wie es auch Miller thut, swa *für* seo *einzusetzen und*
mit ðeah *zu verbinden.*   Or. 21, 10 þæt is mid Estum þeaw þæt
þær sceal ælces gedeodes man beon forbærned; 34, 31 ac þæt is to
wundrianne þæt þa Egipti swa lytle þoncunge wiston Josepe ; *usw.*
Cp. 46, 14 ne bið ðæt na soð eaðmodnes — gif mon ongit ðæt
ðæt Godes willa sie ðæt he ofer oðre bion scile — ðæt he ðonne
wiðsace; 52, 23 ðæt is to tacne þæt mon . . . halde, þæt he
hiene . . . geendige.   Bo. VI, 5 þæt is nu git þinre unrihtwisnesse þæt þu earþ fulneah forþoht; 124, 21 ðæt is swiþe sweotol

þæt þæt is sio hehste gesælð; 320, 25 ne cweþe ic na þæt þæt
yfel sie þæt mon helpe þæs unscyldigan. **So.** 165, 6 ac me
þincð þath þeah þæt þu si to unhal.

b. *Objektsatz:* **Be.** 480, 33 ða þæt ða ongeaton ða ærran
gewinnan þæt se Romanisca here wæs onweg gewiten; 537, 22
sædon þæt ða men ðe hit cuþon, þæt he oftust . . on gebedum
astode; 623, 37 ða þæt ða se Godes wer Ecgbyrht geseah þæt
he ne wæs forlæten. **Or.** 172, 2 þæt gefremede Diulius hiora
consul, þæt þæt angin wearð tidlice þurhtogen. **Cp.** 60, 19
his weorc sculon ðæs wierðe beon þæt him oðre men onhyrien;
180, 19 we magon oncnawan ðæt, ðæt ða earman . . . sint
to retanne; 380, 9 Dauid brohte Gode to lacum ðæt, ðæt he
ða lare ne hæl þe him God geaf. **Bo.** 212, 15 þæt ðu gesceadwislice þæt ongite þætte God is full ælcre fullfremednesse;
220, 23 þu þæt sædest þæt hio þæt hehste good wære; 370, 1
ðæt ic ongite þæt hit is swa swa þu segst. **So.** 164, 28 þæs
ic soðlicost wene þat hyt min sceadwisnes wære; 173, 9 gelyfst
þu þæs þæt ic þe mæge don gewisram be gode.

c. *Lokalsatz:* **Or.** 10, 15 þæt sint India gemæro þær þær
Caucasus se beorg is be norþan & Indus seo ea be westan.

d. *Temporalsatz:* **Bo.** 330, 5 hwa ne wafaþ ðæs ðonne
se fulla mona wyrþ ofertogen mid þiostrum.

e. *Absichtsatz:* **Cp.** 120, 8 ne com he no to. ðæm on
eorðan ðæt him mon ðenade, ac ðæt he wolde ðenian; 134, 7
ða gimmas . . . to ðæm wæron gemacode ðæt hie sceoldon scinan; 272, 9.

f. *Fragesatz:* **Or.** 74, 7 swa ungeliefedlic is ænigum menn
þæt to gesecgenne, hu ænig mon mehte swelce burg gewyrcan.
Cp. 44, 19 nyllað ðæs ðencean hu hie mægen nytwierðuste bion
hiera nihstum; 54, 7 fægenað ðæs hu hiene mon sciele herigean.
So. 170, 26 ne þæt nat, hu lange ðu hyne wil hæalne gehealdan.

3. **þæt is**, *das heifst, nämlich. Eine vollständig zur Partikel erstarrte Redewendung, hinter der gegebenen Falles das erklärende Wort in demselben Kasus usw. steht wie das zu erklärende;
es sind daher diese Fälle wohl zu unterscheiden von den unter* 1
erwähnten, bei denen sich das Hülfszeitwort beon *z. B. stets nach
dem folgenden Hauptworte richtet. Vgl. dazu Ziemer, Junggr. Streifz.[2]
S. 68 f.* **Be.** 474, 3 fif ðeoda gereordum ænne wisdom . . smeaþ
. . ., þæt is (= videlicet) on Angolcynnes gereorde & Brytta *usw.*
(on, *als wenn vorher stände:* on fif ðeoda gereordum); 483, 22 of
Geata fruman syndon Cantware & Wihtsætan, þæt is (= hoc est)
seo ðeod ðe Wiht þæt ealond on eardaþ; of Seaxum, þæt is (=
id est) of ðam lande ðe mon hateþ ealdSeaxan, coman East-
seaxan . . . . (*im ersten dieser zwei Sätze — glaube ich — ist*
þæt is *noch nicht Partikel, er ist nur eingeschoben und gehört wohl
unter* 1; *auch das Lateinische* (hoc est, *nicht* id est *oder* videlicet)
scheint dafür zu sprechen; vorher geht ein Satz, in dem is *fehlt,*

auch bei Miller:) 483, 20 comon hi of ðrim folcum ðam stran-
gestan Germanie, þæt (= id est) of Seaxum & of Angle & of
Geatum *(hier ist wohl sicher — wie das Lateinische zeigt — is
zu ergänzen, der Satz gehört also hieher; anderseits folgt ein Satz,
in dem wohl* þæt *oder* hit *hinzuzufügen ist, wie ebenfalls das Lateinische zeigt:)* 483, 24 and of Engle coman Eastengle & Mid-
delengle & Myrce & call Norþhembra cynn, is þæt land ðe Angulus is nemned betwyh Geatum & Seaxum (= porro de Anglis, hoc est, de illa patria quae Angulus dicitur & ab eo tempore usque hodie manere desertus inter provincias Iutarum &
Saxonum perhibetur; *hier wird es eben wohl heifsen müssen: Es
(dies) ist das Land, nicht: d. h. das Land; dieser Satz gehörte
dann auch zu 1)*; 487, 32 ða ongunnon hi þæt Apostolice lif
ðære frymþelican cyricean onhyrigean, þæt is (= videlicet) on
singalum gebedum & on wæccan . . . .; 500, 7 ðyssum tidum
þæt is (= id est) fif winter & syx hund wintra æfter ðære Drihtenlican menniscnysse; 504, 36 in ðam . . . . . ealra ðæra æfterfylgendra ærcebiscopa lichoman syndon bebyrged butan twegra, þæt is (= id est) Deodorus & Byrthwoldes; 541, 12 ðy
twelftan dæge æfter ðæs cyninges slege, ðone ðe he lufade, þæt
is (= id est) ðy ærran dæge Kal. Sept.; 574, 24 on ðyssum
mynstre þæt is on Byrcingum monig tacen . . . gefremede wæron (= in hoc etenim monasterio, *d. h. das in der Überschrift
erwähnt ist; es könnte daher im Englischen auch heifsen: „welches
in B. ist“; da aber auch hier die Überschrift hat: „on Berecin-
gum ðam mynstre“, heifst es wohl nur „d. h.“)*. **Or.** 8, 9 on
ðæm norþdæle, þæt is, Asia *(Gen.)* on þa swiþran healfe; 12, 3
monege þeoda sindon þæs landes; þæt is, Comagena & Fenitia
& Damascena & . . . . . .; 18, 8 on þæm æhtum þe heora speda
on beoð, þæt is, on wildrum; 102, 5 na, swa hit gewuna is,
of untidlican gewideran, þæt is (= hoc est), of wætum sume-
rum, & of drygum wintrum, & . . .; 248, 28 we sculon cuman
. . to ures fæder œðle, þæt is to heofonrice; *usw.* **Bo. XII,**
13 bi þam fif gesælþum, þæt is wela & anweald & . . . . .; 68,
15 hwæthwega godcundlices, þæt is andgit & gemynd & . . . .
So. 164, 17 þa bec sint gehatene Soliloquiorum, þat is be hys
modis smeaunge & tweounga; 167, 9 ðæt we iuwedon þæt ure
agen were, þæt ys weoruldwela; *ebenso* 11; 168, 12 þurh þæt
gewrixle þara feower tyda, þæt ys lencten & sumer & herfest
& winter; 187, 30 swa onliht se wisdom ures modes reagan, þæt
hys ure angyt. **Ps.** 10, 5 his bræwas [þæt ys his rihta dom]
ahsað manna bearn. **Le.** 58, 12 and þæt weorð sie hire mægðhades, þæt is se weotuma, agife he hire þone *(wegen des Nominativs kann man zweifeln, ob* þæt is *hier „d. h.“ bedeutet, der
Sinn aber spricht dafür)*.

4. þæt is (wæs) *weist häufig auf einen folgenden* þæt-
Satz hin (vgl. 2): **Be.** 496, 32 he is mid wætere to ðweanne,

þæt is ðæt he ða synne ðæs geþohtes mid tearum aþwea
(= lavandus est aqua, ut culpas cogitationis lacrymis abluat).
Or. 34, 22 þæt folc nugyt þæt tacn Josepes gesetnesse æfterfylgeað, þæt is, þæt hi geara gehwilce þone fiftan dæl . . . .
gesyllað; 78, 4 se . . . gedyde þæt nan hæþen cyning ær gedon
ne dorste, þæt wæs þæt he heora godgieldum eallum wiðsoc.
Cp. 40, 13 monige sindon mid miclum gifum geweorðode . . . .,
þæt is þæt hie gehealdað hiera lichoman firenlusta clænne; 58,
15 ðæt he ne cnytte . . . .; þæt is ðæt he ða Godes
gifa . . . ne becnytte . . .; *usw. usw.* **Bo.** X, 24 þæt ma manna
fægnodon . . . .; þæt is þæt hi wendon his beteran þonne he
wære; 14, 13 hwilces geferscipes ðu wære . . ., þæt is þæt þu
eart an þara rihtwisenra; 274, 12 þæt ic þe ær rehte, þæt wæs
þætte ælces monnes ingeþanc wilnaþ . . . . . . **So.** 166, 29 þe
nan . . gemet buton geclænsod, ðæt ys þæt man forwirðe; 167,
1 þu mycela gytfa us sealdest, þæt ys þæt we nefre æallunga
ne forwurðaþ; 178, 24 he sceal habban is modes eagan hale,
þæt is ðæt he hebbe festne geleafan. **Ps.** 4, 8 (7 is geswutelod
ofer us þin gifu . . .) þæt ys þæt þu sealdest blisse minre heortan. **Le.** 66, 5 þæt we nane byrðene on eow settan noldon . . .,
þæt is þonne þæt ge forberen . . . .

5. þæt wæs *kommt auch sonst vor:* **Be.** 488, 30 & sona
sende ærenddracan to Rome, þæt wæs Laurentius mæssepreost
& Petrus munuc. **Or.** 38, 26 swa fela manna swa mid Moyse
wæron, þæt wæs syx hund þusenda manna; 84, 29 swa micel
folc . . ., forwurdon, þæt wæs nigon X hund þusenda; 148, 28
betux Alexandres folgerum . . . ., þæt wæs Perþica & Eumen
& Alciþen & . . . . **So.** 200, 17 be ðam þe ic þe nu nichst
acsode, þæt wæs be minum gewitte.

§ 259   **F.** *Die Instrumentalformen des hinweisenden Fürwortes*
þy, þe, þon *stehen beim Komparativ in der Bedeutung „(je—)*
desto".

1. ðy, ðe: **Be.** 471, 20 and þæt (sc. ðu *oder* ðe) ðy læs
tweoge hwæþer ðis soþ sy, ic cyþe . . .; 481, 17 ða wæron hi
ðe baldran gewordene (= solito confidentiores facti; *Miller:*
they were emboldened by this); 509, 17 þæt we his oþer mægen ðy eaþ ongytan magon *(Miller:* the more readily; *man
sollte* ieþ *erwarten; ist also etwa* ðy *hier durch „dadurch" zu übersetzen, und* eaþ *Positiv?)*; 546, 24 ðæt heora compweorodes mod
ðy unforhtre beon sceolde & ðy læs fluge (*andere Lesart:* þæt
hi ðy baldran & ðy unforhtran wæron & ðy læs ymb fleam ho-
godan); 567, 30 he ðy ma mid his handum wonn; 583, 4; 593,
11 þæt heo ðy eþ meahte þæt ece rice . . . . geearnian; 601,
7; 611, 1; 621, 12; 623, 5 ne he ohte ðy ma blan; 627, 38
oþer wæs nohte ðy læs unaræfnendlic cyle hagles & snawes full;
634, 42; 642, 39. **Or.** 46, 13 þæt hi hæfden þy strengran scyte;

70, 30 ðæt heora muerþa sceoldon þy þrymlicran beon; 96, 16
þæt he þone oðerne þe ieð ofercuman mehte; 98, 32 þæt hie
mosten for him þy bet þæm gewinne fullgongan; 148, 32; 156,
22 mos þeaw ... þæt mon ænig wæl .. rinde ..., buton þær
þy læs ofslægen wære (= nisi forte cum adeo pauci cadunt,
ut ...; *Sweet bemerkt:* „last five words on erasure", *die Stelle
scheint verderbt zu sein; der Sinn ist klar, und Thorpe giebt richtig:* unless a very small number were slain); 240, 8; 258, 15.
Cp. 36, 15 þonne ðæt mod bið on monig todæled, hit bið on
anes hwon þe unfæstre, & eac ð y unnyttre; 50, 6; 68, 12 þæt
we mægen ð y bet gesion; 130, 17; 302, 20; 303, 6; 304, 5;
312, 3 he ofermodegað innan micle ð y hefiglicor; 332, 13; 346,
19 he mæg hiene ð y læs beladian ðæt he nebbe wite geearnad,
ð y he meahte ... ða synne forbugan; 397, 6 micle ð y ieð;
30; 403, 3; 429, 8 ðwt hi eft ð y mare wite hæbben ðe hi gere
witon ðæt hi .....; 459, 2; 467, 8; *usw.* **Bo.** VIII, 23 he
sæde, gif hwa biteres hwes onberede, þæt him þuhte beobread
þi swetre; X, 15 hu ælces monnes yfel biþ þy openre gif he
anwald hæs; XII, 9 ne mæg he no þe raþor beon swa welig
swa he wolde; 10, 5 þy eð; *ebenso* 20, 23; 46, 3; 58, 28 no
ð y læsse; *ebenso* 88, 15; 122, 15 micle þe winsumre; 224, 17,
18; *usw.* **So.** 165, 17 þæt þu si ð e werðer þines cræftes(t);
172, 25 na ð e raðor; 183, 18 ic wolde beon þi freora gode to
þuwianne; 190, 9. **Ps.** 4, 5 þeah hit gebyrige þæt ge onwoh
yrsien, ne seule ge hit no þy hraþor þurhteon, þe læs ge syn-
gien. **Le.** 58, 4 ara þinum fæder and þinre medder, þa þe Drihten sealde, þæt þu sie þy leng libbende on eorðan.

2. **ðon:** **Be.** 482, 32 for þam ege ðæs deaþes nohte ð o n
sel woldan; 516, 6 noht ð o n læs monige syndon ða ðe ...;
ebenso 528, 10; 623, 16; 619, 15 ic ða word gehyrde, & noht
ð o n ær ðære ærninge blon; 637, 18 he ðam ðe on sceare maran wæron .... nohte ð o n læssa ne gneþra wæs. **Cp.** 96, 6
se þe oferspræce bið, he bið nohte ð o n læs mid ðære besmiten;
162, 20 ne forstent hit him noht, ne him nohte ð o n ma ne beoð
forlætna his agna synna. *Über* ne ðon ma *in der Bedeutung* „nor
yet", *auch nicht, vgl. § 260. 2.*

*Anmerkung 1: Zur blofsen Verstärkung des Komparativs
dienen die Formen* þy, þe, þon *(vgl. § 65. Anm. 3.) in folgenden
Fällen:* **Be.** 551, 23 ne bewerede Penda se cyning ð o n ma,
gyf hwylce men woldan ... Godes word læron. **Or.** 100, 16
ic sæl eac þy lator Romana istoria asecgan þe ic angunnen
hæfde; 248, 16 þæt æle man þy gearor wiste hwær he gesibbe
hæfde. **So.** 177, 33 ic woð ful lytle ð e gearor hwile seo sunne is.

Anmerkung 2: Dem deutschen „desto" *genau entsprechend
findet sich auch* þæs þe *beim Komparativ:* **Or.** 244, 12 he for
þære ondrædinge þæs þe swiþor on þæt weorod þrong. **Cp.**
122, 18 oft sio wund bið ðæs þe wierse & ð y mare, gif hio

bið unwœrlice gewriðen; 130, 16 ðæt he wœre ðæs þe freora; 214, 1; 230, 13 ðœs ðy wierse wite hie sculon habban on ende þe him licað ðœt mon wel do, & nyllað ðœm onhyrigean; 305, 7; 435, 2 hi beoð ðœs ðe lator ðe hi oftor ymbðeahtiað; 443, 12. Bo. 370, 19 ða men habbaþ simle frydom, þy maran þe hi heora mod near godcundum ðingum lœtaþ, & habbaþ ðœs þy lœssan frydom þe hi heora modes willan near ðisse woruldare lœtaþ. So. 182, 23 nœfð nan man to þœs hal eagan þœt he œni hwile mœge locigan ongean þas sunnan þe we œr geseoð, & huru þœs ðe lœs gyf heo hefð unhale; 203, 28 ðœs hæbbað þa yfelan þe mare wite . . . ., & eac þœs þe mare þe hy gemunan . . . . . .

§ 260   G. Von den als Adverb oder Konjunktion verwendeten Formen dieses Fürwortes seien die folgenden erwähnt:
  1. Adverbiale Redensarten:
  to ðæs, so sehr; z. B. Be. 474, 13 þæt heora land ne wœre to ðœs mycel.
  to ðon, so sehr; z. B. Or. 84, 5 þa wœs seo ea to þon flede þæt he ne mehte to þœre brycge cuman.
  ðæs, darauf (zeitlich), von da ab, seitdem. Vgl. Lehmann, a. a. O., S. 41 f. Im Or. erscheint dieses Adverb in dieser Bedeutung unzählige Male; wenn ein durch þe eingeleiteter Nebensatz folgt, verschmilzt es mit þe zu einer Konjunktion: Or. 12, 21 & þonne fol raðe þœs (= bald darauf) sie east irnende; 86, 25 þe him raðe ðœs œfter com; 138, 33 & raðe þæs fird gelœddon ongean Somnitum; ebenso noch 144, 20; 150, 35; 158, 31; 160, 3; 168, 26; 170, 4; 172, 15; 174, 12; 176, 6; 178, 1; 180, 9, 25; 190, 2 & raðe þœs þe (= kurz nachdem) hie tosomne comon, he fleah; 6 ac raðe þæs þe Hannibal to his fultume com, he gefliemde ealle þa consulas; usw. usw. — 88, 1 & sona þœs (= bald darauf), þy œfterran geare, Romane wunnan wið Fulcisci; 122, 18 sona þœs on þæm œfteran geare forbrœcon Romane heora aþas; ähnlich 150, 27; 160, 26; 182, 20; 184, 1; usw. — 108, 15 on ðæm œfterran geare þœs, Minutia hatte an wifmon, þe on heora wisan sceolde nunne beon; 172, 17 þœs on þæm œfterran geare; ebenso 180, 3; 198, 11; 194, 6 on þæm teoþan geare þæs þe Hannibal won on Italie, he for of Campaina; 200, 33 he sceolde Italiam forlœtan on þæm þreoteoðon geare þæs þe he œr on com; 140, 28 þæs on oþrum geare Curius . . gefeaht; 184, 17 þœs on þæm þriddan geare; — 180, 7 þœs om (C.: on) mergen (= am folgenden Morgen) com Hanna mid Hannibales firde; 194, 12 þœs on mergen Hannibal gefor to þœre byrig; — 140, 12 þy œfterran geare þœs Fauius hicora consul . . . gefeaht wið Somnitum; — 138, 28 & þœs ymb an gear Somnite gefuhton wið Romanum; 152, 19 & þœs ymb þreo niht com Ptolomeus; 176, 24 þœs ymb III gear; 158, 30 æfter þæm Pirrus for of Italium ymb fif gear þœs þe he œr þœron

com; 218, 13 ymb XIIII gear þæs þe Ueriatus wið Romane winnan ongan; 246, 5 þæs ymb III niht hie gefuhton ut on sæ: — 34, 35 þeah God lange tide wille hwam hys willan toforlætan & he þonne þæs eft lytelre tide þolige *(vgl. § 18. k.)*. *In derselben Bedeutung erscheint* þæs *auch einmal im* Bo.: 116, 24 & þa fulraþe þæs ic clipode to him & ðus cwæþ. *An zwei andern Stellen im Bo. läfst sich über Anwendung und Bedeutung des* þæs *streiten :* Bo. 186, 27 (uton nu ..., gereccan þonne þa þreo to anum). Da andsworode ic & cwæþ: Uton þæs forþam hit is soþ (= addamus, si quidem vera volumus confiteri = *so? oder darauf?*); 194, 20 ac þæs me ðincþ þæt þæt beo seo soþe ... gesælþ *(= so? oder —? vgl. § 28. b.)*.

     2. *Konjunktionen:*

     ne ðon (þe) ma, *auch nicht*, *ne.* nor yet: Be. 501, 33 ða ne wolde se Papa þæt gehafigean ne ða burhware ð o n ma. Or. 94, 31 ne geþyncð þe swelc gewin noht lustbære, ne þa tida þ o n m a. Cp. 403, 2 ne ðon ma se ðe gehat gehæt, ne wene he ..... Bo. 28, 24 ne miht þu þon ma þara woruldsælþa hwearfunga onwendan. So. 195, 17 ne mæc be ure sawle life ic nu ð o n m a nawuht ne twæoge. Le. 108, 4 þæt ne þeowe ne freo ne moton in þone here faran butan leafe, n e heora nan þ e m a to us.

     ðy, *deshalb, weil; z. B.* Bo. 44, 13 ðy ic wundrige, hwi þu ...; *ebenso* 54, 4; 60, 16 þy ic eom swiþe ungemetlice ofwundrod hwi ....; 96, 26; 142, 12 forþy he wilnað þæt he habbe þæt he næfð, þy he wolde genog habban; *ebenso* 212, 19; 284, 29; *merkwürdig ist die Form* aþy, *wofür B.-T.* „ever the" *als Übersetzung giebt:* 152, 9 geþenc nu hwæþer ænig mon beo aþy unweorþra þe hine manige men forsioþ; gif þonne wnig mon aþy unweorþra biþ, þonne biþ ..... — ðy *im Hauptsatze entspricht einem zweiten* ðy *im Nebensatze:* 70, 1 ðæs menniscan lifes gecynd is þæt hi ðy *(= dadurch)* anan seon beforan eallum oþrum gesceaftum, ðy *(= dafs)* hi hie selfe ongiton hwæt hie send, & hwonan hi send, & þi *(= dadurch)* hi send wyrsan þonne nytenu, þy *(= dafs)* hi nellaþ witan hwæt hi sint (= tum ... cum; *Fox und Cardale übersetzen:* then — when); *ferner, aber in anderer Bedeutung* 222, 21 þy men secaþ god genog, ðe he wenaþ þæt þæt sie þæt hehste god; þy hi secaþ anweald ..., ðy hi wenaþ þæt hit sie þæt hehste god *(= deshalb ..., weil ....; Cardale und Fox:* therefore .... when ...; therefore .... because ...).

     ðæs ðe *(vgl. oben unter 1 bei* ðæs *zum Or.) dient im* Be. *zur Übersetzung des lateinischen* ut *in verschiedenen Bedeutungen:* Be. 497, 5 ðæs ðe ic deme (= ut arbitror); 40 se mon biþ ðæs ðe swa to cweþanne si, æghwæþer ge gehæfted ge freo (= ut ita dixerim); 499, 20 Brytta ðeode fornom ....., swa efne ðæs þe mihte wiþmeten beon Saule (= ita ut Sauli ...

comparandus videretur); 527, 26 ðæs ðe men sædon (= ut per-
hibent); 557, 36 ðæs ðe menn cweþað (= ut dicunt); 39 ðæs
ðe men secgaþ (= ut dicunt); 595, 42 ðæs ðe hire ðuhte (=
ut sibi videbatur); 618, 33 ðæs ðe ic cwcþe (= ut ita dicam);
627, 33 ðæs ðe me ðuhte & gesewen wæs (= ut videbatur mihi);
628, 34 ðæs ðe ic gewitan mihte (= ut dignoscere potui). — *Drei
entsprechende Stellen finden sich im* Bo.: 130, 13 men secaþ an-
fcalde eadignesse þæs þe him ðincþ (*Cardale:* as it seems to
them); 132, 5 hi wilniað, þæs þe hi cunnon & magon, þæs
hehstan godes (*Cardale:* so far as they can & may); 140, 28
næs ic næfre git nane hwile swa emnes modes, þæs þe ic gemunan mæge (*Cardale:* as far as I can remember). *Über* So. 181,
18 *vgl. § 28. b.*

þæs þe *als Übersetzung von* ubi *steht:* Be. 548, 46 ac se
Godes mann ðæs ðe (*Miller:* ðæs ðe he) to ðære openan
dura betwyh ða legas becom, ða gegripon hi ... (= ubi ...
pervenit).

Über ðy, *weil, deshalb;* þy læs, *damit nicht;* forþampe,
ærþampe, sona þæs þe *usw. usw. werde ich beim Adverb und
bei den Konjunktionen handeln.*

II. ðes, ðeos, ðis.

§ 261   1. *Als Hauptwort kommt fast nur das Neutrum* ðis *vor,
namentlich wenn es auf den Inhalt eines voraufgehenden, seltener
eines folgenden Satzes, oder auf ein folgendes Prädikatsnomen hinweist:* Be. 471, 18 for ðinre ðeode ic ðis awrat; 20 hwæþer
ðis soþ sy; 478, 43 ða wæs se dema æfter ðyssum ... gedrefed; *ebenso* 482, 21; 483, 35; 481, 19 wiþ ðyssum stod ... se
earga feða Brytta (= ad hæc; *Miller:* to oppose this); 485,
34 ðis gemænelice him to ræde gecuron; 490, 14 ðam men ðurh
ða ðryæ ðis biþ gegearwod þæt he ne sy seald; 31 ðis mot swa
beon *(Antwort auf eine Frage);* 495, 45; 496, 40; 511, 34 ða
se cyning ðis gehyrde; 535, 11; 572, 19 ða ic ða ðas & monige
oþre sprecende wæs; 577, 25 nænige ðinga ic ðas bliþe aberan
mæg. Or. 40, 15 þa þis gedon wæs; 60, 17 on þæm ilcan geare
þe þiss wæs, Procos ... ongon ricsian in Italia; 62, 32 þis ic
sprece nu for ðæm; 66, 13 he þa Romulus æfter þiosan underfeng Cirinensa gewinn; 92, 8; 100, 26 mare ic þyses gemyndgade þonne ic his mid ealle asæde; 102, 26 æfter þeosan on
þæm ilcan geare tohlad seo corþe; 142, 11; 168, 7, 36; 194,
33; *usw.* Cp. 2, ü. ðis is seo forespræc; 38, 17 hu ne is ðis
nu sio micle Babilon; 40, 2 ðeah ic nu ðis recee; 42, 18 ðis
wæs ryht dom; 58, 8 hwæt is nu ma ymbe ðis to sprecanne;
138, 4 & swæðeah betweox ðissum simle is to ondrædonne;
162, 21 be ðiosum git is swiðe ryhtlice gecweden; *ebenso* 232,
14; 172, 14 nu ðonne oð ðis we reahton; 290, 12 ic wene ðæt

we magon ðis openlicor gecyðan; 356, 18; 435, 20. **Bo.** 8, 26
is þis nu se cwide þe þu me geo sædest; 130, 5 be þisan &
be manegum þyllecum mæg beon eallum monnum cuþ þætte . . . .;
252, 15 wel me licode þæt þu wr sædest, & þises me lyst nu
get bet; 320, 11 þæt þis is swiþe riht racu; 13 ac ic· wat þeah
þæt þys folce swa ne þincþ; *usw.* **So.** 163, 21 gelimpfulran . .
þonne he ær (*so lesen statt* æt *Wülker,* (*Beitr.* IV, 110) *und*
Hulme (*E. St.* XVIII,)) þissum wes; 169, 5 þis is eall soð;
176, 8 þæt ic lufede þæt & forsawe ðis. **Ps.** 13, 1 nis nan God
þe þis wite oððe wræce; 14, ü. wilnað him . . . reste æfter þisum. **Le.** 60, 25 gif he siððan æfter sunnan upgonge þis deð;
64, 2 þis is þonne þæt ærendgewrit þe þa Apostolas sendon;
78, 5 gif æðelborenran wifmen þis gelimpe; *ähnlich* 80, 15; 88,
1 gif hloð þis gedo; 106, *Einleitung* þis is þæt frið, þæt . . . . .
    Anmerkung 1: *Zuweilen weist* þis *auch ohne Rücksicht auf*
Zahl und Geschlecht auf ein oder mehrere Hauptwörter hin (vgl.
zu þæt §§ 257. 2. b., 258. 1.): **Or.** 100, 13 Athena . . .., Thebane
. . .., Boeti . . . ., Macedaniæ — þiss wæron ealle Creca leode.
Cp. 453, 8 ðis sint nu ða lara ðe . . . . **Bo.** 8, 24 hwæt la
hwæt sint þis nu þa god & þæt edlean þe ðu . . . . . **Le.** 58,
11 þis synt þa domas þe þu . . .; 64, 49 þis sindon þa domas
þe . . . .
    Anmerkung 2: *Selten erscheinen männliche und weibliche*
Formen dieses Fürwortes als Hauptwort: **Be.** 481, 41 Aetius . . . .
wæs . . Consul & cyning on Rome; to ðysum ða ðearfendan
lafe Brytta sendon ærendgewrit (*das lateinische* hanc *mufs ein*
Druckfehler sein) ; 502, 22 læde mon hider to us sumne untrumne
mon, & ðurh swa hwylces bene swa he gehæled si, ðysses geleafa & wyrenes si gelyfed Gode andfenge & eallum to fyli-
geanne (= per cujus . . . ., hujus . . . .); 550, 22 Honorius . . .
gehalgode Thoman . . to bisceope, se wæs of Gyrwa mægþe, &
ðæs (*Miller:* þes) wæs . . . . . of ðissum leohte alæded; 558,
4 þridda wæs Ceadda, feorþa Winfred; ealle ðas wæron . . .
bisceophada brucende; 29 (lareowas . . .); betwih ðas wæron
twegen geonge æþelingas; 631, 3 (sum munuc . . . .); ðes gelomlice wæs ingangende to ðam ylcan were. **Or.** 296, 7 Rufinus
wolde habban him self þone anwold þær east, & Stileca wolde
sellan his suna þisne her west. **Cp.** 48, 23 (oðer . . . oðer . . .;)
ac we sculon swiðe smealice ðissa ægðer underðencean; 82, 21
(olicung . . . wiðermodnes . . .;) gif ðonne mid nanum ðissa ne
bið onwæced his ingeðonc; 154, 9 gong inn. & gescoh þa beard-
sælða & ða sconde þe ðas her doð. **Bo.** 90, 24 (gifta & wæpnu
& mete & ealo & claþas . . . .) ne mæg he butan þisum þas
tol gehealdan; 106, 26 (Cassius . . . Cato . . .;) hu ne wæran
þas gefyrn forþgewitene. **Ps.** 7, 3 Drihten, min God, gif ic to
þisum, þe me nu swencað, þæs gearnod hæbbe, þæt hi nu doð.
Le. 68, 9 (66, 8 hwær anne dom, hwær oðerne;) ic þa Ælfred

cyning þas togædere gegaderode & awritan het; 10 ic þa . . .
eallum minum witum þas geeowde; § 1 (his að & his wed ....;)
gif hwa to hwæðrum þissa genied sie on woh.

§ 262   2. ðes, ðeos, ðis *als Eigenschaftswort weist auf Nahc-
liegendes, zuweilen auf einen* þæt-*Satz oder auf ein relatives Fürwort nachdrücklicher hin als* se, seo, þæt *(vgl. § 256):* Be. 471,
14 *(in der Einleitung)* forþon ðis gewrit . . . god sagað be godum
mannum; 20 hwanan me ðas spell coman; 472, 4 fram fruman ðyssa
boca; 5 oþ ðas andweardan tid; 12 ðis weorc; 24 oð ðysne andweardan dæg; 27 on ðisse bec; 36 þæt hi . . . . ðas
mede heora edleanas me agife, þæt ic . . . .; 473, 12 hit is
welig ðis ealond; 15 ðeos eorþe is berende . . .; *ähnlich* 25; 475,
15 ðeos fyrd *(eben erwähnt)* wæs getogen . . .; 476, 7 ðes Casere
(von dem gerade die Rede ist) framlice rehte ða cynewisan; 23;
477, 35, 39, 41; 478, 14, 19, 25; 479, 8, 26, 28, 35; 480, 29;
481, 12, 18, 24; 482, 2, 5, 25; 484, 19; 486, 22, 28; 489, 12
ðas drohtnunge & ðis lif du scealt gesettan, þætte on fruman
ðære acennedan cyricean wæs ussum fæderum; 493, 37 and ðas wif
ða de heora bearn . . . oþrum to fedanne syllaþ; 495, 33 swa
hwylc monn swa bruceþ . . ., ðes mon is . . . .; 496, 25; 509,
35; 515, 34; 527, 9; *usw. usw.* Or. 1, 1 ealne þisne middangeard; 4 on þiosan middangearde; *ebenso* 2, 14; 6, 8; 8, 1; 10, 22
betux þæm twæm ean sindon þas land: Arocasia & Parthia &
. . . . .; 19, 16, 36; 20, 2 þas land, þa synd hatene ærest Blc-
cingaeg & Meore & . . . .; & þas land hyrað to Sweon;
34, 30 butan þysan þrim ricum *(eben genannt);* 40, 24, 25; 50, 22
geþence þonne þara tida & nu þissa, hwæþre him bet licien; 54,
33; 62, 11, 24; 82, 1 an þisse niht; 86, 9; 92, 2; 98, 29 æfter
þeosan gewinne; 102, 8; 110, 9 nu ic þyses Alexandres gemyndgade, nu ic wille eac þæs maran Alexandres gemunende beon;
120, 10; 136, 30; 142, 22; 188, 23; 212, 26; 224, 32; 230, 33;
242, 33 on þeosan life; *usw.* Cp. 2, *ü.* ðas boc þe man Pastoralem nemnað; 3, *ü.* ðeos boc sceal to Wiogoraceastre; 4, 2 þissa
woruldðinga; 14 ure ieldran, ða þe ðas stowa ær hioldon; 8, 7
ðis ærendgewrit Agustinus . . . . . brohte; 22, 12 on ðisse andweardan bec; 16; 24, 11; 26, 2; 30, 23 ðonne ðeos world bið
geendod; 48, 10 of ðissa *(eben erwähnt)* twegea monna muðe;
54, 9; 134, 21; 152, 20 ða . . ðing de ðas men her doð; 158,
4; 206, 21; 254, 11; 268, 11; 298, 6 hwelc nauht ðes worldgilp
is; 301, 23; 314, 13; 324, 3 gehieren men ðisne *(folgende)* cwide;
328, 25; 334, 9 ðæt ðios corðe, þe him ðæt gestreon of com,
eallum monnum is to gemanan geseald; *usw. usw.* Bo. II, 1 Ælfred, kuning, wæs wealhstod ðisse bec; 11 þas bec; VI, 23 on
þisse worulde; XII, 4 ðes anwearda wela merþ ða men; 8
ealle þas andweardan god; 4, 26; 12, 15 hawa nu mildelice on
þas earman corðan; 74, 16; 90, 25 *(s. § 261. Anm. 2.);* 118, 7;

272, 6; *usw.* So. 163, 10 þar ic ðas stuðan sceaftas *(die schon*
Z. 1 erwähnten) cearf; 16 on þisum lenan stoclife be þis wæge ða
while þe ic on þisse weorulde beo; 168, 10 þu astyrst & wildest
eallum þis middangearde; 171, 18 ne lyst me . . nanes þinges
swiðor to witanne þonne þises; 187, 28 swa swa þeos gesewe
sunne ures lichaman eagan onleoht, swa . . . . **Ps.** 2, *ü.* ælc
þæra þe þysne sealm sincgð; 3, *ü.* ðysne þriddan sealm Dauid
sang; *und so öfter*; 17, 41 gefriða me . . . wið þises folces un-
hyrsumnesse; 23, 8 hwæt is þes wuldorfæsta kyning?; 33, 6 þes
(= der bekannte) þearfa clepode to Drihtne; *usw.* **Le.** 58, *Ein-*
leitung Drihten wæs sprecende þas word *(die nun folgen)* to Moyse;
66, 6 of þissum anum dome mon mæg geþencean; 72, 5 rac
we settað . . þis frið *(folgt);* 84, 1 gif æt þissa misdæda hwelcere se hund losige, ga þeos bot hwæðere forð; 96, 43 eallum
frioum mannum þas dagas *(die nun aufgezählt werden)* sien forgifene. **Di.** 68 betwix þas corþlican ymbhigdo; . . . þas æfterfylgendan lare; 69 betwih þas corþlican gedrefednesse.

3. *Über die Verwendung von ðes als bestimmter Artikel vgl.*
§ 147. 5.

III. ilc.

Das Fürwort ilc *erscheint stets in Verbindung mit dem be-*
stimmten Artikel oder mit ðes, ðeos, ðis, und stets in schwacher
Form. Es entspricht dem deutschen „der nämliche", und bezieht
sich entweder auf etwas kurz vorher wörtlich oder wenigstens dem
Sinne nach Erwähntes, oder auf einen Relativsatz.

1. ilc *als Hauptwort:*   § 263
a) *Mit dem bestimmten Artikel:* **Be.** 484, 30 ðæt se
ylca *(= der nämliche, d. h. der im vorhergehenden Abschnitte schon*
erwähnte Bischof) ða dohter ðæs ealdormannes blinde onlihte;
488, 23 ðæt se ylca biscop geworden onbead Gregorio . . . .;
545, 22 he nowiht oþres no ne gelyfde . . . . . butan þæt ylce þæt
we; 596, 19 þæt hi þæt ylce ær wiston & ongeaton; 607, 4 sumum
monnum he ðonne þæt ylce onwreah openlice & cyþde. **Or.** 64,
2 hu . . . ure God . . . . . sette, se ilca se þe giet settende is
& wendende ælce onwaldas; 110, 1 þæt hie þæt ilce þigedan
þæt hie ær oþrum sealdon; 134, 26 þæt he ðone ilcan ofslog þe
hiene ær þurhsceat; 214, 14; 230, 18 þa on mergen hie wæron
þæt ilce donde; 254, 2 wearð se ilca geboren þe ær Abrahame
gehaten wæs. **Cp.** 28, 2 ðæt ilce cwæð Paulus; 9 be ðæm ilcan
se sahnscop cwæð; 34, 24 se ilca se monegum yllum . . . ær
gearode, he . . . .; 38, 25 se ilca se þe wende þæt he wære
ofer ealle oðre men, him gebyrede . . .; 48, 18 ðæt ilce þæt
he untælwierðlice ondred to underfoonne, þæt ilce se oðer swiðe
hergendlice gewilnode; 82, 3; 88, 15; 118, 23; 132, 8 ðonne

he ðæt ilce deð ðæt hie doð; 164, 24; 192, 15; 200, 3, 24; 244, 3 gehieren eac þa ilcan . . .; 252, 4; 260, 7; 385, 28; *usw.* **Bo.** 10, 21 ge eac þone beorhtan steorran þe we hataþ morgensteorra, þone ilcan we hataþ oþre naman æfensteorra; 16, 25 ymbe þæt ilce þu gyddodest nu hwene ær; 26, 4 swelce oþrum monnum ær þæt ilce ne eglede; 21 þa ilcan þe ðe gedydon nu þas gnornunga . . . ., þa ilcan þe wæron on stilnesse . . .; ða ilcan þe habbaþ nu . . . forletan . . ., þa þe . . . .; 32, 30 þæt þu ne sceoldest þæt ilce geþolian þæt oðre men; 80, 23; 84, 5 ðæs ilcan is to wenanne; 94, 2; 112, 18; 114, 25; 272, 6. **So.** 168, 17 swa þat þa ylcan eft ne cumæð þær dær hy er weron; 169, 25 þeowede þinum feodum . . . . ., þam ilcum ðe þu gehæfst; 173, 32 ic wot ðæt hym is þæt ylce be me; 188, 18 spurian . . . æfter ðam ylcan þe wiht ær spureden; 190, 27 me ðincð þæt ðille [*That is,* þu wille] gyt witan þæt ylce þæt þu ær woldest; 191, 29 þæt ylce ic secge gyt. **Ps.** 7, 15 he adylfð þone pytt, and he hine ontynð, and on þone ylcan befylð; 9, *ü.* be þam ylcan hine sang Crist; 13, 7 hie wilniað . . oþerra manna unsælþa, and him cymð sylfum þæt ylce; 16, *ü.* ymb þæt ylce hi hine singað; 27, *ü.* and þæs ylcan wilnað ælc þe hine singð; 28, *ü.*; 29, *ü.*; 34, *ü.* **Le.** 60, 20 gif he þonne þone toð ofaslea, doð þæt ilce; 66, 4 mid him we sendon Judam and Silam, þæt hi eow þæt ilce secgan.

b) *Mit* ð i s *erscheint* i l c *als Hauptwort nur in der* **Cp.**: 120, 9 for ðissum ilcan is eac gesæd; *ebenso* 124, 6; 168, 19 eft be ðys ilcan; *ebenso* 252, 11; 352, 24; 354, 18; 385, 9; 391, 13.

§ 264   2. i l c *als Eigenschaftswort:*

a) *Mit dem bestimmten Artikel:* **Be.** 475, 6 ðæt se æfter Romwara Casere Claudius haten þæt ylce ealond gesohte; *ebenso* 480, 16; 475, 16 fram ðam ylcan Casere Claudie wæs sended Vespassianus; 476, 29 ðe on ða ilcan tid for drihtne heora blod aguton; *ebenso* 477, 12; 482, 3; 477, 20 ðu scealt ðam ylcan wite onfon; 483, 11 ðurh ðæs ylcan cyninges bebod; 484, 35; 485, 2, 25; 486, 7; 488, 27; 489, 18 be ðam ylcum fæderum; 492, 16; 493, 5 se ylca ælmihtiga God; 494, 22; 498, 2; 501, 12; 511, 28; 574, 35; 580, 26; 587, 34 ðurh anes Drihtnes gife & ðæs ylcan seþe hine gehatende wæs . . . (= donante uno eodemque Domino, qui . . .; *also: ein und derselbe Gott, der . . .; ungenau übersetzt Miller:* through the grace of our Lord alone, who also . . . .); 607, 6; *usw.* **Or.** 8, 11 ond þonne of þære ilcan ic Danai suþ; 26; 31; 12, 15; 16, 13; 27 Norðdene habbað þe norþan him þone ilcan sæs earm þe mon hæt Ostsæ; 30; 20, 26; 30, 15, 26; 34, 27; 38, 32; 44, 24; 46, 24; 74, 22; 194, 29; 264, 4; 294, 16; *usw. usw. usw.* **Cp.** 34, 16 hine bealg wið ðone ilcan Samuhel þe hine ær on ðæm rice gobrohte; 36, 3 se ilca Dauid þe forbær . . . . ., he genam; 66, 19 be ðæm

ilcan scyldum; 76, 11; 116, 15 he bið self swiðe gelic ðæm ilcan
monnum þe he ðær ðreatað & hiend; 132, 9; 172, 19 oft sio
ilce lar þe oðre hilpeð, hio dereð ðæm oðrum; 192, 15 se ilca
Salomon cwæð *(obgleich derselbe vorher nicht selbst genannt ist,
sondern nur zwei Aussagen von ihm angeführt werden);* 238, 16;
248, 20; 256, 2; 304, 6; 356, 18. **Bo.** VI, 21 æt þam ilcan
weorþscipe ðe he ær hæfde; XII, 1 þy ilcan weorce; 2, 10 Deodric feng to þam ilcan rice; 42, 27 þin wif, þæs ilcan Simma-
chuses dohter; 82, 11 þæt he þæt ilce yfel ne geþafige oþrum
monnum þe he ær oþrum dyde; usw. **So.** 163, 9 to þam ilcan
wuda þar ic ðas stuðan sceaftas cearf; 168, 15 swa wrixlað eall
tunglai (!) & hwerfiað on þam ylcan wisan; 174, 20; 182, 10 on
ðam ilcan worce & on ðam ylcam willam ðe ðe best lyst don;
185, 19 be þam ylcan þingum se ylca Cornelius cwæð; 188, 34;
198, 14; 200, 25; 204, 8 to þam ylcan hlaforde þe he ær myd
wes. **Ps.** 5, 3 forðam þu eart se ylca God þe nan unriht nelt;
9, *ü.* on þa ylcan gerad hine singð ælc rihtwis mann; 13 þu eart
se ylca God, þe me uppahofe; 10, 6 se ylca Drihten ahsað rihtwise and unrihtwise; 27, *ü.* on þam ylcan sealme; *ebenso* 34,
ü. **Le.** 60, 21 sunu oððe dohtor gif he ofstinge, þæs ilcan domes sie he wyrðe.

b) *Mit* ðes, ðeos, ðis: **Be.** 472, 33 ic .. bidde, þæt to
eallum ðe ðis ylce stær becyme ures cynnes to rædanne . ., þæt
hi . . . .; 505, 32 & he ða ðes ylca Papa sinoþ gesomnade;
506, 19 se ðyssum ylcum gemærum rice hæfde; 31 wæs þæs ylca
Æþelbyrht Eormenrices sunu; 554, 5 wæs ðysses ylcan Godes
mannes gewuna; 614, 17 wunade ðæs ylca Godes wer on Farene
ðam ealande; 615, 38 & ðes ylca Johannes . . . geseted wæs.
Cp. 138, 1 ðas ilcan geornfulnesse ðara hierda sanctus Paulus
aweahte. **Bo.** 76, 3 swa he nu dyde to þis ilcan Deodrice; 240,
7 swa swa we ær sædon on þisse ilcan bec.

IV. ðyslic, ðyllic.

*Dieses Fürwort entspricht dem deutschen „derartig", und wird
ebenfalls sowohl als Hauptwort wie als Eigenschaftswort gebraucht.*

1. ðyllic *als Hauptwort (und als Prädikatsnomen):* **Be.** § 265
514, 22 ðonne ðis tacen ðyslic ðe tocume (= cum hoc ergo
tibi signum advenerit; *Miller:* when this token comes to you
in this wise); 516, 13 ðyslic me is gesewen cyning ðis andwarde
lif (= talis mihi videtur vita hominum praesens); 531, 37 sæde
heo him þæt seo onwrihgnes ðyslic wære (= revelationem hujus-
modi esse); 553, 21 þyslic wæs seo syn ðe se cyning fore ofslegen
wæs (= talis erat culpa regis). **Or.** 164, 3 nu Romane him
self þyllic writon. **Cp.** 40, 20 ða þe ðonne ðyllice bioð; 58, 22
ymb ðyllic is to gedencenne; 108, 19 ðeah hie for ðyslicum wil-

nien ðæt hie andrysne sien; 142, 22 ðæm hie geðafiað ðyllic;
226, 23 hwæm beoð ðonne ðas ðyllecan gelicran *(B. Schra-
ders Satz über Ælfric (a. a. O. § 72, S. 47): „þylc, þillic flek-
tiert, selbst wenn es mit dem Artikel oder Demonstrativum steht,
nur stark"* — *ist also nicht zu verallgemeinern.)*; 393, 10 hwa
mæg ðonne for ðyllecum bion gehealden butan miclum gesuince;
415, 35 ðonne ðæt beswicene mod ymb ðyllic ðencð. **Bo.** 88,
13 & for ðyllecum næs he nawuht geunrotsod; 130, 5 be þisan
& be manegum þyllecum; 308, 10 ne wene ðeah nan mon þæt
ic for þæm anum ðyllic sprece; 330, 9 ðises hi wundriaþ & ma-
nies þyllices. **So.** 197, 33 ic beo . . . micle gefegenra þonne
ðu me myd þillicum oferstælest þonne ic æfre wexæ. **Ps.** 9, 31
ne geþencð God þyllices; 10, 7 mid þyllicum and mid manegum
þyllicum beoð heora drinc-fatu gefyldu; 23, 6 þyllic byð þæt
cyn þe God secð.

§ 266   2. ð y l l i c *als Eigenschaftswort:* **Be.** 514, 13 se man
seþe ðe ðyslice gife & swa mycle soþliçre ðe towearde fore-
cwyþ; 611, 22 mid ðy ða se foresprecena broþor langre tide
ðyllic ungescræpo woon. **Or.** 152, 28 ðyllicne gebroðorscipe hie
heoldon him betweonum; 164, 5 þyllica bismra on hie selfe asæ-
don. **Cp.** 40, 13 onfoð ðyllica gifa; 50, 20 on ðyllicum bisene;
130, 13 ðæt he on ðyslicum geswincum wære; 314, 13 ðyllic
fæsten ic geceas. **Bo.** 12, 18 ða þæt Mod þa þillic sar cweþende wæs; 38, 11 wenst þu nu þæt þe anum þyllic hwearfung,
þillic unrotnes on becumen; 88, 15 betwuh ðyllecum unrihtum;
252, 30 ðyllice leasunga hi worhton. **So.** 197, 24 us sedon ma
þyllicra weorda.

V. swelc.

Das dem deutschen „solch" entsprechende Fürwort s w e l c *wird
gleichfalls als Hauptwort sowohl wie als Eigenschaftswort gebraucht.*

1. s w e l c *weist auf vorher Erwähntes zurück:*

§ 267   a) *Als Hauptwort oder prädikativ:* **Be.** 491, 33 ealle ða
þe to Cristes geleafan becumaþ syndon to monigenne, þæt hi
nowiht swylces durron gefremman; 567, 36 ða he ða sume dæge
hwæthugu swylces ute dyde; 635, 3 geseah he eac swylce his
sylfes ungesælige stowe & carcern betwih swilce. **Or.** 118, 31
swa heora þeaw æt swelcum wæs; 168, 5 eall his cynn mon ofslog, þylæs hit monn uferan dogore wræcce, oþþe ænig oþer
dorste eft swelc anginnan; 252, 24 mid þæm bryne hio *(d. h.
Romeburg)* wæs swa swiþe forhiened þæt hio næfre siþþan swelc
næs. **Cp.** 8, 14 heht him swelcra ma brengen *(worauf sich
swelcra beziehen soll, ist nicht klar)*; 26, 14 swelcum monnum
Dryhten cidde ðurh ðone witgan, & him swelc oðwat, þa he

cwæð; 62, 7 gif we ðonne scominað, þæt we to uncuðum monnum swelc sprecen, hu durre we ðonne to Gode swelc sprecan;
100, 12 hu he wolde ðæt mon him miltsode gif he swelc wære
(*nämlich ein Ungläubiger,* ungeleafful, *substantiviertes Eigenschafts-*
wort); 158, 10 gif hwa sie abisgod mid hwelcum scyldum, ge
ðonne þe gastlice sindon gelærað ða swelcan mid manðwærnesse
gæste; 264, 17 oft eac ða swylcan mon sceal forsion; 292, 22
ða swelcan we magon ealra betest geryhtan; 332, 21 gif we him
swelc sægeað; 411, 26 hwa is nu ðæra ðe . . to ðæm gleaw
sie ðæt he swelces hwæt tocnawan cunne. **Bo.** 14, 9 ne sceolde
þe eac nan man swelces to gelefan; 26, 7 heora þeawas sint
swelce; 30, 4 þæt wnig deaþlic man swelces hwæt agnes ahte;
38, 12 wenst þu nu þæt þe anum þyllic hwearfung, þillic unrotnes on becumen, & nanum oþrum mode swelc ne onbecome;
62, 14 hwæþer þu nu swelces auht wyrcan mæge; 66, 14 swælce
(*d. h.* gode & fægere) hi woldan beon; 72, 1 gif ðu þonne swelces nanwuht næfdest; 74, 6 eala þæt ure tida nu ne mihtan
weorðan swilce; 106, 13 ne se dead þeah swelces ne recþ; 188,
15 gif he swelc wære; 196, 7 nat ic nanwuht on þys andweardan life þe swelc gifan mæge; 302, 26 be swilcum & be swilcum
þu miht ongitan; 328, 8 þæt swylces hwæt unmyndlinga gebyrige;
342, 9 swylc is þæt þæt we wyrd hataþ; 348, 24 ðonne þincþ
þæt Gode unriht þæt he swelce swence. **So.** 195, 15 for swilcum & for manegum swilcum ic nat. **Ps.** 1, 5 ac þa unrihtwisan ne beoð na swylce, ne him eac swa ne limpð; 23, 5 se
þe swylc byð, he . . . .; 39, 19 gemyclad sy se Drihten þe
swylc deð.

b) *Als Eigenschaftswort:* **Be.** 477, 16 þæt he hine sylfne § 268
on geweald sealde swylcere frecednysse; 491, 5 þæt þæt tuddur
ne growan ne weaxan mihte of swylcum gesinscype; 24 þæt hi
ahabban hi fram swylcum unrihtum; 501, 11 þæt ... ðæs ealondes bigengan swylcre ansyne men wæron; 508, 26 hwyle mon to
ðæs gedyrstig wære, þæt he swa miclum were swilc witu dyde;
527, 39; 528, 33; 541, 8; 553, 38, 39. **Or.** 94, 30 ne geþyncd
þe swelc gewin noht lustbære; 100, 20 ic mæg eac on urum
agnum tidum gelic anginn þæm gesecgan, þeh hit swelcne ende
næfde, þætte Constantinopolim Creca burg on swelcre cwacunge
wæs; 156, 31 gif ic eft gefare swelcne sige æt Romanum, þonne
mæg ic siþþan buton ælcon þegne Creca lond secan; 164, 33;
194, 20 þa se ren ablon, hie foran eft togædere, & eft weard
oþer swelc ren, þæt hie eft toforan (*dieses* swelc *bezieht sich wohl*
auf das Vorhergehende, nicht — wie Bock will (a. a. O., S. 24)
— auf den þæt-*Satz); 224 unten fehlt ein Satz, den Thorpe* 446, 2
hat: eala Romane hwa mæg eow nu truwian, þa ge swylc lean
dydon eowrum þam getrywestan witan; 244, 5. **Cp.** 26, 13
sweleum monnum Dryhten cidde ðurh ðone witgan, & him swelc

oðwat, þa he cwæð; 30, 1 be swelcum hirdum cwæð se witga;
40, 20; 42, 7; 44, 24; 46, 10; 50, 12; 54, 1; 58, 18; 286, 10;
435, 4. **Bo.** 36, 15 ic wolde þæt ðe sceamode swelces gedwolan; 80, 4 swilca wuhta him deriaþ; 128, 9 on swelcum & on
oþrum swelcum lænum; 220, 17 ryhtwisnes & Wisdom & manege
swelce cræftas. **So.** 164, 1 nis hit nan wundor þeah mon swilc
ontimber gewirce; 165, 12 þæt me to swilcum weorce onhagie;
182, 17 myd swilcum æagum; 192, 3 he gyfð ælcre . . . swilca
gyfa; ða swilcan gifa hine þurfon næfre forlætan. **Ps.** 12, 4 onliht mine eagan, þæt hi næfre ne slapan on swylcum deaðe; 17,
45 þu eart ·soð God, þu þe me sealdest þæt ic meahte swylc
wite don minum feondum, and me swylc folc underþydes; 23,
10 wyrcð swylc wundru; 32, 11 eadig byþ þæt kynn, þe swylc
God byð heora God.

　　　2. s w e l c *weist auf einen f o l g e n d e n N e b e n s a t z hin.*
§ 269　　a) s w e l c *bezieht sich auf einen* þ æ t-*Satz:*
　　　α) *Der* þæt-*Satz ist ein F o l g e s a t z:* **Or.** 80, 7 & ealles his
heres wæs swelc ungemet þæt mon eaðe cweþan mehte ðæt . . . .;
108, 25 sume Romana wif on swelcum scinlace wurdon, & on
swelcum wodan dreame, þæt hie woldon ælcne mon . . . . mid
atre acwellan; 122, 26 wæs . . . . swelces domes beled, þæt hie
hiene to ðon gecoren hæfdon þæt he . . . .; 294, 24 ac him
onsende God swelcne wind ongean þæt hie ne mehton from him
nænne flan asceotan. **Cp.** 58, 9 hwæt is nu ma ymbe ðis to
sprecanne, buton se se þe swelc ongieten sie þæt he ða cræftas
hæbbe þe we ær bufan cwædon, þæt he ðonne to fo, gif he
niede sciele, & se se þe swelc ne sie, ðær no æt ne cume, ðeah
hiene mon niede. **Bo.** 382, 5 swilc is se Wisdom, þæt hine ne
mæg nan mon of þisse worulde ongitan.
　　　β) *Der* þæt-*Satz ist ein O b j e k t s a t z:* **Or.** 40, 28 hwær is
nu on ænigan cristendome betuh him sylfum, þæt mon him þurfe
swilc ondrædan, þæt hine mon ænigum godum blote.

§ 270　　　b) s w e l c *bezieht sich auf einen R e l a t i v s a t z, der durch
das entsprechende relative Fürwort* s w e l c *(s. § 305)· eingeleitet
wird:* **Or.** 40, 26 þonne hi swylc geblot & swylc morð donde
wæron swylc (sc. ic) her ær beforan sæde; 84, 27 þæt us nu
æfter swelcum longian mæge swelce *(Form?)* þa wæron; 120, 7
gif ge swelce þegnas sint, swelce ge wenað þæt ge sien; 156, 8
him mon swelcne wrenc to dyde swelcne hie ær ne gesawon;
184, 2, 14; 256, 28. **Cp.** 110, 12 ðæt he swelc sie . . . næs
swelc swelc his selfes gesceadwisnes sceolde ongietan ðæt he
wære *(vgl. § 271)*; 119, 8 eahtige he hine selfne on his innge-
ðonce suelcne suelcne (!) he ondrætt ðæt he sie *(auch C. hat
eine eigentümliche Fassung dieser Stelle, indem nur einmal* swelcne
steht: . . . ingeðonce swelcne he . . .); 132, 6 swelc ðæt folc bið,

swele hið se sacerd. **Bo.** 20, 21 swelce mistas swelce nu on
ðinum mode sindan; 46, 23 hie þær nufre fæstlice þurhwuniaþ
swelca swelce hi ær to coman; 232, 6 be swilcum gesceaftum
swylce nane sawle nabbaþ; 382, 9 *(s. § 271).* **So.** 166, 21 swilce
æ swylce we abbað & swylce þeawas swylce habbað; 180, 18
he ne mæg hi geseon swylce swylc heo is; 23 hine . . ongytan
swilene swile he is; 182, 4 þu nafst swilce hæle swilce þu hæfdest; 189, 16 þu ne mage þone wisdom . . geseon swilene swilene
(! hier natürlich nur Schreibfehler) he ys; 201, 24 we ne magon . . . nan þing geseon swylc swilc hyt is; 28 þu hy ne myht
ful sweotole geseon swilce swilc heo is. **Le.** 58, 11 mid swelce
hrægle he ineode, mid swelce gange he ut; 60, 22 gelde swelc
neat swelc þæron befealle.

Anmerkung: Je einmal bezieht sich swelc *auf einen Relativsatz, der durch* hwelc *oder* þæt *eingeleitet wird:* **Or.** 48, 4
hit is scondlic ymb swelc to sprecanne hwelc hit þa wæs. **Bo.**
40, 21 þonne ic ymbe swelc smealicost þence, þæt ic nu sweotole ongiten habbe.

c) swelc *bezieht sich auf einen Nebensatz, der durch das Ad-*   § 271
verb swelce *eingeleitet wird; dieses glaube ich in allen den Fällen
annehmen zu müssen, wo diese Form den grammatischen Regeln
nach nicht eine solche des Fürwortes sein kann:* **Or.** 40, 29 hwær
syndon ure godas þe swylcra mana gyrnen swilce hiora wæron;
68, 26 hu fela þær swelcerra manna wære swelce he wæs; 74,
8 hu wenig mon mehte swelce burg gewyrcan swelce sio wæs;
106, 27 nan eorþlic man ne mehte swelce lufe & swelce sibbe
ofer eallne middangeard gedon swelce þa wæs. **Cp.** 58, 12 se
ðonne se þe ðeonde bið on swelcum cræftum & on gecarnun-
gum swelce *(oder Akkusativ?)* we ær spræcon; 64, 24 ðin nosu
is swelc swelce se torr on Libano ðæm munte; 88, 13 ne healde
ge mid swelcum cornoste þa heorde swæ [swelce] hierdas sceoldon; 110, 11 ðæt he swelc sie swelce he gehierð ðæt his olic-
ceras sæcgeað ðæt he sie *(vgl. § 270);* 200, 1 ðæt he . . hine
selfum deme swelc wite swelce he wene ðæt his hlaford him
deman wolde. **Bo.** 30, 3 ute nu tellan beforan swilcum deman
swilce þu wille; 38, 3 ic ðe geongue gelærde swelce snytro
swylce manegum oþrum ieldran gewittum oftogen is; 64, 8 to
swelcum cræfte swelce þu cunne þæt ðe is gecynde; 94, 31 ofer
swelcne cafertun swelce þæt is þætte men bugiaþ; 304, 5 ac gif
ic hæfde swilcne anweald swylce se ælmihtega God hæfþ; 382,
6 hine ne mæg nan mon of þisse worulde ongitan swilcne swilce
he is; 9 ac se Wisdom mæg us eallunga ongitan swilce swilce
we sind, *wo allerdings auch die zweite Form — wie die erste Akkusativ, — so Nominativ der Mehrzahl des Fürwortes sein kann,
während in der Fortsetzung:* ðeah we hine ne magon ongitan
eallunga swilce swilce he is — *die erste Form, vielleicht durch*

einen Irrtum des Schreibers, der zweiten gleich gemacht ist. **So.**
187, 2 þa sunnan selfe gescon swilce swilce heo ys; 191, 35
þam he scealde (*für* scalde) sunne dæl ecra gyfa swilcra swilce
nu wisdom is & rihtwisnes & oðre manega þe us lang ðincð to
rimanne. *Anmerkung: Viermal ist* swelc — swelce *durch* „*wer
auch immer*" *zu übersetzen:* **Or.** 106, 12 þæt hus hæfdon Romane to ðæm anum geworht þæt on swelce healfe swelce hie
þonne winnende beon woldan, swa suþ, swa norþ, swa east,
swa west, þonne andydan hie þa duru þe on þa healfe open wæs.
Cp. 202, 19 swelc eower swelce him selfum ðynce ðæt he wisust
sie. **Bo.** 154, 4 wære se man on swelcum lande swelce he
wære; 24 wæron hi on swelcum lande swelce hi wæron.

§ 272   VI. geon.

Das Fürwort geon *(goth.* jains, *schott.* yon, *deutsch* jener*)
erscheint nur einmal:* **Cp.** 443, 25 aris, & gong to geonre byrg
(= surge et ingredere civitatem). *Nach Sievers (Gr.² § 338.
Anm. 5.) ist dies die einzige Stelle überhaupt, wo dieses Wort im
Altenglischen erscheint.*

VII. self.

Über die Verwendung des Fürwortes self *zur Verstärkung
anderer Fürwörter ist schon gesprochen worden.*
    1. self *als Verstärkung des* persönlichen *Fürwortes, s.
§ 239 (S. 352—355).*
    2. self *als Verstärkung des* reflexiven *Fürwortes, s. § 242
(S. 358 f.).*
    3. self *als Verstärkung des* reziproken *Fürwortes, s. § 244
(S. 360).*
    4. self *als Verstärkung des* zueignenden *Fürwortes, s.
§ 253. b. (S. 367 f.).*

    5. *Aufserdem erscheint* self *aber allein auch als Eigenschafts-
wort und in vereinzelten Fällen als Hauptwort.*

§ 273   a. self *als* Eigenschaftswort:
    α) *In der Bedeutung des deutschen* nachgestellten „selbst",
des ne. nachgestellten „himself, itself" *oder vorgestellten* „the very"
oder „even":
    αα) *Vor dem* Hauptworte, *nur im Beda, immer mit dem
Artikel* (*einmal* * *mit* ðis) *mit einer Ausnahme (s. erstes Beispiel)
stets in schwacher Form:* **Be.** 473, 29 forðan ðe ðis ealond under ðam sylfum norþdæle middangeardes nyhst ligeþ (= sub
ipso septentrionali vertice); 493, 24 we ðonne þæt sylfe sar &
wite hyre on synne tellaþ (= ipsam ei poenam suam . . . .);

495, 20 forþon se sylfa willa mænige ðinga butan synne beon
mæg (= voluntas ipsa); 29 he wonysse nemde na hes ða ge-
menegednysse ðæs gesinscypes, ac þone sylfan willan ðære ge-
menegednysse; *ähnlich* 41; 496, 11; 497, 9, 29; 500, 21 ðam
opres lifes se sylfa deaþ me is weg *(vgl. dazu § 81)*; 513, 20 *
gif ðu wylt, on ðas seolfan tid ie ðe alæde of ðisse mægþe (=
hac ipsa hora); 516, 30, 31; 541, 11; 598, 8 þæt ða sylfan his
lareowas æt his muþe writon & leornodan (= doctores suos vicissim auditores sui faciebat).

*ββ) Hinter dem Hauptworte, teils stark, teils schwach,
teils ungebeugt; teils mit, teils ohne Artikel:* Be. 487, 38 hi hæfdon gearo mod ða wiþerweardan ge eac swylce deaþ sylfne to
ðrowienne; 497, 18 mycel nyððearfnys is þæt . . . þæt mod sylf
his dema si; 503, 3 Drihten sylfa cwæþ on his Godspelle; 504,
25 ðonne *(Miller: ð*one) Justum he on Cent sylfe *(Miller:*
sylfre) to b.' gehalgode; 37 heora lichaman sindon on ðære cyricean sylfre gesette; 524, 17 & he se cyning sylfa *(Miller:*
scolf) wæs weallende on his geleafan; 525, 39 se cyning sylfa;
541, 43 hi ealle deaþ sylfne him ondwardne gesawon; 606, 11
se forasprecena cyning sylfa *(Miller: s*elf). Or. 144, 32 þa
burgware self *(C.: sel*fe) hit onbærndon); 150, 13 þa ne dorste
Cassander self on ðæm færelte cuman; 166, 15 þa com se cyning self; 188, 2 ge þa men selfe uncaðe þone ciele genæson;
196, 27 se cyning self; 220, 20 swa hit Romane selfe sædon;
250, 8 buton Agustuse selfum; *hierher gehört wohl auch* 42, 23
on þæm dagum wæron swa ungemetlica yfel þæt þa men sylf
sædon þæt hefones tungul hiora yfel flugon (= nolo meminisse
qualiter homines sustinuerint, quod etiam astra fugisse dicuntur;
sylf *ist durch „sogar" zu übersetzen, entsprechend dem lateinischen*
etiam). Cp. 24, 11 from ðære dura selfre ðisse bec . . . sint
adrifene ða unwaran (= ab ipso libri hujus exordio); 26, 6 he
ðæm Crist selfa clipode; 28, 7 hwæt Crist self cwæð; 50, 21
God selfa tyhte Moyses on ðone folgoð; 124, 6 sio Soðfæstnes
self cwæð; *usw.* Bo. 210, 2 nu ðu miht sweotole ongitan þæt
þæt is God self. So. 186, 30 gyf þu ðone wisdom selfne gescon
wilt; 197, 10 þe weron Cristes selfes ðegnas; 11 God self. Le.
64, 49 þis sindon þa domas þe se Ælmihtiga God self spræ-
cende wæs.

*β) In der Bedeutung „the same", und hinweisend auf einen
folgenden relativen oder ähnlichen Satz, stets schwach und mit Artikel:* Be. 478, 15 ða ðis wundor ða geseah betwuh opre se
sylfa cwellere *(hier kann* self *aber auch die unter α besprochene
Bedeutung haben)* seþe hine slean sceolde; 483, 34 hi wæron on
myclum ege ðam sylfan landbigengan ðe hi ær hider laþedon
& cygdon; *vgl.* 508, 6 ða heht he in þære scolfan nihte þa he
on morne feran wolde, ... him streowne gegearwian; 533, 19
ðanon gelamp þæt ða sylfan moldon ðær his lichoma gefeoll,

monige men nymende wæron. **Cp.** 76, 15 on ðwm selfan hrægle, þe he on his breostum wæg, wæs eac awriten ða naman ðara twelf heahfædra.

§ 274   b. self *als Hauptwort, in der Bedeutung* „th e same", *mit Beziehung auf etwas Vorhergehendes oder Folgendes:* **Be.** 490, 17 & (hi) hwæþere ða sylfan ðe hi mid ðam witum ðreageaþ & swenceaþ, lufiaþ eac; 558, 30 se ærra wæs Æþelwines broþer . .; se sylfa (= qui et ipse; *Miller übersetzt:* who himself; *ich glaube trotzdem, dafs es „der nämliche" heifst*) eac swylce . . . Hiberniam gesohte; 567, 28 & þæt sylfe eac swylce mid dædum gecydde; 593, 37 forþon ða sylfan, ðe ær ðæt mynster heoldan & rihton, heo mid ðeodscipum reogollices lifes insette & trymede; 604, 14 þæt sylfe eac swylce Boisel . . . dyde; 606, 35 ond þæt sylfe he wæs lædende on ða stowe haliges gebedes; 641, 42 þæt he . . . mæst reliquia begeate . .; & on heora weorþunge wibedas sette & porticas worhte & todælde on þæt sylfe binnan ðære ylcan cyricean weallum (= in hoc ipsum; *Miller:* he set up altars in their honour and built chapels, distributing them for this purpose within the walls of that church); 644, 35 gefean ðære hean symbelnesse . . . he mid Drihtne . . . . gefylde oþþe þæt gyt soþre is þæt sylfe he ne blinneþ mærsian & weorþian a butan ende. **Cp.** 322, 21 ðylæs hie ðe don ðæt selfe.

Sechste Abteilung.

DIE RELATIVEN FÜRWÖRTER.

Litteratur:

O. Erdmann, Untersuchungen über die Syntax der Sprache Otfrids. I. S. V ff.

E. Einenkel, Syntax. §§ 142—148 in Pauls Grundrifs der Germanischen Philologie I. 915 ff.

H. Klinghardt, *þe* und die relative Satzverbindung im Angelsächsischen. In den „Beiträgen zur deutschen Philologie" (Halle, 1880.) S. 193 ff.

P. Noack, Eine Geschichte der relativen Pronomina in der englischen Sprache. Göttingen 1882. (Besonders S. 9—20 und 74—79.)

A. Schrader, Das Altenglische Relativpronomen mit besonderer Berücksichtigung der Sprache Chaucers. Kieler Doktorschrift. Kiel 1880.

Ausserdem die betreffenden Abschnitte (über den Modus in den Relativsätzen) in den vorne erwähnten Arbeiten über die Syntax des Zeitworts von Furkert, Hertel, Kühn, Planer, Prollius, Reussner, Seyfarth und Wohlfahrt.

A. Als relatives Fürwort verwendet Alfred zunächst das einfache hinweisende Fürwort se, seo, þæt. *Ob dieses nun noch als hinweisendes oder schon als relatives Fürwort zu betrachten ist, läfst sich nicht in allen Fällen genau feststellen; die Regel, die Bock (a. a. O., S. 22) aufstellt: „Im Relativsatze, wie im Nebensatze überhaupt, steht das Verb, resp. das Hülfsverb, fast stets am Ende des Satzes, während im demonstrativen Hauptsatze das Verb auf das Subjekt folgt, und bei zusammengesetzten Zeiten das Hülfsverb vor dem Partizip resp. Infinitiv steht" — hat — wie ja auch Bock selbst durch sein „fast stets" andeutet — sehr viele Ausnahmen, besonders aber eben beim relativen Fürworte, wo bei der Wortstellung teils noch an seine ursprüngliche Bedeutung gedacht wurde. Ich nehme daher — ohne Rücksicht auf die Wortstellung —* se, seo, þæt *als relatives Fürwort, wo — wie z. B.* Be. 473, 8 — *die lateinische Vorlage einen Relativsatz hat, und ferner wo — wie z. B.* Be. 475, 10 — *bei der anderen Auffassung ein so ungelenker Satzbau herauskommen würde, wie wir ihn einem gebildeten Angelsachsen, zumal in so kurzen Sätzen, nicht zutrauen können. Immerhin giebt es auch Stellen (wie* Be. 471, 22), *wo ich nicht unbedingt hinweisende Bedeutung verwerfen kann. Man vgl. übrigens in der Kubeschen Doktorschrift („Die Wortstellung in der Sachsenchronik". Jena 1886.) S. 34 ff., bs. S. 36 m. u. 39 n., ferner Lohmanns Aufsatz in* Anglia III. S. 120. — *Der Begriff, auf den sich* se, seo, þæt *bezieht, ist entweder im Hauptsatze ausgedrückt, oder nur zu ergänzen.*

1. *Der gemeinsame Begriff beider Sätze ist auch im* § 275
Hauptsatze ausgedrückt.

a) *Das relative Fürwort weist auf ein Hauptwort des Hauptsatzes zurück (doch vgl. man § 256.).* Be. 471, 9 ic ðe sende þæt spell þæt ic niwan awrat; 22 me wæs lareow . . Albinus, se wæs wide gefaren & gelæred, & was betst gelæred on Angelcynne; 472, 13 mid Danieles ðæs biscopes, se nugyt lifigende is; 473, 3 Breoton is garsecges ealond ðæt wæs iugeara Albion haten (= cui quondam Albion nomen fuit); 19 & her beoþ swyþe genihtsume weolocas, of ðam biþ geweorht se weoloc-reada tælhg, ðone ne mæg ne sunne blæcan nene ren wyrdan (= cujus); 474, 1 æfter rime lif Moyses boca, ðam seo godcunde æ awriten is (= quibus); 5 on fruman ærest wæron ðysses ealondes bigengan Bryttas ane, fram ðam hit naman onfeng (= a quibus); 15 (quam); 27 (quas); 475, 10 ða æfter ðon Claudius se Casere se wæs feorþa fram Agusto eft fyrde gelædde on Breotone (= Cl. Imperator, ab A. quartus, . . .); 13 swylce he eac Orcadas ða ealónd, ða wæron ut on garsecge butan Breotone, to Romwara rice gedeodde (= insulas . . . positas . . . adjecit); 17 (qui); 476, 16 þæt Diocletianus Casere se wæs fram Agusto ðridde eac ðrittigum, se *(hinweisend, das Subjekt wieder aufneh-*

mend, vgl. § 257. 2. a.) hæfde twentig wintra rice; 32 (de quo);
36 þæt he sumne Godes mann preosthades, se wæs ða reþan
ehteras fleonde, on gestliþnysse onfeng *(im Lateinischen Apposition)*; 477, 32 & ðone soþan God & ðone lifigendan se gescop
heofon & eorþan & ealle gesceafta, ic symble bigange & me to
him gebidde (= qui); 478, 5 (quod); 11 (cui); 17 þæt sweord
þæt he on handa hæfde (= quem); 21 (qui); 34 (quam); 39
(qui); 479, 1 ða ðrowunge . ., ðurh ða he ær wende þæt he hi
acyrran meahte fram æfestnysse ðæs Cristenan geleafan (= per
quam); 4 neah ðære ceastre ðe Romane heton Verolamium, seo
nu fram Angelðeode . . . W. is nemned (= quae); 11 *(Apposition)*; 12 & eac oðre monige . . ., ða wæron . . . ðreste & . . . .
wundade, ... heora sawle to gefean sendon (= qui; *Miller trennt den Satz anders*); 28 (qui); 30 *(Apposition)*; 480, 9,
17, 40 (quae); 481, 9 (quem); 30 ðæt ricsiendum Theodosio,
ðæs tidum (= cujus tempore) Palladius . . . wæs sended . . . .,
& *(mufs dies wegfallen?)* Bryttas . . . wæron biddende & ðæs
nænigne næfdon; 483, 8; 29 hi wæron Wihtgylses suna, þæs
fæder wæs Witta haten, þæs fæder wæs Wihta haten, þæs fæder
wæs Woden nemned, of ðæs strynde monigra mægþa cyningcynn
fruman lædde (*im Lateinischen steht viermal* cujus; *ob hier die*
þæs *aber wirklich auch relativ sind, ist schwer zu entscheiden;
vgl.* 506, 32, *wo die* þæs *wohl trotz des lateinischen* cujus *hinweisend sind wegen des* „&", *das bei Miller aber fehlt:* wæs
ðæs ylca Æþelbyrht Eormenrices sunu, ðæs fæder wæs Octa haten & ðæs fæder Oeric); 483, 35; 485, 22 Gregorius se halga
wer se wæs on lare & on dæde se hyhsta, feng to biscophade;
486, 16, 17, 20; 487, 18; 489, 2 þæt halige gewrit þæt cyþeþ,
þæt me nis tweo þæt ðu geara canst (= sacra scriptura testa-
tur, quam te bene nosse dubium non est); 492, 2; 494, 19 þæt
wif wel gedyrstgade, þæt Drihtnes hrægel . . . gehran (quae);
506, 33 wæs his freonama Oesc, fram ðam syþþan Cantwara
cyningas wæron Oescyngas nemde (a quo); 519, 22; 580, 25
þæt se steorra ætywde se is cometa nemned, & ðreo monaþ wæs
wuniende; 620, 44; 634, 7 ic sylfa cuþe sumne broþor, ðone ic
wolde þæt ic næfre ne cuþe, ðæs noma ic eac swylce genemnan
mæg, gif þæt owiht bryciæ (quem . . . cujus); *usw. usw.* Or.
1, 6 hu þæt heofenisce) fyr forbærnde þæt lond on þæm wæron
þa twa byrig on getimbred, Sodome & Gomorre; 8, 2 swa swa
Oceanus utan ymbligeþ, þone man garsecg hateð; 14; 10, 18
buton þæm iglande T., þæt hæfð on him X byrg; 21; 14, 28
from þære ie Danais west oþ Rin þa ea, se o wilð of þæm beorge
þe mon Alpis hætt, & irnð þonne norþ . . . . ., & eft suþ oð
Donua þa ea, þære æwielme is neah Rines ofre þære ie, & is
siþþan east irnende . . . ., & norþ oþ þone garsecg . . . .; binnan þæm sindon monega þeoda *(Bock, a. a. O., S. 22, häll diese
Sätze für eingeschobene Hauptsätze mit hinweisendem Fürwort)*;

20, 2, 28; 21, 1; 28, 13 Sardina & Corsica þæ igland todæleð
an lytel sæs earm, se is twa & twentig mila brad; 32, 12; 38,
8; 52, 14; 70, 33; 72, 18; 74, 2; 76, 32 seo ewen het þa dæm
cyninge þæt heafod ofaceorfan & beweorþan on anne cylle, se
wæs afylled monnes blodes, & þus cwæð; 78, 32; 86, 30; 88, 3;
112, 16; 124, 29; 126, 6, 24; 132, 9; 156, 9 þa flugon hie
ealle buton anum men, se wæs Minutius haten; 164, 23; 178,
8; 280, 21; 292, 7. Cp. 6, 25 on ælcre bið an æstel, se bið
on fiftegum moncessa; 34, 21 swæ eac Dauid, se folneah on
eallum ðingum God licode, sona swæ he . . . . . næfde, he wæs
. . . .; 38, 11 & se Dema se ðæt ingeðone eal wat, he eac
ðæm ingeðonce demð; 58, 5 ðæs modes storm, se symle bið
enyssende ðæt scip ðære heortan; 78, 20; 86, 21; 104, 9 ðone
cwide Paulus gereahte eft to biscepum ðara openlican weore we
gesioð; 160, 9 hwæt tacnað ðonne Ezechiel se witga buton ða
lareowas, to ðæm is gecweden: Genim ðe ane tiglan . . . . . .;
168, 6; 220, 7; 294, 6 ðæt wif þe Abigail hatte . . . forswigode
ðæt dysig hiere fordruncnan hlafordes, se wæs haten Nabal, &
eft . . . hio hit him gecyðde *(wenn man nur auf die Stellung
sehen wollte, müfste man diesen Satz für einen eingeschobenen mit
hinweisendem Fürworte halten)*; 409, 32; 443, 6; *usw.* Bo.
2, 7 and eall Italia rice þæt is betwux þam muntum & Sicilia
ðam ealonde, in anwald gerehton; 8, 13 gif hit ðonne forget
his agen leoht, þæt is ece gefea *(oder: das heifst? vgl. § 258. 3.)*;
14, 13 þæt þu eart an þara rihtwisenra & þara rihtwillendra, þa
beoþ þære heofencundan Jerusalem burgware; 94, 15 on Ptole-
meus bocum, se wrat . . .; 270, 21 þær ricsaþ an cyning se hæfþ
anweald eallra oþra cyninga; *usw.* Ps. 1, 4 (3 him byð swa
þam treowe, þe byð aplantod neah wætera rynum,) þæt sylð his
wæstmas to rihtre tide (quod . . . quod . . .); 5, *ü.* ðe fifta
scalm ys gecweden Dauides sealm, ðone he sang be his sylfes
frofre, ... mid Criste, se ys ende ealra ðinga; 8, 4 ic ongite nu þæt weore þinra fingra, þæt synd heofonas, and mona,
and steorran, þa þu astealdest. Le. 58, 4 ara þinum fæder and
þinre medder, þa þe *(dir)* Drihten sealde; 64, 2 þis is þonne
þæt ærendgewrit, þe þa Apostolas sendon ealle to Antiochia,
and to Syria, and to Cilicia, þa sind nu of hæðenum þeodum to
Criste gecirde (qui); 66, 3 we sendon Paulus and Barnaban,
men þa wilniað heora sawla sellan for Dryhtenes naman; 106,
Einleitung þis is þæt frið, þæt Ælfred cynincg and Gyðrum cyning . . . gecweden habbað and mid aðum gefeostnod. Di. 69
spræc to his diacone, þam wæs nama Petrus.

b) *Das relative Fürwort* se, seo, þæt *weist auf ein Fürwort des Hauptsalzes zurück oder voraus (vgl. § 255)*: Be. 471,
25 eall þæt he on Cantwara mægþe . . . . ., eall ðæt he . . .
ongeat . . . ., ða he me ealle . . . . onsende; 472, 23 and eac
þæt we on Norþanhymbra geacsedon . . . . ne let ic þæt un-

writen; 26 and þæt ic be ðam halgan fæder Cuþbyrhte wrat, sume ic ærest nom of ðam gewritum . . . .; 480, 35 slogan eall & ewealdan þæt hi gemetton; 490, 1 of syndrigum cyricum gehwylcum ða ðu æfest & god & riht geceose, ða ðu togædere gesomna; *usw.* Or. 18, 25 eal þæt his man . . . erian mæg, þæt lið wið ða sæ; 21, 3 & se nimð þone læstan dæl se nyhst þæm tune þæt feoh geærncð; 70, 22 þæt hie triumphan heton, þæt wæs þonne hic . . . .; 88, 5 þær heora þa ne gehulpe þa þær æt ham wæron; 126, 33; 150, 24; 176, 20 hie mæst eall utawurpon þæt ðæron wæs; *usw.* Cp. 22, 12 eall þæt ic his geman; 34, 24 se ilca se monegum yflum wið hine selfne forworhtum ær gearode; 48, 19 ðæt ilce þæt he . . ondred to underfoonne, þæt ilce se oðer . . gewilnode; 52, 25 se ðonne . . biscepdom ne secð, he bið . . .; 54, 13 ðæt ðæt he utan iowað innan he hit awendeð; 56, 16; 62, 23; 74, 16 ac ðis ðæt we nu feaum wordum arimdon we willað hwene rumedlicor heræfter areccean; 260, 10 se ilca, se us gefrioð mid his forespræce, se ilca geðafode . . . .; 298, 8; *usw.* Bo. II, 19 & don þæt þæt he deþ; VI, 13 þæt hit eall soþ wære þæt se wisdom sæde; 22 and acsode hine hwa hafde eall þæt he wolde on þisse worulde; XII, 10; 40, 21 þonne ic ymbe swelc smealicost þence, þæt ic nu sweotole ongiten habbe; 336, 7 ac þæt þæt we wyrd hataþ, þæt biþ Godes weorc; 386, 16; *usw.* So. 164, 30 þe wel cunne healdan þæt þæt ðu gestreone & him befæste; 165, 2 þæt hit mage eall gehealden þæt þu geðengst; 35 þu þe þe lufað æall þæt þe lufian mæg; 197, 28 hyt æall soð is þæt us God . . . . . sede. Ps. 10, 4 Drihten ys on his halgan temple, se Drihten se (!) þæs setl ys on heofenum.

Anmerkung: Die Verbindung an der Stelle Bo. 246, 22 weolde þone god þæt þæt he is. þæt ic hate God swa swa ealle gesceafta hataþ (= hoc quidquid est, quo condita manent atque agitantur, usitato cunctis vocabulo deum nomino) *ist mir nicht ganz verständlich; Cardale und Fox übersetzen:* „Good, therefore, directed whatever is. This, I call God, as all creatures call [it]"; *sollte statt* he *etwa* þe *zu lesen, und dies zum zweiten* þæt *zu ziehen sein?*

§ 276   2. *Der gemeinsame Begriff beider Sätze ist im Hauptsatze nicht ausgedrückt, und mufs hier durch ein hinweisendes Fürwort ergänzt werden. Dies ist nur möglich beim Nominativ und Akkusativ, nur eine Ausnahme bietet der* Or. (126, 30). *Hierher gehören auch solche eingeschobene Sätze, wie:* „und was noch mehr ist", *u. dgl.* Be. 472, 5 oþ ðas andweardan tid swyþost we geleornodon þæt we her writaþ & (fehlt bei Miller) of leorningcnihtum; 20 and þæt on Lindesse geworden wæs ymbe Cristes geleafan, ðurh gesegene . . . we geleornodon; 489, 29 þæt ofer si & to lafe, sellaþ ælmessan (= quod superest date

eleemosynam; *als Almosen (?)*; *so auch Miller:* what is over &
above, give as alms); 490, 25 feor |æt la si, |ært Godes cyrice
mid ætycenysse onfo |iæt heo gesewen biþ of corþlicum ðingum
anforlætan; 493, 8 þæt ðære menniscan gecynde of ælmihtiges
Godes gyfe gehealden wæs, hwylce rihte mæg ðonne bewered
beon fram gyfe ðæs halgan fulluhtes (= quod ergo naturae humanae ex omnipotentis Dei dono servatum est, qua ratione po-
terit a sacri baptismatis gratia prohibere? — *Miller:* ono |ætte
. . . = if this . . .); 494, 27 oft butan synne biþ don |æt of
synne cymþ; 31 on ðam niwan ðeodscype na læs swa swyþe |æt
utan don biþ, swa þæt innan ðoht biþ, behygdiglice is hehcal-
den; 33 nalæs |æt ingangæþ on muþ mannan besmiteþ; 495, 1
forhwon ðonne |æt wif þ æt heo clæne mode of gecynde ðro-
waþ, sceal hire on unclænnysse geteled beon; 497, 10 oþþe hwæþer ðonne gyt (þæt mare is) mid gyfunge ðære synne; 518, 13
|æt is |æt we nu (*Miller:* no) gefyllaþ |æt we æt fullwihte
gehataþ; 555, 18 wæron hi IIII gebroþro . . . ealle Godes sacerdas (ðæt seldon gemeted biþ) mære & gode; 559, 19 wite
ðu hwæþere |æt ðu onfehst |æt ðu bæde; 578, 25 ac sona ge-
fylde |æt hire on mod becom; 591, 21 ðære mærsunge wæs ge-
worden (|æt ic ær cwæþ) |æt hine . . . .; 596, 7 ða ongeat
heo . . . hire ætywed beon |æt heo geseah; 597, 38 ðy bet-
stan leope geglenged him asong & ageaf |æt him beboden wæs;
643, 19 me is callinga lytel . . . gesewen |æt ic ær ðyssum
cuþe & ongeat; 24 gefremede |æt he cwæþ; 644, 35 oþþe (|æt
gyt soþre is) |æt sylfe he ne blinneþ mærsian. **Or.** 78, 3 se . . .
gedyde |æt nan heþen cyning ær gedon ne dorste; 122, 15
noldon cow gelæstan þ æt hie cow beheton; 126, 30 hu he him
an his gewill beforan þam folce ondwyrdan sceolde þæs he
hiene ascade *(Bock, a. a. O., S. 26, spricht hier von Attraktion
des Relativums, ich halte vielmehr* |æs *für das regelrecht von as-
cade abhängige relative Fürwort, während das hinweisende fehlt;
vgl. § 36. a.)*; 146, 29 bædon |æt he him ageafe |æt he ær
on him gereafade; *ebenso* 154, 11; 166, 21 he |agiet him selfum
gedyde þ æt þær wyrrest wæs; 288, 32 he |a Ualens oðewde
openlice |æt he ær ðiegellice gehyd hæfde; *vgl.* 32, 19 & swa-
þeah þ æt |ær to lafe wearð þara Thelescisa hi hiora lond of-
geafan, *wo das Sammelwort* |æt *durch* h i *aufgenommen wird.* **Cp.**
44, 5 he nyle gifan |æt him God geaf; 54, 24 licet ðæt he lu-
fige ðæt he ne lufað; 60, 23 oð he ongiete ðæt he mæge abiddan æt Gode þæt he onginne (*H.:* ongiene) (= jam didicit,
quod obtinere a Domino quae poposcerit possit); 88,6 ðæt *(=
damit)* he ne sprece ðæt he swigian sciele; 200, 6 wið God ge
doð ðæt ge doð; 303, 4 sua we magon betesð ofaccorfan ð æt
us on him mislicað; 9 ðæt hie sien ðe lusðbærran to gehieranne
ðæt him mon ðonne beodan wielle; *usw.* **Bo.** II, 17 ælc mon
sceal . . . be his æmettan sprecan ðæt he sprecþ (& don |æt

þæt he deþ); XII, 18 hit sohte oninnan him þæt hit ær ymbutan
hit sohte; 18, 23 wast þu aht oþres . . to secganne butan þæt
þu nu sædest; 94, 14 hu ne wast þu þæt þu leornodest; 98, 25
forþon þe on ælcum lande ne licað þæt on oþrum licaþ; 140,
17 hi ne magon sellan þæt hi gehataþ, ac licettaþ þæt hi gelæstan ne magon; 142, 5 oððe hæfdest þæt þu noldest, oððe
næfdest þæt þu woldest; 23 nis nan ðing soþre þonne þæt þu
segst; 144, 29 hi sculon ælce dæg eacan þæt mon ælce dæg
wanaþ; 174, 6 ge furþon — þæt wyrse wæs — we geheordon
. . .; 190, 16 ne fint ælc mon þæt he secþ; 252, 15 wel me
licode þæt þu ær sædest; 278, 22 ac doþ þæt wyrse is; 308,
17 gemunst ðu þæt wit ær spræcon; 312, 23 ic forlete þæt wit
ær æfter aspyredon; 360, 24 sprec þæt ðu wille; 366, 25 ic ðe
moste gelæstan þæt ic ðe ær gehet; 384, 15 lufiaþ þæt hi lufiaþ,
and hatiaþ þæt hi hatiaþ, & flyþ þæt hi hatiaþ & secaþ þæt
hi lufiaþ. So. 164, 34 hwam wille ic ælles befæstan þæt ic
elles gestryne butan minum geminde; 172, 34 ic wot nu be
ðam monan hu he tomorgen ferð & oððere niht, ac þæt (h)is
eirlicere (die Jub.-Ed. übersetzt „lower", nimmt also wohl einen
Druckfehler statt cirlicre an (?)) ic nat hweð ic tomorgen ætan
sceal; 180, 9 ic ðe gelæste þæt ic þe gehet; 191, 25 me lystæ
witan þæt þu ær acsodest. Ps. 9, 18 þylæs se yfelwillenda
mæge don þæt he wille; 10, 3 þæt (= damit) hi toweorpen
þæt God geteohhod hæfð to wyrcanne; 11, 2 hi nabbað on
heora mode þæt hi on heora muðe sprecað; 4 hu ne moton
we sprecan þæt we wyllað; 18, 13 þonne sprece ic þæt þe
licað; 39, 7 ic . . . sylle þæt þu ær bebude. Le. 58, 12 and
locige þæt hio hæbbe hrægl, & þæt (= und das was) weorð sie
hire mægðhades, þæt is (= d. h.) se weotuma agife he hire
þone; 62, 25 gif mid him cwicum sie funden þæt he ær stæl,
be twyfealdum forgielde he hit; 27 gif fyr sie ontended ryht to
bærnenne; gebete þone æfwerdelsan se þæt fyr ontent; 82, 1
gif hi hie gesamnian nellen, gielde se þæs wæpnes onlah þæs
weres þriddan dæl; 86, 29 gif mon twyhyndne mon unsynnigne
mid hloðe ofslea, gielde, se þæs sleges andetta sie, wer and wite.

B. *Zweitens wird als relatives Fürwort* se, seo, þæt *in
Verbindung mit der Partikel* þe *verwendet. Auch diese Art
des relativen Fürwortes kann auf ein Hauptwort oder auf ein Fürwort oder auf den ganzen Inhalt des Hauptsatzes zurückdeuten.*

§ 277   1 *Der gemeinsame Begriff beider Sätze ist ein im
Hauptsatze stehendes Hauptwort:* Be. 472, 25 mid gesægene
unrim geleaffulra witena þa ðe þa ðing wiston; 473, 26 mid ðam
æþelestum ceastrum . . ., ða ðe wæron mid weallum . . . getimbrade; 474, 37 ðæt to tacne is þæt sume menn gesawon ða ðe
wæron fram nædran geslegene, þæt man scof . . .; 476, 33;

477, 37; 478, 15 Ꝺa ꝺis wundor ꝺa geseah betwuh oþre se sylfa
ewellere se þe hine slean sceolde; 35; 479, 22, 27; 480, 38;
481, 37 Palladius biscop wæs ærest sended to Scottum ꝺa ꝺe
on Crist gelyfdon; 482, 19; 485, 33 hl ꝺa eallreordan ꝺeode &
þa reþan & ꝺa ungeleafsuman, ꝺara ꝺe hi furþon ꝺa gereorde
ne cuþan, gesecan sceoldan; 35 and ꝺa sona sendon Agustinum
to ꝺam Papan, ꝺone ꝺe hi him to biscope gecoren hæfdon;
486, 35; 487, 35 butan ꝺa ꝺing ane ꝺa ꝺe heora andlyfene
neꝺ ꝺearflico gesawen wæron; 514, 35 se cyning his geþohte, big
ꝺam ꝺe ic ꝺe ær sægde, ꝺære ewene .. onwreah; *usw. usw.*
Or. 5, 20 hu Lucinius se consul, se þe eac wæs Romano ieldesta biscep, for mid fierde . . . .; 14, 6 of þæm beorgum þe
mon hæt Caucasus, þe we ær beforan sædon, þa þe be norþan
India sindon; 32, 29 Joseph, se þe gingst wæs hys gebroꝺra;
70, 1 him gesetton hirran ladteow þonne hiera consul wære,
þone ꝺe hie „tictatores“ heton; 74, 22 seo ilce burg Babylonia,
seo ꝺe mæst wæs & ærest calra burga, seo is nu læst & westast; 124, 5 Thebana fæsten abræc & mid ealle towearp, þæt te
ær wæs calra Creca heafodstol; *usw.* **Cp.** 4, 14 ure ieldran, ꝺa
þe ꝺas stowa ær hioldon, hie lufedon wisdom; 6, 7 þæt we eac
suma bec, ꝺa þe niꝺbeꝺyrfesta sien eallum monnum to witanne,
þæt we þa . . .; 54, 14 hu ꝺæt mod ꝺætte wilnaꝺ fore oꝺre
bion lihꝺ him selfum; 248, 15 ꝺa awiergedan gastas, ꝺa þe . . .
adrifene sindon; 254, 25 geseah ꝺone engel . . . him ꝺæs færeltes forwiernan, ꝺone þe ꝺæt mennisce mod gesion ne meahte;
usw. **Le.** 58, 13 se mon se þe his gewealdes monnan ofslea,
swelte se deaꝺe; 94, 41 se mon se þe bocland hæbbe.

2. *Der gemeinsame Begriff ist ein im Hauptsatze ste-* § 278
hendes Fürwort; dieses ist häufig ein zueignendes, dessen geniti-
vischer Ursprung dann klar hervortritt; im Deutschen mufs dafür
ein hinweisendes Fürwort verwendet werden. **Be.** 471, 14 se þe
hit gehyreþ he onhyreþ ꝺam, ... & se þe hit gehyreþ he
flyhþ þæt; 17 þat se geþeo se þe hit gehyre; 472, 1 he me ealle
ꝺa þe gemyndwurþe wæron onsende; 29 sumu ꝺa ꝺe ic sylf
ongitan mihte . . . ic toyete; 481, 1 & ealle ꝺa ꝺe ꝺone deaþ
beswician myhtan ofer ꝺone sæ norþ aflymde; 484, 3 & ne wæs
ænig se þe bebyrignysse scalde . . .; 487, 16 ne we eow be-
weriaþ þæt ge ealle ꝺa ꝺe ge magon ꝺurh eowre lare to eowres
geleafan æfestnysse geþeode & gecyrre; 491, 14 ond se þe gedyrstigaþ onwreon . . . ., hwæt se soþlice onwrihþ . . . .; 514,
18 he wolde him gehyrsum beon & his lare lustlice onfon, se þe
hine . . . . generede; 20 ꝺa he ꝺa ꝺysse andsware onfeng, se þe
mid hine spræc, ꝺa sette he . . . .; 515, 26 þæt ꝺu onfo his
(= dessen) geleafan & his beboda healde, se þe ꝺe . . . generede; 549, 16 & wuldorlice gemete ꝺætte seo sawl in deagolnisse ꝺrowiende wæs þætte *(Miller liest hier das richtigere*

þæt) se lichoma eawesclice foretacnode; 554, 14 þæt he mihte
swyþe gefultumod beon on heora dæghwamlicum gebedum, ða
ðe on ðære stowe Drihtne ðeowedon; 577, 23 swa swa heo
bidende wære his andsware ðone ðe heo geseah; 642, 8 ge
eac ða ðe hi iu cuþan & mid langre gymeleasnesse ealdian ongunnon, ða eft . . geedniwode wæron *(auffallend ist hier, dafs
ða ðe, das zuerst einen Akkusativ, dann aber einen Nominativ vertritt, hinter & nicht wiederholt wird); usw.* Or. 64, 2 (hu ge-
limplice ure God . . . þa ricu sette,) se ilca se þe giet settende
is & wendende ælce onwaldas & ælc rice to his willan; 178, 21
þæt se wære leoda cyning se þe ær wæs folce þeow; 248, 11
sceolde weorþan geboren se se þe leohtra is & scinendra þonne
sio sunne þa wære; 250, 23 þa wearð se geboren se þe þa sibbe
brohte eallre worolde. Cp. 8, 16 forðæm hie his sume ðorfton,
ða þe Lædenspræce læsðe cuðon; 26, 16 *und* 28, 1, 3, (*s. § 255.
1. und vgl. Mather, a. a. O., S. 47;* se ðe == si quis); 38, 25
se ilca se þe wende þæt he wære ofer ealle oðre men, him
gebyrede þæt he nysse self ðæt he man wæs; 40, 7 ðylæs ða
gongen on swæ frecne stige, ða þe ne magon uncwaciende ge-
stondan on emnum felda; 48, 24 se seþe wolde þæt hiene mon
sende, he geseah ær . . .; 52, 7 (= si quis; *vgl. Mather, a. a. O.,
S. 47*); 58, 8 hwæt is nu ma ymbe ðis to sprecanne,. buton se
se þe swelc ongieten sie þæt he . . . hæbbe, þæt he ðonne to
fo; 12; 19 þæt hie . . . ða ne screncen ða þe gað on ryhtne
weg; 62, 9 hu dear se gripan . . . . ., se se þe hiene selfne
hiwcuðne ne ongit; 22; 84, 22 ða þe hiene onfengon, he salde
him onwald ðæt hie meahton beon Godes bearn; 234, 17 gebyreð ðætte sume, ða þe welwillende bioð . ., unfæste bioð on-
gietene; 260, 7 se ilca se þe ælce dæg saula gereafað . . . .,
se na ne forbeag . . . .; 310, 25 se þe fæstan wille, ne tæle
he no ðone þe . . . .; 385, 28; *usw.* Bo. 6, 6 hu mæg se
beon gesælig se ðe on ðam gesælþum ðurhwunian ne mot; 140,
9 þæt se seo se gesælgosta se þe þas eorþlican geselþa ealle
hæfþ; 216, 21 se þe ðonne þa gesælþa hæfþ, ðonne hæfþ he
ægþer—se þe ðone ægþer hæfþ, hu ne biþ se ðonne full eadig
(so müssen diese Sätze abgeteilt werden); usw. So. 166, 12 is soð
æall þætte soð is; 13 þurh þe sint wyse æalle þa þe wyse
sint. Ps. 5, 12 blissian ealle, þa þe to ðe hopiað, ... and
fægnian þin ealle, þa þe lufiað þinne naman; 23, 5 se þe swylc
byð, he onfehð bletsunge fram Gode. Le. 58, 12 gif he hire
ne recce, se þe hie bohte; 60, 14 se þe slea his fæder oððe
his modor, se sceal deaðe sweltan; 15; 17; 68, 9 awritan het
monege þara þe ure foregengan heoldon; þa þe me licodon;
72, 2; *usw. usw.* Di. 68 þætte us, þam þe God swa micle
heanesse world-geþingða forgifen hafað, is seo mæste ðearf . . . .

§ 279   3. *Der gemeinsame Begriff ist im Hauptsatze nicht ausgedrückt und daher zu ergänzen. Dieser Fall kommt (mit 2 Ausnahmen:* Be. 486, 26; Cp. 146, 16) *nur beim Nomminativ und beim Akkusativ vor. Zuweilen weist das relative Fürwort dann auf den ganzen Inhalt eines Satzes zurück.* Be. 472, 38 þæt ic ðe he syndrigum mægþum oþþe þam hyrum stowum ða ð c· ic gemyn-dewyrþe & ðam bigengum ðancwyrþe gelyfde, geornlice ic tylode to awritanne, þæt ic mid eallum ðone wæstm arfæstre ðingunge gemete (= ut qui de singulis provinciis sive locis sublimioribus quae memoratu digna atque incolis grata credideram diligenter adnotare curavi, apud omnes fructum piae intercessionis inveni-am); 486, 26 & seþe him hyrsum beon wolde, butan tweon he gebet ecne gesean; 509, 26 & untrum ongon ðurh his gebed ða frecenisse ðæs fyres onweg adrifan, ðætte ær seo trume hond strongra manna ðurh micel gewin don ne meahton; 526, 10 forðon þe (*Miller:* f. ðe þæt) munecas wæron ða ð e hider coman [to læranne] (= nam monachi erant, maxime qui ad prae-dicandum venerant; munecas *ist Prädikatsnomen*); 614, 26 bi ðam biscop gewuniaþ secgan monig wundur gastlicra mægena, ða ð e hine hiwcuþlice cuþan. Or. 86, 16 swa ic eac ealles þises mid-dangeardes na maran dæles ne angite buton ðætte on twam onwealdum gewearð; 108, 2 þætte twa þeoda ær habban ne mehton, ne, ðætte læsse wæs, twa gemægþa; 128, 18 ne his bearnum, ne þætte ealra læst wæs, his gingran dohtor; 206, 6 *(vgl. Mather, a. a. O., S. 47);* 256, 17 cludas feollon of mun-tum, &, þætte þara wundra mæst wæs, þa se mona ful wæs, & þære sunnan firrest, þæt hio þa aþeostrade. Cp. 56, 4 ðonne he hæfð ðætte he habban wolde, he bið swiðe ðriste; 146, 16 ðylæs he sie ongieten ðæt he sie wiðerwinna on ðære diegel-nesse his gedohtes, ðæs þe he bið gesewen ðeow on his ðeg-nunge; 366, 9 ealle ða geleaffullan bodigeað be Gode ðætte soð is; 382, 1 (= si quis; *vgl. Mather, a. a. O., S. 47.*) Bo. 110, 3 heo is fæstræd & gehæt simle þætte soþ biþ; 120, 21 þu mæge . . . forlætan þætte him wiþerweard biþ; 236, 2 and slibþ þætte him wiþerweard biþ. *In den Fällen, wo nicht þætte (in einem Worte) steht, könnte man auch* se, seo, *þæt als hin-weisendes Fürwort,* þe *allein als relatives auffassen; doch verträgt sich dies meist nicht gut mit der Stellung.*

    C. *Drittens wird als relatives Fürwort die einfache Relativpartikel* þe *allein verwendet; sie bleibt stets unflektiert und bezieht sich:*

§ 280

    1. *Auf ein Hauptwort des Hauptsatzes:*
    a) þe *vertritt den Nominativ oder Akkusativ eines rela-tiven Fürwortes:* Be. 471, 26 on ðam deodlandum ð e ðær to geþeodde wæron; 472, 17 fram ðam broþrum ðæs mynstres ð e hi sylf astemnedon ð e Læstinga ea is nemned; 18 ða ðing ð e on

Eastenglum gewordene wæron; 28 of ðam gewritum ðe ic awriten
gemette; 474, 35 ealle þa ðing þe ðanon cumaþ; 476, 6 of ðære
byrig ðe Lepti hatte; 29; 477, 9, 16, 20, 45; 478, 12, 18; 479,
4; 483, 11 ðurh ðæs ylcan cyninges bebod ðe hi hider gelaþode;
13, 22, 23, 25, 32; 486, 3; 494, 4: *usw. usw.* Or. 1, *ü.* her onginneð seo boc þe man Orosius nemneð; 20 ealle þa cuman þe
hiene gesohtan; 26 ymbe þa wif þe mon Amozenas het; 8, 16,
31; 10, 1, 7, 19; 17, 32; 38, 20; 46, 32; 58, 16; 60, 21; 62, 7;
64, 18; 70, 18, 29; 72, 14 him mon ascop þa noman þe hie giet
habbað; 76, 6; 116, 2; 254, 16; 256, 2; *usw. usw.* Cp. 2, *ü.*
hu S. Gregorius ðas boc gedihte þe man Pastoralem nemnað; 5
hu þa kyningas þe ðone anwald hæfdon . . ., Gode . . . hirsumedon; 4, 3 ðæt ðu ðone wisdom þe ðe God sealde, befæste;
6, 18 ongan ic . . . . þa boc wendan on Englisc, þe is genemned on Læden Pastoralis; 36, 3 se ilca Dauid þe forbær þæt he
ðone kyning ne yflode, þe hine on swæ heardum wræce gebrohte;
40, 21; 48, 2; 58, 16; *usw. usw.* Bo. II, 7 for . . . weoruldbisgum þe hine oft . . bisgodan; 9; 10; VI, 22 æt þam ilcan weorþscipe ðe he ær hæfde; 6, 12; 8, 26 is þis nu se cwide þe þu
me geo sædest; 12, 10; 118, 26; 150, 16; 160, 20 se man . . .,
þe simle wilnað . . .; 226, 21; 336, 8; *usw. usw.* So. 163, 18
on ðam hecan (= ecan) hame ðe he us gehaten hefð; 164, 30;
170, 25 þam freondum þe ic lufige & me lufað [*for* lufiað] *(auffallend ist, dafs þe hier nicht wiederholt wird!)*; *usw.* Ps. 1, 1
eadig byð se wer þe ne gæð on geþeaht unrihtwisra; 3 him byð
swa þam treowe, þe byð aplantod neah wætera rynum; 2, 10
ongytað nu, kyningas, and leorniað, ge domeras, þe ofer eorðan demað; 5, *ü.* ealra ðæra rihtwisena ðe secað yrfeweardnesse
on heofonrice; 5, 13 þu eart se Drihten þe gebletsast rihtwise;
usw. Le. 58, 3 ealle gesceafta þe on him synt; 11 þis synt þa
domas þe þu him settan scealt; 62, 30, 35; 64, 49; 106, *ü.* eal
seo þeod þe on Eastenglum beoð; *usw.*

b) þe *vertritt den* Genitiv *eines relativen Fürwortes:* Or.
20, 9 of ðæm mere ðe *(= dessen)* Truso standeð in staðe; 134,
1 he for ut on garsecg of þæm muþan, þe *(= deren)* seo ea
wæs hatenu Eginense; 5 he for to þæm iglande, þe *(= dessen)*
monn þæt folc Mandras hætt; 136, 33 under þæm twæm consulum þe *(= von denen)* oðer wæs haten Fauius *(vgl. Einenkel
in Pauls Grundrifs I. § 145. 1. S. 918.).* Bo. 212, 22 his seo
heahe godnes, ðe *(= von der)* he full is.

c) þe *vertritt den* Dativ *eines relativen Fürwortes:* Or. 118,
28 he sealde his dohtor Alexandre þæm cyninge his agnum mæge,
þe *(= dem)* he ær Æpira rice geseald hæfde. Bo. XIV, 4 hu
mon sceolde ælcne mon hatan be þam deore þe *(= dem)* he
gelicost wære.

d) þe *vertritt den* Instrumentalis *eines relativen Fürwortes:*
Or. 20, 27 þy ylcan dæge þe hi hine to þæm ade beran wyl-

lað; 60, 28 of ðæm ilcan geare þe Procos riesade; 30 þy ilcan geare þe Romana rice weaxan ongann; 62, 15 from þæm geare þe heo getimbred wearð; 236, 12 he fealh þære ilcan niht of þæm bendum þe hiene mon on dæg gebende. **Cp.** 38, 21 him swiðe undigellice geondwyrde mid ðæm witum þe he hit swiðe hrædlice wræc; 383, 7 ðæt is ðonne ðæt mon ierne from geate to oðrum, ðæt he ierne ðreatigende from ðara undeawa ælcum to oðrum, ðe (= per quod; *durch die, wodurch?* *Sweet* über-*setzt:* through which) deað mæge ingan on ðæs monnes mod.

2. þe *bezieht sich auf ein Fürwort des Hauptsatzes:*   § 281
  a) þe *vertritt den Nominativ oder Akkusativ eines rela-*
tiven Fürwortes: **Be.** 472, 37 þæt ic ðe be syndrigum mægþum
. . . . geornlice ic tylode to writanne (= ut qui . . . . curavi); 478, 34 ðone God behet eallum þam ðe hine lufian wyllaþ; 482, 16 & gyt ma wæs ðe þæt don ne wolde; 622, 12 he
wolde . . . sumum ðara ðeoda Godes word & godspel læran &
bodian, ðam ðe hit ðagyt ne gehyrdon; *usw. usw.* **Or.** 10, 20
betux þære ic Indus & þære þe be westan hiere is; 21, 8 swiðost ealle hys speda hy forspendað mid þan langan legere þæs
deadan mannes inne, & þæs þe hy be þæm wegum alecgað
(vgl. § 255. 2.); 62, ·10 scæl ic . . . sprecan wiþ þa þe secgað
þæt. . . .; 76, 33 þu þe þyrstende wære monnes blodes, drync
nu þine fylle; 86, 1 swa þa sculon þe hiora æfengifl on helle
gefeccean sculon; 92, 27 hu þyncð eow nu, cwæð Orosius, þe
þæs cristendomes tida leahtriað; 138, 1 under þæm (sc. consule) þe Cwintus haten wæs; 190, 3 he fleah wið þara þe þær
beæftan wæron; 24 he þara ælces ehtend wolde beon, swa swa
his feondes, þe þæs wordes wære . . . .; 292, 3 hie þone wo-
roldlice forbærndon þe hie þohte bærnan on ecnesse; *usw.* **Cp.**
24, 15 nan cræft nis to læronne ðæm þe hine ær geornlice ne
leornode; 26, 4 þa sindon nu weorðoste þe æwfæstosðe sindon;
16 ða þe swæ riesiað, hi riesiað . . . .; 28, 1 se þe Godes bebodu ne gecnæwð, ne bið he onenawen from Gode *(in den beiden letzten und ähnlichen Sätzen kann man allerdings auch* sehe
zusammen als relatives Fürwort auffassen, s. § 278); 32, 22 forðæm þætte we, þe his limo sindon, leornodon æt him þæt we
flugen ða oliccunga ðisses middangeardes; 40, 9; 44, 24; 46, 8
ðonne sindon monige þe fleoð for eaðmodnesse anre; 17; 80,
12 ðu þe wilt godspellian Sion, astig ofer heanne munt; 198,
23 ðæt he on ðæs hwæt befoo ðe wið his willan sie; 260, 8
se ilca þe us ðwichð mid ðy halwyndan wætre, se na ne forbeag . . .; *usw.·* **Bo.** II, 14 healsaþ ælene þara ðe þas boc
rædan lyste; X, 26 hu se sceal fela nearanessa geþolian þe þæs
lichoman lustas forlætan sceal; 16, 10 þonne dysegaþ se þe
þonne wile hwile sæd oþfæstan; 144, 17 þonne beþurfon hi þæt
hi oleccan þæm æfter friþe þe ænigre wuhte mare habbað; 160,

20 simle wilnað ðæs ðe he begitan ne mæg; usw. Ps. 2, 2
wið þam þe he to hlaforde geceas; 13 þonne beoð eadige þa
þe nu on hine getrywað; 5, 5 þu fordest þa þe symle leasinga
specað; 7, 3 gif ic to þisum, þe me nu swencað, þæs gecarnod
hæbbe; 13, 11 butan þu, Drihten, þe afyrst hæftnyd of þinum
folce; usw. Le. 66, 7 forþam þe God Ælmihtig þam nane ne
gedemde þe hine oferhogodon, ne Crist . . . þam nane ne gedemde þe hyne sealde to deaðe; 76, 1 gif heo leng libbe þonne
se þe hie utlædde; usw. Di. 69 to bysne eallum þam þe Godes
willan wyrceað.

b) þe *vertritt den* **Genitiv** *eines relativen Fürwortes:* Bo.
X, 25 ðonne fægniaþ hi þæs þe hi sceamian sceolde *(man kann
hier auch an Auslassung des hinweisenden Fürwortes denken und
þæs þe als relatives Fürwort zusammenziehen);* 160, 4 ne wealdaþ
hi þeah eallra þara þe hi wealdan woldon. So. 163, 7 on
ælcum treowo ic geseah hwæthwugu þæs þe ic æt ham beþorfte;
*ich ziehe þæs zu hwæthwugu, doch kann man es auch mit þe ver-
binden.*

c) þe *vertritt den* **Dativ** *eines relativen Fürwortes:* Be.
487, 33 & lifes word ðam þe hi mihton bodedon & lærdon. Or.
158, 27 hie þa wæron swiþe sleande þe hie fylstan sceoldon
(vgl. § 67. l., S. 80). Cp. 130, 2 ðylæs he mislicige ðæm þe
he hiene ær selfne gesealde.

d) þe *vertritt den* **Instrumentalis** *eines relativen Fürwortes:* Be. 483, 41 ne wæs ungelic wræce þam ðe *(wodurch)*
iu Chaldeas bærndon Hierusaleme weallas; 570, 25 forewæs . . .
Myrcna mægþe & Middelengla & Lindesfarena, in eallum ðam
ðe Wulfhere . . rices anweald hæfde (= in quibus cunctis;
*also doch wohl: bei welchen allen (?); O., T., C., B. und Miller
haben das ðe nicht).*

§ 282   3. *Nur an zwei Stellen ist das* **hinweisende Fürwort**, *auf
das sich* þe *beziehen sollte, im Hauptsatze* **ausgelassen***:* Or. 28,
10 be eastan þæm lande is se Wendelsæ, þe man hæt Adriaticum, & be suþan þe man hæt Affricum, & be westan þe man
hæt Tirenum. Bo. 272, 21 þæt ðu mæge þy bet gelyfan ðe ic
þe . . . recce.

Besondere Bemerkungen über den syntaktischen Ge-brauch der drei bisher besprochenen relativen Fürwörter.

I. Zu se, seo, þæt.

§ 283   1. Se, seo, þæt *wird zuweilen* **verdoppelt**, *doch ist dann
nicht genau zu bestimmen, ob nicht etwa das erste* se *nur eine
Wiederholung oder Vorausnahme eines Fürwortes des Hauptsatzes
sein soll:* Or. 126, 33 þæt hit swiþor is of þara biscepa gehlote

& of heora agenre gewyrde þæt þæt hie seegað þonne of þara
goda mihte. Cp. 56, 7 ðyncð him ðæt se hie him niedscylde
sceolde se se hie him salde; 232, 12 butan tweon ðæt bið ure
ð...t ð...t we lufiað on oðrum monnum; 301, 26 sume ða ða
wenað ðæt hie eaðmode sien, hii doð . . . . Bo. 190, 8 æle
mon tiohhaþ him þæt to selestum goode ð...t þæt he swiþost
lufaþ. So. 166, 30 se se þe *(dich)* lufað, se þe *(dich)* swcð, se
se þe *(dir)* fylið, se þe *(dich)* hæfð. Ps. 1, 4 eall him cymð
to gode þæt þæt he deð.

    2. *Es kommen Fälle vor, wo das Geschlecht des relativen* §284
Fürwortes, nicht übereinstimmt mit dem Geschlechte des Wortes,
auf das es sich bezieht.

    a) *Das neutrale* þæt *(vgl. aber Klinghardt, a. a. O.*
S. 200 o., der þæt *als Konjunktion ansieht, und Lohmann, Anglia*
III. S. 130, der dasselbe thut) bezieht sich auf ein Maskulinum:
Be. 499, 22 ne wæs æfre ænig cyning ne ealdorman þæt *(Mil-*
ler: þætte) ma heora landa ute amærde; 506, 10 wæs he se
ðridda cyning in on Angelðeode cyningum þæt eallum suð mægþum weold; 514, 2 gesege me hwylce mede ðu wille syllan ðam
men, gif hwylc sy þæt *(Miller:* þætte) ðe fram ðyssum nearonessum alyse; 603, 18 oþ ðæt heora riht cyning Wihtred þæt
wæs Ecgbyrhtes sunu, wæs on rice gestrangod; *diese letzte Stelle*
kann man aber wegen des lateinischen „id est" auch nach § 258
verweisen. Or. 86, 30 heora þeowas . . . hie benoman heora
heafodstedes þæt hie Capitolian heton; 206, 9 þæt ðær nan to
lafe ne wearð þæt hit to Rome gebodode. Cp. 443, 5 ðone
Nazareniscan Hælend ðæt wæs afondon wer betwux cow . . . .,
ðone ge beswicon. Bo. 294, 16 nis nu nan wis man þæt nyte
þætte god & yfel bioþ simle ungeþwære betwux him. So. 175,
30 þu scealt gefastnian ðone streng on Gode þæt ðæt scyp healdan sceal þines modes; 176, 26 ne wene ic þæt ænig man si
swa dysig það (= þæt he?) þæs wene.

    b) *Das neutrale* þæt *bezieht sich auf ein Femininum:*
Be. 587, 5 him wæs seald seo bysen on gewrite ðæs Synoþes
þæt he sceolde to Rome lædan, *wo allerdings nicht sicher zu*
erkennen ist, ob þæt *auf bysen oder gewrite gehen soll.* Cp. 189,
21 þæt hi magon eac be ðisse bisene ongietan ðæt *(C:* þe)
him is to gecuedcn; *vgl. Sweets Anmerkung zu dieser Stelle auf*
S. 483. So. 179, 8 þæt is seo lufe embe þæt he witegode;
doch kann man hier þæt *auch auf das erste* þæt *beziehen: das,*
wovon er weissagte, ist die Liebe.

    c) *Das männliche* se *bezieht sich auf ein Femininum:*
Be. 547, 32 swa swa seo boc sagaþ se *(Miller:* seo) is awriten be his life.

    d) *Das weibliche* seo *bezieht sich auf ein Neutrum:* Or.
294, 5 hu iedelice God geendade þæt micle gewin mid hiora

twcgea fielle, þa (*Thorpe:* þe) Maximus & his ealdormon hæfdon up ahæfen mid monigum þeodum; þa *kann auch Mehrzahl
sein, wie Bock meint (a. a. O., S. 26).*

§ 285   3. *Unregelmäfsigkeiten im Gebrauche von Einzahl und Mehrzahl. Der Hauptsatz hat die Mehrzahl, der Nebensatz die
Einzahl; dies ist ohne Rücksicht aufs Geschlecht das Neutrum* þæt,
hinter dem dann das Zeitwort auch in der Mehrzahl stehen kann.
Or. 32, 19 & swaþeah þæt þær to lafe wearð þara Thelescisa
hi hiora lond ofgeafan; 46, 36 þær wæron twa cwena, þæt wæron gesweostor, Anthiopa & Orithia — *doch kann hier der* þæt-
Satz auch eingeschoben und þæt *hinweisendes Fürwort sein;* 72, 15
Romane curon III hund cempena & siex, þæt sceolde to anwige
gangan; 128, 23 þæt wæron fieftiene hund þusend monna þæt
binnan þæm forwurdon; 240, 32 he hæfde eahta & eahtatig coortana, þæt we nu truman hatað; 256, 12 wyrþigre wrace hie
forwurdon ða, þæt þa (*Thorpe:* þa þe) heora synna sceoldon
hreowsian. **Cp.** 8, 15 heht him swelcra ma brengan be ðære
bysene, þæt he his biscepum sendan mehte; þæt *könnte sich
auch auf* bysene *beziehen, vgl. § 284. b.; Sweet übersetzt:* ordered
more such to be brought to him after the example, that he might
send them to his bishops; *in der Anmerkung zu* 189, 21 *(S. 483 u.)
sagt er zu unserer Stelle:* „ðæt stands for a plural relative."

§ 286   4. *Bei dem neutralen* þæt *kann ein partitiver Genitiv
stehen. Vgl. Erdmann, a. a. O., II. § 196.* **Or.** 18, 25 eal þæt
his man aþer oððe ettan oððe erian mæg, þæt lið wið ða sæ.
*(Was ich in den Engl. Stud. (XVII. S. 113) über Bocks Ansicht
sagte, ist nur zum Teile richtig;* his *gehört nicht zu* eall, *sondern
zu* þæt, *und es heifst:* „alles, was von diesem Lande beackert werden kann, liegt an der See"; *Thorpes Übersetzung* „his man" (!)
(S. 251) ist aber falsch.); 32, 19 & swa þeah þæt þær to lafe
wearð þara Thelescisa hi heora lond ofgeafan; 38, 9 ge eall
þæt on þæm lande wæs weaxendes & growendes *(hier zieht
Bock (a. a. O., S. 38) den Genitiv zu* eall, *was wohl nicht richtig ist, obgleich sich fast in jedem Falle darüber streiten läfst, ob
nicht der Genitiv zu dem Worte zu ziehen ist, auf das sich* þæt
bezieht); 76, 14 & þær beæftan forlet eall þæt þær liðes wæs
& swetes; 226,12 siþþan mæst eall forwearð þæt on þæm lande
wæs, ge monna, ge nietena, ge wildeora for þæm stence.
Cp. 74, 21 ðæt he mæge adryggean of oðerra monna heortan,
ðæt ðæron fules sie; 154, 12 him bið eall cuð, ðæt hie unalifdes ðenceað; 190, 6 eac sculon wiotan ða ofer oðre gesettan
ðæt ðæt hie unaliefedes ðurhteoð . . . . .; 218, 8 ða ongan
he ærest herigean on him ðæt ðæt he fæstrædes wiste; 445,
25 gif we ne gebetað ðæt on us deadbæres is. **Bo.** 94, 22
eall þæt seo sæ his ofseten hæfþ . . . ., & call þæt his fennas

& moräs genumen habbað, & call þæt on eallum ðeodum westes
ligeþ; 198, 17 ac call þæt we godes habbaþ on þisse worulde,
þæt us is uton cumen. **So.** 166, 23 of þinum rice we bysniað
eall þæt we godes doð; 199, 24 & call þæt min mod & min
gesceadwisnesse goodra crefta gegadrad.

5. *Einmal ist das relative Fürwort* se *von einem zweig-* § 286ª
nenden Fürworte der dritten Person begleitet: **Be.** 608,
25 on hu myclum wuldre se Drihtnes wer Cuþbyrht æfter his
deaþe lifede, ðæs his lif ... openode (= cujus vita). *Vgl. § 290
und A. Schrader, a. a. O., S. 11. v.*

6. *Eigentümlich ist die Stelle* **Be.** 628, 5 ic .. wende § 286ᵇ
þæt þæt hell wære be ðam tintregum unaræfnendlicum ic oft
secgan hyrde (= de cujus tormenti intolerabilibus narrare sæpius
audivi).

7. *Im Orosius wird einmal nach einem Sammelnamen das* § 286ᶜ
sich darauf beziehende þæt *durch* hi *ergänzt, das Zeitwort steht in
der Mehrzahl:* **Or.** 21, 13 þær is mid Estum an mægð þæt hi
magon cyle gewyrcan. *Vgl. Mätzner, Gr. III. S. 527.*

8. *Einmal bezieht sich* þæt *auf* swelc: **Bo.** 40, 21 (*vgl.* § 286ᵈ
§ 270. Anm., S. 391.).

II. Zu se, seo, þæt mit der Partikel þe.

1. *Das Geschlecht des relativen Fürwortes stimmt nicht* § 287
mit dem Geschlechte des Wortes überein, auf das es sich bezieht:
Be. 494, 9 seþe blodryne ðrowaþ monaþadle, ne alefeþ hire
on Drihtnes cyricean gangan. **Or.** 42, 6 hwa is þæt þe eall
ða ysel asecgean mæge; 50, 13 hwa is þætte ariman mæge
hwæt þær moncynnes forwearð; 106, 34 self swæde þæt seo dæd
his nære ..; þætte ealre worolde swelce sibbe bringan mehte,
þætte twa þeoda ær habban ne mehton; 188, 7 wende þæt
nan nære þætte þæt færelt anginnan dorste; *Bock (a. a. O.,
S. 47) der die dritte dieser Stellen nirgend erwähnt, meint, bei
den ersten beiden und bei der letzten fehle das persönliche Fürwort;
obgleich auch Lohmann (Anglia III. S. 130) das* þæt (te) *in ähnlichen Sätzen für die Konjunktion hält, glaube ich doch, dafs* þætte
sich eben so gut wie þæt (*vgl. § 284. a. b.) auch auf Maskulina
und Feminina beziehen kann.* **Cp.** 234, 6 & se anda ða þe he
hæfde to his breðer ......, se anda weard to sæde ðæs bro-
ðorsleges; 411, 25 hwa is nu ðæra ðe gesceadwis sie & ......
ðætte nyte, ðætte ..... **Bo.** 132, 19 ac þæt nis nan man
þætte sumes eacan ne þurfe buton Gode anum. .

§ 288   2. *Unregelmäfsigkeit in der Zahl kommt zweimal vor:*
Or. 94, 25 þa gebudon him Perse þæt hie hæfden III winter
sibbe wiþ hie, se þe þæt'wolde, & se þe þæt nolde, þæt hie
wolden þa mid gefeohte gesecan; 248, 25 & se þe þæt nolde,
he bebead þæt mon þa ealle sloge.

§ 289   3. *Zweimal erscheint* se þe *mit einem partitiven Genitiv*
(vgl. § 286): Cp. 60, 16 ðæt þætte oðre men unaliefedes doð,
he sceal wepan; 194, 24 & ðætte tælwierðes on him sie, ðæt
hie ðæt tælen.

§ 290   4. se þe, *durch ein persönliches oder zueignendes*
Fürwort verstärkt, kommt vielleicht ein paar Mal vor. Vgl.
§ 286ª. und A. Schrader, a. a. O., S. 10, u.; Grein, *Sprach-*
schatz II. 418; Koch, *Gr. II. § 349.* Be. 479, 20 ða Cristenan
men . . . ., ða ðe hi ær on ða frecnan tid ðære ehtnysse on
wudum & on westenum & on scræfum hi hyddon & digledon
(oder ist das erste hi *reflexiv und wird durch das zweite nur wie-*
derholt?); 609, 16 se biþ swyþe eadig seþe him (!) Drihten . . .
forgifeþ þæt he . . . *(oder ist das zweite* se *nur Wiederholung*
des ersten hinweisenden se?*).* Or. 84, 12 þæt se, se þe him ær
gepuhte þæt him nan sæ wiþhabban ne mehte, þæt he . . . . .
Cp. 66, 24 se ðonne bið siwenigge, se þe his ondgit bið to
ðon beorhte scinende . . .; 72, 12 se bið eac eallinga healede
se þe eal his mod bioð aflowen to gæglbærnesse & to dole
(Sweet: whose whole mind*). Auch an den letzten drei Stellen*
kann das se *Wiederholung des hinweisenden Fürwortes sein. — Nach*
and *wird in den* Le. se þe *zweimal durch das persönliche Fürwort*
wieder aufgenommen : Le. 60, 15 se þe frione forstæle and he
(fehlt in G.) hine bebycgge and hit hym onbestæled sie . . . . . . ,
swelte se deaðe; 94, 41 se mon se þe bocland hæbbe and
him his mægas leafden, þonne setton we, þæt he . . . .

§ 291   5. *Nur dreimal wird das Wort, auf das sich das relative*
Fürwort bezieht, durch das hinweisende Fürwort in dem entsprechen-
den Kasus wiederholt, an das sich das relative þe *unmittelbar an-*
schliefst: So. 166, 4 þu þe nelt þe eallunga geeowian openlice
nanum oðrum buton þam þam þe geclænsode beoð on heora
mode. Ps. 9, 11 heriað forði Drihten, þone ðe eardað on
Sion; 14, 5 se þe þone rihtwisan weorþað, þone þe Godes
ege hæfð. *Über die Verbindung* ðara þe *vgl. § 303.*

§ 292   6. *Merkwürdig ist die Stelle* Be. 551,.27 hi ne woldan
heora Gode hyron ðone ðe hi gescop & hi on gelyfdon; *sie*
scheint verderbt zu sein; Miller *liest:* heo ne woldon heora Gode
hyran, þone þe heo gelyfden.

7. þæs þe staff þwt þe findet sich Bo. 336, 9 þæt þæt § 293
we wyrd hataþ, þæt biþ Godes weore þe he ælce dæg wyrcþ,
ægþer ge þæs þe we gescop, ge þæs þe us ungesewenlic biþ.

II. Zu þe.

1. *Verdoppelt wird* þe *selten (vgl. Flamme, a. a. $\mathcal{O}$.,* § 294
§ 60. 4. S. 29.): Be. 502, 18 utan biddan . . God ðe ðe (*Miller:* se ðe) eardian deþ þa anmodan in his fæder huse. Bo.
164, 21 ðe þe wille fullice anweald agan, he sceal tilian . . . . .
So. 180, 1 þeað þu ful raðe ne mæge beo cuman to þam ðe ðe
þu wilnast.

2. *Auch* þe *erscheint mit einem partitiven Genitiv:* § 295
Or. 100, 7 þæt hie mosten þa deadan bebyrgean þe heora
folces ofslagen wæron; 226, 9 & ælc wuht forscurfon þæs (*abhängig von* ælc wuht) þe on þæm lande wæs weaxendes &
growendes *(vgl.* Or. 38, 9 *und* 226, 12 *in* § 286). Cp. 348,
10 gif ðu . . . ryhte ofðence hwæthugu ðæs þe ðin niehsta ðe
wiðerweardes gedon hæbbe.

3. *Um den Kasus, der ja durch* þe *nicht verdeutlicht werden* § 296
*kann, kenntlich zu machen, tritt häufig das persönliche Für-
wort der dritten Person hinzu.*
a) *Nominativ:* Cp. 26, 5 licet swiðe monig ðæt he æwfæst lareow sie, þe he wilnaþ micle worldare habban *(Sweet
übersetzt dies* þe *durch* because, *was auch richtig sein kann; das
Lateinische giebt keinen Anhalt).* Bo. VIII, 20 hu se · Wisdom
kerde þone þe he wolde wæstmbæreland sawan þæt he atuhge
of ærest þa þornas *(Mather,* The Conditional Sentence in Anglo-
Saxon, *S. 47, leitet diese Stelle mit den Worten ein:* „A rather cu-
rious use of *þe* representing *gif* is . . . .“; *daran ist aber wohl
nicht zu denken);* 250, 27 nis nan gesceaft ðe he tiohhige þæt
hio scyle winnan wiþ hire scippendes willan *(in der Anmerkung
sagt Cardale:* „he is redundant“; *es ist um so auffallender, als
gesceaft, wie die Formen* hio *und* hire *beweisen, hier weiblich gebraucht ist, und männlich ist es ja ohnehin nie, höchstens sächlich).*
So. 203, 14 þa goodan nellað heora yflum freodum arian . . .
ðe ma þe Habraham wolde þam welegan arian þe he (= hi)
hys ægnes kynnes weron. — *Hierher gehört wohl auch* Or. 132,
1 Chalisten þone Philosofum he ofslog, his emnscolere. ðe hi
ætgædere gelærede wæron æt Aristotelese heora magistre, *wo ðe
hi* das Chalisten *und das* he *zusammenfaßst; vgl. Einenkel in
Pauls Grundrifs I. S. 917 u. (§ 145. t.), Bock, a. a. O., S. 29 u.*
b) *Dativ:* Or. 1, 27 & ymbe þa Gotan þe him fore *(=
vor denen)* andredan ge Pirrus . . . ge Julius, (hun *kann hier
aber auch als reflexiver Dativ zum Zeitworte gehören);* 48, 15 ða

Gotan . . ., þe ægðer ge Pirrus ... ge Alexander ge Julius . . .,
hie alle from him ondredon þæt hie . . . . *(vgl. § 302. b.,* diese
Verbindung ist wohl besser als Anakoluth aufzufassen); 118, 30
Alexander þe he his dohtor him *(= dem er)* sellan wolde; 282,
5 Seuerus . . . þe him se onweald ær geseald wæs. **Cp.** 42, 7
hwy forcwið ðonne se þe him God swelce cræftas gifð, þæt he
ne fede his heorde. **Bo.** 138, 3 swa bið eac þam treowum ðe
him gecynde biþ up heah to standanne; 160, 11 þæt bið gesælig mon ðe him ealneweg ne hangað nacod sweord ofer þam
heafde; 310, 6 ac þa þe him biþ unwitnode eall hiora yfel on
ðisse worulde, habbaþ . . . .; 16 sint ungesæligran · þa yfelan . .
ðonne þa sien þe him biþ hiora yfel geleanod; 314, 11 þæt ða
wæron ungesæligran ðe him unrihtlice hiora yfel forboren wære.
Ps. 31, *ü.* wundriende þære . . gesælignesse þæra manna, þe
him God forgifð ealle heora scylda & him ælc geswinc aferþ
. . . ., and swa ylce he witgode be ælcum godum men, þe him
God swa ymb dyde; 1 eadige beoð þa þe him beoð heora unrihtwisnesse forgifene; 2 eadig byð se wer, þe him God ne oðwit his scylda, ne on his mode ne byð facn.

c) *Akkusativ:* **Or.** 14, 9 licgað westryhte oþ Armenia
beorgas, þe þa landleode hi hatað Parcoadras; 102, 25 & ic
gehwam wille þærto tæcan þe hiene his lyst ma to witanne.
So. 197, 11 þam witgum, þe God self ðurht hi spec to·hys folce.

d) *Im Genitiv kann man nicht erkennen, ob noch das persönliche oder das zueignende Fürwort vorliegt:* **Be.** 506, 30 wolde
he ðam gescyldnesse gegearwian ðe he heora lare onfeng (=
(quos et) quorum doctrinam); 573, 4 nænigum heora alyfed si
ænige sacerdlice ðenunge don buton ðæs bisceopes leafe ðe hi
on his scire gefeormade sin (= in cujus parochia); 589, 35 seo
ðruh, in ðære heo wæs ærest bebyriged, monigum monnum ðe
heora eagan sargedon & hefegodan wearþ to hæle; 625, 38 þæt
he . . . meahte in ðara haligra aare syndrige stowe gehwylce
haligra halgian, ðe hiora reliquias ðær inne wæron; 633, 38 ða
beoþ eadige ðe heora wonessa forlætene beoð & ðara (!) synne
bewrigene beoþ. **Or.** 72, 9 þa consulas . . ., þe mon het eall
hiera cynn Fabiane; 80, 19 gesette þa men on ænne truman,
þe mon hiora mægas · ær on ðæm londe slog; 152, 19 com Ptolomeus, þe Lisimahhus his sweostor hæfde *(= dessen Schwester
L. hatte).* **Cp.** 294, 19 hwæs onlicnesse hæfde Assael ða buton
ðara þe hiera hatheortnes hie swiðe hrædlice on forspild gelæt.
Ps. 31, 2 eadig byð se wer þe him God ne oðwit his scylda
ne on his mode ne byð facn; 32, 11 eadig byþ þæt kynn, þe
swylc God byð heora God; 39, 4 eadig byð se wer, þe his
tohopa byð to swylcum Drihtne.

§ 297   4. *Das erste sowie das zweite persönliche Fürwort
kann durch Verbindung mit* þe *relativ werden, das Zeitwort steht*

dann in der ersten, oder zweiten Person: Be. 472, 37 þæt ic, ðe
be syndrigum mægþum . . . ða ðe ic . . . . gelyfde, geornlice
ic *(= ich, der ich usw.)* tylode to awritanne . . . . Or. 76, 33
þu þe þyrstende wære monnes blodes XXX wintra, dryne nu
þine fylle. Cp. 76, 2 doð eow clæne, ge þe berað Godes fatu ;
80, 12 ðu þe wilt godspellian Sion, astig ofer heanne munt.
Bo. 10, 10 eala þu scippend heofones & eorþan, þu ðe on þam
ecan setle riesast, þu þe on hrædum færelde þone heofon ymbhweorfest; 22 þu þe þam winterdagum selest scorte tida . . .,
þu þe þa treowa . . . heora leafa bereafast; 12, 14 eala min
Drihten, þu þe ealle gesceafta ofersihst; 40, 13 eala Wisdom,
þu þe eart modur eallra mægena; *ebenso* 118, 1 ; 198, 2, 4, 7 :
266, 5. So. 165, 20 Drihten þu ðe eart scypend ealra gesceafta ;
ebenso 23, 25, 30 ; 166, 2, 11, 13 ðu þe wart se helstan wys-
dom & þurh þe *(= und durch den? oder: und durch dich?)* sint
wyse ealle þa þe wyse sint; ic þe bidde þe Drihten þu þe wart
riht lif & þurh þe (?) lybbað æall þa þe lybbað; 17, 18; 167, 11 ;
13 þæt þe us lærdesd *(wo wohl* þu *für* þæt *zu lesen ist?); * 193,
8; *usw. usw.* Ps. 9, 4 ðu sitst on ðam hean setle, þu ðe symle
demst swiðe rihte; 17, 45; 31, 8.
    Wenn das persönliche Fürwort im Hauptsatze steht, so steht
þe *allein für das deutsche „der du", „die wir", „die ihr":* Or.
92, 27 hu þynеð eow·nu, cwæð Orosius, þe þæs Cristendomes
tida leahtriað. Cp. 32, 22 forðæm þætte we, þe his limo sindon, leornodon æt him . . . . So. 165, 28 to þe ic clypige,
þe nefre nan yfel ne worhtest. Ps. 13, 11 hwa arist elles . . .
butan þu, Drihten, þe afyrst hæftnyd of þinum folce.
    Eigentümlich sind die Stellen Ps. 4, 1 þu eart se ðe me
gerihtwisast; 21, 8 Drihten, þu eart se þe me gelæddest
(!) of minre modor innoðe.

    5. *Die Relativpartikel* þe *braucht nicht unmittelbar hinter* § 298
dem Worte zu stehen, auf das sie sich bezieht: Be. 474, 37 ðara
boca leaf ðe of Hibernia coman; 478, 24 þæt seo stow swa
wlitig & swa fæger wære, ðe eft sceolde . . . .; 28; 480, 18;
488, 2; 578, 14 ða mægon ðære bec gemetan swa hwyle swa
hi rædeþ, ðe we ðas of alesan; *usw.* Or. 124, 23 & heora
burg abræc & towearp þe mon hætt Sardis; 194, 14 & beforan
ðæm geate his folc getrymede, þe mon hætt Collina; *usw.* Cp.
2, 14 ðætte swiðe feawe wæron behionan Humbre þe hiora
ðenunga cuðen understandan on Englisc; 44, 16 monige men
sindon, swæ swæ we ær cwædon, þe bioð geweorðod; *usw. usw.*
Bo. 92, 12 ic wilnode . . . æfter minum life þam monnum to
læfanne, þe æfter me wæren, min gemynd on godum weorcum.

    6. *Da vor* þe *keine Präposition stehen kann, so wird eine* § 299
solche nachgesetzt, gewöhnlich unmittelbar vor das Zeitwort: Be.

478, 32 & fram ðære burnan, ðe he ær drigum fotum ofer eode;
usw. usw. **Or.** 19, 9 þæt sio scir hatte Halgoland þe he on
bude; 20, 33 nyhst þæm tune, ðe se deada man on lið; 21, 10;
30, 10 meolc þe hy mæst bi libbað; 52, 4 mid þæm folce þe
he ofer wæs; 66, 27; 80, 36; 92, 30, 35; *usw.* **Bo.** IV, 24 þa
woruldsælþa, þe hit ær to gewunod hæfde; 96, 11 on ðisum
lytlum pearroce, þe we ær ymbe spræcon; 25 þære þeode ðe he
on hamfæst biþ; *usw. usw.* **So.** 163, 2 to ælcum þara tola þe
ic mid wircan cuðe; 196, 32 þe oðre ðe þu ær embe sprece;
usw. **Ps.** 1, 4 swa byð þam men þe we ær ymb spræcon; *usw.*

§ 300   7. *Ist die Präposition im Hauptsatze und im Nebensatze
dieselbe, so wird sie in diesem vor* þe *nicht wiederholt:* **Be.**
493, 10 on ðam geryne ðe biþ æghwylc syn grundlinga adwæs-
ced, swyþe dyslic is þætte . . . .; 18 on ða ylcan tid ðe heo
acenned hæbbe; 27 in ða sylfan tid ðe heo cenne; 513, 37 on
ðære tide ðe oþre men slepon; 516, 39. **Or.** 5, 30 on þæm
fiftan geare þe Marius wæs consul; *ebenso* 32; 60, 17; 62, 4;
74, 29; 142, 11; 180, 21; *usw.* **Cp.** 38, 21 him . . . geondwyrde mid ðæm witum þe he hit swiðe hrædlice wræc; 44, 5
nyle . . . . helpan ðæs folces mid ðæm þe he his healp. **Bo.**
88, 7 æfter þære bisene þe gio Trogia burg barn; 238, 14 ne
þearfst ðu no tweogan ymbe þæt þe ðu ær tweodest.

§ 301   8. *Der Kasus, den* þe *bezeichnet, wird zuweilen vor dem
Nebensatze durch ein eigentlich in den Hauptsatz gehöriges Wort
kenntlich gemacht, das dann aber im eigentlichen Hauptsatze, der
nachfolgt, in einem anderen Kasus aufgenommen wird:* **Be.** 472,
33 ic bidde, þæt to eallum ðe ðis ylce stær becyme . . ., þæt
hi . . . .; 607, 26 þætte ðam Gode ðe wit somod on eorþan
ðeowdon, þæt wit eac swylce somod moton to heofonum beran
his gife ðær to geseonne & to sceawianne (*Miller liest* feran
statt beran *und übersetzt:* that (it may please) the God, whom
we served together on earth, that we also may go to heaven
together, there to see & behold his grace; *ich glaube nicht, dafs
diese Übersetzung richtig ist, denn das Lateinische lautet:* ut cui
simul in terris servivimus, ad ejus videndam gratiam simul trans-
eamus ad coelos). **Cp.** 222, 6 he ætiewde . . . ðætte ðæm
monnum ðe we for geðylde hwæt forberan sculon, ðæt we hie
sculon eac milde mode lufian; 242, 2 ðætte se lareow ðæs
yfles þe he stieran sceolde, ðeah þe he hit ær wiste, ðæt he
hit ðonne nat.

§ 302   9. *Wenn ein Wort eines Satzes in einem mit* þæt *eingeleiteten
Objektsatze oder Subjektsatze relativ bezogen werden soll, so wird
die Relativpartikel* þe *vor das Zeitwort gesetzt, welches
den* þæt-*Satz regiert, aufserdem aber das betreffende Wort noch*

*entweder durch Wiederholung seiner selbst oder durch Wiederauf-
nahme durch ein persönliches Fürwort dargestellt oder, weil es
ja in dem* þe *schon ausgedrückt ist, gar nicht mehr gesetzt.*

     a) *Wiederholung:* Or. 46, 32 he ongan mid Creca sci-
pun þe mon „dulmunus" hætt, þe mon sægð þæt on an scip
mæge on þusend manna.

     b) *Wiederaufnahme durch ein Fürwort:* Be. 488, 2
in ðære cyricean seo cwen gewunode hire gebiddan, ðe we
ær cwædon þæt hio Cristæn wære; 524, 8 mid his unmætum
weorudum, ðe (*Miller:* þæm) he gealp þæt him nowiht wiþstandan mihte; 551, 25 ða men, ðe he ongeat þæt hi on Cristes
geleafan gelærede wæron. Or. 48, 15 ða Gotan coman . . .,
þe ægðer ge Pirrus se reða Creca cyning, ge Alexander, ge Julius se cræftega casere, hie ealle from him ondredon þæt hi hie
mid gefeohten (*C.:* mid gefeohte sohte); 126, 23 he for to þæm
hearge, þe Egypti sædon þæt he wære Amones heora godes;
136, 9 him coman ærendracan of monegum þeodum, þe nan
mon Alexandres geferscipes ne wende þæt man (= *dafs sie)* his
(!) naman wiste, & him friþes to him wilnedon. Bo. 298, 14
þam, þe ðu ongitst þæt he liþ on his lichaman lustum.

     c. *Nichtwiederholung. Man könnte sagen, dafs in diesen
Fällen die relative Partikel* þe *zur Verbindung genüge, aber sie
gehört doch wohl zunächst als Objekt zu dem den* þæt-*Satz regierenden Zeitworte, und deshalb ist anzunehmen, dafs das persönliche
Fürwort, das ja in einigen Fällen noch steht (vgl. b.), hier ausgefallen ist.* Be. 480, 18 eardædon Bryttas binnan ðam dice to
supdæle, ðe we gemynegodon þæt Severus se Casere het ðwyrs
ofer þæt ealond gedician (*Miller übersetzt:* . . . within the dyke
we spoke of, built by order . . . . .; *darnach scheint es fast, als
hätte M. den* ðe- *und den* þæt-*Satz für gleichstehende Relativsätze,
was ja immerhin möglich ist; aber das Lateinische hat:* . . . . intra
vallum, quod Severum trans insulam fecisse commemoravimus);
507, 9 ða ongunnon heo sona openlice deofolgildum þeowian
þe monnum þuhte þæt heo hwæthwugu forlæten hæfde; 573, 25
ðonne wæs Byse Eastengla biscop, ðe we sædon þæt on ðam
foresprecenan synoþe wære. Or. 30, 30 ælcne þara þe hio geacsian myhte þæt kynekynnes wæs, hio to hyre gespon; 52, 5
aspon him from ealle þa, þe he ondred ðæt him on fylste beon
woldon; 82, 25 him þa from bugan, þe hie betst getriewdon
þæt him sceolde sige gefeohtan; 126, 25 he wolde beladian his
modor Nectanebuses þæs drys, þe mon sæde þæt heo hie wið
forlege; 166, 29 hit wearð þurh þa ameldad þe he geþoht hæfde
þæt him to þære dæde fylstan sceolde; 190, 24 þæt he þara
ælces ehtend wolde beon . . ., þe þæs wordes wære þæt from
Romebyrg þuhte (*vgl. § 24); 218, 4 swa þa monegan ær dydan,
þe hie wendon þæt hie mid hiera deofolgildum gestiered hæfden;
vgl. solche Sätze wie* 230, 4 forlet he þæt firsten & for to oþrum,

þær he geascade þæt Geoweorþan goldhord wæs. **Bo.** VI, 14
ða sælþa, þe he ær wende þæt gesælþa beon sceoldan, nauhtas
næran; 30, 18 gif þæt þine agne welan wæron þe þu mændest
þæt þu forlure; 40, 18 mine sælþa & seo orsorgnes, ðe ic ær
wende þæt gesælþa beon sceoldan, nane sælþa ne sint; 96, 14
eallra þara þeoda, þe ge nu willniaþ swiþe ungemetlice þæt ge
scylon eowerne naman ofer tobrædan; 318, 11 be þam monnum,
ðe wit ær cwædon þæt unc þuhte þæt wæron wildiorum gelicran
ðonne monnum.

*Anmerkung: Auch zwei Absichtsätze kommen in solcher
Verbindung vor:* **Or.** 154, 16 þæt wæron þa, þe hie gesett hæfdon þæt sceoldon be heora wifum bearna strienan; 256, 2 þara
twa & twentigra monna, þe he him to fultume hæfde acoren,
þæt his rædþeahteras wæren.

§ 303   10. *Ganz besondere Beachtung verdient die Verbindung der
Relativpartikel þe mit dem Genitiv þara des hinweisenden
Fürwortes, mag dieser nun allein stehen oder von ælc oder von* nan
*oder von ænig abhängen. Es folgt nämlich das Zeitwort in dem
relativen Satze mit þe, das sich doch auf* þara *bezieht, meist nicht
in der Mehrzahl, sondern in der Einzahl. Erwähnt wird dieser
Fall von Kemble* (Translation of Beowulf, *zu v. 4762),* **Grimm**
(Andreas und Elene, S. 94, Anm. zu 28), **Grein** *(Sprachschatz II.
575), der* þara þe *als einen (relativen) Begriff zusammenzieht, von
Klinghardt (a. a. O., S. 196 u.), Körting (Encyklopädie, S. 347 o.),
Müller (Ags. Gr., S. 253), Nader (Gen. im Beowulf, S. 12. § 17:
Dreimal Mehrzahl, elfmal Einzahl; und Anglia XI. S. 474 f.),
Dietrich (im 11. Bande von Haupts Zeitschrift, S. 445 f.),* **Heyne**
(Kl. altsächs. und altniederfränk. Gramm., S. 110), **Holtbuer** *(Ge-
nitiv bei* Cynewulf, *Anglia VIII. 30: Zweimal Mehrzahl, sechsmal
Einzahl), Kempf (a. a. O., S. 24), Conradi (a. a. O., S. 57),
Schrader (Syntax Ælfrics, S. 16 u.), Holz (a. a. O., S. 84 ff.),
Seyfarth (a. a. O., S. 15), Hertel (a. a. O., S. 14. c.), Reufs-
ner (a. a. O., S. 12. 3). Die Meisten ziehen* ðara *zum Hauptsatze,
Schrader nennt es einen „durchaus müssigen, zuweilen sogar sinn-
losen Zusatz". Nach meiner Ansicht liegt der Fall so, dafs* ðara
*allerdings zuerst zum Hauptsatze gehörte und vor dem relativen
Fürworte den Begriff, auf den sich dieses bezieht, der Deutlichkeit
halber wiederholte. Dies wird noch ganz deutlich in solchen Sätzen
wie den folgenden, in denen auch das Zeitwort noch folgerichtig in
der Mehrzahl steht:* **Be.** 532, 4 & monige ðara broþra þæs ylcan
mynstres ðara ðe on oþrum husum wæron, sædon . . . .; 592,
27 for generenesse heora freonda, ðara ðe of weorulde leordan;
610, 4 se wæs lange tid cumena arþeng ðara ðe þæt mynster
sohton. **Or.** 152, 15 þeh heora na ma ne lifde þara þe Alexandres folgeras wæron. **Cp.** 204, 15 gemunað eowerra foregengena ðara þe eow bodedon Godes word. **Bo.** 30, 14 habbe

ic þe awer benumen þinra gifena þara þe þe from me comon.
Ps. 3, 1 hwi synt swa manige minra feonda, þara þe me swencað; 34, 3 beluc heora wegas mid þinum sweorde, þara þe
min ehtað. *Smith (im Beda) und Thorpe (im Psalter) setzen
das Komma auch in diesen Sätzen stets vor das* þara. — *Allmählich
stumpfte nun das Gefühl für den Sinn dieses wiederholenden* þara
ab, man zog es zu der Relativpartikel ðe *hinzu, verwandlte es so
auch dann, wenn gar nichts zu wiederholen war, und verwandelte
dem entsprechend die Mehrzahl des Zeitwortes in die Einzahl, wenn
der Begriff, auf den sich (*þara*)* þe *bezog, in der Einzahl stand.*

a) *Das Zeitwort folgt noch in der Mehrzahl, nur in folgenden sechs Fällen:* Or. 94, 8 ne þara nanne yflian noldan þe
to ðam Godes huse oðflugon. **Cp.** 68, 4 swæ sindon wel monige ðara þe gewundiað hiora mod mid ðæm weorcum ðisses
flæsclican lifes, ða þe . . . . .; 186, 23 monige beoð ðeah [bliðe]
& eac unbliðe ðara þe. for nanum worldðingum nahwæðer doð.
Ps. 24, 8 ealle Godes wegas syndon mildheortnes, and rihtwisnes, welcum þæra þe his w secað, and his bebodu lufiað; 30, 21
þa swetnesse þu him ne lætst næfre aspringan, nanum þæra þe
to þe hopiað; 36, 8 ne bysna þe be nanum þæra þe yfel don. —
Man beachte auch die Stelle **Bo.** 360, 8 nis þæs nan twy þæt
ælc wyrd bioþ god, ðara þe riht & nytwyrþe bioþ. *Die Form*
bioþ *steht zwar häufig für die Einzahl (z. B.* 288, 11, 15), *nehmen wir aber einmal an, es sei hier Mehrzahl, so gilt wohl Folgendes: Da in* ælc *wyrd eine Mehrzahl steckt, so richtet sich darnach das Zeitwort des Hauptsatzes, und ebenso das des Relativsatzes; oder richtet sich dieses etwa nach* ðara? *Möglich wäre dies
hier sehr gut, da man* ðara *von* ælc *abhängig denken könnte.
Eben so grofs ist aber auch die Möglichkeit, dafs* ðara þe *hier
schon als ein Begriff behandelt ist, und die Mehrzahl daher folgt,
weil sie auch im Hauptsatze dem Sinne nach gesetzt ist.*

b. *In allen übrigen, sehr zahlreichen Fällen steht die Einzahl.*

α) ælc þara þe: Or. 30, 29 swa þæt· ælcne þara þe hio
geacsian myhte þæt kynekynnes wæs, hio to hyre gespon; 190,
23 þæt he þara welces ehtend wolde beon, swa swa his feondes,
þe þæs wordes wære *(wo* þara *allerdings eine andere Stellung
hat)*; 248, 23 he bebead þæt ælc þara þe on eldeodignesse wære,
come . . .; *vgl. auch* 268, 20, *wo gar se* þe *folgt:* 268, 20 þæt
ælc þara moste cristendome onfon seþe wolde. **Cp.** 44, 0 ælces
ðara god ðe hit him anum wile to gode habban; 74, 12 he sceal
beon for eadmodnesse hiera gefera ælces ðara þe wel do; 172,
9 to forgifonne ælcum ðara þe eow ryhtlice bidde; 298, 12 ælc
ðara ðe bið geeaðmed, he bið upahafen; 14 ælc ðara ðe hiene
selfne upahefeð, he wierð gehiened; 324, 22 sele ælcum ðara
þe ðe bidde; 358, 14 ælc ðara þe hiene mid unryhte ascadan
wile . . ., he wile . . .; 427, 16 ðonne lærað hi hit ælcne ðara
ðe hit gehierð herian. **Bo.** 52, 20 ælc þara þe þas woruldge-

sælþa hæfþ, oþer twega oþþe he wat . . . oððe he hit nat; 142,
22 hi hit gehataþ ælcum þara þe hi hæfð; 150, 26 he forgifþ
swiþe hraþe ælcum þara ðe hine lufað; 226, 6 ælc þara þe freo
sie fundige to ðam goode; 254, 15 swa gebyreþ ælcum ðara þe
winþ wiþ þæm godcundan anwealde; *vgl. auch* 344, 3 hi wenaþ
þæt ðara ælc sie God, ðe hiora willan fulgæþ; — 346, 10 ic
wat þæt ælc þara þe ðone cræft ne can, wile þæs wundrian. **So.**
163, 8 ic lære ælcne ðara þe maga si & manigne wæn hæbbe, þæt
he . . .; 166, 24 forþam þe ælc þara aseald (*statt* afeald?) þe
þe flygð & eal (*statt* ælc?) þara arist þe to þe gecyrð & eall
(*wieder statt* ælc?) þara astynt þe on ðe gewunat; 187, 20 ælc
þara þe hys wilnað & þe hys geornful byt, he hym mæg cuman
to; 191, 6 ælc þara þe clenne byd byd for clennesse clene;
200, 6 he wolde fultmian ælcum þara þe to hym cleopode &
rihtes wilnode. **Ps.** 2, *ü.* swa deð ælc þæra, þe þysne sealm
singeð; *ebenso* 6, *ü.*; 12, *ü.*; 17, *ü.*; *ähnlich* 22, *ü.*; *u. ö.*; 17,
29 he is gefriþiend ælces þara, þe him to-hopað; 21, 6 ælc þæra
þe me gesyhð, he me forsyhð and onscunað; 24, 12 Drihten is
mægen and cræftig ælces þæra þe hine ondræt; 30, 28 gestran-
giað eowere heortan, and eower mod, ælc þæra þe to Gode ho-
þige; 32, *ü.* be ælcum þæra þe þysne sealm singð; 37, *ü.* be
ælcum þæra þe þysne sealm sunge.

β) **nan ðara ðe: Cp.** 22, 14 þæt hira nan ðara ne wilnige
þe hine unwærlice bega. **Bo.** 198, 23 nan ær þe næs, þara þe
auht oððe nauht worhte. **So.** 170, 13 nis nan þara ðe þe rihte
sehð þæð he þe ne finde. **Ps.** 9, 11 þu ne forlætst nanne þara
þe ðe secð; 24, 2 ne nan þæra, þe to þe hopað, ne wyrð gescended; 33, 22 Drihten . . . ne forlæt nænne þæra þe him to
hopað.

γ) **ænig ðara ðe: Bo.** 158, 12 þæt he angum þara, þe ær
us wære, eallunga þurhwunode; 14 hwæþer hine ænig þara ealne
weg habban mæge þe hine nu hæfð. **Ps.** 13, 3 hwæðer he geseo ænigne þæra, þe hine sece, oþþe hine ongite.

*Dazu kommt nun noch eine ganze Anzahl von Stellen, an
denen m. E.* ðara þe *schon unbedingt als ein einziges, nicht zu
trennendes, relatives Fürwort betrachtet werden mufs:* **Be.** 560, 28
ne wæs on ða tid ænig bisceop butan ðam Wine on ealre Breotene ðara ðe rihtlice gehalgad wære. **Cp.** 260, 22 hwa sceal
ðonne, ðara þe hal & god ondgiet hæbbe, Gode unðoncfull beon;
411, 25 hwa is nu ðæra ðe gesceadwis sie, & to ðæm gleaw sie
ðæt he swelces hwæt tocnawan cunne, ðætte nyte ðætte . . . .
Bo. 48, 24 getæc me nu sumne mann þara þe ðe gesælegost
þince, & on his selfwille sy swiþost gewiten; 138, 13 nis nan
gesceaft gesceapen þara þe ne wilnige þæt . . .; 158, 17 ælc
mon wat þara ðe nu leofoþ þæt manegum cyninge onhwearf se
anweald & se wela (*Fox und Cardale übersetzen:* every one
knows concerning those who are now living, that from many a

king power and wealth go away; *das ist falsch, es muſs vielmehr heiſsen:* every one who is now living knows . . . .); 188, 1 gif þu ænigne mon cuþest ðara þe huſde ælces þinges anweald; 232, 2 ne mæg ic nane cwica wuht ongitan ðara þe wite hwæt hit wille; 4 ælc wuht wolde bion hal & libban, ðara þe me cwica ðincþ (*Cardale sucht hier wörtlich zu übersetzen:* every thing, of such as I deem living, desires to be hale & to live); 264, 19 ðas leasan spell læraþ gehwilcne man, þara þe wilnaþ, helle þiostra to flionne; 360, 14 and eft ælc wyrd þara þe to ðam yſlum cymþ, cymþ . . . .; 362, 3 ælc wyrd is nyt þara ðe auþer deþ. So. 169, 1 ys gegyered & forlæten ælc good to us þara þe we habbat; 178, 5 ælc man ðara þe wagan heft ærest hawað . . .; 196, 11 manig esne ðara þe unricran hlaford heſð þonne ðu heſst; 14 gyf se þam (*statt* þin?) hlaford ðe hwile spel segð þara ðe þu nefre ær ne geherdest. Ps. 9, 16 þa unrihtwisan beoð gehwyrfede to helle, and ælc folc þæra ðe God forgyt; 17, 39 hy clypodon, and næs þara þe hig gehælde (= clamaverunt, nec erat qui salvos faceret); 30, ü. and eac he witegode be ælcum rihtwisan menn, þe sealmas singð, awþer oþþe for hine sylſne, oððe for oðerne mann, þara þe geswenced byð; 40, ü. and eac be ælcum cristnum men he witgode þæt ylce, þara þe ærest on earfoðum byð. Le. 74, 4 eac cirican frið is, gif hwelc mon cirican gesece for þara gylta hwylcum, þara þe ær geypped nære; *wäre hier das zweite* þara *Wiederholung des ersten, so würde das Zeitwort in der Mehrzahl stehen.*

Einzelheiten: 1. þe *ist einmal ganz ausgelassen:* So. 191, 19 þes nis man nan tweo þæt æcl (!) þincg þara hys (= is) hwærhwugu is (= *daſs jedes Ding, das ist, irgendwo ist).*

2. þara þe *vertritt einen Dativ:* So. 196, 12 þu æfst ænc manige freond þara þe ðu genoh wel truwast.

3. *Besonders auffallend ist die Verwendung der Einzahl beim Zeitworte des Relativsatzes dann, wenn zu* þara *ein Hauptwort im Genitiv gehört:* Bo. 60, 20 hwi ge wundrigen . . . . æniges þara deadlicena ðinga ðe gesceadwisnesse næfþ; 110, 8 sio oþer gebint ælc þara moda þe hire brycþ; 238, 15 ælc þara gesceafta ðe sawle hæfþ, ge eac ða þe nabbaþ, willniaþ simle to bionne. So. 169, 4 ælc þara manna þe hine silſne ongyt he ongyt þæt . . . .; 185, 30 hu ne wost ðu nu þæt ælc þara manna þe oðerne swiðe lufað, þæt hine lyst . . . . . Ps. 3, ü. swa deþ ælc þæra manna þe þisne sealm singð; 4, ü. ælc þæra sealma þe swa gecweden byð, þæt he sy ægðer ge Dauides sealm ge Dauides sancg, ælcne ðæra he sancg.

11. *Nur an den folgenden 3 Stellen scheint mir an wirkliche* § 304 *Auslassung des relativen Fürwortes zu denken möglich zu sein:* Be. 491, 22 monige syndon on Angelðeode, mid ðy hi ðagyta on ungeleafsumnysse wæron, ðyssum manfullum onsinscype

27*

wæron sæde gemengde, ac hi syndon to monigeanne hu . . .
(= sunt multi in Anglorum gente, qui dum adhuc in infidelitate
essent, huic nefando conjugio dicuntur admixti, . . . admonendi
sunt . . .; *Miller fügt* [þa þe] *hinter* ðeode *ein*). **Bo.** 290, 9
ealle gesceafta willnodon sumes godes for gecynde, ac ða unrihtwisan cyngas ne magon nan god don, for þam ic þe nu sæde;
hier fehlt þe *hinter* for þam. **So.** 182, 31 ne gebelge ic me nawiht wið þe, ac fagnige þæs þu cwyst, *wo* þe *hinter* þæs *fehlt*.
Über die Auslassung des relativen Fürwortes ist schon viel
geschrieben worden; ich gebe hier ein Verzeichnis der hauptsäch-
lichen einschlagenden Arbeiten und Äußerungen nach der Zeit ihres
Erscheinens:
  1865. Mätzner. Grammatik. III. S. 528 f. — *Mätzner kennt*
aus der altenglischen Zeit nur solche Sätze, an denen nach neuerer
und besserer Auffassung nicht ein relatives, sondern ein persönliches
oder ein hinweisendes Fürwort fehlt (vgl. § *224), und solche, wo*
asyndetische Verbindung zweier Hauptsätze vorliegt.
  1872. Kölbing. Untersuchungen über den Ausfall des Relativpronomens in den germanischen Sprachen. (Strafsburg). —
Vom Altenglischen handelt Kölbing S. 15—19; er bringt nur Bei-
spiele aus den poetischen Denkmälern, und kommt zu dem Ergeb-
nisse, daß nicht Attraktion vorliegt, sondern „die ein dekliniertes
relatives Pronomen ersetzende Partikel ausgefallen ist."
  1874. Erdmann. Untersuchungen über die Syntax der
Sprache Otfrids. (Halle.) — *Erdmann behandelt diese Frage S. V. ff.*
und bekämpft die Annahme einer „Auslassung".
  1878. Flebbe. Der elliptische Relativsatz im Englischen.
(Herrigs Archiv. 60. S. 85 ff.) — *Ihm „scheint aus Sätzen" wie*
die § *224 erwähnten „der elliptische Relativsatz entstanden zu sein".*
  1878. Koch. Gramm. II. § 362. — *Koch behauptet, das re-*
lative Fürwort fehle im Altenglischen nur „scheinbar"; als „völlig
vereinzelt" giebt er die Stelle Be. 489, 18, wo das Relativum aber
nicht in allen Hss. fehlt.
  1879. Kölbing. Engl. Stud. II., 282. — *Kölbing giebt 2*
Belege als Ergänzung zu Koch.
  1880. Lohmann. Über die Auslassung des englischen Relativpronomens. Anglia III. 115 ff.
  1880. Schrader. Das Altengl. Relativpronomen. (Kiel.)
S. 38 ff.
  1882. Noack. Geschichte der relativen Pronomina. (Göttingen). — *S. 74 ff. giebt Noack einen Auszug aus Lohmanns*
Arbeit.
  1889. Höser. Die syntaktischen Erscheinungen in Be Domes Dæge. — *S. 74 erwähnt Höser zwei Stellen dieses Gedichtes,*
wo das relative Fürwort ausgelassen ist; die zweite dieser Stellen
lautet: gif þu wille secgan soð þæm þe frineð *(300); hierzu be-*
merkt Nader *in der Besprechung dieser Arbeit (Engl. Stud. XIV.)*

254.): „*ob hier das Relativum ausgefallen sei, scheint mir zweifelhaft*"; *Nader scheint also Attraktion annehmen zu wollen (?).*
    1890. Einenkel. (Pauls Grundrifs. I. 920 f. § 148.) —
Einenkel spricht vom Altenglischen kaum.
    1891. Einenkel. Die Quelle der englischen Relativellipse.
(Anglia XIII. 348. ff. u. XIV. 122 ff. — *Der erste dieser Aufsätze
bringt im Wesentlichen dasselbe wie der vorhergenannte Abschnitt in
Pauls Grundrifs; der zweite dagegen bringt die Belege dafür, dafs
das erste Auftreten der Relativ-Ellipse in England schon vor Chaucer stattgefunden hat, und zwar bei Robert of Brunne, Robert
of Gloucester und in Genesis & Exodus.*
    1892. Kellner. Historical Outlines of English Syntax.
§§ 109, 329.
    *Die verschiedenen Ansichten über die Entstehung der Relativ-
sätze, besonders über die Auslassung des relativen Fürwortes gehen
weit auseinander; volle Klarheit darüber kann erst erreicht werden,
wenn einmal das ganze Material, namentlich aus der altenglischen
Zeit, zusammengestellt ist.*

    D. *Viertens verwendet Alfred* swelc *als relatives Fürwort.*   § 305
    a. *Es bezieht sich fast stets auf ein vorhergehendes hinwei-
sendes* swelc. *Vgl. § 270. Dort sind auch die Belege einzusehen.
Vgl. auch § 271.*
    b. *In vereinzelten Fällen bezieht sich* swelc *auf Satzteile, die
kein hinweisendes* swelc *bei sich haben:* Be. 591, 26 hinc acsade
hwæþer he ða alysendlican rune cuþe & ða stafas mid hinc awritene hæfde, be swylcum menn læasspell secgaþ. Or. 202, 4 þa
sæde he him þæt he gesawe ane tobrocene byrgenne, swelce
hiera þeaw wæs þæt mon ricum monnum bufan eorðan of stanum worhte *(vgl. § 302.).* Bo. 138, 4 þeah ðu teo hwelcne boh
ofdune to þære corþan, swelce (*steht wohl für* swelcne?) þu began mæge, swa þu hinc alætst, swa sprincþ he up.

    E. *Ein einziges Mal erscheint* hwelc *als relatives Fürwort,* § 305ᵃ
wo im Hauptsatze ein hinweisendes swelc *(vgl. § 270. Anm.) steht:*
Or. 48, 4 hit is scondlic, cwæð Orosius, ymb swelce to sprecanne,
hwelc hit þa wæs.

    F. *Als verallgemeinernde relative Fürwörter werden die
Verbindungen* swa hwa swa, swa hwelc swa *und* swa hwæðer
swa *verwendet.*

    1. swa hwa (hwæt) swa: Be. 500, 25 he mid dæde ge-   § 306
fylde swa hwæt swa he mid worde lærde; 567, 34 wæs he ute
wyrcende swa hwæt swa ðearf gesewen wæs; 576, 27 to ðon
þæt swa hwæt swa on hyre unclænnysse . . . gelumpe, þæt eall
þæt se ofn . . . ofasude; 596, 33 swa þætte swa hwæt swa he

of godcundum stafum ðurh boceras geleornodc, þæt he æfter
medmiclum fæce . . . geglencde; 600, 4 swa hwæt swa ðu me
onsettest & bebeodest to donne . . . ., þæt ic halsige on ðam
Drihtnes dæge, þæt ic eall þæt eaþelice abere; 606, 31 swa
hwæt swa he mid his worde lærde, he ær mid dæde gefylde;
607, 18 þætte ðu . . . to me sprece swa hwæt swa ðu wille &
ðearfe hæbbe; 29 & swa hwæt swa ic for unwisnesse . . . .
agylte, ic þæt . . . tilade . . . to gebetanne. **Cp.** 192, 20 swæ
hwa ðonne swæ his lif to bisene bið oðrum monnum geset, ne
sceal he . . . . *(= der, dessen Leben . . .; his ist unmittelbar zu
swæ hwa swæ zu ziehen)*; 268, 4 swæ hwa ðonne swæ licet on
ðære swingellan, he bið ðæm tine gelic inne on ðæm ofne; 303,
6 ðæt hit sie ðe lusðbærre to gehieranne sua hwæt sua we him
auðer oððe lean oððe læra wellen; 357, 4; 371, 15; 421, 34.
usw. **Bo.** 14, 22 swa hwa þonne swa þæs wyrþe biþ þæt he
on heora ðeowdome beon mot, þonne bið he on þam hehstan
freodome; 92, 8 swa hwæt swa þurh dysige gedon bið, ne mæg
hit mon næfre to cræfte gerecan; 104, 24 swa hwa swa wilnige to habbenne ðone idelan hlisan & þone unnyttan gilp, behealde he . . .; 122, 4 swa hwa swa wille sawan westmbære
land, atio ærest of þa þornas; 130, 14 æghwelc man swa hwæt
swa he ofer ealle oþre þing swiþost lufaþ, þæt he teohhaþ þæt
him sie betst; 162, 25 þæt þa hlafordas naman swa hwæt swa
hi hæfdon; 172, 5 swa hwa swa hi forlætan wile, he sceal geþolian miccle nearanesse; 242, 3 swa hwa swa wille . . . spiri-
gan . . ., onginne ðonne . . .; 244, 8; 264, 24; 282, 7 forþam
swa hwa swa ðone gemænan god eallra goda forlæt, buton
tweonne biþ se nauht; ac swa hwa swa willnaþ þæt he cræftig
sie, he willnaþ þæt he wis sie, swa hwa swa þonne cræftig biþ,
he biþ wis; 286, 2; 290, 7 & swa hwæs swa his irsung willaþ,
ðonne gehet him þæs his reccelest; 336, 17 se wyrcþ æfter his
unasecgendlicum foreþonce þonne swa hwæt swa he wile; 374, 22.
	Einigemal ist ein partitiver Genitiv von swa hwæt
swa *abhängig:* **Be.** 489, 37 me nu ðynceþ & bet licaþ þæt swa
hwæt swa ðu oþþe in Romana cyricean oþþe on Gallia oþþe on
hwylcere oþre [hwæt] ðæs [gemete þætte] ælmihtigum Gode ma
licode, þæt ðu behydelice þæt geceose; 608, 1 þætte swa hwæt
swa he læs & hwon hæfde geearnunge . . ., þæt þæt . . . geclænsade þæt sar. **Cp.** 202, 10 on ðæm medwisan is to trym-
mianne swæ hwæt swæ hie ongietan mægen ðæs godcundan
wisdomes; 234, 12 hie forleosað swæ hwæt oðres godes swæ on
him ongieten bið; 252, 21 ðætte swæ hwæt swæ nu on us unnyttes
sie, ðætte ðæt aceorfe sio swingelle. from us. **Bo.** 46, 3 þonne
mihte we micle þy eþ geþolian swa hwæt earfoþnessa swa us on
become.

2. **swa hwelc swa** *kommt meist als Hauptwort, seltener als* § 307
Eigenschaftswort vor:

a) *Als Hauptwort:* Be. 490, 4 le ðe halsige hwyle wite
sceal ðrowian swa hwyle swa hwæthugu of cyricean ðurh stale
ut abredeþ; 502, 22 læde mon hider to us sumne. untrumne
mon, & ðurh swa hwylces bene swa he gehæled si, ðysses geleafa & wyrenes si gelyfed Gode andfenge; 526, 29 swa hwær
swa he com & swa hwylce swa he geseah swa rice swa heane,
ðonne cyrde he to ðam; 578, 14 ða mæg on ðære bec gemetan
swa hwylc swa hi rædeþ; 611, 7 swa swa in ðære bec . . . ge-
meteþ swa hwylc swa hi rædeþ & leornaþ; 630, 13 in ðone swa
hwylc swa æne siþe on befeallaþ, næfre he ðonon on ecnesse
genered biþ; 20 swa hwylce swa on eallum worde & weorce &
on geþohte fullfremede beoþ, . . . becumaþ . .; 648, 10 on ðone
Apostol swa hwylc swa ic on geweorcum See.' Agustinus gemette, eall ðurh endebyrdnesse ic awrat. Cp. 52, 20 swæ hwelc
swæ hiene underfeng, he underfeng martyrdom; 72, 16 swæ
hwelc ðonne swæ ðissa uncysta hwelcre underðieded bið, him
bið forboden . .; 120, 5 swæ hwelc swæ wille betweoxn eow
fyrmest beon, se sceal bion eower ðegn, & swæ hwelc swæ wille
betweoxn eow mæst beon, sie se eower ðeow; 164, 6 swæ hwelc
swæ mid ðæm Godes andan bið onæled, ne bið he for gieme-
liste gehiened. Bo. 292, 6 swa hwilc swa ærest to ðam beage
cymþ, þonne mot se hine habban him.

Einmal mit einem partitiven Genitiv: Be. 624, 25 swa
hwylc (*Miller:* hwylcne) heora swa him se tan ætywde, ðonne
gecuron hi þone him to heretogan & to ladþeowe.

b) *Als Eigenschaftswort:* Be. 477, 39 swa hwylc man
swa ðissum onlicnyssum & deofolgyldum ansægdnysse bereþ, se
for þam mede onfehþ ecum tintregum helle wites; 495, 32 swa
hwylc monn swa his wif nalæs for unrihtes willan willnunge ac
for intingan anum bruceþ bearna to strynenne, ðes mon is . . .;
526, 36 þætte ealle . . . on swa hwylcere stowe swa hi coman,
þæt hi sceoldan . . . leornian; 565, 33 swa hwylce men swa
willnadon þæt hi on halgum leornungum tyde wæron, hi hæfdan
gearuwe Magistras ða ðe hig lærdon. Or. 50, 17 þeah swa
hwelcne mon swa lyste þæt witan, ræde on his bocum.

3. **swa hwæðer swa,** *welcher von beiden, erscheint nur* § 307ª
einmal: Bo. 232, 17 nim þonne swa wuda swa wyrt, swa hweþer swa ðu wille, of þære stowe. *Vgl. Kühn, a. a. O., S. 52,
der aus Ælfrics „Heiligenleben" belegt:* 17, 256 swa god, swa
yfel, swa hwæðer swa he begæð.

Siebente Abteilung.

DIE FRAGENDEN FÜRWÖRTER.

Littoratur:
E. Einenkel, Syntax. § 149 in Pauls Grundrifs der Germ.
Philol. I. 921 ff.

A. *Das fragende Fürwort* hwa, hwæt, *das nur als
Hauptwort und prädikativ vorkommt.*
1. **hwa** *fragt allgemein nach männlichen oder weiblichen
Personen und steht meist allein, vereinzelt auch mit einem partitiven Genitiv.*

§ 308   a) hwa *allein:*
α) *In direkter Frage:* **Be.** 517, 1 hwa mæg hi gerisen-
licor nu toworpan. **Or.** 42, 6 hwa is þæt þe eall ða yfel . .
asecgean mæge; 50, 13 hwa is þætte ariman mæge hwæt þær
moncynnes forwearð; *(bei Thorpe:)* 446, 1 eala Romane hwa
mæg eow nu truwian. **Cp.** 24, 18 hwa nat þæt ða wunda ðæs
modes bioð digelran; 32, 16 hwa meahte ieð monnum rædan;
164, 4, 5; 206, 15 eala ge ungewitfullan Galatæ, hwa gehefgade
eow; 230, 21; 248, 14; 294, 18 hwæs onlicnesse hæfde Assael
ða buton ðara þe hiera hatheortnes hie swiðe hrædlice on forspild gelæt; 393, 8; *usw.* **Bo.** 34, 17 hwa mæg þam wedendan
gytsere genoh forgifan; 36, 25 hwa mæg þonne auht oþres cweþan; 46, 17 hwa wæs æfre on ðis andweardan life, oþþe hwa
is nu, oððe hwa wyrþ get æfter us on þisse worulde, þæt him
. . . .; 106, 22; 144, 6; 310, 19. **So.** 164, 34 hwam wille ic
ælles befæstan; 176, 32 hwa is swa wod, þæt he . . .; 180, 1
hwa mæg æfre ænigne creft on lytlum firste geleornian. **Ps.** 4,
7 hwa tæcð us teala, and hwa sylð us þa god þe us man gehæt; 13, 11; 14, 1; 18, 11; 23, 3.
β) *In indirekter Frage:* **Be.** 516, 38 acsode . . ., hwa
ða wigbed & ða heargas þara deofolgylda . . . . toweorpan
scolde; 619, 38 þa frægn he me hwæþer ic wiste hwa þæt wære
se ðe to me sprecende wæs. **Or.** 3, 13 hu he het sumne biscep
secgan on his gewill hwa his fæder wære; 232, 18 þeh ic hit
nu scortlice secgan scyle, hwa þæs ordfruman wæron. **Cp.** 48,
8 ascode, hwone he sendan meahte; 74, 7 ðæt he ongiete for
hwæs geðyncðum ðæt folc sie genemned heord; 182, 8 ðæt he
ongiete hwa earm sie, hwa eadig, & hwone he læran scile swæ
earmne, & hwone swæ eadigne; 356, 15 ðæt hie geðencen, hwæs
folgeras hie sindon. **Bo.** VI, 22 acsode hine swa hafde eall
þæt he wolde on þisse worulde. **So.** 204, 14 me þincð nu þæt
ic wite hwa Romeburh timbrode; *ebenso* 17; 18 ic . . . . þæt
nat, hwilces cynnes ic com ne hwa min feder wæs oððe modor.
Le. 62, 28 gif he nyte hwa hit stæle, geladige hine selfne.

b) h w a *mit einem partitiven Genitiv:* Bo. 292, 28
hwa wisra monna wile cwepan þæt ænig god man sie bedæled
ðæs hehstan godes; 328, 15 hwa unlæredra ne wundraþ þæs ro-
deres færeldes & his swiftnesse.

2. hwæt.

a) h w æ t *fragt zunächst ganz allgemein oder nach sächlichen* § 310
Gegenständen.

α) In direkter Frage: Be. 489, 25 l.wæt is us to sprecanne, hu hi . . .; 494, 15 and hwæt elles is to secanne wiþ
ðam hungre nymþe andlyfen; 503, 2 be hwon magon we þæt
witan, hwæþer he si; 540, 29 hwæt sprecest ðu cyning; 559, 18
hwæt dydest ðu; 597, 16 hwæt sceal ic singan. Cp. 42, 10
hwæt is ðonne betre; 44, 24 hwæt ðenceað ða þe on swelcum
weorcum scinað; 48, 8 hwæt can ic sprecan; 58, 8 hwæt is nu
ma ymbe ðis to sprecanne; 62, 1 hwæt wenest ðu; 152, 23 hwæt
elles meahte beon getacnod ðurh Ezechiel. Bo. 26, 1 hwæt bewearp þe on þas care; 44, 9 hwæt wille we cwepan be þinum
twam sunum; 104, 5 hwæt forstod þonne þam betestum mannum . ., þæt hi . . .; 162, 4 hwæt wille we nu elles secgan be
ðam ðegnum; 164, 8 hwæt forstod seo menigu þara freonda þam
deorlingum þara cyninga, oððe hwæt forstent heo ængum men.
Ps. 8, 5 Drihten, hwæt is se mann, þe þu swa myclum amanst?
oþþe hwæt is se mannes sunu, þe þu oftrædlice neosast *(Luther: Was ist der Mensch usw.)*; 10, 3 hwæt dyde ic unscyldega
wið hi, oþþe hwæt mæg ic nu don. So. 194, 1 hwæt rohte ic
hwæðer ic were gyf ic ne lyfde oððe hwæt rohte ic þæs lyfes
gyf ic nawiht nyste.

*β) In indirekter Frage; in diesen Fällen ist der Über-
gang zur relativen Bedeutung des Ae. und Ne. schon gut zu erkennen, besonders klar* Bo. 370, 14; So. 193, 26; Ps. 37, 9 *(s. u.),
und ich glaube daher entschieden, dafs sich die Umwandlung des
fragenden* hwæt *zum relativen schon im Ae. vorbereitet hat. Vgl.
u. a. auch Wohlfahrt, a. a. O., S. 53. 4. u. A. Schrader, a. a. O.,
S. 20.* Be. 474, 14 we magon eow sellan halwende geþeahte,
hwæt ge don magon; 482, 36 ræddon hwæt him to donne wære;
486, 30 oð þæt he gesawe hwæt he him don wolde; 492, 16;
503, 40; 507, 30; 508, 17; 512, 11; 516, 22; 527, 27, 37; 531,
39; 549, 12; 559, 20 he . . . geleornode ge hwæs he God bæd
& to him wilnode, & þæt his bene gehyrede wæron; 561, 7.
Or. 80, 16 he ascade, hwæt sceolde æt swa lytlum weorode
mara fultum; 268, 23 het forbærnan þæt gewrit þe hit on awriten wæs, hwæt mon on geare agiefan sceolde; 284, 4 nan monn
nyste hwæt se gylt wæs; 290, 29 geþohte . . . . hwæt he hæfde
Godes þeowum on oftsiþas to laðe gedon. Cp. 28, 7 ðonne is
to geðencenne hwæt Crist self cwæð; 38, 1 he . . . geðencean

ne can hwæt him losað; 66, 1 ongietað of hwæm ælc costung cymeð; 144, 8 hie . . ne geðenceað no hwæt he don scoldon;
240, 17 mon mæg ongietan of hwæm hit ærest com, & for hwæm;
242, 13 gehierað hwæt of ðæs wisan Salomonnes muðe wæs
gecweden; 254, 19 gemyne, to hwæm eall mancynn gesceapen
is; 270, 20 mon ne mæg utane on him ongietan . . hwæt mon
tæle; 314, 23 us is . . . to gehieranne hwæt Dryhten ðreatiende
cwæð; 342, 22 swæ bið ðæm þe witan willað hwæt hie sellað.
Bo. 16, 28 ic wundrige . . . hwæt þe seo oþþe hwæt þu mæne;
48, 21 he nat hwæt him toweard bið; 144, 25 ic wene þeah þæt
þu wille nu cweþan þæt þa welgan habban, mid hwam hi mægen þæt eall gebetan; 370, 14 englas habbaþ rihte domas &
godne willan, & eall hwæt (*Cott.:* þæt) hi willniaþ hi begitaþ
swiþe eaþe. **So.** 164, 26 þa answarode me sum ðing ic nat
hwæt, hweðer þe ic sylf þe oðer þing; 165, 13 ic nat hwæd ic
don sceal; 166, 1, 2; 171, 9 ac seige nu hwæs þu earnodest;
193, 26 nu ic wot æall hwæt þu woldest. **Ps.** 33, 12 gehyre
hwæt ic secge; 37, 9 þu wast nu eall hwæs ic wilnie. **Le.** 60,
24 gif he næbbe hwæt he selle, sie he self beboht.

§ 311   b) h w æ t *mit einem partitiven Genitiv:*
        α) *In direkter Frage:* **Be.** 477, 27 hwæt limpeþ ðæs to
ðe, of hwylcum wyrtruman ic acenned si (?). **Cp.** 164; 1 hwæt
is ðinga þe biterre sie; 451, 2 ac hwæt wile ðæt nu beon weorca
ðæt us on oðerre stowe forbiet ðæt we hit beforan mannum don.
Bo. 34, 1 hwæt singað þa leoþwyrhtan oþres be þisse woruld;
38, 18 hwæt syndon ða woruldsælþa oþres buton deaþes tacnung;
62, 8 hwæt belimpþ þe heora fægernesse; 66, 11 hwæt belimpþ
his to þe; 76, 23 hwæt bið ðær þonne licwyrþes; 86, 7 hwæt
godes is se wela þonne; 96, 2 ac hwæt rumedlices oððe micel-
lices oððe weorþfullices hæfþ se eower gilp; 106, 28 hwæt is
heora nu to lafe; 156, 11 ac hwæt þincþ þe þonne on þam welan & on þæm anwealde wynsumes oððe nytwyrþes; 172, 3 hwæt
godes magan we secgan; 378, 20 hwæt magon men cweþan þæt
sio godcunde foretiohhung getiohhod hæfde ðæs þe hio ne þurh-
tuge. **So.** 171, 23 hwæt magon we his þonne don.
        β) *In indirekter Frage:* **Be.** 525, 15 ða ne wiste he
hwæt he gefelde cealdes æt his sidan licgean. **Or.** 17, 33 he
nyste hwæt þæs soþes wæs (*Sweet sagt im* „Anglosaxon Reader":
„*soþes* for *soþ*, attracted by the preceding *þæs*"); 50, 13 hwa is
þætte ariman mæge hwæt þær moncynnes forweard; 156, 20 hit
næs na gesæd hwæt Pirrusces folces gefeallen wære; 162, 24 ne
acsedon hwæt þara gefarenra wære, ac hwæt heora þonne to
lafe wære; 190, 13 mon mehte witan hwæt Romana duguðe gefeallen wæs; *vgl. damit* 104, 10 mon mehte ongietan, hwæt ðær
ofslagen wæs; 238, 3 hit is ungeliefedlic to secganne, hwæt on
þæm gewinne forwearþ; hwæt *steht hier für Personen, vgl. dazu*

Einenkel, a. a. O., unter 1, der dies durch Fehlen eines Genitivs (monna) *erklärt, vgl. auch* P s. 2, 4 hwæt forstent heora spræc (= *wer versteht ihre Sprache; oder aber (?): was nützt ihre Sprache; vgl. § 310. u.* Bo. 104, 5; 164, 8); — 220, 9 to secganne hwæt hiera folces on Ispanium . . . forwurde; 224, 21 giemde, hwæt he hæfde monna gerimes; 240, 17 þæt is ungeliefedlic to gesecganne, hwæt þæs ealles wæs; *in der Thorpeschen Ausgabe S. 458 u. steht* þæ, *der letzte Buchstabe ist weggesprungen, wird aber wohl* r *gewesen sein, so dafs bei Sweet ein Druckfehler vorläge (?), denn Thorpe übersetzt:* „how much there was of it all". Cp. 156, 18 ðu ne meaht gesion hwæt ðærinne bið gehyddes; 216, 15 ðeah he nyte hwæt he soðes secge; 403, 28 ðæt hie gemunen hwæt hi godes ær forleton ðus ðe hi don meahton; 441, 16 ongietað hwæt ðæron tælwyrðes bið; 461, 19 behealde . . ., hwæt on him selfum unnyttes sie. Bo. VIII, 3 ahsode hwæt him belumpe to hira fægernesse (to *gehört zu* him; hira fægernesse *ist Genitiv*); 56, 25 geðenc nu, hwæt þines agnes seo ealra þissa woruldæhta *(vgl. § 23.)* & welena, oððe hwæt þu þær on age unundergildes; 58, 9 sege me nu hwæt his þe deorast þince; 82, 9 hwæt wenst þu ðonne hwæt godes se anweald sie *(so ist die Stelle kaum übersetzbar; Cardale und Fox übersetzen falsch; das Bod. Ms. liest:* hwæt se Godes anweald, *das ist wohl richtiger; vielleicht aber mufs es heifsen:* hwæt wenst þu ðonne þæt se Godes anweald sie); 112, 8 wast, hwæt þu hiora hæfst; 172, 16 ic nat, hwæt þa woruldlustas myreges brengaþ heora lufigendum. So. 192, 24 secge me . . . . hæwet (!) þe þisses licie. Le. 68, 9 me wæs uncuð, hwæt þæs þam lician wolde.

c) hwæt *in prädikativem Gebrauche; es bleibt dann* § 312 *unverändert, beziehe es sich nun auf männliche, weibliche oder sächliche Wörter, auf Ein- oder Mehrzahl.*

a) *In direkter Frage:* Be. 501, 20 hwæt hatte seo mægð; *(Miller:)* 214, 5 hwæt is þis fyr *(bei Smith* 548, 24 *anders).* Cp. 58, 4 hwæt is ðonne ðæt rice & se ealdordom buton ðæs modes storm. Bo. 38, 18 hwæt syndon ða woruldsælþa oþres buton deaþes tacnung. So. 175, 26 hwæt sint þa oðre creftas.

β) *In indirekter Frage:* Be. 477, 30 gesaga me ðinne naman, hwæt ðu haten sie; 499, 11 hi ða spyredan hwæt & hwonan he wæs; 501, 16 he frægn, hwæt seo ðeod nemned wære *(vgl. Einenkel, a. a. O., unter 1)*; 24 he acsade, hwæt heora cyning haten wære; 503, 40 acsode, hwæt þæt werod wære; 513, 42 ic cuþlice wat, hwæt ðu eart; 514, 29 ðohte, hwæt se wære; 525, 16 sohte, hwæt þæt wære; 548, 11 frægn he . ., hwæt ða fyr wæron; 568, 5 smeade, hwæt ða ding beon sceolde; 28 þæt ðu me gesecge, hwæt se song wære blissiendra ðe ic gehyrde; 591, 5 ða frægn hine se, hwæt he wære; 36

frægn hinc . . ., hwanon he wære & hwæt he wære; 630, 1 wastu, hwæt ða ðing ealle synd. **Or.** 214, 1 ic wat, hwæt se Romana gelp swiþost is. **Cp.** 26, 24 nat ic hwæt ge sint *(zu dieser Stelle, ihrer Übersetzung durch Sweet:* „I know not what ye are" *und dessen Anmerkung auf S. 476:* „hwæt *might also be translated 'who',* as Old E. does not seem to observe the modern distinction between *what* and *who* very strictly. Compare Beow. 237 'hwæt sindon ge searohæbbendra?' *(who* are ye —?)." — *bemerkt Kern in PBB. (XVI. 554):* „Lateinisch: nescio qui estis. *Hierdurch wird Sweets zögernde Übersetzung des* hwæt *durch* who *sicher gestellt. (Vgl. auch Grein, Sprachschatz 2. 113., B.-T. 569.)"); 52, 14 þæt ge wieten hwæt hit sie; 158, 14 geðence ge hwæt ge sien & hwelce ge sien (*Sweet:* what & who ye are); 256, 2 hit getacnað . . ., hwæt Godes willa bið. **Bo.** XII, 15 hæfde gereht, hwæt þæt hehste god wæs; 18, 20 ic wolde þæt þu me sædest hwæþer þu wistest hwæt þu self wære; 27 ðu self nast hwæt þu self eart; 70, 5 hi nellaþ witan, hwæt hi sint; 80, 16 he hinc het secgan, hwæt his geferan wæron; 120, 14 þæt þu me oþewe . . . ., hwæt sio soþe gesælþ sie; 134, 11 hu ne wat ælc man, hwæt þa beoþ; 196, 14 þu . . wast, hwæt ða leasan gesælþa sint, and hwæt þa soþan gesælþa sint. **So.** 164, 22 hwæt he sylf wære; 24 & eft ymbe his god, hwæt he wære & hwilce he were. **Ps.** 23, 8 hwæt is þes wuldorfæsta kyning; 10 hwæt is se gewuldroda kyning.

§ 313   d) h w æ t *in der Bedeutung* „warum": **Be.** 514, 41 hwæt sceolan we ðæs mare secgean; 540, 24 hwæt woldest ðu, min domne bisceop, þæt cynelice hors ðam ðearfan syllan; 559, 21 hwæt sculan we nu ðæs ma sprecan. **Bo.** 30, 13 hwæt scofast þu wiþ me; 34, 21 hwæt witst þu us; 66, 6 hwæt murcnast þu þonne; 10 hwæt fægnast þu þonne; 168, 16 ic nat hwæt we ðæs fægniaþ; 392, 7 ac hwæt ofermodige ge þonne, oððe hwy ahebbe ge eow; *nicht, wie Cardale übersetzt:* but what are ye then proud of? or why . . . . . —, *sondern:* but why are ye then proud? or why . . . .

§ 313ᵃ   e) h w æ t *dient oft, meist bedeutungslos, zur Einleitung von Sätzen; ich werde davon bei den Interjektionen handeln. Vgl. Grimm, Gramm. IV. 448 ff.*

§ 313ᵇ   3. *Die Instrumentalformen* hwi, hwon *und* hu *sind zu Konjunktionen und Adverbien abgeschwächt und werden daher bei diesen behandelt;* hwi *erscheint häufig,* hwon *immer mit einer Präposition verbunden.*

B. *Das fragende Fürwort* hwelc.
h w e l c *fragt nach Art oder Beschaffenheit, aber auch nach*

*Einem von Mehreren; es kommt als Hauptwort, als Eigenschafts-
wort und in prädikativer Stellung vor.*

1. hwelc *als Hauptwort:*   § 314
a) *Allein:*
α) *In direkter Frage:* Bo. 164, 17 hwelc is wyrsa wol
oðde wngum men mare daru. Ps. 17, 30 hwylc ys God butan
uran Gode? oðde hwylc Drihten butan urum Drihtne.
β) *In indirekter Frage:* Be. 580, 24 *(in einer Überschrift)*
& eac hwylce ða wæron Norþanhymbra bisceopas. So. 185, 29
ic wolde þæt wyt sohten nu, hwilce ðæs wysdomes lufiendas beon
scolen.
b) *Mit einem partitiven Genitiv:*
α) *In direkter Frage:* Bo. 234, 15 ðeah we his nu wun-
drien, hwelc ure mæg areccan medemlice ures sceppendes willan
& anweald.
β) *In indirekter Frage:* Be. 619, 1 þæt hi ærnan mostan & gecunnian, hwylc heora swiftost hors hæfde. Or. 142,
25 hie . . gecyðað . . ., hwelc heora mæst mæg gehrifnian; 202,
33 þa hluton þa consulas, hwelc hiera ærest þæt gewinn underfenge. Cp. 417, 32 ðæt hie geornfullice giemen, on hwelce ðæra
synna befeollen. So. 171, 35 ic nat þeah hwilc ðara aðer ys (?);
194, 4 ic ongyte wac, hwilc (!) þara þreora ðinga þu swiðost lufast.

2. hwelc *als Eigenschaftswort:*   § 315
a) *In direkter Frage:* Be. 490, 4 ic ðe halsige, hwylc
wite sceal ðrowian swa hwylc swa hwæthugu of cyricean ðurh
stale ut abredeþ; 34 oð hwylce cneorisse sculon Cristene men
. . . geþeodde beon; 493, 9 hwylce rihte mæg ðonne bewered
beon. Cp. 254, 2 ac hwelc wite sceal us ðonne to hefig ðyncean; 332, 10 hwelc fremu bið men ðæt hie gestriene eall. Bo.
52, 22 gif he hit þonne nat, hwelce gesælþa hæfþ he æt þam
welan; 214, 18 hwilc þing mæg beon betere þonne his sceoppend.
So. 177, 16 ða cwæð heo: „he lad (= heald) þonne hys bebodu". „Hwilce bebodu?" þa cwæð heo: . . . . . . Ps. 11, 4
hwylc hlaford mæg us forbeodan urne willan.
b) *In indirekter Frage:* Be. 472, 7 we geleornodon . . .,
under hwilcum cyninge þæt ðonne geworden wæs; 9 hi me sædon, fram gehwylcum biscopum & hwylcum cyninga tidum *(es
sollte* hwylcra *heifsen!)* Eastseaxe . . . . ðære gife onfengon;
477, 26 saga me hwylces hiredes & hwylces cynnes ðu si; 28
hwæt limpeþ ðæs to ðe, of hwylcum wyrtruman ic acenned si;
496, 35 geþencan sculan, of hwylcere wisan ðam mode hit gegange; 497, 7; 498, 13 getacnade, hu he sceolde oðre Biscopas
halgian & on hwylcum stowum settan on Breotone (hwylc *könnte
hier auch unbestimmtes Fürwort (= irgendein) sein, doch übersetzt
auch* Miller: how . . . . . and in what places); 499, 8; 501,

2, 9; 502, 3, 20; 508, 16; 512, 15, 33; 514, 1; 515, 32; 535,
9; 541, 18; 561, 28; 563, 29; 574, 33, 36; 576, 13; 579, 35;
585, 13; 597, 28; 618, 31. **Or.** 2, 17 hu Romulus & Brutus
mid hwelcum mane hie gehalgedon Roma; 50, 2 hu wene ge,
hwelce sibbe þa weras hæfden; 18 ræde on his bocum, hwelce
ungetina & hwelce tibernessa hie dreogende wæron; 62, 33 þæt
þa ongeaten þe . . . . leahtriað, hwelc mildsung siþþan wæs; 72,
11; 84, 32; 102, 17, 18; 136, 20; 236, 8; 250, 29; 296, 4.
Cp. 2, 2 me com suiðe oft on gemynd, hwelce wutan gio wæron
geond Angelkynn; 4, 4 geðenc, hwelc witu us þa becomon; 120,
10; 162, 3 he him sceal eac cyðan, mid hwelcum cræftum he
him wiðstondan mæg; 240, 18; 244, 3; 298, 6; 322, 17; 342,
23; 376, 10 magon ongietan . . . ., hwelces wites hie wierðe
bioð. **Bo.** 14, 10 gemunan woldest, hwylcra gebyrda þu wære
& hwylcra burgwara; 18, 10 sege me, hwelces endes ælc angin
wilnige; 26, 15 þu wast, hwelce þeawas þa woruldsælþa habbaþ;
28, 7 ælc gleaw mod behealt, hwelcne ende hi habbaþ; 88, 3
we witon, hwelce wælhriownessa & hwilce hryras, hwilce unriht-
hæmedu & hwilc man & hwilce arleasnesse se unrihtwisa Casere
Neron weorhte. **So.** 164, 24 smeagende . . ., hwilc good him
were betst to donne & hwilc yfel betst to forletende (!); 173, 1
gyf he þe byð cuð . . ., on hwilcum tungle he nu is oððe on
hwilce he ðanon geð; 24; 182, 19; 203, 2. **Ps.** 1, 7 God wat,
hwylc(n)e weg þa rihtwisan geearnedon; 9, 34 gesyhst þu nu,
hwylc broc and hwylc sar we þoliað and þrowiað; 23, *ü.* rehte,
mid hwylcum geearnungum gehwylc man hine mæg alysan of
his earfoðum.

§ 316   3. h w e l c *in prädikativer Verwendung:*
Nur in indirekter Frage: **Be.** 515, 41 wæs . . . frign-
nende, hwylc him ðuhte & gesawen wære ðeos niwe lar; 516, 2
geseoh ðu cyning, hwylc ðeos lar sy; 519, 32 sæde se ylca man,
hwylc ðæs B.' hiw wære Sce. Paulines; 532, 23 hwylc hire mægen wære, ma æfter hire deaþe gecyþed wæs; 533, 15 hwylc
þæs cyninges geleafa . . wære, þæt æfter his deaþe . . . wæs
gecyþed; 613, 14 ðæs Godes mannes geearnunge oþþe his lif,
hwylc wære, cuþlicor ascineþ, gif ic an his wundra secge; 645,
4 *(in einer Überschrift)* hwylc se staþol is. **Or.** 126, 31 genoh
sweotollice us gedyde nu to witanne Alexander, hwelce þa hæð-
nan godas sindon to weorþianne *(Thorpe übersetzt:* what the
heathen gods are for [objects of] worship; *Bock, a. a. O.,* erwähnt die Stelle gar nicht);* 152, 33 nyllað geþencan, hwelc hit
þa wæs. **Cp.** 52, 12 ðærbufan is geteald, hwelc he beon sceal,
gif he untælwierðe bið (*Sweet:* what kind of man he must be);
15 ge agiemeleasiað þæt ge ameten eow selfe, hwelce ge sien;
60, 6 *(Überschrift)* hwelc se beon sceal þe to reccendome cuman
sceall; *ähnlich* 62, 23 *u. ö.;* 72, 20; 104, 10 we nyton, hwelc

hiera ingeðone bið; 158, 14 gcðence ge, hwæt ge sien & hwelce
ge sien; 160, 16; 172, 14; 248, 7 ðonne gefret he wrest, hwelc
hio to habbanne wæs; 272, 4; 5 ðæt hie gedencen, hwelce hie
hie innan gecowigen Gode; 467, 20 ðær ic hæbbe gejæht hwelc
hierde bion sceal (= qualis esse debeat pastor; *Sweet:* what a
pastor ought to be; *wäre das Lateinische nicht, so könnte es auch
heifsen: „wer Priester werden soll".).* Bo. 78, 16 eala hwæþer
ge netelican men ongiton, hwelc se wela sie; 118, 25 ic þe wille
nu seegan, hwelc se hiececræft is minre lare; 208, 6 nu ic þe ær
hæfde gereht, hwæt it wæs, oððe hwylc þæt medeme god wæs,
hwylc þæt unmedeme *(doch könnte auch hwylc hier beidemal Subjekt sein)*; 228, 9 þu mihtest ongitan, hwæt þæt soþe god wære
& hwelc hit wære. So. 164, 24 smeagende . . . ymbe hys god,
hwæt he were & hwilce he were; 171, 32 þu . . . nast, hwile
he ys; 177, 33 ic woð ful lytle ðe gearor, hwile seo sunne is.

Anmerkung: Unklar ist mir die Bedeutung von hwelc *an
folgender Stelle:* Or. 64, 24 Romulus hiora anginn geunclænsade
mid his broðor slege, & eac siþþan mid his hiwunge & his geferena: hwelce bisena he ðær stellende wæs, mid þæm þe hie
bædon Sabini . ., þætte hi him geuðen hiora dohtra him to wifum to habbanne; *es wird wohl als Ausruf dienen; so scheint
auch Thorpe es aufzufassen.*

C. gehwylc *als fragendes Fürwort.* § 317
Dies kommt einmal vor: Be. 472, 9 swyþe fela hi me sædon, fram gehwylcum biscopum & hwylcum cyninga tidum Eastseaxe . . . onfengon Cristes geleafan (= a quibus praesulibus
vel quorum tempore regum).

D. æghwelc *als fragendes Fürwort.* § 318
Auch dieses kommt nur einmal vor: Bo. 182, 24 hi witon
eac, on hwelcum wæterum & on æghwelcra ea muþum hi sculun
secan fiscas.

E. *Das fragende Fürwort* huluc, hulic. § 319
Dies (vgl. bei B.-T.) kommt zweimal vor: Or. 210, 28 nu
ic wille seegean, hulucu heo wæs; 224, 22 Antiochus giemde
hwæt he hæfde monna gerimes, & ne nom nane ware, hulice
hie wæron.

F. *Das fragende Fürwort* hwæðer. § 320
hwæðer *fragt nach einem von zweien und wird meist als
Hauptwort oder mit einem Genitiv verwandt; werden die einzelnen
Glieder, nach denen gefragt wird, selbst angeführt und stehen dann
hinter dem Satze mit* hwæþer, *so werden sie durch* þe . . . þe . .
verbunden: Or. 17, 14 þa beag þæt land þær eastryhte, oþþe
seo sæ in on ðæt lond, he nysse hwæðer; *ebenso* 10; 50, 22 ge-

þence þonne þara tida & nu þissa, hwæþre (*L.:* hwæþran, *C.:* hwæþer) him bet licien; 120, 34 Pontius . . . het acsian þone cyning . . ., hwæþer him leofre wære, þe he hie ealle acwealde, þe hie libbende to bismre gerenian hete; 124, 13 nat ic, hwæðer mare wundor wæs, þe þæt he . . . mehte, þe þæt he . . . dorste; 130, 26 þa angunnon hi reahtigean, hwæðer ma mærlecra dæda gefremed hæfde, þe Philippus þe Alexander; 144, 36 on ðæm geflite, hwæðer hiera mehte maran fultum him to geteon; 156, 1 he hie ascade . . ., hwæþer heora sceolde on oþrum sige habban; 212, 15 longsum gemot ymb þæt, hwæþer him rædlecre wære, þe hie þa burg . . . fordyden . . ., þe hi hie stondan forleten; 226, 20 gemot ymb þæt hæfdon, hwæðer hit tacnade, þe sibbe þe unsibbe. **Cp.** 457, 21 hwæðres ðonne ðara yfela is betere ær to tilianne, buton swæðres swæðer frecenliere is. **Bo.** 320, 2 hwæþerne woldest þu deman wites wyrþran, ðe þone unscyldgan witnode, þe ðone þe þæt wite þolode *(das erste ðe þone müsste eigentlich zweimal stehen);* 364, 21 hit is on hiora agenum anwealde hwaþre ðara hi geceosan. **So.** 191, 4 hweðer ðincð þe þonne betre þe ðæt soð þe seo soðfesnes.

Einmal ist die durch hwæþer *schon angedeutete Zweizahl noch einmal durch das Zahlwort ausgedrückt:* **Bo.** 276, 13 hwæþer ðara twegra þincþ þe mihtigra.

Einmal leitet hwæþer *drei durch þe verbundene Sätze ein:* **Or.** 134, 24 nyte we nu, hwæðer sie swiþor to wundrianne, þe þæt, hu he . . . awerede, þe eft þa him fultum com, hu he . . . geþrang . . ., þe eft þara þegna angin þa hie . . . . .

Einmal wird hwæþer *wie ein Eigenschaftswort behandelt:* **Or.** 100, 9 bið gecyþed, hwæðer healf hæfð þonne sige.

Achte Abteilung.
DIE UNBESTIMMTEN FÜRWÖRTER.
A. sum und ælc.
I. sum.

§ 321   1. s u m *wird zunächst a l s E i g e n s c h a f t s w o r t verwendet; seine Bedeutung ist dann die des deutschen „ein gewisser, irgendein" (in der Mehrzahl „irgendwelche" oder „einige"); sie schwächt sich aber häufig in der Einzahl zu der des unbestimmten Artikels ab, worüber § 149 zu vergleichen ist; die Grenze festzustellen, ist sehr schwer. Auch in der Mehrzahl ist* sum *zuweilen schon ganz bedeutungslos. Hier folgen nur Beispiele, wo meiner Ansicht nach* s u m *noch sicher in seiner ungeschwächten Bedeutung als unbestimmtes Fürwort vorkommt. Es steht meist vor, selten hinter seinem Hauptworte.* **Be.** 473, 14 on sumum stowum wingeardas growaþ; *ebenso* 474, 40; 474, 36 sume menn; 485, 30 feran ongunnon &

sumne .dæl þæs weges gefaren hæfdon; 491, 30 seo halige cyrice
sum ðing ðurh wælm receþ, sume ðurh monþwærnysse aræfneþ,
sume ðurh sceawunge yldeþ; 497, 30 þæt mod on ðære lichom-
lican lustfullnesse sume gemete ðurh nyd biþ gebunden; 501, 4
seegeaþ hi þæt sume dæge ðider niwan come cypemen; 502, 41
coman hi wrest to sumum ancran, se wæs mid him halig & wis;
518, 30 wæs he beswicen fram his wife & fram sumum unrihtum
lareowum; 41; 519, 28, 29; 531, 8 þæt nice wþellice heold &
styrde XXIIII wintra & sumne monaþ (= aliquot mensibus !!);
565, 1 he hæfde ðæs Caseres wrendo sum to Breotone cyningum; 567, 27 he nales to idelnysse swa sume oþre, ac to gewinne on þæt mynster eode; 575, 27 wæs on ðam ylcan mynstre
eniht cild sum, ne wæs yldre ðonne ðry wintre; 582, 21 hæfde
he medmycel mynster sum; 624, 21 hi hæfdon nyt ærend & nytne
intingan sumne; 627, 2 ðæt sum on Norþanhymbra mægþe of
deaþe arisende sume swiþe ondryslicu & eac to gewilnienne ða
ðe he geseah secgende wæs (= multa et tremenda et desidera-
randa).   Or. 6, 6 hu sume Ispanie leode wæron Agustuse wiþerwinnan; 8, 4 sume men; 12, 20; 16, 6 & þonan westnorð is þæt
lond þe mon Ongle hæt, & Sillende & sumne dæl Dene; 27; 17,
7 æt sumum cirre; 18, 33 on sumum stowum; 86, 7; 106, 18;
116, 17; 242, 8 on sumre tide þu wære min gefera; 248, 31;
252, 26.   Cp. 6, 6 suma bec; 62, 3 ðæt we hiene leeden to sumum ricum men; 70, 1 be sumum mounum; 88, 11 sumra monna
unðanc; 118, 21; 178, 2; 236, 3; 240, 15; 290, 13 gif we sancte
Paules lare sume on geman swegað; 362, 15.   Bo. 2, 17 ða
wæs sum consul, þæt we heretoha hataþ, Boetius wæs haten;
48, 24 getæc me nu sumne mann, þara þe ðe gesælegost þince;
88, 6 æt sumum cyrre; 120, 16, 17; 232, 13; 258, 27 ic gemunde mf rihte þæs wisan Platones lara suma.   So. 164, 26 þa
answarode me sum ðing; 168, 30; 171, 28; 179, 28; 181, 23;
184, 27.   Ps. 42, 1 dem me, Dryhten, and do sum toscead betwuh me and unrihtwisum folce.

2. sum *steht oft als Eigenschaftswort neben einem mit dem*
Artikel oder dem zueignenden Fürworte verbundenen Hauptworte
oder neben einem einfachen Fürworte in Ein- oder Mehrzahl wie
eine Apposition *(vgl.* Schrader, *a. a. O., S. 55); dem Sinne*
nach sollte man erwarten, dafs das Hauptwort oder das Fürwort
im (partitiven) Genitive stände, denn sum *bezeichnet beim Hauptwort*
ein einzelnes Stück oder einzelne Stücke der durch dieses bezeichne-
ten Gattung, beim Fürworte einen Teil des durch dieses ausgedrück-
ten Begriffes.

a. sum *appositiv bei einem Hauptworte in der Einzahl:*
Be. 478, 26 bæd Scs. Albanus fram Gode him wæter seald beon
to sumre his ðenunge; 528, 16 ða eode semninga his ðeng
(*Miller:* þegna) sum in; 550, 6 his lichaman onfeng & on por-

tice his cyrican sumre geheold; 584, 15 he ða ðone dæl ðe he
onfeng bebead sumum his preoste (*Miller:* preosta); 625, 12
ætywde sumum heora geferan, ðæs nama wæs Tilman. Or. 122,
5 se æþeling bebead sumum his folce *(d. h. einem aus seinem
Volke);* 140, 20 he beæftan gebad mid sumum þæm fultume;
188, 10 sum his folc sende gind þæt lond to bærnanne *(= einen
Teil seines Volkes); ebenso* 222, 2. Bo. 346, 1 ðeah he mæge
sume (!) his willan ongitan, þonne ne mæg he callne.

b. sum *appositiv bei einem Hauptwort in der Mehrzahl
oder bei einem Sammelbegriffe; soll in diesem Falle auch von den
übrigen Teilen des durchs Hauptwort ausgedrückten Begriffes etwas
ausgesagt werden, so werden diese durch alleinstehendes* sum, *einmal durch* oþer *, eingeführt:* Be. 588, 26 ða het heo sume ða
broþry (*Miller:* sume broðor) feran; 614, 29 ðuhte us gerisene
þæt we ða wundor sume on ðisse bec gemynegode; 626, 12 se
bisceop mid his geferum sumum sohte Pippen Francna cyning.
Or. 18, 1 þa teð hie brohton sume þæm cyninge; 126, 15 &
þæt folc sum þær sittan let, sum þonan adræfde, sume on elðiode
him wið feo gesealde *(an dritter Stelle ist hier also* sum(e) *dem
Sinne nach auf* folc *bezogen);* 162, 14 hie sume heora þeowas
gefreodon; 190, 1 he on fæstre stowe let sum his folc, & mid
sumum for angean þa consulas; 192, 20 & his folces XXXM
sume ofslogon sume gefengon; 206, 16* þa bebead he sumum
þæm folce þæt hie . . . . aforen, & þa oþre he het þæt hie . . .
flugen; 208, 15 & micel þæs moncynnes sum acwealde, sum on
Mæcedonie lædde; 290, 5 & sume þa munecas he het ofslean,
sume on elþiede fordrifan; 298, 3 siþþan sæton þa Gotan þær
on lande, sume be þæs caseres willan, sume his unwillan. Cp.
433, 7 sume ða yða he becerð mid ðy scipe, sume hit oferstigð.
Bo. 300, 4 ða hæfde he sume hundred scipa, ða wæron hi sume
ten gear on þæm gewinne. Le. 64, 3 we geascodon þæt ure
geferan sume mid urum wordum to eow comon.

c. sum *appositiv bei einem andern Fürworte; auch hier
werden die übrigen Teile, wenn von ihnen etwas ausgesagt wird,
durch einfaches* sum, *auch hier einmal durch* oþer* *eingeführt, so
daſs* sum — sum *durch „teils — teils" übersetzt werden kann (vgl.
Be.* 491,30 *in § 321):* Be. 472, 18 ða ðing ðe on Eastenglum gewordene wæron, sume we ða of ealdra manna gewritum . . .
metton, sume we . . . geleornodon; 543, 10 swa þæt hi sume
mid ðam fyre gederede wæron, & ealle to ðon abregde þæt . . .;
574, 27 monig tacen . . . . ., ða sume we nu gymdon geþeodan
on ðis ure cyriclice ster; 609, 31 heofonlico mægen & hælo tacen untrumra . . . . ., ða sume we geara for gemynde awriton
. . . . ., ac . . . we sculon an to ætycean. Or. 88, 22 oþ þone
first þe hie sume to him gecirdon, sume noldan; 92, 25 oð hie
sume hungre acwælan, sume on hand eodan; *ebenso* 118, 15;
150, 2; 230, 20; 250, 3 þæt hie siþþan hie selfe sume ofslogon,

sume mid atre aewealdon, sume hungre aewælan; 104, 9 & Titus Cuintius þa oðre sume geflicmde, sume ofslog; *ebenso* 114,
34; 196, 27; 30 sum hit (= ðæt feoh) Scipia to Rome sende,
sum he hit het ðæm folce dælan; 198, 16 þeh þe he-hie sume
wið feo gesealde; 298, 5 sume hi foron on Ispanie, & þær gesæton, sume on Affrice. **Cp.** 8, 15 heht him swelcra ma brengan . . ., þæt he his biscepum sendan meahte, forðæm hie his
sume ðorfton, ða þe Lædenspræce læsde cuðon (*Sweet:* for some
of them needed it). **Bo.** 224, 24 ac he dwæliaþ sume on ðæm
þe hi wenaþ þæt hie . . .; 350, 17 (*mitten zwischen lauter Sätzen
mit einfachem* sume:) sume hi gebycgaþ weorþlicne hlisan; 380,
4 ac sum hit sceal geweorþan . . . . .; ac hit is sum swa gerad
þæt his nis nan neodþearf. **So.** 168, 17* wrixlead sume þa on
oðder wyssan . ., ac cumað oðre for hy; 187, 21 þeah hi hym
sume mær [near] sian, sume fyer.

3. s u m *als Hauptwort wird allein oder mit einem partiti-* §323
ven Genitive verwendet.

a) *Allein. Sehr häufig folgen mehrere* sum *aufeinander, die
sich dann meist durch „teils — teils" oder „die einen — die anderen" oder „einige — andere" übersetzen lassen:* **Be.** 472, 28 and
þæt ic be . . . Cuþbyrhte wrat . . . ., sume ic wrest nom . . .,
sumu . . . . ic toycte; 484, 5 monige . . . fanggene wæron . .,
sume for hungre heora feondum on hand eodan . . . ., sume
ofer sæ sorgiende gewiton, sume forhtiende on eþle gebidan;
490, 8—11; 512, 4; 558, 22—24; 611, 20; 627, 2 ðæt sum
on Norþanhymbra mægþe . . . . secgende wæs. **Or.** 92, 23 &
sume binnan þæt fæsten oðflugon; 102, 9 þeh þe sume deade
wæron, sume uneaþe gedrycnede aweg coman; 120, 13; 118,
36; 190, 33; 200, 25 sume oþflugon to Cretan þæm iglande &
him Scipia sende sciphere æfter, þæt mon sume ofslog, sume ge-
feng; 210, 26; 248, 15 sum wæs ærest þæt he bebead . . . .
(vgl. § 213. 7., S. 325). **Cp.** 106, 20 sio ungelicnes hiera ear-
nunga hie tihð sume behindan sume *(diese Stelle kann auch nach
§ 322. c. gehören);* 210, 3 sume cwædon ðæt hie wæron Apollan,
sume cwædon ðæt hie wæron Paules, sume Petres, sum cwæð
ðæt he wære Cristes; 234, 17. **Bo.** VI, 23 sume habbaþ aþelo
& nabbaþ are; 48, 1 sume murgon habban ælles woruldwelan
genog; 4; 232, 14; 384, 10. **So.** 172, 15 ic lufige ælene minra
freonda, sume hesse, sume swyðor; 187, 10, 17.

b) s u m *mit einem partitiven Genitive:* **Be.** 486, 23
wæs he feowertigra sum; 523, 31 com Eanfrið butan geþeahte
his witena twelfa sum to him; 525. 5 ða gehyrde he sumne ðara
broþra sprecan; 537. 7; 542, 37; 502, 29; 616, 26; 622, 12;
627, 7; 628, 34 ðara manna sum wæs ðæs ðe ic gewitan mihte
bescoren preost, sum wæs læwede, sum wæs wifmon; 633, 3.
Or. 18, 7 þæt he syxa sum ofsloge syxtig; 118, 34 þa mette

28*

hiene his ealdgefana sum; 202, 16 feowera sum. **Cp**. 166, 18 ðæt he fleo to ðara ðreora burga anre, ðæt he on sumre ðara weorðe genered; ... ðæt he .. fleo to ðara ðreora burga sumre; 294, 13; 303, 2; 385, 33. **Bo**. 98, 4 he cyþde on sumre his boca; 132, 29; 160, 6; 170, 2 he wolde þara betstena sumes ðeawes & his cræftas gefon; 224, 19; 288, 16; 376, 16 þara was sum Marcus. **So**. 181, 33 ðara fif þinga þu ondrest þæt þu scyle sum forleosan; 204, 5 swa swa sum rice man . . . hym habbe hys deorlinga sumne fram adrifen. — *Über die Verbindung von* sum *mit dem Genitiv einer Grundzahl habe ich E. St. XVII., 285—291 ausführlich gehandelt; die Bedeutung schwankt, oft ist die Hauptperson in der Zahl schon mit ausgedrückt, oft nicht. Vgl. auch § 196. Anm. 2 (S. 310).*

II. ælc.

æl c *hat die Bedeutung des deutschen „jeder“ und kommt als Eigenschaftswort, und als Hauptwort ohne und mit Genitiv vor. Der Gebrauch der Mehrzahl ist selten.*

§ 324   1. ælc *als Eigenschaftswort:* **Be**. 473, 18 ða betstan Mercgrotan ælces hiwes; 22; 474, 36; 481, 2 ælce geare; 482, 17; 559, 12; *usw*. **Or**. 1, 12 ælce geare; *ebenso* 32, 5; 46, 8; 12, 12 on ælce healfe; *ebenso* 24, 17; 66, 22; 96, 1; 160, 25; 230, 13, 19; 20, 15 on ælcere byrig; 21, 11; 24, 29; 28, 2; 48, 12; 64, 2 se ilca se þe giet settende is & wendende ælce onwaldas & ælc rice to his willan; 92, 16; 98, 1 on ælcon þingun; 108, 26; 156, 32; 196, 20, 21; 212, 10; 218, 2; 226, 9 ælc wuht forscurfon þæs þe on þæm lande wæs weaxendes & growendes *(vgl. § 295)*; 246, 27 ælc uht þæs þe hio abitt scel his lif on slæpe geendian; 236, 7; 248, 16; 268, 5; 284, 9. **Cp**. 6, 24 to ælcum biscepstole on minum rice; 28, 14; 32, 5; 36, 2; 40, 16; 56, 13; 62, 19; 98, 12; 148, 12; 168, 4; 232, 16; 280, 9; 397, 19; 399, 22; *usw*. **Bo**. II, 17 ælc mon sceal . . . sprecan; X, 4, 15; XIV, 4, 13; 6, 2; 16, 26; 18, 11; 30, 15; 112, 13. **So**. 163, 7 on ælcum treowo; 164, 2; 165, 8, 27; 166, 2; 167, 34; 172, 6. **Ps**. 2, 1 hwy ryð ælc folc; 3, 2; 4, *ü.*; 5, *ü.*; 7, 14; 11, 9; 30, *ü.* **Le**. 78, 12 ælc great treow; 86, 30; 108, 4.

Anmerkung: Durch an *verstärkt findet sich* ælc: **Or**. 170, 27 on ælcre anre talentan wæs LXXX punda (= *in einem jeden Talente . . .). Vgl. Schrader, der a. a. O. (§ 82, S. 54) zwei Belege aus Ælfric, und Sohrauer, der a. a. O. (S. 29, § 16) einen aus Wulfstan beibringt.*

§ 325   2. ælc *als Hauptwort. Mit entsprechendem* oþer *vertritt* ælc *so das fehlende reziproke Fürwort. Vgl. §§ 243/4.*

a) *Allein.* **Or**. 21, 2 & swa ælc æfter oðrum; 4 þonne

rideð ælc hys weges; 158, 8; 106, 12; 282, 21; 294, 25. **Cp.**
6, 25; 232, 3 ælc hwfð ðeah sundornytte; 397, 18; 455, 6. **Bo.**
XIV, 18 ælc be his andgites mæþe; 144, 1; 150, 22; 200, 7 ælc
is wiþ oþre genemned; 292, 8, 13; 346, 19; 372, 18. **So.** 180,
27 ælc fognað þæs; 200, 34; 201, 2. **Ps.** 32, 13 he gesceop
heora heortan, ælces synderlice; *hier ist* heora *noch als Genitiv
des persönlichen Fürwortes gefühlt, und daher auch* ælc *in den
Genitiv gesetzt.*

b) *Mit einem partitiven Genitive. Über die Fälle mit*
ælc þara þe *vgl. § 303.* **Or.** 250, 10 hiora wearþ ælc ofslagen;
294, 27 his fultum mehte mæstra ælcne heora flana on hiora
feondum afæstnian *(Thorpe liest:* mæstne; *nach Sohrauer
(a. a. O., S. 28, § 15)* = *fast jeder).* **Cp.** 232, 4 ælc hiera bið
on oðres nytte swæ sama swæ on his selfes; 272, 13 ðæt mod
. . gewit swæ oft from us swæ us unnytte gedohtas to cumað,
& æfter ælcum ðara toflewð; 290, 7 ælcne ðara þe he gefylð,
he hiene onælð; 360, 17 his flæsces lima clifað ælc on oðrum;
383, 8 ðæt he ierne . . . from ðara undeawa ælcum to oðrum;
425, 35 hreowsiað & weorðað gefulwade eower ælc; 433, 10
hæbbe eower ælc his sweord be his ðeo. **Bo.** II, 14 healsaþ
ælcne þara ðe þas boc rædan lyste; *ähnlich* 110, 7, 11; 114, 6
heora ælc wind wiþ oþer; *ebenso* 116, 6; 156, 8 swa hit biþ be
ælcum þara þinga þe agen god & gecyndelic nabbaþ; 170, 20
cower ælces acennednesse; 194, 21; 200, 6; 224, 8; 238, 15;
268, 28; 344, 3. **So.** 163, 2 to ælcum þara tola þe ic mid wircan cuðe; 3; 168, 13 þara wrixlað ælc wyð oðður; 172, 15 ic
lufige ælcne minra freonda; 16; 186, 20; 26 ure lufede ælc
oðerne; *ähnlich* 203, 12. **Le.** 86, 31 ælc hiora.

Anmerkung: Der partitive Genitiv ist dem ælc *angeglichen
in:* **Cp.** 378, 13 ic eom clæne & unscyldig . . . eowres ælces blodes (= cower ælces blodes, *an dem Blute eines jeden von euch).*

B. **Die aus fragenden entstandenen unbestimmten
Fürwörter.**

I. **hwa.**   § 326

Das unbestimmte Fürwort hwa *erscheint nur als Hauptwort
und nur allein; es hat die Bedeutung des deutschen „irgend jemand":* **Or.** 34, 35 þeah God langre tide wille hwam hys willan
toforlætan; 54, 34; 56, 3 þeh þe hwa . . . gegylte; 100, 26.
Cp. 8, 6 buton . . hwa oðre biwrite; 22, 13 ðylæs hi hwæm
leohte ðyncen to·underfonne; 38, 6; 42, 13; 158, 10; 164, 25;
198, 13; 238, 11, 22; 280, 2; 284, 8; 296, 4 ða hatheortan . . .
swæ wedende folgiað hwam swæ swæ Assael dyde Abnere; 322,
4; *usw.* **Bo.** VIII, 23 gif hwa biteres hwes on berede; XII, 7,
28; 26, 29 þonne heo hwam from hweorfende beoð; 50, 17;

52, 28; 70, 10; 106, 10; 110, 2; 168, 12; 172, 18; 186, 14;
272, 24; 274, 5 gif þu þonne hwæne (!) gesihst þe mæg don
þæt þæt he don wile; 368, 21; *usw.* So. 172, 21 gyf þe nu
hwa sædæ þæt he mæhte þe gelæran; 180, 17; 183, 15; 186,
11. Ps. 9, 35 þeah hine hwa ahsode. Le. 58, 11 gif wha
(!) (*Turk:* hwa) gebicgge cristenne þeow; 12; 60, 22; 96, 4;
usw. usw.

Anmerkung 1: Zweimal hat substantivisches hwa *im* Bo.
einen partitiven Genitiv bei sich: Bo. 166, 22 ðeah mon nu
hwonc godra mid rihte herige; 306, 24 gif dysigra hwone twege
æniges ðara spella.

*Anmerkung 2: Höchst merkwürdig ist ein wohl einzig da-
stehender Fall, wo* hwa *wie ein Eigenschaftswort gebraucht
ist:* Bo. 282, 3 ac hwæt wilt ðu þonne cweþan, gif hwa wuht
nylle wiþwinnan, ac mid fullan willan forlæt ælc god & fulgæþ
þam yfele.

§ 327   II. hwæt.

Auch hwæt *kommt nur als Hauptwort (auch prädikativ)
vor, allein oder mit partitivem Genitiv, und hat die Bedeutung „irgend etwas.“*

    1. *Allein:* Be. 472, 31 gif he hwæt ymbe ðis on oþre wi-
san gemete oþþe gehyre, þæt he me þæt ne otwite; 527, 10 ðes
biscop ricum mannum ...... næfre forswigian wolde, gif hi on
hwon agylton; 569, 8 gif he æt leornunge sæt oþþe elles hwæt
dyde; 605, 17 gif hit hwæt elcor (*Miller:* elles) biþ. Or. 142,
25 seo leo bringð his hungregum hwelpum hwæt to etanne. Cp.
222, 6 ðæm monnum ðe we for geðylde hwæt forberan sculon;
286, 8 ne giemað hwæt hie don, oððe hwonne hie hwæt don;
324, 17; 425, 2. Bo. 70, 15 ne ðæt ne beoð on þy fægerre
þæt mid elles hwam gerenod biþ *(es ist möglich, dafs der genitivische Ursprung dieses* elles *noch gefühlt wurde)*; 84, 12 ne þonne
ma, gif he hwæt bið, ne tweoþ nænne mon þæt he hwæt ne
sie; 174, 21; 190, 9 ðonne lufaþ sum þæt, sum elles hwæt; 346,
25 (?); 368, 20. So. 164, 18 þonne þæt mod ymbe hwæt tweo-
node oðþe hit hwæs wilnode; 186, 11; 196, 20. Le. 74, 6 gif
hwa on cirican hwæt geþeofige.

    2. *Mit einem partitiven Genitiv:* Or. 120, 4 þch eow
lytles hwæt swelcra gebroca onbecume; 136, 18 þeh þe him lytles
hwæt unieðe sie; *ebenso* 152, 32. Cp. 38, 7 þæt he hwæt mærlices & wunderlices gedeð; 102, 7 ðonne hie ymb hwæt tweoð
ðæs þe hie ðærute don sculon; 110, 3 gif hwæt welgedones bið;
5; 154, 24; 196, 5 gif hie hwæt swæ healicra yfla on him ongieten; 224, 16; 395, 7; 411, 26 ðæt he swelces hwæt tocnawan cunne; *usw.* Bo. VIII, 23 hu he sæde, gif hwa biteres
hwes onberede, þæt him þuhte beobread þi swetre; 26, 2 wenst

þu þæt hit hwæt niwes sie; 30, 5; 46, 17; 48, 30; 144, 16; 328, 8 swylces hwæt. **So.** 171, 26 ac sohtest walles hwæt (= elles hwæt?); *ebenso* 192, 9. **Le.** 92, 2 gif he hwæt yfla gedon hæbbe; 92, 38, 2 gif þises hwæt . . . gelimpe; *ebenso* 94, 1.

III. anes hwæt.

§ 328

Die Verbindung anes hwæt *habe ich viermal gefunden:* **Cp.** 36, 15 þonne ðæt mod bið on monig todæled, hit bið on anes hwæm þe unfæstre, & eac ðy unnyttre (= *in jedem einzelnen*; *Sweet:* in each; *man könnte allerdings auch die andere Bedeutung hier annehmen: „in irgend etwas", doch heißt das Lateinische:* „impar quisque invenitur ad singula, dum confusa mente dividitur ad multa"*)*; 346, 6 on ðæm chore bioð monege men gegadrode anes hwæt to singanne anum wordum & anre stemne (= *irgend etwas*; *Sweet:* something). **Bo.** 100, 3 seldhwonne biþ þætte auht manegum monnum anes hwæt licige (= *irgendwie gefalle*; *Cardale, Fox und die Jub.-Ed. haben:* „in any degree"). **So.** 171, 26 þe les þu anes hwæt woldest . . ofer gemet (= *irgend etwas*). — **B.-T.** *erwähnt bei* an *nur die Stelle aus* Bo. *und sagt:* „anes hwæt *denotes* anything, literally *anything of all*, and is used adverbially for *at all, in any degree"; bei* hwæt *giebt er die beiden* Cp.*-Stellen und eine aus* Beowulf; *die zweite* Cp.*-Stelle übersetzt er* „to sing something", *zur ersten giebt er die Urschrift:* „impar quisque invenitur ad singula". *Grein im* „Sprachschatz" *giebt bei* ân *und* hwa *die* Beowulf*-Stelle und übersetzt* „etwas Vereinzeltes"; *diese Stelle ist* 3011:

.. . Ne seel anes hwæt
meltan mid þam modigan, ac þær is maðma hord,
. . . . þa sceal brond fretan;

Heyne giebt im Wörterbuche seiner Ausgabe als Übersetzung von anes hwæt „etwas Einzelnes, nur ein Teil".

IV. gehwa.

§ 329

gehwa *mit der Bedeutung* „jeder" *kommt als Hauptwort und als Eigenschaftswort vor:*

1. *Als Hauptwort:*
a) *Allein:* **Or.** 102, 24 ic gehwam wille þærto tæcan þe hienc his lyst ma to witanne.

b) *Mit einem partitiven Genitiv:* **Be.** 539, 40 bebead þæt manna gehwa (*Miller:* monn hwa) him ham ferde fram ðære stowe (= *singulos*).

2. *Als Eigenschaftswort:* **Be.** 597, 21 swa he wuldres gehwæs ece Drihten ord onstealde (*Miller:* wundra gehwæs; *dann gehörte die Stelle unter 1. b.). Rose, a. a. O., S. 18 in der ersten Anmerkung, erwähnt die Stelle* Cynewulfs Crist *490* on stowe

gehware, *wo dieses Fürwort auch wie ein Eigenschaftswort verwandt ist.*

§ 330   V. gehwæt.

g e h w æ t, *mit der Bedeutung* „*alles, jedes*", *erscheint n u r
z w e i m a l, als Hauptwort mit einem Genitiv:* Bo. 28, 11
þonne scealt þu georne geþolian gehwæt þæs þe to heora þenun-
gum . . . . belimpþ; 90, 23 mete & calo & claþas & gehwæt
þæs þe þa þre geferscipas behofiaþ; *beidemal übersetzt Cardale:*
„whatsoever".

                                     VI. hwelc.

Als unbestimmtes Fürwort hat h w e l c *die Bedeutung des deutschen* „*i r g e n d e i n e r*"; *es steht dann als Eigenschaftswort, oder
als Hauptwort mit oder ohne Genitiv.*

§ 331   1. h w e l c *als E i g e n s c h a f t s w o r t; es steht meist vor, sehr
selten hinter* * *dem Hauptworte:* Be. 486, 39 warnode he hine ðy-
læs hi on hwylc hus to him ineodan; 40 gif hi hwylcne drycræft
hæfdon; 489, 16; 38 swa hwæt swa ðu oþþe in Romana cyricean oþþe on Gallia oþþe on hwylcere oþre hwæt ðæs gemete;
492, 17; 493, 42; 494, 24; 526, 28; 540, 18; 544, 44; 548, 28;
551, 23; 568, 7, 44; 570, 3 * hwæþer he be him sylfum þæt
cwæde, ðe he be oþrum menn hwylcum, þæt us is uncuþ; 573,
17. Or. 70, 22 þonne hie hwelc folc mid gefeohte ofercumen
hæfdon; *ebenso* 31; 202, 27. Cp. 62, 2 gif hwelc forworht mon
cymð; 118, 9, 16; 156, 11; 158, 10; 194, 13; 212, 18; 224,
16; 264, 1; 302, 2; 303, 13; 328, 8; 352, 1; 358, 16; 376, 8;
405, 11; 415, 19; 433, 14; 435, 26. Bo. 16, 10 se þe þonne
wile hwilc sæd oþfæstan þam drium furum; 42, 23; 64, 22 gif
þu nu wenst þætte wundorlice gerela hwelc weorþmynd sie; 70,
10, 11; 78, 18; 98, 17; 138, 4; 152, 23; 214, 13; 278, 1; 296,
8; 308, 21. So. 170, 3 * gyf ðe þurh oðerne creft hwilcne findan þa ðe þe findan; 186, 5; 196, 14. Ps. 17, *ü.* þonne he
hine of hwylcum earfoðum alysed hæfð; 39, 18. Le. 66, 7 hie
þa gesetton . . . æt mæstra hwelcre (*H.:* gehwilcere) misdæde,
þæt þa woruldhlafordas moston . . . onfon; *vgl. § 325. b. zu* Or.
294, 27 ; *da auch nach S o h r a u e r (a. a. O., S. 29, § 15) die Bedeutung* „*fast jeder*" *ist, ist wohl die Lesart* gehwilcere *vorzuzie-
hen;* — 70, 2 gif hwa þara mynsterhama hwelcne for hwelcre
scylde gesece; 74, 4.

§ 332   2. hwelc *als Hauptwort:*
           a) *Allein:* Be. 474, 17 gif hwylc eow wiþstondeþ; 491,
34; 514, 2; 622, 18. Cp. 132, 25 ðonne hwelc . . hiene selfne

fæstlice geimpað on corðlicum weorcum. So. 165. 32 þeah hwyle wille, heo ne mæg. Le. 80, 17 gif hine hwa hwelces teo.

Anmerkung: Cp. 62, 2 gif hwele forworht mon cynið, & bidcð urne hwelcne ðæt we . . . .; *hier ist ein Genitiv ure durch Angleichung zum zueignenden Fürworte urne geworden; vgl. Sweets Anmerkung zu dieser Stelle auf S. 478. Vgl. auch § 342 zu Cp. 220, 5, 7, und § 352. b. Anm.*

b) *Mit partitivem Genitiv:* Be. 511, 7 & gif he hwylce mihte ðæra hæþenra þæt he ðurh his lare to Cristes geleafan gecyrde; 595, 41 ðonne heora hwyle of weorulde gefered wæs. Or. 106, 15 mið þæm þe hie þara dura hwelce opene gesawon, þonne tugon hie . . . & giredon hie to wige. Cp. 72, 17 swæ hwelc ðonne swæ ðissa uncysta hwelcre underðiedded bið; 166, 3; 451, 31; 469, 10. Bo. 8, 7 butan heora hwelc eft to hyre bote gecirre ; 220, 14; 294, 13; 296, 6; 378, 13. Le. 70, 2 gif hwa þara mynsterhama hwelcne . . . gesece; 74, 4; 84, 1; 88, 33 þæt he hwelcne ne gelæste þara þe he him gesealde; 108, 5.

Anmerkung: Verstärkt durch an *findet sich* hwelc: Cp. 413, 24 ðonne hie for anre hwelcre (sc. synne) *(= für eine jede einzelne)* hreowsiað, ðonne hreowsiað hie for ealle. Bo. 220, 5 þu wendest þæt hwyle an ðara fif goda *(= ein jedes einzelne)* worhte ða soþan gesælþe.

VII. anra hwelc. § 333

Diese Verbindung, in der Bedeutung „irgend einer", erscheint nur viermal im Bo.: 192, 22 þæt he on heora anra hwylcum *(Cardale:* in any one soever of them) mæge habban fulle gesælþa; 26 we ne magon on ðæra anra hwilcum þæt hehste god habban; 28 we . . . ne wenaþ þæt ure anra hwelc ða fif ealle ætgædere begite; 332, 13 gif mon anra hwile *(Cardale:* any one of them) ofsloh, þonne weoxon þær siofon of þam anum heafde.

VIII. gehwelc.

gehwelc *hat die Bedeutung „jeder" und kommt als Eigenschaftswort oder als Hauptwort mit oder ohne Genitiv vor.*

1. gehwelc *als Eigenschaftswort kann vor oder hinter* § 334 *dem Hauptworte stehen:* Be. 472, 36 on gehwylcum heora mægþum; *ebenso* 649, 8; 483, 43 her fram ðære arleasan ðeode . . . neh ceastra gehwylce & land wæs forhergiende (= proximas quasque civitates agrosque depopulans; *Miller:* forheregeode wæron); 490, 1 of syndrigum cyricum gehwylcum (= ex singulis quibusque ecclesiis); 493, 31 ðylæs gehwyle lytel ylding si *(Miller hat:* gif hwylc; *sonst käme* gehwyle *also auch in der Bedeu-*

tung "irgend ein" vor); 527, 7 gehwylce æfæste wepmen ge wifmen; 543, 25; 545, 26; 625, 38 þæt . . . he gerisenlice meahte in ðara haligra aare syndrige stowe gehwylce haligra halgian ðe hiora reliquias ðær inne wæron; *Miller übersetzt dies so:* „that he might consecrate suitable places to the honour of the saints, a separate place for each saint, whose relics were contained there", *als ob* gehwylce *Dativ wäre und mit* haligra *zusammengehöre; nun läßt die Hs. B. das zweite* haligra *aus und fügt vor* ðe *ein* ðara *ein;* *das Lateinische hat:* „ut . . . consequenter in eorum honorem quorum essent illac (sc. reliquiae), singula quaeque loca dedicaret"; *diesem* singula quaeque loca *entspricht wörtlich genau:* „syndrige stowe gehwylce," *vgl. auch* 490, 1. — **Or.** 116, 7 þæt hie þær gehendaste wæren on gehwelc lond þonan to winnanne. **Cp.** 198, 20 gehwelc monn; 254, 15; 397, 4. **Bo.** 264, 19 ðas leasan spell læraþ gehwilcne man, þara þe wilnaþ helle þiostra to flionne . . . þæt he . . . *(vgl. § 303, S. 419)*. **So.** 164, 5 on gehwilce wisan. **Ps.** 23, *ü.* mid hwylcum geearnungum gehwylc man hinc mæg alysan of his earfoðum.

§ 335   2. **gehwelc** *als Hauptwort:*
a) *Allein:* **Cp.** 76, 25 hu he gehwelcne læran scile & hwonne.

b) *Mit partitivem Genitiv:* **Or.** 34, 22 hi geara gehwilce þone fiftan dæl . . . þæm cyninge . . . gesyllað. **Cp.** 8, 13 min on Englisc Ælfred kyning awende worda gehwelc. **Le.** 74, 5 þara gehwelc we willað sie twybote.

§ 336   IX. anra gehwelc.

Diese Verbindung, in der Bedeutung „jeder einzelne" (= unus quisque), erscheint nur viermal: **Be.** 548, 26 ðis fyr . . . æfter weorca gearnunge anra gehwylcum demeþ & bærneþ, forþon anra gehwylces unrihtwillnung on ðyssum fyre byrneþ; 572, 21 ða frægin ic anra gehwylcne heora æfter endebyrdnesse. **Or.** 114, 35 þeh þe ær anra gehwelc wende, þæt hit ofer monig oþru anwald habban mehte.

§ 337   X. æghwæt.

æghwæt *in der Bedeutung „Jedes, Alles" erscheint als Hauptwort mit oder ohne Genitiv.*
1. *Allein:* **Cp.** 70, 23 hio gehæt him æghwæs genoh; 465, 29 ic com gehened æghwonane & on æghwam. **Bo.** 250, 17 þætte God æghwæs wealt.
2. *Mit Genitiv:* **Bo.** 136, 19 (seo leo . . . .) abit . . . æghwæt ðæs þe heo gefon mæg, ge monna ge neata. **Le.** 96,

43 þam . . . to sellanne æghwæt þæs þe him ænig mon . . . geselle; *irgend etwas? Diese Stelle ist nicht ganz klar.*

XI. æghwelc.

Dieses unbestimmte Fürwort hat die Bedeutung „jeder" und kommt als Eigenschaftswort, oder als Hauptwort mit oder ohne Genitiv vor:

1. æghwelc *als Eigenschaftswort:* Be. 493, 11 on ðam $ 338 geryne ðe biþ æghwylc syn grundlinga adwæsced; 497, 12; 499, 9; 504, 40 æghwylce sæternes dæge; 519, 23; 559, 11; 605, 10; 608, 17. Cp. 106, 19 ðæt æghwelc mon wære oðrum gelic acenned; 160, 24; 174, 10; 198, 4; 200, 23; 216, 1; 228, 18; 280, 5; 407, 2; 413, 12; 425, 32. Bo. 126, 12 æghwelc man; *ebenso* 130, 14, 20; 394, 20 buton æghwilcum ende. Le. 68, 1 æghwelc mon; 72, 5; 86, 29; 102, 1; 106, 3.

2. æghwelc *als Hauptwort:*   § 339
a) *Allein:* Be. 489, 20 swa æghwylcum ðearf wæs. Or. 18, 19 æghwile gylt be hys gebyrdum. Cp. 174, 4 ðæt he hiene selfne geðiode to eallum his hieremonnum, to æghwelcum be his andefene. Le. 66, 6 he æghwelcne on riht gedemeð; 78, 12 forgielde æle great treow mid V scill. and siððan æghwyle, sie swa fela swa hiora sie, mid V pæningum and XXX scill. to wite.
b) *Mit Genitiv:* Cp. 459, 30 æghwelc ðiera halgena lareowa ðe nu lærað . . . . Le. 70, 1 bete þara æghwelc mid ryhte þeodscipe.

XII. hwæth(w)ugu.   § 340

hwæth(w)ugu *in der Bedeutung „etwas (weniges)" erscheint als Hauptwort allein oder mit Genitiv.*
1. *Allein:* Be. 490, 4 hwyle wite sceal ðrowian swa hwyle swa hwæthugu of cyricean ðurh stale ut abredeþ; 491, 35; 531, 30 we sceolan nu hrædlice hwæthwugu be hire forþfore anre secgan; 597, 12 Cedmon, sing me hwæthwegu; 615, 17 þæt he a hwæthwugune (!) *(Miller:* hwæthwugu; *wahrscheinlich ist* ne *als Verneinungspartikel abzutrennen)* spræce. Cp. 70, 23 hio wirpð on ðæt gedoht hwæthwugu to begietenne; 164, 16 *(vgl. § 14. 4., S. 17)*; 292, 15; 320, 16; 324, 2, 22; 395, 32; 455. 16. Bo. 208, 16 him biþ hwæshweg wana; 308, 25 se me þynch gesæligra, ðe hwæthwegu hæfþ. So. 179, 31 þæt he hwæthwugu ne onginne; 181, 6 þer is gyt hwethwigu þæs *(für* þæt?) þu ær witan scealt; 193, 33; 198, 18 swa clæne ne forwyrð, þæt hi to hwanhwugu ne weorðe.
2. *Mit Genitiv:* Be. 534, 1 ða ongeat he . . . . hwæt-

hugu wundurlicre halignesse on ðære stowe beon; 567, 36 ða
he ða . . . hwæthugu swylces ute dyde. **Cp.** 146, 1 ðonne ðæt
mod . . . . hwæthwugu ryhtlices ongietan mæge; 170, 25; 194,
3; 286, 1; 324, 20 ða þe nanwuht ne sellað ðæm þe hie lytles
hwæthwugu sceoldon; 348, 10; *usw.* **Bo.** 26, 3 wenst þu þæt
hit hwæt niwes sie oððe hwæthwugu ungewislices; 50, 22 he
simle wilnað hwæshwugu þæs þe he þonne næft; 52, 7 hæfdest
ðu hwæthwega on þe selfum ðæs þe ðu . . .; 68, 14; 100, 23;
144, 31 wilnaþ ælce dæg hwæthweg þises woruldwelan; 178, 1;
186, 2; 216, 17 hwæthwegu niwes & seldcuþes; 222, 17; 224,
2, 4; 230, 8; 242, 19; 258, 7; 308, 22; 310, 3. **So.** 163, 7 on
ælcum treowo ic geseah hwæthwugu þæs þe ic æt ham beþorfte
(doch kann auch þæs mit þe zusammengehören); 196, 16 þæt he
hwethwugu gesawe þæs þe ðu nefre ne gesawe.

Über die Verwendung von hwæthwugu *als Adverb werde ich
an anderer Stelle sprechen.*

§ 341   XIII. hwelchwugu.

*Dieses Fürwort mit der Bedeutung des deutschen „irgendein,
ein gewisser" kommt mit einer Ausnahme nur als Eigenschaftswort vor:* **Be.** 495, 16 þæt hi . . . . fram cyricean ingonge
hwylchugu fæc arwurþlice ahabban; 496, 42 ðonon hafaþ þæt
mod hwylcehugu scyldo; 501, 29 þæt he ... onsende hwylcehugu
lareowas; 525, 6 ðæs arwurþan treowes hwylcnehugu dæl; 534,
22 þæt þær sum halig *(Miller:* haligra) man hwylchugu ðam
oþrum weorude ofslegen wære (== sanctior caetero exercitu vir
aliquis); 552, 13, 34; 591, 31; 601, 25; 604, 9; 615, 9; 624,
30 hwylcehugu dagas (== aliquot diebus); 633, 32; 641, 11. **Or.**
110, 13 þæt ic hwelcnehugu dæl gesecge Alexandres dæda. **Cp.**
397, 25 æfter ðæm ðe he hwelcchwugu gerisenlice leafe dyde
ðæm gesinhiwon hira willan to fremmanne; 29 he spræc gelicost
ðæm ðe hit hwelchwugu syn wære.

Die einzige Stelle, wo hwelchwugu *als Hauptwort vorkommt,
ist* **Be.** 576, 39: hire nænig tweon wæs þæt hwylchugu hraþe
of ðære gesomnunge swyltende wære.

§ 342   XIV. hwæðer.

hwæðer *hat als unbestimmtes Fürwort die Bedeutung „Einer
von beiden" oder „Jeder von beiden"; es steht als Hauptwort mit
einem partitiven Genitiv; wird der andere Teil ebenfalls erwähnt,
so geschieht dies durch* oþer: **Cp.** 188, 9 ðonne him mon ðissa
twegea hwæðer ondræt swiður ðonne oðer; 395, 32 ðeah hira
hwæðrum hwæthwugu hwilum mislicige on oðrum. **Bo.** 272, 24
(twa ðing . . . .) gif ðonne hwæm þara twega hwæþeres wana
biþ. **Le.** 68, § 1 gif hwa to hwæðrum þissa genied sie (== alter-

utrum); 82, 19, 3 gif sweord-hwita oðres monnes wæpn to feormunge onfo, oððe sinið monnes andweore, hie hit gesund bægen
agifan, swa hit hwæðer hiora (= *Jeder von ihnen*) ær onfenge,
buton hiora hwæðer (= *Einer von beiden*) wr þingode, þæt he:
hit an gylde healdan ne þorfte; 92, 39, 2 gif syx-hyndum þissa
hwæðer gelimpe.

XV. gehwæðer.

§ 313

*Dieses Fürwort mit der Bedeutung „jeder von beiden" kommt
nur dreimal als Eigenschaftswort vor:* Bt. 533, 40 (hora . .) ongan walwian & on gehweþære (*Miller:* æghwæðre) sidan gelomlice hit oferweorpan (= in diversum latus vicissim sese vol-
vere; 645, 27 þæt hi gehwæþere tide ge on dæg ge on niht
micel yfel mannum toward tacnedon (= utroque tempore). Lc.
100, 6 gif he þurhwund bið, æt gehweðerum muðe twentig scill.
(= ad utrumque os, *d. h. Öffnung der Wunde*).

XVI. awðer, auðer, aþer.

*Dieses Fürwort kommt einmal als Eigenschaftswort vor mit
der Bedeutung „jeder von beiden", sonst aber nur als Hauptwort
mit oder ohne Genitiv mit der Bedeutung „einer von beiden".*

1. aþer *als Eigenschaftswort:* Or. 58, 3 heora þeh § 314
wurdon feawa to lafe on aðre hand (= *jeder von beiden*).

2. awðer, auþer, aþer *als Hauptwort, auch prädikativ.*

a) *Allein:* Or. 290, 22 þa oferhogode he þæt he him § 345
aðer dyde, oþþe wiernde, oþþe tigþade. Cp. 240, 13 se iil . . . .
sona swæ hiene mon gefehð, swæ gewint he to anum cliwene,
& tihð his fet swæ he innest mæg, & gehyt his heafod, swa ðætte
betweoh hondum ðu nast hwær him aðer (*H.:* awðer) cymð,
oððe fet oððe heafod; 445, 36 eala, wære he auðer, oððe hat,
oððe ceald. Bo. 362, 4 we wyrd is nyt þara ðe auþer deþ,
oððe herþ oððe wricþ. *In dieser Verbindung wird* aðer . . . oððe
. . . . oððe . . . *leicht zur Konjunktion, namentlich wenn das zu* aðer
*gehörige Zeitwort ausgelassen wird; so könnte die letzte Stelle auch
lauten:* þara ðe auþer oððe herþ oððe wricþ (= *entweder . .
oder . .); vielleicht ist auch* Cp. 445, 36 *diese Auffassung die richtigere. Vgl. die Anmerkung zu § 346.*

b) *Mit Genitiv:* Or. 134, 7 wr heora aðer mehte on § 316
oþrum sige gerecan; 198, 25 & þær hæfdon longsum gefeoht,
wr þara folca aþer fluge. Cp. 86, 13 ðonne hæfð he anforlæten
ðæt tweagea blea godweb ðæt he habban sccolde on ðæm halgan hrægle, gif he auðer ðissa forlæt; 156, 21 siððan he hit

ðonne mid ðara aðrum cyð. **Bo.** XII, 29 tu þing . . . ., gif
hwam ðara auþres wana wære; 22, 23 þær þissa twega yfela
auþer ricsað. **So.** 171, 35 ic nat þeah hwile ðara aðer ys (ðara
kann auch zu hwile *gehören; vgl.* § *314. b. β.*)
     Anmerkung: *Ganz* konjunktional *erscheint* awþer oððe
. . . oððe . . . *an folgenden Stellen, wo einige Male sogar nicht
zwei, sondern mehrere* oððe *folgen, was klar macht, dafs die Bedeutung von* aþer *zu schwinden begann.* **Or.** 18, 25 eal þæt his man
aþer oððe ettan oððe erian mæg. **Bo.** 386, 6 . . is hiora *(=
der Engel)* gearowito swa micle betra ðonne ure gesceadwisnesse,
swa ure gesceadwisnesse is betere þonne nytena andgit sie, oððe
þæs gewittes ænig dæl ðe him forgifen is, auþer oððe hrorum
neatum oþþe unhrorum. **So.** 181, 8 þæt þu scealt witan hweðer
þu ænige hele ongyte awðer oððe on me oððe on þe oððe on
unc bam; 183, 29 hwæt wille ic ma cwæðan aðer oððe be
mete oððe be drince oððe be baðe oððe be welan oððe be
wyrðscype; 184, 9 hweðer þu aðer oððe for heora lufum oððe
for eniges þinges lufum hym eft togeenan wille; 190, 8 ðy læst
ic awðer oððe on mode oððe on lichaman þy mettrumra si. **Ps.**
30, *ü.* þe sealmas singð, awþer oþþe for hine sylfne, oððe for
oðerne mann. **Le.** 68, 9 ac þa þe ic gemette, awðer oððe on
Ines dæge, mines mæges, oððe on Offan . . ., oððe on Æðelbryh-
tes. — *Bock (a. a. O., S. 34) stellt die Ansicht auf, dafs in einigen Fällen auch die Form* oþer *nur eine kontrahierte Form von*
a(h)w(æ)þer *sei, nicht dasjenige* oþer, *das als zweites Ordnungs-
zahlwort dient und deutschem „ander" entspricht. Vgl. hierüber*
§ *358 ff.*

XVII. nohwæþer, nawþer, nauþer, nouþer, naþer, noðer.

Dieses Fürwort, die Verneinung von aþer, *in der Bedeutung
„Keiner von beiden", kommt nur als* Hauptwort *und prädikativ
vor; wie* aþer *erhält es leicht konjunktionale Bedeutung, wenn die
beiden Satzglieder durch* ne — ne *angereiht werden; doch ist die
Grenze schwer zu ziehen.*

§ 347   1. naþer *allein:* **Or.** 86, 8 nu hie swa twywyrdige sindon, þonne wæron ægþer gode, ge þa ærran (sc. tida), swa sume
men nu secgað, ge eac þas æfterran, swa hie ær sædon, & næron naðere an þance; gif hie þonne soð ne sædon, þonne næron
naþer gode ne þa, ne nu; 96, 33 naðer ne mehte on oþrum sige
geræcan; 136, 28 hie . . . naþer ne durran, ne swa feor frið
gesecan, ne . . . hie werian; 212, 30 nu hit nawþer nyle beon,
ne scearp, ne heard. **Cp.** 24, 21 gif hi nouðer gecnawan ne
cunnon ne þa medtrymnesse ne eac þa wyrta þe ðær wið sculon; 447, 1 he . . nis nauðer, ne hat, ne ceald. **Bo.** 86, 22
hi gecyðað . . . þæt hie nawþer ne bioþ *(vgl.* § *348. Anm. 2.);*

108, 14 seo lease wyrd nauþer ne mæg þam men don, ne fultum ne eac nænne dem; 200, 29 ne mihte nanwuht libbendes
ðære corþan brucan ne þæs winteres, ne on nauþrum eardigan
for eile; 282, 28 þæt . . . se deaða ne mæge nauþer don; 308,
19 þæt . . . þa yfelan næfdcn næfre nauþer; 364, 20 he ne mæg
naþres ungemet adriohan.

2. naþer *mit Genitiv:* **Be.** 580, 11 bewerede þæt now- §31ᴹ
hwæþer ðyssa beon ne sceolde; 622, 22 he no hwæþer ðyssa gefremede. **Or.** 280, 9 hiera naþer næfde sige. **Cp.** 399, 31 ne
forniine incer noðer oðer ofer will butan geðafunge; 457, 20 nan
mon ne mæg nauðer ðissa swa forlætan ðæt ðæt oðer ne weaxe.
Bo. XII, 29 heora ne mihte naþer buton oþrum nauht don; 216,
5 þæt hiora nære nauþer þæt oþer.

Anmerkung 1: Ganz konjunktional ist naþer *vielleicht
schon in den erwähnten Stellen:* **Or.** 86, 8; 136, 28; 212, 30.
Cp. 24, 21; 447, 1. **Bo.** 108, 14; — *sicher aber in den folgenden:* **Or.** 218, 33 þa nawþer ne hine þa eft ham hædan ne
dorston þe hiene þider læddon, ne his þa onfon noldon þe hiene
mon to brohte. **So.** 179, 22 forðam man naþer ne ða god ne
nane don ne mæge buton hys fultume.

Anmerkung 2: Mehr als zwei Glieder verknüpft naþer:
Bo. 86, 23 nawðer ne se wela ne se anweald ne se weorþscipe
ne beoþ to wenanne þæt hit seo soþe gesælþ sie.

XVIII. æghwæþer, ægþer.

*Dieses Fürwort erscheint als Hauptwort und als Eigenschafts-
wort; es bedeutet „Jeder von beiden". In Verbindung mit oþer
vertritt es das fehlende reziproke Fürwort, vgl. §§ 243, 244. Auch
dieses Fürwort wird in Verbindung mit den Partikeln ge . . . ge
. . . . leicht zur Konjunktion; doch ist auch hier die Grenze schwer
zu bestimmen. Vgl. § 350. Anmerkung.*

1. *æghwæþer als Hauptwort, auch prädikativ.* § 349
a) *Allein:* **Be.** 523, 24 æghweþerne Cadwalla . . .
acwealde; 627, 39 wæs æghwæþer monna sawla full (= utrumque
erat animabus hominum plenum); 647, 30 ic deaconhade onfeng
& . . . Mæssepreosthade, and æghwæþerne ðurh ðemunge ðæs
arwurþan biscopes Johannes. **Or.** 18, 22 twegen sciprapas, ægþer sy syxtig elna lang; 21, 17 twegen fætels full ealað oððe
wæteres, hy gedoð þæt ægþer bið oferfroren; 64, 9 he hie ægðres
benam ge heora cyninges ge heora anwaldes; *ähnlich* 12; 112,
25 þonne dyde he him ægþer to gewealdon; 114, 31 þæm soler
wæs ægþres waa, ge þæt hie . . . ., ge þæt hie . . . . . **Cp.**
28, 6 gif ðonne ægðer bið unwis; 316, 17 ðonne towierþð God
ægðer; 354, 21 hit bið swiðe unieðe ægðer to donne, ge . . .

to cidanne, ge eac .... to habbanne; 374, 9 ðonne we doð ægðer, ge we ða wætru todælað ..., ge eac us selfe habbað, ðonne we ....; 389, 18; 397, 19, 433, 3; 457, 5, 19. **Bo.** 52, 17 ægþer is unfæst, ge seo wyrd ge seo gesælþ; 84, 19 ðeah he butu on anum men sien, þeah biþ ægþer him on sundron; 21; 202, 3 þæt fyr ne forbærnþ þæt wæter & ða corþan, nu hit gemenged is wiþ ægþer; 216, 22 ðonne hæfþ he ægþer se þe ðone ægþer hæfþ; 340, 7 se spaca bið ægðrum emn neah. **So.** 164, 8 se ðe egðer wilt ge þissa lænena stoclife ge þara ecena hama; se ðe ægþer gescop & ægðeres wilt forgife me, þæt me to ægðrum onhagige ge her nytwyrðe to beonne ge huru þider to cumane; 175, 5 mid ægðrum ic hyt geleornode, ærest myd ðam eagum, & syðþan myð þam ingeþance; 176, 21 ðe me eg- ðer ys, stiward ge ðas welan ge eac hys freonscypes, buton eg- ðer habban mage; 178, 28 byð on egþrum fæst; *ebenso* 30; 197, 2 ne lea ic þe na þæt ðu ægðer lufige; 200, 18 hweðer hyt... weoxe þe wanode þe hyt ægðer dyde. **Le.** 106, 2 þa syndan eac efen dyre, ægðer to CC scill.

b) *Mit einem Genitiv:* **Be.** 504, 28 se cyning æghwæþe- rum ðyssa biscopa his gife sealde; 506, 40; 523, 8 Oswald .. ðara ægþer geedniwode; 20 æghwæþer ðara cyninga, syþþan hi (!) rice hæfdon, forletan ....; 531, 22; 557, 20; 570, 8; 36 mid him genam ealle ða Sceottas ...., swylce eac ðrittig manna of Angelðeode, æghwæþere ðara wæron .... gelæred; 574, 13; 579, 43; 620, 37; 624, 15, 17. **Or.** 52, 22 þe hiora ægðer oþrum on ærdagum gedyde; 62, 24 ægþer þissa burga; 68, 18 & heora þær ægðer oðerne ofslog; *ähnlich* 90, 17; 98, 6; 122, 21; 160, 29; 178, 12; 242, 2. **Cp.** 48, 23 we sculon swiðe smealice ðissa ægðer underðencean; 50, 9; 188, 3; 274, 4; 354, 13; 393, 25 hu hiera ægðer oðres willan don scyle; ðæt hira swa tilige ægðer oðrum to licianne; *ähnlich* 395, 33; 423, 5 be hira ægðeres geearnungum; 457, 19. **Bo.** 30, 1 ægþer þara þe (= *dir*) com ær from me; 84, 21 heora ægþer onscunað oþer; 100, 24; 152, 17; 236, 31 hit willnaþ ðara ægþres; 272, 19; 276, 19; 300, 28. **So.** 168, 14 heora ægðer byð eft emne þat þæt hyt ær wæs; 172, 14 me hys egðer þara alyfad ge þæt good to lufianne ge þæt yfel to hatianne; 175, 2. **Ps.** 9, 36 weorðað aworpene þa synfullan of ægðrum his rica; 10, 6 þæt heora æg- ðer secge hwæt he dyde; 24, 10 þone weg, þe heora ægðrum licað, ge Gode ge eac þam men.

§ 350   2. æghwæþer *als Eigenschaftswort:* **Be.** 478, 6 micle menigo monna æghwæþeres hades; *ebenso* 479, 12; 486, 21 æg- hwæþer ende liþ on sæ; 540, 4 for æghwæðeres cyninges saule alysnesse; 548, 31; 557, 28; 570, 43 ðe he of æghwæþeran cynne gesomnode; 590, 16; 594, 15; 604, 10; 641, 12. **Or.** 50, 14 hwæt þær moncynnes forwearð on ægðere hand; *ebenso*

56, 9; 266, 3; 64, 33 on ægpere healfe; *ebenso* 110, 8; 122, 22; 132, 18; 150, 2; 156, 6; 176, 30; 182, 34; 184, 34; 198, 5. **Ps.** 49, *ü.* Dauid sang pysne . . . . sealm be ægprum tocyme Cristes.

Anmerkung: Ganz konjunktional ist ægper ge . . . . ge . . . . *an folgenden Stellen:* **Be.** 497, 40 se mon bip . . . . æghwæper ge gehæfted ge freo. **Or.** 86, 8 nu hie swa twywyrdige sindon, ponne wæron ægper gode, ge pa ærran, . . ., ge eac pas æfterran; 238, 14 se wæs ægper ge heora cyning ge heora biscop. **Bo.** 124, 20 hit is ægper ge hrof ge flor ealles godes.

XIX. swæðer.   § 351

Dieses Fürwort kommt nicht sehr oft vor; es bedeutet „wer auch immer von zweien oder von beiden"; die beiden Begriffe selbst werden durch swa . . swa . . . *eingeführt.* **Cp.** 84, 15 & gedence he simle, sie swæ œðele swœ unæðele swæðer he sie, . . .; 96, 1 hie gefeallað on ða heortan pe hiera hlyst, swæ nytt swæ unnyt, swæðer hie bioð; 451, 14 . . bið æle god weorc god, sie swa open swa degle, swæðer hit sie; 457, 22 hwæðres ðonne ðara yfela is betere ær to tilianne, buton swæðres swæðer frecenliere is. **Bo.** 286, 1 pæt mon . . wille well don, swa læssan spedum swa maran, swæper he hæbbe; 334, 10 do swæper pu wille; 372, 18 frydom swa god to donne swa yfel, swæper he wille; 374, 2 pæt hi magon don swa god swa yfel swæper swa hi willan; 15 pæt hi moston don swa god swa yfel swæpor swa hi woldon; 21 swa god swa yfel swæper he dep. **So.** 167, 29 næbben nan edlean æfter pisse worulde heora gearnunge swa godes swa yfeles swæðer hi her doð; 168, 32 pæt hy moston don swa good swa yfel wæðer (!) hy woldon; 200, 34 æle hefð be hys gearnunga swa wite swa wuldor swæðer he on byð.

Völlig zur Konjunktion erstarrt ist swæðer *an der Stelle* **Bo.** 258, 19 ðu ne ðearft . . wundrigan, ðeah we spirian æfter ðam pe we ongunnon, swa mid læs worda, swa mid ma, swæper we hit gereccan magon.

C. Die aus Zahlwörtern entstandenen unbestimmten Fürwörter.

I. nan.

nan, *keiner, kommt als Hauptwort und als Eigenschaftswort vor.*

1. nan *als Hauptwort.*   § 352

a) *Allein:* **Or.** 188, 6 wende pæt nan nære pætte pæt færelt . . anginnan dorste; 206, 9; 210, 21. **Bo.** 14, 15 of pære

næfre nan . . . ne wearþ adrifen; 86, 19 ge moton sceppan
þone naman, hatan þæt sælþa þæt nane ne beoð; 124, 24 him
nanes ne bið wana. **So.** 164, 31 gyf þu þonne nanne swa ge-
radne næbbe, sec hyne; 166, 27 ne forlæt þe nan þe gewityg
byt ne þe nanne (*stall:* nan) secð butan wys ne þe nan eallunga
ne gemet buton geclænsod; 195, 30 ne mæg næfre nan ongitan.
Ps. 13, 2 nis nan þe eallunga wel do.

b) *Mit partitivem Genitiv:* **Or.** 70, 15 hiera nan nolde
eft eard gesecan; *ähnlich* 94, 8; 194, 18; 242, 11; 256, 1 he
forneah nanne þara senatusa ne let cucne; 282, 18; 286, 5 nan
cristen mon ne moste habban nænne his (s)underfolgeþa; 296,
25 eower nan ne wearð gewundod. **Cp.** 22, 14 þæt hira nan
ðara ne wilnige þe . . .; 40, 5; 82, 19; 144, 11 hiera hiere-
manna him nan ne wiðcwið; 246, 22 eower nan; *usw.* **Bo.** 62,
11 þu heora nanne ne geworhtest; 66, 4; 90, 25; 114, 16; 156,
6; 198, 13 ðeah ðu heora nanes ne beþorfte; 272, 15; 306, 29;
348, 17 (?); 386, 5. **So.** 165, 11 ic nebbe nan þara; 34; 183,
31. **Le.** 58, 12 gif he hire þara nan ne do; 108, 4 b.

Anmerkung: **Cp.** 210, 14 ðæt ge ures nanes ne sindon;
ures *steht statt des Genitivs* ure *in Angleichung an* nanes; *vgl.*
§ 332. a. Anm.

§ 353   2. nan *als Eigenschaftswort:* **Be.** 597, 13 ne con ic
nan ðing singan; 619, 25 ic . . . nan lim onstyrian ne mihte.
Or. 17, 24 ne mette he ær nan gebun land; 19, 10; 30, 20,
34, 35; 48, 12; 52, 15; 58, 13; 74, 31; 106, 26, 34; 134, 11;
136, 9; 150, 19; 228, 20; 242, 32; 282, 29; 286, 4, 18. **Cp.**
4, 20 þæt hi hiora þa nanne dæl noldon on hiora ægen geðiode
wendan; 6, 12; 8, 1; 24, 15; 26, 17; 30, 10; 42, 2, 13; 46,
10; 60, 9; 62, 4; 64, 1; 78, 8; 114, 24; 118, 24; 214, 9; 250,
18; 330, 8; *usw. usw.* **Bo.** 4, 17 he ða nanre frofre . . . ne
gemunde; 8, 27; 14, 7; 22, 20, 21; 24, 16; 38, 20; 70, 27;
usw. **So.** 164, 1 nis hit nan wundor; 165, 4, 25; 166, 4; 167,
5, 6; 171, 17. **Ps.** 3, 1 þæt hit næbbe nane hæle æt his Gode;
13, 1; 14, 4; 39, 6 noldest þu na oflrunga, and oflata nane.
Le. 62, 28 he þær nan facn ne gefremede; 64, 47; 66, 5, 6;
72, 5; 88, 32.

II. ænig.

Das Fürwort ænig *mit der Bedeutung „irgend einer" kommt
als Hauptwort sowohl wie als Eigenschaftswort vor.*

§ 354   1. ænig *als Hauptwort.*
a) *Allein:* **Be.** 484, 3 ne wæs ænig se þe . . . sealde;
496, 22 hwæþer . . . Drihtnes lichoman ænig onfon mot; 576, 5
no ða gyta . . . . hire ænig ondswarade; 624, 13 þæt hi ðær

ænige . . . . Criste begitan mihte. Or. 52, 33 gif ænig wære
þe . . .; 94, 10 uneaðe mehte ær ænig þæm Gallium oðfleon;
150, 24 ne wene ic þæt ænig wære þe þæt atellan mehte; 290,
30 þær he ænigne libbendne wiste (libbendne *ist Prädikatsnomen;
es könnte auch als Hauptwort zu ænig als Eigenschaftswort gehören*). Cp. 50, 1 ðylæs ænig unclænsod *(Attribut; doch könnte es
auch als Hauptwort und ænig dann als Eigenschaftswort aufge-
faßt werden)* dorste . . . fon. Bo. 70, 9 ge wenaþ þæt ænig
mæg . . beon geweorþod; 124, 16 nære hit no þæt hehste god,
gif him ænig butan wære.

b) *Mit partitivem Genitiv:* Be. 502, 14 ne hi Agustinus larum . . . . . ænige ðinga geþafigean woldan; 507, 19 ne
magon ge ænige ðinga lifes hlafe onfon; 514, 15 beteran . . .
ðonne ænig ðinra maga oþþe yldrena æfre gehyrde; 528, 6 ma
ðonne ænig his yldrana; 592, 5 he ne . . . mihte ænig ðinga
gebunden beon; 613, 29 hwæþer wen wære þæt we ænige ðinga
. . . þæt ealond gesecean mihton. Cp. 4, 1 ðætte nu ænigne
on stal habbað lareowa; 30, 17 se þe ænigne ðissa ierminga beswicð; *usw.* Bo. 60, 19 hwi ge wundrigen . . . æniges þara deadlicena ðinga; 156, 7 gif hira ænig is; 158, 12 þæt he angum
þara, þe ær us wære, eallunga þurhwunode, oððe wenst ðu hwæþer hine ænig þara ealne weg habban mæge *(vgl. § 303. b. γ.,
S. 418)*; 196, 5; 210, 9; 306, 24; 324, 14. So. 173, 16 ðað
þu ðurh ðara ænig swa sweotole ongytan mæge þæt þæt þu woldest; 192, 25 gif þe be ængum þissa þinga awiht tweoge; 194,
21 hweðer heora enig æce were. Ps. 13, 3 hwæðer he gesco
ænigne þæra, þe hine sece *(vgl. § 303. b. γ., S. 418)*. Le. 108, 4[b]
þæt ure ænig to oðrum fæce.

2. ænig *als Eigenschaftswort:* Be. 474, 33 ne ðær monn   § 355
ænigne snicendne wyrm ne ætterne gesihþ, ne ðær ænig nædre
lifian ne mæg; 484, 2; 492, 12; 493, 3, 30; 499, 22; 505, 11
ðy læs . . . se steall . . . ænige hwile butan hyrde tealtrian on-
gunne; 516, 8, 34; 521, 29, 32; 527, 12; 536, 25, 41; 538, 40
gif ðu ænig (*Miller:* ænige) his reliquias hæbbe; 560, 28; 572,
35; 573, 4; 579, 41; 591, 1; 623, 29. Or. 17, 8 hwæðer ænig
mon be norðan þæm westenne bude; 19, 19; 40, 27, 28; 48,
29; 58, 22; 72, 26 þe þa welegre wæs þonne ænigu oþeru burg;
74, 7; 76, 3, 16; 80, 33 þæt ænig ma folca for his þingum forwurde; 82, 30; 92, 18; 96, 35 ne wene ic, ðæt ænige twegen
latteowas emnar gefuhten; 98, 31; 106, 7; 156, 21; 158, 20;
168, 28; 192, 16; 194, 26; 216, 5; 220, 9; 228, 21; 250, 19;
252, 23; 260, 6. Cp. 28, 10 forðyþe he ænegum men ðæs
wyscte; 32, 17; 50, 5; 62, 21; 64, 2; 112, 15 ænig oðer; 194,
15; 250, 24; 260, 19; 266, 24; 308, 8; 332, 8; 360, 8; 451,
25. Bo. X, 19 hwæþer þæs cyninges neawest . . . mæge ænigne
mon weligne & waldendne gedon; XII, 25; 30, 4; 38, 14, 16;

46, 16 gif þe ænies willan wana biþ; 50, 5; 164, 10; 274, 2 gif þu ænine mon gesihst. **So.** 164, 3 siððan he ænig cotlyf . . getimbred hæfð; 29 gyf ðu enigne godne heorde hæbbe; 170, 20; 176, 26; 181, 8; 186, 1. **Ps.** 7, 3 gif ic . . . . . ænig unriht wið hi gedon hæbbe; 24, *ü.* þonne he ænige reste hæfð; 44, 4 seo ys scearpre þonne æni sweord. **Le.** 68, § 1 to ængum unryhtum fultume; 96, 43 æghwæt þæs þe him ænig mon for Godes noman geselle, oððe hie on ænegum hiora hwilsticcum geearnian mægen.

III. nænig.

Auch n æ n i g, *die Verneinung von* ænig, *mit der Bedeutung* „keiner", *kommt als Hauptwort sowohl wie als Eigenschaftswort vor.*

§ 356   1. n æ n i g *als Hauptwort; nur im Beda.*
a) *Allein:* **Be.** 483, 40 him nænig wiþstod; 488, 14 he nænigne . . nydde; 520, 7; 568, 32; 573, 14; 584, 41; 593, 41; 596, 39; 623, 14.
b) *Mit partitivem Genitiv:* **Be.** 481, 32 wæron him fultumes biddende & ðæs nænigne næfdon; 489, 14 nænig heora; 495, 20 se sylfa willa nænige ðinga butan synne beon mæg *(vgl. die Redensart* ænige ðinga *§ 354. b.); so noch:* 507, 23; 556, 11; 577, 25; 606, 9; 503, 26 þæt hi nænig ðyssa don woldan; 510, 14; 516, 4; 536, 25 mid ðy heora ða nænig him ænige helpe findan mihte; 573, 3; 575, 13, 42; 604, 21; *vgl.* 601, 9 & nænigne of eallum . . ic gemette . . . abysegod beon, *dies ist Übersetzung des lateinischen* neminem ex omnibus, *erinnert aber schon stark an die* ne. *Genitivbildung.*

§ 357   2. n æ n i g *als Eigenschaftswort:* **Be.** 474, 31 & ðær nænig mann for wintres cyle on sumera heg ne maweþ; 482, 3 ne mihton hi nænigne fultum æt him begitan; 22; 493, 19, 27; 497, 20; 499, 37; 500, 21;. 502, 25; 509, 20; 514, 38 lærde hine, þæt þæt nænig ðing *(adverbial)* ne gedafenade swa æþelum cyninge; 527, 11; 529, 7; 534, 21, 34; 536, 16; 541, 43; 542, 7; 556, 15; 560, 23; 572, 32, 41; 573, 10, 15; 574, 39; 576, 38; 577, 4; 582, 23; 587, 31; 598, 41; 623, 3. **Or.** 20, 18 ne bið ðær nænig ealo gebrowen mid Estum. **So.** 202, 25 wenst þu þæt hy nabban nanege munde (*Wülker (Beitr. IV, 121) liest:* nane gemunde) heora freonda on þisse weorulde. **Le.** 80, 1 and mon nænigne mon on þæt ne selle.

IV. oþer.

o þ e r *erscheint als Eigenschaftswort und als Hauptwort.*
1. oþer *hat zunächst die Bedeutung „der andere, ein an-*

derer"; und erscheint dann allein oder in Beziehung auf andere Fürwörter. Vgl. auch § 214. 1.

A. oþer *allein:*

1. oþer *als Eigenschaftswort:* Be. 472, 27 oþþe on ðisse bec oþþe on oþre bec his dæda his lifes; 472, 32 gif he hwæt ymbe ðis on oþre wisan gemete; 473, 28; 474, 15; 475, 21; 476, 3; 479, 12 & eac oðre monige æghwæþeres hades; 482, 8; 484, 32; 485, 27; 497, 2; 498, 13; 516, 12; *usw.* Or. 1, 20 & ymbe monegra oþerra folca gewinn; 4, 19 & hu Gallie wunnon on Romane, & Pene on oþre healfe; 5, 18 hu Craccus se consul wonn wið þa oðre consulas; 10, 18; 17, 13; 18, 4; 19, 20; 24, 18; 32, 26 & hi æfter ðæm wæron on þan mæstan hungre oðre syfan gear; 34, 10; 40, 33; 44, 31; 86, 3; 96, 20; 104, 6; 108, 6, 7; 114, 33; 138, 13; 168, 2; 170, 3; 176, 17; 188, 18 Scipia, þæs oþres Scipian broþor; 200, 27; 232, 9. Cp. 4, 6 þa þa we hit . . . eac oðrum monnum ne lifdon; 6, 2 & eac calle oðre bec; 12; 38, 16; 40, 12; 80, 19 from ðæm oðrum flæsce; 100, 20; 160, 5; 318, 15; 378, 6; *usw.* Bo. IV, 20 bi þære sunnan & bi oþrum tunglum; VI, 9 hu heo oferliht ealle oþre steoran; X, 13, 20; 14, 7 nan oþer man; 42, 29; *usw.* So. 163, 20 þurh manege oððre halie fædras; 164, 27; 165, 9, 11; 168, 17 on oððer wyssan; 170, 3; *usw.* Ps. 9, *ü.* oðre fynd; 18, 2 se dæg segð þam oðrum dæge; 30, *ü.* for oðerne mann; *ebenso* 37, *ü.*; 49, 21 betwuh þe and þinre modor suna oðrum. Le. 58, 1 ne lufa þu oðre fremde godas ofer me; 12 ne sie hio . . swa þeowu swa oðru mennenu; 60, 23; 62, 26; 66, 5, 6.

2. oþer *als Hauptwort, mit und ohne Artikel.*

a) *Allein:* Be. 471, 17 gif se oþer nolde; 474, 5 eallum ðam oþrum gemæne; 488, 8 se cyning eac swylce betweoh oðre ongan lustfullian; 493, 38 ða ðe heora bearn . . . oþrum to fedanne syllaþ; 497, 3; 501, 6; 520, 35; 536, 3 & ða betweoh oðer spræcon hi þe Oswalde; 564, 2; 567, 27; 572, 19; 604, 16 ðonne mæssepreost oþþe oþer in tun com; 610, 2; 611, 37. Or. 8, 5 twegen dælas: Asia, & þæt oþer Europe; 21, 2 & swa ælc æfter oðrum; 24, 4 an ðæra garena lið suðwest ongean þæt igland þe Gades hatte, & oþer east ongean þæt land Narbonense, & se ðridda norðwest ongean Brigantia *(= die eine der Ecken, die andere, die dritte; oder: die erste, die zweite, die dritte);* 56, 26; 78, 29; 104, 9; 130, 23 monege oþre; 148, 29 *ebenso;* 166, 2; 190, 15; 196, 27; 200, 13; 230, 4; 242, 11. Cp. 30, 25 se . . þe . . . oðre on won gebringð; 44, 7; 54, 23; 110, 11 fægenað ongean ðara oðerra word; 118, 22; 332, 20; 370, 11; 407, 21; *usw.* Bo. 18, 23 wast þu aht oþres bi þe felfum to secganne; 25 nat ic nauht oþres; 26, 14 hi sindon git mid manegum oþrum behelede; 36, 25; 58, 30 þæs oðres heortan . . . hit þurhfærþ; 110, 4, 8; 114, 6; *usw.* So. 165, 34 heora nan

ne mæg oðerne mid æalle fordon; 166, 4 nanum oðrum buton
þam; 168, 19; 172, 17, 18; 176, 18. **Ps.** 21, 9 nis nan oþer
þe wylle oððe mæge me gehelpan. **Le.** 60, 19 gif hwa oðrum
his eage oðdo; 24 gif hwa forstele oðres oxan; 68, 9 ic þa heron gegaderode, and þa oðre forlet; 78, 12, 13; 80, 17; 88, 33;
98, 49; 102, 69.

b) *Mit einem partitiven Genitiv:* **Cp.** 238, 7 oðer is ðara
geswinca ðæt hie symle seceað endelease ladunga, hu hie . . . .;
292, 12 oðer ðara irsunga bið to ungemetlice . . . atyht on ðæt
þe hio . . .; 449, 28 ðonne ne helpað hi mid oðrum ðara nauht
hira niehstum. *Vgl. auch § 359.*

§ 359   B. oþer *in Beziehung auf andere Fürwörter.*
I. oþer *in Beziehung auf ein anderes* oþer, *der eine
— der andere. Bock (a. a. O., S. 34, VIII. II.) hält diese* oþer
für zusammengezogene Formen von ahwæðer; *ich halte das für nicht
unmöglich, namentlich hat Bocks Ansicht für die anderen beiden
Gruppen (s. u., § 359ᵃ), der Bedeutung halber, m. E. sehr viel für
sich. Ich mache nach Philipsen (a. a. O., S. 36) eine Einteilung
nach der Verwendung des Artikels.*

a) *Beide* oþer *haben keinen Artikel:* **Be.** 489, 32 syndon missenlice gewunon cyricena, oðer gewuna is mæssesonga
on ðære halgan Romanisce cyricean, & oðer is hæfed·on Gallia
rice; 504, 15 II biscopas, oþer wæs Mellitus haten, oþer Justus;
516, 18 cume ðurh oþre duru in, ðurh oþre ut gewite; 521, 19
oþer ðæra heretogena wæs hæþen . . ., oþer wæs ðam hæþenan
reþra & grimra; 535, 39 ðara wæs oþer biscop on Lindese, oþer
wæs abbud . .; 570, 31 twa mynstro . . . geworhte, oþer ðam
Scottum, oþer ðam Engliscan; 624, 16 oþer wæs cweden se
bleaca Heawold, oþer se hwita. **Or.** 18, 22 twegen sciprapas.
ægþer sy syxtig elna lang, oþer sy of hwæles hyde geworht, oþer
of sioles; 46, 16 hie heora here on tu todældon; oþer æt ham
beon . . ., oðer ut faran; 96, 13 oþer hatte F., oþer D.; 132,
25 twa byrg . ., oþer wæs hatenu . . B., oþer N.; 200, 9 on
twam stowum, on oþerre wæron Pene, on oþerre Numeðe; 218,
26 tuwa . .; æt oþrum cirre he wearð gefliemed, et oþrum gefangen; 228, 12 begen þa suna; oþerne he ofslog, oþerne adræfde; 240, 29 on twa healfe; on oþre . . ., on oþre . . .; 274,
17 II caseras, oþer . . ., oþer . . . . **Cp.** 48, 3 twegen witgan
. . ., oðer hine his selfes willum gebead . . ., oðer . . . . him
wiðsoc; 19 oðer ondred . . :, oðer ondred . . .; 52, 10 mid
oðrum worde he hierte, mid oðrum he bregde; 174, 12 mid mislicum manungum . . .; on oðre wisan mon sceal manigean weras, on oðre wif; & on oðre wisan ealde, on oðre geonge; *usw.
usw.;* 290, 15 oðer hiera wæs haten Timotheus, oðer Titus; 292,
8 oðer bið swelce hit sie irres anlicnes . . . ., oðer bið ðæt irre
ðæt . . . .; oðer ðara irsunga bið . . . ., oðer . . . .; 298, 1;

318, 14; *usw. usw.;* 340, 20; 449, 28 ðonne ne helpað hi mid oðrum ðara nauht hira niehstum, mid oðrum hi him deriað; 451, 2. Bo. 272, 19 be ægþrum ðara . . .. þæt ðu mæge þy bet gelyfan ðe ic þe oþre hwile recce be þam oþrum, oþre hwile be þam oðrum; 316, 23 ac ðu ana hwilum bescylst mid oþre eagan on þa heofenlican þing, mid oþre þu locast nuget on þas eorþlican. So. 191, 2 twa ðineg . . . ., oðer is wisdom, oðer is . .; 3.

b) *Eins der beiden* oþer *hat den Artikel:* Or. 96, 15 twegen heras . . .; him þa rædlecre geþuhte þæt he wið oþerne frið genamc, þæt he þone oðerne þe icð ofercuman mehte. Cp. 172, 18 oft sio ilce lar þe oðre (oðrum) hilpð, hio dereð ðæm oðrum; 290, 19 ða he . . . ðone oðre lærde ðæt he . . ., oðerne he lærde gedyld; 356, 2 ge on ðæs cidendan monnes mode ge on ðæs gedafiendan, gif hio ðonne of oðres gewite, on ðæs oðres hio ðurhwunige; 457, 12 ðær ðær mon oðres tiolað, ðær weaxð se oðer. Bo. 98, 22 swa þætte þæt on oðrum lande betst licaþ, þætte þæt bið hwilum on þam oþrum tælwyrþlicost.

c) *Beide* oþer *haben den Artikel (oder ein zueignendes Fürwort):* Be. 521, 14 in ðam gefeohte O. his oþer sunu ær him gefeoll, se hwatesta fyrdesne, and E. se oþer . . to P. . . . . gebeah. Or. 138, 12 ðær wæs C. se consul ofslagen, & F. se oðer consul (= *der andere Konsul*) æfter þæs oðres (= *des einen*) fielle sige hæfde; 206, 17 þa oþre he het þæt hie wið þara oþerra flugen. Cp. 106, 23 ðæt simle se oðer beo aræred from ðæm oðrum; 130, 10 gedoð ðæt hie sien on ðæm oðrum nytte, gif hie on ðæm oðrum ne cunnen; 459, 2 ðæt he ðy icð meahte ðæt oðer forlætan ðe he on ðæm oðrum hæfde ðæt hine lyste. Bo. 272, 19 (22) *(vgl. a.).*

Anmerkung: In einigen Fällen entspricht oþer — oþer *deutschem „anders — als":* Or. 288, 15 gif he anfunde þæt he on oþran geleafan wære, on oþran he self wæs (= *als er selbst war).* Cp. 76, 13 sio tunge bið gescended on ðæm lareowdome ðonne hio oðer lærð, oðer hio gelcornode (= *wenn sie anderes lehrt, als sie gelernt hat; Sweet übersetzt wörtlich:* when they teach one thing, having learnt another); 28, 23 ðonne hi on oðre wisan libbað on oðre hi læraþ (= *anders leben als sie lehren; Sweet:* when they live in one way and teach in another); 192, 13 him is micel ðearf, ðonne he tela lærð, ðæt he eac tela do, & his lif on nan oðer ne wende, on oðer he lærð (*Sweet:* without perverting his life contrary to his teaching). Bo. 28, 13 þæt heo . . . . . . oþre þeawas nimen, oþre heora willa & heora gewuna is (*Cardale:* assume other manners than their will and their custom is); 214, 12 ælc þing ðe tosceaden bið from oþrum, bið oþer, oþer þæt þing (*Cardale:* is one, and the thing another). So. 174, 12 þæt þæt si oðer þæt man wite, oðer þæt man soðlicost wenð. Le. 64, 43 ne dem þu oðerne dom þam wele-

gan, oðerne þam eormen, ne oðerne þam liofran, and oðerne
þam laðran ne dem þu.

2. **ægþer — oþer.** *Vgl. § 349.* **Or.** 52, 22 þe hiora ægðer oþrum . . . gedyde; 68, 18 heora þær ægðer oðerne ofslog;
90, 17 oþ hiora ægþer þæt mæste folc ongean oþerne geteah;
98, 6 þara folca ægðer on oðerum micel wæl geslogan; 178, 12
þæt ægþer þara folca oþrum ageafe ealle þa men. **Cp.** 393, 25
hu hiera ægðer oðres willan don scyle, ðæt hira swa tilige ægðer
oðrum to licianne; 395, 33 gebidde hira ægðer for oðer. **Bo.**
84, 21 heora ægþer onscunað oþer.

3. **hwæþer — oðer.** *Vgl. § 342.* **Cp.** 395, 31 ðeah hira
hwæðrum hwæthwugu mislicige on oðrum; *ähnlich* 188, 9 *(s.
§ 342.)*.

4. **aþer — oþer.** *Vgl. § 346.* **Or.** 134, 7 ær heora aðer
mehte on oþrum sige geræcan.

5. **naþer — oþer.** *Vgl. § 347.* **Or.** 96, 33 þæt naðer ne
mehte on oþrum sige geræcan. **Cp.** 399, 34 ne fornime incer
noðer oðer ofer will; 457, 20 nan mon ne mæg nauðer ðissa
swa forlætan ðæt ðæt oðer ne weaxe. **Bo.** XII, 29 þæt heora
ne mihte naþer buton oþrum nauht don; 216, 5 þæt hiora nære
nauþer þæt oþer.

6. **ælc — oþer.** *Vgl. § 325.*

§ 359ª   2. oþer *erscheint auch in der Bedeutung „einer von beiden“, also genau wie* aþer *(s. § 345, 346). Bock (a. a. O., S. 34 f.)
hält* oþer *in diesen Fällen für kontrahiertes* ahwæþer, *auþer,* aþer,
*was sehr gut möglich ist; wenn Bock meint, für seine Ansicht
scheine auch der Umstand zu sprechen, dafs in allen diesen Fällen
(d. h. im* Or.*) der bestimmte Artikel fehle, so ist das unrichtig,
denn* 96, 16 *steht in allen Hss. der Artikel.*

a) oþer *allein:* **Be.** 553, 25 forþon oþer ðara gesiða, ðe
ðone cyning slogan, hæfde unalyfedne gesynscipe; 625, 11 ac ða
ðara martyra oþer on nihtlicre gesyhþe ætywde sumum heora
geferan; 632, 36 ða teah heora oþer forþ fægere boc. **Or.** 96,
17 (twegen heras; þæt he wið oþerne frið genamne, þæt he þone
oðerne þe ieð ofercuman mehte) & he swa gedyde, & his ærenddracan to þæm oþrum *(= zu dem einen von beiden)* onsende
(diese Stelle steht bei Bock an anderer, falscher Stelle); 112, 15
him ðær wearþ oþer eage mid anre flan ut ascoten; 134, 23 þær
wearð A. þurhscoten mid anre flan underneoðan oþer breost;
144, 27 þær wearð Leostenas, oðer heora ladteowa, mid anre
flan ofscoten *(diese Stelle fehlt bei Bock,* oðer *kann hier allerdings
auch „der andere“ heifsen)*; 158, 2 þær wearð Pirrus wund on
oþran earme; 4 hie namon treowu, & slogon on oþerne ende
monige scearpe isene næglas; 180, 6 þær wearð L. wund þurh
oþer cneow; 196, 12 þara consula oþres sunu *(diese Stelle fehlt
bei Bock)*; 200, 14 feawe men to oþrum þara fæstenna onsende

(*fehlt bei Bock*); 258, 13 þa funde mon twa cista, þa wæron attres fulle, & on operre wæs an gewrit; 280, 31 II cyningas; oþer wæs haten Seuerus (*fehlt bei Bock*). Cp. 42, 17 his mægas hiene anscogen oðrc fet; 44, 14 ðonne bið us swiðe fracuðlice oðer fot unscod. Le. 98, 46 gif him mon aslea oðer eare of.

b) *Die Bedeutung "einer von beiden" hat oþer auch in der konjunktionalen Verbindung* oþer (þara *oder* twega) . . oððe . . . oððe. *Vgl. § 346. Anm.* Or. 44, 21 him swdon þæt hie oðer dyden, oþþe ham comen oððe hie him woldon oðerra wera ceosan; 114, 23 þæt he oðer ðara dyde, oþþe hie gesemde, oþþe him gefultumade; 120, 30 þæt hie siþþan oþer sceoldon, oþþe for metelieste heora lif alætan, oþþe Somnitum an hand gan; 136, 19 oðer þara is, oððe hie hit nyton, oððe hie hit witan nyllað; 138, 31 to tacne þæt hie oþer woldon, oððe ealle libban oþþe ealle licgean; 294, 25 hie ne mehton from him nænne flan asceotan, ac ælc com oþer þara, oþþe on hie selfe, oþþe on þa corþan. Bo. 46, 22 forþam oþer twega, oððe hie næfre to nanum men ne becumaþ, oððe hi þær næfre fæstlice ne þurhwuniaþ; 48, 10 þonne hi oþer twega oððe wif habbaþ him gemæc, oþþe him gemece nabbaþ; 52, 20 ælc þara þe þas woruldgesælþa hiefþ, oþer twega oþþe he wat þæt he him from-wearde beoþ, oððe he hit nat; 60, 24 forþam þe oðer twega oþþe hit nan god nis for eow selfe, oððe þeah for lytel god wiþ eow to metanne; 64, 15 gif þu heore mare selest, oþer twega oððe hit þe deraþ, oððe hit þe þeah unwynsum biþ; 126, 22 þa wilniað oðer twega, oððe him selfe ricsian, oððe hi to ðara ri-cena freondscipe geþeodan; 142, 4 ðonne þu oþer twega, oððe hæfdest þæt þu noldest, oððe næfdest þæt þu woldest; 154, 13 þa rican beoþ oþer twega, oþþe on ælþeode, oððe on hiora agenre gecyþþe; 156, 6 nu þonne oþer twega, oððe þara nan nis, oþþe hi nanne weorþscipe nabbaþ; 292, 24 mon . . . .; oþer twega oððe se ðe hit ær scalde, oððe oþer mon; 360, 11 þæt hio oþer twega do, oððe hine þreatige . . ., oððe him leanige.

D. Die aus Hauptwörtern entstandenen unbestimmten Fürwörter.

I. man.

man *erscheint natürlich nur als Hauptwort; das Zeitwort folgt entweder — grammatisch regelrecht — in der Einzahl, oder auch — dem Sinne gemäfs — in der Mehrzahl, aber selten. Bedeu-tung: „man" oder „jemand".*

a) man *mit dem Zeitwort in der Einzahl:* Be. 473, 12 hit hafaþ fram Suþdæle ða mægþe ongean ðe mon hateþ Gallia Belgica; 24 gif mon hine on fyr deþ; 474, 33 ne ðær monn ænigne snicendne wyrm . . gesihþ; 481, 9 ðone man nugyt to-

dæg sceawian mæg; 501, 17 ða andswarede him mon; *usw.* Or.
1, *ü.* seo boc þe man O. nemneð; 26 þa wif þe mon Amozenas
het; 3, 26 hu mon geseah weallan blod of eorþan; 8, 2, 16;
10, 1, 7, 8; 16, 7; 21, 7; 70, 18; 136, 10; *usw.* Cp. 2, 10
hu mon ... sohte; 4, 15 her mon mæg giet gesion; 26, 7; 34, 3;
40, 20; 44, 8; 56, 17; 138, 19; *usw.* Bo. X, 27 hu mon mæg
.. cweþan ...; XII, 2 gif man cwiþ; 32, 22; 124, 12; *usw.*
So. 164, 1 þeah mon swilc ontimber gewirce. Ps. 4, 7 hwa
sylð us þa god þe us man gehæt; 16, 8 geheald me, Drihten,
and beorh me, swa swa man byrhð þam æplum on his eagum
mid his bræwum. Le. 66, 6 of þissum anum dome mon mæg
geþencean, þæt he æghwelcne on riht gedemeð; *die Verwendung
des persönlichen (und zueignenden) Fürwortes der dritten Person in
Beziehung auf* mon *an dieser und an der vorhergehenden Psalterstelle
zwingt nicht zu der Annahme, dafs* mon *noch als das Hauptwort
„ein Mann“ aufgefafst werden müsse; vgl. Engl. Stud. XVII. 394;*
— 70, 4 gif hine mon togenedan scyle ...., gif hine mon gebinde; 76, 9 gif mon wif mid bearne ofslea; 80, 15 gif mon
beforan ærcebiscepe gefeohte; 106, 3 gyf man cynges þegen beteo manslihtes.

b) man *mit dem Zeitworte in der Mehrzahl:* Or. 214, 17
þonne hie mon on geocum ... beforan hiera triumphan drifon.
Cp. 2, *ü.* ðas boc þe man Pastoralem nemnað.

c) *Abwechselnd Ein- und Mehrzahl des Zeitwortes bei* man
findet sich: Or. 88, 12 ælce dæg mon com unarimedlice oft to
þæm senatum, & him sædon from burgum & from tunum on
eorþan besuncen.

d) *Das Zeitwort in der Einzahl, das dazu gehörige
reflexive Fürwort in der Mehrzahl, findet sich bei* man:
Cp. 144, 21 hwæðer mon hie selfe synderlice .. lufige.

II.

Die Zusammensetzungen mit dem Hauptworte „wuht“.

§ 361   1. awuht, auht, aht.

awuht *kommt meist als Hauptwort, allein oder mit Genitiv,
vor, einmal auch in der einfachen Form* wiht*; *selten erscheint es
als Eigenschaftswort. Es bedeutet „irgend etwas“.*
a) awuht *als Hauptwort.*
α) *Allein:* Be. 513, 10 ne he hwæþere owiht on ðam
fremode; 548, 4 no hi hwæþere owiht on ðam fremedon; 568,
26 mot ic ðe ahtes acsian; 613, 25 þæt we ne mid seglinge ne
mid rownesse owhit (!) fremian mihte; 623, 5 ne he ohte ðy
ma blan; 40 ne þæt Wihtbyrht owiht fremede; 630, 35 & ic
hwæþere minne latþeow ne dorste owihtes biddan. Cp. 66, 16
ðonne hie gehierað auht be ðæm gode; 222, 19 ðæt mon ðæm

men auht forberan mæge; 320, 15 ðylæs hie auht sellen ðæm
þe . . . . Bo. 100, 3 forþam ðe seldhwonne biþ þætte auht
manegum monnum anes hwæt (*Cardale:* in any degree) licige;
102, 7 ge ne reccaþ þeah hweþer ge auht to gode don; 132,
12 þæt hi auht mearrigen; 256, 1 nan mon ðe auht wat; 366,
22 hwæþer þæt auht sie.

β) *Mit Genitiv:* Be. 514, 33 ne wile he ðe owiht laþes
gedon; 553, 17 ne mihton hi owiht elles andswarian; 570, 26
ðylæs he owiht unwyrþes oððe ungerisenes dyde. *Übersetzung
von lateinischem „ex" und „de" ist of in folgenden beiden Fällen,
erinnert aber schon stark an die ne. Genitivbildung (vgl. § 356. b.
am Schlusse):* 489, 14 nænig heora of ðam ðe hi ahton, owiht
his beon on sundran cwæþ; 572, 35 alysed . . . ne owiht of
heora æhtum ðurh nydnæme ongeneoman. — Cp. 338, 4 forðyþe
he auht unaliesedes dyde; 374, 8 ðylæs iow ðonan awuht ge-
mænes weorðe; 391, 15 forðiem anfehð se yfla auht goodes on
ðisse worulde. Bo. 16, 19 þæt . . . auht godes swa geweorþan
mæge; 18, 23 wast þu aht oþres bi þe selfum to secganne; 30,
12 þæt þu þines auht forlure; 36, 25 auht oþres; 38, 15 auht
fæstrædlices; 62, 14 hwæþer þu nu swelces auht wyrcan mæge;
256, 2 þæt auht sie þæs ðe God don ne mæge; 334, 1 þises
auht. So. 171, 33* gyf ic wiht him gelices wiste; 181, 11 gyf
ic hys awiht ongyte; 190, 31 hu mæg ic awiht soðes witan;
192, 18 þæt þe awiht widerweardes becymð. Le. 62, 26 gif
hwa gewerde oðres monnes wingeard . . . oððe his landes awuht;
76, 1 nage hio his ierfes owiht.

b) awuht *als Eigenschaftswort (vgl. § 363. Anm. 2.):* § 362
Be. 516, 23 gif þeos niwe lar owiht cuþlicre & gerisenlicre bringe
(= certius aliquid). Bo. 52, 3 hwæþer þu auht þe (= *dir*)
deorwyrþre habbe þonne ðe sylfne. So. 171, 16 woldest þu
awiht ma witan; 190, 29 wilnast þu awiht maran; *in den letzten
beiden Fällen ist* awiht *mehr adverbial als adjektivisch.*

2. nawiht, nowiht, nauht, naht, noht.   § 363

*Dieses Fürwort wird fast nur als Hauptwort allein oder
mit einem Genitiv gebraucht; Bedeutung: „nichts".*

a) *Allein:* Be. 490, 22 swa þæt þæt mod . . . callinga
nowiht deþ; 494, 40 ungeleafsumum noht biþ clæne; 503, 28 he
us for nowiht forhygeþ; 516, 29 ic þæt ongeat þæt þæt nowiht
wæs; 521, 32 þæt hi Angelcynnes geleafan . . for nowiht habbaþ; 524, 8 þæt him nowiht wiþstandan mihte; 527, 21, 23;
536, 24; 541, 41 nowiht hi on þam fremedon; 597, 14 forþon
ic noht singan ne cuþe; 622, 6; 628, 12; 632, 39. Or. 184, 15
swelc . . . wæl swelc hie oft ær for noht hæfdon; 200, 30 þæt
hie na siþþan hie wiþ Romane to nohte ne bemætan; 264, 3

þæt he forlure þone dæg þe he noht on to gode ne gedyde.
Cp. 64, 7 se bið eallinga blind se þe naht ne ongit bi ðæm
leohte; 68, 19 ðonne ne mæg he noht gesion; 86, 16 ne bið
hit ðonne nohtes wan; 162, 19 ne him nohte ðon ma ne beoð
forlætna his agna synna; 228, 17 ðylæs hie . . . don him selfe
nawuht; 240, 18 mid hwelcum stæpum ðæt nauht (= nequitia)
wæs ðurhtogen; 278, 4 oð hit . . to nauhte wierð; 298, 6 ðæm
upahafenum is to cyðonne hwelc nauht (= quam sit nulla; *was
für ein Nichts)* ðes worldgilp is; 302, 9 ðæt him ne sie nawuh-
tes cearu; 389, 1 swelce hie nowiht hæbben; *usw.* **Bo.** IV, 22
þæt him naht swiþor nære; XII, 29 þæt heora ne mihte naþer
buton oþrum nauht don; 24, 5; 44, 6, 23, 24; 52, 11; 82, 13;
116, 8 & weorþaþ him selfe to nauhte; 168, 9; 256, 7, 8. **So.**
165, 30 þæt yfel naht ne byð (?); 169, 2 nys naht ofor hyne;
181, 12 gyf *(fehlt* ic?) ðonne nawh (= nawht?) ne ongyte. **Ps.**
14, 5 se þe þone awyrgdan for nawuht hæfð; 21, 11 eall min
mægen . . . is to nauhte worden. **Le.** 98, 47, § 1 gif he . .
noht geseon ne mæge.

b) *Mit einem Genitiv:* **Be.** 475, 20 se naht freomlices
ongan; 491, 33 nowiht swylces; 510, 28 naht wiþerweardes;
513, 25 ; 516, 3 þæt eallinga nawiht mægenes ne nytnesse hafeþ
seo æfæstnys; 518, 8 he nowiht elles dyde; 543, 31; 545, 21;
564, 20; 579, 21; 586, 9 noht to ætycende oþþe onweg ateonde
ðæs ðe hi wuldredon; 591, 27 þæt he noht swylcra cræfta cuþe;
36; 596, 42 he forðon næfre noht leasunga ne ideles leoðes
wyrcean ne mihte; 613, 26; 624, 6. **Cp.** 60, 15 ne sceal he
noht unalyfedes don; 76, 12; 298, 7; 316, 1; 326, 2; 332, 19;
336, 20; *usw.* **Bo.** 8, 15 nu hit nauht elles nat; 18, 25 nat
ic nauht oþres; 100, 27; 102, 2; 144, 7; 152, 8; 156, 13, 14;
256, 3. **So.** 165, 31 þu þe eall medemu geworhtest, & naht
unmedemes; 167, 12 þæt we nawt unalyfdes dydon; 171, 31 þæt
þu Gode nawiht gelices nyte.

Anmerkung 1: Mehrzahlformen fand ich dreimal: **Bo.** VI,
15 þæt . . . seo orsorhnes & ða sælþa . . nauhtas næran *(bei*
B.-T. *steht diese Stelle bei* nawiht „as subst." *als Beleg unter:*
„genitive used as predicate" *neben:* „eower godas ne synd
nahtes, *Homl. Skt. 7, 205." Weiter erwähnt B.-T. bei „nawiht,*
with a genitive" *die Stelle* Bo. 282, 6 „ic secge sie unmihtig &
eac ealles nauht", ealles *ist hier aber m. E. völlig zum Adverb
erstarrt.);* 282, 17 þæt was þætte yfele men næron nauhtas; 296,
13 ðonne ne beoþ hi nauhtas buton anlicnes.

Anmerkung 2: Wie ein Eigenschaftswort steht nauht *ebenfalls dreimal (vgl. § 362):* **Bo.** 52, 5 þæt þu nauht deorwyrþre
næbbe; 68, 29 nu ge wenaþ þæt eowre nauht welan (= *euere
nichtigen Güter)* sien eowra gesælþa (*Cardale:* your false riches);
82, 18 hu ne wast þu þæt hit nis nauht gecynde ne nauht gewunelic (= *nichts Natürliches usw.; oder adverbial = durchaus*

nicht natürlich?), þæt ænig wiþerweard ðing bion gemenged wiþ oðrum wiþerweardum.

3. nanwiht.

Da dieses zusammengesetzte Fürwort, mit der Bedeutung „nichts", häufig noch getrennt geschrieben wird, läfst sich nicht immer ganz genau bestimmen, ob auch dem Sinne nach die Trennung noch anzunehmen ist; sicher ist dies der Fall an zwei Stellen, wo wir es, obgleich es einmal ungetrennt steht, doch sonst als Eigenschaftswort aufzufassen hätten, woran wohl kaum zu denken ist, wenn es auch bei auht *und* nauht *(vgl. § 362 und 363. Anm. 2.) möglich ist:* So. 165, 13 nat ic þonne nanwiht betere þonne þu ðe gebidde; 169, 32 ne ic nan wiht betere nat. — *Es erscheint sonst als Hauptwort, allein oder mit Genitiv:* a) *Allein:* Be. 546, 31 he nanwiht on hand nyman wolde. Or. 250, 17 eallum monnum nanuht swa god ne þuhte; 266, 13 þæt hie hiene nanuht ne heton buton fæder *(hier könnte man* nanuht *allerdings auch adverbial auffassen, aber kaum besser!).* Cp. 238, 10 nan wuht nis ieðre to gesecgeanne; 272, 11 nan wuht nis on us unstilre . . ðonne ðæt mod; 286, 11 ne do ðu nan wuht butan geðeahte; 324, 20; 338, 8. Bo. 48, 19 þeah he nu nanwuht ealles *(Adverb)* næbbe ymbe to sorgienne; 50, 10 ne nanwuht ne byð yfel, ær mon wene þæt hit yfel seo; 72, 2 þonne ne þorftest ðu ðe nanwuht ondrædan; 86, 26 þæt þær nan wuht on nis þæs to wilnianne seo; 108, 17 heo hire self gecyþ þæt heo nanwuht ne biþ. So. 165, 10 sæawa cuðe men & creftige mid þe (= tecum) ðe nan wiht ne amyrdan; 169, 31; 170, 18; 188, 24. Ps. 37, 24 se mann þe nanwuht ne gehyrð. b) *Mit Genitiv:* Be. 514, 3 þæt he ðe nan wiht (*Miller:* noht) laþes ne do. Or. 74, 27 þæt ge nanuht mid eow nabbað frostes ne stronges; 146, 35 him . . . nanuht agiefan nolde þæs þe hie bena wæron (þæs *könnte man aber auch — und vielleicht besser — mit* þe *als ein relatives Fürwort von* bena *abhängen lassen);* 158, 18 þætte nanuht berendes, ne wif ne nieten, ne mehton nanuht libbendes geberan; 178, 15 he hie healsade þæt hie nanuht þara ærenda ne underfenge; 296, 32 þæt man nanuht ne wanade ne ne yfelade þæs þe on þæm ciricum wære. Cp. 4, 12 hie heora nan wuht ongietan ne meahton; 24, 24 ðeah þe hi nane (!) wuht [nanwuht] ongitan ne cunnon ðara gæstlecena beboda; 82, 17; 142, 25; 242, 5 his nanwuht nat; 288, 16 hie ne anhagað nane (!) wuht nytwierðes don; 308, 11; 322, 1. Bo. 32, 26 þæt þe nan wuht unrihtlices on becuman ne mihte; 38, 25; 40, 11 eala þæt nanwuht nis fæste stondendes weorces a wuniende on worulde; 44, 1 nanwuht elles; 46, 20 þæt him nanwuht wið his willan ne sie ne lytles ne micceles; 72, 1; 84, 20; 86, 28; 146, 16; 306, 3 nan wuht nis lang færes on þis life (= es giebt nichts Dauerndes). So. 169, 32 ic silf nan wyht ælles næbbe; 171, 29, 34; 174, 25; 177, 19 me ne þincð nanwiht hæfig ðes þe man lufað; 192, 17; 201, 7 genoh wel ic gelife, þæt þe (= we (!)) nane wiuht ne þurfon forlætan þæs wisdomes þe we nu habbað.

§ 365   4. ænigwuht.

Wie nanwuht *so kann man m. E. auch* ænig wuht *als unbestimmtes Fürwort betrachten in solchen Fällen, wo offenbar die ursprüngliche Bedeutung nicht mehr ganz klar gewesen ist; es erscheint so selten, und nur als Hauptwort. Bedeutung: irgend etwas.*
a) *Allein:* **Cp.** 206, 19 ðætte ge æfre woldon ænige wuht eow selfum witan ær ic hit (!!) eow wite. **Bo.** 48, 28 gif him ænig wuht bið wiþ his willan.
b) *Mit Genitiv:* **Cp.** 170, 23 ðylæs hiene ænig wuht gælde ungearewes; ungearewes *könnte auch adverbial gefafst werden, was Sohrauer thut (a. a. O., S. 34.)*; 393, 15 nis hit no gesæd ðæt he ænig wuht wiðerweardes on ðys middangearde hæfde. **Bo.** 154, 19 þær hi ænige wuht agnes oððe gecyndelices godes an heora anwealde hæfdon.

§ 365ᵃ   5. nænig wuht.

Auch dies erscheint einmal als Hauptwort mit dem Genitiv: **Be.** 605, 28 wæs seo eorþe to ðæs heard . . . þæt ðær n æ n i g wuht wylgespryngess on gesewen beon mihte.

E. Die adjektivischen unbestimmten Fürwörter.

I. eall.

Bei eall *ist in syntaktischer Beziehung vorzüglich die Mannigfaltigkeit seiner Stellung beachtenswert. Bedeutung in der Einzahl „ganz“, in der Mehrzahl „alle“. Es erscheint:*

§ 366   1. *Als Eigenschaftswort.*
a) *Ohne Artikel und unmittelbar vor dem Hauptworte oder dem dazu gehörigen Eigenschaftsworte:* **Be.** 476, 33 ða þe of eallum middangearde to Drihtne coman; 477, 33 calle gesceafta; 478, 27 ealle menn; 481, 18 ealne norþdæl ðysses ealondes; 486, 2 mid ealre geornfulnysse; 550, 28 & blann se bysceophad eall gear & ðæs oþres syx monaþ; *usw.* **Or.** 5, 31 hu ofer ealle Italie wearð ungeferlic unsibb; 17, 1 þæt he ealra Norðmonna norþmest bude; 10 let him ealne weg þæt weste land on ðæt steorbord; 28, 29 he hæfde ealle Asiam on his geweald; 58, 15; 248, 10; *usw.* **Cp.** 4, 10 geond eall Angelkynn;

24, 18 crœft ealra crœfta; 300, 12 mara . . & inœrra eallum
gesceaftum; 427, 7 ealra ðinga swiðosð. Bo. X, 3 God welt
ealra gesceafta; *ebenso* XII, 21; 10, 27; *usw.* So. 165, 30 þu
þe eall medemu geworhtest & naht unmedemes; 166, 2 ðu þe
gesceope call gesceaftas; 18; 180, 21; *usw.* Le. 58, 3 ealle
gesceafta; 64, 49 mid eallum godum; 96, 43 eallum frioum mannum; 106, *Einleitung* calles Angelcynnes witan.

b) *Mit Artikel, aber vor ihm und dem Hauptworte oder dem
dazu gehörigen Eigenschaftsworte:* Be. 474, 35 ealle þa ðing þe
ðanon cumaþ; 476, 24; 477, 45; 481, 25; 582, 18 eall seo mœgþ
SuþSeaxna; *usw.* Or. 1, 20 ealle þa cuman þe hiene gesohtan; 10, 20 þe be westan eallum þæm lande ligeð; 24; 19, 14;
20, 34; 32, 10; 34, 12; 46, 28; 66, 29; 86, 23 eal se hefon;
106, 10; 142, 16 ofer ealle þa maran Asiam; *usw.* Cp. 2, 10
ymb ealle þa ðeowutdomas; 6, 10 eal sio gioguð; 26, 2; 32,
12; 72, 1; 300, 8; 301, 23 ofer eallum ðæm hiehstum gesceaftum; *usw. usw.* Bo. 292, 11 willniað ealles þæs hehstan godes.
So. 163, 6 ealne þane wude ham brengan; 168, 5 ealle ða gesceaftas; 29; 180, 13. Le. 60, 23 eall þæt flæsc; 62, 39; 106,
Einleitung eal seo þeod.

c) *Vor einem anderen zum Hauptworte gehörigen Fürwort:* Be. 487, 7 mid eallum his geferan; 18 ealles his rices
ealdorburh; 492, 37 eall ðas ðing; 498, 33 eallum his æfterfyligendan; 541, 37 ealle ðas ðing; 558, 36 ealle his geferan. Or.
1, 1 ealne þisne middangeard; 12 ealra hiora wæstma; 8, 1;
10, 3; 34, 34 on ealre þysse worulde; 92, 11 mid eallum heora
fultume; *usw.* Cp. 6, 2 ealle oðre bec; 38, 16 eallum oðrum
monnum; 282, 15 æfter eallum his willum; 300, 10; 304, 15
eal ðis westen; 328, 25 ealle ðas eorðan. Bo. VI, 9 hu heo
oferliht ealle oþre steoran; VIII, 16 eallum his gesceaftum; X,
10 eall his woruld; XII, 8 ealle þas andweardan god; 28, 19
eal eower fiereld; 340, 17 ealle hiora lufe; *usw.* So. 167, 17
of eallum urum synnum; 199, 13 eallum hys halgum. Ps. 2, ü.
be eallum his earfoðum; 3, 7 on ðe ys eall ure hæl; 6, 2 eall
min mægn and eal min ban synt gebrytt; 6 betweoh eallum
minum feondum; 9, 1 on ealre minre heortan. Le. 68, 10 eallum minum witum.

d) *Vom Hauptworte getrennt durch einen dazu gehörigen
Genitiv:* Be. 474, 10 eall Breotone gemœro; 483, 25 eall Norþhembra cynn. Or. 24, 22 ymbe ealle (!) Europe landgemœro;
142, 15 ofer eall Macedonia rice; 282, 32 to eallum Romana
onwalde. Cp. 378, 15 eall Godes gedeaht. Bo. XII, 7 ealle
þæs lichoman cræftas. Ps. 24, 8 ealle Godes wegas. Le. 70,
7 of eallum Cristes ciricum.

e) *Hinter dem Hauptwort:* Be. 498, 8 ða ðing eall, ða
ðe . . . . nydþearflico wæron; 534, 26 ðær þæt hamwearud eall
. . . gesomnod wæs; 536, 40 he ða niht ealle hall & gesund

hine reste; 542, 21 aslat ða ða tunas ealle; 625, 1 het ðone
tunscipe eallne ofslean. **Or.** 19, 36 þas land eall hyrað to Da-
nemearcan; 78, 4 þæt wæs þæt he heora godgieldum eallum wiðsoc; 124, 6 þæt folc eall . . . gesealde; 188, 1 þa elpendas ealle
buton anum; 204, 22 hie þæt land eall aweston; 224, 13 þa
his fird eall tofaren wæs. **Cp.** 38, 11 se Dema se ðæt ingeðonc
eal wat. **Bo.** IV, 27 his godena weorca ealra wolde . . habban
lean; 124, 22 þe þa oþra gesælþa ealle oninnan him gegaderað.
Ps. 45, 3 þæt sio corþe eall cwacode. **Le.** 96, 43 þeowum mannum eallum.

    f. *Vom Hauptworte getrennt durch das Zeitwort:*
Or. 240, 15 & eall gedælde his firde þæt þærinne wæs. **Le.**
64, 2 þis is þonne þæt ærendgewrit, þe þa Apostolas sendon
ealle to Antiochia.

§ 367   2. *In Verbindung mit einem anderen Fürwort.*
    a) *Unmittelbar neben dem Fürwort stehend:* **Be.** 474,
5 eallum ðam oþrum gemæne; 478, 34 ðone God behet eallum
þam ðe hine lufian wyllaþ; 480, 36 & hi ealle foryrmdon; 482,
38 þæt ða gelicode him eallum; 489, 15 him eallum wæron eall
gemæne; 494, 12 eall þæt ðe we ðrowiaþ; 15; 502, 32 fram him
eallum; 507, 32; 515, 38; 516, 36; 542, 23 mid eallum ðyssum
ða burh . . ymbsealde; 549, 31; 550, 13; 558, 4 ealle ðas; 572,
16 we ealle; 18 fram eallum us; 24 ealle ða; 575, 6; 579, 21
ðæs ealles nowiht him sylfum wæs gehealdende; 582, 37 & eallra
heora heortan . . . wynsumedon. **Or.** 20, 36 þonne ærnað hy
ealle toweard þæm feo; 30, 31 hio hy ealle mid facne beswac
to deaðe; *ebenso* 34, 34; 42, 20 ic hit eall forlæte; 66, 27 þe
hira eallra fracoþast wæs; 72, 6 him eallum. **Cp.** 4, 8 ða ic þa
ðis eall gemunde; 6, 8 þe we ealle gecnawan mægen; 62, 12
ealle we wioton; 158, 4 we ealle; 162, 19; 168, 3 eall ðis; 210,
6 beforan him eallum . . . an hiera ealra gewitnesse; 352, 5 ða
ealle. **Bo.** VI, 13 þæt hit eall soþ wære; 8, 5 þæt hi hine eallne
habban sceoldon; 46, 4 eall hie us þyncað þy leohtran. **So.** 163,
6 gif ic hyne ealne aberan meihte; 21 for heora ealra carnunge;
165, 7 þæt ðu ne mage hit æall awritan; 170, 8 ðes walles . . .
ic wilnege; 171, 11 of ðam eallum; 173, 12 we gelyfað eall þæt
ðæt witon; 202, 14 ealle we geseoð god. **Ps.** 3, 6 þu ofsloge
ealle þa ðe me wiðerwearde wæron; *ebenso* 5, 5; 7, 1 alys me
fram eallum þam þe min ehtað. **Le.** 64, 1 þa hi ealle ætsomne
wæron; 66, 3 us eallum gelicode þa þæt we . . . . . .; 72, 4
ealles þæs þe he age; 88, 1 tio man hie calle; 106, 2 ealle we
lætað efendyrne Engliscne and Deniscne; 108, 4 and ealle we
cwædon (and ealle hig gecwædon). **Di.** 69 to bysne eallum þam
þe Godes willan wyrceað.

    b) *Vom Fürworte getrennt:* **Be.** 472, 1 ða he me
ealle . . . . onsende. **Or.** 10, 28 nu hæt hit mon eall Parthia;

21, 2 oþ hit bið eall genumen; 4 hyt motan habban eall (?); 96, 32 þæt hie neah ealle forwurdon. Bo. 12, 16 hit nu eall winþ; 30, 5 ic hit þe eft eal agife; 44, 3 heo hit hæfþ eall forsewen; 126, 1 hi cumaþ ealle of him. So. 165, 32 þu hy hræfst walle gesceapene gebyrdlice; 169, 5 he ongyt þæt þis is eall soð. Ps. 13, 4 ac hi hine fleoð ealle endemes; 24, 12 he him getæcð eallum his willan. Le. 68, 10 þæt him þæt licode eallum to healdenne.

Anmerkung: Besonders auffallend ist die Stellung: Or. 17, 26 & þæt wæron eall Finnas, *vgl. das nhd. „und das waren alles Finnen“.*

3. *Als selbständiges Hauptwort:* Be. 471, 27 eall ðæt § 368 he . . . . ongeat; 472, 33 to eallum ðe ðis ylce stær becyme: 480, 35 slogan eall & cwealdan, þæt hi gemetton; 487, 16; 489, 15, 28; 544, 12ª; 556, 30 & XXX ealdormanna & heretogena, ða ðe ðam cyninge to fultume coman, lytestne ealle wæron ofslagene; 565, 18; 606, 17 mid anmodre willan eallra he wæs oferswyþed. Or. 18, 25 eal þæt his man aþer oððe ettan oððe erian mæg, þæt lið wið ða sæ *(vgl. § 286);* 36, 10 ealle þa þe to him . . . oðflugon; 38, 9 ge eall þæt on þæm lande wæs weaxendes *(vgl. § 286);* 54, 28; 76, 14 eall þæt þær liðes wæs; 114, 12 eall þæt þærinne wæs; 178, 30; 196, 19; 200, 16. Cp. 78, 15 ðone ege ðæs deman þe ofer eall sitt; 154, 12 him bið eall cuð ðæt hie unalifdes ðenceað. Bo. VI, 22 hwa hafde eall þæt he wolde on þisse worulde; 16, 7; 44, 17; 66, 24; 124, 6 & þeah willniað ealle þurh mistlice paþas cuman to anum ende; 218, 3 he welt eallra. So. 165, 2 is þin gemind swa mihtig þæt hit mæge eall gehealden þæt þu geðengst; 4 ne min ne nanes mannes nis to þam creftig þæt his (= hit) mæge ella (= eall) gehealdan; 23 þu þe æall gewortest; 35; 166, 12; 187, 15 & þeah cumað æalle to anum hlaforde. Ps. 1, 4 eall him cymð to gode; 9, 4 þu . . . eall for me dydest þæt ic don sceolde. Le. 76, 9, § 2 nu sint ealle gelice; 88, 1 and þonne ealle forgielden þone wer; 102, 71 þær geð gelice bot to eallum; 106, *Einleitung* þis is þæt frið, þæt Æ. & G. & . . witan & eal seo þeod þe on E. beoð, ealle gecweden habbað.

Anmerkung 1. Mit einem partitiven Genitiv steht eall: Or. 88, 6 hie gegaderedon eal moncynnes þæt þær kefed wæs; *was natürlich nur möglich ist wegen des folgenden einschränkenden Relativsatzes. Vgl. übrigens § 286.*

Anmerkung 2. Der Genitiv der Mehrzahl von eall *wird zuweilen zur Verstärkung eines Superlatives gebraucht:* Be. 471, 13 ðu eart swyþe gymende & smeagende ealdra manna ewidas & dæda, & ealra swiþost ðara mærena wera ure ðeode. Or. 38, 1 þa wæs þæt feorðe þæt ealra scamlicost wæs, þæt hundes fleogan comon. Cp. 292, 22 ða swelcan we

magon ealra betest geryhtan mid ðy ðæt we hie forbugen. —
So. 164, 21 *steht in derselben Verwendung der Genitiv der Einzahl:* ða reahte he hys mod for oft gastende & smeagende mislicu & selcuð þing & ealles swyðust ymbe hync sylfne.

§ 369   4. *In adverbialen Redensarten, vornehmlich in Verbindung mit einer Präposition:*
a) **mid ealle,** *ganz und gar:* **Be.** 480, 37 þæt þæt earme
eþel mid ealle ne fordiligad ne wære (= penitus). **Or.** 32, 18
oþ hi mid ealle ofslegene wæron butan swiðe feawum; 22 ac hi
Creacas þær onfundon, & hi mid ealle fordydon; 36, 18 & hi
forneah mid ealle fordyde; *u. ö.* **Cp.** 68, 18 gif hine ðonne
ðæt fleah mid ealle ofergæð, ðonne ne mæg he noht gesion;
144, 1 ða hie swiðe stiðlice arasiað & mid ealle ofðrysceað;
274, 22; 278, 3. **Bo.** 6, 4 ða wendon hi me heora bæc to and
me mid ealle fromgewitan; 20, 8; 50, 2; 108, 1 manige lieggaþ
deade mid ealle forgitene. **So.** 165, 34 heora nan ne mæg
oðerne mid ealle fordon; 182, 18 nu þu hæfst me myd ealle
ofercumme. **Le.** 102, 66 gif men sie se earm mid honda mid
ealle ofacorfen.

b) **ðurh eall,** *durchaus, völlig:* **Be.** 487, 37 æfter ðon þe
hi lærdon hi sylfe ðurh eall lifdon; 503, 33 & þæt ðurh eall, swa
se Godes wer forecwæþ, . . . geworden wæs; 518, 43 se mon
wæs ðurh eall se Cristenesta; 533, 41 & sona aras ðurh eall hal
& gesund; 567, 19 he wæs ðurh eall meodum & Gode gecoren;
ähnlich 587, 20; 605, 21 ac ða to willa ðæs Godes weres heo
eardigendlic ðurh eall wæs geworden. *Dieses ðurh eall übersetzt
stets ein lateinisches* „per omnia.“

c) *Dasselbe wird einmal durch* **ofer eall** *wiedergegeben, das
aber wohl* „überall“ *heifst, wie es auch* Miller *auffafst (vgl. ne.*
all over the place): **Be.** 488, 5 hi maran lefnysse onfengon ofer
eall to læranne.

d) **ymb eall,** *überall:* **Cp.** 194, 19 þa wæron geeawde,
swæ hit awriten is ðæt hie wæron ymb eall utan mid eagum besett; = in circuitu et intus oculis plena habentur; *vielleicht ist*
eall(e) ynbutan *zu lesen.*

e) **eall(e),** *ganz:* **Or.** 98, 21 & hi Læcedemonie mæst ealle
awestan (?). **So.** 165, 7 þeah þu æall hal were; 182, 5 ne þine
freond myd ðe næfst æalle þe swa gemode & swa geþwere. **Ps.**
9, 6 and heora [ceastra, *vgl.* Thorpes Anmerkung auf S. 441]
þu towurpe ealle.

Anmerkung: **So.** 181, 16 þæt me nanre wihte æalles ne
læste buton þæs; *hier ist* elles *statt* æalles *zu lesen.*

II. monig.

monig *mit der Bedeutung des deutschen* „mancher“ *in der*

Einzahl, des deutschen „viele“ in der Mehrzahl, erscheint sowohl als Eigenschaftswort wie auch als Hauptwort.

1. monig *als Eigenschaftswort:* Be. 478, 44 ða wæs   § 370
se dema . . mid ða neownysse swa monigra heofonlicra wundra
swyþe gedrefed; 482, 7 swylce eac monige oþre ceastre tohrorene wæron; 9 se hunger . . . monige ðusendo monna . . fordilgade; 19 monige gear ær; 483, 30; 485, 27 oþre monige munecas; 486, 37; 488, 9, 33; 494, 32 monig ðing; 498, 11; 20 sende
he eac . . . ærendgewrit . . & woroldgife monige; 502, 29; 504,
19; 530, 2 monig gear; *ebenso* 35; 517, 37 þæt he . . hi gehyrde
betwyh oþer leoð monig hleoþrian & singan (*Miller:* þæt he . .
heo gehyrde betweoh monig oðer hleoðrian & singan). Or. 1,
20 & ymbe monegra oþerra folca gewinn; 3, 25 hu þa monegan
yflan wundor wurdon on Rome; 4, 20 hu monig wundor wæron
gesewene; 5, 9; 10, 19 buton oðerum monegum gesetenum ig-
londum; 12, 2; 19, 21 mænig hund mila; 20, 14 þæt bið swyðe
manig burh; 34, 5; 36, 24 æfter þæm manegum wundrum þe
he þær gedon hæfde; 64, 32 monig gear; 114, 36; 116, 17;
130, 23; 144, 36; 208, 19, 20; 224, 30; 282, 18 him to gehet
monigne læce. Cp. 28, 18 to hefegum byrðenum monegum;
21 monige eac wise lareowas winnað; 34, 22; 36, 19; 40, 11;
44, 15, 22; 54, 22 monig god weorc; 60, 2; 94, 6; 190, 7; 326,
5; 405, 14; 411, 11; *usw. usw.* Bo. 2, 15 mid manegum mane;
24, 9 mid swiþe manigre swetnesse; 26, 14 mid manegum oþrum;
50, 4; 70, 26; 224, 2; *usw.* So. 163, 9 ælcne ðara þe . . .
manigne wæn hæbbe; 11 manigne smicerne wæn; 20 þurh manege oðre halie fædras; 185, 14; 192, 5 mænega & mislicum (!)
gooda gifa; 201, 14. Ps. 4, 7 manig man cwyð; 18, 10 mænig edlean; 21, 10 swiðe mænige calfru. Le. 64, 1 monega
hæðena þeoda hie to Gode gecerdon; 66, 7, 8.

2. monig *als Hauptwort:*
   a) *Allein:* Be. 487, 39 ne wæs ða ylding þæt monige ge-   § 371
lyfdon; 488, 10 ða ongunnan monige dæghwamlice efstan; 491,
21; 501, 5; 512, 14; 516, 6; 524, 30; 526, 2; 541, 20; 542,
14; 547, 9 & he manige mid bysene his mægenes . . . ungeleaf-
sume *(Apposition)* to Cristes geleafan getrymede; 579, 10; 586,
42; 603, 43. Cp. 2, 16 ic wene ðætte nauht monige begeondan
Humbre mæren; 6, 15 & ðeah monege cuðon Englisc gewrit arædan; 24, 7; 36, 8 se ilca Dauid . . . monigne forsende; 40, 11;
46, 8; 148, 6 monig bið agita his goda; 282, 24; 376, 16; 453,
6; *usw.* Bo. 48, 8 manege beoþ þeah ægþer ge full æþele ge
full welige; 11; 108, 1; 126, 27; 186, 6 þeah hine dysige men
on manig dwælan; 348, 30. So. 195, 27 þeah ðe manige gear-
nodon þæt hi hyt on þis andweardan life sweotolor ongeaton
þonne oðre mænege hit gelyfden. Ps. 3, 1 forhwi arisað swa

30*

mænige wið me? monige cweðað to minum mode; 39, 3 manege
geseoð hu þu hæfst ymbe us gedon.
b) *Mit einem Genitiv:* Be. 479, 12 & eac oðre monige
æghwæþeres hades; 482, 16 heora monige heora feondum on
hand codan; 484, 4 monige ðære earman lafe; 527, 15; 532, 4;
558, 20; 601, 34; 606, 12; 622, 13; 626, 9; 628, 32; 630, 9.
Or. 196, 29 þonc cyning . . . to Rome sende, & monege nid
him þara ieldestena witena. Cp. 68, 4 swæ sindon wel monige
ðara þe gewundiað hiora mod *(vgl. § 303. a., S. 417)*. Bo. 254,
13 hiora manigne ofslog; 384, 6 monige sint cwucera gesceafta
unstyriende. So. 176, 1 hu manige þu forleten hæbbe þisse
worlde lusta for gode. Ps. 3, 1 hwi synt swa manige minra
feonda. Le. 68, 9 ic . . awritan het monege þara, þe ure foregengan heoldon; 88, 34 gerecce, hu manega þara sien.
Verneinung von monig *erscheint als* unmonig: Be. 544,
9 ða gelomp æfter unmonegum gearum; *so auch Miller; die*
andere Hs. liest monegum; = post aliquot annos.

III. fela.

f e l a *erscheint selten als Eigenschaftswort, häufiger als Haupt-*
wort; das Zeitwort steht in der Mehrzahl, wenn fela *dem deutschen*
„viele" entspricht, aber in der Einzahl (was ja ohnehin bei allen*
Sammelnamen möglich ist,) wenn es deutschem „viel" entspricht; sehr
deutlich wird das an den Stellen Or. 38, 24, 25 *(s. § 373. b.).*

§ 372   1. f e l a *als Eigenschaftswort:* Be. 636, 19 & se biscophad ðær syþþan feola gear blon. Or. 268, 17 fela þusend
monna; 280, 12 fela mila *(doch kann* mila *auch Genitiv sein).*
Bo. X, 26 hu se sceal fela nearanessa geþolian *(oder Genitiv?).*

§ 373   2. f e l a *als Hauptwort.*
a) *Allein:* Be. 472, 8 swyþe fela hi me sædon; 13 fela
he me sæde. Or. 36, 26 froxas comon geond eall Egypta lond,
swa fela þæt man . . . .; 182, 34* & fela ofslagen wearð on
ægðere healfe. Cp. 36, 16 ne todæl ðu on to fela ðin mod;
236, 12 fela ic hæbbe eow to sæcganne; 320, 16 ðylæs hie auht
sellen ðæm þe . . . ., oððe eft fela ðæm ðe . . . .; 324, 6 ne
selle mon to fela ðæm þe lytles ðyrfe; 332, 6 ða þe wilniað fela
to begietonne. Bo. 386, 4 ðeah we fela smean.
b) *Mit einem Genitiv:* Be. 477, 5 fela daga mid him
wæs; 480, 24 & hi fela geara yrmdon; *ebenso* 593, 33; 646, 24;
492, 31 æfter hu fela daga; *ebenso* 493, 13; 556, 9* ma ðonne
fela manna gelyfan mæge; 637, 15 he hrædlice his sealmas geleornode, & eac feola oþra boca; 638, 19 feola monþa. Or. 17,
31 fela spella him sædon þa Beormas; 19, 28 iglanda fela; 24,
25* for ðam þe þæs landes swa fela wære; 36, 28* þæt þara

wyrma mære emfela þæm mete; 38, 24* swa fela þæs oðres
heres wæs þæt man . . . .; 25 þa him swa fela manna ondredon
swa mid Moyse wæron; 42, 1 ic wat geare þæt ic his seeal her
fela oferhebban; 58, 3 fela geara; *ebenso* 182, 3; 60, 14 fela
wintra; 68, 24* hu fela þæra manna wære, þe . . .; 26* hu
fela þær swelcerra manna wære swelce he wæs; 27* ðæt ðær
fela þara monna wære; 72, 16 wið swa fela Sabina; 82, 27* &
hiora þær wearð fela ofslægen; 88, 32 & (hit) Sicilia fela ofslog;
104, 25 hiera fela; 26 heora swiðe fela; 142, 15 & gesco . . .
fela fyra byrnan; 148, 13 þæm folce fela laðes gedyde; 10* þæt
þæs folces wæs swa fela to him gecirred; 176, 11 mid swa fela
scipa; 188, 1 þara horsa fela forwurdon; 192, 9 & þær ofslagen
wearð, & þæs folces fela mid him; 13 & fela þæs folces ofslog;
198, 32 *ähnlich*; 202, 22 swa fela talentena seolfres; 206, 12*
þa wæs þæs folces fela on an fæsten opflogen; 14* wæs Romana
fela mid flanum ofscotod; 210, 33 Scipia ær fela þæs wealles tobrocen hæfde; 224, 28 fela wintra; 226, 24* þeh þara londleoda
eac fela forwurde; 240, 27* þær wearð Julius getliemed, & his
folces fela forslagen; 268, 28 & fela þara senatorum he het ofslean; 272, 26 fela wuccna; 280, 19 gewurdon fela martyra on
X wintra firste; 286, 21* op þæs folces wæs fela forworden;
288, 19 gedyde fela martyra on his þeode, cristenra monna. Cp.
26, 22 fela wundra; 32, 10* broður, ne beo cower to fela lareowa; 54, 15 fela godra weorca; 260, 5 hu fela edwites & unnyttra worda he forbær; 21 swæ fela yfles; 270, 7 willað to fela
idles & unnyttes gesprecan; 334, 15 swæ fela dearfena; 391,
26 ðæm he forwiernð swiðe feola ðæs ðe he wilnað; 425, 9
swiðe fela unalefedes we oft gedenccað; 437, 14* hira bið swiðe
fela. Bo. 34, 8* ðeah ðæm feohgitsere cume swa fela welena,
swa þara sondcorna beoþ be þisum sweclifum; 102, 4 fela geara;
330, 22 ðonne ne wundriaþ hi no fela þæs þe hi nu wundriaþ;
380, 14* fela is ðæra þinga ðe God ær wat. So. 171, 17 fela
me lyste witan ðes þe ic nat; 173, 13 we nyton fæla þæs þe
we lyfað; 176, 3 þu heafst swa feola ðara ancra begyte swa þu
heafst þara lusta on wurlde forlæten; 180, 12 þæt heo feala
þinga onlyht mid hyre sciman; 204, 15 feala oðra þinega. Le.
68, 9 ic ne dorste geþristlæcan þara minra (sc. doma) awuht
(adverbial!) feala on gewrit settan; 78, 12* sie swa fela swa
hiora sie.

IV. feawa.

Auch feawa (feawe, fea) *erscheint als Eigenschaftswort so-*
wohl wie als Hauptwort. Bedeutung: „wenige".

1. feawa *als Eigenschaftswort:* Be. 498, 5 þæt her § 374
wære mycel riip ondweard & fea wyrhtan; 549, 34 mid feawum

gebroþrum; *ähnlich* 567, 3; 589, 10 feawa men mid hi; 593, 19 & ðær .. munuclif dyde mid feawum hire geferum; *ganz ähnlich* 614, 34; 601, 26 feawum dagum; 623, 6 æfter feaum deagum; 632, 38 ac ða wæron swiþe feawe & medmicle. **Or.** 17, 5 on feawum stowum; 24, 21 hit is feawum mannum cuð; 170, 34; 200, 14 feawe men; *ebenso* 226, 2; 220, 10; 240, 3; 294, 1 feawa men. **Cp.** 4, 7 ðone naman anne we hæfdon ðætte we Cristene wæron, & swiðe feawa þa ðeawas *(vgl. Ags. Reader, p. LXXXVIII; sollte es nicht heifsen: „und nur sehr wenige (hatten) die Tugenden?“)*; 32, 6 we ðis feaum wordum sædon; 395, 12 mid feaum wordum. **Bo.** 42, 31 mid feaum wordum; *ebenso* 50, 28; 176, 8; 106, 29 se nama mid feaum stafum awriten; 110, 29 & lætaþ þine feawan *(! schwache Form)* getreowan mid þe; 348, 1 feawum wordum. **So.** 165, 9 fæawa cuðe men; 18 feawum wordum; 29 feawa wisum mannum; 171, 14 mid feawum wordum; *ebenso* 200, 1; 186, 2 swiðe feawum mannum.

§ 375   2. feawa *als Hauptwort.*
a) *Allein:* **Be.** 499, 31 ac he ... mid feawum onweg fleah; 601, 8 ac ðis hwæþere fea ana *(Adverb; Miller:* ane) doþ; 631, 6 ðurh ðæs onwrigenesse & gesægena eac swylce ða fea ðe we her writan to ure cyþþe becomon. **Or.** 32, 19 hi .. ofslegene wæron butan swiðe feawum; 92, 20 & þa feawan *(Form!)* þe þær to lafe wurdon, gesealdon ...; *ebenso* 96, 3; *aber* 162, 1 þa feawa *(Thorpe:* feawan) þe þær to lafe wurdon. **Cp.** 2, 14 ðætte swiðe feawe wæron behionan Humbre þe hiora ðenunga cuðen understandan on Englisc. **Bo.** 50, 14 feawa sient to þam gesceadwise; 164, 11 buton swiþe feawa; 14 buton þa feawan *(Form!)* þe .... **So.** 169, 9 þe *(relativ)* feawa ongytat.

b) *Mit einem Genitiv:* **Be.** 602, 40 mid feawa his geferena. **Or.** 36, 16 swa þæt heora feawa to lafe wurdon; 48, 20 iower feawe ofslogon; 56, 9 hiera feawa to lafe wurdon; *ähnlich* 58, 2; 94, 11 & þa þa Gotan þær lytle hwile hergedan, ne mehte mon buton feawa ofslagenra geahsian; 230, 25; 268, 9. **Cp.** 2, 17 swa feawe hiora wæron ðætte ic ..... **Bo.** 108, 1 þe swiþe feawa manna a ongit (!). **Ps.** 16, 13 Drihten, gedo þæt heora menigo sy læsse þonne ure feawena nu is.

ÜBERSICHT
über die Eigenschaftswörter, die mit einem oder mehreren Kasus verbunden sind.

Erklärung der Abkürzungen: g. = Genitiv. d. = Dativ. i. = Instrumentalis. Die Zahlen geben die Seiten an.

æmanne g. 3
æmettig g. 3
agen d. 65
andfenge d. 63
andrysne d. 55
andweard d. 60
anhende d. 60
anlic, s. onlic
arfæst d. 55
arwyrþe d. 56

besorg d. 56
blind g. 7
bliþe d. 56
brad g. 9
bryce d. 68

clæne g. 3
cræftig g. 8
cuþ d. 66
cystig d. 56

deore d. 56
deorwyrþe d. 56
digol d. 66

eald g. 9
earfeðe d. 68
earfoðe d. 68
earfoþlic d. 68
earfoþrime d. 68

earm g. 3
eaþe d. 68
eaþmod d. 56
efenwyrðe d. 72
efnmihtig d. 62
efnswið d. 62
egefull d. 56
emfela d. 62
emleof d. 56
emngod d. 62
emnneah d. 60
emsarig d. 62

feor d. 60
frecenlic d. 56
fremde g. 7, d. 67
fremsum d. 56
freo g. 3
fromweard d. 61
full g. 3

geandweard d. 61
gebyrde d. 65
gecope d. 64
gecynde d. 65
gecyndelic d. 65
gefægen g. 8
gehæled d. 68
geheme d. 64
gehyldre d. 69
gehyrsum d. 56

gelastful d. 56
gelic g. 10, d. 62
gemæc d. 64
gemæne d. 66
gemet d. 64
gemetlic d. 64
gemiinor d. 67
gemun g. 8
gemyndig g. 8
genoh d. 64
georn g. 5
geornful g. 5
gerad g. 8
gerisene g. 10, d. 61
gesælig g. 9
gescræpe d. 64
gespræce d. 56
gesynelic d. 67
getenge d. 61
geðæf g. 10
geðwære d. 64
geðywe d. 64
getreowe d. 57
gewis g. 8
gewon d. 61
gewunelic d. 64
gifre g. 5
gimeleas g. 5
giofol d. 57
god d. 69
grædig g. 5

grom d. 57

halwende d. 69
heah g. 9
hean g. 4
heard d. 57
hefig d. 68
hiewcuð d. 67
hold d. 57
hyrsum d. 57

idel g. 4
ieþe d. 57
irre d. 57

læne d. 67
laþ d. 57
leof d. 57
leoht d. 68
lic g. 11
licworðe d. 58
lioftæl(e) d. 58
liðe d. 58
long g. 9
lufigendlic d. 58

mægleas g. 4
medeme g. 6
milde d. 58

nacod g. 5
neah d. 61
nedþearflic d. 69
neod d. 69
neodbehæfe d. 69
nidbeðearf d. 70
nied, s. neod
niedðearf d. 70
nyt d. 70

nytwierðe d. 70

oferdruncen g. 5
ofergeotol g. 8
oflyst g. 5
ondward, s. andweard
onhende, s. anhende
onlic d. 63
open d. 67
orsorg g. 5
orsorglic g. 6

rædlec d. 70
riht d. 64
rihtwyrðe d. 70
rummod g. 5, d. 58

scondlic d. 58
scyldig g. 6, d. 71
sefte d. 58
sel d. 70
seldsiene d. 67
sicor g. 5
sweotol d. 67
swete d. 58
swið d. 58

ðancfull d. 71
ðancwyrðe d. 58
ðerf d. 70
ðicce g. 9
ðursteg g. 6
toweard d. 61
type g. 10

unagen d. 66
unalyfedlic d. 64
unbleo d. 71
uncuð d. 67
uncynde d. 66

underþcod d. 58
unfeor d. 62
ungebyde d. 64
ungecyndelic d. 66
ungefere d. 62
ungelic d. 63
ungeliefedlic d. 71
ungemod d. 65
ungemynde g. 8
ungemyndig g. 8
ungerad g. 8, d. 65
ungescræpe d. 65
ungesewenlic d. 68
ungetæse d. 59
ungeþwære d. 65
ungewilde d. 66
ungewis d. 68
unieðe d. 68
unnytt d. 70
unscyldig g. 6
unðoncfull d. 59
unweorð d. 59
unwis g. 8
unwynsum d. 59
unwyrðe g. 6

wædla g. 5
wana, s. won
weorð d. 59
willsum d. 59
willsumlic d. 59
wislic d. 70
wiðermod d. 60
wiðerweard d. 60
won d. 62
wrað d. 60
wynsum d. 60
wyrs(t) d. 70
wyrðe g. 7, d. 72, i.
  270

ÜBERSICHT

über die Zeitwörter, die mit einem oder mehreren Kasus verbunden sind.

Erklärung der Abkürzungen: g. = Genitiv. d. = Dativ. a. = Akkusativ. i. = Instrumentalis. da. = Dativ und Akkusativ. ga. = Genitiv und Akkusativ. aa. = doppelter Akkusativ. gd. = Genitiv vnd Dativ. ai. = Akkusativ und Instrumentalis. Die Zahlen geben die Seiten an.

gestandan d. 134, a. 216, ai. 265
gestaþelian a. 216
gestic(c)ian a. 216
gestierau g. 24, gd. 36, ga. 43, d. 83
gestigan a. 216
gestihtian a. 217
gestillan a. 217
gestincan a. 217
gestiðian a. 217
gestrangian a. 217
gestreonan da. 124, a. 217
gestri(e)nan da. 124, a. 217
gestrynan da. 124, a. 217
gesugian, s. geswigian
geswapan a. 217
geswencean a. 217
gesweorcan a. 217
gesweotolian a. 217·
geswerian d. 86, a. 217
geswetan a. 217
gesweðerian a. 217
geswican g. 25, d. 81
geswigian g. 17, a. 218
geswiðrian a. 218
geswugian, s. geswigian
geswutelian a. 218
gesyllan, s. gesellan
gesyngian a. 218
getacnian d. 93,·da. 124, a. 218
getæc(e)an d. 94, da. 124, a. 218
getælan a. 218
getawian a. 218
geteagan a. 218
getellan da. 124, a. 218
geteohhian da. 124, a. 218

geteon (ziehen) a. 218
geteon (beschliefsen) a. 218
geteorian a. 218
geteoþian a. 218
geþafi(ge)an gd. 38, d. 98, da. 124, a. 219
geþancian gd. 34
geþenc(e)an g. 17, a. 219
geþenian d. 88
geþeodan d. 94, da. 124, a. 219
geþeofian a. 219
geþingian d. 81
geþinnian a. 219
geþiostrian a. 219
geþolian a. 219
geþræstan a. 219
geþreagan a. 219
geþrea(h)tian a. 220
geþryscan a. 220
geþwænan a. 220
geþwærian d. 98, a. 220
geþyldgian a. 220
geþyncean d. 100, 106
getigðian gd. 38, d. 98
getihhian, s. geteohhian
getimbrian a. 220
getiohhian, s. geteohhian
getiðian, s. getigðian
getriewan d. 96
getriowian ga. 43
getrumian ga. 43, a. 220
getruwian d. 96
getrymian ga. 43, a. 220
getrymman ga. 43, a. 220
getucian a. 220
getweogan a. 220
getyan a. 220
getydan a. 220

getygþian, s. getigðian
geunarian a. 220
geunclænsian a. 220
geun(ge)wliteglan a. 221·
geunnan gd. 38
geunretan a. 221
geunrotsian a. 221
geunstillian a. 221
geuntrumian a. 221
gewæcan a. 221
gewætan a. 221
gewætrian a. 221
gewanian a. 221
gewealdan g. 23
gewearnian d. 100, da. 124
geweaxan d. 94
geweldan a. 221
gewelgian a. 221
geweman a. 221
gewemman a. 221
gewendan a. 221
geweorpan a. 221
geweorþan ga. 44, d. 100, 106, a. 221
geweorþian ga. 44, a. 222
gewerdan a. 222
gewerfan, s. gehwierfan
gewergan a. 222
gewerigian a. 222
gewidmærsian a. 222
gewierdan, s. gewerdan
gewilnian a. 222
gewinnan a. 222
gewissian a. 222
gewitan a. 222
gewitgian d. 86
gewitnian a. 222
gewlitegian a. 222
gewrecan da. 124, a. 222
gewuldrian a. 223
gewundian a. 223

oþewan, s. oþiewan
oþfæstan da. 128
oþfleon d. 95
oþgripan da. 128
oþhydan d. 95
oþiewan d. 94, da. 128
oþsacan g. 15
oþswerian d. 87
oþðringan da. 128
oþwitan d. 77, da. 128,
  a. 242

pinian a. 242
plantian a. 243
plegian a. 243
pleon g. 30
portian a. 243
pyngan a. 243

racian d. 83
ræcan da. 129
rædan d. 83, a. 243
ræran a. 243
reafian ga. 43, a. 243
reccean (strecken, lenken) d. 83, 87, da.
  129, a. 243
rec(c)an (sich kümmern) g. 23, a. 243
reordian a. 243
retan a. 243
rihtan d. 83, a. 243
riman a. 244
ripan a. 244
ryman a. 244

sætian g. 28
sarettan a. 244
sargian g. 20
sawan a. 244
sceafan a. 244
sceamian g. 20, ga.
  41, a. 244 ·
sceawian da. 129, a.
  244
scencan d. 102, da.
  129, a. 244

sceogian a. 244
sceorfan a. 244
sceotan a. 244
sceppan a. 244
sceþþan d. 82, a. 244
scieran a. 245
scildan d. 82, a. 245
scinan d. 102, a. 245
sciran g. 25
scofettan a. 245
screncan a. 245
scrifan g. 23, d. 87
scufan a. 245
sculan da. 129
scyan a. 245
scyldan, s. scildan
scynan, s. scinan
scyndan a. 245
secan da. 129, a. 245
secgan d. 87, da. 129,
  a. 245
sellan da. 129, a. 246
sendan da. 130, a.
  246
senian a. 246
seofian a. 246
seon a. 246
scoðan a. 246
settan da. 130, a. 246
settian, s. sætian
sibbian a. 247
siftan a. 247
singan d. 102, da. 130,
  a. 247
sinþyrstan g. 13
sittan a. 247
slæpan g. 23
slean a. 247
slitan a. 247
smea(gea)n a. 247
smirewan a. 247
sniðan a. 247
spanan a. 247
sparian d. 82, a. 247
spilcan a. 248
spiwan i. 271
spowan d. 107

sprecan gd. 34, ga.
  40, a. 248
stælan a. 248
stapelian a. 248
stelan a. 248
stellan da. 130, a. 248
stencan a. 248
steoran a. 248. Vgl.
  stieran
stician a. 248
stieran g. 25, gd. 37,
  d. 83
stihtian a. 248
stingan a. 248
stioran, s. steoran
stracian a. 248
stredan a. 248
stregdan a. 248
strewian da. 130
strienan g. 29
strudan a. 248
styran, s. steoran
styrian a. 248
sucan a. 248
sugan a. 248
supan a. 249
swætan i. 271
swelgan a. 249
swencean a. 249
sweotolian a. 249
swerian d. 87, da. 130,
  a. 249
swigian g. 17, a. 249
swingan a. 249
swugian, s. swigian
syllan, s. sellan
syrwan a. 249

tacnian d. 95, da. 130,
  a. 249
tæc(e)an d. 95, da. 130,
  a. 249
tælan a. 249
talian da. 130, a. 249
tawian a. 249
teagan a. 249
teldian a. 249

VERZEICHNIS

der Stellen, zu denen irgend welche Bemerkungen gemacht sind.